हिन्द स्वराज : शताब्दी विमर्श

हिन्द स्वराज : शताब्दी विमर्श

सम्पादक

कन्हैया त्रिपाठी

वाणी प्रकाशन

वाणी प्रकाशन
ज्ञान के विविध आयामों के प्रकाशक

वाणी प्रकाशन का 'लोगो' विख्यात चित्रकार मक़बूल फ़िदा हुसेन की कूची से

वाणी प्रकाशन, 4695, 21-ए, दरियागंज, नयी दिल्ली-110002
वाणी प्रकाशन, अशोक राजपथ (पटना कॉलेज के सामने), पटना (बिहार)

HIND SWARAJ : SHATABDI VIMARSH

***Edited by* Kanhaiya Tripathi**

Gandhian Thought

ISBN : 978-93-5000-187-5

प्रथम संस्करण

मूल्य : 600/-

वाणी प्रकाशन

फोन : 0091#11#23273167, 23275710

फैक्स : 0091#11#23275710

वेबसाइट : www.vaniprakashan.in

ई-मेल : vaniprakashan@gmail.com

vani_prakashan@yahoo.com

आर.टेक. ऑफसेट प्रिंटर्स द्वारा दिल्ली-110095 में मुद्रित

समर्पित

महात्मा गाँधी अन्तरराष्ट्रीय हिन्दी विश्वविद्यालय, वर्धा
एवं
विश्वविद्यालय परिवार को!

प्राक्कथन

वर्तमान का स्वागत करने में मनुष्य को कोई असंतोष नहीं होगा किन्तु वर्तमान मनुष्य के लिए कितना सुखदायी और कल्याणकारी है, इस पर निर्भर करता है। यदि वर्तमान मनुष्य के लिए अनिष्टकारी बनकर आया तो उसके प्रति मनुष्य का समानभाव ही रहेगा, यह सम्भावना कम ही बनती है। सुख और दुःख का अपना दर्शन है। इस पर बहस की लम्बी परम्परा पूरब और पश्चिम, दोनों में रही है। वर्तमान के सन्दर्भ में भी ऐसी ही बहस होती रही है। वर्तमान को लेकिन कोई पीड़ा, संत्रास या अवसाद में नहीं बिताना चाहता। सभी सुख के स्वागत और सम्भावनाओं की सार्थक राह की प्रतीक्षा करते हैं। दर्शनशास्त्र में दुःख का भी अपना सौन्दर्य है, ऐसी व्याख्या मिलती है। दुःख को वरण करने के लिए भी हम मनुष्य ही जाने जाते हैं किन्तु चेतना निरपेक्षभाव रखते हुए प्रकृति के ऊपर इसको छोड़ देती है, इसीलिए ऐसा प्रायः कहा जाता है कि सुख और दुःख जीवन के आनुषांगिक पहलू हैं।

संघर्ष का समस्त अध्याय इन्हीं पहलुओं को स्पर्श करते हुए आज इस पड़ाव पर पहुँचा है। इतिहास के सन्दर्भ में यही मान्यता है कि संघर्षों और युद्धों, हिंसा और प्रतिहिंसा का वह संकलन है, लेकिन इतिहास वास्तव में क्या 'जीवन' और इसकी थोड़ी विस्तृत व्याख्या करें तो सुख और दुःख की व्याख्या नहीं है? कुछ अच्छे पक्ष सृष्टि काल से रहे, उसका भी समावेश उसमें है अन्यथा दुनिया आज कायम न रहती। इतिहास में इस पक्ष पर पठनीय सामग्री का अभाव हो, यह भले स्वीकार कर लिया जाय। अब गाँधीजी पर जो बहस भारत समेत दुनिया के विविध भागों में चल रही है क्या वह वही है, जो व्याख्याकार इतिहास की अवधारणा बताते हुए करते रहते हैं। गाँधी न तो युद्ध हैं, न हिंसा, प्रतिहिंसा भी नहीं हैं, फिर इतिहास उन्हें क्यों अपने पन्नों में दर्ज़ कर लिया? सच में देखा जाए तो इतिहास ही है जो वर्तमान का स्वागत इस कदर करके अपने अन्तस्थल में अंकित कर लेता है जिससे आने वाली समस्त सदियाँ उससे आलोकित होकर अपने 'वर्तमान' का निर्मल एवं स्वच्छ सौंदर्य निर्मित करती हैं। सत्य की यह चेष्टा होती है कि हम दूसरे के लिए मार्गदर्शक बनने की योग्यता अर्जित करें। नैसर्गिक इतिहास यही है, अन्य जो

इतिहास हैं-वह घटनाओं का आख्यान हैं। नैसर्गिक इतिहास ही अच्छाई-बुराई, जय-पराजय, सुख-दुःख, पक्ष-विपक्ष सबका लेखा-जोखा रखता है। इसीलिए 'इतिहास' और 'हिस्ट्री (History)' में भी विद्वान फ़र्क करते हैं।

फिलहाल यह अलग विमर्श का विषय है। यहाँ गाँधीजी द्वारा 1909 में सृजित 'हिन्द स्वराज-INDIAN HOME RULE' के बहाने इतिहास हमारे बहस का हिस्सा है क्योंकि इस पुस्तक का शताब्दी वर्ष है। बहस इसलिए, क्योंकि इसके उद्‌भव और उस पर हुई 'बहस' का भी सौ वर्षीय इतिहास हमारे सामने है। वस्तुतः यह सम्पादन-अनुष्ठान भी मेरे मस्तिष्क में इसीलिए उद्‌भूत हुआ क्योंकि इस पुस्तक ने मुझे खुद आकर्षित किया। जिज्ञासा यह जाग्रत हुई कि गाँधीजी इंग्लैण्ड से दक्षिण अफ्रीका वापसी में जिस पुस्तक का सृजन किए उस पुस्तक को तत्कालीन साम्राज्य क्यों बर्दाश्त नहीं कर पाया? जिज्ञासा यह हुई कि गाँधीजी के गुजराती पुस्तक के अंग्रेजी अनुवाद को आते ही अंग्रेजी हुकूमत की चूलें क्यों हिल सी गयीं? गाँधीजी ने इसे 'सभ्यता' के बरक्स रखा। क्या वास्तव में, तत्कालीन सभ्यता अपनी क्रूरता का नग्न ताण्डव करती हुई हिंसक सभ्यता ही सचमुच थी?...आदि ऐसे अनेकों प्रश्न जब मुझे व्यग्र कर दिए तो मुझे ऐसे अनुष्ठान की ओर अग्रसर होना पड़ा। इसलिए इस ओर कदम रखना पड़ा, क्योंकि मुझे इतिहास की पड़ताल करनी थी और साथ ही यह भी जानना था, कि आज सौ वर्ष बाद जब भूमण्डलीकरण, निजीकरण, उदारीकरण, वर्चस्ववाद, साम्राज्यवाद, आधुनिकीकरण, उत्तर-आधुनिकता तथा आतंकवाद के फेनोमेना में मनुष्य सर्वाइब कर रहा है, तब भी 'हिन्द स्वराज' की कुछ उपयोगिता व उपादेयता बनती है क्या? क्या एक सदी बाद इस पुस्तक को 'कालजयी कृति' के रूप में सुमार किया जा सकता है? यदि हां, तो क्या और कैसे है इस पुस्तक की प्रासंगिकता? पड़ताल इस बात की भी करनी थी कि पूर्व में जब **'आर्यन पाथ'** प्रकाशित किया गया **सोफिया वाड़िया** के सम्पादकत्व में, गाँधीजी उसमें अपना 'संदेश'-Message' भेजे थे जिसमें वह स्पष्ट किए थे कि 'चंद बदलाव-कुछ शब्दों का' मैं करना पसन्द करूंगा, बाकी मेरी समझ से जो विचार इस पुस्तक में प्रकट किए गए हैं, उसमें कोई बदलाव की गुंजाइश मुझे नहीं दिखती। यह **'आर्यन पाथ'** सितम्बर, 1938 में प्रकाशित हुई थी और गाँधीजी उस संदेश को 14 जुलाई, सन 1938 को सेवाग्राम आश्रम (वर्धा) से भेजे थे। उस समय हम गुलाम थे। उस अंक में विदेश के लब्ध विद्वानों ने अपने विचार विभूषित किए जिसे उस समय का मैं उत्कृष्ट कार्य मानता हूँ।

आज़ादी के बाद और अब 21वीं सदी में भारत का इतिहास-भूगोल सब बदला है। हिन्दुस्तान का समूचा स्वरूप हमारे हिस्से था 14 अगस्त, 1947 से पूर्व, लेकिन हम विभक्त हो गए (भारत और पाकिस्तान) दो भागों में। हम विभक्त सिर्फ़ भौगोलिक रूप से नहीं हुए बल्कि सामाजिक, सांस्कृतिक, राजनीतिक व सामरिक

महत्त्व के मूल्यों से भी विभक्त हो गए। विचारधारा और मान्यताओं में विभक्त हो गए। यह विभाजन हमारे लिए एक अभिशाप था, इसे हम मानें या न मानें। गाँधीजी ने जब 'हिन्द स्वराज' लिखा था तब हम समूचे थे। गाँधीजी की 'हिन्द स्वराज' की 'संवेदना' मनुष्यता के पक्ष में तथा बर्बरता के प्रतिरोध में 'अहिंसक-ढंग' से उभरकर सामने आयी थी। आज़ाद भारत के अब हम नागरिक हैं। पाकिस्तान में रह रहे भाई-बहन आज़ाद पाकिस्तान के नागरिक हैं यहाँ हम पाकिस्तान के भीतर 'आज़ाद पाकिस्तान' और समूचे पाकिस्तान के नागरिकों की बात कर रहे हैं। बांग्लादेश के हमारे भाई-बहन, बांग्लादेश के नागरिक हैं। यह विभाजन ही हमारे लिए कितना पीड़ादायी है। फिलहाल, समूचे नहीं, किन्तु टुकड़ों में बंटे सभी जनमानस को 'शैतानी सभ्यता' से मुक्ति के लिए लिखी गयी पुस्तक हिन्द स्वराज, जब भारत आपस में ही कई युद्धों को लड़ चुका हो तब, क्या आज 21वीं सदी में हमारे लिए भूमिका रखती है? 1909 से 2009 का सौ वर्ष, 1938 से 1909 के समय के अन्तराल की विवेचना वास्तव में एक दिलचस्प और रोमांचित कर देने वाली परिघटना किसी के भी लिए हो सकती है, वह भी एक पुस्तक के बहाने। निश्चय ही यह अनुष्ठान इसी परिघटना का एक हिस्सा है मेरे लिए, किन्तु उससे पूर्व यह प्रश्न किसी को भी कौंध सकता है कि जिसके बारे में इतनी भूमिकाएँ निर्मित हो रही हैं, उस पुस्तक में आख़िर क्या है? इसकी चर्चा सर्वप्रथम हम करेंगे-

हिन्द स्वराज का सौन्दर्यबोध

प्लेटो का मानना है कि 'सौन्दर्यबोध' का 'नैतिकबोध' से गहरा सम्बन्ध है। 'हिन्द स्वराज' का सौन्दर्यबोध भी हम नैतिकबोध से जोड़कर देखें तो निश्चित रूप से हमें नीतिमूलक सिद्धांत की जड़ता में नहीं, किन्तु टॉलस्टॉय और रस्किन के सौन्दर्य विषयक सिद्धान्तों में जरूर मिलेगा-'सौन्दर्यबोध'। हिन्द स्वराज की अन्तःसंवेदना या दृष्टि इन दो बड़े दार्शनिकों से ओत-प्रोत रही है। गाँधीजी ने इसे स्वीकार ही नहीं किया बल्कि इस सम्बन्ध में परिशिष्ट में शामिल उन पुस्तकों को उद्धृत किया जो हिन्द स्वराज लिखने में उनकी सहयोगी सन्दर्भ ग्रंथ की सूची में अंकित हैं -अन् टू दिस लॉस्ट (रस्किन), अ ज्वॉय फॉर एवर (रस्किन) तथा द किंग्डम ऑव गॉड विदिन यू, ह्वाट इज आर्ट, द स्लेवरी ऑव आवर टाइम्स, द फर्स्ट स्टेप, हाउ रूल वी इस्कैप व -अ लेटर टू अ हिन्दू (टॉलस्टॉय) गाँधीजी ने अपनी पुस्तक में जिन मूल्यों, अन्तर्दृष्टियों को रखा उसमें सभ्यता के बरक्स का विमर्श विशेष रूप से प्रकट हुआ। शैतानी सभ्यता के बरक्स सहज-सौन्दर्यबोध की सभ्यता वाला विमर्श यदि इसे कहें तो कोई अतिश्योक्ति नहीं प्रतीत होता। इसमें कोई दो मत नहीं कि गाँधीजी के हिन्द स्वराज का सौन्दर्यबोध इस स्थिति में जन-जीवन के यथार्थ से जुड़कर उस सौन्दर्य-दर्शन (Aesthetic Philosophy) का सूत्रपात करता है जिसका सीधा तादात्म्य

सामाजिक, आर्थिक, राजनीतिक, सांस्कृतिक व आध्यात्मिक लोक से है। गाँधीजी निःसन्देह अथर्ववेद के उस पराकाष्ठा को प्रस्तुत किए हैं जिसकी व्याख्या श्रम और उत्पादन सौन्दर्य (या हम इसे स्वावलम्बन व स्वदेशी कहें) के रूप में व्याख्याकार करते रहे हैं। श्रम की ही धर्म, कर्म और मानवीय परमानन्द के रूप में -'ऋतं सत्यं तपो राष्ट्रं श्रमो धर्मः च कर्म च' (अथर्ववेद, कांड-II, अनु.7, मंत्र 17, पृ. 258) अथर्ववेद की भी व्याख्या है। गाँधीजी की इस सूक्ष्म संकल्पना व पकड़ की दाद देनी पड़ेगी। हिन्द स्वराज की ऐसी उत्कृष्ट अवधारणा का उद्देश्य मनुष्य मात्र के लिए, मनुष्यता के लिए, उसके आनन्द के लिए वही थी जो अधिकतम् मानवीय मूल्यों का संयोजन, संवर्धन और पुनर्उत्पादन करे। गाँधीजी 'निर्वैयक्तिक-प्रेम' की इस प्रकार एक समूची संकल्पना प्रस्तुत करते हैं।

निर्वैयक्तिक-प्रेम ही वास्तविक रूप में 'अहिंसा' है। अहिंसा यानी सत्य का दूसरा रूप यानी ईश्वर का स्वरूप। समस्त के आलोक में गाँधीजी का यह दर्शन 'सत्यम्, शिवम् व सुन्दरम्' ही है जिसे हम सौन्दर्यशास्त्रीय दृष्टि से सौन्दर्यबोध कहते हैं। यह निर्वैयक्तिक प्रेम गाँधीजी ने उस 'शैतानी सभ्यता' के प्रतिरोध के समय भी हिन्द स्वराज में प्रकट किया। अंग्रेजों के प्रति प्रेम इसका उदाहरण है। मन में द्वेषभाव न जाग्रत होना, इसी का उदाहरण है। वे हमेशा यही उद्घोष करते हैं कि हमारा लक्ष्य शोषण, दमन, अनिष्टकारी सभ्यता का समूल नष्ट करना है, अंग्रेजों से मुझे कोई वैरभाव नहीं है। वह यहाँ तक कहते हैं कि हम उन्हें यहाँ से जाने के लिए भी नहीं कहेंगे किन्तु वह हमारे असली सभ्यता के सौन्दर्य को यदि अंगीकृत करके सत्यम्, शिवम् व सुन्दरम् की अवधारणा में विश्वास करें जिसकी जड़ें-'सर्वे भवन्तु सुखिनः सर्वे सन्तु निरामया। सर्वे भद्राणि पश्यन्तु मा कश्चिद् दुःख भागभवेत्।।' में व्याप्त है न कि अधिकतम् धन संचय, पाप व लोलुपता, भौतिकवादी सुख और वीभत्स किस्म की सभ्यता के संवर्धन में। वह इस प्रकार की मायावी सभ्यता जिसमें भयानक क्रूरता छुपी हुई है उसे छोड़ने की अपील करते हुए समूची पुस्तक में 'अहिंसक सभ्यता' पर बल देते हैं। उनका यही मानना है कि मनुष्यता धर्म ही -'धर्म' है जिसको सत्य के रूप में देखना होगा। साधन और साध्य के फ़र्क को भी इस दशा में जानना जरूरी है। निर्वैयक्तिक प्रेम भी वही कर सकता है जिसमें अधिकतम् कष्ट सहन की क्षमता हो। अहिंसक वही हो सकता है जो अभयी हो। ब्रह्मचर्य व्रत के बिना सत्याग्रही नहीं हुआ जा सकता और जब तक आत्मबल या आत्मानुशासन न हो इसमें से कुछ भी प्राप्य नहीं। आत्मबल, आत्मानुशासन ही मन को निर्भय, निर्मल बनाकर निरन्तर मानवीय संवेदना का उत्पादन-पुनर्उत्पादन करते हैं जिससे हम स्वराज की ओर अग्रसरित होते हैं। सच्चा स्वराज 'मन के मुताबिक-राज' से परिभाषित होता है, और यह तभी सम्भव है जब 'साधन' और 'साध्य' का फ़र्क मालूम हो। हिन्द स्वराज की यह अप्रतिम और निराली संकल्पना गाँधीजी ने आज

से सौ वर्ष पहले रखी थी। आज हमें वर्ततान का जब स्वागत करना है तो यह जरूरी है कि निवर्तमान से यदि हमारा मार्ग-प्रशस्त होता है तो उससे हम प्रेरणा लें। 100 वर्ष पूर्व के उस इतिहास से प्रेरणा लेकर कुछ ऐसा करें जो मनुष्यों, प्राणियों व वनस्पतियों के हित में हो। निःसन्देह गाँधीजी द्वारा सृजित पुस्तक 'हिन्द स्वराज' निवर्तमान से न केवल परिचित कराने वाली पुस्तक के रूप में दिखती है हमें, बल्कि यदि इसका पाठ-पुनर्पाठ, व्याख्या-पुनर्व्याख्या की जाए तो यह प्रतीत होता है कि निवर्तमान के सच का एहसास कराते हुए वर्तमान के स्वागत के लिए भी मार्ग प्रशस्त करने वाली पुस्तक है यह। शताब्दी विमर्श पर सम्पादन-अनुष्ठान इस प्रकार एक सफल अनुष्ठान रहा मेरे लिए हिन्द स्वराज के सन्दर्भ में। एक सजग व बेबाक बहस जो इस सम्पादन का मूल प्रयोजन था वह फलीभूत हुआ है। इसका एक सबसे लाभप्रद पक्ष तो यही है कि भारत समेत दुनिया के हमारे चिंतक, विद्वानगण भारत को किस दिशा में ले जाने के हिमायती हैं, उसका प्रादुर्भाव एक साथ हुआ। चूँकि आज हम एक 'क्रिटिकल एज' में रह रहे हैं, वितृजन भी इसी वातावरण में रह रहे हैं, इसलिए उनके द्वारा हिन्द स्वराज की समीक्षा करते हुए जो दिशा, जो मार्ग प्रशस्त हुआ है वह पूरी मनुष्यता के हित में ही माना जाएगा। यह एक अनुकरणीय पहलू इसलिए है क्योंकि यह सभी विद्वान वर्तमान को अपने-अपने ढंग से मूल्यांकन करते रहे हैं, सोचते हैं, विचारते हैं, मंथन करते हैं।

इस श्रृंखला में यदि अब हम इस पुस्तक के प्रथम आलेख **'हिन्द स्वराज के आलोक में गांधी दर्शन'** का अवलोकन करें तो इस लेख के माध्यम से यह पता चलता है कि गाँधीजी का दर्शन 'परदुःखकातरता' की पराकाष्ठा से अनुप्राणित है। इसके लेखक **आचार्य राममूर्ति त्रिपाठी** ने इसके साथ गाँधीजी के उन दर्शन का साक्षात्कार कराया है, जिससे मनुष्यता, मनुष्य की गरिमा और उसके 'आत्म' के विकास का साध्य और साधन मनुष्य प्राप्त कर पाए। **आचार्य राममूर्ति त्रिपाठी** ने इस लेख में लिखा है, 'गाँधीजी ने सत्य और अहिंसा को आधार बनाया। उन्होंने न तो सृष्टि का मूल जड़-सत्ता या भौतिक-सत्ता को माना और न ही इतिहास की भौतिकवादी व्याख्या की। वे मूल सत्ता को चिन्मय मानते थे, न कि जड़ मूल का विकार। उनकी दृष्टि में सारा संसार उसी चेतन से विकसित हुआ, जिस प्रकार बीज में वृक्ष समाया रहता है। चितत्व में विश्व उसी प्रकार अन्तर्निहित है। वे नहीं मानते थे कि मनुष्य मूलतः प्रभु है (मनुष्य है) हाँ, यह अवश्य है कि उसमें हैवानियत और इन्सानियत दोनों है। उसकी सार्थकता हैवान से इंसान बनने में है।' देखा जाए तो गाँधी की यह दृष्टि सम्पूर्ण मनुष्यता का प्रत्यारोपण है समूची सभ्यता के लिए। कहना गलत न होगा कि इसी फिलॉसफी की विस्तृत समीक्षा **प्रो. राम कृष्ण मणि त्रिपाठी** ने अपने आलेख **'21वीं सदी के देहरी पर हिन्द स्वराज के साथ'** में करते हुए लिखा है कि, 'दरअसल सुखवादी—उपयोगितावादी अर्थशास्त्र का पूँजीवादी

व्यवस्था से चोली-दामन का रिश्ता है। इस रिश्ते मनुष्य की एक मात्र पहचान निर्धारित की है-उपभोगरत प्राणी। भूमण्डलीकरण की प्रक्रिया ने मनुष्य के इस मॉडल को उपभोक्ता सभ्यता के केन्द्र में प्रतिष्ठित किया है। यह सभ्यता मनुष्य का स्खलित रूप है जिसमें, सहयोग, सहकार और समष्टिगत चेतना का लोप है। गाँधी किसी ऐसी अर्थ व्यवस्था की कल्पना नहीं करते थे जिसमें व्यक्ति के मानवीय रूप का क्षरण हो, जिसमें वह अपने स्वभाव, अपनी प्रजाति और प्रकृति से निर्वासित हो।' **प्रो. राम कृष्ण मणि त्रिपाठी** ने यह लिखा है कि, 'गाँधी ने उस वृत्ति को अपनी दृष्टि में रखा है जो मात्र आधुनिक काल में ही नहीं किन्तु सम्पूर्ण इतिहास में मनुष्य को परिचालित करती रही है।' वे लिखते हैं कि, 'हिन्द स्वराज में गाँधी ने अपने वैचारिक स्थिति स्पष्ट की है। परवर्ती काल का उनका वाङ्मय और कृतित्व इस दृष्टि का साक्षी और उसका निर्वचन है।' धर्मपाल जी इसी संदर्भ में लिखते हैं अपने आलेख **'हिन्द स्वराज : एक सार्थक बहस में'** ''आधुनिक पश्चिमी सभ्यता के मानो विस्मयकारी विखण्डन के अलावा 'हिन्द स्वराज' मूलतः उस '(वांछित) समाज' की तस्वीर भी प्रस्तावित करता है जिसे गाँधी जी बनाना चाहते थे और उन नियम-विधानों व आत्मानुशासन को भी जो ऐसे समाज को बाँधे रखने हेतु आवश्यक थे।''

समस्या यह है कि हिन्द स्वराज को आत्मसात तभी किया जा सकता है जब हम उसके अच्छे पाठक बनने की योग्यता अर्जित कर लें। **श्री अभय कुमार दुबे 'हिन्द स्वराज : एक नया पाठ'** शीर्षक से लिखे आलेख में यही सर्वप्रथम समझने व समझाने की कोशिश करते हैं। उनका मानना है कि, 'एक सदी बाद भी 'हिन्द स्वराज' को कैसे पढ़ा जा रहा है और पढ़ने की इस प्रक्रिया में अलग-अलग किस्म के लोग किस प्रकार अपने विचारधारात्मक स्वार्थ सिद्ध कर रहे हैं। उन्हें भारतीय समाज, राज्य और लोकतंत्र की कोई चिंता नहीं है।' **अभय कुमार दुबे** ने इस विमर्श का सार इस रूप में दर्ज़ किया है कि हिन्द स्वराज किस रूप में और कैसे नहीं पढ़ा जाना चहिए। लेकिन इसी के साथ इस आलेख से यह भी तथ्य निकलते हैं कि गाँधी की अन्तःकरण की संवेदनाएँ कहाँ जाकर 50 के दशक में स्थिर हो जाती हैं। यद्यपि उस संवेदना में भी वह विश्वास था कि इससे सृजन के सिवा और कुछ नहीं होगा। **'भारत की समस्या क्या है?'** इस आलेख के साथ **गिरिराज किशोर जी** ऐसे कई सवालों को लेकर खड़े होते हैं जो निश्चित ही हिन्द स्वराज के बुनियादी सवाल हैं। स्वराज के सन्दर्भ में **गिरिराज किशोर** का मा़नना है कि, 'गाँधी के लिए स्वराज जीवन मूल्य की तरह था और प्रयोग से अधिक महत्त्व रखता था। स्वराज एक ऐसा आत्मीय अनुभव है, जो मनुष्य का मानसिक नैतिक परिवर्तन कर देता है।'

वस्तुतः समाज का एक बड़ा तबका है जिसे स्वराज के बारे में स्वाधीनता के इतने बरस बाद भी उसकी सही स्थिति-अवस्थिति का एहसास नहीं हो सका। स्वार्थी और मौकापरस्त ताकतों की स्वराज की समझ अभी-भी इतनी भ्रमपूर्ण है कि वह नहीं

समझ सकते कि यह हमारी गुलामी का चरम चल रहा है। वह भौतिकवादी सोच, सुख और तात्कालिक लाभ को ध्यान में रखकर गुलामी की मकड़जाल में फसते चले जा रहे हैं। तत्कालीन समय में गाँधी की स्वराज-दृष्टि इसी कारण मानसिक नैतिक परिवर्तन आत्मीय अनुभव के जरिए पाने की इच्छा रखती थी। **डॉ. अनिल दत्त मिश्र** इसी ओर संकेत अपने आलेख **'हिन्द स्वराज : विषय और सन्दर्भ'** में करते हुए **गिरिराज किशोर** का एक तरह समर्थन करते हैं। वे लिखते हैं कि 'यथार्थ में हिन्द स्वराज में महात्मा गाँधी ने जो भी लिखा है वह अंग्रेजों के प्रति घृणा, द्वेष होने के कारण नहीं, बल्कि उनकी सभ्यता के प्रतिवाद में कहा है। गाँधी का स्वराज दरअसल एक वैकल्पिक सभ्यता का प्रारूप या **'ब्लू प्रिण्ट'** है।'

ज्यादातर यह **'ब्लू प्रिण्ट'** राष्ट्रवादियों के दिमाग में नहीं थी। गाँधीजी केवल गिने-चुने लोगों का नाम ही गिना पाते हैं। दादा भाई नैरोजी, मि.तैय्यब, रमेशचन्द्र दत्त तथा कुछेक अन्य नाम ही उनके जुबां पर आता है। **एन्थोनी जे. परेल** के लेख में यही राष्ट्रवाद विमर्श के केन्द्र में है। परेल ने **'हिन्द स्वराज में गांधी की राष्ट्र की धारणा'** शीर्षक से लिखे लेख में यह लिखा है कि, -हिन्द स्वराज में' 'राष्ट्र' शब्द का इतना महत्त्व दिखता है कि यह पूरे पुस्तक में 75 बार आया है जबकि पुस्तक 56 पृष्ठों में गाँधी के कलेक्टेड वर्क्स में आ गया है। यह भी महत्त्वपूर्ण है कि गाँधी ने 'राष्ट्र' के लिए गुजराती शब्द 'प्रजा' का प्रयोग किया है।' परेल का मानना है कि, 'गाँधी का राष्ट्रवाद न कट्टरपंथ है और न धर्म-मुक्त। यह कट्टरपंथ नहीं है क्योंकि यह धर्म के सामाजिक संगठन को राष्ट्रवाद से नहीं जोड़ता। यह धर्म-मुक्त नहीं क्योंकि यह धर्म के नैतिक भाग को भारतीय राष्ट्रवाद के साथ मेल खाता है।' परेल ने गाँधीजी की मदन लाल धींगरा के राष्ट्रवादी चरित्र को रेखांकित किया है। वहीं परेल की यह चिंता भी है कि पेशेवर वर्ग (एलीट) तथाकथित भद्रजन कहीं राष्ट्रवाद का अपहरण करके सत्ता और लोभ में न झोंक दें।

विविध आयामों से राष्ट्रवाद की हिन्द स्वराज को ध्यान में रखते हुए **राम पुनियानी** ने भी अपना तीक्ष्ण व निरपेक्ष विचार **'हिन्द स्वराज और अन्तर-सामुदायिक सम्बन्ध'** नामक आलेख में रखा है। उन्होंने गाँधीजी के समग्रता को जहाँ वयक्त किया है वहीं वह लिखते हैं कि, 'हिन्द स्वराज राष्ट्रीयता और भारतीय परिपप्रेक्ष्य में धर्म की उनकी एक प्रतिभाशाली व्याख्या है।' इस क्रम में, **शुक्ला सेन** ने अपने आलेख **'हिन्द स्वराज : जन विरोध और साम्प्रदायिक सौहार्द'** में गांधी के साम्प्रदायिक सौहार्द सम्बन्धी दृष्टियों की तरफ ध्यान आकृष्ट किया है। जबकि सुप्रसिद्ध गाँधीवादी सर्वोदयी विचारक **रामचन्द्र राही** का आलेख **'वैकल्पिक अहिंसक समाज-रचना की गांधीय अवधारणा'** गाँधीजी के अन्य पक्षों पर प्रकाश डालता है। **राही जी** लिखते हैं कि, 'महात्मा गाँधी ने मनुष्य को किसी भी प्रकार के राजनीतिक, आर्थिक, सामाजिक या धार्मिक व्यवस्था के विशालकाय, प्रचण्ड, शक्तिमान ढाँचे के

एक पुर्जे के रूप में कभी देखा ही नहीं, वे तो एक चेतन, संवेदनशील, गतिशील, बुनियादी घटक के रूप में मनुष्य को हर प्रकार की व्यवस्था के केन्द्र में रखना चाहते थे।' **राही** का मानना है कि, 'वे मनुष्य की वर्तमान हैसियत की बुनियादी तौर पर बदलना चाहते थे। मालिक को समाज की अमानत सम्हालने वाला ट्रस्टी, मजदूर को उत्पादक और शासित को स्वशासित बनाना चाहते थे ताकि समाज की हर प्रथम इकाई अपनी वृहत्तर इकाई के साथ परस्पर पूरक बताते हुए जागतिक स्तर तक एक स्पर्धामुक्त, सहयोगी एवं अहिंसक समाज की रचना करने में समर्थ एवं सार्थक भूमिका निभा सके।' किन्तु **पाण्डेय शशिभूषण 'शीतांशु' जी** ने अपने आलेख—**'हिन्द स्वराज बनाम स्वतंत्र भारत का स्वराज'** में ऐसे कई प्रश्नों को कोट किया है जो यह स्पष्ट कर देता है कि आज़ादी के बाद भारत की दुर्दशा क्यों हुई। **'शीतांशु' जी** लिखते हैं कि, 'हिन्द स्वराज भारत में राजा राममोहन राय जैसी सोच रखने वालों के विरोध में लिखा गया था। यह पश्चिमी सभ्यता के रोग से ग्रस्त देश और लोग के लिए निदान बनकर आया था। भारत के स्वतंत्र होने पर राजा राममोहन राय पश्चिमी सभ्यता के जैसे दूसरे दीवाने नेहरू थे, उन्होंने भारत में गाँधी के 'स्वराज' को स्वरूपित नहीं किया। वे पश्चिमी सभ्यता के आग्रही थे। फलतः उनके युग में सभ्यता का यह रोग सुरसा के मुँह की तरफ बढ़ता गया। आज आज़ादी के इतने वर्षों में जो स्वतंत्र भारत में भ्रष्टाचार, अपराधीकरण, धार्मिक उन्माद, आतंक तथा दंगों ने अपने को व्यवस्थित रूप में स्थापित कर लिया है उसके मूल में पश्चिमी शिक्षा और सभ्यता की ही सक्रिय भागीदारी है।'' ऐसे ही कई प्रश्नों की छानबीन कुछ पाश्चात्य और पौर्वात्य विचारकों के वैचारिकी से करते हुए **विनोद शाही** विशेष व गहन चिंतन को सामने **'गांधीजी का अहिंसक इन्क़लाब और हिन्द स्वराज'** में रखते हैं। उन्होंने इस आलेख में गम्भीर बहस के बाद यह कहा है कि, ''गाँधी की इस विराट रूपान्तर-विकल्प की ओर इशारा करती उनके चिंतन व आचरण की भीतरी सम्भावनाएँ, उन्हें मार्क्स, फूको, एडवर्थ सईद जैसे महान चिंतकों की तुलना में ज्यादा गहराई में उतरने वाला साबित करती है। वे वर्गहीन समाज की ओर होने वाले मानव जाति के सम्भावित रूपान्तर को एक समग्र समाज-सांस्कृतिक इकाई की तरह आगे बढ़ाने वाली चेतना से मुक्त नज़र आते हैं और इस तरह मार्क्स को अपने तरीके से आत्मसात करते हैं। फूको और सईद के सांस्कृतिक व सामंतीय प्रतिरोध वाले रूपांतर की सम्भावनाओं को गाँधी का चिन्तन एक परिप्रेक्ष्य देता है (एक सांस्कृतिक इतिहास) धारा में उसे जोड़ता हुआ एक जमीनी हकीकत से बदलता हुआ मालूम पड़ता है।'' इस सबके **बावजूद विनोद शाही** अन्ततः जिज्ञासु ही साबित होते हुए डिबेट के लिए प्रश्न छोड़ दिए हैं कि, ''कहना मुश्किल है कि अगर आज गाँधीजी जीवित होते तो अपने सरोकारों को व्यावहारिक बनाने के लिए-एक सभ्यतामूलक नवनिर्माण के लिए अपने अहिंसक इंक़लाब को क्या दिशा प्रदान करते? फिलहाल

यह एक जटिल प्रश्न है और सम्भव है बना रहे।

हम 'अहिसक-इंक़लाब' की बात तक पहुँच गए और यह सोचने लगे कि गाँधीजी ही इसका विकल्प दें, किन्तु विकल्प की गाँधीयन फिलॉसफी **गोविन्दाचार्य**, की दृष्टि से तब तक कोई विकल्प नहीं दे सकती जब तक हम विकासवाद का वैकल्पिक मॉडल नहीं ढूंढ लेते। के.एन. गोविन्दाचार्य के आलेख **'बीच बहस हिन्द स्वराज और आधुनिक विकास'** को पढ़ते हुए यही महसूस होता है। वस्तुतः आधुनिक विकास का मुलम्मा ओढ़ने की अंधी दौड़ में शामिल, राज्य साम्राज्यवादी ताकतें, आई.एम.एफ., वर्ल्ड बैंक व डब्ल्यू.टी.ओ. साथ ही अन्य निगमीकरण को बढ़ावा देने वाली शक्तियाँ एक साथ खड़ी हो गयी हैं, जिससे किसी स्थायी विकास-'सस्टनेबल डेवलपमेण्ट' की कल्पना हम कर ही नहीं सकते। हाँ, यह जरूर हो सकता है कि भूख, गरीबी और विस्थापन आदि मुफ्त में मिल जाए।

'हिन्द स्वराज में राजधर्म एवं व्यावहारिकता' शीर्षक से लिखे आलेख में **डॉ. राजीव कुमार** का इसीलिए यह विश्लेषण है जिसे मैं यहाँ जोड़ना चाहूँगा कि, "इस दल-दल से भारत अपनी परम्परागत नैतिक और बौद्धिक स्रोत के सहारे निकल सकता है। हिन्द स्वराज में गाँधीजी ने अपने विचार व्यक्त करते हुए कहा है कि राजनैतिक जीवन से भी सक्रिय जीवन के उच्च आदर्शों को प्राप्त किया जा सकता है...यह हमारे नैतिक दृष्टिकोण पर निर्भर करता है। गाँधी का विचार था कि भारत की आज की रूढ़िवादी संस्कृति की स्थिति, औद्योगिक क्रांति से उपजी आधुनिक संस्कृति की तरह बाधक है। परिवर्तित व नूतन भारतीय संस्कृति व सभ्यता भारत को स्वराज दिलाने में सहायक हो सकती है। गाँधी का विश्वास था कि ऐसा होने पर राजनीतिक हिंसा में कमी आएगी, पैसा कमाने की भूख कम होगी, करुणा और दया बढ़ेगी, आर्थिक समृद्धि आएगी तथा व्यक्ति आध्यात्मिकता से जुड़ेगा।" वस्तुतः आधुनिकता के ऐसे प्रतिमान ही रहे हैं कि मनुष्य या व्यवस्था उससे व्यक्तिगत या सामूहिक रूप से प्रभावित हुए। **'हिन्द स्वराज और आधुनिकता का प्रश्न'** नामक आलेख में **इन्द्रनाथ चौधुरी** ने अपने आलेख की शुरुआत की है कि, "आज उत्तर-आधुनिक युग में ऐसी कई समस्याओं से हम जूझ रहे हैं जिनके समाधान के लिए हिन्द स्वराज पुस्तक काफी महत्त्वपूर्ण सिद्ध हो सकती है। हिन्द स्वराज आधुनिक सभ्यता की समीक्षा है, मास्टर नरेटिव के रूप में आधुनिक सभ्यता को स्वीकार करने का प्रश्नचिन्ह है। "इसी के साथ चौधुरी ने तीन महत्त्वपूर्ण सवालात उठाए हैं–

1. आधुनिक सभ्यता तथा उद्योग अनुप्राणित समाज से सम्बद्ध विकास की अवधारणा हमारे लिए कहाँ तक सार्थक है?
2. संसदीय गणतंत्र हमारे लिए कहाँ तक उपयुक्त है? तथा
3. आधुनिकता की पहचान क्या है?

इन प्रश्नों के आलोक में बेबाक समीक्षा के साथ **इन्द्रनाथ चौधुरी** का यह तर्क

है कि, "गाँधी ने आध्यात्मिक नैतिकता की सहायता से हमारी अर्थनैतिक तथा सैनिक कमजोरी को शक्ति में बदल दिया। अहिंसा को हमारी सबसे बड़ी शक्ति बना दी। सत्याग्रह की सहायता से शोषितों की तरह नहीं, विद्रोही की तरह जीना सिखाया और इस तरह सत्याग्रह को अस्त्र में बदल दिया।...ग्राम को विकास के केन्द्र में लाकर वैकल्पिक टेक्नोलॉजी, स्वदेशी का प्रासाद तथा सर्वोदय को महत्त्व देते हुए लोक हिन्दुत्व का पक्ष लिया और भारतीय सशक्तीकरण का मार्ग दिखाते हुए आधुनिकता की व्याख्या की। **कुमार प्रशांत** ने **'हिन्द स्वराज की राजनीति'** को कुछ अन्य ऐंगिल से देखते हुए लिखा है जो शत-प्रतिशत सच भी है कि, "शासकों ने गाँधीजी को कर्मकाण्डों व पुतलों में जड़वत् बना देने व दूसरे को पीटने की लाठी की तरह भाजने का करतब किया है। हिन्द स्वराज की आत्मा व्यवस्था चलाने की नहीं, व्यवस्था बदलने की है, और इसलिए इसे लेकर चलेंगे तो स्थापित व्यवस्था से टकराव अपरिहार्य है। यह टकराव, कब, कितना और कहाँ होगा, इसका निर्धारण उस वक्त के नेतृत्व व परिस्थिति पर छोड़ना होगा। हिन्द स्वराज का एक-एक शब्द कहता है कि इस दर्शन को परिपूर्णता में समझना पड़ेगा और सम्पूर्णता में इसके प्रयोग करने होंगे। जयप्रकाशजी के शब्दों में, 'गाँधी की पूजा करने का ऐसा खतरनाक खेल है, जिसमें सफलता हर्गिज नहीं मिलेगी। महत्त्वपूर्ण यह है कि इसको हम कितना सही समझ पाते हैं।

आज हम गाँधीयन इतिहास की पड़ताल की बात कर रहे हैं। गाँधीयन एज़ को हम चाहे जिस दृष्टि से देखें, किन्तु गाँधी के अभूतपूर्व योगदान का ऐतिहासिक परिप्रेक्ष्य गाँधी के सन्दर्भ में कम-से-कम किसी के लिए भी कोई शिकायत का मौका नहीं देता। हाँ, उनके अनुगामी जरूर शिकायत के पात्र रहे, **कुमार प्रशांत** को ऐसे में हम खारिज नहीं कर सकते। **कुमार प्रशांत** का इस दृष्टि से उपरोक्त विश्लेषण आज यक्ष प्रश्न है। वास्तव में, यह कुमार प्रशांत का, मैं साहसिक प्रश्न मानता हूँ। इस पर से तथाकथित या हम कहें स्वघोषित गाँधीवादियों की दृष्टि, आत्मा और कर्म में कितना अन्तर्संबंध है, इस पर भी शक हो जाता है आज हिन्द स्वराज पर बात करते हुए। कुमार प्रशांत की बातों का समर्थतन करते हुए **श्री विभूति नारायण राय** ने अपने आलेख **"हिन्द स्वराज का वर्णाश्रमी पाठ"** में लिखा है गाँधी स्वयं को सनातनी कहते थे और जन्मना वर्ण व्यवस्था में उनकी आस्था मृत्यु से कुछ दिनों पहले तक के उनके लेखन और वक्तव्यों में झलकती है। आगे **श्री विभूति नारायण राय** ने गाँधी के इस पक्ष को उद्धृत करते हुए यह भी लिखते हैं कि "हिन्द स्वराज पढ़ते समय मुझे जिस चीज ने सबसे अधिक चमत्कृत किया वह है पूरी पुस्तक में वर्ण व्यवस्था का कहीं ज़िक्र न होना गांधी ने इस पुस्तक में और इसके इतर अक्सर भारतीयों की दुर्दशा और पराधीनता से मुक्त ना हो पाने का ज़िक्र किया है। यदि हम मोटे तौर पर इनको रेखांकित करें तो कुछ कारण इस प्रकार उभर कर आयेंगे—ईश्वरीय विधान में पूरी तरह आस्था न रखना,

ब्रह्मचर्य का पालन न करना, गौ-सेवा की भावना का अभाव इत्यादि। उन्हें कभी भी ऐसा नहीं लगा वर्ण व्यवस्था भारत की दुर्दशा के लिए जिम्मेदार महत्त्वपूर्ण कारणों में से एक है।'' इस प्रकार एक नया विमर्श **विभूति नारायणजी** द्वारा उठाया गया है जिस पर कदाचित किसी का ध्यान जाता है।

सुप्रसिद्ध चिंतक **डॉ. पी.एन. सिंहजी** ने अपने आलेख का शीर्षक रखा है– **'क्या गांधी हमारे किसी काम के नहीं?'** इस विचारपूर्ण आलेख में **डॉ. सिंह** ने न केवल मार्क्स, ऐंगेल्स, लेनिन के बहाने पूरी तत्कालीन फेनोमेना पर बहस की है बल्कि गाँधी की जीवात्मा की तड़प को टटोलकर एक नई बहस ही शुरू की है। श्रीसिंह ने अम्बेडकर, नेहरू, डॉ. राजेन्द्र प्रसाद, गुरुदेव रवीन्द्रनाथ टैगोर तक की आयडियोलॉजी, फिलॉसफी और कृतित्व पर भी प्रकाश डालते हुए कई प्रश्नों के बीच गाँधी को रखकर देखा, परखा, जाँचा है। इसी विचारणा को पढ़ते हुए डॉ. पी.एन. सिंह के अन्तिम पैराग्रॉफ को बिना उद्धृत किए चैन ही नहीं आता। उन्होंने लिखा है कि, ''19वीं सदी के कुछ अतिवादी वामपंथी विचारकों ने हीगेल को 'मरा कुत्ता' घोषित कर दिया, लेकिन मार्क्स ने इसे अस्वीकार कर दिया। उन्होंने हीगेल के द्वंद्वात्मक चिंतन पद्धति (DIALECTICS) और निर्वासन (ALIENATION) की अवधारणा को स्वीकृत कर उसे अपने क्रांतिकारी 'विज़न' के अनुकूल समृद्ध किया। 'निर्वासन की हीगेलवादी अवधारणा से उन्होंने पूँजीवाद के मानवीय संकट को रेखांकित किया और द्वन्द्वात्मक चिंतन पद्धति के सहारे उसे अतिक्रमित (निषेध नहीं) करने की दृष्टि पायी। मार्क्स ने तो यहाँ तक कहा कि हीगेल की सकारात्मकता को रेखांकित करने में उन्होंने सचेतन हीगेलवादी शब्दावली का प्रयोग तक किया। क्रांतिकारी सर्जनात्मकता निषेधवादी नहीं हुआ करती। निषेध प्रतिवाद हो सकता है, उत्तर नहीं। क्रांति उत्तर हुआ करती है, मात्र प्रतिवाद या निषेध नहीं, और यह आरोपित तो हो ही नहीं सकती। गाँधी के पास यह मनोवैज्ञानिक पकड़ थी। इसी सन्दर्भ में उनके 'स्वदेशी', 'सत्याग्रह' और 'स्वराज' की अद्यतन सन्दर्भों में पुनर्व्याख्या सम्भव है और गाँधी एक महत्त्वपूर्ण प्रस्थान बिन्दु बन सकते हैं।''

वयोवृद्ध गाँधीवादी **रामजी सिंह** का आलेख **'हिन्द स्वराज में हिंसा का प्रत्याख्यान'** बताता है कि, मानव मन से ही युद्ध का आविर्भाव होता है इसलिए शांति का प्रारम्भ भी मानव मन से ही करना होगा। "हम कह सकते हैं कि यह गाँधी का ही प्रभाव है। **डॉ. पी.एन. सिंह** ने ऊपर जो हीगेल व मार्क्स के साथ गाँधी की 'सत्याग्रह', स्वराज और 'स्वदेशी' की फिलॉसफी का ज़िक्र किया है वह भी मन के ही 'आत्मानुशासन' पर निर्भर है किन्तु प्रस्थान बिन्दु की बात जो हो सकती है वह मुझे जो समझ में आता है–गाँधीयन दृष्टि से भी 'आत्मानुशासन' ही प्रस्थान बिन्दु है और वह भी गाँधी के साथ।

थोड़ा सा हटकर आलेख **श्रीयुत् नन्द किशोर आचार्य** द्वारा लिखा गया

है–**'हिन्द स्वराज : ऐतिहासिक अनिवार्यता'**। इस आलेख के माध्यम से न केवल हम ऐतिहासिक परिप्रेक्ष्य को समझ सकते हैं बल्कि हिन्द स्वराज की 'ऐतिहासिक अनिवार्यता' पर उठते प्रश्नों का जबाव भी पा सकते हैं। जैसा कि नन्द किशोर आचार्य जी ने स्वयं लिखा है ''हिन्द स्वराज एक विकल्प प्रस्तुत करने वाली किताब है--कह सकते हैं कि यह भी एक ऐसी किताब है जो स्वतंत्रता और समता को बुनियादी नैतिकता के रूप में स्वीकार करती है, लेकिन उन्हें दूरगामी फल की तरह नहीं, बल्कि फल तक पहुँचने की प्रक्रिया में ही सिद्ध करना चाहती है। कहना गलत न होगा कि 'हिन्द स्वराज' पर जो जोरदार बहस पूरे भारत भर में छिड़ी है वह उसी नैतिकी के कारण छिड़ी है क्योंकि इसमें (हिन्द स्वराज में) स्वतंत्र चेतना भी है और जीवन्तता भी है। मशहूर लेखिका **ज़ाहिदा हिना** का आलेख **'गाँधीजी और हिन्द स्वराज'** हम पढ़ लें, इसका उदाहरण मिल जाएगा। **ज़ाहिदा जी** लिखती हैं कि, ''मैं जब 2009 में 'हिन्द स्वराज' को पढ़ती हूँ तो जी चाहता है कि इस किताब पर हम सबने मिलकर गौर किया होता, बहस की होती और अंग्रेज से एक ऐसी आज़ादी हासिल की होती कि जिसमें करोड़ों लोगों से उनकी जन्मभूमि, उनके घर-आँगन और उनके घर वाले न छिने होते। काश! लोगों ने महात्मा गाँधी की बातों पर ध्यान दिया होता! शायद ऐसी कई बातें प्रियम कृष्णा के मन में कौंधती हैं। उन्होंने गाँधी के सत्याग्रह को "Soil -Forces' के रूप में देखते हुए यही कहा है कि, ''गाँधी ने जीवनकाल में जो भी बातें कही हैं वह उनकी पुस्तक हिन्द स्वराज की ही देन है।'' इस बात को हम सभी शायद न स्वीकारें, लेकिन **प्रियम् कृष्ण जी** का यह तर्क गाँधी आज़ादी मिलने के बाद भी नेहरू से जब हिन्द स्वराज को अंगीकृत करने की बात करते हैं तो सत्य लगता है। आप देखें गाँधी के जीवन के वे तमाम 'जीवन मूल्य' तथा 'जीवन-कर्म' हिन्द स्वराज को बुनियादी रूप में रखकर आगे बढ़े हैं और अन्तिम समय तक उनकी उसमें इतनी निष्ठा है कि वह भारत का असली स्वराज भी उसी में देखते हैं।

सूचना-तकनीकी ने दुनिया छोटी कर दी। इस सन्दर्भ में मीडिया की भूमिका अहम रही है। बदलते दौर में बदलाव अवश्यम्भावी होता है, और वह हुआ भी लेकिन मीडिया की भूमिका सामाजिक उन्नयन से जुड़ा होता है। हम सभी जानते हैं कि हिन्द स्वराज का प्रथमतः प्रकाशन इण्डियन ओपीनियन में हुआ था, जिसका उद्देश्य भी वही था जिससे हमारा उत्कर्ष हो सकता था किन्तु विडम्बना यह है कि बाज़ारवादी दौर में मीडिया 'इण्डियन ओपीनियन' की भूमिका में आज नहीं है, उसे मुनाफा की फ़िक्र ज्यादा है। **प्रो. कमल दीक्षित** ने अपने आलेख **'हिन्द स्वराज और पत्रकारिता'** में इसी पर ज्यादा फोकस करते हुए लिखा है, ''गाँधी समाचार पत्रों को उद्देश्यपरक मानते थे। हिन्द स्वराज के पहले ही अध्याय में वे कहते हैं 'अखबार का एक काम तो है लोगों की भावनाएँ जानना और उन्हें जाहिर करना, दूसरा काम है लोगों में

अमुक जरूरी भावनाएँ पैदा करना और तीसरा काम है लोगों में दोष हो तो चाहे जितनी मुसीबत आने पर भी बेधड़क होकर उन्हें दिखाना।' उनके लिए अख़बार सिर्फ़ सूचना या विचारों की रश्म प्रस्तुति कभी नहीं थी। कमल दीक्षित ने गाँधी के उन नैतिक बल को एक प्रकार से सामने रखा है जो आज मीडिया के लिए चुनौती प्रश्न है। **प्रो. दीक्षित** के ही पद का हम इस्तेमाल करें तो एक चीज और स्पष्ट होती है जो पूर्व में उनके 'जीवन' के विषय में कहा गया है—''गाँधी के लेखन की इस विशेषता के साथ ही उनमें एक और विशेषता थी कि जो कुछ उन्होंने लिखा या कहा उसे उन्होंने जीवन में अंगीकार भी किया।'' कहीं न कहीं इस पर से हम सभी पूर्वोक्त बातों पर सहमत होते हुए मिलते हैं।

गाँधी के यशस्वी कीर्ति का प्रभाव 'अहिंसा' और 'सत्य' के कारण ज्यादा रहे। न मीडिया में यह चेतना विकसित हो सकी और न ही आज़ादी के बाद विकसित होने वाली सभ्यता में। इस पुस्तक में **डॉ. संदीप कुमार पाण्डेय** मैगसेसे अवार्ड विजेता के आलेख का सूक्ष्म पड़ताल करके यह लगता है कि सभी ने भले उन तत्वों को छोड़ा लेकिन आमजन का तादात्म्य अभी भी है अहिंसा में। **'आम इन्सान का रास्ता-अहिंसा का ही'** में **संदीप पाण्डेय** ने यह लिखा है कि आमजन अभी भी 'अहिंसक ढंग' से ही अपनी राह खोज़ता है। शर्मीला जैसी शख्सियत का उदाहरण उन्होंने देकर यह सिद्ध किया है जो कइयों वर्ष से अहिंसक ढंग से अपनी लड़ाई में संलग्न है। **संदीप पाण्डेय जी** के एक खास अंदाज में भारत की चुनौतियों का विश्लेषण इसी आलेख में मिलता है। उन्होंने आततायी व हिंसक राज्य की नकाब को भी बेपर्द करते हुए 'अहिंसा' का वास्तविक अस्तित्व खोज़ निकाला है इसे देखकर प्रसन्नता होगी।

हिंसक राज्य और हिंसक प्रवृत्ति का चोली-दामन का रिश्ता हो चला है। गाँधीजी इसीलिए 'राज्यों' के बनने की प्रक्रिया में अपने ढंग का 'स्वरजिस्ट राज्य' की संकल्पना रखे थे, उनके अन्तिम वसीयतनामे को पढ़कर कोई भी एक आम समझ स्थापित कर सकता है। 21वीं सदी की दहलीज पर खड़े दुनिया के भविष्य को इस अन्तिम वसीयतनामे से सबक मिलती, लेकिन दुःखद यही है कि भारत में गाँधी के अन्तिम वसीयतनामे को उनकी चिता के साथ जैसे जला दिया गया, और भुला दिया गया। निःसन्देह वह एक सद्भावना का दस्तावेज़ था। गाँधीजी की सद्भावना का यह प्रतिकार केवल राज्य ने नहीं किया बल्कि उनके अनुगामियों ने किया। अहिंसा और अहिंसक सभ्यता को ऐसे में राज्य कैसे स्वीकारता, क्योंकि वर्चस्ववादी व सम्प्रभुता की ललक में वह भयानक डरा हुआ जो था।

21वीं सदी में आज खड़ा मनुष्य भी डरा ही हुआ है। **'गाँधीजी बनाम आतंकवाद'** नामक आलेख में **मार्क ज्यूरगेन्समीयर** ने कुछ ऐसे ही सवाल उठाए हैं और वह भी इस प्रश्न के साथ अन्ततः स्वयं को खड़ा पाते हैं कि, ''क्या संघर्ष का

समाधान करने के लिए अहिंसावादी दृष्टिकोण वैश्विक जिहाद युद्ध के लिए लागू किया जा सकता है?" दरअसल 9/11 के बाद की दुनिया के सामने एक ऐसी चुनौती सामने खड़ी हुई जो न तो मनुष्य को चैन-ओ-अमन देने में स्वयं को सक्षम है और न ही पूरी दुनिया को खत्म कर देने में लेकिन बिना कसूर कुछ जीवन को मिटाने में सक्षम है। ऐसी चुनौती से छिनते 'जीने के अधिकार' और 'गरिमा' भी जो एक मनुष्य को उसे नैसर्गिक रूप से उसके हिस्से का है, हल्के में न लेकर निपटने की जरूरत है, ऐसे में मार्क के प्रश्न समय सापेक्ष हैं। **राकेश मिश्र** अपने आलेख **'अहिंसक संस्कृति की प्रतिरोध का घोषणा पत्र : हिन्द स्वराज'** में प्रतिरोध के उस अहिंसक स्वभावों को प्रतिबिम्बित करते हैं जो गाँधी के मूल चेतना में था जबकि गाँधीजी के अनॉर्की विमर्श को **के.के. सिन्हा** ने अपने आलेख **हिन्द स्वराज : एक निर्भय विरोध का दस्तावेज़** में विमर्श के केन्द्र में रखा है। गाँधीजी के अनॉर्किज़्म और जेहाद में फ़र्क है, इसे समझने की जरूरत है। जेहाद की पवित्रता के बरक्स गाँधी का अनॉर्किज़्म 'प्रेम के नियम' पर आधारित और 'सत्याग्रह' से भी विभूषित है। प्रो. के.के. सिन्हा के आलेख की प्रासंगिकता इसमें है कि हिन्द स्वराज के बहाने गाँधी के मानवतावादी दृष्टि का उसमें सूत्रपात होता है। वैसे भी इस विमर्श में जब 'जीने के अधिकार' और 'गरिमा' के सवाल उभरे तो गाँधी का हिन्द स्वराज पूर्णतः मानवाधिकारवादी दस्तावेज़ के रूप में भी हमें देखने को मिलता है और इसे **प्रो. रामेश्वर प्रसाद मिश्र** जी ने अपने आलेख **'मानवाधिकार और महात्मा गाँधी : हिन्द स्वराज से स्वाधीन भारत तक'** में सिद्ध किया है। **श्री मिश्रजी** ने लिखा है, "गाँधीजी ने अधिकारों और कर्तव्यों की अवधारणा को अपने अन्य कार्यक्रमों में बढ़ाया।... गाँधी ने मानव अधिकार शब्द का मतलब बहुत बड़े सन्दर्भ में लिया है। जैसाकि इसे आम मायनों में प्रयोग करते हैं उन्होंने कर्तव्यों पर अधिकारों की तुलना में ज्यादा जोर दिया है। यह उतने बड़े पैमाने पर समझा नहीं गया। भारत के गाँधीवादी लोगों के द्वारा नहीं। जब भारतीय संविधान का गठन हुआ तो सिर्फ़ नागरिकों के अधिकारों के बारे में उल्लेख किया गया और कर्तव्यों को लोगों और सत्तारूढ़ सरकार के ऊपर छोड़ दिया गया।" **प्रो. मिश्र** का सम्पूर्ण विमर्श इसी वाक्यों में अन्तर्विन्यस्त है कि, "यह आश्चर्य नहीं है कि गाँधी पूरे विश्व में मानव-अधिकारों के प्रतीक के रूप में स्थापित हुए।" **प्रो. मिश्र** के इस स्थापना में आज किसी को कोई शक नहीं होगा जब हम इस्रायल, फिलीस्तीन, चेचन्या और रूस के संघर्ष देख रहे हों।

जब हम 9/11 के बाद अफगानिस्तान व ईराक को नेस्तनाबूत होते देख चुके हों। इसमें क्या वे ही हताहत हुए जिनका वास्तव में मानव विरोधी अभियान था? क्या वे ही मारे गए जो आतंकवाद या उग्रवाद को अपना हथियार बना चुके थे? नहीं। बल्कि इसमें वे बच्चे, बुजुर्ग, निःशक्त और स्त्रियाँ ज्यादा प्रभावित हुए जिनका कोई कसूर ही न था। मानव के प्रति मानव की ही भंग हो रही संवेदनाओं ने क्रूर इतिहास

लिखा है। इस कड़ी में **प्रो. रामेश्वर प्रसाद मिश्र** की मानवाधिकारवादी बहस एक दिलचस्प और अनिवार्य बहस है।

'आत्मान्वेषण की पहल है हिन्द स्वराज' इस आलेख में **डॉ. विजय कुमार** का कथन है, "हालात यह है कि एक व्यक्ति के रूप में मनुष्य अपनी आत्मा खो रहा है और समाज अपनी सामुहिकता और संवाद खो चुका है।...कुल मिलाकर हम सब एक ऐसे दुनिया की तरफ बढ़ रहे हैं जो मनुष्य एकाकी, स्वार्थी, लोभी, निकम्मा और अन्ततः हिंसक बनाने पर तुली है।" यह बहुत बड़ा प्रश्न उठाया है **डॉ. विजय कुमार** ने। **पूर्व न्यायाधीश चन्द्रशेखर धर्माधिकारी** अपने साक्षात्कार में स्वीकार करते हैं कि, "आज आम आदमी का कानून पर ध्यान है—कोर्ट में क्या चलता है? उसके बारे में कुछ पता नहीं। कार्यवाहियाँ होती हैं, शोषण सबसे ज्यादा होता है—वकील करते हैं, बाकी लोग करते हैं। शोषकमुक्त स्वदेशी न्याय-प्रणाली पर हिन्द स्वराज की बुनियाद है। वह कैसे होगी? मैं 17 साल जज रहा लेकिन मैं विकल्प नहीं हो पाया क्योंकि मैं उसी में चला।" **धर्माधिकारी** ने इस साहस के साथ आज की पूरी न्याय व्यवस्था पर प्रश्न खड़ा किया है। वह बहुत ही सहजता से ऐसे सवालात खड़ा करते हैं जो हतप्रभ कर दे। यथा, "विषमता पर आधारित समाज में ग्राम-न्यायालय या ग्राम संभाग में दलित-गरीब को न्याय मिलेगा? कभी नहीं। गाँधी का कहना था कि जिसकी पैसों की थैली सबसे बड़ी होती है और वजनदार होती है, वह जीतता रहता है। लेकिन बुनियाद यही है 'न्याय' चाहिए कि 'निर्णय' चाहिए? चाहिए तो न्याय ही! तो निर्णय से न्याय होता है क्या? निर्णय होते हैं। तो न्याय-प्रणाली और निर्णय-प्रणाली का फ़र्क जानना होगा।" भारत के भीतर न्याय लचर व्यवस्था और वर्चस्वशाली लोगों द्वारा न्याय प्रणाली की खरीद-फरोख्त व पार्लियामेण्ट में सांसदों की बिक्री और खरीदी, का नग्न नृत्य जारी हो तो ऐसे में धर्माधिकारी की चिन्ता जायज लगती है, कम-से-कम हिन्द स्वराज में इस तरह के स्वराज की न कोई संकल्पना थी और न कभी होगी। गाँधी की इस हिन्द स्वराज की बेबाक समीक्षा **कांति शाह** ने किया है। वह **'हिन्द स्वराज आज दुनिया के चौराहे पर**—नामक आलेख में स्पष्ट लिखते हैं कि, "गाँधी ने अपनी सुक्ष्म दृष्टि से देख लिया था कि यूरोपीय रेनेसां के बाद वहाँ पर खड़ी हुई सभ्यता एक ऐसी विपरीत फिलॉसफी के समक्ष विद्रोह की पुस्तक है। उसमें भी फिलॉसफी की बेधक और सूक्ष्म विश्लेषण की पुस्तक है।" **प्रभाष जोशी जी** ने **'सौवें साल में हिन्द स्वराज को पढ़ना'** शीर्षक से लिखे आलेख में बहुत ही ठीक बातें हिन्द स्वराज की फिलॉसफी का सुक्ष्म विश्लेषण करते हुए मानों लिखा हो, "आनन्द अपनी जरूरतों को अनाप-सनाप बढ़ाने और उन्हें पूरी करने में दिन-रात लगे रहने में नहीं है। हमारे पूर्वजों ने हमें बताया कि आनन्द सुखों और विलासिताओं को मर्यादित और संचालित करने में है।" और अन्ततः **जोशी** का यह कथन है कि, "हिन्द स्वराज' भारत की मुक्ति

संग्राम के सबसे बड़े नेता और 20वीं सदी के मनुष्यता के सबसे बड़े महापुरूष मोहनदास करमचन्द गाँधी की किताब है। इसमें उनकी और भारत की मुक्ति का उद्घोष मंत्र है।'' **डॉ. विजय बहादुर सिंहजी** अपने आलेख **'अब ज्यादा प्रासंगिक हो उठा है हिन्द स्वराज'** में जोशी जी के बातों का समर्थन करते हैं, किन्तु उनका एक महत्त्वपूर्ण संकेत है जिसपर ध्यान दिए जाने की जरूरत है। वह लिखते हैं, ''आज स्थिति यदि बहुत बदतर नहीं है तो भी ऐसी है कि यहाँ के लोग अपनी हर जरूरत और सपने के लिए पश्चिम-यूरोप और अमरीका की तरफ देखते हैं। पश्चिम ने भी बड़ी चतुराई से और योजनाबद्ध ढंग से हमें संस्कारित कर दिया है कि हमारा अनुसरण करो, इसी से तुम्हारी प्रगति होगी और तुम एक विकसित राष्ट्र कहे जाओगे। फिलहाल, हम एक विकासशील राष्ट्र कहे जाते हैं। और पश्चिम इस सन्दर्भ में हमारी पीठ बहुत मुस्तैदी से थपथपा रहा है।

'हिन्द स्वराज' उन समस्त ऐसी शक्तियों के विरुद्ध आवाहन की पुकार है। इस पुकार को न समझना, सुनकर अनसुनी करना, सभ्यता के नाम पर असभ्यता को सहना, अन्याय और अत्याचार के प्रति आंखें और कानों को मूंदे रखना किस तरह की सभ्यता है, कैसी संस्कृति है, इस पर विचार करने की जरूरत है कौन लोग हैं जो कर पा रहे हैं। इस पर से **ठाकुर दास बंग** का आलेख **'हिन्द स्वराज नई पीढ़ी से नए प्रयोग का आमंत्रण'** पढ़कर यह लगता है कि गाँधी के सभी मूल्यों की व्याप्ति की जिम्मेदारी नई पीढ़ी के हाथों में है और उसी से सम्भव है। उनका मानना है कि हिंसा और अति बर्बर सभ्यता के बीच मनुष्य को दिशा-दात्री 'युवा पीढ़ी' है उसी को आगे 'अहिंसा' की ताकत को सिद्ध करना है।' **बंग** का मानना है, ''हिन्द स्वराज का अन्तिम लक्ष्य भी है कि नैतिक समाज व्यवस्था का निर्माण करना है जिसका मतलब सर्वोदय है। सर्वोदय भी तभी होगा जब आज की नई पीढ़ी चाहेगी क्योंकि अब हमारा वक्त खत्म हो गया आपका वक्त शुरू हुआ है।'' इसी को आगे बढ़ाते हुए **प्रो. मनोज कुमार ने 'नई सुबह की शुरुआत करें हम'** नामक आलेख में लिखा है कि, ''चुनौतियों को नई पीढ़ी अपने विवेक के आधार पर शमन करेगी।''

सुभाषित होने की बारी

आवश्यकता इस बात की है कि हम अपने 'कर्तव्य' को समझें। पूर्व में जो भी चिंताएँ उभरकर सामने आयी हैं उसे हल्के में न लें। कर्तव्य के प्रति लालायित होना हमारें आने वाली पीढ़ी के लिए वरदान साबित हो सकता है किन्तु अधिकारों की चेष्टा करके अपने कर्म से विमुख होना, हमारे ही विनाश का कारण हो सकता है। गाँधीजी के सभ्यता विमर्श का भी ध्येय 'सस्टनेबल डेवलपमेण्ट' और 'ब्राइट फ्यूचर' ही है। सुनहले भविष्य अभी भी हमारी देसज संस्कृति में विद्यमान हैं। वह न ही आधुनिक सुख सुविधाएँ आनन्द प्रदान कर सकती हैं न बाज़ार। उसे आधुनिक टेक्नोलॉजी भी मुहैया नहीं करा सकती और न ही हमारी उपभोगवादी आसक्ति।

1909 से 2009 के 100 वर्षीय सफर में बहुत कुछ हमारे स्वजन भोग चुके हैं नाना प्रकार की चुनौतियाँ–कभी साम्प्रदायिकता तो कभी आतंकवाद, कभी भूख और कभी गरीबी। यहाँ आज बाज़ार की चुनौती हम झेल रहे हैं। इकोनॉमी का खेल जारी है। सुख और दुःख के बीच की सहभागिता सबमें होनी थी वह बांट दी गयी है। धनाढ़्य और गरीब दो ध्रुव बन गये हैं। गाँधीजी सर्वोदय लाना चाहते थे लेकिन वह नहीं हुआ। गाँधीजी स्वदेशी, स्वभाषा, स्वराज और 'स्व' को पुनर्जीवित करना चाह रहे थे, वह नहीं हुआ। शोषक के पोषक आज भी हैं। पार्लियामेण्ट, रेल, डॉक्टर, वकील, कोर्ट और जज यह सभी शोषक के पोषक थे आज क्या हम बदल गए? कुछ भी नहीं बदला। मन में जो परिवर्तन गाँधी का सपना था, वह सपना रह गया। अब तो सबसे बड़ी भूमिका शोषक के पोषक की ब्यूरोक्रेट्स-नौकरशाहों ने सम्हाल रखी है। अंग्रेजी सभ्यता से उपजी शिक्षा पद्धति से दीक्षित होकर निकली पीढ़ी उस पद व प्रतिष्ठा को पाने के लिए बेचैन है जहाँ से उसको वाह्य मुनाफा हो सके। भ्रष्टाचार का क्रूर चेहरा भली-भाँती जनता को नोचकर खा जाना चाहता है। राज्य ने भी खूब मजाक बनाकर रख दिया।

राज्य की प्रतिष्ठा एक नैतिक संस्था के रूप में हुई थी। राज्य ने न नैतिकता को समझा और न नीति को। नीति के अनुसार राज्य का यह उत्तरदायित्व है कि वह अपने 'स्व' की रक्षा करे लेकिन राज्य ने अपनी आत्मा खो दी। उसका आत्म भी तो उसके 'नागरिक' हैं वह कभी अपने नागरिकों के प्रति नैतिक नीति, 'वेल्फेयर पॉलिसीज' नहीं बना सका। राज्य ने सबसे क्रूर नाच किया है। उसने यह नहीं ध्यान दिया कि नागरिकों के 'गरिमा' 'स्वतंत्रता' और 'समानता' व सुरक्षा को कैसे लाया जाय। इसका खमियाजा हम भुगत चुके हैं।' आपसी अन्तर्द्वन्द्व और वाह्य भय ने राज्य के नागरिकों का अमन-ओ-चैन छीना है, शांति भंग की है। अब तो स्थिति और बद्तर हो गयी है।

भूमण्डलीकरण के आगमन के साथ भारत के हांथ-पैर में गुलामी की बेड़ियाँ फिर से जकड़ने लगी हैं। हमने दुनिया के देशों के उन पॉलिसीज को अब अडॉप्ट कर लिया है जो वर्चस्ववादी ताकतें हमें सौंपना चाह रही थी। डॉ. विजय बहादुर सिंह का इस तरफ इशारा था, इसे समझना आवश्यक है। बाज़ारवाद और उपभोगवाद का ऐसा रिश्ता कायम हो चुका है कि मौकापरस्त मल्टीनेशनल्स कम्पनियाँ हमें नये उपनिवेश का शिकार बनाने से नहीं चुकेंगी। उन्हें तो बस अपने प्रोडक्ट्स लांच करने का अवसर चाहिए। डब्ल्यू.टी.ओ, आई.एम.एफ. और वर्ल्ड बैंक का भी पूंजी संग्राम 'शोषित' और 'साम्राज्यवादी-शक्तियों के बीच युद्ध कराने के लिए आमादा है। आज से 100 वर्ष पूर्व राष्ट्र-राज्य के पैरों के लिए इतनी पाबन्दियाँ नहीं थीं आज स्थिति बदल चुकी है। इसे हम समझ क्यों नहीं पा रहे हैं, बात समझ में नहीं आती। समय रहते अगर चेतस नहीं हुए तो मानवता नहीं बचेगी।

मानवता को बचाने के लिए प्रकृति से तादात्म्य जरूरी है। पर्यावरणीय क्षति को हम बहुत हल्के में ले रहे हैं। तरह-तरह के बढ़ते प्रदूषण, ओजोन परत का छिद्र और जंगली जानवरों तथा पक्षियों का विनाश हमारे पारिस्थितिकी से जुड़े प्रश्न हैं। जब तक हम शहरी चकाचौंध, 'ग्लैमरस लाइफ' का व्यामोह नहीं छोड़ते तब तक हम अपनी उपभोगवादी प्रवृत्ति से निवृत्त भी होंगे, असम्भव है। इसके लिए अपनी जैव विविधता तथा 'ह्यूमन बींग' को 'नॉन-वायलेण्ट' बनाने की जरूरत है और इसके लिए भी 'आत्मानुशासन', 'आत्मबल', 'सत्य', 'अहिंसा', 'प्रेम', 'बन्धुत्व' तथा 'सर्वधर्म समभाव' को अपनाने की जरूरत है। एक 'कॉमन-मिनिमम कांसेंस' जब अहिंसा के लिए बनेगा तभी हम 'शांति' को स्थापित कर पाएंगे। हमारी अब गाँधीजी के शारीरिक अनुपस्थिति में उनके वैचारिक अहिंसक सभ्यता से सुभाषित होने की बारी है। 9/11 के पहले द्वितीय विश्वयुद्ध के बाद मानव अधिकार की आम सहमति बनी थी। गाँधी अपने 1909 के हिन्द स्वराज में जो उद्‌घोष कर चुके हैं, अगर दुनिया के लोग अपनाएँ तो यह कहना अतिशयोक्ति नहीं होगा कि भारत जो निनाद करता रहा है—'द्यौ शन्तिः। अन्तरिक्षः शांति। पृथ्वी शांतिः। आपः शांतिः। औषधयः शांतिः। वनस्पतयः शांतिः। विश्वदेवा शांतिः। सर्व शांतिः। शान्तिरेवा शांतिः। साऽमा शांतिः। ऊँ शांतिः। शांतिः। शांतिः।' वह पूरे जगत के आनन्द का उत्तम साधन है, उसे सभी प्राप्त कर सकेंगे।

इक्कीसवीं सदी में भी गाँधी का उद्‌घोष वही है क्योंकि, गाँधीजी कोई भी स्वार्थ व लिप्सा में कुछ भी नहीं कहते रहे। मिलेनियम गाँधीजी और शताब्दी वर्ष पर उनकी हिन्द स्वराज पुस्तक का रौशन सभ्यता-विमर्श मनुष्य अपने अधोपतन से पहले अगर समझ ले तो निश्चित रूप से ऊँच-नीच, भेद-भाव, की भावनाएँ समाप्त हो जाएँगी। समरसता और मोहब्बत कायम होगी। दलित, स्त्री, आदिवासी अथवा सॅबाल्टर्न यह विमर्श के विषय नहीं होंगे। क्रूरता के जगह सर्वोदय का अरुणोदय होगा और ऐसे में साम्राज्यवाद, ब्राह्मणवाद, सामन्तवाद, वर्चस्ववाद, अधिनायकवाद और सम्प्रभुत्ववाद का चेहरा शर्मसार होकर मुख्यधारा में शामिल होने की भीख मांगेगा। हिन्द स्वराज आज भी इस अभिनव भविष्य से हमें पुरस्कृत करने की तैयारी में है। आवश्यकता इस बात की है कि उसके नैतिकबल, मूल्य और निर्वैयक्तिक प्रेम का दो कदम आगे बढ़कर स्वागत करें।

अतीत को पढ़कर

वर्तमान का स्वागत अतीत को पढ़कर हम तभी भली प्रकार से कर सकेंगे जब हम चेतस होकर अतीत के विमर्श को भी समझ लेंगे। हिन्द स्वराज का सौ वर्षीय सफर बीत चुका है। इसके पूर्व भी बहुत से ऐसे कार्य हुए हैं जो मैं शताब्दी वर्ष पर कर रहा हूँ किन्तु सदी का यह सर्वोत्तम कार्य मैं इसीलिए मानता हूँ क्योंकि इसमें शामिल

सभी विद्वान अपने-अपने क्षेत्रों में अपना महत्त्व रखते हैं और उन्होंने गाँधी के समस्त अब तक किए गए समीक्षाओं को बारीकी से समझा है, तब कुछ लिखा है। सन् 1909 में 13 से 22 नवम्बर के बीच Kildonian Castle जहाज पर लिखी गई इस कृति की तो समीक्षा 1910 से शुरू हो चुकी है। अंग्रेजी सरकार ने इस पर प्रतिबन्ध भी लगा दिया, इसका प्रभाव इस प्रकार अंग्रेजी सल्तनत पर पड़ा था, लेकिन गाँधीजी का खुद विचार था कि इस पुस्तक के बारे में हमारे श्रेष्ठजन क्या राय रखते हैं उसे हमें जानना जरूरी है। हम देखेंगे कि इस दृष्टि से गाँधीजी ने पश्चिम के कई विद्वानों को इसका अंग्रेजी अनुवाद करके भेजा। उन्होंने टॉलस्टॉय, वायबर्ग और ऐसे ही कई पश्चिम के चिंतकों को स्वयं पत्र के साथ इस पुस्तक को भेजा था। 'सम्पूर्ण गाँधी वाड्.मय' जो भारत सरकार के सूचना विभाग से प्रकाशित है, के खण्ड-10 में इसका प्रमाण मिल जाएगा।

हिन्द स्वराज का गुजराती और अंग्रेजी गाँधी+कृत् है। एक मूल है, दूसरा अनुदित किन्तु अंग्रेजी अनूदित की ख्याति सम्पूर्ण जगत में फैली, क्योंकि इससे कोई इन्कार नहीं कर सकता कि अंग्रेजी दुनिया की सम्पर्क भाषा उस समय भी थी और आज भी है, इसलिए उनके अंग्रेजी अनुवाद ने लोगों के भीतर पाठ, पुनर्पाठ का चस्का लगा दिया। रोमां रोलां, नेहरू, राजाजी, मार्गेट चटर्जी, बी.आर. नन्दा, डेनिस डॉल्टन, ज्यूडिस ब्राउन अनेक का नाम हैं जो इस पुस्तक को पढ़े बिना नहीं रहे। अब तक-**सोफिया वाडियो**, सम्पादक **आर्यनपाथ** (1938 में हिन्द स्वराज पर विशेष समीक्षा प्रकाशक), सन् 1973 में **टी.के. महादेवन** (टू वार्ड्स अ काउण्टर-सिविलाइजेशन, गाँधी मार्ग के लिए) ने इस पर महत्पूर्ण कार्य किया और उसके पश्चात **आशीष नन्दी** ने भी हिन्द स्वराज की समीक्षा अपने तरीके से प्रस्तुत की। **नागेश्वर प्रसाद जी** ने गाँधी पीस फाउण्डेशन से 'हिन्द स्वराजः फ्रेस लुक' प्रकाशित किया जिसमें लगभग 16 से अधिक विद्वानों ने अपने-अपने ढंग से हिन्द स्वराज के सम्बन्ध में सोचा-विचारा। गाँधी ज्योंति ने 1988 में हिन्द स्वराज पर एक विशेषांक निकाला **डॉ. रामजी सिंह** के सम्पादकत्व में, तो **डॉ. राजीव बोरा** ने सन् 1997 में गाँधी मार्ग 'हिन्दी' में लगभग 20 विद्वानों का सम्मिलित एक विशेषांक प्रकाशित किया। विभिन्न पत्र-पत्रिकाओं में विमर्श की केन्द्र यह पुस्तक स्वतंत्र लेखन के लिए भी काफी उकसाती रही विद्वानों को। इसमें गाँधीजी के सचिव **महादेव भाई देसाई, काका कालेलकर, बी.आर. नन्दा** ने, गुजराती में **कांति भाई शाह,** की महत्त्वपूर्ण पुस्तक 'हिन्द स्वराज : एक अध्ययन (गाँधी ने पामवानों अेक प्रयास), लिखी तो वही मराठी में 'हिन्द स्वराज' चा संदेश' **बसंत पलशीकर** और **कांति शाह** ने संयुक्त रूप से लिखी और दोनों पुस्तकों की भूमिका गाँधीजी के सचिव के सुपुत्र **नारायणभाई देसाई** ने लिखी।

'हिन्द स्वराज एण्ड अदर राइटिंग्स' के बारे में पूरी दुनिया जानती है। **एन्थोनी जे. परेल** द्वारा सृजित यह पुस्तक कैब्रिज प्रेस ने प्रकाशित किया है। भारत में इस

शृंखला में अनेक महत्त्वपूर्ण लेखन हुए जिसमें **प्रो. रामेश्वर प्रसाद मिश्र** की पुस्तक काफी चर्चित रही तो वही **कनक तिवारी** ने 'फिर से हिन्द स्वराज' लिखकर अपनी उपस्थिति दर्ज़ कराई है। इस बीच प्रभाष जोशी, डॉ. अनिल दत्त मिश्र, प्रो. नन्दकिशोर आचार्य, कुमार प्रशांत तथा अन्य कई भारत के विद्वानों ने हिन्द स्वराज़ को नए ढंग से देखने समझने का प्रयास किया जो निश्चित रूप से आदर योग्य है।

वर्तमान के परिष्करण हेतु

सदी का हिन्द स्वराज फिर कैसे हमारा मार्गदर्शन करते हुए स्वतंत्रता, लोकतंत्र और समतावादी मूल्यों की स्थापना करने के लिए तत्पर है, इतने विमर्श के बावजूद यह 'विमर्श' का विषय आज भी है। कल्पना नहीं की जा सकती की भारत के सभ्यता का 'प्राच्य-स्वरूप' व 'जड़ें' कितनी गहरी हैं और उम्दा भी हैं। गाँधी उन्हीं सभ्यताओं में अपने भारत का सौन्दर्य देखते हैं। अपने भारत का 'स्व-राज' देखते हैं। 'स्व-राज' का तात्पर्य आखिर क्या है? हम स्वराज तो उसे ही कहेंगे जहाँ अधिकतम 'आनन्द' प्राप्त कर रहे हों लोग बिना किसी दबाव के, किसी जोर-जबरदस्ती के। स्वराज का तात्पर्य आधुनिक-सभ्यता और अन्धानुकरण वाली प्रौद्योगिकी कभी नहीं हो सकती। छोटे व लघु-कुटीर उद्योग से सहज प्राप्त-स्वावलम्बन की ज़िन्दगी' में ही सच्चा-स्वराज है गाँधीजी की दृष्टि में 'स्वराज' और 'आनन्द' है। उन्होंने पूंजी के केन्द्रीकरण का भी विरोध किया और 'ट्रस्टीशिप' जैसी अवधारणा दी। ट्रस्टीशिप, स्वदेशी, स्वावलम्बन से प्राप्त होते स्वराज वाला भारत, गाँधीजी के भारत की असली तस्वीर है। अब अगर नये भारत निर्माण में इसको हम नहीं ला सके तो कमी गाँधीजी की नहीं, अपने नए 'भारत-निर्माताओं' और 'लीडरशिप' की है।

बहुत हद तक हिन्दुस्तान के पूरे नक्शे में भारत की स्थिति अपने संवैधानिक दायरे में ठीक भी लगती है किन्तु पाकिस्तान को देखकर चिंता होती है क्योंकि वहाँ वह लोकतंत्र भी बार-बार सैन्य शासन का शिकार होने पर टूटता-बिखरता रहा। बांग्लादेश की भी स्थिति वही रही। ऐसे में, सम्पूर्ण भारत का गाँधी ने जिस 'स्वराज' की संकल्पना की थी उसे हिन्दुस्तानी आज़ादी के बाद कायम नहीं रख सके। हिन्द स्वराज उठाकर हम पढ़ लें, कहीं पर टुकड़े-टुकड़े में भारत और टुकड़ी-टुकड़ी स्वतंत्रता का सपना गाँधीजी ने नहीं देखा था, न उसका ज़िक्र मिलेगा। ज़ाहिदा बहन का सम्पूर्ण दर्द हमें इसी पुस्तक के आलेख में इसी ओर ध्यान दिलाता है। नफ़रत के हम शिकार हुए बंटकर। बंटकर हमें कई युद्ध लड़ना पड़ा, यह गाँधी के स्वराज का स्वप्न नहीं था। गाँधीजी स्वराज व सद्भावना, प्रेम व अहिंसा का बीज 'हिन्द स्वराज' में रोपे थे। उस बीज का असली स्वरूप (पेड़) हम नहीं उतार पाए धरती पर, नहीं तो भारत स्वतः तो उन्नत सभ्यता अर्जित किया होता और पूरी दुनिया में मिसाल रूप में अनुकरणीय होता।

आज भी गाँधीजी और हिन्द स्वराज की यही पुनर्प्राप्ति है कि अतीत से सबक लेकर हम वर्तमान को परिस्कृत करें तथा भावी पीढ़ी के लिए एक अच्छा कल निर्मित करें। इस पुस्तक के समस्त विद्वान लेखकों का मैं हृदय से आभारी हूँ कि वह अपने अमूल्य समय को प्रदानकर इसे एक 'भव्य-विमर्श' वाली पुस्तक का स्वरूप विविध आयामों से सोचते हुए प्रदान किए हैं। निश्चित रूप से यह हिन्द स्वराज के शताब्दी वर्ष की एक लम्बी बहस है। भारत में हिन्द स्वराज को लेकर काफी चहल-पहल है किन्तु वह चहल-पहल कितनी स्तरीय और कितना प्रभावकारी है, इसे तो भविष्य ही बताएगा। हम तो अपने 'स्वराज' को ढूंढ़ रहे हैं।

'हिन्द स्वराज : शताब्दी विमर्श' पुस्तक सौंपकर अपने पाठकों को मैं अपनी तरफ से सिर्फ़ इतना कहूँगा कि वह 'अपने स्वर्णिम व आनन्ददायी भविष्य का निर्माण सहज' ही ढूंढें। भारत को असली भारत बनाना है जो उसका मूल स्वरूप है। इस पुस्तक के प्रत्येक आलेख हमारी चक्षु को खोलते हैं, आवश्यकता इस बात की है कि उसे हम पवित्र-मन से आत्मसात करें। अगर मैं गाँधीजी के शब्दों में कहूँ तो मन की पवित्रता में हमारा असली स्वराज छुपा हुआ है। मन की पवित्रता के बाद हम गलत प्रवृत्तियों से विमुख होंगे। हम किसी 'इज़्म'-वाद के चक्कर में नहीं फसेंगे और यह मुक्ति ही हमें हमारा 'साधन' और 'साध्य' क्या हो, निर्धारित करेगा। हम निश्चित रूप से सत्य, अहिंसा, प्रेम, दया, करुणा, सर्वधर्म समभाव, सद्‌भावना व भाईचारगी के वशीभूत होंगे। गाँधीजी के हिन्द स्वराज का उद्देश्य भी यही है कि हम इसकी पुनःप्राप्ति कर लें। ऐसा होने पर हम उसी सभ्यता को प्राप्त होते हुए दिखेंगे जिस सभ्यता का सौन्दर्य दुनिया के लिए पथ-प्रदर्शक रहा है।

मैं इस पुस्तक में शामिल सभी प्रकाण्ड विद्वानों, अनुवादकों और लिप्यंतरकर्ता व प्रकाशक का आभारी हूँ। इसमें से किसी की कमी होती तो यह पुस्तक स्वरूप हम नहीं दे पाते। विशेष आभार मैं पुस्तक के प्रकाशक **अरुण माहेश्वरी जी** को देना चाहूँगा जिन्होंने सहर्ष मेरे प्रस्ताव को स्वीकार किया किन्तु उससे भी पहले मैं **श्री नीलाभ** जी का कोटिशः धन्यवाद करूँगा, क्योंकि इस पुस्तक की प्रथम वार्ता जैसे ही उनके-हमारे बीच हुई वह बहुत ही आदर के साथ इस पर बातचीत किए और शायद इस सम्पादन को मैं उनके सहयोग का ही परिणाम भी कहूँगा। **श्री नीलाभ जी** का उत्साहवर्धक सहयोग, मार्गदर्शन किसी भी नए सम्पादक को मिल जाए तो उसको अवश्य सफलता मिलेगी। **अरुण माहेश्वरी जी** के प्रति भी मेरा उतना ही आदर और आभार। आदर मैं उन्हें भी अपने आभार के साथ देना चाहूँगा जो किसी कारण से इस पुस्तक में नहीं शामिल हुए किन्तु उन्होंने मुझे बौद्धिक सहयोग किया। जिसमें शामिल हैं—शिवकुमार मिश्र, रूडी सी. हेरडिया, राजीव वोरा, कनक तिवारी, आशीष नन्दी, मकरन्द परांजपे, नारायण भाई देसाई, मनोज कुमार झा, हेमन्त जोशी, प्रो. सुनीता सिंह सेनगुप्ता, श्री प्रेम प्रकाश कौशिक व श्री सतवीर सिंह। इसके साथ

मैं आभारी हूँ श्री विभूति नारायण राय, डॉ. के.एन.पाटील, प्रो. के.जे. पाटील व कैलाश जी. खामरे का जिन्होंने मुझे समय-समय पर अपने-अपने तरीके से सहयोग दिया। श्री अनुपम मिश्र ने भी मुझे अतीव सहयोग व सलाह दी, उसके लिए उनका भी आभारी हूँ। मेरे परिवार का असीम योगदान है जिनके सहयोग के प्रति कोई भी आभार व्यक्त करना बेमानी होगी। उन्हीं के सहयोग से वर्धा में मैं रहकर यह कार्य कर सका हूँ। टंकण कार्य श्रीमती संगीता मालवीया व श्रीयुत् उमाशंकर बघेल ने किया, उनके प्रति भी आभार है।

और अन्त में, इस पुस्तक को मैं अपने पाठकों को प्रस्तुत करते हुए अपेक्षा करता हूँ कि वह इस पुस्तक के साथ भारत को भारत बनाने में अपना अमूल्य चिन्तन प्रदान कर सहयोग प्रदान करें। हिन्द स्वराज के इस विमर्श के सर्जक शताब्दी पुरुष राष्ट्रपिता महात्मा गाँधी की सच्ची अभिलाषा की पूर्ति नई पीढ़ी के हाथों होनी है अब यह वही तय करेंगे कि उनका अपने भारत के प्रति 'कर्तव्य' और 'अधिकार' क्या है? यदि वह इतना समझ सकें तो निःसन्देह हमारे सभी विद्वान लेखकों की सफलता होगी और हमारी भी। गाँधी के प्रति वास्तव में सच्ची निष्ठा व श्रद्धांजलि होगी जब हम उनके 'हिन्द स्वराज' को आत्मसात कर जीवन में भी उतारें। इसी के साथ मैं पं. आचार्य राममूर्ति त्रिपाठी जी व पत्रकार प्रभाष जोशी जी का स्मरण करूँगा क्योंकि वह अब परलोकवासी हैं। उनका निधन हो गया और इस पुस्तक के लिए उन्होंने अपना अन्तिम आलेख मुझे दिया था, यह मेरा सौभाग्य है। मूर्धन्य विद्वान के प्रति सच्ची श्रद्धांजलि।

इसके साथ ही हम अपने पाठकों को यह पुस्तक प्रस्तुत करते हुए यह अपेक्षा करते हैं कि वह अपनी राय से अवगत अवश्य कराएँ क्योंकि हमारी सफलता उनकी राय और उसमें आए बदलाव पर निर्भर है।

सादर,

–कन्हैया त्रिपाठी

विषय सूची

हिन्द स्वराज के आलोक में गाँधी-दर्शन

आचार्य राममूर्ति त्रिपाठी

गाँधीजी ने सत्य और अहिंसा को आधार बनाया। उन्होंने न तो सृष्टि का मूल जड़-सत्ता या भौतिक-सत्ता को माना और न ही इतिहास की भौतिकवादी व्याख्या की। वे मूल सत्ता को चिन्मय मानते थे, न कि जड़ मूल का विकार। उनकी दृष्टि में सारा संसार उसी चेतन से विकसित हुआ, जिस प्रकार बीज में वृक्ष समाया रहता है। चित्तत्व में विश्व उसी प्रकार अन्तर्निहित है।

अहिंसा व्यक्तिगत और सामाजिक उभयविध अभ्युदय और निःश्रेयसी साधना है। व्यक्तिगत स्तर पर आध्यात्मिक आत्ममंगल और सामाजिक स्तर पर लोकमंगल। अहिंसा का दर्शन और गहरा_है। अहिंसा और सत्य उसी तरह निहित है जैसे बीज में वृक्ष। अहिंसा और सत्य एक ही सिक्के के दो पहलू हैं। अहिंसा गाँधीजी के शब्दों में स्वयम् सत्य ही है।

गरीबों, पीड़ितों और शोषितों के पक्ष में .19वीं, 20वीं सदी ने विश्व को दो मसीहे दिए गाँधी और मार्क्स। दोनों मानवता के पक्षधर थे। मानवता परदुःखकातरता का दूसरा नाम है। परदुःखकातर वही हो सकता है, जिसने अपनी रागात्मक सत्ता का विस्तार किया हो 'स्व' और 'स्वीय' से आगे बढ़कर 'पर' तक। यह राग की ही भूमि है जिसपर कारुण्य का अंकुर उत्पन्न होता है। यही कारुण्य, परदुःखकातरता मनुष्य की पहचान है। यही वह धर्म है, जिससे मनुष्य की स्थिति मानवेतर प्राणी से भिन्न हो जाती है।

धर्मो हि तेषमामधिको विशेषः
धर्मेण तीनाः पशुभिः समानाः।

आहार, निद्रा, भय और मैथुन दोनों (पशु व मानव) में समान है, भेदक है तो परदुःखकातरता जैसा धर्म। दोनों Class less तथा State less सोसायटी के हिमायती

हैं। पर दोनों की दृष्टि में पर्याप्त अन्तर है। मार्क्स पदार्थवादी है और गाँधी आत्मवादी। पदार्थवादी की मानवता सर्वहारा तक ही सीमित है। आत्मवादी की मानवता प्राणिमात्र तक व्याप्त है। मानवता का स्वरूप अर्थात् राग समाधृत परदुःखकातरता तब तक पूर्ण नहीं होता जब तक वह दुखी के दुःख को दूर करने के लिए यत्नशील नहीं हो जाता। इस प्रकार मानवता राग समाधृत, परार्थपर्यवसायी परदुःखकातरता का पर्याय हो जाता है।

मार्क्स पदार्थवादी है—उसकी दृष्टि में दुःख शोषक द्वारा शोषण है। वह सर्वहारा को इस शोषण से मुक्ति दिलाना चाहता है। तदर्थ वह किसी भी प्रकार का साधन वर्ग संघर्ष और हिंसक क्रांति अपनाने का पक्षधर है। उसकी दृष्टि में साध्य पवित्र हो, साधन चाहे जैसा हो। गाँधी भी दुःख से मुक्ति दिलाना चाहता है पर उसकी दृष्टि से दुःख की सीमा विस्तृत है वह आधिभौतिक ही नहीं, अधिदैविक और आध्यात्मिक भी है। दूसरा अंतर यह कि जहाँ मार्क्स केवल साध्य की पवित्रता पर बल देता है-साधन पर नहीं, वहाँ गाँधी साध्य और साधन दोनों की पवित्रता पर बल देते हैं। तीसरा अंतर यह भी है कि जहाँ मार्क्स शोषक में ऐसा हृदय नहीं मानते जो परिवर्तित हो सकता हो, वहाँ गाँधी स्वयम् को पीड़ित कर शोषक या अत्याचारी में प्रसुप्त मानवता को जगाने में विश्वास रखते हैं। वैसे तो बहुत से अंतर बताए जा सकते हैं। मार्क्सवादी समाज के सुपर स्ट्रक्चर का मूलाधार आर्थिक ढाँचा है। समाज के राजनैतिक और वैचारिक ढाँचे की दीवार की नींव उसका तात्कालिक आर्थिक ढाँचा होता है और यह आर्थिक ढाँचा राजनैतिक और सांस्कृतिक स्वरूपों का आधार होता है, जो उत्पादन सम्बन्धों के योग से बनता है। इस आर्थिक ढाँचे में परिवर्तन होने के साथ समाज की मानसिक विचारधारा में भी पूर्णतया परिवर्तन हो सकता है।

गाँधी की आत्मवादी दृष्टि विकास की इस पद्धति और प्रणाली से भिन्न है। गाँधीजी ने कोई नया सिद्धान्त देने का दावा नहीं किया, अपितु जो सिद्धान्त सनातन काल से चले आ रहे थे-उन्हें ही पुनः स्थापित किया। उन पर भारतीय परिस्थिति के अनुकूल रंग चढ़ाया—साथ ही उसका प्रयोग भी बहुत बड़े पैमाने पर किया। सत्य के प्रयोग—उनकी कृति है। मार्क्स ने अपने अभीष्ट लक्ष्य या परिवर्तन के लिए हिंसक क्रांति और वर्ग-संघर्ष के सूत्र दिए। गाँधीजी ने सत्य और अहिंसा को आधार बनाया। उन्होंने न तो सृष्टि का मूल जड़-सत्ता या भौतिक-सत्ता को माना और न ही इतिहास की भौतिकवादी व्याख्या की। वे मूल सत्ता को चिन्मय मानते थे, न कि जड़ मूल का विकार। उनकी दृष्टि में सारा संसार उसी चेतन से विकसित हुआ, जिस प्रकार बीज में वृक्ष समाया रहता है। चित्तत्व में विश्व उसी प्रकार अन्तर्निहित है। वे नहीं मानते कि मनुष्य मूलतः प्रभु है—मनुष्य मूलतः मनुष्य है—हाँ, यह अवश्य है कि उसमें हैवानियत और इंसानियत दोनों है। उसकी सार्थकता हैवान से इंसान बनने में है। उनका विश्वास है—"न मानवात् श्रेष्ठतरं हि किश्चित्"—मानव में

परात्पर सत्ता से एकात्म होने की संभावना है जो गीता के अनासक्ति योग से प्राप्त की जा सकती है।

गाँधीवाद सत्य की साधना का विज्ञान है। वे पहले ईश्वर को सत्य मानते थे, पर बाद में सत्य को ही ईश्वर कहने लगे। सत्य ही ईश्वर है—उसी का साक्षात्कार हमारे जीवन का लक्ष्य है। उनका सारा जीवन इसी सत्य की खोज़ में बीता—तदर्थ प्रयोग पर प्रयोग करते रहे। साम्य मार्क्स को भी अभीष्ट है—विषमता वह भी मिटाना चाहता है, पर गाँधी का साम्य अलग है। वे सत्य को ब्रह्म कहते हैं जो विश्वरूप है और उसमें व्याप्त है। वे गीताकार की तरह मानते हैं कि जो ब्राह्मण, गौ, हाथी, कुत्ता और चाण्डाल—सबमें उस एक को और उसीमें सबको देखता है—उसी का देखना देखना है। जो ऐसा देखने लगता है—उसकी दृष्टि से अनेकता और विषमता तिरोहित हो जाती है। जब सब उसीके विभिन्न रूप है—तब भेद और विषमता कहाँ। मार्क्स का साम्य कुछ और तरह का है—जो उसका भी लक्ष्य है। साम्यवादी मानते हैं कि समाजवाद की स्थापना अन्तरिम काल की वस्तु है, जिसमें श्रमिक वर्ग का अधिनायक तंत्र स्थापित होगा और उसीके विकास से उस नये समाज का निर्माण होगा, जिसमें वर्ग भावना समाप्त हो जाएगी, शोषण का अंत हो जाएगा और राज्य की पुलिस शक्ति, अनावश्यक और बेकार हो जाएगी।

मैंने ऊपर कहा है कि Class less तथा State less सोसायटी की कल्पना दोनों में है—पर दृष्टि भेद से स्वरूप भिन्न है। गाँधी की समता का सिद्धान्त ऊपर भारतीय अद्वैतवादी, दार्शनिक मान्यता के आलोक में प्रतिष्ठित है जबकि मार्क्स की पद्धति और उसका स्वरूप अन्यथा है। गाँधी भी राजनीतिक हस्तक्षेप के विपक्ष में है, पर तदर्थ आत्मानुशासन (स्व-आत्मा का तंत्र शासन) को मानते हैं। मार्क्सवाद में मानव की हैवानी प्रकृति को निरस्त करने का कोई नैतिक विकल्प लक्षित नहीं होता है। मनुष्य की चेतना में जो काम, क्रोध, मद और मात्सर्य जैसी निसर्ग प्राप्त विकृतियाँ हैं उनका दमन कैसे किया जाय? इसका उपाय मार्क्सवाद में कहाँ है? आत्मवाद का लक्ष्य और साधन इसका रास्ता बताता है। उनका लक्ष्य जिस सत्य का साक्षात्कार है—वह चित्त की शुद्धि पर ही समाधृत है। जड़वादी की दृष्टि में भौतिक कामनाएँ हैं और पूर्त्यर्थ अर्थ साधन है न कामनाओं का अंत है और न अर्थोपार्जन की सीमा है। इन व्यवस्थाओं में चावसेस्कू और स्टालिन पैदा होंगे और सखारोव देश निष्कासित होते रहेंगे। सबको दबाकर कब तक रखा जाएगा। स्वभाव का दमन कैसे होगा? प्रकृति ने हमें बहिर्मुखी बनाया है—हम दूसरों के दुर्गुण देखते हैं पर अपनी दुर्वृत्तियों को न देखते हैं और न ही उसके दबाने से किसी बड़े हित की संभावना करते हैं। आत्मवादी पहले अपने को बदलता है और तब उसे दूसरों के बदलने का अधिकार प्राप्त होता है। साम्यवादी समाज को हिंसा के माध्यम से दबाकर बदलता है—और सोचता है कि मानव व्यक्ति उस ढाँचे में ढल जाएगा। मनुष्य की चेतना

जड़ लौह पदार्थ नहीं है—जो एक साँचे में ढल जाएगी।

गाँधीवाद एतदर्थ अहिंसा का नैतिक मार्ग बताता है। यहाँ उनकी अहिंसा का स्पष्टीकरण आवश्यक है। अहिंसा की भावात्मक और अभावात्मक उभयविध व्याख्या है। अहिंसा की अभावात्मक व्याख्या है-हिंसा का अभाव। जैन दर्शन के अनुसार वह दो प्रकार का है, द्रव्य हिंसा और भाव हिंसा। गाँधीजी पर कहीं न कहीं यह प्रभाव भी था। हिंसा में केवल मारना-पीटना जैसा भौतिक पक्ष ही नहीं आता, अपितु मानसिक दुर्वृत्तियाँ भी आती हैं। अनाचार, दुराचार, अत्याचार, शोषण, अस्पृश्यता, गरीबी, यंत्रवाद, साम्राज्यवाद, उपनिवेशवाद, जातिवाद का भी गोरों-कालों पर अत्याचार तथा क्लेश का सभी दुर्वृत्तियाँ भी, हिंसा ही है। इसका भावात्मक अर्थ है—प्रेम। गाँधी के रामराज्य का मर्म यही प्रेम है। तुलसी ने भी कहा है-

"सब नर करहिं परस्पर प्रीति"

ही वह पक्ष है जिससे सर्वात्मा से अभिन्नता की अनुभूति होती है। इस प्रकार अहिंसा व्यक्तिगत और सामाजिक उभयविध अभ्युदय और निःश्रेयसी साधना है। व्यक्तिगत स्तर पर आध्यात्मिक आत्ममंगल और सामाजिक स्तर पर लोकमंगल। अहिंसा का दर्शन और गहरा है। अहिंसा और सत्य उसी तरह निहित है जैसे बीज में वृक्ष। अहिंसा और सत्य एक ही सिक्के के दो पहलू हैं। अहिंसा गाँधीजी के शब्दों में स्वयम् सत्य ही है। दोनों में कोई भेद नहीं है। साधन को भी उतना ही उचित होना चाहिए जितना साध्य को। इस सत्य साधना के लिए व्यवहार जगत् में मन, वचन और कर्म में सत्य और अहिंसा की प्रतिष्ठा आवश्यक है, तभी चित्त शुद्धि संभव है।

अहिंसा के लिए ब्रह्मचर्य आवश्यक है और ब्रह्मचर्य विषय मात्र का विरोध है। सभी इन्द्रियों पर विजय प्राप्त करने का प्रयास ही ब्रह्मचर्य व्रत का पालन है। ब्रह्मचर्य के लिए अस्वाद, अस्तेय, अपरिग्रह और अभय आवश्यक है। अहिंसा कायरों का अस्त्र नहीं है—उसके लिए आत्मबल चाहिए।

गाँधीजी और मार्क्स के उद्देश्यों में एक अन्तर और है और वह यह कि जहाँ मार्क्स की दृष्टि में केवल सर्वहारा और उसका भला, शोषण से मुक्ति अभीष्ट है, वहाँ गाँधीजी सर्वोदय के पक्षधर हैं। वे बहुजन हिताय-बहुजन सुखाय से भी आगे बढ़कर सर्वजनहिताय के पक्षधर हैं। इसी आधार पर उनके सभी सिद्धान्तों और विचारों की समष्टि से संज्ञा सर्वोदय है। उनके इस सिद्धान्त पर रस्किन का प्रभाव है। अनूटू दिस् लास्ट-में उन्हें अपने मन की बात मिल गई।

गाँधीजी ने हिंसा के निवारण के लिए अहिंसा के दो मार्ग निर्धारित किए हैं—(1) रचनात्मक और (2) सत्याग्रह। उनके रचनात्मक कार्यों में साम्प्रदायिक एकता, अस्पृश्यता निवारण, शराबबंदी, खादी, ग्राम-उद्योग, गाँव-सफाई, बुनियादी

तालीम, प्रौढ़ शिक्षा, स्त्रियों की उन्नति, आरोग्य और स्वास्थ्य विज्ञान करी शिक्षा, राष्ट्रभाषा का प्रचार, स्व-भाषा प्रेम, आर्थिक समानता तथा किसान-मजदूर और विद्यार्थियों के लिए काम करना मुख्य है।

सत्याग्रह उनकी कार्य पद्धति का दूसरा अंग है। सर्वोदय की साधना को सत्याग्रह तथा उसके साधक को सत्याग्रही कहा जाता है। सत्याग्रह धर्म के अहिंसात्मक विरोध को कहते हैं। यह भी वैयक्तिक और सार्वजनिक दोनों प्रकार का होता है। वैयक्तिक रूप में आध्यात्मिक साधना है-समष्टि रूप में सामाजिक कल्याण की साधना है। इसका कोई कार्य गुप्त रूप से नहीं होता। सत्याग्रही सत्याग्रह के द्वारा अपने प्रतिपक्षी में नैतिक संघर्ष पैदा करता है और उसकी अधार्मिक वृत्तियों को कमजोर कर देता है।

गाँधीजी नीति धर्म के प्रयोक्ता थे। नीतिपूर्वक चलने वाले से समाज लाभान्वित होता है। उनकी समाज नीति में गीतोक्त भाव निहित था। वे किसी तरह के भेद के पक्ष में नहीं थे। अन्तर्जातीय विवाह, हरिजन मंदिर प्रवेश, तिलक, दहेज-प्रथा, बालविवाह, पर्दा प्रथा का विरोध इस नीति के अंतर्गत थे। वे जाति-विहीन समाज के पक्षधर थे। बालिकाओं पर वैधव्य लादना उन्हें गँवारा नहीं था। उनकी अर्थनीति में ट्रस्टीशिप का सिद्धान्त प्रमुख है। यंत्रवाद के वे विरोधी थे और मानते थे कि इसे पूँजीपतियों और उद्योगपतियों ने जन्म दिया है। विकेन्द्रीकरण और कुटीर उद्योग के वे हिमायती थे। आर्थिक समानता से उनका आशय था जरूरत के अनुरूप सबको रकम मिलनी चाहिए। साथ ही यह कि समान में कोई बैठकर खाय और कोई श्रम करके भी परिवार न चला सके, ऐसा न हो। समाज में प्रत्येक व्यक्ति को उत्पादक होना चाहिए। गाँधीजी की राजनीति में दण्ड बल की आवश्यकता नहीं है। उनके राम-राज्य में सेना और पुलिस की अपेक्षा नहीं होगी।

सुविधा परस्त यथास्थितिवादियों ने उनके रामराज्य वाले स्वप्न को मूर्त नहीं होने दिया अन्यथा आज विश्व चैन की साँस लेकर फलता-फूलता होता। वे बुराई से नफ़रत करते थे, बुरे से नहीं। उन्हें तो पहले से ही यह भय बना था कि औपनिवेशिक मानसिकता राहु बनकर भारत को निगलती रहेगी। गाँधीजी कहा करते थे कि केवल अंग्रेजों को हटा देने से अपनी सभ्यता का स्वराज्य नहीं मिलेगा। हम उन्हीं की सभ्यता और उन्हीं के आदर्श का स्वीकार करें, तो हमारा उद्धार नहीं होगा। 'हमें अपनी आत्मा को बचाना चाहिए।' ''वे कहा करते थे कि अपने मन का राज्य स्वराज्य है और उसकी कुंजी सत्याग्रह, आत्मबल या करूणाबल है। उस बल को अपनाने के लिए स्वदेशी को पूरी तरह अपनाने की जरूरत है।''

21वीं सदी की देहरी पर हिन्द स्वराज के साथ

रामकृष्ण मणि त्रिपाठी

हिन्द स्वराज का मूल स्वर गाँधी की इस बद्धमूल धारणा का आख्यान है कि अनासक्ति, वैराग्य और अपरिग्रह किसी भी आदर्श स्वस्थ समाज का मूलाधार है। भूमण्डलीकरण की वर्तमान स्थिति उपभोग के नये आयाम खोलती है। वैराग्य, अनासक्ति और अपरिग्रह अर्थ व्यवस्था के विस्तार व उपभोग हेतु उत्पादन को अवरुद्ध करते हैं। भूमण्डलीकरण के अद्यतन स्वरूप के समर्थकों की धारणा है कि उक्त अवरोध अर्थ व्यवस्था की गतिशीलता को कुण्ठित करता है- विशेषकर उस स्थिति में जब भूमण्डलीकृत व्यापार व्यवस्था का अधिकांश भाग तीसरी दुनिया के विकासशील देशों की अपरिहार्य आवश्यकताओं की पूर्ति में नियोजित न होकर मात्र उपभोग के नित नवीन रूपों का सृजन करता है।

आधुनिकता अबाधित गतिशीलता का व्याकरण है। ऐसी गतिशीलता नहीं जो जीवन और प्रकृति में निसर्गतः अनुस्यूत है बल्कि ऐसी गतिशीलता जो मनुष्य की ऐन्द्रिकता से परिचालित है। प्रश्न यह है कि इस गतिशीलता का क्या कोई चरम बिन्दु है? क्या मानव-सभ्यता का इतिहास उपभोग के नूतन संसाधनों की वृद्धि का इतिहास है? क्या इस वृद्धि से मनुष्य कभी उपरत होगा? होगा, पर सन्यस्त होकर नहीं।

24 अक्टूबर 1909 की सन्ध्या। लन्दन का निजामुद्दीन रेस्तराँ।"[1] विजय दशमी के उपलक्ष्य में आहूत भारतीयों की एक सभा। अध्यक्ष थे विपिन चन्द्र पाल। उक्त अवसर पर उपस्थित एक पुलिस एजेन्ट के अनुसार स्काटलैण्ड यार्ड की निगाह से बचने के लिए दशहरे का उत्सव आयोजित किया गया था और उसमें कुछ अंग्रेजों को भी आमन्त्रित किया गया। उस एजेन्ट के अनुसार सभा के अध्यक्ष थे मोहनदास करमचन्द गाँधी, पर जेम्स हण्ट के शोध के अनुसार अध्यक्ष विपिन चन्द्र पाल ही थे। एजेन्ट के अनुसार सभा में श्रीमती सरोजिनी नायडू के एक छोटे भाई वीरेन्द्र नाथ

चट्टोपाध्याय भी उपस्थित थे। गाँधी ने यह शर्त रखी थी कि सभा में वे तभी आयेंगें जब वहाँ कोई राजनीतिक चर्चा न हो। पर प्रकारान्तर से जो चर्चा हुई उसका अन्दाज़ राजनीतिक ही था।

उस सभा में सावरकर भी उपस्थित थे। सावरकर हिंसा और क्रान्ति के समर्थक थे और लन्दन में श्यामजी कृष्ण वर्मा द्वारा संचालित 'इण्डिया हाऊस' से सम्बद्ध थे। ये सभी लोग उग्र राष्ट्रवादी थे और क्रान्तिकारी समूह को **'यंग इण्डिया'** की संज्ञा से अभिहित करते थे। उस सन्ध्या, गाँधी और सावरकर के बीच, वैचारिक मतभेद बड़ा ही स्पष्ट और मुखर था। इसकी अनुगूंज परवर्ती काल में गाँधी-चिन्तन में सुनाई पड़ती है। उग्रवादी राष्ट्रवादियों से लन्दन के उस प्रवास में गाँधी का यह दूसरा सार्वजनिक संवाद था।

पहले सार्वजनिक संवाद का अवसर था 8 अक्टूबर, 1909।''[2] उपलक्ष्य था **'यूनियन आफ एथिकल सोसाइटीज'** की एक सभा। विमर्श का विषय था—निष्क्रिय प्रतिरोध का नीतिशास्त्र (द एथिक्स ऑफ पैसिव रेज़िस्टेन्स)। गाँधी ने उस सभा को सम्बोधित किया था। उसका संक्षिप्त विवरण 'इण्डियन ओपिनियन' में प्रकाशित हुआ था। गाँधी ने अपने वक्तव्य में युद्ध के दुष्प्रभावों की चर्चा करते हुए सत्याग्रही के आत्मानुशासन, निस्पृहता, तितिक्षा और सौजन्य को सत्याग्रह की निष्पत्ति माना था और इस रूप में उनके अनुसार अहिंसात्मक संघर्ष युद्ध की अपेक्षा श्रेयष्कर है। इस प्रकार की विशिष्टता अहिंसात्मक संघर्ष के नाते विकसित होती है। इस वक्तव्य में उन्होंने अपनी उसी मौलिक दृष्टि को रेखांकित किया जिसे वे दक्षिण अफ्रीका में अपने लेखों और राजनीतिक कर्म में रूपायित कर रहे थे। वह दृष्टि है आत्मिक शक्ति और बर्बर शक्ति में अन्तर। आत्मिक शक्ति प्रतीक है मनुष्य में निहित विवेक और नैतिकता की शक्ति का। बर्बर शक्ति प्रतीक है हिंसा, शस्त्र, शारीरिक बल का। वक्तव्य की समाप्ति के उपरान्त विपिनचन्द्र पाल ने गाँधी से प्रश्न किया-क्या आत्मिक शक्ति को प्रमाणित करने के निमित्त बर्बर शक्ति का प्रयोग किया जा सकता है? गाँधी का उत्तर था—ऐसी स्थिति में वह बर्बर शक्ति होगी, आत्मिक शक्ति नहीं।

विपिन चन्द्र पाल का प्रश्न सामान्यतया स्वीकृत एक प्रकार की बद्धमूल धारणा है। विवेक और नैतिक बल मे आस्था का अभाव अक्सर परिलक्षित होता है। धारणा यह है कि हिंसा इतनी प्रभावशाली है कि कुछ लक्ष्य तो इतर साधनों से प्राप्त ही नहीं हो सकते। लेकिन हिंसा के प्रयोग से लोग बचना भी चाहते हैं। इसलिए बाह्य संसाधनों से शक्ति-सम्पन्न होकर यदि आत्मिक शक्ति का प्रयोग करें तो काम आसान हो जायेगा। शस्त्र-बल का प्रयोग किए बिना उसके प्रयोग की सम्भावना का डर पैदा कर शान्तिप्रिय ढंग से हम लक्ष्य में सफल हो सकते हैं। विपिन चन्द्र पाल के प्रश्न के मूल में यह धारणा निबद्ध थी। गाँधी ने इसे बेलौस, सटीक खारिज

किया। हिंसा या हिंसा का डर-दोनों बर्बर शक्ति के प्रतीक हैं। इसलिए इनके सहारे आत्मिक शक्ति की बात करना आत्म-प्रवंचना है।

इस परिप्रेक्ष्य में 24 अक्टूबर, 1909 को जो वक्तव्य गाँधी ने दिया वह उनके चिन्तन-शृंखला की योजनाबद्ध कड़ी थी। जिस सिद्धान्त के आधार पर उन्होंने दक्षिण अफ्रीका में राजनीतिक प्रतिरोध संगठित किया था उसी का पुनराख्यान उन्होंने 24 अक्टूबर की सभा में किया।

सावरकर ने इस वक्तव्य के समानान्तर अपना प्रतिरोध व्यक्त किया। उनके अनुसार विजय दशमी नवरात्र के बाद सम्पन्न होती है। शक्ति की उपासना के उपरान्त राम ने रावण का वध किया। यह विजय दुर्गा की शक्ति है। इसी शक्ति के सहारे रावण जैसे अन्यायी और अत्याचारी शासक की पराजय सम्भव हुई। महत्त्वपूर्ण है शक्ति की उपासना। पर गाँधी के लिए महत्त्वपूर्ण था तप से उद्भूत संयम, साहस और शक्ति। राम ने वनवास का तप झेला। वे भारतीय संस्कृति के नायक हैं—उसकी अविच्छिन्न एकता के प्रतीक। सीता ने भी अशोक वाटिका में कष्ट सहन किया। उनका व्यक्तित्व भी तप और संयम का मूर्तिमान स्वरूप है। राम की विजय का कारण तप और संयम से उद्भूत आत्मिक शक्ति है।

उस संध्या गाँधी और सावरकर दोनों भारतीय पुराकथा और प्रतीकों का समानान्तर निर्वचन प्रस्तुत कर रहे थे। दोनों के वक्तव्य का आधार पुराकथाओं में था। धर्मशास्त्रों और पुराकथाओं की बहुवाचिकता और उनकी समानान्तर अर्थ—छवियाँ वैचारिक अन्तर्विरोध को जन्म देती हैं। यह कहना कि शास्त्र अहिंसा का ही समर्थन करते हैं, अर्धसत्य है। उतना ही अर्धसत्य यह दावा है कि शास्त्र हिंसा का ही समर्थन करते हैं। परवर्ती काल में धर्मशास्त्रों की द्विमुखता गाँधी के लिए चिन्ता और मनन का विषय बनी रही। निम्नलिखित उद्धरण इसका एक प्रमाण है- Since the Gita's subject is not description of the battle and justification of violence, it is perfectly wrong to give much importance to these. If, moreover, it is difficult to reconcile a few of the verses with the idea that the Gita advocates non-violence, it is still more difficult to reconcile the teaching of the work as a whole with the advocacy of violence."[3]

इसीलिए सम्भवतः उन्होनें स्पष्ट घोषित किया कि उनके लिए जो विवेकसंगत है वही शास्त्र-वचन ग्राह्य है। इस सन्दर्भ में कुरान के सम्बन्ध में गाँधी का निम्न वक्तव्य उनकी स्वतन्त्रता और समीक्षात्मक दृष्टि के लिए अत्यन्त महत्त्वपूर्ण एवं उल्लेखनीय है- But I would like to say that even the teachings thems elves of Koran connot be exempt from criticism. Every true scripture only gains by criticism after all we have no other guide but our reason to tell us what may be regarded as revealed and what not be."[4]

हिन्द स्वराज के पृष्ठों में गाँधी की यह गहरी बारीक समीक्षात्मक दृष्टि विभिन्न विषयों की व्याख्या में अनुस्यूत है और समीक्षा भी शिष्टता के स्तर के नीचे उतरती नहीं। जिसकी समीक्षा की, उसको सम्मान भी दिया। न सतही समीक्षा, न सतही प्रशंसा। इस सड़क छाप प्रवृत्ति से वे निरन्तर बचते रहे। साम्प्रतिक भारत में जो परिदृश्य परिलक्षित हो रहा है वह गाँधी के प्रतिष्ठित मानकों से नितान्त स्खलित है। यह भी एक कारण होना चाहिए हिन्द स्वराज की पुनर्व्याख्या का-चिन्तन की गरिमा और सम्यक समीक्षा की प्रतिष्ठा के लिए।

हिन्द स्वराज 13 और 22 नवम्बर के बीच **किल्डोनान कैसिल** नामक जहाज पर इंग्लैण्ड से दक्षिण अफ्रीका लौटते हुए लिखी गयी। जहाज में जो कागज उपलब्ध था उसी पर गाँधी ने इन दस दिनों के भीतर उसे लिखा। लिखना बन्द नहीं किया और जब दाहिना हाथ थक गया तो अन्तिम 40 पृष्ठ उन्होंने बायें हाथ से लिखा। केलनबाख को एक पत्र में उन्होंने स्पष्ट किया कि यह उनकी मौलिक कृति है।''[5] पुस्तक छोटी तो अवश्य है पर यह गाँधी-चिन्तन का आधार ग्रन्थ है। इस पुस्तक में उन्होंने अनेक विषयों की चर्चा की है। मात्र चर्चा ही नहीं प्रत्युत इसी ब्याज से उन विषयों से सम्बन्धित रूढ़ धारणाओं का खण्डन भी किया है। एक विशिष्ट जीवन-दर्शन की रूपरेखा इन पृष्ठों से उभरती है। परवर्ती काल का गाँधी वाङ्मय और कृतित्व हिन्द स्वराज के आलोक में समझा और परखा जा सकता है।

गाँधी ने स्वतः विभिन्न अवसरों पर यह स्वीकार किया है कि हिन्द स्वराज में की गयी उनकी स्थापनाएँ कालक्रम में और भी दृढ़ होती गयीं। (इण्डियन ओपिनियन 1914; इण्डियन होम रूल की प्रस्तावना मई 28, 1919; यंग इण्डिया जनवरी 26, 1921; आर्यन पाथ सितम्बर 1938)।''[6]

हिन्द स्वराज एक समानान्तर जीवन-शिल्प प्रस्तुत करता है। स्पृहा, आसक्ति और फलस्वरूप लौकिक उपलब्धियों के स्थान पर नैतिक मूल्यों की प्रतिष्ठा इसका मुख्य उद्देश्य है। इस ओर गाँधी ने 1914 में हिन्द स्वराज के गुजराती संस्करण की प्रस्तावना में संकेतित किया (इण्डियन ओपिनियन 24 अप्रैल, 1914)। निम्नलिखित उद्धरण द्रष्टव्य है–The key to an understanding of Hind Swaraj lies in the idea that worldly pursuits should give way to ethical living. This way of life has no room for violence in any form against any human being, black or white.''[7]

हिन्द स्वराज के विभिन्न संस्करणों में गाँधी ने यह स्पष्ट किया है कि यह पुस्तक उन्हें क्यों लिखनी पड़ी? पुस्तक तो गुजराती भाषा में लिखी गयी। बाद में इसका अंग्रेजी अनुवाद गाँधी ने स्वतः किया। गुजराती संस्करण की भूमिका में उन्होंने स्पष्ट किया कि मैंने यह पुस्तक इसलिए लिखी कि लिखे बिना रह नहीं सकता था। उस अवधि में अपने भीतर उमड़-घुमड़ रहे भावों/विचारों की चर्चा पोलक

को सम्बोधित पत्र में उन्होंने किया था। उन्होंने यह भी स्पष्ट किया कि लन्दन के उक्त चार माह (9 जुलाई 1909-13 नवम्बर 1909) के प्रवास में मैंने बहुत कुछ पढ़ा, अनेक अंग्रेजी और भारतीयों से वार्ता का अवसर प्राप्त हुआ। इन्हीं सब के परिप्रेक्ष्य में मैंने अपनी धारणाएँ इस पुस्तक में व्यक्त की हैं। उन्होंने स्वीकार किया कि वैसे ये धारणाएँ तो उनकी ही हैं पर मूलतः उनकी नहीं भी हैं। गाँधी के शब्दों में– These views are mine and yet not mine."[8] उनका विश्वास था कि उनके विचार बहुत से पश्चिमी मनीषियों की कृतियों में भी रूपायित हैं। परिशिष्ट के रूप में उन पुस्तकों, उनके लेखकों और कतिपय पश्चिमी विद्वानों के उद्धरणों को भी प्रस्तुत किया गया है। उन पुस्तकों और उद्धरणों में एक भी भारतीय ग्रन्थ और विचारक का उल्लेख नहीं है। पर 1910 में **हिन्द स्वराज** के अंग्रेजी अनुवाद की भूमिका में गाँधी ने इस बात का स्पष्ट उल्लेख किया है कि हिन्द स्वराज में उनके विचार कतिपय पश्चिमी विचारकों की धारणाओं पर आधारित होने के साथ-साथ भारतीय दर्शन के मनीषियों (मास्टर्स आफ इण्डियन फिलॉसफी) से भी प्रभावित है। सच पूछिये तो **हिन्द स्वराज** का मर्म भारतीय संस्कृति और सनातन चिन्तन में सन्निहित है। यही **हिन्द स्वराज** का वैशिष्ट्य है। वैसे तो **हिन्द स्वराज** में वर्णित विचारों के मनकों को यह वैशिष्टय एक धागे की तरह जोड़ता है पर यह विशेष रूप से अनूदित हुआ है स्वराज की अवधारणा, व्यक्तिगत और सार्वजनिक जीवन में सत्य, अहिंसा, सत्याग्रह का महत्त्व और आधुनिक सभ्यता की तीखी आलोचना में। स्वराज का जो चित्रण गाँधी ने किया है उसका महत्त्व सनातन है–परिस्थिति निरपेक्ष, काल निरपेक्ष और देशनिरपेक्ष। मनुष्य के मूल स्वरूप की सहज अभिव्यक्ति स्वराज है। इसका स्खलन ही बन्धन है। सामान्यतया बन्धन के पाँच प्रकार हैं। अतः स्वराज के भी पाँच प्रकार हैं। ए.जे. परेल ने चार प्रकार के स्वराज की चर्चा की है–राष्ट्रीय मुक्ति (नेशनल इनडिपेन्डेन्स), व्यक्ति की राजनीतिक स्वतन्त्रता (पोलिटिकल फ्रीडम ऑफ द इनडिविजुअल), व्यक्ति की आर्थिक स्वतन्त्रता (इकोनामिक फ्रीडम आफ द इनडिविजुअल) और व्यक्ति की आध्यात्मिक स्वतन्त्रता अथवा आत्म-स्वराज या आत्मानुशासन (स्पिरिचुअल फ्रीडम आफ द इनडिविजुअल आर सेल्फ रूल)।"[9] पर मेरी धारणा है कि एक और प्रकार के स्वराज की चर्चा–कभी मुखर, कभी अनुस्यूत-**हिन्द स्वराज** के विमर्श में परिलक्षित है। वह है सांस्कृतिक स्वराज की अवधारणा। इस प्रकार मेरी दृष्टि में स्वराज के पाँच रूप **हिन्द स्वराज** के विमर्श में निहित हैं : 1-राजनीतिक मुक्ति, 2-राजनीतिक स्वतन्त्रता, 3-आर्थिक स्वतन्त्रता, 4-सांस्कृतिक स्वतन्त्रता, 5-आत्म-स्वराज

स्थानाभाव के नाते इस लेख में स्वराज के कतिपय स्वरूपों की ही चर्चा की गयी है। मेरी दृष्टि में गाँधी वांङ्मय में ऐसा कोई साक्ष्य नहीं मिला जिसके आधार पर यह प्रतिस्थापित किया जा सके कि गाँधी ने हीगेल की कृतियों को पढ़ा था। इसलिए यह कथन अधिक समीचीन है कि गाँधी के स्वतन्त्र चिन्तन में मुक्ति

(इनडिपेन्डेन्स) और स्वतन्त्रता (लिबर्टी) के बारीक भेद को निरूचित किया गया है। आश्चर्यजनक ढंग से **हीगेल** ने भी इसी बारीक भेद को अपनी पुस्तक **'फेनॉमेनालोजी ऑफ माइण्ड'** में प्रस्तुत किया है। मुक्ति मूलतः नकारात्मक है। इसका अर्थ है बाहरी दबाव या बन्धन से छूट। यह निर्बन्धता की स्थिति है। हिन्द स्वराज में इस स्थिति का अर्थ है भारतीय सन्दर्भ में अंग्रेजों की दासता से भारत की मुक्ति। साम्राज्यवाद या उपनिवेशवाद प्रत्यक्ष अथवा परोक्ष रूप में दासता के स्थूल अथवा सूक्ष्म रूप प्रस्तुत करते रहे हैं। साम्प्रतिक विश्व में नव साम्राज्यवाद और नव-उपनिवेशवाद उन्हीं रूपों के नये संस्करण गढ़ रहे हैं। भूमण्डलीकरण की प्रचलित शैली सम्पन्न पश्चिमी देशों और विशेषकर अमेरिका के वर्चस्व की प्रधानता है। नोबल पुरस्कार विजेता जोसेफ **स्टिगलिट्ज़** ने विस्तार के साथ उन प्रक्रियाओं का निरूपण किया है जो भूमण्डलीकरण की पृष्ठभूमि में पश्चिमी राज्यों और विशेषकर अमेरिका के राजनीतिक वर्चस्व को प्रोत्साहित कर रही हैं- The United State was, of course, one of the prime culprits, and this was an issue about which I felt intensely when I was chairman of the Council of Economic Adviser, I fought against this hypocrisy.''[10] आज भी विकासशील राज्यों के समक्ष राजनीतिक मुक्ति की अवधारणा प्रासंगिक है। काग़ज़ी तौर पर वे आज़ाद भले हों पर अन्तर्राष्ट्रीय मुद्रा कोश, विश्व बैंक और विश्व व्यापार संगठन के माध्यम से उन पर दबाव आज भी पड़ रहा है। भूमण्डलीकरण **उदार चरितानाम् तु वसुधैव कुटुम्बकम्** के व्यापक एवं उदार आदर्श से परिचालित नहीं है। जिस स्वार्थपरता और स्पृहा से वह परिचालित रहा है उसी में सन्निहित अराजकता के बीच से अंकुरित हुआ है आज का वैश्विक आर्थिक संकट। इस पर मुहर लगायी है मुक्त बाज़ार और व्यापार की स्वच्छन्दता ने।

हिन्द स्वराज के पृष्ठों में राजनीतिक मुक्ति, स्वच्छन्दता की अराजकता नहीं, वरन् गहरे दायित्व-बोध का रेखांकन है। गाँधी के लिए स्वराज के जितने भी रूप हैं वे आत्म-स्वराज (सेल्फ रूल) अथवा आत्मानुशासन से नियन्त्रित हैं। नियन्त्रण सहज और स्वाभाविक है, दबाव नहीं। राजनीतिक मुक्ति अन्तर्राष्ट्रीय क्षेत्र में सहकार और सहयोग का अभाव नहीं। भूमण्डलीकरण की सहयोगमूलक वैकल्पिक शैली राजनीतिक मुक्ति से संगत है। इसलिए हिन्द स्वराज किसी भविष्यत वैश्विक आर्थिक संरचना का निषेध नहीं। यह निषेध है तो किसी राज्य या राज्यों के अन्तरराष्ट्रीय संगठन के वर्चस्व का। इसलिए दासता के सभी रूपों के प्रतिरोध में **हिन्द स्वराज** सन्नद्ध है।

स्वराज का दूसरा और तीसरा अर्थ है राजनीतिक और आर्थिक स्वराज। गाँधी के लिए आर्थिक स्वराज्य का अर्थ है स्वावलम्बन और अभाव से मुक्ति। स्वावलम्बन पर आधारित आर्थिक व्यवस्था का एक संकीर्ण रूप है जिसकी ओर नेहरू ने 9

अक्टूबर, 1945 को गाँधी के पत्र का उत्तर देते हुए संकेतित किया था। वह संकीर्ण अर्थ है आर्थिक रूप से कूपमण्डूकत्व।"[11] वस्तुतः गाँधी ऐसी व्यवस्था के समर्थक थे जिसमें सहकार तो हो किन्तु परावलम्बन न हो। इसलिए नितान्त अपेक्षित आवश्यकताओं की पूर्ति के लिए दूसरों पर अनावश्यक रूप से आधारित न रहना पड़े। नेहरू ने भी अपने उक्त पत्र में इसे स्वीकार किया था। उनका निम्न वक्तव्य ध्यातव्य है- Then again we have to put down certain objectives like the sufficiency of food. clothing, housing, education sanitation etc. which should be the minimum requirements for the country and for everyone. It is with these objectives in view that we must find out specifically how to attain them speedily."[12] आर्थिक विकास के प्रश्न पर गाँधी के विचारों को समझने में सपाटबयानी से बचना होगा। सपाटबयानी के कुछ उदाहरण है—गाँधी आधुनिक विज्ञान और उनकी उपलब्धियों के विरोधी थे। वे एक प्रकार से लड्डाइट (Luddite) थे। आर्थिक विकास उन्हें रास नहीं आता था। वे आवश्यकताओं पर आधारित आदिम व्यवस्था के समर्थक थे। वह व्यवस्था निर्धनता की पोषक थी। इसलिए आधुनिक युग के लिए नितान्त अप्रासंगिक और असमीचीन। उनकी दृष्टि पुरागामी थी इत्यादि, इत्यादि।

अर्थ व्यवस्था के सम्बन्ध में गाँधी-दृष्टि के प्रति इस निरक्षरता का एक कारण था। या तो लोग आधुनिकता के अबाध प्रशंसक थे या तीखे आलोचक। या तो पूर्णतया स्वीकार करते थे या पूर्णतया अस्वीकार। गाँधी इन दोनों वर्गों से भिन्न थे। न तो अन्ध-प्रशंसक, न अन्ध आलोचक। गाँधी की दृष्टि इन सरलीकृत वर्गों में विभाजित नहीं होती। उन्होंने प्रशंसा भी की है और आलोचना भी। उन्होंने स्वतः स्वीकार किया है विज्ञान की उपलब्धियों को और उसके आलोक में वे इन प्रश्नों पर विचार करने के लिए प्रस्तुत थे। उन्होंने निम्नलिखित शब्दों में इसे स्पष्ट किया है- While I admire modern science, I find that it is the old looked at in the true light of modern science which should be reclothed and refashioned aright."[13]

यन्त्रों के सम्बन्ध में भी उनकी दृष्टि नीर-क्षीर विवेक का परिचायक है। उनका एक उद्धरण यहाँ प्रस्तुत है—What I object to is the craze for machinery, not machinery as such. The craze is for what they call labour saving machinery. Men go on. 'saving labour' till thousands are without work and thrown on the open streets to die of starvation. I want to save time and labour, not for a fraction of mankind, but for all. I want the concentration of wealth not in the hands of the few, but in the hands of all."[14] इस प्रकार गाँधी की दृष्टि थी—मनुष्य स्वामी है और यन्त्र साधन। ऐसी व्यवस्था जिसमें मनुष्य ही यन्त्र का

साधन हो, गाँधी को स्वीकार नहीं थी। क्योंकि यह व्यवस्था सभ्यता और संस्कृति को ही आच्छादित कर लेगी। मनुष्य की गरिमा और स्वतन्त्रता के लिए आच्छादन की यह स्थिति कितनी भयावह होगी, इसका अनुमान उन्हें था। परमाणु बम बन जाने के बाद परवर्ती काल की स्थिति ने उनके विचारों को और पुष्ट किया। हिन्द स्वराज की परिकल्पित आर्थिक व्यवस्था में वैज्ञानिक उपलब्धियों पर उक्त पुस्तक में गाँधी के निरूपित विचारों को इसी आलोक में समझा जाना चाहिए। विज्ञान और मशीन के सुनियोजित और सुविचारित उपयोग के अतिरिक्त आर्थिक व्यवस्था की मूल परिचालिका शक्ति को भी गाँधी ने चिन्हित किया। वह होनी चाहिए मात्र आवश्यकताओं (नीड्स) की पूर्ति, किन्तु बन गयी वह नयी-नयी आवश्यकताओं के कलेवर में ललक (ग्रीड) और मुनाफाखोरी की प्रवृत्ति। उपयोगितावादी–व्यक्तिवादी चिन्तन के प्रभाव में इसका रूप उभरा है–अधिकतम सुख की तलाश। तलाश ऐसी जो व्यक्ति की एकमात्र बौद्धिक क्रिया बन गयी। इसी को उपयोगितावादी बौद्धिकता मानते थे–अधिकतम सुख की उपलब्धि। वस्तुतः यह होमोइकोनॉमिक्स (अर्थ प्रधान मनुष्य) का संस्करण है। किन्तु है यह मूलतः बुद्धि प्रधान मूर्ख का स्वरूप। **अमर्त्य सेन** ने इस तरह के आर्थिक दर्शन की खबर ली है 'रेशनल फूल्स' शीर्षक अपने एक लेख में–The purely economic man is indeed close to being a social moron, Economic theory has been much preoccupied with this rational fool decked in the glory of his one all- purpuse preference ordering. To make room for the different concepts related to his behaviour we need a more eleborate sturcture.''[15]

दरअसल, सुखवादी-उपयोगितावादी अर्थशास्त्र का पूँजीवादी व्यवस्था से चोली-दामन का रिश्ता है। इस रिश्ते ने मनुष्य की एकमात्र पहचान निर्धारित की है-उपभोगरत प्राणी। भूमण्डलीकरण की प्रक्रिया ने मनुष्य के इस मॉडल को उपभोक्ता सभ्यता के केन्द्र में प्रतिष्ठित किया है। यह सभ्यता मनुष्य का स्खलित रूप है जिसमें सहयोग, सहकार और समष्टिगत् चेतना का लोप है। गाँधी किसी ऐसी अर्थ व्यवस्था की कल्पना नहीं करते थे जिसमें व्यक्ति के मानवीय रूप का क्षरण हो, जिसमें वह अपने स्वभाव, अपनी प्रजाति और प्रकृति से निर्वासित हो। यह स्थिति उनके लिए आर्थिक प्रचुरता के बावजूद आर्थिक स्वराज की स्थिति नहीं थी। स्पष्ट है कि आर्थिक स्वाधीनता मात्र निर्धनता से मुक्ति नहीं थी, प्रत्युत् सम्पत्ति के उपभोग और अनावश्यक संचय की आभ्यन्तरिक प्रवृति से भी मुक्ति थी। इसी को उन्होंने अपरिग्रह का स्वरूप माना है। अपरिग्रह को पतंजलि योग शास्त्र के यम-नियम प्रसंग में व्याख्यायित किया गया है।''[16] गाँधी ने निष्क्रिय प्रतिरोध (पैसिव रेज़िस्टेन्स) के आवश्यक अंग के रूप में संग्रह-वृत्ति का निषेध किया है–"Just there is necessity for chastity, so is there for poverty. Pecuniary ambition and passive resistance cannot go well together."[17] "अपरिग्रह की संस्तुति गीता ने भी की है।"[18]

सामान्यतया आधुनिक सभ्यता के समर्थक वैज्ञानिक उपलब्धियों पर आधारित सम्पन्नता के संसार को अपरिग्रह का निषेध मानते हैं और उनके लिए गाँधी ऐसी आदिम अर्थ व्यवस्था के समर्थक दीखते हैं जो निर्धनता की पोषक है और इसी नाते वे गाँधी को समाज के प्रभुत्वशाली-पूँजीवादी वर्ग के समर्थक के रूप में चित्रित करते हैं।"[19] हिन्द स्वराज का मूल स्वर गाँधी की इस बद्धमूल धारणा का आख्यान है कि अनासक्ति, वैराग्य और अपरिग्रह किसी भी आदर्श स्वस्थ समाज का मूलाधार है।

भूमण्डलीकरण की वर्तमान स्थिति उपभोग के नये आयाम खोलती है। वैराग्य, अनासक्ति और अपरिग्रह अर्थ व्यवस्था के विस्तार व उपभोग हेतु उत्पादन को अवरुद्ध करते हैं। भूमण्डलीकरण के अद्यतन स्वरूप के समर्थकों की धारणा है कि उक्त अवरोध अर्थ व्यवस्था की गतिशीलता को कुण्ठित करता है–विशेषकर उस स्थिति में जब भूमण्डलीकृत व्यापार व्यवस्था का अधिकांश भाग तीसरी दुनिया के विकासशील देशों की अपरिहार्य आवश्यकताओं की पूर्ति में नियोजित न होकर मात्र उपभोग के नित नवीन रूपों का सृजन करता है। विज्ञापन इस उपभोगवादी सभ्यता का अनिवार्य साधन है। यदि यह अवरुद्ध होगा तो वे सभी बेरोजगार होंगे जो विज्ञापन व्यापार से सम्पृक्त हैं। साथ ही वे भी बेरोजगार होंगे जो उपभोग की वस्तुओं के नवीनातिनवीन संस्करण प्रस्तुत कर रहे हैं। साम्प्रतिक आर्थिक संकट इसी अनियन्त्रित उपभोग की कोख से उत्पन्न हुआ है। हेज फण्ड्स, सब-सब प्राइम लोन, बैंकों की असंयमित नीति और सामान्य उपभोक्ता की अमीरशाही इस संकट का कारण है। चूँकि भूमण्डलीकरण ने इस व्यवस्था को वैश्विक सम्बन्धों में ढाल दिया है इसलिए इस संकट का उछाल (स्पिल ओवर) उन देशों पर भी पड़ रहा है जो विकासशील हैं और जो अन्तर्राष्ट्रीय बैंक व्यवस्था से जुड़े हैं। मुक्त व्यापार व्यवस्था का यह संकट व्यवस्थाजन्य है। यह कुछ अन्तराल के बाद आता ही रहेगा। कार्ल मार्क्स ने कैपिटल के पृष्ठों में इस संकट का ज़िक्र किया है। पर ध्यातव्य हो कि संकट से जूझने के उपाय भी इसी व्यवस्था में ढूँढे गये हैं। 1929 से 1933 तक के आर्थिक संकट का उपाय कीन्स ने ढूँढा। उसी तर्ज़ पर इस संकट से जूझने के लिए राज्य ने बेल आउट की व्यवस्था तजवीज़ की अर्थात राज्य की भूमिका में ही पूँजीवादी संकट का समाधान है। इस समाधान के नैतिक अनौचित्य की ओर संकेत करते हुए यह कहा गया कि बेल आउट की नीति वस्तुतः मुनाफाखोरी का निजीकरण और नुकसान का समाजीकरण है अर्थात राज्य ने पूँजीपतियों की मुनाफाखोरी को संरक्षण प्रदान किया बेल आउट में और बेल आउट ने उनके संरक्षण के लिए जो धन दिया वह पैसा सामान्य अमेरिकी नागरिक के टैक्स का पैसा है। इस प्रकार समाज ने नुकसान झेला, पूँजीपतियों की

मुनाफाखोरी के संरक्षण के निमित्त।

गाँधी की वैकल्पिक अर्थव्यवस्था मुनाफाखोरी के निजीकरण और नुकसान के समाजीकरण को कभी स्वीकार नहीं करती। परवर्ती काल में हिन्द स्वराज के बीज सिद्धान्तों को व्याख्यायित करते हुए गाँधी ने निरन्तर रेखांकित किया कि आर्थिक व्यवस्था स्वावलम्बन प्रधान हो। भूमण्डलीकरण की अद्यतन भंगिमा और उसका आसन्न संकट परावलम्बन की त्रासदी को रेखांकित करता है।

इस प्रकार आर्थिक स्वाधीनता भूमण्डलीकरण के प्रचलित रूप में सम्भव नहीं है। न तो इसमें विकासशील देशों की अपरिहार्य आवश्यकताओं की पूर्ति है और न इसमें अपरिग्रह और धनासक्ति से मुक्ति। इसका कारण है भूमण्डलीकरण की पृष्ठभूमि में सन्निहित जीवन-दृष्टि उपभोग की, आर्थिक विकास की तथा विज्ञान और बुद्धि के फ्रान्सीसी प्रबुद्धवाद के संस्करण की। उपभोग, आर्थिक विकास और फ्रान्सीसी प्रबुद्धवादी तर्ज़ का बुद्धिवाद—इन सब पर गाँधी ने प्रहार किया, खास तौर से आधुनिक बुद्धिवाद (मॉडर्न रेशनलिटी) पर।

स्वराज का दूसरा अर्थ है राजनीतिक स्वराज। स्वतन्त्रता के इन दोनों रूपों की आधुनिक बुद्धिवाद ने व्याख्या की। यह बुद्धिवाद पाश्चात्य आधुनिकता का गर्भ-गृह है। आधुनिकता के समस्त रूप और उसमें निहित अन्तर्विरोध बुद्धिवादी दृष्टि के विवर्त हैं। उसी अन्तर्विरोधी विवर्त की एक भंगिमा है उत्तर आधुनिकता। कहने को तो यह बुद्धिवाद की मूल स्थापनाओं पर प्रहार करती है पर यह घूमती रहती है उसी पचिमी जीवन दृष्टि के दायरे में जो मध्ययुगीन चिन्तन और सामाजिक जीवन के क्षरण के उपरान्त आधुनिक युग की प्रारम्भिक शताब्दियों में रूपायित हुआ। यह आधुनिकता और उत्तर आधुनिकता दोनों का मूल कारण है। आधुनिकता की स्वीकृति और उस पर प्रहार-दोनों आधुनिकता की मूल जीवन-दृष्टि से अभिमन्त्रित है। **ल्योतार्द** ने आधुनिकता की तीन मूलभूत धारणाओं पर प्रहार किया है-वृहद् आख्यान (मैक्रोनैरेटिव), वस्तुनिष्ठ सत्य और वस्तुनिष्ठ नैतिकता। इन तीनों का निषेध मूलतः बौद्धिकता का निषेध है। **ल्योतार्द** के अनुसार आधुनिक पाश्चात्य चिन्तन ने बौद्धिकता का एक सार्वभौम मानक (यूनिवर्सल स्टैण्डर्ड) स्वीकार किया। इस पर प्रहार करते हुए उसने बौद्धिकता के समानान्तर रूपों को स्वीकार किया। इस प्रकार किसी सन्दर्भ में बौद्धिकता का जो स्वरूप स्वीकृत है वह दूसरे सन्दर्भ में स्वीकृत नहीं है। एकायामी बौद्धिकता के स्थान पर बहुआयामी बौद्धिकता की प्रतिष्ठा की। फलस्वरूप एकायामी बौद्धिकता ने जिस योरपकेन्द्रित (यूरोसेन्ट्रिक) सभ्यता को मानव मात्र के लिए आदर्श स्थिति मान लिया था, उसी पर **ल्योतार्द** ने प्रश्न चिन्ह लगाया। इसकी निष्पत्ति थी कि बौद्धिकता के अनेक संस्करण हैं तो सभ्यताओं और संस्कृतियों के भी अनेक संस्करण हैं। इनकी व्याख्या करने वाले वृहद आख्यान के स्थान पर अनेक लघु

आख्यान और इन पर आधारित सभ्यताओं और संस्कृतियों के अनेक समानान्तर रूप हैं। वस्तुनिष्ठ सत्य और वस्तुनिष्ठ नैतिकता की सम्मिलित अवधारणाओं के परे विभिन्न संस्कृतियों के सत्य और नैतिकता के अनेक मानक हैं। इस विचार प्रवाह में **इमैनुअल कॉण्ट** के **क्रिटीक आफ प्रैक्टिकल रीज़न** और **ग्राउण्ड वर्क ऑफ मेटाफिज़िक्स ऑफ मोरेलिटी** में आयासपूर्वक प्रस्तुत ढाँचा तिरोहित हो गया। शेष बची संस्कृतियों की अनेकता और बहुवाचिकता-सत्य की और नैतिक मान्यताओं की। इसी पर प्रतिष्ठित है सांस्कतिक बहुलवाद (मल्टीकल्चरिज़्म) जो उत्तर आधुनिकता और भूमण्डलीकरण की संयुक्त उपज है।

सांस्कृतिक बहुलवादिता वैश्विक परिप्रेक्ष्य में आंचलिकता का आग्रह बन जाती है। इसलिए भूमण्डलीकरण अथवा उत्तर आधुनिकता में आंचलिकता अन्तर्भूत है। **राबर्टसन** नामक समाजशास्त्री ने भूमण्डलीकरण और आंचलिकता के संयोग के लिए एक अंग्रेजी शब्द गढ़ा है-**ग्लोबलाइज़ेशन**। अर्थात एक ही साथ वैश्विक भी और आंचलिक भी। इस पूरे परिप्रेक्ष्य में सवाल उठता है कि क्या कुछ भी सार्वभौम नहीं—न कोई मान्यता, न आस्था, न आदर्श, न कोई मूल्य। ये सारे लक्षण सतही हैं। मूलतः ये आधुनिकता की कोख से ही उत्पन्न हुए हैं और उसकी मूलभूत धारणाओं के सहारे टिके हैं अथवा टिके रह सकते हैं। ये धारणाएँ हैं क्या ? इस सन्दर्भ में दास्तोवस्की के उपन्यास **ब्रदर्स कार्मोज़ोब** के **इवान** की बरबस याद आ जाती है। उसका एक कथन है- If there is no God , everything is permitted (यदि ईश्वर नहीं है तो हर चीज जायज़ है)। स्पष्ट है कि जब ईश्वर है ही नहीं तो हर व्यक्ति स्वतंत्र है। कोई नैतिक बन्धन रहा नहीं। रहे भी तो कैसे जब नैतिकता का कोई स्रोत नहीं जिसे सब स्वीकार करें। ऐसी स्थिति में व्यक्ति की इच्छा ही सर्वोपरि है। मेरी, तेरी और उनकी इच्छा में कोई अन्तर नहीं। सब समान रूप से महत्त्वपूर्ण है। अतः लागू उसी की इच्छा होगी जो सर्वाधिक शक्तिशाली है। व्यक्ति है तो गिरोह का सरदार बन जायेगा। राज्य है तो साम्राज्यवादी बनकर उपनिवेश बसायेगा, राष्ट्र के नाम पर अन्ध राष्ट्रवाद के परचम लहरायेगा। साम्प्रतिक सन्दर्भ में यह नक़ली जिहाद और नक़ली धर्मयुद्ध में परिलक्षित हो रहा है। यह धार्मिक है ही नहीं। इन दोनों की सोच पूर्णतया आधुनिक है। इसके केन्द्र में शक्ति की श्रेष्ठता और उनकी उपादेयता का बोध है। हिन्दुओं के सन्दर्भ में यह व्यक्त होता है इस बीज मन्त्र में-Militarise the Hindus and Hinudise the military उक्त आह्वान सावरकर का है जिन्हें ईश्वर की सत्ता में विश्वास ही नहीं था। हिन्दू धर्म के प्रति भी उनकी दृष्टि उपेक्षात्मक थी। हिन्दू धर्म उनके लिए हिन्दुत्व का एक भाग था। धार्मिक प्रतीकों का प्रयोग उन्होने हिन्दुत्व के संवर्धन के लिए किया। साम्प्रतिक भारत में हिन्दुत्व पर आधारित आन्दोलन उक्त बीज मन्त्र के विभिन्न निर्वचन हैं। वैसे तो जिहाद के भी कई रूप 19वीं शताब्दी के भारतीय इतिहास में परिलक्षित

हैं। औपचारिक रूप से वे धर्म-चेतना की उपज हैं किन्तु सतह के नीचे शुद्ध रूप से वे राजनीतिक चेतना के वाहक हैं। हद-से-हद उनको जिहाद कबीर कह सकते हैं, पैगम्बर साहब द्वारा समर्थित प्रथम श्रेणी का जिहाद अकबर नहीं। 20वीं शताब्दी के उत्तरार्द्ध और 21वी शताब्दी के पूर्वार्द्ध में कुछ मुसलमानों द्वारा प्रायोजित आतंकवाद है तो राजनीतिक, पर सामान्य मुसलमानों को आकर्षित करने के लिए इस पर धर्म का कलेवर चढ़ा दिया गया है। यह ज़ाहिर होता है आतंकवादी गुटों के नामकरण से।

हिंसा और अराजकता को नैतिक मान्यता के रूप में प्रतिष्ठित करना नास्तिवाद (निहिलिज़्म) की एक भंगिमा है।''[20] आधुनिकता की एक परिणति नास्तिवाद है और दूसरी अतिशय बौद्धिकीकरण। इन दोनों में तनाव है और अन्तर्विरोध भी। पर हैं ये दोनों आधुनिक बौद्धिकता के संस्करण। पाश्चात्य आधुनिक बौद्धिकता पश्चिमी क्लासिकीय बुद्धि की अवधारणा से भिन्न है। इस भिन्नता का कारण है–यूरोपीय पुनर्जागरण काल में नयी परिस्थितियों और प्रवृत्तियों का उदय, जीवन के सनातन सन्दर्भ का लोप, इहलौकिकता का आग्रह, ज्ञान के साधन के रूप में वैज्ञानिक पद्धतियों की प्रतिष्ठा, विज्ञान एवं प्रविधि सम्पन्न मनुष्य के सृष्टा रूप की प्रतिष्ठा, सहज नैसर्गिक प्रवृत्तियों की श्रेष्ठता और उन प्रवृत्तियों की सिद्धि के लिए साधन के रूप में बुद्धि की प्रतिष्ठा-तकनीकी शब्दों में **इन्सट्रुमेन्टल रेशनेलिटी** की स्वीकृति, इकाई के रूप में व्यक्ति की श्रेष्ठता और फलस्वरूप साध्य रूपी व्यक्ति के प्रति समष्टि का साधन के रूप में नियोजित होना, ऐन्द्रिक सुखवाद और उपयोगितावाद। इन सबकी परिणति हुई मानव जीवन के अतिशय बौद्धिकीकरण और यान्त्रिकीकरण में। यह क्षरण की प्रक्रिया थी। पाश्चात्य संस्कृति की निश्चयात्मकता का संसार विखर गया। मान्यताएं ढल गयीं। व्यक्ति अपने अहं के दायरे में सिमट गया। सिमटने की स्थिति को **देकार्त** ने सूत्रबद्ध किया–कॉजिटो एर्गो सम (COGITO ERGO SUM)। मात्र व्यक्ति की सत्ता संशयास्पद नहीं। अपने में सिमटने की इस प्रक्रिया को **हन्ना आरेण्ट** ने वाह्य जगत की ओर से मुड़कर आभ्यन्तर में **आर्किमीडियन प्वाइण्ट** का केन्द्रित होना माना है। भारतीय चिन्तन के सन्दर्भ में गाँधी के अनुसार व्यक्ति का जो सोपाधिक स्वरूप है वही आधुनिक पाश्चात्य चिन्तन के सन्दर्भ में **कार्टीजियन ईगो** है-आर्किमीडियन प्वॉइण्ट की सिद्धपीठ। इन सब की परिणति है सर्वप्रथम वैज्ञानिक आशावाद तदुपरान्त उक्त आशावाद पर प्रश्नचिन्ह, मशीनी सभ्यता का वर्चस्व, प्राविधिक अभिजनतन्त्र (टेक्नोक्रेसी) का उदय, अफसरशाही की जकड़, सूचना क्रान्ति का आगमन, प्रबन्धनशास्त्र का अनावश्यक विस्तार, लोकतन्त्र में लोक का लोप और लोक-निर्णय के स्थान पर प्रायोजित लोकमत की प्रतिष्ठा। यह सब क्षरण की वृत्तियाँ हैं। इन सबके विस्तार के फलस्वरूप लोकनीति के

समानान्तर अपने अहं में संकुचित, उपभोक्ता सभ्यता के प्रतीकों में सलिप्त नागरिक मूलतः मानवोचित जीवन शैली से वंचित है। ऐसा नहीं कि उपभोग मानवोचित नहीं है। लेख के प्रारम्भ में ईशावास्योपनिषद् का एक श्लोक पूर्वउद्धृत है जिसमें त्याग-वृत्ति से भोग की बात की गयी है। इसका रहस्य वर्तमान उपभोक्ता सभ्यता के सन्दर्भ में स्पष्ट है। भोग जब त्याग की वृत्ति से संचालित होगा तो वह उतना ही सम्भव है जितना आवश्यक है। भोग का अनुशासन क्षरित हुआ नहीं कि उपभोग की उन्मुक्तता सारे बन्धन और सीमाओं को तोड़ती रहेगी। गाँधी के लिए यह स्थिति अपरिहार्य आवश्यकता (नीड) की नहीं अपितु लिप्सा (ग्रीड) की पूर्ति है। यह मनुष्य का वह रूप है जो उपभोग को ही जीवन का साध्य मानता है। इस प्रकार यह मानवोचित जीवन शैली नहीं है।

सभ्यताओं के बढ़ते चरण ने स्थूल उपभोगों के स्थान पर सूक्ष्म उपभोगों का इन्द्रधनुषी संसार प्रस्तुत किया है। यही हमारी प्रगति का मापक है। इस इन्द्रधनुषी संसार को पुष्पित और पल्लवित किया है विज्ञापन के व्यापार ने। इन सब स्थितियों की पृष्ठभूमि में प्राविधिक कौशल है। इस कौशल का अधिष्ठान है वैज्ञानिक शोध और वैज्ञानिकों की उपलब्धियाँ। इन्हें नियोजित करते हैं बड़े-बड़े औद्योगिक संस्थान। इन संस्थानों की दृष्टि है कि उत्पाद स्थायी नहीं होना चाहिए बल्कि उत्पादों के निरन्तर नये प्रारूप (मॉडल) आने चाहिए ताकि उपभोक्ता पुराने उत्पादों को फेंककर नये उत्पाद खरीदे। खरीद-फरोख़्त की यह क्रिया अध्यात्म शास्त्र में वर्णित **'अष्टपाश'** का एक विशिष्ट प्रकार है। पाश अर्थात बन्धन, और यह बन्धन है मान-सम्मान का। इसे लेकर उपभोक्ताओं में प्रतिस्पर्धा होती है। यदि यह प्रतिस्पर्धा न हो तो बाज़ार ठप हो जायेगा। अंग्रेजी में इसे कहते हैं-Keeping up with the Jones's

इस प्रकार आधुनिकता अबाधित गतिशीलता का व्याकरण है। ऐसी गतिशीलता नहीं जो जीवन और प्रकृति में निसर्गतः अनुस्यूत है बल्कि ऐसी गतिशीलता जो मनुष्य की ऐन्द्रिकता से परिचालित है। प्रश्न यह है कि इस गतिशीलता का क्या कोई चरम बिन्दु है? क्या मानव-सभ्यता का इतिहास उपभोग के नूतन संसाधनों की वृद्धि का इतिहास है ? क्या इस वृद्धि से मनुष्य कभी उपरत होगा ? होगा, पर सन्यस्त होकर नहीं। और इसीलिए उसकी उपरति भी त्रासद होगी। त्रासद इसलिए कि उपलब्ध प्रचुरता और संलिप्तता के संयोग से उपभोग की आकांक्षा की त्वरा का लोप हो जाता है। सबके लिए नहीं, विशेष साधन-सम्पन्न वर्गों के लिए। पर यदि यह आधुनिकता का सार्वभौम लक्ष्य है तो विचार-प्रयोग के निमित्त मात्र कल्पना कीजिए कि यदि सबके लिए यह स्थिति सुलभ हो तो उस दशा में आकांक्षा की त्वरा का लोप निश्चित होगा और तब उत्पन्न होगी बोरडम की स्थिति। हन्ना आरेण्ट के अनुसार सम्पन्न उत्तर-औद्योगिक समाजों की सम्प्रति यह सबसे बड़ी समस्या है।

आरेण्ट ने इस स्थिति को सटीक निरूपित किया है अपनी कृति **द ह्यूमन कण्डीशन** में। उनके अनुसार आर्थिक मुक्ति अपने आप राजनीतिक स्वतन्त्रता में अनूदित नहीं होती बल्कि प्राकृतिक आवश्यकताओं की पूर्ति की प्रक्रिया में यह प्राकृतिक अनिवार्यताओं के दायरे में सिमटी रहती है। इस प्रकार मनुष्य सूक्ष्म रूप से अबाधित नियन्त्रण में जकड़ा रहता है। इसी नाते आरेण्ट ने इसे स्वतंत्रता के अभाव की स्थिति कहा है। आधुनिक यूरोपीय परम्परा में जर्मन दार्शनिक काण्ट ने मनुष्य का दो पक्ष स्वीकार किया। एक है उसके शरीर पक्ष का प्रकृति द्वारा नियन्त्रण। यह अनिवार्य है। यदि शरीर है तो इस अनिवार्यता से मुक्ति नहीं। पर उसका एक दूसरा पक्ष है। वह है उसकी नैतिक चेतना। स्वतन्त्रता इसी नैतिक चेतना से उद्भूत होती है। नैतिक संकल्प से मनुष्य को प्रेरित होना चाहिए। यदि चाहिए तो इसके लिए मनुष्य शक्य भी है-OUGHT IMPLIES CAN.

अतः मनुष्य स्वशासित (आटोनॅमस) प्राणी है और इसी रूप में वह प्राकृतिक अनिवार्यताओं की शृंखला से मुक्त है। हन्ना आरेण्ट के लिए यह मुक्ति तब तक सम्भव नहीं है जब तक वह अपने होमो एकोनमिक्स पक्ष के वर्चस्व को शिथिल नहीं करता। होमोएकोनमिक्स के वर्चस्व का अधिष्ठान है—**एनिमल लेबरान्स**। इसे जीवन के केन्द्र में आधुनिक दृष्टि ने प्रतिष्ठित किया। जीवन के विविध पक्ष इससे आच्छादित हैं। प्रविधि और विज्ञान से मनुष्य जितना ही शक्ति सम्पन्न होता गया है उतना ही अधिक वह उपभोग की सम्भावनाएं बढ़ाता गया है। सम्भावनाओं के बढ़ने का अर्थ है उपभोग के निमित्त वस्तु-सम्भार की उपलब्धि। यह सारा व्यापार श्रमजनित है। कठोर श्रम द्वारा नहीं बल्कि प्रविधि समर्थित श्रम द्वारा। पर है तो वह श्रम ही। और जो वस्तुएँ उत्पन्न होती हैं—हैं वे नाशवान। जितनी ही अधिक इन नाशवान, भोग सुलभ वस्तुओं की उपलब्धता बढ़ेगी, मनुष्य का अधिकाधिक उपभोग की शृँखला में आवेष्ठित जीवन निरर्थक होगा। पर विज्ञान, प्रविधि और उपभोग सुलभ वस्तुओं की चकाचौंध में संलिप्त मनुष्य को अपने जीवन की निरर्थकता का बोध नहीं होता—**हम वहाँ हैं जहाँ से हमको भी, कुछ हमारी ख़बर नहीं आती**। मानव-जीवन की यही त्रासदी है। मनुष्य के जीवन का एक मात्र उद्देश्य हो गया है उपभोग। परिस्थितियों के वात्याचक्र में सामयिक मनुष्य उलझ गया है। अगर कभी कुछ एहसास होता है तो मात्र ऊब (बोरडम) का।

ऐसा नहीं कि सभी मनुष्य ऐसे हैं। कुछ तो हैं जो इस दायरे को लाँघना चाहते हैं। वे सवाल पूछते हैं जैसा दास्तोवस्की के उपन्यास **'द ब्रदर्स कार्मोजोब'** में इवान ने पूछा है-I don't want millions, I want answer to my questions. इसमें भी कुछ मनुष्य सवालों का जबाब ढूँढते-ढूँढते अहंकार जनित इच्छा से परिचालित होकर विनाश का मार्ग चुनते हैं। पर इसमें कुछ ऐसे भी निकलते हैं जो जीवन के इस सतहीपन के प्रति विद्रोह करते हैं पर उनका विद्रोह अहंकार जनित आत्मतुष्टि नहीं है। वह किसी

ऐसे उद्देश्य की खोज़ है जो मनुष्य के एकान्तिक जीवन को समष्टि के साथ समरस करे। इस प्रकार से समरस करे कि व्यष्टि और समष्टि के द्वैध का अतिक्रमण हो। सत्ता न व्यक्ति की, न समष्टि की। तभी कृतार्थ होगा मनुष्य का जीवन। गाँधी की यही खोज़ थी—ऐसा जीवन जो मानवोचित है, आहार-निद्रा में ही आबद्ध नहीं है बल्कि वह धर्म की प्रतिष्ठा है उन अर्थों में जो गाँधी के निकट धर्म का अर्थ था।

यह सही है की जब गाँधी ने आधुनिक सभ्यता की शल्य-क्रिया शुरू की तो उन्हें सम्भवतः इस बात का संज्ञान नहीं था कि 19वीं शताब्दी रूस में उनके पहले रूसी रचनाकारों ने आधुनिकता, आधुनिक मुनष्य की निःसंगता, आत्मकेन्द्रिकता, प्रबल आत्माग्रह, ऐन्द्रिक उपभोगवाद की ओर उसकी उन्मुखता इत्यादि की त्रासदी को निरूपित और विमर्शित किया था। मात्र इसी का विमर्श नहीं बल्कि इसके समानान्तर न्यायोचित, समतामूलक समाज की संरचना के लिए व्यवस्थित वैचारिकी पर भी विमर्श किया। इस वैचारिकी के विमर्श का विमर्श भी इन रचनाकारों की रचनाओं मे परिलक्षित है, विशेषकर दास्तोवस्की में।

उसके प्रारंभिक उपन्यास **नोटस् फ्रॉम द अण्डरग्राउण्ड** में विज्ञान और यन्त्रों की सभ्यंता पर प्रहार किया गया है। विज्ञान एवं यंत्र किस प्रकार मनुष्य की नयी दासता की सृष्टि कर रहे हैं, यही चिन्ता दास्तोवस्की की थी। उनके अनुसार मनुष्य का जीवन अतिशय विशेषीकृत हो रहा है। फलस्वरूप अनेक नये बंधनों की सृष्टि हो रही है। विज्ञान ने मानव जीवन को निर्धारित दिशा में नियमित और अनुशासित करने का प्रयास किया है। बुद्धि इसका साधन है। इसी **इन्स्ट्रूमेण्टल रैशनैलिटी** ने मनुष्य के भविष्य का नियन्त्रण सम्भव बनाया है। अब यह संभव नहीं कि मनुष्य स्वतः आदर्शों के अनुरूप जीवन को निर्धारित करे बल्कि विज्ञान वह लक्ष्य स्वयं निर्धारित करेगा जिसके अनुरूप जीवन संचालित होगा। **विलियम बैरेट** के शब्दों में We need not to live to become a certain kind of being :- Science would provide it readymade."[21]

नोट्स फ्रॉम द अण्डर ग्राउण्ड की बीज स्थापना है—हिसाब लगाने वाली बुद्धि जीवन को समेट नहीं सकती। मनुष्य जीवन का रहस्य इस हिसाबी जीवन से परे है। फलस्वरूप मनुष्य मशीनी सभ्यता के कल का पुर्ज़ा नही बन सकता। उसमें स्वतन्त्रता की चेतना है जो सारे बन्धनों को तोड़ती है। कभी विद्रोह हिंसा में व्यक्त होता है, कभी उसकी व्यर्थता के बोध से स्वतन्त्रता की यही चेतना मानव मात्र को व्यापक संवेदना के विस्तार में समेट लेती है। मनुष्य की ये दोनों सम्भावनाएँ दास्तोवस्की में सन्निहित हैं। अपने उपन्यास **डेविल्स** (इस पुस्तक का दूसरा अुनवाद **पज़ेस्ड** शीर्षक से भी उपलब्ध है) में दास्तोवस्की ने हिंसा और आतंक की मानसिकता की चीड़-फाड़ की है। उसका निष्कर्ष आज की भाषा में वैचारिकता के उन्माद में निहित अराजकता और विशृंखलन को रेखांकित करना है। आधुनिक सभ्यता

बुद्धि-केन्द्रित है। बुद्धि विचार के वर्चस्व को प्रमाणित करती है। विचार की कोख से जन्म लेती है वैचारिकी। यह प्रस्तुत करती है एक मानसिक साँचा जो सम्पूर्ण मानव जीवन और इतिहास को निर्धारित नियमों की प्रक्रिया में बाँधता है। **हन्ना आरेन्ट** ने अपनी पुस्तक **ओरिजिन्स ऑफ टोटलिटेरियनिज़्म** के अन्तिम अध्याय **आइडियालोजी एण्ड टेरर** में इस दार्शनिक दृष्टि और मानसिकता का सटीक चित्रण किया है। दास्तोवस्की की तरह आरेण्ट ने भी यह प्रमाणित किया है कि वैचारिकी अनिवार्यतः आतंक को जन्म देती है। वैचारिकी के वाहक मानते है कि वे किसी बड़े लक्ष्य के माध्यम मात्र है और उस लक्ष्य को रूपायित करने के लिए हिंसा और आतंक जायज़ हैं। वे कुछ और नही सोचते क्योंकि वे कुछ और सोच ही नहीं पाते। सोचने और समझने की उनकी अशक्यता वैचारिकी के उन्माद के नाते है। गाँधी ने भी विचारों के इस दुष्प्रभाव का संज्ञान लिया है। 1909 के **इण्डियन ओपीनियन** में गाँधी ने अपनी इसी अन्तर्दृष्टि की ओर संकेत किया है-In my view, Mr. Dhingra himself is innocent. The murder was committed in a state of intoxication. It is not merely wine or BHANG that make one drunk ; a mad idea can also do so."[22]

हरबर्ट मार्क्यूज, होर्क हाइमर और एडॉर्नो फ्रैंकफर्ट सम्प्रदाय की पहली पीढ़ी के विचारक हैं। दूसरी पीढ़ी का प्रसिद्ध विचारक है **जर्गन हैबरमास**। वैसे तो इनके विचारों में आपसी मत-भेद हैं किन्तु ये सभी समकालीन सभ्यता की तात्कालिक स्थिति से असन्तुष्ट थे। मार्क्यूज ने अपनी पुस्तक **वन डायमेन्सनल मैन, सोवियत मार्क्सिज़्म, निगेसन्स** होर्क हाइमर ने अपनी पुस्तक **एक्लिप्स ऑफ रीजन** और एडॉर्नो और होर्क हाइमर ने संयुक्त रूप से लिखित पुस्तक **डायलेक्टिक्स ऑफ इनलाइटेनमेण्ट** में पश्चिमी सभ्यता में बुद्धि के वर्चस्व की विडम्बनापूर्ण फलश्रुति पर चिन्ता व्यक्त की। उनके अनुसार प्रबुद्ध बुद्धि और स्वतन्त्रंता के स्थान पर अबौद्धिकता और दमन के नये रूप उभर रहे हैं। हैबरमास ने बुद्धि की इस विकृति को पहचानते हुए इन्स्ट्रुमेण्टल रेशनेलिटी को वर्तमान स्थिति का जिम्मेदार बताया है। हैबरमास के अनुसार यह स्थिति **कॉलोनाइजेशन ऑफ द लाइफ वर्ल्ड** है—मनु य के सम्पूर्ण जीवन का उपनिवेशीकरण। उपनिवेश दासता के प्रतीक हैं। हैबरमास के लिए सारा जीवन अतिशय यान्त्रिकीकरण ,बौद्धिकीकरण और वैज्ञानिकीकरण के नाते नियन्त्रित और निर्देशित हो रहा है। लोक जीवन में सार्वजनिक रूप से स्वतन्त्र निर्णय की सम्भावनायें समाप्त हो गयी हैं। संवाद के स्थान पर वैज्ञानिक सूत्र और फार्मूले प्रधान हो गये हैं। अद्यतन यह प्रवृत्ति कम्प्यूटरीकृत जीवन में व्यक्त है। उपर्युक्त फ्रैंकफर्ट सम्प्रदाय के विचारकों के अनुसार बौद्धिकता दिग्भ्रमित हो गयी है। हैबरमास के अनुसार इस स्थिति से मुक्ति बौद्धिकता का निषेध नहीं अपितु प्रबुद्धवादी प्रकल्प (इनलाइटेनमेन्ट प्रोजेक्ट) को

उचित ढंग से विवेचित करने का है। इसके लिए आवश्यक है यह मानना कि इन्स्ट्रूमेण्टल रेशनेलिटी बुद्धि का मात्र एक स्वरूप है, इसका क्षेत्र सीमित है। जीवन का विस्तार इन्स्ट्रूमेण्टल रेशनेलिटी के क्षेत्र से बड़ा है। उस क्षेत्र में बुद्धि के अन्य स्वरूप स्वीकार्य हैं। उस व्यापक क्षेत्र में जीवन के उद्देश्य, लक्ष्य, आदर्श, सार्वजनिक जीवन में उस पर विमर्श तद्नुरूप कर्म, उस पर विमर्श, इन सबकी अर्थवत्ता को संवाद द्वारा निर्धारित करने का प्रयास, उस प्रयास की भा ा-सभी कुछ वैज्ञानिक बौद्धिकता की भंगिमा और भा ा से भिन्न है। यही हैबरमास के अनुसार मुक्ति के मार्ग का दर्शन (इमेन्सिपेटरी फिलॉसफी) है।

उपर्युक्त कुछ प्रस्तरों में आधुनिकता पर प्रहार करने वाले विचारकों की चर्चा की गयी। दास्तोवस्की को छोड़कर ये सभी विचारक गाँधी की परवर्ती पीढ़ी के विचारक हैं। इस सूची में वे विचारक नहीं हैं जिनकी चर्चा गाँधी ने **हिन्द स्वराज** के परिशि ट में की है। एक प्रकार से परिशि ट में उल्लिखित विचारकों की अपेक्षा इन्होंने अधिक गहराई से आधुनिकता, विज्ञान, अतिशय यान्त्रिकीकरण और बौद्धिकीकरण की चीड़फाड़ की। प्रथम दृष्ट्या यह प्रतीत होता है कि इन भारी भरकम बुद्धिजीवियों की तुलना में **हिन्द स्वराज** में गाँधी की आलोचना सतही है, पर ऐसा हैं नहीं। क्यों ?

गाँधी ने उस वृत्ति को अपनी दृष्टि में रखा है जो मात्र आधुनिक काल में ही नहीं किन्तु सम्पूर्ण इतिहास में मनुष्य को परिचालित करती रही है। आधुनिकता की विशिष्टता इस बात में है कि यह वृत्ति मात्र एक तथ्य नहीं बल्कि एक मूल्य बन गयी है। पूर्व-आधुनिक काल का पाश्चात्य उस वृत्ति और उसके विवर्त को पहचानता था पर उसे मूल्य के रूप में स्वीकार नहीं करता था। आधुनिक यूरोप ने उस वृत्ति को न केवल प्रभावशाली माना बल्कि उसके औचित्य को भी प्रमाणित किया। फलस्वरूप उसकी सम्पूर्ति ही जीवन का उद्‌देश्य बन गयी है। वह उद्‌देश्य है भौतिक सुख। यही वह लोभ (ग्रीड) है जिससे आधुनिक मनुष्य पीड़ित है। आधुनिक सभ्यता का वितान इसी के सहारे ताना गया है। पूँजीवाद और साम्राज्यवाद इसी की निष्पत्तियाँ हैं। **हिन्द स्वराज** में गाँधी ने अपनी वैचारिक स्थिति स्पष्ट की है। परवर्ती काल का उनका वाङ्मय और कृतित्व इस दृष्टि का साक्षी और उसका निर्वचन है।

वे न तो विज्ञान के विरुद्ध थे, न मशीनों के। उनकी दृष्टि में दोषी वह जीवन-दर्शन है जो इहलौकिकता और शारीरिकता को प्रधान मानता है। यह लोभ की दृष्टि से पोषित है। गाँधी का प्रहार इसी इन्द्रियोत्सव (कार्निवल ऑफ सेन्सेज) पर है। गाँधी का अधिष्ठान भारत की सनातन सांस्कृतिक जीवन-दृष्टि है। गीता के द्वितीय अध्याय के दो श्लोकों में भगवान ने उस सामान्य प्रक्रिया का उल्लेख किया है जो विषयों में लिप्त मनुष्य के जीवन में सम्भव है। यह प्रक्रिया ऐन्द्रिकता-केन्द्रित

जीवन के विखरने की प्रक्रिया है।"[23] उपर्युक्त विमर्श के सन्दर्भ में आर्थिक स्वराज और राजनीतिक स्वराज तब तक सम्भव नहीं जब तक हम पश्चिम के व्यामोह से मुक्त नहीं होते। यह व्यामोह पश्चिम की सांस्कृतिक दासता से मुक्ति है। लन्दन के इण्डिया हाऊस में रहने वाले क्रान्तिकारियों से गाँधी के मतभेद का यह भी एक कारण था। भारतीय क्रान्तिकारियों ने भारतीय स्वतन्त्रता के लिए पश्चिमी विचारों का सहारा लिया। वे आधुनिक सभ्यता की उपलब्धियों को स्वीकार करते थे। जीवन के प्रति आधुनिक पाश्चात्य दृष्टि के वे विरोधी नहीं थे बल्कि उसी के सहारे वे स्वतन्त्रता का संघर्ष संचालित करना चाहते थे। उनका एक मुख-पत्र था **इण्डियन सोसियालोजिस्ट**। उसके मास्ट हेड पर **हर्बर्ट स्पेन्सर** का वाक्य उद्घृत था। इनकी चिन्तन शैली और गतिविधियों को देखकर **जी.के. चेस्टरटन** ने **इलस्ट्रेटेड लण्डन न्यूज** में एक लेख लिखा। गाँधी ने उसे पढ़ा। वे इतने प्रभावित हुए कि उन्होंने इसका गुजराती में अनुवाद किया और **इण्डियन ओपिनियन** में इसे प्रकाशित भी किया। जी. के. चेस्टरटन ने जो बातें कहीं, गाँधी को अक्षरशः उचित लगीं। उस लेख की कुछ पक्तियाँ नीचे उद्धृत हैं–

When young Indians talk of independence for India I get a feeling that they do not understand what they are talking about. I admit that they who demand swarajya are fine fellows, most young idealists are fine fellows. I do not doubt that many of our officials are stupid and oppressive. But when I see the actual papers and know the views of Indian nationalists I get bored and feel dubious about them. They talk about Herbert Spencer's philosophy and other similar mattars. What is the good of the Indian national spirit if they connot protect themselves form Herbert Spencer?"[24]

चेस्टरटन ने भारतीय राष्ट्रीय क्रान्तिकारियों की चिन्तन दृष्टि को अभारतीय माना। गाँधी की भी यही धारणा थी जब उन्होंने हिन्द स्वराज में यह सवाल उठाया कि क्या स्वराज का अर्थ मात्र गोरे शासकों के स्थान पर भारतीय शासकों की सत्ता है? अगर सत्ता का स्वरूप, उसका उद्देश्य, स्वभाव और चरित्र सभी कुछ आधुनिक है तो यही तो गोरे शासकों का भी लक्ष्य था। उनको हटाकर भारतीय यदि उसी प्रकार की सत्ता स्थापित करेंगे तो यह तो एक प्रकार से अंग्रेज के बिना अंग्रेजी शासन (English rule without English man) है और अंग्रेजी शासन आधुनिक सभ्यता का प्रतीक है। इस दासता से मुक्ति मिले बिना स्वराज का एक पक्ष अधूरा है। इसलिए सांस्कृतिक स्वराज उतना ही मह वपूर्ण है जितना कि स्वराज के अन्य पक्ष।

सांस्कृतिक स्वराज की गाँधी-अवधारणा अन्धराष्ट्रवाद और परम्परा के अन्ध समर्थन से भिन्न है। किसी प्रकार से यह व्यापक विश्व से असम्पृक्त नहीं है। संकीर्ण राष्ट्रवाद 'स्व' और 'पर' का विभेद करता है। जो 'पर' है वह वहिष्कृत है।

'स्व' जैसा भी है उचित है क्योकि वह हमारा है। इस तरह की अन्ध-निष्ठा, अन्ध समर्पण संकीर्ण राष्ट्रवाद का आधार है। अद्यतन सांस्कृतिक राष्ट्रवाद कुछ इसी प्रकार का चिन्तन है जो एक संकीर्ण दायरे में सीमित है और दायरे के बाहर के किसी भी प्रभाव के लिए स्वागतोत्सुक नहीं। विज्ञान और प्रविधि को तो यह माध्यम के रूप में स्वीकार करेगा किन्तु सांस्कृतिक कूपमण्डूकत्व को छोड़ने से परहेज़ करेगा। हिन्द स्वराज में गाँधी ने जिस सच्ची सभ्यता का चित्रण किया है वह इन सारी संकीर्णताओं से मुक्त है। भारतीय सभ्यता में वे लक्षण परिलक्षित होते हैं जो देश और काल में सीमित नहीं हैं। इसी की ओर गाँधी संकेत करते हैं-Civilisatiion is that mode of conduct which points out to man the path of duty. Performance of duty and observance of morality are convertible terms. To observe morality is to attain mastery over our mind and our passions. If this definition be correct then India, as so many writers have shown, has nothing to learn form anybody else.''[25]

उनका आग्रह इस बात पर नहीं कि यह मात्र भारतीय है बल्कि इस बात पर है कि सच्ची सभ्यता के जो लक्षण हैं वे भारतीय चिन्तन में स्पष्ट रूप से निर्देशित हैं। अतः वे भारतीय होते हुए सार्वभौम हैं। मन का संयम, आत्मज्ञान, नैतिक कर्तव्य-निष्ठा ऐसे आदर्श हैं जो देश काल-पंथ सभी से निरपेक्ष हैं। गाँधी ने इसी के सहारे मनुष्य की मानसिकता का विवेचन किया है। उनके अनुसार मन एक चंचल पक्षी की तरह है।''[26] जितना ही यह उपलब्ध करता है उतना ही असन्तुष्ट बना रहता है। जितना ही हम वासनाओं में लिप्त रहते हैं उतनी ही वे अनियन्त्रित होती जाती हैं। इसीलिए प्राचीन भारत ने कामनाओं को सीमित करने का प्रयास किया था। आनन्द मानसिक स्थिति है।''[27] धनी या निर्धन होना आनन्द अथवा आनन्द के अभाव का कारण नहीं है। ऐसा भी सम्भव है कि जो धनी है वह दुखी है और जो निर्धन है वह सुखी है। इसीलिए भोग से उपरति को भारतीय संस्कृति ने रेखांकित किया है। अक्सर गाँधी पर यह आरोप लगता है कि वे निर्धनता के समर्थक थे। पर बात ऐसी है नहीं। आर्थिक स्वराज के अन्तर्गत वे स्वावलम्बन के पक्षधर हैं और स्वावलम्बन ऐसा कि मूलभूत आवश्यकताओं की पूर्ति हो सके। यह होगी पारस्परिक सहयोग और सहकार से। इसलिए सहयोग और स्वावलम्बन का संयोग निर्धनता को दूर करने के लिए अपेक्षित हैं। इसलिए गाँधी उपभोग की सीमा और धनी बनने की आकांक्षा को संयमित करना चाहते हैं। वे स्वैच्छिक निर्धनता **(वालेन्टरी पॉवर्टी)** के समर्थक थे। उस सभ्यता में, जिसमें सम्पन्नता का भोंड़ा प्रदर्शन हो, स्वैच्छिक निर्धनता और संयमित भोग समानान्तर जीवन शैली के द्योतक हैं। अतः यह आक्षेप मिथ्या है कि गाँधी निर्धनता के समर्थक थे। परवर्ती काल में उन्होंने इसे बहुत ही स्पष्ट किया है टैगोर से अपने मतभेद की व्याख्या में।''[28]

सांस्कृतिक दासता से मुक्ति का अर्थ है मानसिक स्वातंत्र्य। इसका यह अर्थ नहीं कि आधुनिक सभ्यता की तो हम समीक्षा करें और भारतीय परम्परा के नाम पर जो भी रूढ़ियाँ हों उनका अन्धानुकरण करें। गाँधी किसी भी स्तर पर अन्धानुकरण के समर्थक थे ही नहीं। उन्होंने स्वतः परम्परा और शास्त्रों की समीक्षा की और वे इस बात से भी नहीं हिचकिचाते कि लोग उनके भी विचारों की समीक्षा करें। वे इसका सम्मान करते थे। उनके लिए व्यक्ति का विवेक ही उसका अवलम्ब है। व्यक्ति विवेक से प्रयोग कर सकता है। सत्य के अनेक रूप हैं। प्रयोगधर्मिता ही वह विहित साधन है जिससे एक व्यक्ति के लिए सत्य की प्रामाणिकता स्पष्ट होती है। गाँधी की यह दृष्टि कालिदास की उस उक्ति से संगत है जिसे **मालविकाग्निमित्र** के प्रारम्भ में ही कालिदास ने श्लोकबद्ध किया है।''[29] इस प्रकार सांस्कृतिक स्वतंत्रता बीज रूप में बौद्धिक स्वराज है। इसी पर सभ्यता और संस्कृति की नींव खड़ी होती है।

चूँकि व्यक्ति एक देश काल और परिवेश में जन्म लेता है इसलिए वह देश-काल में उपलब्ध साधनों द्वारा ही सांस्कृतिक आदर्शों को चरितार्थ कर सकता है। हिन्द स्वराज के अठारहवें अध्याय में गाँधी ने इस ओर संकेत किया है-क्या अंग्रेजी शिक्षा होम रूल के लिए आवश्यक नहीं है ? उनका उत्तर है-हाँ और नहीं। हाँ इसलिए, कि विदेशी भाषा में बाध्य होकर हमको अपने विचार व्यक्त करना पड़ता है और इससे हम भाषा की दासता में बंधे रहते हैं। इसलिए अंग्रेजी भाषा की अ7गर्जना कर सकता है और जो उसके दुश्मन बन बैठे हैं उनके दिल इस गर्जना से फट जाते हैं।''[31]

आत्मानुशासन को वैयक्तिक जीवन की साधना तक ही गाँधी ने सीमित नहीं माना। इसका संस्कार सार्वजनिक जीवन में सक्रिय भूमिका द्वारा भी होना चाहिए। इसलिए सार्वजनिक जीवन का राजनीतिक कर्म आत्मानुशासन की स्थिति को प्राप्त करने का माध्यम है। इसीलिए गाँधी जी कहते थे कि राजनीति में मेरी भूमिका का आदर्श आत्मोपलब्धि है और इसके निमित्त आत्मानुशासन या आत्म-स्वराज आवश्यक है। जिस आत्मानुशासित व्यक्ति की कल्पना **हिन्द स्वराज** के पृष्ठों में उभरी है, परवर्ती काल में उसका मूर्त रूप गाँधी को गीता के द्वितीय अध्याय में उल्लिखित स्थितप्रज्ञ की विशेषताओं में दीख पड़ा और आजीवन वे मानते रहे कि आत्मानुशासन के बिना स्वराज की सम्भावनाएँ बिखर जायेंगी। राजनीतिक मुक्ति होगी किन्तु शासन का ढब और ढर्रा अंग्रेजी रहेगा। ढब और ढर्रा का अर्थ बाह्य आकार नहीं बल्कि उसको परिचालित करने वाली दृष्टि। राजनीतिक स्वराज स्वच्छन्दता में परिणत होगा। आर्थिक स्वराज निर्बन्ध मुनाफाखोरी तथा शोषण में और सांस्कृतिक स्वराज अनुकरण और प्रदर्शनप्रियता में। यूनानी चिन्तन में चार मुख्य गुणों की कल्पना की गयी है—विवेक (विजडम), साहस (करेज) संयम (टेम्परेन्स) और न्याय

अथवा धर्म (जस्टिस)। न्याय/धर्म से अनुप्राणित हुए बिना बुद्धि लोमड़ी की चालाकी होगी, विवेक नहीं; साहस शक्ति-उद्दण्डता होगी, साहस नहीं; भोग-वृत्ति उपभोगलिप्तता होगी, संयम नहीं। अतः प्लेटो के लिए धर्म/न्याय (जस्टिस) अन्य तीनों गुणों का संस्कार करता है। गाँधी के चिन्तन में आत्मानुशासन स्वराज के विभिन्न रूपों का संस्कार करता है और उसे विशृंखलित नहीं होने देता—ठीक उसी प्रकार जैसे धर्म, अर्थ, काम, मोक्ष में धर्म अन्य सभी पुरुषार्थ की चरितार्थता की शर्त है। **गीता माता** में गीता सम्बन्धी गाँधी के विभिन्न लेखों में स्थिर बुद्धि की निरन्तर चर्चा की गयी है। स्थिरबुद्धि मन की चंचलता की समाप्ति पर ही सम्भव है। स्थिर बुद्धि का लक्षण क्या है ? अर्जुन की इस जिज्ञासा के उत्तर में भगवान कृष्ण ने कहा-

प्रजहाति यदा कामान्सर्वान्पार्थ मनोगतान्।
आत्मन्येवात्मना तुष्टः स्थितिप्रज्ञस्तदोच्यते।। 2/55

'हे अर्जुन ! जिस मुनष्य ने अपनी कामना-मात्र का त्याग किया है और जो अपने अन्तर में ही सन्तोष प्राप्त करता है वह स्थिरचित्त, स्थितप्रज्ञ, स्थिरबुद्धि या समाधिस्थ कहलाता है' "[32]

निश्चयात्मिका बुद्धि अपरिग्रह, व्रत, तपस्या और ब्रह्मचर्य की साधना से प्राप्त होती है। यह सही है कि इस प्रकार की सम्भावनाएँ जन समूह में निहित भले हों किन्तु चरितार्थ नहीं हो पाती हैं। वह तो सम्भव है कुछ एक व्यक्तियों में। इसी नाते यह मार्ग **'क्षुरस्य धारा निशितादुरत्या, दुर्गम पथस्तत् कवयो वदन्ति'** सरीखा है। गाँधी ने इसका वरण किया और उनसे प्रभावित होकर अन्य लोगों ने। पर उनकी संख्या अधिक नहीं। तिस पर भी हतोत्साहित नहीं होना चाहिए-ऐसा गाँधी का मत है। यह नेतृत्व का नैतिक दायित्व है कि वह जन समूह को भरसक आदर्श की ओर प्रेरित करे। इस दिशा में यत्किंचित् जितना भी सम्भव हो, वह वरेण्य है, स्वीकार्य है। गाँधी मानते थे कि आत्मसंयम की दिशा में निरन्तरता बनी रहनी चाहिए भले ही रफ्तार धीमी हो। विनोबा के शब्दों में **'हनुमान छलांग'** नहीं, पर शनैः शनैः संयत होकर आत्मसंयम और आत्मनिरीक्षण के मार्ग का अनुसरण करना चाहिए। व्यक्तित्व निर्माण के शिल्प का प्रयोग गाँधी ने अपने द्वारा स्थापित आश्रमों के जीवन में किया था। यरवदा केन्द्रीय कारागार में 5 अप्रैल, 1932 को सत्याग्रह आश्रम का इतिहास लिखना उन्होंने प्रारम्भ किया और इसकी अन्तिम किश्त 11 जुलाई, 1932 को लिखी। यह साक्ष्य भी उपलब्ध है—उनके विभिन्न पत्रों के माध्यम से-कि इस तिथि के बाद भी वे आश्रम के सम्बन्ध में लिखते रहे। जेल से मुक्त होने के पश्चात उन्होंने पाण्डुलिपि काका साहब कालेलकर को दी। वे इसे संशोधित करना चाहते थे। काका साहब ने पाण्डुलिपि ले ली और वह जिस स्थिति में थी उसी की कई नकल तैयार करा दी। वह गुजराती भाषा में **सत्याग्रह आश्रम का इतिहास** शीर्षक से मई 1948 मे प्रकाशित हुई। इसी का अंग्रेजी अनुवाद **आश्रम आब्ज़र्वेन्सेज़ इन**

एक्शन शीर्षक से 1955 में प्रकाशित हुआ।"[33]

लायड आई रूडाल्फ और **सुसान हूवेबर रूडाल्फ** ने अपनी पुस्तक **पोस्टमाडर्न गांधी** में हैबरमास के लोक जीवन और गाँधी की आश्रम संस्कृति की तुलना की है। हैबरमास के अनुसार लोक-जीवन नागरिक संस्थाओं, काफी हाउस, क्लबों और यत्र-तत्र प्रकाशित समाचार पत्रों में संचित है ये सार्वजनिक प्रश्नों पर विमर्श के साधन हैं। इन्हीं केन्द्रों से वे विचार उभरते हैं जो राजनीतिक जीवन को प्रभावित, संशोधित या क्रान्तिकारी रूप से परिवर्तित करते हैं। यह लोक विमर्श (पब्लिक रीजनिंग) का अधिष्ठान है। हैबरमास की दृष्टि में साक्षर, पठित और बहुश्रुत ही इसमें भाग लेते हैं। इसके समानान्तर गाँधी का आश्रम भी सार्वजनिक प्रश्नों पर विमर्श का अधिष्ठान है। यह गाँधी के लिए लोक-जीवन है किन्तु हैबरमास के लोक-जीवन (पब्लिक स्फियर) से भिन्न। आश्रम के विमर्श में सामान्यजन—साक्षर हों अथवा निरक्षर, बहुश्रुत हों अथवा न हों—भाग लेते हैं। जो निरक्षर हैं उन्हे साक्षर बनाने का प्रयास किया जाता है किन्तु महत्त्व अध्ययनशीलता का नहीं, आदर्शों के प्रति निष्ठा और कृतसंकल्प होने का है। यह साधना का एक सोपान है। भारतीय सन्दर्भ में गाँधी ने वैकल्पिक लोक-जीवन की सृष्टि की। यही गाँधी के लिए लोक विमर्श का केन्द्र था और सत्याग्रहियों की प्रशिक्षण-पाठशाला भी।

"We have used the coffee house as a metaphor for Habermas's 18th- century bourgeois public sphere. It was a public sphere whose publicness was made possible by the capacity for disinterestedness of literate and often literary persons whose education and class standing gave them the inclination and the means to concern themselves with the public good. Outside the coffee house, literary society and political club where conversation was king. the printed word became an essential medium for communication and rational deliberation. We have used the ashram (and satyagraha) as a metaphor for Gandhi's democratized public sphere. It was a public sphere populated for the most part by the non-literate and the uneducated."[34]

उपर्युक्त उद्धरण में रूडॉल्फ ने दो समानान्तर चित्र प्रस्तुत किया है। एक चित्र है पाश्चात्य जीवन में काफी हाऊस और पढ़े-लिखे नागरिकों के समूह और संगठन का। दूसरा चित्र हैं गाँधी के आश्रम का। इन दोनों की लोक-जीवन में भूमिका है। दोनों लोक-विमर्श (पब्लिक रीजनिंग) के माध्यम हैं। पर हैबरमास द्वारा निर्दिष्ट ये संगठन अभिजन वर्ग तक ही सीमित हैं। जबकि गाँधी का आश्रम व्यापक जन-सम्पर्क का केन्द्र है। सही अर्थों में इसकी जड़ें सामान्य जन के बीच में हैं।

मात्र लोक-विमर्श का साधन ही नहीं, गाँधी का आश्रम भारतीय परम्परा के

अद्यतन संशोधित स्वरूप की पीठ भी है। यह विग्रह है उनके विश्वास का, कि अध्यात्म-निष्ठा अन्याय के विरुद्ध संघर्ष-निष्ठा में रूपान्तरित की जा सकती है। आश्रम का जीवन व्यक्तिगत साधना और लोकधर्म -संधान का समन्वय है। इस सन्दर्भ में स्थितप्रज्ञ के महत्त्व को रेखांकित करना गाँधी-दृष्टि की युक्ति तर्कमूलक परिणति है। इसके अभाव में आश्रम का जीवन बाह्य आचार मात्र होगा। सत्याग्रह और सत्याग्रही की अवधारणा निश्चयात्मिक बुद्धि के बिना असम्भव है। इससे वंचित सत्याग्रह दुराग्रह और सत्याग्रही दुराग्रही होगा।

आश्रम-जीवन में स्थिरबुद्धि और हैबरमास के लोक-जीवन में बौद्धिकता (रेशनेलिटी)—इन दोनों में तेल-पानी का अन्तर है। हैबरमास द्वारा स्वीकृत बौद्धिकता की पहुँच लोक-जीवन में विमर्श की पृष्ठभूमि प्रस्तुत करती है किन्तु उस विमर्श में प्रतिभागियों के व्यक्तित्व का परिमार्जन नहीं करती। इसके अभाव में बौद्धिकता का स्वस्थ रूप विकसित नहीं हो पाता। बुद्धि का टेढ़ापन बना रहता है और इसीलिए लोक-जीवन में निजी और लोक (सार्वजनिक) में भेद करने की क्षमता का अभाव दीख पड़ता है। यदि ऐसा न होता तो पाश्चात्य सभ्यता की कोख से नात्सीवाद, फासीवाद और स्टालिनवाद जन्म न लेता। इतना ही नहीं, उदारवादी लोकतन्त्रों में उपभोक्ताप्रधान संस्कृति का उदय भी निजी और लोक के बीच की मिटती विभाजक रेखा की अन्विति है। सिद्धान्ततः इसे मनीषियों ने अपरूपान्तरण (रिडक्शनिज़्म) कह कर विश्लेषित किया है। पर इस अपरूपान्तरण के केन्द्र में भोगवादी, उपयोगितावादी दृष्टि आसीन है। सही है कि फ्रैंकफर्ट स्कूल की समीक्षात्मक परम्परा की पहली पीढ़ी-**होर्क हाइमर, एडार्नो और मार्क्यूज**—ने यूरोपीय अधिनायकतंत्रों और पश्चिमी उदारवादी लोकतन्त्रों की कड़ी आलोचना की। इन लोगों ने घोषित किया कि यह पश्चिमी सभ्यता की बौद्धिक परम्परा द्वारा स्वीकृत प्रबुद्धवाद नहीं है। अधिनायकतंत्रों का प्रतीक मनीषा को अवरुद्ध करने वाले कन्सन्ट्रेशन कैम्प हैं और पूँजीवादी—उदारवादी लोकतन्त्रों का प्रतीक है उपभोग की स्वैच्छिक कार में आबद्ध व्यक्ति। दोनों स्वतंत्रता से वंचित है। हैबरमास ने पूँजीवादी-भोगवादी लोकतन्त्रों की सीमा को स्वीकार किया पर मुक्ति देखी उसने बौद्धिकता के पुनः स्फुरण में। इससे इतर भारतीय परम्परा के लिए मुक्ति बौद्धिकता का अतिक्रमण है न कि इसके महत्त्व का अनवरत रेखांकन। अतिक्रमण इसलिए कि जिस बुद्धि के सहारे हैबरमास बुद्धि का स्वप्न बुनता है वह बुद्धि किसी काम की नहीं यदि वह ग्रन्थियों और पूर्वाग्रहों में आबद्ध है। श्री रामकृष्ण परमहंस देव ने बड़े सटीक आंचलिक उदाहरण से इस बात को सुस्पष्ट किया है—जिस सरसों के दाने से भूत उतारा जाता है यदि उसी सरसों के दाने पर भूत चढ़ा हो तो ? दूसरे शब्दों में यदि पूर्वाग्रहमुक्त बुद्धि नहीं है तो वह टेढ़ी है। बुद्धि का यह टेढ़ापन बुद्धि के अतिक्रमण से दूर होता है। वह अतिक्रमण है आत्मनिरीक्षण द्वारा पूर्वाग्रहों को पहचानना और कर्माभ्यास द्वारा उससे मुक्त होना। गीता का वचन है—

असंशयं महाबाहो मनो दुर्निग्रहं चलम्।
अभ्यासेन तु कौन्तेय वैराग्येण च ग्रह्यते।। 6-35

इस प्रकार कर्म द्वारा चित्त की शुद्धि होती है और चित्त की शुद्धि बुद्धि को पूर्वाग्रहमुक्त करती है। यह पूर्वाग्रहमुक्त बुद्धि ही स्थिरबुद्धि है और स्थिरबुद्धि के सहारे ही पश्चिमी संस्कृति की बौद्धिकता को स्वस्थ्य एवं सुरक्षित रखा जा सकता है। आश्रम की व्यवस्था कर्म के इसी सिद्धान्त का विग्रह है। इन अर्थों में गाँधी के आश्रम की दो विशिष्ट भूमिका है-लोक विमर्श का संचालन और आत्म-स्वराज की बाधाओं का निस्तारण। इसकी तुलना में हैबरमास के लोक-जीवन में सक्रिय समूह लोक विमर्श में संलग्न तो है पर पूर्वाग्रहमुक्त बुद्धि के अभाव में यह विमर्श या तो बतरस (स्वीट ग्लिब टाक) है या बतकुच्चन (कैकोफोनी ऑफ वायसेज/बैबुल ऑफ टंग्स)। स्पष्ट है कि गाँधी ने पाश्चात्य परम्परा के मूल्यों को जब और जहाँ स्वीकार किया वहाँ उसमें आबद्ध होने के लिए नहीं बल्कि उसका अतिक्रमण करने के लिए। अतिक्रमण का शिल्प नितान्त भारतीय है। मात्र शास्त्र-समर्थित ही नहीं बल्कि गाँधी के लिए प्रयोगसिद्ध। इसलिए परम्परा का भी अन्धानुकरण नहीं बल्कि प्रयोगों द्वारा उसके सत्य को अनुभूत बनाकर। इस प्रकार यह सांस्कृतिक स्वराज है और आत्म स्वराज भी।

हिन्द स्वराज में विमर्श के कई स्तर हैं किन्तु सबसे महत्त्वपूर्ण स्तर है स्वराज का। स्वतन्त्रता के सम्बन्ध में जो भी पाश्चात्य और भारतीय चिन्तन उपलब्ध है उसकी अपेक्षा स्वराज सम्बन्धी गाँधी की अवधारणा अत्यन्त समृद्ध और व्यावहारिक है। **फ्रेड डालमेयर** की यह उक्ति अत्यधिक सटीक है- Gandhi, in all his modesty, can also be seen as such an exemplary person or practical **guru**. Averse to abstract formulas and idealogies, Gandhi in his own life-conduct demonstrated and examplified the meaning of **swaraj.** As he repeatedly insisted, **swaraj** can not be lelf on the level of abstract principles and empty theorizing, but must be instantiated in daily practice something he did throughout his life''[35]

भूमण्डलीकरण ने उपभोक्ता संस्कृति के अनेक रूप प्रस्तुत किया। सुविधा और सम्भावनाओं का विस्तार हो रहा है। फलस्वरूप लोक-जीवन में सही अर्थों में राजनीति की पहचान धुँधली हो रही है। यदि पुनः होमोएकोनामिक्स की अपेक्षा होमोपोलिटिक्स की सत्ता स्थापित करनी है तो साम्प्रतिक परिप्रेक्ष्य में गाँधी की स्वराज सम्बन्धी अवधारणा के पुनर्निर्वचन की अपेक्षा है। किन्तु इस निर्वचन की धुरी होगी स्वराज–स्थिर बुद्धि या निश्चयात्मिका बुद्धि की सम्प्रतीति।

इस सम्प्रतीति का दर्शन इसलिए और भी महत्त्वपूर्ण है कि अद्यतन वैज्ञानिक शोध और प्रविधि इस बिन्दु पर पहुँच गयी है जहाँ वे साभिप्राय मनुष्य की पहचान

परिवर्तित कर सकते हैं। इस आसन्न संकट और घिरते अन्धकार की रूपरेखा **फ्रांसिस फ्यूकोयामा** ने अपनी पुस्तक **आवर पोस्टह्युमन फ्यूचर : कान्सिक्वेन्सेज ऑफ बायोटेक्नालोजी रिवोल्यूशन** में प्रस्तुत किया है। उसने अपनी पुस्तक में यह आशंका व्यक्त की है- The aim of this book is to argue that Huxley was right, that the most significant threat posed by contemporary biotechnology is the possibility that it will alter human nature and there by move us in a post human stage of history."[36]

उनका मत है कि इतिहास का अन्त अभी हुआ नहीं है। उनकी पुस्तक **द एण्ड ऑफ हिस्ट्री एण्ड द लास्ट मैन** की स्थापनाएँ उनके द्वारा निर्दिष्ट निम्नलिखित चार चुनौतियों के नाते निष्प्रभावी हैं-

* Increasing knowledge about the brain and the biological sources of human behaviour.
* Neuropharmacology and the manipulation of emotions and behaviour.
* The prolongation of life.
* Genetic Engineering"[37]

उपर्युक्त चुनौतियाँ वैज्ञानिक चिन्तन और शोध की स्वतन्त्रता के अंकुरित रूप हैं। इनका ख़तरा है कि नयी औषधियों और नये प्राविधिक साधन के संयोग से सत्तासीन समूह जैसे चाहे वैसे मुनष्य का सृजन अथवा रूपान्तर कर सकता है। हम मानव स्वभाव की परम्परागत अवधारणा से परिचित हैं। इसके सम्बन्ध में मतभेद के बावजूद कुछ बातों पर हमारा मतैक्य है। उस मतैक्य के आधार पर ही समाज की संरचना और लोक-जीवन में मनुष्य की भूमिका निर्धारित होती है। अद्यतन वैज्ञानिक ज्ञान ने यह क्षमता उत्पन्न की है कि हम मनुष्य के स्वभाव और जैविक गुणों को जैसे चाहें वैसे परिवर्तित कर दें। यदि यह व्यापक स्तरपर सम्भव हुआ तो अर्धकृत्रिम जन-संकुल परिवेश में हमें तलाश करनी पड़ेगी कि मनुष्य कहाँ है ? सम्भावना है कि ये आशंकाएँ भविष्य में निराधार साबित हों पर इसका यह अर्थ नहीं कि वैज्ञानिक शोध, तकनीक और प्रविधि में ऐसी अप्रीतिकर सम्भावनाएँ हैं ही नहीं। इसलिए **फ्यूकोयामा** का मत है कि राज्य द्वारा इस प्रकार के शोध और प्राविधिक सम्भावनाओं को नियन्त्रित किया जाय ताकि मनुष्य का स्वभाव और उसकी विशिष्टताओं को साभिप्राय जैविक रूप से रूपान्तरित न किया जा सके। स्पष्ट है कि ये वैज्ञानिक सम्भावनाएँ स्वतन्त्रचेता मुनष्य के स्थान पर रोबोट की तरह परिचालित होने वाले मनुष्य का परिदृश्य उपस्थित कर सकती हैं। ऐसा घटित न हो, इसके लिए राज्य को सायास हस्तक्षेप करना पड़ेगा।

ढेर सारी आपत्तियाँ निश्चित रूप से उठाई जायेंगी। वैज्ञानिक शोध स्वतन्त्र

चिन्तन का आग्रह है। क्या हम स्वतंत्र चिन्तन पर रोक लगायेंगे? इतिहास मे विचारों की स्वतन्त्रता की भूमिका अत्यन्त महत्त्वपूर्ण थी। क्या उसको अवरुद्ध करना प्रतिगामिता नहीं है? क्या होगा 10 दिसम्बर, 1948 को प्रस्तुत और स्वीकृत संयुक्त राष्ट्र मानवाधिकार घोषणा-पत्र का? क्या यह मानव अधिकार का हनन नहीं ? गेलीलियो से चर्च की वकालत करते हुए **कार्डिनल बेलारमाइन** ने इस ओर संकेत किया था कि उनके वैज्ञानिक विचार नैतिकता, धर्म और सामाजिक संगठन को विश्रृंखलित कर देंगे। पर इतिहास में विज्ञान की भूमिका पोप और बेलारमाइन के रोकने से भी अवरुद्ध न हो सकी और सभी ने विज्ञान की कल्याणकारी भूमिका को स्वीकार किया—कैथलिक चर्च की हठवादिता के बाववजूद। पर बेलारमाइन द्वारा उठाये गये सवाल वेष बदल कर पुनः उपस्थित हो गये हैं—इस बार अधुनातन वैज्ञानिक शोध और सम्भावनाओं के खतरों को देखकर।

एक तरफ है स्वतंत्र चिन्तन का आग्रह। दूसरी और है लोक-जीवन और मुनष्य के सहज स्वाभाविक रूप का संरक्षण। दोनों मूल्य समान रूप से महत्त्वपूर्ण हैं। दोनों नैतिक हैं किन्तु दोनों एक साथ सम्भव नहीं। दोनों में अद्यावधि तनाव दीख रहा है। वैज्ञानिक शोध की स्वतंत्रता एक सीमा के आगे उसकी वैधता पर नैतिक प्रश्न चिन्ह लगाती है। व्यावहारिक रूप से उस स्वतंत्रता को सीमित करना लोक-संग्रह के लिए शुभकर है।

कौन लगायेगा यह रोक? स्पष्ट है कि राज्य। और कोई संस्था नहीं जो वैध रूप से बाध्यकारी शक्ति का प्रयोग करे। इसलिए राज्य की भूमिका अपरिहार्य है। फलस्वरूप राज्य को सामान्य जन के प्रति उत्तरदायी होना पड़ेगा। लोकतान्त्रिक प्रतिनिधित्व प्रणाली से भी राज्य की सत्ता को उत्तरदायी बनाया जा सकता है।

गाँधी के चिन्तन में राज्य की सत्ता को मनुष्य की अपूर्णता के नाते स्वीकार किया गया है। यह व्यावहारिक दृष्टि से एक छूट थी। पर अब मुनष्य की अपूर्णता के नाते नहीं किन्तु वैज्ञानिक शोध में निहित ख़तरों के नाते राज्य का हस्तक्षेप अनिवार्य है। यह प्रत्यावर्तन न सम्भव है न उचित कि हम विज्ञान से पूर्णतया मुक्त हों। यदि विज्ञान से मुक्ति नहीं तो राज्य से भी मुक्ति नहीं। इस दृष्टि से राज्य सम्बन्धी गाँधी विचार को 21वीं शताब्दी के सन्दर्भ में थोड़ा परिवर्तित करना पड़ेगा। विधिक संस्थान के रूप में विधि व्यवस्था के माध्यम से राज्य निरन्तर विज्ञान और उसके शोध की जाँच पड़ताल करता रहे। यह इस बात की आश्वस्ति है कि मनुष्य को वह परिवेश प्राप्त हो जिसमें वह स्वराज के लक्ष्य को चरितार्थ कर सके। लग सकती है यह विडम्बना पर स्वराज और राज्य की अद्यतन भूमिका असंगत नहीं प्रत्युत् एक दूसरे के लिए शुभकर है और विशेषकर स्वराज के लिए संवर्धनकारी भी।

सन्दर्भ सूची

1. जेम्स हण्ट :गाँधी इन लन्दन : प्रमिला एण्ड कम्पनी नई दिल्ली (द्वितीय संस्करण) 1993, पृ.–126
2. तदैव : पृ.-125-26
3. राधवन अय्यर : द मॉरल एण्ड पोलिटिकल राइटिंग्स ऑफ महात्मा गाँधी (खण्ड-प्रथम) क्लेरेण्डन प्रेस आक्सफोर्ड, दिल्ली 1986 पृ.–81
4. तदैव : माई क्राइम यंग इण्डिया मार्च 05,1925 पृ.–478
5. एम.के. गाँधी : गाँधी-केलिनबाख करास्पान्डेन्स खण्ड-प्रथम पृ.-94 नेहरू म्यूजियम एण्ड लायब्रेरी, नई दिल्ली
6. 'हिन्द स्वराज' पर 'आर्यन पाथ' पत्रिका ने 1938 में एक विशेषाँक प्रकाशित किया। इसमें अनेक प्रसिद्ध पाश्चात्य विचारकों से लेख आमन्त्रित किये गये। ये विचारक थे-फ्रेडरिक साडी, समाजवादी चिन्तक जी.डी.एच. कोल, डेलिसली बर्न्स, जॉन मिडिलटन मरे, ह्यू एन. फासेट, गेराल्ड हर्ड। ऐसा नहीं कि ये सभी गाँधी से प्रत्येक विन्दु पर पूर्णतया सहमत थे किन्तु सभी ने यह स्वीकार किया कि 'हिन्द स्वराज' एक महत्त्वपूर्ण कृति है और वर्तमान समय में इसका सन्देश महत्त्वपूर्ण और शुभकर है।
7. राघवन अय्यर द्वारा सम्पादित : मॉरल एण्ड पोलिटिकल राइटिंग्स आफ महात्मा गाँधी खण्ड-प्रथम क्लेरेण्डन प्रेस आक्सफोर्ड दिल्ली, 1986 पृ.–277
8. ए.जे. परेल द्वारा सम्पादित : हिन्द स्वराज के गुजराती संस्करण में गाँधी की हिन्द स्वराज प्रस्तावना का अंग्रेजी अनुवाद पृ.-10
9. ए.जे. परेल द्वारा सम्पादित : 'गाँधी फ्रीडम एण्ड सेल्फ रूल' में ए.जे. परेल की भूमिका विस्तार पब्लिकेशन नई दिल्ली, 2002 पृ.-01
10. जोसेफ स्टिगलिज : ग्लोबलाइज़ेशन ऐण्ड इट्स डिसकण्टेण्ट्स पेग्विन, नयी दिल्ली, पृ.–06 निम्नलिखित उद्धरण भी ध्यातव्य है--For much of the world, globalization as it has been managed seems like a pact with devil. A few people in the country become wealthier, GDP statistics for what they are worth look better, but ways of life and basic values are threatened. For some part of the world the gains are even more tenuous, the costs more palpable. Closer integration into global economy has brought greater volatility and insecurity, and more inequality. It has even threaened fundamental values. This is not how it has to be. We can make globalization work, not just for the rich and power- ful but for all people, including those in the poorest countres. The task will be long and arduous. We have already waited for too long. The time to begin is now.Stiglitz : Making Globalization work (Landon, Penguin Books)

Page. No. 282

11. गाँधी को नेहरू का पत्र : बन्च ऑफ ओल्ड लेटर्स 1958 पृ.-507-10
12. तदैव : तदैव
13. नेहरू को गाँधी का पत्र : तदैव पृ.–505-07
14. एम. के. गाँधी : कलेक्टेड वर्क्स ऑफ महात्मा गाँधी खण्ड-25 (अंग्रेजी संस्करण) पृ. -251-52
15. अमर्त्य सेन : च्वॉयस, वेलफेयर एण्ड मेजरमेण्ट आक्सफोर्ड, नई दिल्ली 1983 में 'रेशनल फूल्स' शीर्षक लेख पृ.–99
16. पतंजलि योग-सूत्र : अहिंसासत्यास्तेयब्रह्मचर्यापरिग्रहा यमाः 2। 30 भारतीय संस्कृति के मूल वितान में अपरिग्रह अन्य मूल्यों के साथ पूणार्तया समरस है। वैराग्य की वृत्ति अपरिग्रह के अभाव में सम्भव नहीं। ईशावास्योपनिषद का निर्देश कि **'ईशावास्यमिदं सर्वम् यत्किंचित जगत्याम जगत। तेन त्यक्तेन भुंजीथा मा गृधः कस्य स्विद्धनम्** बिना अपरिग्रह के सम्भव नहीं। परिग्रह होगा तो यह कैसे कहा जायेगा कि **'मा गृधः कस्य स्विद्धनम्**। इसीलिए वैराग्य की वृत्ति से ही अपरिग्रह उत्पन्न होता है।
17. एम. के. गाँधी : हिन्द स्वराज (परेल द्वारा सम्पादित) पृ.–97
18. श्रीमद्भगवतगीता : अध्याय 6-10
19. एस. नम्बूद्रिपाल : महात्मा एण्ड द इज़्म एस. ए. डांगे : गाँधी वर्सेस लेनिन रजनीपाम दत्त : इण्डिया टूडे एम.एन. राय भी गाँधी के कड़े समीक्षक थे। उन्होंने अपनी आत्मकथा में लेनिन से गाँधी के सम्बन्ध में विमर्श की चर्चा की हैं वे गाँधी को प्रतिक्रियावादी मानते थे–मात्र अपरिग्रह के सन्दर्भ में नहीं अपितु समूचे गाँधी दर्शन के सन्दर्भ में। पर लेनिन ने एम.एन. राय की किताबी समझ को एक झटके सें खारिज कर दिया "Lenin believed that as the inspirer and leader of a mass movement he was a revoluntionary I maintained that, a religious and cultural revivalist he was bound to be a reactionary socially howerer revolulionary he might appear politically.

    एम.एन. रॉय मेमासर्स एलायड पब्लिशर्स नई दिल्ली 1964 पृ.-379
20. फेडरिक नीत्शे : द विल टू पावर सं. वाल्टर कॉफमैन एवं आर. जे. हालिंगडेल न्यूयार्क रैण्डम हाउस 1976 पृ.–4

    What I relate in the history of the next two centuries. I describe what is coming, what can no longer come differently : the advent of nihilism This future speaks even now in a hundred signs, this destiny announecs itself every where. For some time now, our whole European culture has been moving as toward a catastrophe, with a tortured tension that is growing from decade to decade, restlessly violently, headlong like a river that wants to reach the end, that no longer reflects that is afraid to reflect.

21. स्टेनली रोमेन हापर द्वारा सम्पादित : स्पिरिचुअल प्राब्लम्स इन कन्टेम्पोरेरी लिटरेचर न्यूयार्क, हार्पर एण्ड रो पब्लिशर्स 1955 मे विलियम बैरेट का **एक्जिस्टेन्सियलिज्म : ए सिम्पोज़ियम आफ मैन्स कन्टेम्पोरिरेरी क्राइसिस** शीर्षक लेख, पृ.-14

22. राबर्ट पेन : लाइफ एण्ड डेथ ऑफ महात्मा गाँधी नयी दिल्ली, रूपा एण्ड कम्पनी द्वारा प्रकाशित 1997 पृ.-203.

23. श्रीमद् भगवतगीता द्वितीय अध्याय
ध्यायतो विषयान्पुंसः संगस्तेषूपजायते।
संगात्संजायते कामः कामात्क्रोधोऽभिजायेत।। 62।।
क्रोधाद्भवति सम्मोह : सम्मोहात्स्मृति विभ्रमः।
स्मृति भ्रंशाद बुद्धि नाशो बुद्धिनाशात्प्रणश्यति।। 63।।

24. राबर्ट पेन : लाइफ एण्ड डेथ ऑफ महात्मा गाँधी नयी दिल्ली, रूपा एण्ड कम्पनी द्वारा प्रकाशित 1997 प 0 213

25. परेल द्वारा सम्पादित : हिन्द स्वराज, कैम्ब्रिज यूनिवर्सिटी प्रेस 1997 पृ.–67

26. तदैव : तदैव पृ.–68

27. तदैव : तदैव तदैव

28. सव्यसाची भट्टाचार्य द्वारा : द महात्मा एण्ड द पोयट सम्पादित लेटर्स एण्ड डिबेट्स बिटविन गाँधी एण्ड टैगोर (1915-1941)
सितम्बर 1925 के **मार्डन रिव्यू** मे टैगोर ने **द कल्ट ऑफ द चरखा** शीर्षक एक लेख लिखा। उन्होंने इस लेख में चरखा पर गाँधी के विचारों की कडी आलोचना की। गाँधी ने टैगोर के लेख का उत्तर 5 नवम्बर 1925 के यंग इण्डिया में दिया। (नेशनल बुक ट्रस्ट ऑफ इण्डिया नई दिल्ली 1997) पृ. 99-112 और पृ. 122-126
इस सम्बन्ध में दृष्टव्य है-डेनिस डालटन : गाँधीज पावर : नान वॉयलेन्स इन एक्शन नयी दिल्ली आक्सफोर्ड 1999 में तीसरा अध्याय, पृ. 63-78 क्रिटीक्स ऑफ गाँधी फ्रॉम हिज कन्टेम्पोरेरीज टैगोर एण्ड एम.एन. रॉय

29. कालिदास : मालविकाग्निमित्र प्रथम अंक श्लोक-02
पुराणमित्येव न साधु सर्वं न चापि काव्यं नवमित्यवद्यम्
सन्तः परिक्ष्यान्यतरद्भजन्ते मूढः परप्रत्ययनेयबुद्धिः।।

30. ए.जे. परेल द्वारा सम्पादित : हिन्द स्वराज पृ. 104

31. हन्द स्वराज, सर्वसेवा संघ प्रकाशन, राजघाट वाराणसी द्वारा प्रकाशित नवम्बर 2006 पृ. 83

32. महात्मा गाँधी : गीता माता सस्ता साहित्य मण्डल, नई दिल्ली द्वारा प्रकाशित 1998 पृ. 17

33. राघवन अय्यर : द मॉरल एण्ड पोलिटिकल राइटिंग्स ऑफ महात्मा गाँधी खण्ड-द्वितीय क्लेरेण्डन प्रेस आक्सफोर्ड 1986 पृ.-529

34. लायड आई रूडॉल्फ एण्ड : पोस्ट-माडर्न गाँधी एण्ड अदर एसेज, आक्सफोर्ड सुसान हूवेवर रूडाल्फ 2007 पृ. 161

35. ए.जे. परेल द्वारा सम्पादित : गाँधी फ्रीडम एण्ड सेल्फ रूल, (नई दिल्ली विस्तार पब्लिकेशन 2000) में फ्रेड डेलमायर का लेख–ह्वाट इज स्वराज? लेसन फ्राम गाँधी पृ. 115

36. फ्रान्सिस फ्यूकोयामा : आवर पोस्टह्युमन फ्यूचर : कान्सिक्वेन्सेज ऑफ द बायोटेक्नालोजी रिवोल्यूशन लन्दन प्रोफाइल बुक्स लि. 2003, पृ.-07

37. तदैव : तदैव पृ.-16

हिन्द स्वराज : एक सार्थक बहस

धर्मपाल

अनुवाद : उदयन वाजपेयी

खुद गाँधीजी की ज़िन्दगी—जो उन्होंने किया और इससे भी अधिक महत्वपूर्ण उनके प्रयत्न की पद्धति और प्रक्रिया ही एक मात्र दिग्दर्शिका और हैण्डबुक है जो उस वांछित समाज के उनके दृष्टिकोण को समझने हेतु हमारे पास है।

यह सच है कि 1919 से 1931 के वर्षों को ऐसे दौर की तरह देखा जा सकता है जब भारत के लोगों ने खुद को, अंग्रेजों को और सारी दुनिया को यह जतला दिया था कि महात्मा गाँधी के नेतृत्व और निर्देशन में अंग्रेजी शासन के विरुद्ध उनका संघर्ष निश्चय ही राजनैतिक स्वातंत्र्य की सामग्री और संरचना देने के प्रयास की तरह देखा जा सकता है (मूलतः उसी आधार पर जो गाँधीजी ने हिन्द स्वराज में सोचा था।)

महात्मा गाँधी ने हिन्द स्वराज 1909 में लिखा था। इसके विषय में बाद में उन्होंने बात करते हुए इसे एक ऐसी पुस्तक कहा, 'जो इतनी सरल है कि मूर्खतापूर्ण मान ली जा सकती है' और तीस साल बाद वह इसका 'एक भी विचार बदलने' को तैयार नहीं थे। हिन्द स्वराज भी गाँधीजी के गहन देशप्रेम और अपने देश की उस सभ्यता के प्रति अनुराग का परिणाम थी जिसे उन्होंने और असंख्य दूसरे भारतीयों ने अपने समय में समझा था। निश्चय ही उन्होंने हिन्द स्वराज दूसरी सभ्यताओं के अपने ज्ञान और समझ, अपनी प्रतिभा और दूरदृष्टि व उस बौद्धिक और आध्यात्मिक पुष्टि के सहारे लिखी थी जो उन्हें उन्नीसवीं और आरम्भिक बीसवीं शताब्दी के सरल और प्रकृति की ओर उन्मुख जीवन के पश्चिमी प्रणेताओं से मिली थी।

हिन्द स्वराज के पहले गुजराती संस्करण (दिसम्बर, 1909) की भूमिका में गाँधीजी ने लिखा

''ये विचार मेरे हैं और तब भी मेरे नहीं हैं। ये मेरे हैं क्योंकि मैं इनके अनुसार

काम करने की उम्मीद करता हूँ 'इनके अनुसार काम करने की उम्मीद करता हूँ ये लगभग मेरी आत्मा के अंश हैं। यह कहना ज़रूरी नहीं कि ये विचार उन बहुत से भारतीयों के भी हैं जो तथाकथित सभ्यता से दूर हैं लेकिन मैं चाहता हूँ कि पाठक मेरा विश्वास करें अगर मैं ये कहूँ कि इन्हें हज़ारों यूरोपीय लोग भी मानते हैं।''[1]

कुछ महीनों बाद मार्च, 1910 में इसके पहले अंग्रेजी अनुवाद की भूमिका में उन्होंने घोषणा की कि आधुनिक सभ्यता-जिसका भारत में अंग्रेज सरकार प्रतिनिधित्व करती है-शैतान के साम्राज्य का प्रतिनिधित्व करती है जबकि भारत की प्राचीन सभ्यता, जैसा कि उन्होंने देखा था, ईश्वर के साम्राज्य की प्रतिनिधि रही है। अंग्रेज युद्ध के देवता के प्रतिनिधि हैं जबकि प्राचीन भारतीय प्रेम के देवता के। इसके आगे उन्होंने जोड़ा—''मेरे देशवासी आधुनिक सभ्यता की बुराइयों के लिए अंग्रेजों को दोष देते हैं और इसलिए यह मानते हैं कि अंग्रेज बुरे हैं पर वह सभ्यता नहीं जिसके वे प्रतिनिधि हैं इसलिए मेरे देशवासी यह मानते हैं कि आधुनिक सभ्यता और हिंसा के आधुनिक तौर-तरीकों से अंग्रेजों को खदेड़ देना चाहिए। हिन्द स्वराज को लिखने के पीछे यह उद्देश्य था कि यह दर्शाया जा सके कि वे (ऐसा समझने वाले देशवासी) खुदकुशी का रास्ता अपना रहे हैं और अगर वे अपनी भव्य सभ्यता की ओर मुड़ जाएँ तो, तो अंग्रेज़ उसे अपना लेंगे और भारतीय हो जाएँगे या वे पायेंगे कि भारत में उनका काम खत्म हो गया है।''[2]

भारत में 'हिन्द स्वराज' रखना गैरकानूनी था लेकिन वह भारत के बाहर उपलब्ध थी और इसलिए वहाँ उसे बहुतों ने पढ़ा। उनमें से कुछ को यह पतली-सी पुस्तक अंग्रेजों के प्रति नफ़रत बढ़ाने वाली लगी थी। इस कारण मई, 1914 में गाँधीजी को दूसरे गुजराती संस्करण में एक और भूमिका लिखनी पड़ी। यहाँ उन्होंने अपनी स्थिति स्पष्ट की : 'जहाँ तक मेरा सवाल है, मैं वर्तमान यूरोपीय सभ्यता का कट्टर दुश्मन हूँ।' उन्होंने आगे जोड़ा-''हालाँकि हिन्द स्वराज किसी भी समय और परिस्थिति में भौतिक बल के प्रयोग की वकालत नहीं करता, और अपने लक्ष्य को पाने की हमेशा ही आत्मबल के प्रयोग की वकालत करता है तब भी मुझे पता चला है कि (यह माना जा रहा है) इसकी शिक्षाओं का फल अंग्रेजों से नफ़रत करना और यह संकेत करना है कि उन्हें हथियारों की मदद या अन्य हिंसात्मक उपायों से भगाया जाए। मुझे यह जानकर दुःख हुआ। हिन्द स्वराज लिखने का किसी भी सूरत में यह उद्देश्य नहीं था, मैं सिर्फ़ इतना कहूँगा कि जिन्होंने इस किस्म का निष्कर्ष निकाल लिया है, वे इस पुस्तक को समझने में पूरी तरह विफल रहे हैं। जहाँ तक मेरा प्रश्न है, मेरे मन में अंग्रेजों या किन्हीं दूसरी कौमों या व्यक्तियों के प्रति कोई दुराग्रह नहीं है। सभी प्राणवान हैं, एक ही चीज के बने हैं और समुद्र में पानी की सारी बूँदें एक ही चीज़ की बनी हैं।''[3]

अत्यन्त व्यावहारिक और तब भी अपने दृष्टिकोण से हठपूर्वक सम्बद्ध व्यक्ति

होने के नाते गाँधीजी कई बार खुद का विरोध करते हुए लगते हैं, खासकर तब जब वह अपने यथार्थ जीवन में निर्णय ले रहे हों। 'हिन्द स्वराज' के चौथे संस्करण (1929) की नई भूमिका लिखते हुए वह यह घोषित करने से खुद को रोक नहीं पाते कि–"मैं पाठक को सचेत करना चाहता हूँ कि वे यह न सोचें कि मैं आज उस स्वराज के लक्ष्य के लिए कार्य कर रहा हूँ जिसका मैंने वर्णन किया है। मुझे पता है कि भारत इसके लिए अभी तैयार नहीं है। यह कहना शायद ढिठाई जान पड़े लेकिन ऐसा ही मेरा विश्वास है। व्यक्तिगत तौर पर मैं यहाँ स्व-राज के लिए कार्य करता रहूँगा लेकिन आज मेरी सहकारी गतिविधियाँ निश्चय ही भारत के लोगों की इच्छाओं (जो स्पष्टतः तब के भारतीय राष्ट्रीय राजनीतिक नेतृत्व के दृष्टिकोण में झलकती थीं-धर्मपाल) के अनुरूप संसदीय स्वराज हासिल करने के लिए हैं। मैं रेलवे या अस्पतालों को नष्ट करने का प्रयास नहीं कर रहा हालाँकि उनके स्वाभाविक विनाश का मैं स्वागत करूँगा।...मैं यह कितना ही मानता रहूँ कि इनकी इतिश्री निश्चय ही होनी चाहिए तब भी मैं अदालतों के स्थाई विनाश की कोशिश में नहीं लगा हूँ, सारी मशीनों और मिलों को नष्ट करने की तो मैं और भी कम कोशिश कर रहा हूँ इस सबके लिए उस उच्चतर सरलता और त्याग की ज़रूरत होती है जिसके लिए आज लोग तैयार नहीं है।"[4]

इन अन्तर्विरोधों को खुद गाँधीजी कैसे देखते थे, यह उनके 1939 के एक लेख, अपाठ्य फाँक में सबसे बेहतर दिखाई देता है। यह लेख 'हरिजन' में गाँधीजी के एक पुराने लेख 'क्या भारत सैनिक राष्ट्र है?' पर एक पाठक की राय पर प्रतिक्रिया के रूप में छपा था। उसे उन्होंने इस तरह समाप्त किया था।

"न ही मैं आधुनिक ढंग से प्रशिक्षित भारतीय सैनिकों द्वारा अपने घर क्षिप्रता की भावना ले जाने पर चिन्तित होने से बच पाता हूँ। गति जीवन का लक्ष्य नहीं है। अपने कर्त्तव्य पर पैदल चलकर जाता हुआ मनुष्य कहीं ज्यादा देख पाता है और ज्यादा सच्चाई से जी पाता है।"

(शिमला जाते हुए रेलगाड़ी में, 25, सितम्बर, 1939)"[5]

एक पाठक ने इस पर आपत्ति उठाई कि लेख के अन्त में दी गई सूचना-शिमला जाते हुए रेलगाड़ी में 25 सितम्बर, 1939 उसके ठीक पहले गाँधीजी के वक्तव्य अपने कर्त्तव्य पर पैदल चलकर जाता हुआ मनुष्य कहीं ज्यादा देख पाता है–का मजाक उड़ा रही है।

गाँधीजी ने अपना बचाव इस तरह किया : 'अपने मित्र को यह सूचित करते हुए कि जिस लेख का उन्होंने हवाला दिया है, उसे लिखते समय मैं पूरे होश में था, मैं मज़ाक से उसका डंक हटा दे रहा हूँ। मैं उस लेख के लिखे जाने की ठीक जगह को बताने से आसानी से बच सकता था। (शिमला जाते हुए रेलगाड़ी में) लेकिन मैं अपने वक्तव्य में एक और बिन्दु जोड़ना चाहता था कि पाठक उस विशाल फाँक

को देख सके जो मुझे मेरे आदर्श से अलगा रही है अगर मुझे अपने आदर्श की ओर लगातार तेजी से बढ़ना है तो मुझे संसार के सामने अपनी कमजोरियाँ और विफलताएँ रख देना चाहिए ताकि मैं पाखण्ड से बच सकूँ और ताकि उस शर्म के कारण मैं अपने आदर्श को पाने की कोशिश में और अधिक लग सकूँ। मेरे मित्र ने जिस अन्तर्विरोध की ओर ईशारा किया है, वह यह भी दर्शाता है कि आदर्श और व्यवहार के बीच हमेशा ही एक न पाटी जा सकने वाली फाँक होनी चाहिए। आदर्श आदर्श रहेगा ही नहीं अगर उसे चरितार्थ करना सम्भव हो जाए। सुख इस प्रयत्न को करने में है, न कि उसे पूरा कर देने में क्योंकि हम अपने लक्ष्य की ओर बढ़ते हुए एक से बढ़कर एक सम्मोहक दृश्यों को देख पाते हैं।''[6]

उन्होंने आगे जोड़ा : ''जो भी हो अपने मित्र के कटाक्ष पर लौटते हुए मैं उन्हें और पाठकों को यह बताना चाहता हूँ कि मैं उन पंक्तियों को इसलिए लिख सका कि कार या रेलगाड़ी, यहाँ तक कि बैलगाड़ी में यात्रा करना मेरे लिए प्रीतिकर नहीं है। पैदल चलना हमेशा ही प्रीतिकर है। न ही मैं ज़रा भी परवाह करूँगा यदि सभी रेलों को हटा दिया जाए और बीमारों और विकलांगों के अलावा सभी लोग अपने कामकाज करने पैदल ही जाएँ। मैं उस सभ्यता की कल्पना भर नहीं करता, उसे हासिल करने कार्य कर रहा हूँ जहाँ कार रखना तारीफ की बात नहीं होगी और जहाँ रेलगाड़ियों की कोई जगह नहीं होगी। अगर संसार एक बार फिर उतना ही बड़ा हो जाए जितना एक समय में वह था तो यह मुझे दुःखी नहीं करेगा।

हिन्द स्वराज 1909 में लिखी गई थी, तब से उसके कई संस्करण निकल चुके हैं और उसका दुनिया की कई भाषाओं में अनुवाद हो चुका है। पिछले साल श्रीमती सोफिया वाडिया ने मुझसे उस संस्करण का प्राक्कथन लिखने को कहा जो वह निकाल रही हैं इसीलिए मुझे उसे दुबारा ध्यान से पढ़ने का अवसर मिला। पाठक यह जान लें कि मैं उसके एक भी विचार में संशोधन करना नहीं चाहता। यह गुजराती मूल का पर्याप्त अच्छा अनुवाद है। इस बेइन्तहा सरल (इतनी सरल कि इसे मूर्खतापूर्ण मान लिया जा सकता है) पुस्तिका को समझने की कुंजी यह है कि यह तथाकथित अज्ञानपूर्ण अंधेरे युगों की ओर लौटने का प्रयास नहीं है बल्कि यह स्वैच्छिक सरलता, निर्धनता और धीमेपन में सुन्दरता देखने का प्रयास है। मैंने इसे अपने आदर्श के रूप में देखा है। मैं खुद इस तक कभी नहीं पहुँच पाऊँगा और इसलिए देश से ऐसी कोई उम्मीद नहीं कर सकता लेकिन विविधता की हवा में उड़ने, जरूरतों की अनेकता की आधुनिक बदहवास दौड़ में शामिल होने का मुझे कोई आकर्षण नहीं है। वे हमारे अंतस् को मार देते हैं। जिस चकराने वाली ऊँचाइयों को पाने का प्रयास मनुष्य की प्रतिभा कर रही है, वह हमें हमारे विधाता से दूर ले जाएगी जो चमड़ी को ढँकने वाले नाखून से भी अधिक हमारे करीब है। इसलिए, तब भी जब मैं चालीस मील प्रति घण्टे की रफ्तार से यात्रा कर रहा हूँ, मुझे यह पता है कि यह

आवश्यक बुराई है और यह कि मेरा सबसे अच्छा ग्राम सात सौ लोगों वाले छोटे से सेवाग्राम और उसके पास के उन गाँवों में होना चाहिए जहाँ मैं पैदल चलकर जा सकता हूँ लेकिन एक व्यवहारिक व्यक्ति होने के नाते मैं रेल या कार यात्रा को केवल मूर्खतापूर्ण ढंग से एकनिष्ठ दिखने की ख़ातिर छोड़ नहीं सकता।"[7]

अगर अक्टूबर और नवम्बर, 1945 के दौरान गाँधीजी और जवाहरलाल नेहरू के बीच उभरते भारत की दिशा को लेकर हुए पत्र व्यवहार को देखें। ऐसा पत्र व्यवहार जिसमें उनके बीच का अलगाव साफ दिखाई देता है।'[8] तो यह साफ हो जाता है कि महात्मा गाँधी 1929 के अपने लेख में व्यक्त विचारों पर आख़िर तक दृढ़ रहे आये।

आधुनिक पश्चिमी सभ्यता के मानों विस्मयकारी विखण्डन के अलावा 'हिन्द स्वराज' मूलतः उस '(वांछित) समाज' की तस्वीर भी प्रस्तावित करता है जिसे गाँधीजी बनाना चाहते थे और उन नियम-विधानों व आत्मानुशासन को भी जो ऐसे समाज को बाँधे रखने आवश्यक थे। उस समाज को बनाने की दिशा में उठे किसी भी कदम का स्वागत किया जा सकता था अगर वह उन प्रक्रियाओं को रेखांकित कर सकता या दिखा सकता जो उसे वहाँ तक ले जाएंगे या कम से कम वहाँ पहुँचने में आने वाली अंतरिम अवस्थाओं को बता सकता। खुद गाँधीजी की ज़िन्दगी –जो उन्होंने किया और इससे भी अधिक महत्त्वपूर्ण उनके प्रयत्न क्री पद्धति और प्रक्रिया ही एक मात्र दिग्दर्शिका और हैण्डबुक है जो उस वांछित समाज के उनके दृष्टिकोण को समझने हमारे पास है।

यह सच है कि 1919 से 1931 के वर्षों को ऐसे दौर की तरह देखा जा सकता है जब भारत के लोगों ने खुद को, अंग्रेजों को और सारी दुनिया को यह जतला दिया था कि महात्मा गाँधी के नेतृत्व और निर्देशन में अंग्रेजी शासन के विरुद्ध उनका संघर्ष निश्चय ही राजनैतिक स्वातंत्र्य की सामग्री और संरचना देने के प्रयास की तरह देखा जा सकता है (मूलतः उसी आधार पर जो गाँधीजी ने हिन्द स्वराज में सोचा था।) बहुत सारे जटिल कारणों से इस प्रयास के बहुत हर तक विफल हो जाने के कारण ही अब यह और ज्यादा जरूरी हो गया है कि इस दौर के बारे में छानबीन और अध्ययन के अलावा चिन्तन भी किया जाए और इसे और अधिक गहराई से समझा जाए।

अगस्त, 1933 में गाँधीजी ने औपचारिक रूप से साबरमती आश्रम को भंग कर दिया, इसे उन्होंने 1915 में अहमदाबाद के निकट इसी नाम की नदी के किनारे बनाया था। उन्होंने उसका अहाता और सम्पत्ति तभी संगठित हरिजन सेवक संघ को दे दिए। इसके कुछ हफ्तों बाद चौसठ साल की उम्र में उन्होंने साल भर के लिए, भारत का तूफानी हरिजन दौरा शुरू किया ताकि वे सभी लोगों को, दलित समुदायों को बराबरी का दर्ज़ा देने के लिए सहमत कर सकें और मन्दिर में प्रवेश सहित उनके

सभी सामाजिक अधिकार वापस कराने के लिए भी व्यापक सहमति तैयार कर सकें। 1934 के मध्य में इस दौर के खत्म होने पर गाँधीजी ने वर्धा को अपना नया और आख़िरी स्थान बनाया जहाँ से एक साल बाद वह छः मील दूर सेवाग्राम आ गए। लगभग उसी समय गाँधीजी ने उस भारतीय राष्ट्रीय कांग्रेस की सदस्यता से औपचारिक इस्तीफा देने का ऐतिहासिक निर्णय लिया जिसके सर्वोच्च नेता और मार्गदर्शक वह 1920 के बाद से रहे आये थे। उनका इस्तीफा स्वीकार हो सके, इसके पहले ही गाँधीजी ने कांग्रेस को भरोसा दिलाया कि उसे उनकी सलाह और दिशा निर्देश इसके बाद भी मिलते रहेंगे। गाँधीजी की सलाह पर कांग्रेस ने इस समय खुद को भारत का सच्चा प्रतिनिधि बनाने यह विधान बनाया कि अब से उसकी राष्ट्रीय समिति के तीन चौथाई सदस्य ग्रामीण भारत से और बाकी एक चौथाई शहरी इलाकों से लिए जाएँगे।''[9] कांग्रेस ने यह भी तय किया कि 'ग्राम-पुनर्संगठन और पुनर्निर्माण का आशय अनिवार्यतः मृत या मर रहे ग्रामीण जीवन को दोबारा जीवित और प्रोत्साहित करना है' कि अब से उसकी राष्ट्रीय समिति के तीन चौथाई शहरी इलाकों से लिए जायेंगे। 19वीं कांग्रेस ने यह भी तय किया कि 'ग्राम पुनर्संगठन और पुनर्निर्माण का आशय अनिवार्यतः मृत या मर रहे ग्रामीण जीवन को दोबारा जीवित और प्रोत्साहित करना है' कि गाँधीजी की सजाह और निर्देशन में अखिल भारतीय ग्रामीण उद्योग संघ की स्थापना की जाए। इस संघ के गठित होने के कुछ ही हफ्तों के भीतर भारत की अंग्रेजी सरकार ने यह पाया कि यह संघ बहुत खतरनाक और देशद्रोही है। यही वायसराय का भी दृष्टिकोण बना।''[10]

ऊपर लिखी तमाम घटनाएँ आपस में असम्बद्ध मालूम दे सकती हैं पर वे दरअसल कहीं गहरे में एक दूसरे से सम्बद्ध और गुँथी हुई हैं।

एक अर्थ में इस नए दौर की शुरूआत 1932 में ही हो गई थी जब गाँधीजी ने दलित वर्गों को वैधानिक रूप से बाकी हिन्दुओं से अलग करने के अंग्रेजी प्रस्तावों के विरुद्ध अपना सुदीर्घ उपवास शुरू करने का फैसला किया था। उपवास की उस घोषणा ने भले ही अनेक लोगों को चौंकाया, खासकर भारतीय राष्ट्रीयतावादियों के बीच के प्रगतिशीलों और बुद्धिजीवियों को, लेकिन इससे सारा भारत अभूतपूर्व ढंग से उद्विग्न हो उठा। इसके शुरू होने के कुछ ही दिनों बाद दलित वर्गों और बाकी हिन्दुओं के प्रतिनिधियों के बीच के सारे मसले तेजी से सुलझा लिए गए और अंग्रेजों द्वारा भी स्वीकार कर लिए गए और यह आन्दोलन सफलतापूर्वक सम्पन्न हो सका। इसी समय 25 सितम्बर, 1932 की बम्बई में हिन्दुओं की ऐतिहासिक सभा में यह भी तय किया गया : ''कि अब से हिन्दुओं में किसी को भी उसके जन्म के आधार पर अछूत नहीं माना जाएगा और जिन्हें अब तक माना जाता रहा है, उन्हें सार्वजनिक कुओं, सार्वजनिक स्कूलों, सार्वजनिक सड़कों और अन्य सारी सार्वजनिक संस्थाओं के उपयोग के संदर्भ में उतने ही अधिकार होंगे जितने बाकी हिन्दुओं को हैं।''

और : "कि हर हिन्दू नेता का कर्तव्य होगा कि यह वैधानिक और शांतिपूर्ण तरीके से उन सामाजिक दोषों को जल्द से जल्द दूर करने की कोशिश करे जिन्हें अछूत वर्गों पर रीति-रिवाजों ने आरोपित कर रखा है, इनमें मन्दिरों में प्रवेश करने का विषय भी शामिल है।"[11]

कुछ महीनों बाद वाराणसी की अपनी बैठक में (हिन्दुओं की) सनातन धर्म महासभा जिसमें पारम्परिक पण्डित शामिल थे, ने यह मत व्यक्त किया कि 'चूँकि दलित वर्ग सनातन धर्म के अनुयायी हैं, इस धर्म के अन्य अनुयायियों का यह कर्त्तव्य है कि वे इस धर्म से मिलने वाले सारे लाभ लेने में इनकी मदद करें।"[12]

गाँधीजी के 1932 के अस्पृश्यता के ख़िलाफ़ उपवास ने सम्भवतः उन्हें नई दृष्टि दी। जैसा कि उन्होंने बाद में 1934 में व्यक्त भी किया, 'अस्पृश्यता, निवारण से कही अधिक है क्योंकि शहरातियों के लिए ग्रामीण तक अछूत बन गए हैं।"[13] इसीलिए इस व्यापक अस्पृश्यता को दूर करने ग्रामीण उद्योगों का पुनरुत्थान पहले से अधिक तात्कालिक महत्त्व का हो गया है।

गाँधीजी के उपवास का नतीजा और उनके उठाए कदम ऐतिहासिक थे इसलिए यह आश्चर्यजनक नहीं कि जब दिसम्बर 1942 में ब्रिटिश सेक्रेटरी ऑफ स्टेट फॉर इण्डिया ने यह राय व्यक्त की कि महात्मा गाँधी और कांग्रेस को रोकने के लिए दलित वर्गों को एक और अल्पसंख्यक बनाने से खासा राजनैतिक लाभ मिल सकता है, ख़ुद उनके ही दफ़्तर ने इसकी ताईद नहीं की और यह अनुभव किया कि मुसलमानों को ऐसा बनाने की तुलना में यह कमजोर चाल है, जाहिर है इसका आधार अछूतों के बीच गाँधी का काम है।"[14]

अक्टूबर, 1934 तक जब गाँधीजी ने भारतीय राष्ट्रीय कांग्रेस से औपचारिक इस्तीफ़ा दिया, उन्हें यह भरोसा हो चला था कि अंग्रेजों से भारत की आजादी अवश्यम्भावी है, कि अब उसका इन्तज़ार और उसके लिए संघर्ष पीढ़ियों का मामला नहीं रह गया है। वे इसीलिए स्वतंत्रता के बाद के भारत में उसके लोगों व परम्पराओं के संदर्भ में उसकी शासन व्यवस्था के कथ्य और संरचना के विषय में कहीं अधिक विचार करने लगे थे। पर यह जानकर कि 'मैं उस दिशा से ठीक विपरीत जाता हुआ लग रहा हूँ जो ज्यादातर प्रबुद्ध कांग्रेसजन खुशी से उत्साहपूर्वक लेंगे अगर मेरे प्रति उनकी बेजोड़ वफादारी उनके रास्ते की बाधा न बने उन्होंने तय किया कि 'इस वफादारी और भक्ति को पाकर मैं उन पर व्यर्थ का दबाव ही डालूँगा।' उन्होंने यह भी स्वीकार किया कि 'कांग्रेस के प्रबुद्धों का एक बड़ा हिस्सा मेरी पद्धति और मेरे मतों से थक चुका है, वे यह महसूस करते हैं कि मैं कांग्रेस के स्वाभाविक विकास में मदद कम बाधा अधिक था' और उनके उसमें बने रहने से वे सोचते थे कि 'तार्किकता आज़ादी से काम नहीं कर पाती।' गाँधीजी के अनुसार उनमें से ज्यादातर बौद्धिक चरखे के विषय में उनसे असहमत थे, जो गाँधीजी के लिए 'कृषि का अनुचर

है और देश का दूसरा फेफड़ा।' वे बौद्धिक अस्पृश्यता निवारण के प्रति उनके लगाव से, असहयोग के अवसर और पद्धति से, अहिंसा से बल्कि स्वयं लोकतंत्र की अन्तर्वस्तु के संदर्भ में गाँधीजी से असहमत थे। कांग्रेस और उनके दृष्टिकोण के बीच इस विराट विषमता ने भी गाँधीजी को कांग्रेस से औपचारिक रूप से इस्तीफा देने के निर्णय में सहयोग दिया था।

1934 से लेकर अपने जीवन के आख़िरी दिन तक और विशेषकर 1934 से 1940 तक जिस दौरान उन्हें अंग्रेजी राज के विरुद्ध किसी भी असहयोग आन्दोलन को नेतृत्व देने की बहुत जरूरत नहीं थी, गाँधीजी ने अपना सारा समय स्वराज और लोकतंत्र विषयक अपने विचारों को रूप देने में लगाया।

महात्मा गाँधी स्वराज को किसी सीधी छड़ की तरह नहीं बल्कि 'बरगद के पेड़ की तरह' देखने का आग्रह करते थे। बरगद की ही तरह इसमें 'अनगिनत शाखाएँ थीं जिनमें से पेड़ के लिए हर एक का महत्त्व मूल तने की तरह ही है। इनमें से किसी को भी पोषित करने का अर्थ पेड़ को पोषित करना है। किस शाखा को कब पोषित किया जाना है इसका कोई भी नियम नहीं बन सकता, इसका निर्धारण परिस्थितियाँ ही करती हैं।'[15]

जुलाई, 1946 में उन्होंने लोकतांत्रिक स्वराज को एक ऐसी महासागरीय तरंग की तरह देखा जिसके केन्द्र में व्यक्ति होगा, जो हमेशा ही गाँवों की खातिर अपना उत्सर्ग करने को तैयार होगा, हर गाँव गाँवों के समूह के लिए अपना उत्सर्ग करने को तैयार होगा, यह सिलसिला तब तक आगे बढ़ता जाएगा जब तक ऐसे व्यक्तियों से बना समूचा जीवन इसमें नहीं आ जाता जो अपने व्यवहार में आक्रामक नहीं बल्कि विनम्र होंगे, समुद्र की तरंगों की विराटता में साझा करते हुए वे जिसके वे आत्यान्तिक अंश होंगे।'[16] उनके अनुसार, ''इस संरचना में जो अनगिनत गाँवों (और ज़ाहिर है कस्बों व शहरों) से बनी होगी, लगातार फैलते और ऊपर की ओर न उठते हुए घेरे होंगे और 'सबसे बाहर का घेरा भीतर के घेरे पर अपनी ताकत नहीं आजमाएगा बल्कि अपने भीतर के हर घेरे को ताकत देगा और अपनी ताकत भी उन्हीं से प्राप्त करेगा।''[17]

अस्पृश्यता को मिटाने, गाँवों और शहरों के बीच की खाई को पाटने, देहाती उद्योगों को पुनर्जीवित करने के प्रयासों से अंग्रेजों की बनाई तत्कालीन शिक्षा व्यवस्था की अनुपयोगिता बल्कि उसकी ध्वंसात्मक प्रवृत्ति कहीं अधिक अनुभव होने लगी और उसे हटाकर हर स्तर पर एक दूसरी बेहतर व्यवस्था की स्थापना की जरूरत भी महसूस होना शुरू हुई।

यही आगे चलकर गाँधीजी की 'बुनियादी तालीम' का पहला चरण बना। इन तमाम विचारों की शुरुआत, उन पर मनन और प्रचार के लिए एक फोरम की जरूरत थी, विभिन्न क्षेत्रों में कार्यरत, एक दिशा में सोचने वाले लोगों का एक फोरम। ये

काम गाँधी सेवा संघ ने किया। जिसे शुरूआत में (1932) गाँधीजी द्वारा देश के सामने प्रस्तुत योजनाओं को आगे ले जाने के लिए गठित किया गया था और गाँधीजी द्वारा वर्धा को अपना नया केन्द्र बनाने के बाद इसे पुनर्गठित और विस्तृत किया गया ताकि इसमें सैकड़ों लोगों को सदस्यता मिल सके।''[18] गाँधीजी ने तब लिखा : 'गाँधी सेवा संघ नया संविधान बना रहा है। इसने कोई और नई जिम्मेदारी न लेने का निश्चय किया है। इसमें वे कार्यकर्ता शामिल होंगे जिनके समान आदर्श हैं भले ही जिनकी जेबें समान रूप से भरी न भी हों।''[19] इन कार्यकर्ताओं में लेखक, शिक्षाशास्त्री, वैज्ञानिक, तकनीकी शास्त्री, चिकित्साशास्त्री, सामाजिक कार्यकर्ता, सन्यासी और अन्य अध्येता थे और वे लोग भी इसमें शामिल थे जो विदेशी शासन के खिलाफ़ भारतीय राष्ट्रीय आन्दोलन में सक्रिय थे।

गाँधीजी ने मजदूरों को भी इस तरह संगठित करने का विचार किया था कि न हड़तालें हों, न तथाकथित वर्ग संघर्ष। एक प्रमुख भारतीय अख़बार ने इस विचार को लिखते हुए खास खबर बनाया था कि नए मजदूर संगठन के कार्यकर्ताओं को गाँधी सेवा संघ प्रशिक्षित करेगा।''[20]

इस तरह 1934 से लेकर 1940 की शुरूआत तक ऐसा लगता है कि गाँधीजी ने ख़ुद को संघ के सदस्यों और असंख्य अन्य लोगों के साथ उन पद्धतियों, संस्थाओं और उस संरचना पर विचार करने में लगाया जिनकी नए भारत को चलाने में जरूरत होती। क्योंकि यह कोई अलग काम नहीं था इसलिए संघ के सदस्यों को न सिर्फ़ भारतीय कांग्रेस का सदस्य होने की इजाज़त थी बल्कि संघ की विशेष अनुमति से वे नई विधानसभाओं के लिए भी, जब भी ऐसा स्थानीय तौर पर जरूरी होता, चुनाव लड़ सकते थे क्योंकि जैसा कि गाँधीजी ने 1936 में कहा, 'तथाकथित राजनैतिक और सृजनात्मक कार्यक्रमों में कोई खास अन्तर नहीं है। हमारे काम करने के ढंग में ऐसे विभाजन नहीं है।''[21] इसके पहले जनवरी, 1933 में उन्होंने एक संवाददाता से पूछा था, 'तुम ऐसा क्यों मानते हो कि स्वराज अस्पृश्यता उन्मूलन से अलग कुछ है।'

सितम्बर, 1939 में यूरोप में युद्ध की शुरुआत के कारण भारतीय राजनैतिक परिस्थिति में नाटकीय परिवर्तन आ गया। भारतीय राष्ट्रवाद और अंग्रेजी हुकूमत की टकराहट अवश्यम्भावी जान पड़ने लगी। गाँधीजी एक बार फिर खुद को पूरी तरह राजनैतिक मसलों में झोंकने के लिए विवश हो गए। इसके अलावा कई दूसरे जटिल कारणों से फरवरी, 1940 में गाँधीजी ने गाँधी सेवा संघ को यह सलाह दी कि वे अपने को बैठक बुलाने तक ही सीमित रखें। उन्हें यह उम्मीद थी कि यह संघ राजनीति में शामिल हुए बिना 'स्नातकोत्तर महाविद्यालय या शोध संस्थान' का रूप ले लेगा जहाँ उन संरचनाओं, सम्बन्धों और राजनीति पर विचार-विमर्श व कार्य होगा। जिनसे खुद वह और गाँधी सेवा संघ एक संगठन की तरह पिछले छः वर्षों से जुड़े रहे हैं।'[22]

गाँधीजी के राजनैतिक और आर्थिक विचारों को सामान्यतया अव्यवहारिक या

अगर अधिक नरमी से कहें तो दिवास्वप्निल माना जाता है। हो सकता है यह धारणा इक्कीसवीं शताब्दी तक बनी रहे। तब भी इस दृष्टिकोण को तब तक प्रामाणिक तौर पर पुष्ट नहीं किया जा सकेगा जब तक पर्याप्त सूचना, ज्ञान, समझ और प्रयोग के आधार पर इसे परीक्षित नहीं किया जाता। दुर्भाग्य से यह हो नहीं पाया है। एक हद तक इसलिए क्योंकि भारत ने अपने लिए एक दूसरा रास्ता चुन लिया है। यह भी है कि अभी हाल तक इस दौर से जुड़ी प्रासंगिक सामग्री-संकलित रचनाएँ, ब्रिटिश सरकार के अभिलेख और इस दौर के व्यक्तिगत कागज़ात उपलब्ध नहीं थे। अब उनमें से बहुत से उपलब्ध हैं इसलिए गाँधीजी के विचारों को गहराई से समझने एक मूल्यवान और फलप्रद काम हो सकता है।

सन्दर्भ

1. संकलित रचनाएँ, भाग-10 पृ. -7, हिन्द स्वराज की भूमिका, 22.11.1909.
2. संकलिच रचनाएँ, भाग-10, पृ-188-190, इण्डियन ओपिनियन से, 02.04.1910.
3. संकलित रचनाएँ, भाग-12पृ. 411-12, इण्डियन ओपिनियन से, 24. 04.1914.
4. संकलित रचनाएँ, भाग-19 पृ. -277-278, यंग इण्डिया से, 26.01.1981.
5. संकलिच रचनाएँ, भाग-70, पृ-201-02.
6. संकलित रचनाएँ, भाग-70, पृ-241-43, हरिजन से, 14.10.1939.
7. वही.
8. संकलित रचनाएँ, भाग-81, पृ-319-21, नेहरू एवं गाँधीजी 05.10.1945, ज. नेहरू : चुनी हुई रचनाएँ, भाग –14, पृ. 554-57, गाँधीजी को ज. नेहरू, 04.10.1945.
9. डी.जी. तेण्डुलकर, महात्मा, भाग-39, पृ. 371, 1952.
10. आई.ओ.आर.एल/पीएण्ड जी./7/663 : भारत सरकार गृह विभाग से स्थानीय सरकारों को, तारीख 23.11.1934 (एफ/3/16/34, 7 पृ. 23 पैरा)' हाल की बम्बई कांग्रेस के फैसलों से उत्पन्न स्थिति' पर। वायसराय विलिंग्डन से समुअल होर, सेक्रेटरी ऑफ स्टेट फॉर इण्डिया को 11 नवम्बर, 1934 को विलिंग्डन ने लिखा, मैं सोचता हूँ कि इससे भविष्य में हमारी मुश्किल बढ़ जाएगी क्योंकि असेम्बली में कांग्रेस खासी ताकतवर है और उसके बाहर अपना प्रचार करता हुआ गाँधी हमें भविष्य में उखाड़ने के लिए दोहरी नीति अपना सकता है।' हालांकि यह पत्र गुप्त नहीं रह पाया और सरकार को इस पर सेण्ट्रल लेजिस्लेटिव असेम्बली में बहस कराने पर मजबूर होना पड़ा। इसका संदर्भ देते हुए विलिंग्डन ने होर को दिनांक 21.01.1935 को लिखा, 'असेम्बली में भी हमें खासी मुश्किलों का सामना करना पड़ेगा। गाँधी के ग्रामीण उत्थान कार्यक्रम के विषय में जो विज्ञप्ति हमने गृह विभाग से जारी की थी, कांग्रेस के हाथ लग गई है। और उन्हें इसका बहुत सा फायदा उठाने की उम्मीद है। (आई. ओ.आर. : एस.एल.-32 ई 240/8)
11. हरजिन, 1923 के अधिकतर अंकों में मुख्य पृष्ठ के ऊपर प्रकाशित
12. हरिजन, 18.02.1933, पंडित मदन मोहन मालवीय की दिनांक 08.02.1933 को

गाँधीजी को लिखे पत्र में उल्लेखित।

13. तेण्डुलकर, महात्मा, भाग-4, पृ-2.
14. आई.ओ.आर. :एल/पी.एण्ड जे/8/685 : दलित वर्ग : जनरल पेपर्स, पृ. 101, ऑफिस की टीप 31.12.1942/इसके पहले 16.12.1942 को स्टेट एमेरी के सचिव ने वायसराय लिन्लिथगो को लिखा था, 'आपके 21 नवम्बर के खत के साथ सं लग्न अम्बेडकर का खत और दलित जातियों की तकलीफ़ों के बारे में विज्ञप्ति मैंने पढ़ ली है। मुझे लगता है कि इसे तूल दिया जाना चाहिए और उनकी स्थिति को निरन्तर मुसलमानों की स्थिति में समाहित किया जाए। आखिरकार ध्यानाकर्षी दो अच्छे ख़ासे अल्पसंख्यकों के होने का ख़ासा राजनैतिक फायदा है और इससे सिर्फ़ मुसलमानों का पक्षधर और हिन्दू विरोधी कहलाने की स्थिति नहीं बनेगी।
15. संकलित रचनाएँ, भाग-52, पृ-399-400, परमानन्द के.कापड़िया को 08.01.1933 को लिखा पत्र।
16. हरिजन, 28.07.1946, 'स्वतंत्रता' नामक लेख।
17. वही।
18. 1934 में वर्धा में गाँधीजी के बस जाने के बाद (वह 1936 की गर्मियों में सेवाग्राम चले गए थे) गाँधी सेवा संघ ने अधिक सक्रियता और विस्तार से काम करना शुरू किया था। उसके पुनर्गठन के बाद संघ की पहली महत्त्वपूर्ण बैठक नवम्बर, 1934 में वर्धा में हुई थी। दूसरी बैठक सावली में हुई (फरवरी-मार्च, 1936), तीसरी हुडली में (16-20.04.1937), चौथी देलंग, उड़ीसा में (मार्च, 1936), पाँचवी वृन्दावन बिहार में (3-07.05.1939) और छटवीं जब संघ को एक छोटी धारक समिति (स्माल होल्डिंग कमेटी) में संकुचित करने का निर्णय लिया गया था--मालिकन्द, बंगाल में फरवरी, 1940 को हुई। बैठकों की कार्यवाहियाँ संघ ने प्रकाशित की थीं और इन बेठकों को, विशेषकर 1937 के बाद से अख़बारों में भी प्रमुखता से जगह मिली थी। बाद की बैठकों का प्रान्तीय गोपनीय रिपोर्ट में भी हर पन्द्रह दिन में नोटिस लिया गया था और सम्भवतः भारत सरकार की गुप्तचर एजेन्सियों ने उन्हें व्यापक रूप से दर्ज़ किया था।
19. संकलित रचनाएँ, भाग-59, पृ.-424-25, 05.12.1934 को एन.आर. मलकानी को लिखा पत्र।
20. हिन्दुस्तान टाइम्स, 30.03.1948, पृ.-1.
21. तेण्डुलकर, महात्मा, भाग-4, पृ.-66
22. 1934 के बाद गाँधी सेवा संघ के कार्यों पर सिर्फ़ अंग्रेज़ अधिकारियों ने ही नज़र नहीं रखी। खुद संघ के भीतर उसकी भूमिका को लेकर अनेक तिर्यक दृष्टियाँ थीं। अपने बाहर भी उसे पण्डित जवाहरलाल नेहरू और श्री सुभाषचंद्र बोस का समर्थन नहीं मिल सका था। नेहरू ने संघ के राजनीति में दिलचस्पी लेने के विषय में शायद कई बार अपनी प्रसन्नता जाहिर की थी। 28.04.1938 को उन्होंने अपनी इस पीड़ा को एक पत्र में गाँधीजी के सामने प्रकट किया था। तब गाँधीजी ने 07.05.1938 को उनसे पूछा था,'गाँधी सेवा संघ के नए निर्धारण की कौन-सी बात आपको परेशान कर रही है? मैं यह स्वीकार करता हूँ कि मैं उसके लिए जिम्मेदार हूँ। अगर मुझसे

गलती हुई है तो आप जानते हैं कि मैं गलती का पता चलते ही अपने कदम वापस खींच लूँगा।' गाँधीजी की पीड़ा का क्या हुआ, यह मालूम नहीं चलता लेकिन उसके बाद एक वर्ष बीज जाने पर संघ ने अपनी स्थिति का दोबारा पुष्ट किया, टाइम्स ऑफ इण्डिया में 08.12.1939 में उसका शीर्षक था 'गाँधी सेवा संघ राजनीति में भाग लेगा' और हिन्दुस्तान टाइम्स में 07.05.1939 को छपा 'सेवा संघ के सदस्य राजनीति में भाग ले सकते हैं लेकिन उन्हें गाँधीवादी सिद्धांतों का पालन करते रहना होगा।' श्री सुभाषचन्द्र बोस संघ की राजनीतिक भूमिका के प्रति अपने विरोध में कहीं अधिक मुखर थे। टाइम्स ऑफ इण्डिया ने 04.05.1939 को उन्हें यह कहते हुए छापा कि 'हमारे आलोचक यह तर्क कर सकते हैं कि फार्वर्ड ब्लॉक के बनने से कांग्रेस में दरार पैदा हो जाएगी और राष्ट्रीय एकता नष्ट हो जाएगी। क्या गाँधी सेवा संघ के बनने से दरार पैदा हुई और राष्ट्रीय एकता नष्ट हो गई, अगर नहीं तब फार्वर्ड ब्लॉक के बनने से ऐसा क्यों होगा? यह कहना अतिश्योक्ति न होगी कि गाँधी सेवा संघ भारतीय राष्ट्रवादियों के बीच एक बेहतर संगठित और अनुशासित राजनीतिक पार्टी है।' तेण्डुलकर, महात्मा, भाग-5, पृ-303। गाँधीजी के लिए संघ तब भी बहुत अधिक जीवन्त था, यह श्री कृष्णदास जाजू को उनके मार्च 12, 1940 के पत्र से स्पष्ट होता है। (यह बात उनके संघ को यह सलाह देने के कि उसे खुद की धारक समिति में संकुचित कर लेना चाहिए, कुछ ह्तों के भीतर की है)। वे तब भी यह मानते थे कि गाँधी सेवा संघ का मंच बुनियादी मसलों पर विचार करने के लिए उचित है। वे चार मुद्दे जिन पर उनके विचार से शोध की ज़रूरत थी, इस तरह हैं –(1) बेशक खादी को लोकप्रिय करने आदि की समस्या। (2) क्या कताई आदि ग्रामीण कारीगरियों का अनिवार्यतः अहिंसा से संबंध है? अगर ऐसा है तब इस संबंध की प्रकृति क्या है? (3) ऐसी कौन-सी कारीगरियाँ हैं जो अहिंसा के बगैर हो ही नहीं सकती? और ऐसी कौन-सी हैं जिनमें हिंसा अपरिहार्य है? या कि ऐसा कोई अंतर नहीं है।? (4) अहिंसा के संदर्भ में क्या भारत को विशेष तोहफ़ा हासिल हुआ है?

हिन्द स्वराज : एक नया पाठ

अभय कुमार दुबे

गाँधी तो अब हैं ही नहीं, बाकी अच्छे नेता और भली राजनीतिक आत्माओं का गमन हो चुका है। बचे हुए सभी नेता और पार्टियाँ बकवास हैं। इसलिए भविष्य पूरी तरह अंधकारमय है। देश दमनकारी और मध्ययुगीन प्रवृत्तियों के साथ अराजकता की तरफ जा रहा है। हमारी इस दुर्गति का ऐतिहासिक खलनायक कौन व्यक्ति है, इसे आप भी जानते हैं। गाँधी को छोड़ कर बाकी सभी नेताओं की दृष्टि यूरोकेंद्रित रही है। कुल मिलाकर यह आजादी झूठी है, और इसे सच्चा बनाने का कोई उपाय हमारे सामने नहीं है, क्योंकि इसकी संस्थागत गुंजाइशें खत्म हो चुकी हैं। अब तो केवल जनता का ही भरोसा है।

मेरी इस वार्ता का मुख्य उद्देश्य यह पता लगाना है कि क्या गाँधी की सौ साल पुरानी रचना 'हिन्द स्वराज' आज इक्कीसवीं सदी के लिए भारतवासियों की सहयात्री बन सकती है? यह लेख दो खण्डों में है। पहले खण्ड में यह बताने की कोशिश की गई है कि एक सदी बाद भी 'हिन्द स्वराज' को कैसे पढ़ा जा रहा है और पढ़ने की इस प्रक्रिया में अलग-अलग किस्म के लोग किस प्रकार अपने विचारधारात्मक स्वार्थ सिद्ध कर रहे हैं। उन्हें भारतीय समाज, राज्य और लोकतंत्र की कोई चिंता नहीं है। चूँकि समाज-परिवर्तन, राष्ट्र-निर्माण और लोकतंत्र का विकास उनकी मर्जी के मुताबिक नहीं हो रहा है इसलिए वे 'हिन्द स्वराज' के पन्नों पर दर्ज़ गाँधी के विचारों की आड़ में अपनी दावेदारियाँ कर रहे हैं। इक्कीसवीं सदी के भारतीय यथार्थ को नजरअंदाज करने वाले इस उपक्रम की विडम्बना यह है कि उसकी रोशनी में 'हिन्द स्वराज' को नया पाठकवर्ग मिलने की कोई सम्भावना नहीं है। कुल मिलाकर इस खण्ड का सार यह है कि गाँधी की इस महान कृति को कैसे नहीं पढ़ा जाना चाहिए। दूसरे खण्ड में मैंने पाठकों के सामने अपनी एक विनम्र पेशकश रखी है कि नई सदी के इस मुकाम पर हमें 'हिन्द स्वराज' का अध्ययन किस प्रकार और

किस परिप्रेक्ष्य में करना चाहिए। इस पेशकश की सारवस्तु यह है कि जिन भारतवासियों को 'इंडियन ओपीनियन' के पृष्ठों पर 1909 में प्रकाशित ये विचार संबोधित और निवेदित थे, वे एक सदी की घटनापूर्ण यात्रा करके आधुनिक जीवन के एक खास मुकाम पर पहुँच चुके हैं। वे बदले हुए भारतीय हैं। यूरोपीय ज्ञानोदय का पल्ला थामे रहने के बजाय वे अपने ही प्रयासों के जरिए एक भारतीय किस्म की आधुनिकता पाने के नजदीक पहुँच रहे हैं। उन्हें 'हिन्द स्वराज' के एक नए पाठ की जरूरत है।

'हिन्द स्वराज' को कैसे न पढ़ें!

'हिन्द स्वराज' एक किताब के रूप में सहजता और गहनता के अतींद्रिय संगम की तरह है। पाठक को पहले पाठ में ही यकीन हो जाता है कि उसने सम्पादक और पाठक के बीच संवाद की शैली में लिखी गई यह किताब पूरी तरह समझ ली है। यह दूसरी बात है कि अंतिम विश्लेषण में ज्यादातर लोग गलतफहमी में फँसे नज़र आते हैं। गाँधी ने 'हिन्द स्वराज' में जो बातें सूत्ररूप कही थीं, उनकी व्याख्या उन्हें अगले चार दशकों में समय-समय पर कई बार करनी पड़ी। कई बार उन्हें लगा कि गलतफहमियों का निवारण करना जरूरी है। उनकी ये कोशिशें उनके पत्रों और वक्तव्यों में बिखरी हुई हैं। इस सामग्री को देखकर ऐसा लगता है कि बापू 'हिन्द स्वराज' लिखने के बाद के अपने अत्यंत घटनापूर्ण जीवन का उपयोग एक अघोषित पश्चलेख (पोस्टस्क्रिप्ट) लिखने के लिए कर रहे थे। अपने ही विचारों की अघोषित पोस्टस्क्रिप्ट लिखना कोई नई बात नहीं है। मार्क्स और एंगेल्स ने भी ऐसा किया था। फ्रॉयड के रचना-संसार में तो पोस्टस्क्रिप्ट का बड़ा महत्त्व हैं। उनकी रचनाओं के नए संस्करण पिछले संस्करण नए यथार्थ के आलोक में तैयार किए गए पोस्टस्क्रिप्ट की तरह ही होते थे।

गाँधी का वह कथन अक्सर याद किया जाता है जिसमें उन्होंने 'हिन्द स्वराज' का एक भी वाक्य न बदलने की बात कही थी। वैसे भी उन्हें इस झंझट में पड़ने की जरूरत ही क्या थी? वे 'राइटिंग' में यकीन रखने वाले महापुरूष नहीं थे। उनकी आस्था 'एक्शन' में थी। उन्होंने निर्मल कुमार बोस से कहा था कि तुमने मेरा लिखा हुआ सब कुछ घोट कर पी लिया है, लेकिन मुझे बेहतर समझने के लिए जरूरी है कि तुम मुझे काम करते हुए ध्यान से देखो। अपने भीतर आत्म-संशोधन की सतत प्रक्रिया चलाने वाले गाँधी ने 1938 में कहा था : 'हालांकि बढ़ती उम्र के कारण मेरे शरीर का क्षय हो रहा है, पर मुझे उम्मीद है कि यह नियम मेरी बुद्धि पर लागू नहीं होगा। मुझे यकीन है कि क्षय होने के बजाय उसका विकास ही हो रहा है।' यह कहने से ठीक पहले गाँधी ने यह भी कहा था : 'मेरे ताजे लेखन को सही मान कर उसके मुकाबले कहीं पुराने कथनों और कदमों को खारिज कर देना चाहिए।' उनके

इस मशहूर कथन के प्रकाश में अगर आधुनिकता, लोकतंत्र, सेकुलरवाद, विज्ञान, प्रौद्योगिकी, राज्य, चुनाव, संसद, औषधि आदि विषयों पर उनके 'उत्तर-हिन्द स्वराज' कथनों को जोड़ा जाए तो अगर नया नहीं तो एक 'हिन्द स्वराज-2' तो तैयार किया ही जा सकता है। एक ऐसा 'हिन्द स्वराज' जिसमें गाँधी नाम का सम्पादक नई सहस्त्राब्दी के पाठक को सम्बोधित करेगा।

लेकिन, गाँधी के 'उत्तर-हिन्द स्वराज' कथन भी उन लोगों की गलतफहमियां दूर नहीं कर सकते, जो उनकी रचना को गाँधी के जीवन के विकास-क्रम में देखने के लिए तैयार नहीं है। इसी वजह से 'हिन्द स्वराज' अपने वक्त से नाराज़ लोगों का खिलौना भी बन गया है। सतत आधुनिकीकरण, सेकुलरीकरण और भूमण्डलीकरण के निर्मम दबाव में अपने विचारधारात्मक सपनों को टूट कर बिखरते देख रहे कई बुद्धिजीवियों से गाँधी और 'हिन्द स्वराज' पर जब चर्चा की जाती है तो उनके शोकाकुल स्वर पर मनुष्य की समस्त दोषदर्शिता हावी होती हुई दिखती है। इन लोगों के विचारधारात्मक सपने वही हैं जो उन्नीसवीं सदी की उस शुरुआती आधुनिकता के औजारों से गढ़े गए थे, जिसके दुष्प्रभावों पर गाँधी ने 'हिन्द स्वराज' के जरिए अपनी नज़र डाली थी। ये लोग राष्ट्रवाद, अंतरराष्ट्रीयतावाद, वर्गवाद, सर्वहारावाद, हरावलवाद, विज्ञानवाद, तर्कबुद्धिवाद और राज्यवाद जैसे आग्रहों के पैरोकार हैं। चूंकि ये सभी आग्रह हकीकत की जमीन पर पिट चुके हैं इसलिए इनका ज़िक्र करना आजकल मुफीद नहीं समझा जाता। पुरानी विचारधाराओं के इन पैरोकारों ने अलग तरह की युक्ति निकाली है। उन्हें 'हिन्द स्वराज' जैसी किसी रचना की तलाश रहती है ताकि उसके नाम पर वे अपनी विचारधारात्मक अस्मिता घोषित किए बिना उसे व्यक्त करने का मौका पा सकें।

राँची से प्रकाशित होने वाला अख़बार 'प्रभात ख़बर' रंगीन पत्रकारिता के इस इंद्रजालिक जमाने में आज भी अपनी गम्भीरता और विचार-प्रियता के लिए जाना जाता है। पिछले साल के आखिरी महीनों में इस समाचार पत्र ने रविभूषिण के सुचिंतित सम्पादन में 'हिन्द स्वराज' के इर्द-गिर्द एक परिचर्चा आयोजित की जिसमें मुझ समेत गिरिराज किशोर, इंद्रनाथ चौधुरी, कनक तिवारी, अमित कुमार शर्मा, प्रभाष जोशी, मैनेजर पाण्डेय, रामशरण जोशी, नरेन्द्र कोहली, तुलसी राम, देवेन्द्र स्वरूप, आनन्द कुमार, गोविंदाचार्य, गौहर रज़ा, अरूणा राय और जतिन कोचर ने भाग लिया। इन लोगों के नाम ही यह बताने के लिए काफी हैं कि टिप्पणीकारों के इस दल में सार्वजनिक जीवन के तकरीबन हर वैचारिक रुझान (नारीवाद को छोड़कर) की नुमाइंदगी हो रही थी। इसमें गाँधीवाद के नाम पर हिन्दुत्व विचारधारा का समर्थन करने वाले बुद्धिजीवियों से लेकर हिन्दुत्ववादियों के संस्थानों से जुड़े बुद्धिजीवी थे। इसमें लाल रंग की तकरीबन सभी किस्मों का प्रतिनिधित्व हो रहा था। इसमें दलित बुद्धिजीवियों और एनजीओ सेक्टर का नेतृत्व करने वालों की ही

नहीं, पेज थ्री संस्कृति में रमने वालों की नुमाइंदगी भी थी। हमारे जमाने के इन गणमान्य लोगों ने 'हिन्द स्वराज' के बारे में और उसके बहाने जो कुछ कहा उसका मैंने एक कोलॉज बनाया है, जिससे कुछ खास तरह के मन्तव्य निकलते हैं।

मदन लाल धींगरा ने...विलियम कर्ज़न वायली की लंदन में हत्या की थी। 1908 में गाँधी ने लिखा था कि जो बम आज अंग्रेजों को मार रहे हैं, जब अंग्रेज चले जाएंगे, वे बम भारत पर गिरेंगे। गाँधी का यह कथन नीतिगत भी और पैगम्बरी भी। आज जो हो रहा है उस समय की गई भविष्यवाणी है जो अब सत्य में बदल रही है।...न्यायमाता की आंखों पर पट्टी बंधी है। न्यायाधीशों के सिर पर गाँधी लटके हैं।...बहुमत का निर्णय माना ही जाना चाहिए, यह भावना तो करीब-करीब सभी पारंपरिक समाजों के लिए नई बात है। यह एक अधार्मिक और अनैतिक बात है। एक वहम है। इस बहम को सिर्फ सत्याग्रह ही दूर कर सकता है।...गाँधी और मार्क्स एक ही स्थल पर आकर राज्य और राजसत्ता से उपर उठते हुए दिखाई देते हैं। राज्य को हस्तक्षेपवादी बनाना ही होगा और उसके कल्याणकारी चरित्र को पुनर्जीवित करना ही होगा।...ब्रिटिश राज का आज़ाद भारत में विस्तार...राममोहन राय से लेकर जवाहरलाल नेहरू तक भारतीय पुनर्जागरण के सभी नेता यूरोप से आतंकित, प्रभावित और प्रेरित थे।...हमारे पुनर्जागरण काल में केवल गाँधी के पास भारत का भारतीय सपना था।...आज के समय में कोई भी देश किसी देश का अनूदित संस्करण नहीं हो सकता। नकल हमेशा ही फूहड़ और भदेस होती है।...मैं किसी भी नेता या पार्टी में भारत का भविष्य नहीं देखता।...मुझे भय है कि हम सचमुच अराजक स्थिति में जा रहे हैं। मुझे यह लग रहा है कि भारत एक अराजक स्थिति के बदले दमनकारी स्थिति की तरफ बढ़ता दिखाई दे रहा है।...सारी दुनिया में उत्तर आधुनिकता की घोषणा के बावजूद मध्ययुगीनता लौट रही है।...आज भारत की राजनीति और राजनेताओं के आचरण में मध्ययुगीनता की मौजूदगी देख सकते हैं।...नेहरू ने मोतीलाल नेहरू की परंपरा को आगे बढ़ाया। उनके यूरोपीय विचार थे जो हिन्द स्वराज में नहीं मिलते।...ऐसे में गाँधी का भारत कहाँ दिखता है।...साठ वर्षों में जो भी सरकारें आईं, वे राष्ट्रप्रेमी जनकल्याणकारी सरकारें नहीं थीं।...गाँधीजी कई मायनों में दकियानूसी सोच रखते थे।...किसी भी राजनीतिक दल में भारत का भविष्य उज्जवल नहीं है। कोई भी पार्टी ऐसी नहीं है जो खुले तौर पर धर्मनिरपेक्ष और जातिविरोधी हो। इन सभी पार्टियों से भारत को नुकसान ही नुकसान है।... 1909 में गाँधी जी ने हिन्द स्वराज की रचना की। श्री अरविंद ने 1909 में उत्तर पाड़ा भाषण दिया।...दोनों महापुरूष यद्यपि देश की दृष्टि से बहुत दूर थे पर दोनों की दृष्टि समान थी।...भारत में राष्ट्रीयता की सांस्कृतिक भूमि बहुत प्राचीन काल में प्रारंभ हो चुकी थी, गाँधी ने स्वयं हिन्दू स्वराज में इसे स्पष्ट किया है।...हमारी संकीर्ण दृष्टि से राष्ट्र-राज्य के झंडे के नीचे अब आंतरिक उपनिवेशों का विस्तार हो

रहा है।...सत्ता ने गरीब आदमी को खारिज किया है।...तथाकथित पढ़ा-लिखा संभ्रांत व्यक्ति विदेशी पूंजी का चरण-चुम्बन कर रहा है। मैं किसी राजनीतिक दल या राजनेता में भारत का भविष्य नहीं देखता।...अगर हमारी हिन्दू पहचान, मुस्लिम पहचान और क्षेत्रीय पहचान उभर कर सामने आती रही तो हम बहुत जल्द अराजकता की स्थिति में पहुँच जाएँगे।...हम यह गलती करते हैं कि किसी एक सोच से नए भारत के भविष्य की कल्पना करना सम्भव है। किसी एक व्यक्ति के सोच से नए भारत के भविष्य की कल्पना करना सम्भव है। किसी एक व्यक्ति के सोच से नए भारत की नींव नहीं रखी जा सकती।...एक नए सुंदर और स्वतंत्र भारत जैसे शब्द वर्तमान समय में खोखले जान पड़ते हैं।

(इस कोलॉज में केवल इंद्रनाथ चौधुरी के विचार शामिल नहीं किए गए हैं। उन पर मैं अपनी वार्ता के दूसरे खण्ड में विचार करूँगा।)

कई लोगों के कथनों के टुकड़ों को जोड़कर कोलाज बनाने की यह पद्धति अपने-आप में बहुत सुरक्षित बौद्धिक उपादान नहीं है। मुझ पर बातों को संदर्भ से काट कर बिना पूरा तर्क दिए हुए किसी और अर्थध्वनि के साथ पेश करने का आरोप लग सकता है। पर मैंने यह जोखिम भरी पद्धति जानबूझ कर इस्तेमाल की है। मेरा विचार है कि इसके जरिए हमारे जमाने के प्रमुख बुद्धिजीवियों के मानस की वे बातें अनलंकृत और आवरणहीन रूप में सामने आ सकती हैं जो अक्सर लम्बे-लम्बे आलेखों की जटिल वाक्य रचनाओं और बौद्धिक युक्तियों के बीच छिप जाती है। मेरे ख्याल से इस कोशिश का परिणाम दिलचस्प निकला है। कोलाज में एक आवाज़ ऐसी भी है जो प्रतिनिधित्वमूलक लोकतंत्र और सत्याग्रह की अवधारणाओं को एक-दूसरे के ख़िलाफ़ मानती है। दलित चिंतक अभी' भी गाँधी को दकियानूसी मान रहे हैं। हिन्दुत्ववादी उन्हें अरविंद के सांस्कृतिक राष्ट्रवाद की भाषा में पढ़ रहे हैं और 'हिन्द स्वराज' को अनायास ही 'हिन्दू स्वराज' कह जाते हैं। चूंकि मनुष्य के जीवन से आध्यात्मवादी सोच नहीं निकाला जा सका इसलिए मार्क्सवादियों के अनुसार उसका ही प्रतिफलन साम्प्रदायिकता की मध्ययुगीन सोच में हो रहा है। आई.आई.टी. में पढ़ाने वाले एक विद्वान ने तो गाँधी के समकालीन राष्ट्रवादी आतंकवादियों की उपनिवेशवादी विरोधी सशस्त्र कार्रवाइयों में ही आज के आतंकवाद की निरंतरता देख डाली है और अपना यह मंसूबा गाँधी के मत्थे मढ़ दिया है।

विभिन्न ही नहीं, एक-दूसरे को काटती विचारधाराओं के बावजूद पूरी परिचर्चा में सहमति के बिंदु हैं। इनके मुताबिक भारत का लोकतंत्र एक घटिया, नकलची, भदेस, घिनौनी, जनविरोधी, पतनोन्मुख और नष्टप्राय व्यवस्था है। इसने किसी का कुछ भी न तो अच्छा किया है और न ही इसके द्वारा कुछ अच्छा होने की कोई सम्भावना है। गाँधी तो अब हैं ही नहीं, बाकी अच्छे नेता और भली राजनीतिक आत्माओं का गमन हो चुका है। बचे हुए सभी नेता और पार्टियाँ बकवास हैं।

इसलिए भविष्य पूरी तरह अंधकारमय है। देश दमनकारी और मध्ययुगीन प्रवृत्तियों के साथ अराजकता की तरफ जा रहा है। हमारी इस दुर्गति का ऐतिहासिक खलनायक कौन व्यक्ति है, इसे आप भी जानते हैं। गाँधी को छोड़ कर बाकी सभी नेताओं की दृष्टि यूरोकेंद्रित रही है। कुल मिलाकर यह आजादी झूठी है, और इसे सच्चा बनाने का कोई उपाय हमारे सामने नहीं है, क्योंकि इसकी संस्थागत गुंजाइशें खत्म हो चुकी हैं। अब तो केवल जनता का ही भरोसा है। एक दिन वह उठेगी, और जो कुछ खराब है उसे नष्ट करके सुंदर और कल्याणकारी की रचना कर डालेगी।

इसमें कोई शक नहीं कि भारतीय लोकतंत्र और समाज में बहुत सी खामियाँ हैं। अपने आदर्श रूप में पहुँचने के लिए अभी इसे बहुत लम्बा सफर करना है। लेकिन आज अगर गाँधी होते तो क्या भारतीय लोकतंत्र को इसी तरह खारिज कर देते जिस तरह इस कोलॉज में किया गया है? क्या वे इतने ही हताश होते? क्या भारतीय लोकतंत्र का यथार्थ केवल उसके नकारात्मक पहलू ही हैं? क्या गाँधी यह देखने से इन्कार कर देते कि हमारी राजनीतिक आधुनिकता और संवैधानिक आधुनिकता कितनी कुशलता से जातियों में बंटे समाज में होने वाले बेहद सुस्त परिवर्तन की रफ्तार बढ़ाने में कामयाब रही है? पूना पैक्ट का वह योद्धा क्या पिछड़ी और दलित जातियों को सामाजिक जीवन की मुख्यधार में लाने की अन्यतम उपलब्धि की उपेक्षा कर देता? सारे जीवन अल्पसंख्यक प्रश्न से जूझने वाले गाँधी क्या यह देख कर खुश नहीं होते कि दुनिया के किसी भी अन्य देश के मुकाबले भारत में अल्पसंख्यक समुदाय अधिक अधिकार सम्पन्न और बेहतर स्थिति में है? भारत लोकतांत्रिक विधि से व्यवस्था संचालित करते हुए भी अपनी राजनीतिक और भौगोलिक एकता कायम रख पाया है। क्या गाँधी को यह नहीं दिखता कि द्वितीय विश्व युद्ध के बाद आज़ाद हुए ज्यादातर राष्ट्र यह उपलब्धि नहीं कर पाए हैं? परिस्थिति कोई भी हो, भारत में फौज राजनीति में कोई हस्तक्षेप नहीं करती। लोकतांत्रिक व्यवस्था द्वारा दुनिया की तीसरे नम्बर की सबसे बड़ी सेना पर नागरिक नेतृत्व कायम रखने जैसी उपलब्धि क्या गाँधी की दृष्टि से ओझल हो सकती थी? क्या वे यह देख कर भारतीय राजनीतिक प्रणाली की पीठ नहीं ठोकते कि वह जल्दी ही स्त्रियों को राजनीतिक आरक्षण देने जा रही है? क्या गाँधी यह अनुमान नहीं लगा पाते कि ऐसा करके वह लैंगिक सम्बन्धों में रेडिकल तब्दीली कर देगी और उसे समूची लोकतांत्रिक व्यवस्था को परिवर्तन के नए और अनजान चक्रों में डाल देने वाली दुनिया की पहली राज्य व्यवस्था को परिवर्तन के नए और अनजान चक्रों में डाल देने वाली दुनिया की पहली राज्य व्यवस्था होने का श्रेय मिल जाएगा? जाहिर है कि ये सभी उपलब्धियाँ अभी अधूरी हैं, सापेक्षिक हैं। पर क्या गाँधी को ऐसा नहीं लगता कि भारतीय आधुनिकता की संरचनाएँ यूरोपीय रेनासाँ से निकली देकार्तवादी तर्कपरक आधुनिकता से भिन्न किस्म की हैं? इससे भी आगे बढ़ कर क्या गाँधी

यह देखने के लिए तैयार नहीं होते कि तर्कणावाद का अब वर्चस्व दुनिया के किसी समाज में नहीं रहा और अब तो चीनी कम्युनिस्ट भी समाजवादी स्प्रिचुअलिज़्म की खोज़ में नज़र आते हैं?

यह देख कर कुछ आश्चर्य हो सकता है कि इन प्रतिष्ठित टिप्पणीकारों में से कई ने आमतौर पर अपनी बातों में भारतीय लोकतंत्र की जानी-मानी उपलब्धियों को खानापूर्ति के लिए भी याद नहीं किया है, न ही उन्हें सार्वभौम आधुनिकता की जगह स्वतंत्र, स्वायत्त और बहुरंगी आधुनिकताओं द्वारा ले लेने के विश्वव्यापी यथार्थ की कोई अनुभूति है। उनके कथनों के इस कोलाज से वर्तमान भारत की जो तस्वीर बनती है वह ठीक वैसी ही है जैसी कैथरीन मेयो ने अपनी कृति 'मदर इंडिया' में बनाई थी। भारत और भारतीय समाज की बुराइयों के सिलसिलेवार वर्णन से भरी हुई उस पुस्तक को पढ़ कर गाँधी ने कैथरीन मेयो को एक ऐसे 'गटर इंसपेक्टर' की संज्ञा दी थी जिसे केवल नालियों में भरी हुई गंदगी ही दिखाई पड़ती है। मेयो की किताब बीस के दशक में प्रकाशित हुई थी। यह बात बहुत पुरानी हो गई, लेकिन भारतीय लोकतंत्र को मरणोन्मुख और संभावनाहीन मानने की जिस परंपरा का प्रतीक यह कोलॉज है, उसकी एक अभिव्यक्ति साठा के दशक में अमेरिकी बुद्धिजीवी सैलिग हैरिसन की पुस्तक 'दि डेंजरस डिकेड' में भी की गई थी। हैरिसन ने भविष्यवाणी की थी कि 1967 के आम चुनाव इस देश के अंतिम चुनाव होंगे, और उसके बाद लोकतंत्र नष्ट हो जाएगा। ऐसा कहने वाले हैरिसन अकेले नहीं थे। उन जैसे 'कयामत के नजूमियों' का बुनियादी तर्क यह था कि लोकतंत्र जैसी श्रेष्ठ आधुनिक व्यवस्था भारत जैसे पिछड़े हुए समाज के लिए विजातीय है और इस बुनियादी अंतर्विरोध के चलते यहाँ के लोकतंत्र की बरबादी तय है। कोलॉज में जिन विचारों की चर्चा की गई है वे हैरिसन के उलट-समर्थक हैं। हैरिसन के लिए जो पिछड़ा और त्याज्य है, वह इन लोगों के लिए उचित और श्रेयस्कर है। हैरिसन की निगाहों में समाज लोकतंत्र को काम नहीं करने दे रहा है, पर इन लोगों के मुताबिक लोकतंत्र समाज की सेवा करने में असमर्थ है। मार्क्सवाद, लोहियावाद और हिंदुत्ववाद आधुनिक विचारधाराएँ हैं। उनके बुद्धिजीवियों को आधुनिकता का विरोध नहीं करना चाहिए, पर लगता है कि अपनी सामाजिक परियोजना की विफलता की कुंठा उनके लिए बहुत भारी साबित हो रही है। वे यहाँ मानते हुए दिखते हैं कि आधुनिकता का भारतीय प्रयोग नाकाम होने के लिए अभिशप्त है, क्योंकि आधुनिकता अपने आप में एक गड़बड़ किस्म की विजातीय शै है और वह सिर्फ़ यूरोपीय ही हो सकती है। हैरिसन अभी भी सक्रिय हैं। सुना गया है कि वे बुश प्रशासन को सलाह देते थे। जो भी हो, उन्हें यह जान कर संतोष होगा कि भारत के बारे में आसन्न प्रलय का जो दावा करने का साहस आज वे नहीं कर सकते, उसे भारतीय बुद्धिजीवियों का एक हिस्सा कर रहा है।

इन लोगों के लिए 'हिन्द स्वराज' सिर्फ़ एक नकारात्मक भविष्यवाणी है जो गाँधी ने सौ साल पहले ही कर दी थी। नकारात्मकता की बहुतायत के अलावा 'हिन्द स्वराज' को पढ़ने की यह समूची विचार-दृष्टि यूरोप और पश्चिम के प्रति एक गहरी वितृष्णा से भी प्रेरित है। इस प्रवृत्ति को विदेशी-द्वेष भी कहा जाता है। इससे भी अहम बात यह है कि तमाम तथ्यों की अवहेलना करते हुए इन लोगों ने तकरीबन मान लिया है कि गाँधी ने यह पुस्तक किसी परम विशुद्ध गैर-पश्चिमी शून्य में बैठ कर सोची और लिखी होगी। इन लोगों को यह भी याद नहीं आता कि स्वयं गाँधी ने इस पतली सी किताबिया के पीछे उन लोगों की सूची दी है जिनसे वे प्रभावित रहे हैं। आमतौर पर गाँधीवाद की और खास तौर से 'हिन्द स्वराज' की एक पश्चिमी विरासत है जिसके शीर्ष पर लियो टॉलस्टॉय, जान रस्किन और हेनरी डेविड थोरो मौजूद हैं। टॉलस्टॉय की आत्मकथा 'किंगडम ऑव गॉड इज़ विदिन अस' का अध्ययन किए बिना गाँधी अहिंसा का शास्त्र नहीं रच सकते थे। रस्किन की रचना 'अनटु दिस लास्ट' के बिना वे अंत्योदय और सर्वोदय का सिद्धांत सूत्रबद्ध नहीं कर सकते थे। इसी तरह थोरो की रचना 'एसेज़ ऑन दि डयूटी ऑफ सिविल डिसओबीडिएंस' की प्रेरणा के बिना सत्याग्रह, सविनय अवज्ञा या सविनय प्रतिरोध की अवधारणा का ऐसा विकास नहीं हो सकता था। जाहिर है कि गाँधी के ये प्रशंसक उनसे भी ज्यादा पश्चिम विरोधी या गैर-पश्चिमी हैं।

इन टिप्पणीकारों को यह भी याद नहीं है कि मशीनी सभ्यता की आलोचना करने वाले उस व्यक्ति को आत्म-छबि क्या थी। वे उन्हें महात्मा की छवि में कैद करके रखना चाहते हैं, बिना इस बात की परवाह किए बिना कि गाँधी ने इस बारे में क्या कहा था : 'महात्मा तो एक इतना पवित्र शब्द है कि उसका हल्के ढंग से किसी के लिए इस्तेमाल नहीं किया जाना चाहिए। मेरे जैसे व्यक्ति के लिए तो कतई नहीं जो केवल सत्य का विनम्र अन्वेषक होने का दावा करता है, जिसे अपनी सीमाओं की जानकारी है, जो गलतियाँ करता है और करने पर उन्हें स्वीकार करने में कतई नहीं हिचकता और बिना हिचके एक वैज्ञानिक की भाँति मान लेता है कि वह तो जीवन के कुछ 'चिरंतन प्रकारों' के बारे में प्रयोगरत हैं।' वे शास्त्रज्ञ किस्म के बुद्धिजीवी नहीं थे और निरंतर प्रयोगधर्मिता में यकीन करते थे। (गाँधी ने सर्वपल्ली राधाकृष्णन को अपने विचारों का क्रमबद्ध ब्योरा देने से इन्कार कर दिया था।) इसलिए उन्होंने कहा था कि 'मेरा जीवन ही मेरा संदेश' है। गाँधी की ये बातें संकेत देती हैं कि उनकी आत्म-छवि किसी संत-महात्मा की नहीं थी। उनकी आत्म-छवि एक वैज्ञानिक की थी। नेहरू के वैज्ञानिक मानस को यूरोप केंद्रित करार देने वालों को चाहिए कि वे गाँधी की उस अपील को भी देखें जिसके तहत उन्होंने अपनी पत्रिका 'इंडियन ओपीनियन' के पृष्ठों पर ही भारतीयों से कहा था कि उन्हें जाँच-पड़ताल और अन्वेषण की वह प्रवृत्ति अपनानी चाहिए जो आधुनिक वैज्ञानिकों

में होती है। गाँधी की उस तस्वीर का प्रचार भी काफी कंजूसी से किया जाता है जिसमें वे एक माइक्रोस्कोप में झाँक कर किसी ऑर्गनिज्म का अवलोकन कर रहे हैं। गाँधी स्वयं को एक वैज्ञानिक की तरह देखते थे और इसीलिए उन्होंने अपनी आत्मकथा का शीर्षक 'मेरे सत्य के साथ प्रयोग' रखा था जिसमें निहित वैज्ञानिक रूपक देखने के लिए खास मेहनत करने की जरूरत नहीं है।

ऊपर प्रस्तुत कोलॉज 'हिन्द स्वराज' का जो पाठ प्रस्तुत करता है, वह दरअसल उसके प्रकाशन वर्ष यानी 1909 में ही स्थावर हो चुका है। वह आगे यात्रा नहीं करता और आज़ाद भारत की रचना करने की गाँधी की परियोजना को पूरी तरह से अनदेखा कर देता है। गाँधी को राष्ट्र और सेकुलरवाद आदि पश्चिमी विचारों का विरोधी मानने वालों को चाहिए कि वे 'हिन्द स्वराज' के रचनाकार के जीवन के अंतिम दिनों के कथनों पर निगाह डालें। वे यह देख कर दंग रह जाएंगे कि 1940 से 1948 में अपनी मृत्यु से ठीक पहले तक 'हिन्द स्वराज' में आधुनिकता को कथित रूप से खारिज करने वाला वह महान चिंतक एक सेकुलर और माडर्न नेशन की स्थापना की अपीलें कर रहा था। 1940 में दो बार और फिर 1942 में उन्होंने धर्म और राजनीति में अभिन्न सम्बन्ध सम्बन्धी अपने वक्तव्यों की सफाई देते हुए एकाधिक बार स्पष्ट किया था कि 'धार्मिक' राजनीति से उनका क्या तात्पर्य है। उनका दिमाग पूरी तरह से साफ था कि जिस धर्म के जरिए व्यक्ति ईश्वर से अपना निजी तादात्म्य स्थापित करता है, उसका राजनीति से कोई वास्ता नहीं होना चाहिए। अक्टूबर, 1946 में और फिर 1947 में तीन बान उन्होंने धर्म को राजनीति से अलग रखने की वकालत की। उनका कथन द्रष्टव्य है : 'धर्म एक निजी मसला है और अगर हम इसे निजी स्तर तक सीमित रखने में सफल हो गए तो राजनीति में सब कुछ ठीक-ठाक रहेगा। राज्य पूरी तरह से सेकुलर होने के लिए प्रतिबद्ध है। हमारी कल्पनाओं का राज्य सेकुलर और लोकतांत्रिक होना चाहिए।'

प्रश्न यह है कि 'हिन्द स्वराज' में लिखी बातों और गाँधी द्वारा एक आधुनिक और सेकुलर राष्ट्र बनाने की परियोजना के बीच कोई सम्बन्ध है या नहीं? या हमें गाँधी के दो हिस्से करके पढ़ना चाहिए, एक हिस्से में वे 'हिन्द स्वराज' के आधुनिकताविरोधी होंगे, और दूसरे में एक आधुनिक-सेकुलर राष्ट्र के पितामह? गाँधी को इन दो हिस्सों में बाँट कर पढ़ने का फैशन भी पुराना है। ऑल्डस हक्सले से लेकर जवाहरलाल नेहरू तक और निर्मल कुमार बोस से लेकर मेघनाद साहा तक, चाहे विदेशी प्रेक्षक हों या स्वयं गाँधी की शिष्य मण्डली के शीर्ष सदस्य या देश के प्रमुख वैज्ञानिक हों, सभी ने गाँधी के बारे में इसी द्वि-विभाजन का इस्तेमाल किया है। औपनिवेशिक शासकों ने 1910 में इसे प्रतिबंधित कर दिया क्योंकि उनके विचार से इसमें 'राजद्रोह भड़काने' के तत्व थे। अंग्रेजों ने 'हिन्द स्वराज' में बगावत देखी, पर ऑल्डस हक्सले ने इसमें 'दकियानूसी विचार' देखे। नेहरू हक्सले के साथ

पत्र व्यवहार में गाँधी के दकियानूसीपन और आधुनिकता विरोध के प्रति क्षमाप्रार्थी होकर प्रतिक्रिया करते हुए नज़र आए। बोस और साहा जैसे वैज्ञानिकों ने 'हिन्द स्वराज' में दर्ज़ पश्चिमी सभ्यता और उद्योगीकरण की आलोचना को खारिज करते हुए आधुनिक भारत की विज्ञान नीति का सूत्रीकरण करते हुए खुद को गाँधीवाद से पूरी तरह अलग कर लिया। अगर गाँधी के बारे में प्रचलित विमर्श की मुख्य भाव-भूमि की रूपरेखा बनाई जाए तो लगता है कि अधिकतर लोग इन दो सिरों के बीच के गाँधी की उपेक्षा करने पर तुले हुए हैं।

'हिन्द स्वराज' को कैसे पढ़ें !

अब सौ साल बाद 'हिन्द स्वराज' को भी नई सदी में लाने का बौद्धिक उद्यम शुरू हुआ है। जाहिर है कि ऊपर दिए गए कोलाज में गाँधी का जो पाठ किया गया है, वह उन्हें 1909 से आगे नहीं बढ़ने देगा। हाँ, उस परिचर्चा के एक हस्ताक्षर इंद्रनाथ चौधुरी के विचारों में उस परिप्रेक्ष्य की एक झलक जरूर मिलती है जिसकी रोशनी में कल का 'हिन्द स्वराज' हमारे आज के सहयात्री का रूप ग्रहण कर सकता है।

गाँधी बहुत से समाज सुधारकों की तरह परंपरा, जातिवाद, ब्राह्मणवाद आदि का तिरस्कार करते हुए डरते नहीं। यही क्रिटिकल इनसाइडर का काम है और इसीलिए आधुनिकता के लिए किए गए उदारवादी तथा मानवीय संशोधनों को भी स्वीकारते हैं, जिससे कि तेजी से बदलती हुई दुनिया में हम अपनी आधुनिकता को सही ढंग से परिभाषित कर सकें।

उपनिवेशीकृत समाज में एक ओर शोषकीय तथा प्रतिक्रियावादी तत्व पैदा हो जाते हैं, या संस्कृति का जो हिस्सा बचा रह जाता है उसको पकड़े रखा जाता है। इस तरह का समाज धर्म, स्वदेशी, परंपरा का बात प्रतिक्रियात्मक ढंग से करता है। गाँधी की तरह धर्म के भीतर जो धर्म है, उसकी बात नहीं होती या फिर उपनिवेशिक स्वामी की प्रतिमूर्ति बन जाते हैं। परिणामतः छाया हृदय पैदा हो जाते हैं, अनुकरण ही जिनके लिए सब कुछ होता है। 'हिन्द स्वराज' के गहन प्रश्नों द्वारा आंतरिक शत्रुओं का पता दिया, उसके आधार वाक्यों को उघाड़ा, उसकी सांकेतिक भाषा को डि-कोड किया।

चौधुरी साहब की यह बात पढ़ कर यू.आर. अनंतमूर्ति का बंगुलुरू में एनजीओ सेक्टर के सामने दिया गया वह भाषण याद आता है जब उन्होंने गाँधी के लिए 'क्रिटिकल इनसाइडर' जैसे लकब का इस्तेमाल किया था। सोचने की बात यह है कि गाँधी क्रिटिकल कब बने होंगे? अगर हम उन्हें पैगम्बर मान लें तभी यह माना जा सकता है कि उनकी यह क्रिटिकल इनसाइडरी जन्मजात थी या उन्हें इसका इलहाम हुआ होगा। लेकिन गाँधी पैगम्बर नहीं थे इसलिए 'हिन्द स्वराज' लिखते हुए वे क्रिटिकल इनसाइडर नहीं लगते। 1909 में इंग्लैण्ड से दक्षिण अफ्रीका लौटते

हुए एस.एस. किल्डोनन नामक जलपोत पर उन्होंने यह संवाद बिना रुके हुए एक बार में लिखा था। वे अपने उस समय तक के विचारों और उनके निष्कर्षों को लिखने के लिए इतने बेचैन थे कि जब एक हाथ से लिखते हुए थक जाते तो आराम करने के बजाय फौरन दूसरा हाथ इस्तेमाल करने लगते। क्रिटिकल इनसाइडर के बजाय वे यहाँ आधुनिकता के पहले दौर (जिसमें विज्ञानवाद, प्रौद्योगिकीवाद, उद्योगवाद, तर्कबुद्धिवाद और अतिशय सांगठनिकता के आक्रामक प्रभावों के कारण मनुष्य का अस्तित्व दोयम दर्ज़े पर चले जाने के ख़तरे का शिकार हो गया था।) के परिणामों से नाराज ऐसे व्यक्ति की तरह लगते हैं जो मजबूरी में ही आधुनिकीकरण की प्रक्रिया के मध्य खड़ा है, पर खुद को 'क्रिटिकल आउटसाइडर' मानता है। 'हिन्द स्वराज' के बहुत से आग्रहों का एकतरफापन और तर्कों की प्रतिक्रियामूलक संरचना इस बात का सबूत है।

गाँधी क्रिटिकल इनसाइडर तब बनते हैं जब उन्हें 'हिन्द स्वराज' में व्यक्त अपने विचारों को भारतीय समाज की ज़मीन पर परखने का मौका मिलता है। यानी जब वे भारत लौटते हैं, और अपने सामाजिक एजेंडे को लागू करने के लिए राजनीति को माध्यम बनाने का निर्णय लेते हैं। यह एक हकीकत है कि 'हिन्द स्वराज' लिखते समय उनका भारतीय राजनीति से ताल्लुक नहीं था। उन्हें लगा होगा कि अगर पाँच हजार साल पुराने इस समाज को बदलना है और उसके दम पर ही उपनिवेशवाद विरोध की आधुनिक परियोजना चलानी है तो समाज सुधार की प्रक्रिया आधुनिक राजनीति के विशाल थिएटर में घटित होनी होगी। यह राजनीति गाँधी के भारत में आने से पहले से चल रही थी। तिलक और गोखले अपनी-अपनी डिजाइन के मुताबिक उपनिवेशवादी सरकार का प्रतिकार कर रहे थे। इन दोनों महान विभूतियों पर गहरी नज़र डाल कर ही गाँधी को लगा होगा कि समाज सुधार संत-महात्माओं की मध्ययुगीन शैली में न हो कर आधुनिक राजनीति की संरचनाओं के तहत भारतीय समाज के क्रिटिकल इनसाइडर की गाँधी की यात्रा संभवतः उनके इसी फैसले के साथ शुरू होती है। इसी के साथ 'हिन्द स्वराज' का भी सफर शुरू होता है, जिसमें कदम-कदम पर गाँधी द्वारा की गई नई व्याख्याएँ, नए आग्रह, नई सफाइयाँ और नए अर्थ जुड़ते चले जाते हैं। 'हिन्द स्वराज' की सामग्री और पाठ के इस विस्तार को नीचे लिखे गए कुछ बिन्दुओं की भाषा में समझने की एक चेष्टा की जा सकती है। इन बिन्दुओं के सूत्रीकरण में मैंने अपने विचारों के साथ-साथ रनजी कोठारी, बिपिन चंद्रा, भीखू पारेख, थामस पेंथम, दीपंकर गुप्ता, रूडोल्फ हरेडिया, आदित्य निगम, शिव विश्वनाथन, डेनिस डाल्टन और शम्भू प्रसाद की रचनाओं की मदद भी ली है।

1. भारतीय लोकतंत्र की बुनियाद गाँधी विरोध पर नहीं रखी गई है। गाँधी की स्पष्ट मान्यता थी कि मौजूदा युग लोकतंत्र का युग, जिसके फलितार्थ गरीबों

की जागरूकता में निकलेंगे। गरीबी, अशिक्षा और लिंग-भेद का ख्याल किए बिना हर व्यक्ति को मताधिकार देने का साहसपूर्ण संवैधानिक निर्णय गाँधी के इसी विश्वास ('सबसे कमजोर को भी वही अवसर मिलना चाहिए जो सबसे मजबूत को प्राप्त है') की पुष्टि करता है। अम्बेडकर को कांग्रेस के टिकट पर संविधान सभा में चुनवाने का आग्रह करके गाँधी ने आरक्षण का रास्ता साफ किया, जिसने भारतीय समाज को भविष्य में हो सकने वाले जाति-युद्धों से बचा लिया। मैं प्रोफेसर दीपंकर गुप्ता की इस धारणा से सहमत हूँ कि आज के भारत की बुनियाद में गाँधी के विचार और आग्रह मौजूद हैं। उन्होंने हैरल्ड गोल्ड की मदद से दिखाया है कि संविधान में गाँधी के कई विचारों और अवधारणाओं को संस्थागत रूप दिया जा चुका है। हमारी राष्ट्रीय नीति के बुनियादी तत्वों की रचना ही उनके मुताबिक हुई है। अगर गाँधी ने अहिंसा को एक राजनीतिक अवधारणा के रूप में पेश न किया होता (अर्थात चौरी-चौरा के बाद राष्ट्रवादी दबाव में असहयोग आंदोलन वापिस न लिया होता) तो शायद हमारे संविधान में दर्ज़ मूलभूत अधिकारों और कर्त्तव्यों की शक्ल ऐसी न होती जैसी आज है। मौजूदा भारतीय राजनीतिक प्रणाली सम्भव ही नहीं हो सकती थी, अगर गाँधी ने पृथक मतदाता मण्डल की धारणा के ख़िलाफ़ जमकर संघर्ष न किया होता और जीत न हासिल की होती। अहिंसा की राजनीतिक अवधारणा ही देश में हर समस्या को तर्काधारित बहस-मुबाहिसे के जरिए हल करने की इजाज़त देती है। सार्वजनिक जीवन में तर्कबृद्धि आधारित वाद-विवाद और न्याय के सिद्धांत का जो सूत्रीकरण आगे चल कर हेबरमास या रॉल्स जैसे सिद्धांतकारों ने गाँधी का उद्धरण दिए बिना किया, अपने 'उत्तर-हिन्द स्वराज' जीवन में गाँधी उसी तरह की परिकल्पना पेश करते नज़र आते हैं। इन सभी लिहाजों से हमें अपने उदारतावादी लोकतंत्र को पश्चिम प्रेरित कहने के बजाय गाँधीवादी कहने में कोई संकोच नहीं होना चाहिए।

2. रजनी कोठारी का यह विख्यात सूत्रीकरण (भारतीय समाज का आधुनिकीकरण उसके राजनीतिकरण की देन है) ही आदित्य निगम द्वारा किए गए 'हिन्द स्वराज' सम्बन्धी ताजे विमर्श की बुनियाद है। आदित्य दिखाते हैं कि किस तरह गाँधी ने अपने समाज सुधार की परियोजना अंजाम देने के लिए 'हिन्द स्वराज' के विचारों पर आधुनिक राजनीति के दायरे में प्रयोग करने का निश्चय किया। दक्षिण अफ्रीका में गाँधी नागरिक अवज्ञा के साथ-साथ का जोर फीनिक्स फार्म और टॉल्स्टॉय फार्म जैसी बस्तियों के जरिए प्रयोग करने का रहता था। ऐसे प्रयोगों के उदाहरण भारत में भी मिलते हैं, लेकिन भारत में गाँधी का मुख्य औजार आधुनिक राजनीति ही रही। थामस पेंथम ने भी

अपनी एक रचना में हेबरमास का हवाला देते हुए दर्शाया है कि गाँधी विचार का इस्तेमाल करके हम उदारतावादी लोकतंत्र की मौजूदा खामियों को दुरुस्त कर सकते हैं। उसके भीतर सहभागिता के आयाम अधिक मुखर हो सकते हैं।

3. गाँधी और विज्ञान के आपसी रिश्तों के 'उत्तर-हिन्द स्वराज' समझ बनाने के लिए जरूरी है कि हम भीखू पारेख और शम्भू प्रसाद के अध्ययनों पर नज़र डालें। प्रोफेसर पारेख ने अपने अनूठे अध्ययन में कहा है कि गाँधी के लिए परम्परा पूर्व-दृष्टाँतों को एक अंध-संग्रह भर नहीं थी। बल्कि, वह 'छानबीन का एक रूप, एक वैज्ञानिक जोखिम, एक अनियोजित लेकिन जीवन के कठोर यथार्थ से सतत परीक्षित एवं परिशोधित ठोस सामुदायिक विज्ञान थी। परस्पर विरोधी होने की बात तो छोड़ ही दीजिए, परम्परा और विज्ञान घनिष्ठ रूप से जुड़े हुए हैं। परंपरा अनियोजित विज्ञान थी, और विज्ञान नियोजित छानबीन की एक परम्परा थी।' शम्भू प्रसाद गाँधी का एक कथन उद्धृत करते हैं जिसमें बापू ने कहा था कि मशीनों के बारे में उनके पास कोई योजना या कार्यक्रम नहीं है। वे प्रगति के पहिए को पीछे घुमाने का कोई इरादा नहीं रखते। मशीनों ने ऐसी कोई गड़बड़ी नहीं की है जिसे सुधारा न जा सके। दरअसल, जरूरत तो यह है कि दिमागी सोच ठीक किया जाए।...वे कोई रोमांटिक या रहस्यवादी नहीं है मशीनों का आध्यात्मीकरण करने पर तुला हो। वे तो मशीन पर काम कर रहे मनुष्य के जीवट को प्रमुखता देना चाहते हैं।

4. प्रोफेसर बिपिन चंद्र ने अपने बेहतरीन शोध में दिखाया है कि जैसे-जैसे भारत आजादी प्राप्त करने के मुकाम के नजदीक पहुँचा, गाँधी की बातें उत्तरोत्तर ऐसे सेकुलरवादियों जैसी होती चली गई जो राज्य और धर्म के पार्थक्य में यकीन करते हैं। पेंथम ने लिखा है कि गाँधी के लिए धर्म का मतलब सनातन धर्म न होकर सार्वभौम नैतिकता थी। गाँधी का यह सेकुलर संस्करण सभी के सामने आना चाहिए, वर्ना होगा यह कि उन पर सनातनी हिंदू का ठप्पा लगाने वालों और उसकी आड़ में भारतीय राज्य को बहुसंख्यकवादी बनाने वालों की बन आएगी। 1940 से मृत्यु तक गाँधी बार-बार एक 'सेकुलर मॉडर्न और डैमोक्रेटिक नेशन' के लिए अपील करते नज़र आए। इस जगह उनकी और मॉडर्निस्ट व एगनॉस्टिक नेहरू की बातों में कोई फ़र्क नज़र नहीं आता। 'प्रौद्योगिकी विरोधी' गाँधी द्वारा आधुनिकतावादी नेहरू को अपना उत्तराधिकारी नामजद करने को परवर्ती गाँधीवादी कभी नहीं पचा पाए। शिव विश्वनाथन की इस व्याख्या से इन लोगों को रोशनी मिलनी चाहिए : 'रस्किन और टॉलस्टॉय के इस प्रेमी ने देकार्तवादी फेबियन समाजवादी नेहरू को अपना उत्तराधिकारी चुना। यह आकलन की भूल नहीं थी। गाँधी ने अनुभव

किया कि भारत के दो रूप हैं। गाँधी चाहते थे कि इन दोनों रूपों में आपसी संवाद हो। उन्हें आशंका थी कि संवादहीनता की स्थिति में वे एक-दूसरे को जड़वत घूरते दो नकाबों में बदल जाएँगे। गाँधी ने अपने भीतर बैठे नेहरू से कभी इंकार नहीं किया। वे केवल यह चाहते थे कि नेहरू और उनके आधुनिकतावादी सहयोगी गाँधी के भारत की आवाज़ को भी पहचानें। इस रूप में ही गाँधी ने अपने 'हिन्द स्वराज' को देखा। पाँचवें दशक के आख़िरी वर्षों में भी गाँधी ने यह कहते हुए 'हिन्द स्वराज' नेहरू को अर्पित किया कि अब भी वे इसकी एक पंक्ति भी नहीं बदलेंगे। इसमें यह अर्थ निहित था कि नेहरू के भारत को दो आलेखों की जरूरत है : 'भारत का संविधान' और 'हिन्द स्वराज'। 'हिन्द स्वराज' भारत में आधुनिकता को ज्यादा संवेदनशील, कम नकलची और ज्यादा आत्मविश्वासी बनाने का प्रयास था।'

सन्दर्भ

1. प्रभात ख़बर (दीपावली विशेषांक 2008), सम्पादक : हरिवंश और रविभूषण, राँची (झारखंड)।
2. दीपंकर गुप्ता, 'गाँधी बिफोर हेबरमास : दि डेमोक्रेटिक कांसिक्वेंसिज़ ऑव अहिंसा', ईपीडब्लयू, अंक 10, 7 मार्च, 2009, पृष्ठ 27-33
3. थामस पेंथम, 'थिंकिंग विद महात्मा गाँधी : बियोंड महात्मा गाँधी', पॉलिटिकल थियरी, मार्च, 1985, पृष्ठ 165-188
4. आदित्य निगम, 'गाँधी-'दि एंजिल ऑव हिस्ट्री'' : रीडिंग हिन्द स्वराज टुडे', ईपीडब्लयू, अंक 11, 14 मार्च, 2009, पृष्ठ 41-47
5. शम्भू प्रसाद, 'टुवर्ड्स एन अंडरस्टेंडिंग ऑव गाँधीजी़ व्यूज़ ऑन साइंस', ईपीडब्लयू, अंक 39, 29 सितम्बर 2001, पृष्ठ 3721-3732
6. डेनिस डाल्टन, गाँधी : आइडियॉलॉजी एण्ड एथॉरिटी', माडन एशियन स्टडीज़, अंक 4, 1969, पृष्ठ 377-393
7. दीपंकर गुप्ता, 'गाँधी बिफोर हेबरमास : दि डेमोक्रेटिक कांसिक्वेंसिज़ ऑव अहिंसा', ईपीडब्लयू, अंक 10, 7 मार्च, 2009, पृष्ठ 27-33
8. भीखू पारेख, कोलोनियलिज्म, ट्रेडिशन एण्ड रिफॉर्म : एन एनालैसिस ऑव गाँधीज़ पॉलिटिकल डिस्कोर्स, सेज, नई दिल्ली, 1989
9. रजनी कोठारी, भारत में राजनीति : कल और आज, वाणी, नई दिल्ली 2005
10. शिव विश्वनाथन, 'आज अगर गाँधी होते!', समय चेतना, दिल्ली, अंक 5, अक्टूबर 1995, पृष्ठ 66-80

भारत की समस्या क्या है?

गिरिराज किशोर

हम दयनीय स्थिति में हैं, इसलिए संपूर्ण भारत को वैसा ही समझ लेते हैं। ऐसा है नहीं। शायद गांधी यह बताना चाहते हैं कि ऐसे लोग हैं, जो आज़ादी के महत्व को समझते हैं और उसे पाने के लिए संघर्षरत हैं। अगर हम अपनी गुलामी की छाया संपूर्ण भारतवासियों में देखते हैं और अपने को गुलामी की इस भावना से मुक्त कर लें, तो सारा भारत आज़ाद हो जायेगा। उसी संकल्प में स्वराज्य है। अपने ऊपर राज्य करने का मतलब ही स्वराज्य है। यहाँ इस बात की ओर संकेत कर देना अनुचित नहीं होगा कि गांधी ने पहली बार स्वराज्य की इस रूप में व्याख्या की है, व्याख्या ही नहीं की बल्कि उसे यथार्थ से जोड़ दिया। वे मानते हैं स्वराज्य हमारी मुट्ठी में है।

हिन्द स्वराज के लेखन की प्रक्रिया सामान्य लेखन प्रक्रियाओं से भिन्न है। न यह निबंधात्मक है और न आत्मकथात्मक। गाँधी अपने आपको दो हिस्सों में विभाजित करते हैं। एक संपादक है जो वे स्वयं हैं, दूसरा पाठक है। वह भी वे स्वयं हैं। आत्मालोचन की यह पद्धति पिछले सौ वर्ष में शायद ही किसी ने प्रयुक्त की हो। अपने उत्तरों का छिद्रान्वेषण और फिर उसका समाधान स्वयं करना एक कठिन चुनौती है। गाँधी पाठक के रूप में हर संभव सवाल करते हैं और संपादक की हैसियत से उसका उत्तर देते हैं।

हिन्दं स्वराज उतनी ही सहज तथा उतनी ही जटिल शब्द-अभिव्यक्ति है, जितने सहज और जटिल गाँधी स्वयं हैं। गाँधी को न उनके समर्थक ही समझ पाते हैं और न उनके आलोचक। दोनों ही अपनी-अपनी पराकाष्ठाओं पर रहकर या तो गुणगान करते हैं या फिर जड़ से खारिज कर देते हैं। भले ही बाद में भूल सुधार करते घूमें। यही उनके व्यक्तित्व पर भी लागू होता है। उनकी मुस्कुराहट बाल सुलभ है। उनका गांभीर्य चेताता है। उनका 'ध्यान' शांत होने के साथ साधना उन्मुख है।

उनका संवाद या तो सिर के ऊपर से निकल जाता है या विचारों के असंयत प्रवाह को रोक कर सोचने को बाध्य करता है कि उस संवाद की ध्वन्यात्मकता को समझो, भले ही असहमत हो, वह निरर्थक नहीं। सहमत हो, तो व्यवहार से उसकी सार्थकता का मूल्याँकन करो। यदि असहमत हो तो उसे अनुभव के आधार पर खारिज करने की क्षमता रखो। जो व्यक्ति अपनी अभिव्यक्ति को अनुभवजन्य बनाने की जद्दोजहद में रहता है उसे अपना विखंडन भी अनुभवजन्य ही अच्छा लगेगा। भले ही हिन्द स्वराज के शब्द सहज हों पर उसके अर्थ को कुएं से डोल-डाल कर पानी की तरह निकालना आसान नहीं। गहरे उतरना जरूरी है। यहाँ मैं हिन्द स्वराज के बारे में विद्वानों के विचारों के अंतर्विरोध की चर्चा करना चाहूँगा। सबसे पहले तो गाँधी के गुरू प्रो. गोखले की टिप्पणी ही उनके इस ग्रंथ के ख़िलाफ़ थी। मैं हिन्द स्वराज को ग्रंथ कह रहा हूँ। दीर्घकाल तक चलनेवाली विवेचना अंततः ग्रंथ की स्थिति तक पहुंचा देती है। खैर, उन्होंने कहा था यह पुस्तक किसी पागल द्वारा लिखी हुई मालूम पड़ती है। इस बात की पुष्टि बातचीत के दौरान परम गाँधीवादी चिंतक नारायण भाई ने भी की थी।

4 अप्रैल, 1910 को गाँधी ने यह पुस्तक थियोसोफिस्ट और ट्रांसवाल लेजिस्लेचर के सदस्य डब्ल्यू ज़े. वाइबर्ग, को भेजी थी। गाँधी ने अपने पत्र में इसे बुकलेट ही कहा है। 3 मई, 1910 को उन्होंने गाँधी को जवाब में एक लंबा पत्र लिखा। आरम्भ में ही उन्होंने लिखा –मैं नहीं समझता कि कुल मिलाकर आपके तर्क सुसंगत (कोहरेंट) हैं या उसमें व्यक्त किये गये, अनेक वक्तव्य और मत एक दूसरे से सम्बद्ध हैं। दूसरे पैरा में उन्होंने उनकी राय से असहमत होते हुए कहा है कि यूरोपियन सभ्यता में बहुत सी कमियाँ हो सकती हैं पर मैं यह मानने के लिए तैयार नहीं हूँ कि वह शैतान का राज्य (किंगडम ऑफ सेटन) है, उसे खत्म हो जाना चाहिए।

10 मई, 1910 को ही गाँधी ने इस पत्र का एक लंबा जवाब भी दिया जिसमें उन्होंने अपने मंतव्य को पुनः स्पष्ट करने की कोशिश की। उन्होंने लिखा कि मैंने आधुनिक सभ्यता को नकारा है, क्योंकि मैं विश्वास करता हूँ कि इसकी मनोवृत्ति नकारात्मक है...मैंने इसका मूल्याँकन नैतिक आधार पर किया है। 4 अप्रैल, 1910 को उस पुस्तिका की एक प्रति टॉलस्टॉय को भेजी थी। 8 मई, 1910 को अपने जवाब में टॉलस्टॉय ने लिखा–मैंने तुम्हारी पुस्तक बहुत रुचि के साथ पढ़ी। तुमने सत्याग्रह के सवाल पर जो चर्चा की है, यह सवाल भारत के लिए ही महत्त्वपूर्ण नहीं बल्कि पूरी मानवता के लिए महत्त्वपूर्ण है। इतने परस्पर विरोधी विचारों के चलते तथा संसार भर में यूरोपीय सभ्यता के वर्चस्व के कारण हिंद स्वराज को उस समय नज़रअंदाज करने का इरादतन प्रयत्न किया गया था। नागिनदास सिंधवी ने अपनी पुस्तक 'द अगनी ऑफ एराइवल' में लिखा है–हिंद स्वराज राजनीतिक मेनिफेस्टो नहीं है क्योंकि गाँधी की राष्ट्रीयता भौगोलिक न होकर नैतिक और सांस्कृतिक है। गाँधी का हिंद स्वराज गाँधी के वैश्वीकरण की तरफ बढ़ता कदम है। अगला वाक्य

टॉलस्टॉय के मंतव्य को प्रतिध्वनित करता है। वे अब दक्षिण अफ्रीका या भारत के ही नहीं हैं उनका नाता संपूर्ण मानवता से है। इससे पता चलता है कि तबसे अब तक हिंद स्वराज के संदर्भ में सोच में भारी परिवर्तन आया है।

गाँधीजी ने हिंद स्वराज क्यों लिखा? इस सवाल का जवाब उनके पास तो हो सकता था पर सामान्य आदमी के लिए कुछ भी कहना आसान नहीं, शायद गाँधी दर्शन के जानकार के लिए भी वह कठिन हो। गाँधी दक्षिण अफ्रीका में भारतीय गिरमिटियों के, विशेष रूप से, सामान्यतः और एशियाइयों के, जो भले ही संख्या में कम हों, अपने औजारों यानी अहिंसा, सत्याग्रह, सत्य के सहारे, सुप्त-अंतर्मन को जगाने का काम कर रहे थे। मुझे कहीं न कहीं इस सोच के पीछे दादा अब्दुल्ला के उनको सफेद हाथी माननेवाली बात भी नज़र आती है। यानी आगे चल कर उनकी उस मानसिकता का बदलना भी एक सूत्र है। दूसरे शब्दों में, उनके सामने भय और भ्रम को दूर करने की चुनौती थी, जिसे वे अपने ही उपकरणों से दूर करना चाहते थे। उस आधुनिक सभ्यता का सहारा नहीं लेना चाहते थे, जिसे भारत से आत्म-निष्कासित लंदन में रह रहा युवावर्ग अपना चुका था। यह एक मुश्किल काम था कि उस आधुनिकता का सामना भी करें और भयाक्राँत और भ्रमित समाज के मन से इन विकारों को भी निकालें। समाज के साथ-साथ वे उन बातों से अपने को मुक्त करने की प्रक्रिया में थे। लेकिन गाँधी में स्थितियों की गंभीरता को समझने और उसके अनुरूप अपने कार्यक्रमों को योजनाबद्ध ढंग से आयोजित करने की प्रतिबद्धता जिद्द की सीमा तक थी। भारत में आने पर भी सामाजिक समस्याओं से जूझने और अपनी प्रतिबद्धताओं को व्यावहारिक रूप देने में उनकी यह जिद्द नज़र आती है। यह जिद् एक तानाशाह की नहीं, बल्कि उसकी है, जो अपने देश और समाज को एक ऐसे चिकित्सक की नज़र से देखता और जानता है, जो उसकी दुर्बलता और रूग्णता को आयातित उपचार के जरिये नहीं इसी देश की परंपराओं, आबोहवा और मिट्टी से दूर करने का हामी है। असफलताओं को भी वे बिना किसी शिकन को झेलते थे। बल्कि असफलताएँ उनके लिए केटेलिटिक एजेंट का काम करती थीं। उन असफलताओं से अपने निष्कर्ष निकालते थे। उन निष्कर्षों पर वे अमल ही नहीं करते थे उन्हें पारदर्शिता के साथ जन तक ले जाने की कोशिश भी करते थे। इंडियन ओपिनियन से लेकर हरिजन और यंग इंडिया तक समाचारपत्रों का नियोजित आंदोलन उसी पारदर्शिता का प्रमाण है।

हिंद स्वराज की एक लंबी पृष्ठभूमि भी हो सकती है। वह पृष्ठभूमि उसी बिंदु से आरंभ हो जाती है जब उन्होंने डरबन के बंदरगाह पर पांव रखा था और दादा अब्दुल्ला को, उनके विलायती कपड़ों की जगमगाहट के कारण, धीरे से बुदबुदाते सुना था कि इस सफेद हाथी का मैं क्या करूंगा। उन पर उस समय यही प्रतिक्रिया हुई थी काश! वे वापिस जा सकते। लेकिन एक साल का अनुबंध उनको बांध रहा

था। यह घटना न तो उन्हें हतोत्साहित करती है और न नकारात्मक प्रतिशोध की भावना को जन्म देती है। एक सकारात्मक प्रतिक्रिया में अवश्य फलीभूत होती है कि वे कुछ ऐसा करें जिससे दादा अब्दुल्लाह अपने कथन पर पुनर्विचार करने के लिये बाध्य हो जायें। उनका पहला लक्ष्य दादा अब्दुल्ला की समस्या का समाधान तलाश करना बन जाता है। उस समय उनके सामने न गिरमिटिये रहते हैं और न पीछे छूट गया उनका परिवार और देश के हालात। दो बातें उनके जीवन में सदा रही हैं, ऐसा काम करना जो विरोधी अथवा प्रतिपक्ष को अपने व्यवहार अथवा सोच पर पुनर्विचार करने के लिए बाध्य करे। दूसरा, किसी विपरीत बात या घटना को प्रतिशोध के रूप में न लेकर उसके मूल कारण तक पहुँचने की कोशिश करना, जिससे उनका सत्य और अहिंसा आहत न हो। यह दूसरे का मन बदलने की प्रक्रिया का हिस्सा भी है। तात्कालिक प्रक्रिया से मन नहीं बदला जा सकता बल्कि दोनों पक्षों की हानि की संभावना अधिक हो सकती है। यह सोच उनके संपूर्ण कार्य-योजना का महत्त्वपूर्ण हिस्सा रहा है। हिन्द स्वराज इसी वास्तविकता का दिग्दर्शन कराता है।

शायद मैं हिन्द स्वराज के पीछे की पृष्ठभूमि को खींच कर उनके आरंभिक अनुभव से जोड़ने का अतिरिक्त प्रयत्न कर रहा हूँ। मैं ऐसा अनुभव करता हूँ कि हिन्द स्वराज उनके लंबे अनुभव और चिंतन का प्रतिफल है, क्योंकि सत्य का ऐसा शब्दावतार त्वरित होना संभव नहीं। लगे भले ही। उनका विद्रोही और अराजकतावादी मन सबसे पहले सबसे प्यारी अपनी मां की मान्यताओं का विरोध करता था। जैसे दलित को स्पर्श करने को अधर्म न मानना, हवेली यानी मंदिर तक जाकर मां के बार-बार आग्रह के बावजूद देव दर्शन के लिए अंदर न जाना। पत्नी समागम के कारण पिता के न रहने की जीवनपर्यंत आत्मग्लानि भोगना। जिसे कुछ विद्वानों द्वारा इसाई धर्म के कॅन्फेशन के रूप में देखा जाता है। कुछ विद्वानों की राय है कि अपनी पत्नी के साथ सहवास करते हुए अगर पिता का निधन हो गया तो इतना बतंगड़ बनाने की क्या जरूरत थी। वैसे भी अक्सर वे कस्तूर के साथ लेटते होंगे। उस रात यह घटना घट गयी। हादसा भले ही हो लेकिन असाधारण बात नहीं थी। मेरा यह सोचना है कि कहीं न कहीं इस घटना से उन्हें गृहस्थमूलक ब्रह्मचर्य की प्रेरणा मिली। जिसमें वे कई बार विफल हुए। कस्तूर उत्तीर्ण हुई।

हिन्द स्वराज जहाँ सामाजिक संहिता और सोच है वहीं इसका आधार बचपन से विकसित होता आत्म विश्लेषण और अंतः मनोविज्ञान भी है। उससे काटकर देखा इस संहिता की अपेक्षित समझ और संज्ञान से वंचित कर सकता है। गाँधी की वैचारिक ऊहापोह और लहरों के विरुद्ध चलने की तैयारी की जड़ें उनके इसी निर्माण काल में छिपी हैं। कट्टरवादी हिंदुत्व, संस्कृति और उनकी अपेक्षाकृत मुक्त व उदार हिंदू संस्कृति के विकास का संघर्ष से आरंभ होता है। उसी के आधार पर वे पाश्चात्य आधुनिकतावाद को चुनौती देते हैं।

इसके अलावा इसके सूत्र उन्हें मुख्यतः तीन या चार पाश्चात्य वैचारिक संपदा में भी मिले –1. टॉलस्टॉय का पत्र 'ए लेटर टू ए हिंदू' जो उनके पत्र के उत्तर में उन्हें लिखा गया था, 2. सितंबर 1909 के इलस्ट्रेटेड लंदन न्यूज में छपे जी के चेस्टरटन का लेख, 3. एडवर्ड कारपेंटर की पुस्तक 'सिविलाइज़ेशन : इट्स कॉउज एंड क्योर' रस्किन की पुस्तक 'अनटू दिस लास्ट' उनके चिंतन का एक बहुत बड़ा आधार है। टॉलस्टॉय ने अपने पत्र में हिंदुस्तान के ऐतिहासिक और राजनीतिक पतन के बारे में एक बहुत ही सटीक टिप्पणी की है जो नीचे उद्धृत है उसका प्रभाव हिंद स्वराज पर परिलक्षित होता है :-

एक व्यापारी कंपनी ने बीस करोड़ लोगों के राष्ट्र को गुलाम बना लिया। यदि ऐसे किसी व्यक्ति से जो अंधविश्वासी न हो यह बात कहिए तो वह नहीं समझ सकेगा कि इन शब्दों का अर्थ क्या है? तीस हजार लोगों ने, जो पहलवान नहीं थे, बल्कि जो कमजोर और बीमार दिखते थे –20 करोड़, शक्तिशाली, बुद्धिमान, बलिष्ठ और स्वातंत्र्य-प्रिय लोगों को गुलाम बना लिया, इसका क्या रहस्य है? क्या इन आंकड़ों से स्पष्ट नहीं हो जाता कि भारतीय को अंग्रेजों ने गुलाम नहीं बनाया बल्कि वे स्वयं ही गुलाम बने हैं।

टॉलस्टॉय के इस विश्लेषण ने उनकी रणनीति और उपकरणों को भी परंपरागत युद्धनीति और आयुधों से विलग किया। जब एक तरह की मानसिकता गुलाम बना सकती है, तो विपरीत मानसिकता मुक्ति क्यों नहीं दिला सकती?

गाँधी ने अब तक यूरोपीय सभ्यता के नकारात्मक पक्ष को सामने रखा और उसी की पृष्ठभूमि में रेलवे, डॉक्टर और वकीलों के बारे में बात की। स्वाभावतः अब उनके लिए सभ्यता के बारे में अपने चिंतन की व्याख्या करना जरूरी हो गया। वृत्त पूरा करने के लिए यह जरूरी था। पाठक भी अपना सवाल इसी विषय पर लक्ष्य करता हुआ पूछता है–आपने रेलवे, डॉक्टर्स और वकीलों को धिक्कारा मुझे लगता है आप मशीनरी को भी नहीं छोड़ेंगे। अब बतायें आख़िर सभ्यता है क्या?

गाँधी कहते हैं कि तुम्हारे इस सवाल का जवाब मुश्किल नहीं है। मैं जानता हूँ भारत ने जो सभ्यता विकसित की है दुनिया में उसे कोई नहीं पछाड़ सकता। हमारे पुरखों ने जो बीज बोये हैं उनकी बराबरी करना दुनिया में किसी के लिए संभव नहीं। रोम नष्ट हो गया, यूनान की भी स्थिति वैसी ही हुई, मिस्र का साम्राज्य भी नहीं रहा, जापान का पाश्चात्यकरण हो गया। चीन के बारे में कुछ भी कहना अभी मुश्किल है। भारत जिस हालत में भी है, अपनी नींव को मजबूती से पकड़े है। यूरोप के लोग रोम और यूनान की पुस्तकों से सीखते हैं, यह भूल जाते हैं कि वे अपनी चमक खो चुके। वे समझते हैं कि यूरोप के लोग उन गलतियों को नहीं दोहरायेंगे जिन्हें रोम और यूनान ने की थी। कितनी दयनीय स्थिति है? इस सबके बीच भारत अटल है, यही उसकी शान है। इसके बावजूद भारत पर यह इल्जाम लगाया जाता है कि वहाँ

के लोग इतने असभ्य, अशिक्षित और जड़ हैं कि उनको किसी तरह के परिवर्तन के लिए तैयार करना असंभव है। यह आरोप हमारी योग्यता की अवमानना है। अपने अनुभव की कसौटी पर कसने के बाद जो हमें ठीक लगा उसे हम क्यों बदलें? बहुत-से लोग अपनी राय भारत पर थोपना चाहते हैं। लेकिन हम टस से मस नहीं होते। यही इस देश की खूबी है। यही इस अथाह समुद्र में आशा का लंगर है।

हिन्द स्वराज में भारतीय सभ्यता के पक्ष में गाँधी के मजबूत समर्थन का आधार यह है कि अर्थ और काम का अनुकरण धर्म के अंतर्गत ही होना चाहिए। उनके अनुसार आधुनिक सभ्यता में अर्थ और काम धर्म से स्वतंत्र हैं।

गाँधी के अनुसार सभ्यता वह आचरण है जो मनुष्य को दायित्व निभाना सिखाता है। दायित्व और नैतिकता का निर्वहन एक दूसरे के पर्याय है। नैतिकता का पालन करना मन मस्तिष्क और वासनाओं पर नियंत्रण करना है। ऐसा करने पर ही हम अपने आपको पहचान सकते हैं।

गुजराती में सभ्यता के समकक्ष शब्द 'अच्छा आचरण' है। इस संदर्भ में अनेक अंग्रेज लेखक लिख गये हैं कि उपरोक्त व्याख्या के मुताबिक भारत को किसी से कुछ नहीं सीखना। हम जानते हैं मन चंचल है। जितना अधिक उसे मिलता है उतना ही अधिक वह मांगता है। जितना हम अपनी वासनाओं को तृप्त करते हैं उतनी असंयमित होती जाती है। हमारे पूर्वजों ने भोग की सीमा बांध दी है। उन लोगों ने सोचा कि सुख मन की एक स्थिति है। वह सुखी नहीं जिसके पास अटूट धन है और वह दुखी नहीं जो गरीब है। अमीर लोग अक्सर दुखी नज़र आते हैं और गरीब खुश रहते हैं। करोड़ों लोग गरीब ही रहेंगे। यही देख कर हमारे पूर्वजों ने ऐशो अशरत से दूर रहने के लिए कहा है। हम उसी हल से अपनी खेती करते आ रहे हैं जो हजारों साल से इस्तेमाल होता चला आ रहा है। हमने अपनी झोपड़ियों में भी कोई परिवर्तन नहीं किया। वैसी ही हैं जैसी पहले थीं। पहले जमाने में जैसी शिक्षा पद्धति थी वही देसी पद्धति आज भी है। यहाँ यह उल्लेख कर देना उचित होगा कि 1909 के बाद शिक्षा पद्धति में आमूलचूल परिवर्तन हुआ है, उच्च शिक्षा में तो खासतौर से। हमने जीवन प्रतिरोधी स्पर्द्धा नहीं की—आज आईआईटीज एवं अन्य सम्मानित शिक्षा संस्थान में आये दिन आत्महत्याएं होती हैं। यह गर्दनकाट प्रतिस्पर्द्धा का नतीजा है जो हमने विदेशी सभ्यता से प्राप्त की है और कर रहे हैं। पहले सब अपना अपना धंधा करते थे और दस्तूर के मुताबिक मजदूरी लेते थे।

टिप्पणी—परेल ने अपनी पुस्तक हिन्द स्वराज पाद टिप्पणी 129 में लिखा है कि गाँधी ने उपर्युक्त वक्तव्य में वर्णाश्रम के विचार का समर्थन करते हुए जातीय प्रथा को अस्वीकार किया है। उनके इस मत से उनके बहुत से आलोचक सहमत नहीं हैं। हालांकि एक सामान्य टिप्पणी अधिक है। वर्ण और जातीयता का ज़िक्र कहीं नहीं है।

वे आगे कहते हैं कि ऐसा नहीं कि हम मशीन बना या ईज़ाद नहीं कर सकते थे। हमारे पूर्वज इस बात को समझते थे कि अगर हम अपना ध्यान इन चीजों में लगायेंगे तो गुलाम तो बनेंगे ही, अपनी नैतिकता भी खो देंगे। इन सब पक्षों पर सोचने विचारने के बाद तय किया कि हमें वही करना चाहिए जो हम अपने हाथों पैरों से कर सकते हैं। सच्चा सुख और स्वास्थ्य हाथ पैरों के सही इस्तेमाल में ही है। उन्होंने यह भी सोचा होगा कि बड़े नगर अपने आप में झंझट और बाधा हैं।

टिप्पणी–यहाँ दो बातें स्पष्ट कर देना जरूरी है 1. यह माना जाता है कि शारीरिक श्रम भारतीय सांस्कृतिक परंपरा में स्वीकृत क्रियाकलाप नहीं है। गाँधी ने शारीरिक श्रम की महत्ता रस्किन, टॉलस्टॉय, बेंडार्फ पढ़ कर जानी। शारीरिक श्रम गाँधीयन क्राँति का हिस्सा बन गया। गाँधी आधुनिक भारतीय नगरों को, जिन्हें मेगासिटीज कहा जाता है, सभ्य जीवन के लिए ख़तरा मानते थे। उन्होंने लिखा है मेरे लिए बंबई, कलकत्ता जैसे नगरों का विकास सुखद न होकर दुःखद है : (गां वां 9:476 तथा 479) उन्होंने ग्रामों को आदर्श माना गांधीयन भारत में जगह देने का सपना देखा। नेहरू को गाँधी ने अपने 5 अक्टूबर, 1945 के पत्र में लिखा था कि करोड़ों लोग नगरों और महलों में एक-दूसरे के साथ शांति से नहीं रह पायेंगे। तब उनके पास हिंसा और असत्य का रास्ता अपनाने के अलावा कोई विकल्प नहीं रहेगा। उसके जवाब में नेहरू ने 9 अक्टूबर, 1945 को लिखा था कि मैं नहीं समझ पा रहा हूँ कि गाँव सत्य और अहिंसा प्रतीक कैसे हो सकते हैं? वे बौद्धिक और सांस्कृतिक रूप से पिछड़े हैं पिछड़े हुए वातावरण से किसी तरह की उन्नति संभव नहीं। यद्यपि यह वैश्वीकरण का युग है, लेकिन शहरों की जगह गांवों में पंचायतों के माध्यम से अधिक उन्नति हो रही है। खासतौर से जहाँ महिलाएँ सरपंच हैं। जनसत्ता रविवारीय में 'घर से पंचायत लेख' में अलका आर्य ने गाँधी का बिना नाम लिये यह साबित किया है कि "13 वर्ष पहले 1995 में कोपनहेगन में सामाजिक विकास शिखर सम्मेलन की थीम से जुड़े मुद्दे...भारत में महिलाएँ इस ग्लोबल थीम को स्थानीय स्तर पर नीतियों और कार्यक्रमों में तब्दील करने में लगी हैं।"

गाँधी बड़े नगरों के संदर्भ में कहते हैं कि बड़े नगरों की बसावट से लोग खुश नहीं होंगे, वहाँ चोर और डाकुओं के गिरोह, वेश्याएं और विषय वासना पनपेंगी। अमीर गरीबों को ठगेंगे। स्वभावतः लोग गांवों में रहकर ही संतुष्ट थे। उन्होंने यह अनुभव किया था कि एक बादशाह की तलवार की धार नैतिकता की धार के सामने खूंटी है। उन्होंने ऋषि और फकीरों के सामने सम्राटों को हीन माना। ऐसी मानसिकता वाला राष्ट्र ही दूसरों को शिक्षा देने की स्थिति में है, न कि दूसरों से शिक्षा लेने की। इस देश में अदालतें, वकील, डॉक्टर थे, लेकिन सबकी मर्यादाएं थीं। हर कोई जानता था कि ये पेशे कोई विशिष्ट नहीं है। वकील और वैद्य मुवक्किलों और मरीजों को लूटते नहीं थे। वे अपने को जनता पर निर्भर समझते थे, न कि उनके

मालिक। न्याय भी सामान्यतः अच्छा था। लाग दालतों में अकसर जाने से बचते थे। तब लोगों को ललचाने के लिए दलाल नहीं थे। जो थोड़ी बहुत बुराई थी, राजधानियों में ही थी। लोग खेती करते थे और आज़ादी से ज़िंदगी बसर करते थे। सच्चे पारिवारिक स्वराज्य का आनंद लेते थे। जहाँ अभी आधुनिक सभ्यता का देश नहीं पहुँचा, वहाँ भारत पहले ही जैसा है। देश के उन हिस्सों के लोग तुम्हारे इन ढोंगों की बात सुनकर हंसी उड़ायेंगे। उन पर अंग्रेज राज्य करते हैं और न आप कर पायेंगे। जिन लोगों का नाम लेकर हम बात करते हैं, उन्हें हम नहीं जानते, न ही वे हमें जानते हैं। मेरी राय है कि आप, जो अपनी मातृभूमि को प्यार करते हैं, उन्हें उन अंतः अंचलों में जाकर छह महीने रहना चाहिए, जहाँ रेलवे ने पहुँचकर उन्हें प्रदूषित नहीं किया, तब देशभक्त बने और स्वराज्य की बात करें।

टिप्पणी–गाँधी ने हेनरी पोलक को 1936 में लिखा था, मैं ग्रामीण बनने का प्रयत्न कर रहा हूँ। जहाँ से यह पत्र लिख रहा हूँ, वहाँ की आबादी केवल 600 है, न सड़के हैं, न पोस्ट ऑफिस है, न दुकाने हैं। गाँधी मानते थे कि स्वराज का तभी कुछ मतलब होगा, जब गांवों में सुधार संभव होगा। शहरों में सुधार होते गये और गांव पिछड़ते गये।

गाँधी पाठक से पूछते हैं कि मैंने सभ्यता का वास्तविक स्वरूप तुम्हारे सामने रखा, तुमने देखा, जो उन स्थितियों को बदलना चाहते हैं, जो मैंने तुम्हें बतायी, वे देश के शत्रु हैं और पापी हैं।

पाठक अपने सवाल को और विस्तृत करता है। वह पूछता है आपने जैसा भारत के बारे में बताया अगर वह वैसा ही है, तो ठीक है। लेकिन वह भी भारत ही है, जिसमें हजारों बाल विधवाएँ हैं, दो साल की बच्चियों का विवाह कर दिया जाता है, 12 वर्ष की उम्र में लड़कियाँ पत्नी और मां बन जाती हैं, स्त्रियों में बहु विवाह प्रचलित है, जहाँ नियोग की प्रथा प्रचलित है, जहाँ धर्म के नाम पर कुमारियाँ देवदासियाँ बनकर वेश्या वृत्ति को समर्पित होने को बाध्य हैं, जहाँ भेड़ बकरियों की बलि दी जाती है। आप क्या इन सब कृत्यों को सभ्यता का हिस्सा मानते हैं?

गाँधी कहते हैं कि यही तुम्हारी भूल है। जो कमियाँ तुमने बतायी वे वास्तव में कमियाँ तो हैं ही। उन कमियों को दूर करने के प्रयत्न पहले भी किये गये हैं और आगे भी होते रहेंगे। हम लोगों में जो नया उत्साह पैदा हुआ है, उसका इस्तेमाल इन बुराइयों को दूर करने में कर सकते हैं।

परेल ने अपनी पुस्तक हिन्द स्वराज में 'नया उत्साह जो हममें जन्मा हैं, का स्पष्टीकरण दिया है कि गाँधी ने इस बात को स्वीकार किया है कि उपनिवेशवाद ने इस रूप में सकारात्मक योगदान दिया है कि भारतीयों में आत्म विश्लेषण और रचनात्मकता आ गयी। इस बात से मैं असहमत हूँ। उपनिवेशवाद ने हमें उससे लड़ने की प्रेरणा दी, जिसके चलते स्वतंत्रता प्राप्ति की दिशा में सोचना आरंभ किया।

उसी से उत्साह का आवर्तन हुआ।

गाँधी आगे कहते हैं कि आधुनिक सभ्यता के जो चिन्ह मैंने तुम्हें बताये हैं, उसके समर्थक उन्हें यथावत स्वीकार करते हैं। भारतीय सभ्यता के बारे में जो कुछ बताया है, उसके जानकारों ने वैसा ही उसके बारे में बताया है। संसार के किसी हिस्से में तथा किसी भी सभ्यता में लोगों ने पूर्णता उपलब्ध नहीं की। भारतीय सभ्यता की प्रवृत्ति मनुष्य के नैतिक पक्ष को मजबूत बनाने की रही है, जबकि पाश्चात्य सभ्यता अनैतिकता को बढ़ावा देती है। पाश्चात्य सभ्यता नास्तिकतावादी है और भारतीय सभ्यता आस्तिकतावादी है। इस विश्वास और समझ से हर देश प्रेमी के लिए अपनी प्राचीन सभ्यता से उसी तरह जुड़े रहना चाहिए, जैसे मां के सीने से बच्चा।

आधुनिक सभ्यता, देश की दशा और सही सभ्यता क्या है आदि पक्षों पर विचार करते हुए गाँधी इस सवाल तक पहुँचते हैं कि हम गुलाम हैं, उससे मुक्ति कैसे हो? गाँधी इस सवाल तक पहुँचने से पूर्व सभ्यतामूलक, देश के आर्थिक, सामाजिक अधःपतन तथा मानसिक अवमूल्यन को लेकर एक मजबूत और यथार्थवादी पृष्ठभूमि तैयार कर लेते हैं, जिससे स्वतंत्रता के सवाल पर समुचित विचार हो सके। स्वतंत्रता एकक नहीं है, बल्कि उसके कई पक्ष हैं। किसी भी अंग का विकलांग होने का मतलब संपूर्ण परिवेश का विकलांग होना है। संस्कृति और सभ्यता का किसी भी देश के विकास में महत्त्वपूर्ण योगदान होता है। आज के भारत में ये दोनों चूल्हे के पीछे के हिस्से पर सरका दिये गये हैं। गाँधी सभ्यता सम्बन्धी अध्यायों में प्रकारांतर से इस बात को स्पष्ट करने का प्रयत्न करते रहे हैं।

पाठक दूसरा सवाल उठाता है, अगर भारत की सभ्यता सर्वश्रेष्ठ है, तो देश गुलाम क्यों हुआ इसका जवाब आप कैसे देंगे? पाठक का यह सवाल प्रकांतर से गाँधी पर तंज करता हुआ, महसूस होता है?

गाँधी संभल कर जवाब देते हैं। सभ्यता तो निर्विवाद रूप से श्रेष्ठ है। लेकिन हर सभ्यता को परीक्षा से गुजरना पड़ा है। लेकिन जो सभ्यताएँ स्थिर होती हैं, वे परीक्षा से सुरक्षित बाहर निकल आती हैं। जहाँ हमारी अपनी सभ्यता की बात है, भारत की संतान में जरूर कुछ कमी रही होगी। इसलिए इसकी सभ्यता को मुश्किलों का सामना करना पड़ा। लेकिन संकट को झेलने और उससे निकल आने की इसकी सामर्थ्य को हमें समझना पड़ेगा।

पूरा भारत इससे प्रभावित नहीं है। जो लोग पाश्चात्य सभ्यता से प्रभावित हैं, वे ही इसकी गुलामी से घिरे हैं। हम सारे संसार को अपने पैमाने से नापते हैं। हम गुलाम हैं, तो सारा विश्व गुलाम बना लिया गया है। हम दयनीय स्थिति में हैं, इसलिए संपूर्ण भारत को वैसा ही समझ लेते हैं। ऐसा है नहीं। शायद गाँधी यह बताना चाहते हैं कि ऐसे लोग हैं, जो आज़ादी के महत्त्व को समझते हैं और उसे पाने के लिए संघर्षरत हैं। अगर हम अपनी गुलामी की छाया संपूर्ण भारतवासियों

में देखते हैं और अपने को गुलामी की इस भावना से मुक्त कर लें, तो सारा भारत आज़ाद हो जायेगा। उसी संकल्प में स्वराज्य है। अपने ऊपर राज्य करने का मतलब ही स्वराज्य है। यहाँ इस बात की ओर संकेत कर देना अनुचित नहीं होगा कि गाँधी ने पहली बार स्वराज्य की इस रूप में व्याख्या की है, व्याख्या ही नहीं की बल्कि उसे यथार्थ से जोड़ दिया। वे मानते हैं स्वराज्य हमारी मुट्ठी में है। वह स्वप्न नहीं, उसे स्वप्न न समझें। चुपचाप बैठ जाना स्वराज्य नहीं है। स्वराज्य को मैं अपने तुम्हारे सामने इस रूप में चित्रित करना चाहता हूँ कि यह ऐसा अमर फल है, एक बार चख लिया, तो आजीवन उसे जीते रहना है और दूसरों को भी इस स्वाद का अहसास कराते रहना है। स्वराज्य के अनुभव को हर किसी को स्वयं जीना सीखना होगा। डूबता हुआ आदमी दूसरे डूबने वाले को नहीं बचा सकता। अपने आप गुलाम रह कर दूसरों को आज़ाद करने की बात दिखावे के सिवा क्या हो सकता है। तुम्हें मेरी बातों से पता चल गया होगा, हमारा उद्देश्य अंग्रेजों को निकालना नहीं है। अगर अंग्रेज भारतीयता अपना लें, तो यहाँ खुशी से रह सकते हैं। अगर वे अपनी सभ्यता के साथ रहना चाहते हैं, तो उनके लिए देश में कोई स्थान नहीं है। ऐसे हालात बनाना हमारे अपने हाथ में है।

गाँधी के लिए स्वराज जीवन मूल्य की तरह था और प्रयोग से अधिक महत्त्व रखता था। स्वराज एक ऐसा आत्मीय अनुभव है, जो मनुष्य का मानसिक नैतिक परिवर्तन कर देता है। इस अनुभव को अपने अंदर महसूस किया जा सकता है। यह व्यक्ति में आंतरिक नैतिक परिवर्तन लाने में सक्षम है। बिना इस बदलाव के यह एक विचार या दर्शन मात्र रह जायेगा। यह भी बाहरी राजनीतिक जीवन में कर्म की आंतरिक प्रेरणा का स्थान नहीं ले पायेगा। 'अनुभव' शब्द के पीछे टास्टेनियन अर्थ है, जो उनकी पुस्तक 'व्हाट इज़ आर्ट' से मेल खाता है। जब जॉन बॉनडुरेंट सत्याग्रह पर रिसर्च कर रहे थे, तो गाँधी ने कहा था कि सत्याग्रह गवेषणा का विषय नहीं है, अनुभव का विषय है, अनुभव में लाओ और जीवन में उतारो। यही बात स्वराज्य पर भी लागू होती है।

वे कहते हैं कि अंग्रेजों का भारतीयकरण असंभव है, यह बोध कराता है कि उनमें इंसानियत नहीं है। हमारे लिए बस बात का कोई अर्थ नहीं कि उनका भारतीयकरण होता है या नहीं। अगर हम अपना घर सुधार लें, तो उसमें वे ही रहेंगे, जो उसमें रहने लायक होंगे। दूसरे स्वतः अपने आप चले जायेंगे। हम लोगों के जीवन में इस तरह के अनुभव होते रहे हैं। (यह बात आज के वैश्वीकरण पर लागू नहीं होगी) पाठक इतिहास की दुहाई देता है कि इतिहास में ऐसा नहीं होता। गाँधी उसे बताते हैं कि यह समझ लेना कि जो इतिहास में नहीं हुआ, वह हो ही नहीं सकता, मनुष्य की गरिमा में अविश्वास करने की तरह है। (मनुष्य ही इतिहास बनाता है) जो हमारी बुद्धि को ठीक लगता है, उसे जीवन में आजमाना जरूरी है।

सब देश एक से नहीं होते। भारत की स्थिति अलग है। इसकी ताकत को नापा नहीं जा सकता। इसलिए दूसरे देशों के इतिहासों से बराबरी करने का कोई मतलब नहीं। मैं बता चुका हूँ कि दूसरी सभ्यताएँ सिमटती गयी हैं, भारत की सभ्यता अनेक ख़तरों के बावजूद आज भी जिंदा है।

1906 में गाँधी ने ट्रांसवाल सरकार ने भारत विरोधी कानून के ख़िलाफ़ जनसभा में चौथा प्रस्ताव रखा था जिसमें कहा था, हर भारतीय को चाहे वह मर्द हो या औरत अथवा आठ साल से ऊपर का बच्चा, ट्रांसवाल में बसने के लिए एशियाटिक रजिस्ट्रार कार्यालय में अपना रजिस्ट्रेशन कराना होगा और प्रमाण पत्र हासिल करना होगा। पुराने परमिटों को जमा करना होगा। जो निर्धारित तिथि तक अपने को पेश करके इस कार्यवाही को पूरी नहीं करेंगे। ट्रांसवाल में रहने का उनका अधिकार निरस्त समझा जायेगा। गाँधी इस अन्याय से दो चार हो रहे थे। जब जरूरत थी, तब इन मजदूरों को झूठे सपने दिखाकर देश में लाया गया था, अब जब गोरे शीतोष्ण खेती में पारंगत हो गये थे, उनके लिए ऐसी परिस्थितियाँ बनायी जा रही थीं कि वे दक्षिण अफ्रीका छोड़ दें, वहाँ रहे तो उनकी शर्तों पर जो अमानवीय थीं। वर्ना उनको देश निकाला दिया जा सकता था। जब पाठक अंग्रेजों को जबरदस्ती निकालने की बात कहता है, तो संभव है, गाँधी को दक्षिण अफ्रीका के भारतीयों तथा इन अंग्रेजों की स्थिति में साम्य नज़र आता हो। हाँलांकि गोरे यहाँ शासक थे, भारतीय वहाँ मजदूर थे। लेकिन काम सध जाने पर अकारण देश से निकालना चाहे कानून के दम पर निकालें या तलवार के जोर पर दोनों अमानवीय होते हैं। इसलिए वे सकारात्मक सुझाव देते हैं कि घर सुधार लो, जिसे रहना है, उसे घर के नियमों के हिसाब से रहेगा वर्ना अपना रास्ता लेगा। यही संवेदना संभवतः उस समय भी सक्रिय रही होगी, जब देश के बंटवारे के समय हिंदू मुसलमानों की अदला-बदली के प्रस्ताव गाँधी के सामने आये थे। गाँधी के सोच और उनके बनाये मानवीय मानचित्र में किसी भी तरह की जोर जबरदस्ती की कोई जगह नहीं थी।

गाँधी के अनुसार मैजिनी महान ही नहीं अच्छे व्यक्ति भी थे। गैरिबाल्डी भी एक महान योद्धा था। दोनों ही पूजनीय हैं। उनके जीवन से बहुत कुछ सीख सकते हैं। इसके बावजूद इटली और भारत की परिस्थितियाँ अलग-अलग हैं। मैंजिनी और गैरिबाल्डी का अंतर समझ लेना जरूरी है। इटली में मैजिनी के सोच को समझा नहीं गया। मैंजिनी ने अपने लेखों में आदमी के दायित्व के बारे में लिखा है कि हर आदमी के लिए यह जानना जरूरी है कि वह अपने ऊपर कैसे अनुशासन (स्वराज) करें। जैसा कि ऊपर कहा गया इटली ने उसकी बात को नहीं समझा। (सावरकर ने मैजिनी को आक्रामक क्रांतिकारी कहा है। गाँधी उसी का जवाब देते हुए उसे अहिंसावादी समाज सुधारक बताते हैं।) गैरिबाल्डी मैजिनी के इस मत से सहमत नहीं था। गैरिबाल्डी ने हर इटैलियन के हाथ में हथियार थमा दिया और उन्होंने ले

भी लिया था। इटली और आस्ट्रिया की सभ्यता में समानता थी। एक तरह से दोनों चचाज़ाद भाइयों की तरह थे। उनका सिद्धान्त था, जैसे को तैसा। गैरिबाल्डी जैसे भी हो इटली को आस्ट्रिया के चंगुल से मुक्त कराना चाहता था। (काउंट कैमिलो बेंजो कावूर, विक्टर अमैन्यूअल का मंत्री थी, जो 1861 में इटली का राजा घोषित हुआ था।) इटली को मुक्त कराने के उद्देश्य से कावूर के माध्यम से की गयी साजिशों ने इतिहास के उस काल को शर्मनाक बना दिया। उसका नतीजा क्या हुआ? अगर तुम समझते हो कि इटली में इतावली शासन करते हैं, इसलिए वे खुश हैं, तो यह तुम्हारी भूल है। मैजिनी ने साफ-साफ बताया है कि इटली आज़ाद नहीं है। विक्टर अमन्यूअल ने उसे एक नज़रिए से देखा मैजिनी ने उसे दूसरे नज़रिए से। अमन्यूअल, कावूर और गैरिबाल्डरी की दृष्टि में इटली का अर्थ था एक राजा और उसके मुसाहिब, मैजिनी के लिए अर्थ या इटली की जनता और किसान। अमन्यूअल जनता का सेवक मात्र था। मैजिनी का इटली आज भी गुलाम है। तथाकथित राष्ट्रीय संघर्ष के दौरान वह दो राजाओं के बीच शतरंज का खेल था, जिसमें इटली के लोग मोहरे मात्र थे। मजदूर आज भी नाखुश हैं। उसी का नतीजा था कि वे लोग विद्रोही हो गये, खून-खराबे पर उतर आये, जो स्वाभाविक था। आस्ट्रियन फौजों के हटाने के बाद भी उनको क्या मिला? नाम मात्र का लाभ, जिन सुधारों के लिए लड़ाई लड़ी गयी थी, वे कहाँ गये? जनता क़ी हालत आज भी वैसी ही है। उम्मीद है तुम भारत में ऐसी दशा नहीं देखना चाहोगे। तुम भी देश के लाखों लोगों को खुशहाल देखना चाहते हो, न कि सत्ता हथियाना चाहते हो। (गाँधी के इस संदेश के बरक्स आज हर पार्टी सत्ता हथियाने के फेर में हैं। जनता का सुख-दुःख शायद ही उनके लिए कोई महत्त्व रखता है। देश की हालत तत्कालीन इटली से बेहतर नहीं है) अगर ऐसा है तो हमें इसी बात पर विचार करना है कि देश के लाखों लोगों को स्वराज्य कैसे मिले? तुम सहमत होगे कि रजवाड़ों में जनता कुचली जा रही है। वे उन पर बेरहमी से जुल्म ढाहते हैं। उनके अत्याचार अंग्रेजों से बदत्तर हैं। अगर भारत में तुम ऐसे अत्याचारों के साथ हों, तो मेरा तुम्हारा रास्ता अलग है। (गाँधी का यह पूरा विमर्श केवल पाठक को ही समर्पित नहीं, बल्कि यह अपने समकालीनों और आनेवाली पीढ़ी को भी संप्रेषित है। यह बात अलग है कि या तो हम इसे समझते नहीं या समझना नहीं चाहते)

मेरी देशभक्ति मुझे यह नहीं सिखाती कि अंग्रेजों के जाने के बाद मैं लोगों को देशी राजाओं के पैरों तले कुचला जाने दूं। अगर मुझमें शक्ति हुई, तो मैं देशी राजाओं के अत्याचारों के खिलाफ़ उसी तरह लड़ूँगा, जैसे अंग्रेजों के अत्याचारों के विरुद्ध। देशभक्ति का अर्थ मेरे लिए सर्वजनहिताय है, अगर उसकी पूर्ति अंग्रेजों द्वारा होती है, मैं उन्हें सलाम करूँगा। अगर कोई अंग्रेज भारत की आज़ादी देश सेवा और अत्याचारों के विरोध के लिए अपना जीवन समर्पित कर देता है, तो वह मेरे लिए (देशभक्ति) भारतीय जैसा ही है।

अंग्रेज गोला बारूद से लैस है इस बात का मुझे जरा भी डर नहीं। लेकिन यह बात साफ है कि उनके ख़िलाफ़ सशस्त्र युद्ध के लिए हजारों भारतीयों को हथियारों से लैस करना होगा। अगर ऐसा हुआ, तो इस काम में हमें कितने साल लग जायेंगे? दूसरे प्रत्येक भारतीय को हथियारों से लैस करने का मतलब भारत को यूरोप बना देना है। उस स्थिति में भारत की हालत भी यूरोप जैसी दयनीय हो जायेगी। (अणु शस्त्रों की दौड़ में भारत शामिल होकर यूरोप की तरह ही अपने संसाधनों को देश की खुशहाली की जगह आणविक शस्त्रों के संचयन पर लुटा रहा है। उस दृष्टि से यूरोपीय सभ्यता पूरी तरह हावी है। वैश्वीकरण कोढ़ में खाज का काम कर रहा है। सारांश यही हुआ कि हमें यूरोप की सभ्यता स्वीकार कर लेनी चाहिए। हमारे बीच अनेक ऐसे हैं, जो उस सभ्यता में प्रशिक्षित हैं। हम उनसे कुछ अधिकारों के लिए लड़ेंगे। जो मिल जायेगा, उसके साथ अपने दिन गुजार लेंगे। लेकिन वास्तविकता तो यह है कि भारतीय कभी हथियार नहीं उठायेंगे। यही ठीक भी है।) गाँधी उन लोगों को भी संदेश देते हैं, जो शस्त्र क्रांति में विश्वास करते थे। लेकिन 1857 के बाद भारतीय जनता ने उतनी बड़ी संख्या में हथियार नहीं उठाये, जितनी बड़ी संख्या में अहिंसक क्रांति का साथ दिया। यह शस्त्र क्रांति का विरोध न होकर भारतीय जनता के मनोविज्ञान का परिचायक भी है। गाँधी देश की जनता के मनोविज्ञान को बेहतर समझते थे।

गाँधी पूछते हैं कि हत्याओं के द्वारा देश को आज़ाद करने की बात सोचते हुए तुम्हारा दिल नहीं कांपता? (अहिंसा के माध्यम से आज़ादी का मंत्र पहली बार प्रयोग में आ रहा था। संसार भर में हिंसा सत्ता परिवर्तन का माध्यम माना जाता रहा है। गाँधी कहते हैं हमें अपने को मारना चाहिए। यहाँ सत्याग्रह का संदर्भ आ जाता है। अपने को मारने का मतलब आत्महत्या नहीं है। दूसरों को मार कर सत्ता हथियाने की प्रवृत्ति पर व्यंग्य है।) दूसरों को मारने का विचार ही कायरतापूर्ण है। इस तरह आप किसे आज़ाद करेंगे? (मरनेवालों को या शत्रु को?) लाखों देशवासी यह नहीं चाहते। ऐसा वे ही लोग सोचते हैं, जो इस दुःखदायी सभ्यता के नशे में मदमस्त हैं। जो लाशों पर पांव रखकर सत्ता प्राप्त करेंगे, वे इसे एक सुखी राष्ट्र नहीं बना सकते। जो लोग यह विश्वास करते हैं कि धींगरा की या अन्य ऐसी कारगुजारियों से देश लाभान्वित हुआ है, तो वे भूलावे में हैं। धींगरा देशभक्त थे, पर उनका देश प्रेम अंधा था। उन्होंने अपनी बलि गलत तरीका अपना कर दे दी। इसका नतीजा अंततः धोखा ही साबित होगा।

गाँधी अंग्रेजों की परस्पर विरोधाभासी प्रवृत्ति की ओर संकेत करते हैं। अंग्रेज डरपोक और बहादुर दोनों हैं। गोला बारूद का असर उन पर तुरंत हो जाता है। डर या दबाव में किया गया काम तब तक रहता है, जब तक डर की स्थिति बनी रहती है। गाँधी ने रजवाड़ों के बारे में जो भी कहा है, वह उनके अनुभव का अंग था। उनके दादा पिता और बड़े भाई ने स्वयं उन राजाओं का कहर बर्दाश्त किया था। उनके

दादा पोता गाँधी को, जो पोरबंदर के दीवान थे, एक बेगुनाह भंडारी की तरफदारी करने पर रानी रूपालीबा के गुस्से के कारण पोरबंदर छोड़कर अपने गांव कुतियाना जाना पड़ा था। इसी तरह पिता कबा गाँधी को राजकोट जाना पड़ा था। क्योंकि उन्होंने शराबी युवराज की आत्महत्या के मामले में उनके खास खिदमतगार के आत्महत्या कर लेने पर एजेंट द्वारा रिपोर्ट मांगने पर झूठी फाइल तैयार करने से इन्कार कर दिया था। बड़े भाई को राजा के द्वारा तोपखाने से जेवर निकाल लेने पर जलील होना पड़ा था। गाँधी को भी बड़े भाई की सिफारिश करने पर अपने एक अंग्रेज मित्र के द्वारा बेइज़्ज़त होना पड़ा था।

1916 में बनारस हिन्दू विश्वविद्यालय में अपने भाषण में एनी बसेंट और वायसराय की नाराजगी के बावजूद उन्होंने राजाओं पर सीधे आक्रमण किया था। उन्होंने बेशकीमती हीरे, जवाहरात से सजे राजाओं से कहा था भारतीय जनता की गरीबी से तब तक मुक्ति संभव नहीं जब तक इन लोगों के हीरे जवाहरात से जनता के लिए एक न्यास न बना दिया जाय। जनता का उस पैसे को ये लोग अपने ऐशो आराम पर पानी की तरह बहाते हैं। (पानी की कमी के कारण भविष्य में पानी बहाना मुश्किल होगा, तब यह उपमा भी अपना अर्थ खो देगी।) जो गरीब किसान एक घास की पत्ती की जगह दो उगा कर कमाते हैं। जब तक ऐसा होता रहेगा तब तक भारत में स्वराज्य नहीं आ सकता। क्या गाँधी का 1916 में दिया गया यह वक्तव्य आज की आर्थिक व्यवस्था पर लागू नहीं होता? श्रोताओं में बैठे राजा लोग उनकी बात से इतने नाराज हो गये थे कि अध्यक्ष को कार्यवाही रोक देनी पड़ी थी।

मदनलाल धींगरा ने 1 जुलाई, 1909 को लार्ड मॉरले के पॉलिटिकल एड डी कैंप सर विलियम कर्जन वाइली की लंदन में हत्या की थी। गाँधी ने इंडियन ओपिनियन में लिखा था मैं कहना चाहता हूँ जो यह मानते हैं और कहते हैं कि इस तरह की हत्याएँ भारत का भला कर सकती है तो वे सब नासमझ लोग हैं। इस तरह की विश्वासघाती कार्यवाही देश का किसी तरह का हित नहीं कर सकतीं। अगर अंग्रेज इस तरह की हत्याओं के कारण देश छोड़ देते हैं तो यहाँ कौन राज्य करेगा? इसका एक ही ज़वाब है, हत्यारे। किसको खुशी होगी? क्या अंग्रेज इसलिए बुरे हैं कि वे अंग्रेज हैं? क्या हर वह व्यक्ति जिसकी खाल का भारतीय रंग है, अच्छा है? अगर यह सच है तो फिर हमें दक्षिण अफ्रीका में अधिकार मांगने का कोई अधिकार नहीं। न रजवाड़ों के द्वारा किये जाने वाले अत्याचार के ख़िलाफ़ आंदोलन ही होने चाहिए। भारत को हत्यारों के शासन से कुछ मिलने वाला नहीं-चाहे वे काले हों या गोरे।

1908 में गाँधी ने लिखा था जो बम आज अंग्रेजों को मार रहे हैं जब अंग्रेज देश से चले जायेंगे वह बम भारत पर गिरेंगे। गाँधी का यह कथन नीतिगत भी है और पैगंबरी भी। आज जो हो रहा है उस समय की गयी भविष्यवाणी है ,जो अब सत्य में बदल रही है।

हिन्द स्वराज : विषय और संदर्भ

डॉ. अनिल दत्त मिश्र

हिन्द स्वराज का अध्ययन करने पर हम यह स्पष्ट रूप से देख सकते हैं कि तीन प्रमुख मुद्दे बड़े ही प्रभावी रूप से हमारे सामने उभर कर आते हैं। सर्वप्रथम, तब के भारतीय राजनीति, राजनीतिज्ञ, राजनीतिक घटनाएँ तथा गाँधी का इन सबके साथ अपनी सोच व भावनात्मक सम्बन्ध। द्वितीय, सबसे निर्णायक व महत्त्वपूर्ण प्रश्न, जिसने पूरी विचार प्रक्रिया तथा रचना प्रक्रिया को गहराई से प्रभावित किया, वह था—आधुनिक सभ्यता के विभिन्न अंग-उपांगों की आलोचनात्मक व्याख्या तथा तीसरा और अंतिम मुद्दा था 'निष्क्रिय प्रतिरोध' का, जिसे गांधी ने पशु-बल का विकल्प कहा था।

हिन्द स्वराज में इन तीन वैचारिक धाराओं का मिलन होता है और इसके परिणामस्वरूप एक नवीन तत्व का जन्म होता है, जिसके द्वारा गाँधी आधुनिक सभ्यता या आधुनिकीकरण के ख़िलाफ़ चेतने का आग्रह करते हैं।

गाँधी एक सक्रिय राजनीतिक कार्यकर्ता थे, जिन्होंने अपने आस-पास के सामाजिक, राजनीतिक व आर्थिक परिस्थितियों के प्रति अपनी रचनात्मक तथा सकारात्मक प्रतिक्रिया पूरे लगन व ईमानदारी से व्यक्त की। हिन्द स्वराज आधुनिक राजनीतिक, सामाजिक व आर्थिक विचारों के एक सशक्त विकल्प को हमारे सामने रखती है। यह कौटिल्य के ''अर्थशास्त्र'' के बाद राजनीतिक सिद्धांत के प्रति एक महत्त्वपूर्ण भारतीय योगदान है। यह एक ऐसी पुस्तक है, जिसकी उपेक्षा मानव के सामाजिक, आर्थिक व मानसिक विकास तथा समकालीन समस्याओं पर होने वाले किसी भी विचार-विमर्श या वाद-विवाद में नहीं की जा सकती है। यह पुस्तक न केवल गाँधी के जीवन, विचार व दर्शन को स्पष्ट करती है वरन् प्रौद्योगिकी, उद्योगीकरण व भूमंडलीकरण से उपजे तमाम आधुनिक विसंगतियों को जानने और समझने की कुंजी भी उपलब्ध कराती है। हिन्द स्वराज, जिसका शब्दिक अर्थ है भारत

में स्व-शासन', की प्रासंगिकता तथा महत्ता जो अभी भी वैश्विक रुचि व उत्सुकता का केंद्र बनी हुई है। यह पुस्तक, भारत की राजनीतिक आज़ादी हासिल करने के तौर-तरीकों पर ही रोशनी नहीं डालती, वरन् यह मानव जाति की मानसिक स्वतंत्रता तथा उसके पशुत्व से मनुष्यत्व और फिर मनुष्यत्व से देवत्व तक के सफर का खाका भी प्रस्तुत करती है। संक्षेप में कहें, तो यह मानव के सर्वोच्च आत्मिक व मानसिक विकास का मैग्नाकार्टा है।''[1] वास्तव में, हिन्द स्वराज एक ऐसी नवीन वैश्विक व्यवस्था का घोषणा पत्र है जिसमें भौतिक तत्वों पर मूल्यों की सर्वोच्चता संपूर्ण व निर्विवाद है। यह अभी भी न केवल भारत बल्कि सम्पूर्ण विश्व के आम लोगों की आवाज़ का प्रतिनिधित्व करती है।

हिन्द स्वराज गाँधी के सक्रिय सार्वजनिक जीवन की प्रारंभिक कृतियों में से एक है। गाँधी की दूसरी अन्य रचनाएँ लेखों, व्याख्यानों, वक्तव्यों, पत्रों व भाषण के रूप में हैं। हिन्द स्वराज को गाँधी की सम्पूर्ण रचनाओं का सार कहा जा सकता है क्योंकि यह छोटी-सी परन्तु महत्त्वपूर्ण पुस्तिका गाँधी के विचारों का दर्पण है जिसे महादेव देसाई ने 'केंद्रक' की संज्ञा दी है। गाँधी के खुद के शब्दों में उद्धृत करें तो 'यह एक उतार-चढ़ाव वाला जीवनवृत्त' है।''[2] मागरेट चटर्जी ने 'हिन्द स्वराज' को गाँधी विचारों के अध्ययन का प्रथम मौलिक दस्तावेज़ माना है। प्रसिद्ध इतिहासकार बी.आर. नंदा ने इसे गाँधी के लिए उनके 'श्रद्धा की स्वीकारोक्ति' कहा है। एरिक्सन को इसमें विद्रोह की बू आती है और वह इसे 'विद्रोहात्मक घोषणा-पत्र' मानता है। डेनिस डाल्टन ने इसे 'वैचारिक स्वतंत्रता का उद्घोष' माना है। जबकि जुडिय ब्राउन ने इसे राजनीतिक सिद्धांत का एक मौलिक कार्य बताया है। इसी प्रकार गेराल्ड हर्ड ने हिन्द स्वराज की तुलना रूसो के 'सामाजिक संविदा' से की। जबकि जार्ज काटलिन ने इसकी तुलना सेन्ट इग्नीसियस लोयला के 'दी स्प्रीचूअॅल एक्सरसाइजेज़' (आध्यात्मिक व्यवहार) से की।''[3]

हिन्द स्वराज का अनुवाद स्वयं गाँधी ने गुजराती से अंग्रेजी में किया। हिन्द स्वराज एक ऐसा बीज था जिसके गर्भ से गाँधी विचार रूपी वटवृक्ष का उदय हुआ। गाँधी के विचारों में रुचि रखने वालों के लिए 'हिन्द स्वराज' की महत्ता प्रथम और सबसे महत्त्वपूर्ण है क्योंकि यहीं उनकी समस्त प्रारंभिक जिज्ञासाओं का समाधान संभव है। गाँधी के विचारों के गहरे समुद्र में गहरे गोता लगाने के इच्छुक साधकों के लिए भी हिन्द स्वराज ही वह माध्यम है जिसके द्वारा वह गाँधी की आत्मकथा सहित उनकी अन्य रचनाओं का मर्म समझ सकता है।''[4]

अत्यंत वैज्ञानिक व दार्शनिक विवेचन की व्याख्या अत्यंत साधारण भाषा में करना हिन्द स्वराज का सबसे बड़ा और अद्भुत सौंदर्य है। दूसरे शब्दों में हिन्द स्वराज की भाषा सहज, सरल, सुबोध व पूर्णतया गाँधीवादी शैली में है। हिन्द स्वराज

की यह मौलिक विशिष्टता व सौंदर्य दोनों है, कि आप जितनी बार इसमें पैठ करेंगे उतनी बार आपको नया अन्तर्बोध होगा। हिन्द स्वराज के माध्यम से ही गाँधी ने अपने जीवन-मिशन की सर्वप्रथम उद्घोषणा की और इसके लिए उन्होंने भारत माता की राजनैतिक स्वाधीनता तथा करोड़ों भारतीयों के नैतिक पुनरुत्थान का अपना मिशन तय किया। हिन्द स्वराज "हमें घृणा के स्थान पर प्रेम का बीज मंत्र देता है। यह आत्म बलिदान को हिंसा के स्थान पर प्रतिष्ठित करता है तथा पशुबल पर आत्मबल की सर्वोच्चता का उद्घोष करता है।"[5]

हिन्द स्वराज का सन्दर्भ

इस पुस्तिका को लिखने का तात्कालिक कारण था गाँधी का इंग्लैंड में भारतीय उग्रवादियों से आमना-सामना तथा इन उग्रवादियों का लक्ष्य प्राप्ति हेतु हिंसक साधनों के प्रयोग में विश्वास। यद्यपि एकमात्र यही वह कारण नहीं था जिसने गाँधी को यह रचना लिखने की प्रेरणा प्रदान की। वरन् इसके विपरीत इसके मूल में इससे कहीं अधिक व्यापक कारण व उद्देश्य विद्यमान थे। सम्पूर्ण पाश्चात्य व भौतिक सभ्यता की समालोचना उनका मूलभूत उद्देश्य था।"[6]

गहराई से हिन्द स्वराज का अध्ययन करने पर हम यह स्पष्ट रूप से देख सकते हैं कि तीन प्रमुख मुद्दे बड़े ही प्रभावी रूप से हमारे सामने उभर कर आते हैं। सर्वप्रथम, तब के भारतीय राजनीति, राजनीतिज्ञ, राजनीतिक घटनाएँ तथा गाँधी का इन सबके साथ अपनी सोच व भावनात्मक सम्बन्ध। द्वितीय, सबसे निर्णायक व महत्त्वपूर्ण प्रश्न, जिसने पूरी विचार प्रक्रिया तथा रचना प्रक्रिया को गहराई से प्रभावित किया, वह था—आधुनिक सभ्यता के विभिन्न अंग-उपांगों की आलोचनात्मक व्याख्या तथा तीसरा और अंतिम मुद्दा था 'निष्क्रिय प्रतिरोध' का जिसे गाँधी ने पशु-बल का विकल्प कहा था।"[7]

हिन्द स्वराज में इन तीन वैचारिक धाराओं का मिलन होता है और इसके परिणामस्वरूप एक नवीन तत्व का जन्म होता है, जिसके द्वारा गाँधी आधुनिक सभ्यता या आधुनिकीकरण के ख़िलाफ़ चेतने का आग्रह करते हैं। हिन्द स्वराज आधुनिकीकरण की समालोचना है जो गाँधी के शब्दों में पाश्चात्य या आधुनिक भोगवादी सभ्यता का पर्याय है। इस पुस्तिका की सीमा सिर्फ यहीं पर आकर नहीं ठहर जाती वरन् यह इससे भी आगे जाकर सम्पूर्ण जीवन के सिद्धान्तों की तह खोलती नज़र आती है। यह जीवन का एक सिद्धान्त है जो स्थायी न होकर परिवर्तनशील है। एक नए विकल्प की तलाश में भटक रहा कोई भी सिद्धाँत स्थायी हो भी नहीं सकता। यह वास्तव में एक ऐसा गतिशील प्रारूप सिद्धान्त था, जो गाँधी के सार्वजनिक जीवन के अनुपम अनुभवों के साथ-साथ समृद्ध, सुसंस्कृत व परिपक्व

होता गया। महात्मा गाँधी के विचार में 'संसद' और 'मशीनरी' आधुनिक सभ्यता के मुख्य स्तम्भ हैं अतः वे इसके किसी भी आयात के ख़िलाफ़ चेतावनी देते हैं।"[8] हिन्द स्वराज के द्वारा गाँधी व्यक्ति, समाज व राष्ट्र के सामने विषम परिस्थितियों में एक लक्ष्य प्रस्तुत करते हैं। यह लक्ष्य व्यवहारिक तथा सार्वभौम है। इतना ही नहीं, गाँधी लक्ष्य के साथ-साथ नैतिक पुनर्जागरण का शंखनाद व्यक्ति, समाज व राष्ट्र तीनों स्तरों पर करते हैं। हिन्द स्वराज को गाँधी ने अपना लक्ष्य बनाया तथा इसे राष्ट्र के लक्ष्य से जोड़ा। हिन्द स्वराज समग्रता का चित्त है तथा यह समग्र विकास का प्रारूप प्रस्तुत करता है।

9 अक्टूबर, 1909 को गाँधी; ने लार्ड एम्पीथिल को एक पत्र लिखा, जिसमें प्रस्तुत विचारों ने बाद में हिन्द स्वराज की आधारशिला रखी—

1. भारत के व्यापक रूप से ब्रिटिश शासन के ख़िलाफ़ अधीरता (बेचैनी) की स्थिति और परिणामस्वरूप ब्रिटिशों के ख़िलाफ़ घृणा की सहज उपस्थिति।
2. उपरोक्त स्थितियों-परिस्थितियों के दमन का कोई भी प्रयास प्रत्याक्रमण और कटु प्रतिरोध को आमंत्रण देने वाला होगा।
3. ब्रिटिश लोगों का व्यावसायिक स्वार्थों के प्रति अत्यधिक संलिप्तता ब्रिटिश सरकार द्वारा भारतीयों के अधिकारों के हनन का मूल कारण।
4. दोष ब्रिटिश जनता में नहीं वरन् आधुनिक सभ्यता में है जो इसाईयत के मूलात्मा का निषेध या नकार करती है।
5. रेलवे, मशीनें, विशिष्ट जीवन शैली जैसे आधुनिक सभ्यता के विभिन्न उत्पाद भारतीयों और यूरोपियनों दोनों के लिए समान रूप से अहितकर तथा दासत्व का प्रतीक।
6. कलकत्ता और बम्बई जैसे बड़े शहरों का विकास सुख के बजाय दुःख का कारण।
7. भारत की दुर्दशा का कारण गांवों की बर्बादी।
8. हिंसक साधनों का विकास आधुनिक सभ्यता की देन।
9. मैं राष्ट्रीय भावना की अभिव्यक्ति में भागीदार हूँ परन्तु उन लोगों के साथ सहमत नहीं हूँ, जो स्वतंत्रता प्राप्ति हेतु प्रत्यक्ष या परोक्ष से हिंसा का इस्तेमाल करने में विश्वास रखते हैं, क्योंकि मैं यह मानता हूँ कि यह अनैतिक तथा भारतीय सभ्यता की मूल आत्मा के ख़िलाफ़ है।
10. शासकों का कर्त्तव्य है कि वे जन आकांक्षाओं के अनुरूप शासन करें, अगर वह (शासक) अपने प्राथमिक कर्त्तव्यों को पूरा करने में असफल होता है तो जनता को इस बात का पूरा अधिकार है कि वह उसे पहचानने व सहयोग करने से इंकार कर दें।

हिन्द स्वराज कुछ मूलभूत प्रश्नों को उठाता है। भारत का ब्रिटेन से सामना राजनीतिक और आर्थिक न होकर सभ्यता मूलक था। अभी-भी परिस्थितियाँ उस

समय से अलग नहीं है जब गाँधी ने हिन्द स्वराज लिखा था। हिन्द स्वराज की उचित समझ के लिए यह जरूरी है कि हिन्द स्वराज के ऐतिहासिक संदर्भों को समझा जाए। इन ऐतिहासिक संदर्भों में मुख्य हैं-

(क) 1847 के बाद भारत में सामान्य विकास
(ख) नए पेशेवर वर्गों का उदय।
(ग) बंगाल विभाजन की पृष्ठभूमि में भारत में मौजूद तत्कालीन परिस्थितियाँ।
(घ) रूस-जापान युद्ध तथा रूसी क्रांति की सरगर्मी
(ड.) दक्षिण-अफ्रीका में गाँधी के व्यापक अनुभव व प्रयोग, तथा
(च) गाँधी के लिए हिन्द स्वराज लिखने का तात्कालिक कारण।"[10]

यह पुस्तक मिश्रित लोगों को संबोधित करते हुए लिखी गई थी, जिनमें उग्रवाद व राजनीतिक हिंसा की ओर तेजी से आकर्षित हो रहे प्रवासी भारतीय थे, भारतीय राष्ट्रीय कांग्रेस के उग्रपंथी व नरमपंथी धड़े थे, भारतीय राष्ट्र था (आम भारतीय), तथा ब्रिटिश थे; जिनमें भारतीय ब्रिटिश शासक वर्ग तथा ब्रिटेन में रह रहे ब्रिटेनवासी दोनों शामिल थे।

गाँधी द्वारा पुस्तक लिखने के पीछे कारणों की पड़ताल करें तो जो पहला कारण नज़र आता है वह है आंतरिक अन्तर्बोध तथा संप्रेषण की अनवरत प्रेरणा। एंथनी जे. परेल"[11] ने हिन्द स्वराज को लिखने के पीछे के उद्देश्य को निम्न छः वर्गों में वर्गीकृत किया है, जो हैं –

1. हिन्द स्वराज में व्यक्त अपने उन विचारों को गाँधी ने कुछ समय तक रोके रखा, जिसे संप्रेषित करने को लेकर वह बहुत व्यग्र थे तथा अपनी बात अपने चारों ओर के लोगों, जिसमें भारतीय विशेष रूप से शामिल थे, को जल्दी से जल्दी समझाना चाहते थे क्योंकि कई मुद्दों पर हो रही प्रतिक्रियाओं से वे काफी चिंतित थे।
2. वह स्वराज के अर्थ को स्पष्ट करना चाहते थे, जो कि राजनैतिक आज़ादी से कहीं अधिक व्यापक और गहरे अर्थों को रखने वाला था।
3. गाँधी केन्द्र समाधान हेतु एक शांतिपूर्ण मार्ग के कपाट को पुनः खोलना चाहते थे, जो कि भारतीय सभ्यता की विशिष्टता और पहचान दोनों थी तथा अपने देशवासियों, विशेषकर युवाओं को उग्र रस्तों से दूर हटाकर भारतीय मार्ग पर लाना चाहते थे।
4. गाँधी अपने देशवासियों से कहना चाहते थे कि ब्रिटिश उपनिवेशवाद उनका असली दुश्मन नहीं है वरन् असली दुश्मन तो पाश्चात्य सभ्यता है और जब तक वे पाश्चात्य सभ्यता के चकाचौंध से चौंधियाते रहेंगे तब तक वे परतंत्रता की बेड़ियों में जकड़े रहेंगे चाहे भले ही वे राजनीतिक आज़ादी क्यों न हासिल कर लें।
5. गाँधी भारतीयों और ब्रिटिशों के राजनैतिक सम्बन्ध पर दोस्ती का रंग चढ़ाना

चाहते थे न कि दुश्मनी का। वह ब्रिटेनवासियों को भारतीयों का दुश्मन नहीं मानते थे वरन् असली दुश्मन वह आधुनिक सभ्यता को मानते थे, जिसने दोनों पक्षों को जकड़ा हुआ था।

6. वह हिन्द स्वराज के माध्यम से भारत को धर्म का एक ऐसा आधुनिकतम रूप देना चाहते थे जहाँ पर अंतिम व्यक्ति की आवाज़ का भी समान रूप से महत्त्व हो तथा वह भी विकास के सुफल का स्वाद रचा सके। "यद्यपि मैंने राजनीति की भाषा का प्रयोग किया है, परंतु वास्तव में मैं धर्म के बंधन में बंधा हूँ।" इस प्रकार गाँधी भारत पर ब्रिटिश उपनिवेशवाद को भारतीय सभ्यता के पूर्ण संभावनाओं के दोहन के लिए इस्तेमाल करना चाहते थे।

एंथनी जे. परेल"[12] ने इसके बाद गाँधी के हिन्द स्वराज के पीछे के ऐतिहासिक संदर्भों की पड़ताल की। इन संदर्भों में शामिल हैं–

1. सम्पूर्ण विश्व, विशेषकर पश्चिम पर आधुनिक औद्योगिक सभ्यता का बढ़ता प्रभाव। हिन्द स्वराज ने इस सभ्यता का विरोध किया और इसे शैतानी करार दिया। परेल के अनुसार, "हिन्द स्वराज ने आधुनिक सभ्यता की समालोचना कर आधुनिक राजनैतिक विचार व सिद्धान्त की एक महत्त्वपूर्ण योगदान दिया।" आधुनिक स्भ्यता की आलोचना के दौरान गाँधी का रुख नकारात्मक या प्रतिशोध भरा नहीं था। उन्होंने इसके ऐसे कई योगदानों की प्रशंसा की जिस पर भारतीय सभ्यता में अभाव या उस पर समुचित ध्यान नहीं दिया गया। इन योगदानों में कुछ प्रमुख थे–स्वतंत्रता, समानता, मानवाधिकार, गरीबों की आर्थिक दशा में सुधार की संभावनाओं की तलाश, महिला अधिकारों की स्वीकारोक्ति तथा धार्मिक सहनशीलता। उनकी आलोचना का मुख्य बिंदु इसकी प्रवृत्तियों को लेकर था जो कि उनके अनुसार स्वतंत्रता की अवधारणा और व्यवहार का निषेध करती थी तथा स्वराज के राह में रोड़े अटकाने का काम करती थी। यह कर्त्तव्यों के मूल्य पर अधिकारों को बढ़ावा देती थी। नैतिक और आध्यात्मिक प्रगति के स्थान पर आर्थिक प्रगति को तरजीह देती थी तथा विश्व को 'मैं' और 'तू' में विभाजित करती थी। इसके अलावा यह धर्म, राजनैतिक संवेदनशीलता, आर्थिक हैसियत, सैनिक ताकत, शिक्षा आदि को विभाजक के रूप में उपयोग करती थी, साथ ही इसका रुख मानवीय भाईचारा तथा वसुधैव कुटुम्ब+कम की अवधारणा का निषेध करने वाला था।
2. वास्तव में दक्षिण अफ्रीका में उन्हें इस बात का गहराई से अहसास हुआ कि सिर्फ़ औपनिवेशिक शासन ही भारतीयों की दुर्दशा का मूलकारण नहीं है और उन्होंने अपनी दृष्टि व्यापक करते हुए इस बात को महसूस किया कि आधुनिक सभ्यता के तौर-तरीके कहीं अधिक दोषी हैं, जिसने सम्पूर्ण मानवता को गले से जकड़ रखा है।

दक्षिण अफ्रीका ने गाँधी को संकुचित विचारों से मुक्त कर उन्हें नवीन दृष्टि प्रदान की। वहाँ पर वे न केवल बिना किसी सामाजिक व धार्मिक दबावों के अपना कार्य कर सकते थे वरन् अपने विचारों पर प्रयोग भी फीनिक्स आश्रम जैसे जगहों पर कर सकते थे।

3. तीसरे ऐतिहासिक संदर्भ के रूप में परेल उन घटनाओं पर अपनी दृष्टि दौड़ाते हैं, जिसके अंतर्गत उन प्रवासी भारतीयों का ज़िक्र आता था जो लंदन में रहते थे तथा ब्रिटिश शासन के ख़िलाफ़ हिंसक संघर्ष में विश्वास रखते थे। यहाँ गाँधी को कई क्रांतिकारियों के व्यक्तित्व व विचारों के समीप आने का मौका मिला, जो अन्ततः हिन्द स्वराज लिखने के लिए प्रेरित किया।
4. भारतीय राष्ट्रवादी आंदोलन भी एक महत्त्वपूर्ण ऐतिहासिक संदर्भ था, जिसके साँचे में हिन्द स्वराज लिखा गया।
5. पाश्चात्य लोगों, दार्शनिकों तथा विचारों से परिचय ने भी गाँधी के विचारों को समृद्ध तथा उत्कृष्ट किया जो बाद में हिन्द स्वराज में फलीभूत हुआ।

उपरोक्त वर्णित विचारों के निचोड़ के रूप में करीब 30 हजार शब्दों (96 पृष्ठ) में हिन्द स्वराज नाम की एक छोटी-सी पुस्तिका लिखी गई, जिसे गाँधी ने लंदन में निष्फल मिशन के उपरांत इंग्लैंड से दक्षिण अफ्रीका लौटते हुए जहाज एस.एस. किल्डोनन पर मूल गुजराती रूप में लिखा। पूरी रचना में से सिर्फ़ सोलह वाक्यों को हटाया गया तथा नाममात्र के कुछ शब्दों को ही यहाँ-वहाँ से हटाया गया।"[13] जैसा गाँधी ने स्वयं लिखा है –"मैंने सम्पूर्ण हिन्द स्वराज अपने प्रिय मित्र डॉ. प्राणजीवन मेहता के लिए लिखा। सभी तर्कों को दुबारा ज्यों का त्यों उनके साथ अपने पूर्व के वार्ता के आधार पर लिखा।"[14]

यह पुस्तक प्रथम बार इण्डियन ओपीनियन में धारावाहिक रूप में प्रकाशित हुआ तथा बाद में यह पुस्तक रूप में प्रकाशित हुआ, तथा बाद में यह पुस्तक रूप में प्रकाशित हुआ, जिसे मार्च, 1910 में बम्बई सरकार ने राजद्रोहात्मक मानकर प्रतिबंधित कर दिया।"[15] इसके बाद गाँधी ने नेटाल से इसका अंग्रेजी रूपांतर प्रकाशित कराकर इसके मूल विषय-वस्तु को स्पष्ट करने की कोशिश की तथा यह बताने का प्रयास किया कि यह किसी को हानि पहुँचाने के उद्देश्य से नहीं लिखा गया है। 21 दिसम्बर, 1938 को अन्ततः प्रतिबंध हटा लिया गया। जब गोखने ने इसके अनुवाद को देखा तो उन्होंने निष्ठुरतापूर्वक तुरंत इस बात की घोषणा कर दी कि गाँधी भारत में एक वर्ष प्रवास के बाद स्वयं ही इसे रद्दी की टोकरी में फेंक देंगे। 1921 में गाँधी ने कहा, "अपने महान गुरू के प्रति पूरा श्रद्धा रखते हुए मैं यह कह सकता हूँ कि उनकी भविष्यवाणी सत्य नहीं हुई।" गाँधी ने अपने विचार व्यक्त करते हुए कहा था–"मैं एक महिला मित्र के प्रति सम्मान व श्रद्धा रखते हुए सिर्फ़ एक शब्द को वापस लेता हूँ।"[16]

हिन्द स्वराज या भारतीय स्वशासन आधुनिक सभ्यता की कटु आलोचना करता है। यह 20 अध्यायों तथा दो परिशिष्टों में बंटा है। इसमें स्वराज, सभ्यता, वकील, डॉक्टर, मशीन, शिक्षा, निष्क्रिय प्रतिरोध तथा अन्य अनेक विषयों का ज़िक्र हुआ है। यह व्यावहारिक प्रश्नों को अत्यंत वैज्ञानिक और मौलिक रूप में उठाता है। संवाद के रूप में लिखी गयी यह किताब कुछ जगहों पर विलक्षणता की नई ऊँचाई तय करती जान पड़ती है। यह कार्यकर्ताओं के साथ उनके पारस्परिक संवादों का एक जीवंत रिकार्ड है, जिसमें एक प्रकट उग्रपंथी भी शामिल था। पुस्तक के विविध हिस्सों में चार मुख्य विषयों पर प्रकाश डाला गया है। यथा-

(क) मुख्य मुद्दे, हिंसा, शिक्षा व तकनीक

(ख) पार्लियामेण्ट, मशीनरी तथा स्वराज के प्रति कांग्रेसी दृष्टिकोण की आलोचना

(ग) गैर-पाश्चात्य सभ्यता के गैर-पाश्चात्य मापदंडों के संदर्भ में पाश्चात्य सभ्यता की आलोचना व उसका मूल्यांकन, हिन्द स्वराज की दृष्टि में, और

(घ) सुझाव।''[17]

हिन्द स्वराज उन सब तत्वों का सार है जिसे महात्मा गाँधी ने अपने 40 वर्ष की उम्र में पढ़ा, समझा, सोचा, चिन्तन किया तथा अनुभव किया। इंग्लैंड में अध्ययन करते हुए वे उदारपंथी और उग्रपंथी समूहों तथा व्यक्तियों के सम्पर्क में आए। वहीं पर उन्होंने व्यापक रूप से अध्ययन, चिंतन, मनन और प्रयोग करते हुए पाश्चात्य सभ्यता पर अपनी अनुभव मिश्रित राय कायम की। उनकी चिंतन व विचार प्रक्रिया को टॉलस्टॉय, रस्किन, थोरू व एडवर्ड कार्पेण्टर जैसे विभूतियों ने गहराई से प्रभावित किया। ये सारे विभूति औद्योगिक जीवन के कट्टर आलोचक तथा सादगी के पैरोकार थे।''[18]

गाँधी ने हिन्द स्वराज में मशीनरी, जो कि तकनीक का ही मुख्य अंग है, 'पर अपना प्रहार करते हुए इसे' आधुनिक सभ्यता का मुख्य प्रतीक माना तथा इसे एक महान पाप के रूप में चित्रित किया। हिन्द स्वराज में गाँधी ने पार्लियामेण्ट को ''एक वेश्या तथा एक बांझ स्त्री बताया। हिन्द स्वराज एक ऐसे आदर्श राज्य की ओर संकेत करता है जहाँ मशीनरी, रेलवे, डॉक्टर, वकील तथा इसी तरह के आधुनिक सभ्यता के अन्य प्रतीक चिन्हों का कोई स्थान नहीं होगा। यह रूसों का प्राकृतिक राज्य नहीं है वरन् मार्क्स का आदर्श समाज है, जिसमें राज्य तथा तकनीक के आधुनिक स्वरूपों का स्थान गौण से गौणतम होगा।''[19]

औद्योगिकीकरण के सम्पूर्ण प्रश्न पर गाँधी का चिन्तन दो समानान्तर धाराओं के साथ दौड़ता दिखता है। एक स्तर पर, गाँधी गरीबी व बेरोजगारी की समस्या को लेकर चिन्तित दिखते हैं। गाँधी की विचारधारा इस सम्बन्ध में काफी स्पष्ट थी। वह जानते थे कि औद्योगिकीकरण का पाश्चात्य स्वरूप प्रति व्यक्ति निवेश की मात्रा पर आधारित है जो कि भारत में तब तक संभव नहीं था जब तक यह पूर्णतया अधिशासी

या तानाशाही तरीकों का इस्तेमाल न करें। गाँधी का लक्ष्य कुटीर तथा ग्रामीण उद्योग को पुनः जीवित करना था। दूसरे शब्दों में कहें तो वह कुटीर तथा हस्तशिल्प उद्योगों द्वारा ग्रामीण अर्थव्यवस्था को पुनः पटरी पर लाना चाहते थे यानी 'गांवों का पुनः उदय' इसका यह मतलब कदापि नहीं है कि गाँधी गांवों में उत्पादन के लिए भूतकाल के आदिम-तौर-तरीकों के इस्तेमाल के पक्षधर थे। वह ग्रामीण शिल्प में सुधार के उस प्रत्येक प्रयास का स्वागत करने के लिए तत्पर रहते थे जो उत्पादकता में वृद्धि कर सकने में समर्थ था। इसके साथ एकमात्र शर्त यह भी कि इससे लोगों का रोजगार न छीने। यहाँ तक कि उन्हें ऊर्जा के उपयोग को स्वीकार करने में भी कोई गुरेज न था और वे इसके इच्छुक भी थे, बशर्ते यह ग्रामीण उद्योगों के लिए सहायक व उपयोगी हो तथा पवन प्लाण्ट पर गांव का अधिकार हो। दूसरे स्तर पर हम देखते हैं कि गाँधी का औद्योगिकीकरण के पाश्चात्य स्वरूप पर मतभेद मौलिक था। इस परिप्रेक्ष्य में उनका रुख मार्क्सवादी व उदारवादी रवैयों से भिन्न हो जाता है। मार्क्सवाद तथा उदारवाद जीवन के उपयोगी या भौतिक स्तर में लगातार वृद्धि का पक्षधर था और इस स्तर की प्राप्ति के लिए वे प्राकृतिक संसाधनों, खनिजों तथा जीवाश्म इंधनों के अत्यधिक दोहन पर निर्भर करते थे।

यह प्रवृत्ति मशीनीकरण को बढ़ावा देने वाली थी, जिसे गाँधी माशीनों के प्रति सनक मानते थे। औद्योगिकीकरण के इस स्तर को प्राप्त करने के लिए इस तरह कृषि की महत्ता निर्णयक हो जाती थी। कृषि के असीमित व अनियमित दोहन के परिणामस्वरूप गांवों का उजड़ना तथा वहाँ के लोगों का कंगाल होना अवश्यंभावी है और इस कंगाली की राह निश्चित रूप से भीड़ भरे शहरों के सीलन भरे झुग्गी-झोपड़ियों के अमानवीय परिस्थिति में खत्म होती है। इन सबके निचोड़ के रूप में हमारे सामने आता है शहरीकरण में दानवी वृद्धि की ऐसी अनियमित व ताबड़-तोड़ प्रक्रिया जो अपराध, वेश्यावृत्ति और इस तरह के न जाने कितने अनगिनत बुराईयों को जन्म देती है और अन्ततः एक 'स्ट्रीट कॉर्नर समाज' को जन्म देती है।"[20]

आधुनिक तकनीकी की आलोचना करते हुए गाँधी एक अत्यंत ही महत्त्वपूर्ण तथ्य की ओर संकेत करते हैं। उनका संकेत उन तत्वों की ओर है जो राष्ट्रों के बीच मतभेद, द्वन्द्व और अन्ततः युद्ध के बीज बोता है। हाल ही में ब्रिटेन के अत्यंत ही प्रतिष्ठित 33 वैज्ञानिकों द्वारा जारी 'उत्तरजीविता की रूपरेखा' नामक एक वक्तव्य, जो तकनीक पर दिनों दिन बढ़ती निर्भरता पर प्रश्न खड़ा करता है, ने गाँधी की आधुनिक तकनीक की आलोचना को और पुख्ता किया है। चूँकि तकनीक प्राकृतिक संसाधनों के अधिकाधिक दोहन को प्रेरित करती है सो आलोचक इस बात की ओर संकेत करते हैं कि क्योंकि ये संसाधन सीमित हैं, सो वर्तमान, तथाकथित सभ्यता का पूरा ढाँचा बर्बादी के कगार पर है या उस ओर अपने कदम तेजी से बढ़ा रहा है। गाँधी ने इसी अंधाधुंध मशीनीकरण के प्रति आगाह किया था।"[21]

ऐसा नहीं था कि गाँधी विज्ञान के विरोधी थे। आधुनिक विज्ञान दो मूल तत्वों पर आधारित है। पहला तत्व वह वैज्ञानिक विचारधारा है जो यथार्थ की प्रकृति को भेदना चाहता है, ब्रह्माण्ड की समस्याओं में गहरी पैठ करना चाहता है, दार्शनिक प्रवृत्ति के मुद्दों को उठाकर उसे अपने प्रयोगों के द्वारा स्थापित या खारिज करना चाहता है, तथा ब्रह्माण्ड व व्यक्ति तथा आत्मा व परमात्मा के एकीकरण के लिए यथार्थ के गहरे सागर में पैठ करना चाहता है। लेकिन विज्ञान का एक दूसरा रूप भी है जो अपने ज्ञान व कौशल का उपयोग मानवजाति के भौतिक जरूरतों को पूरा करने के लिए करना चाहता है।''[22]

गाँधी ने इसी प्रवृत्ति पर आगाह करते हुए संयम का सुझाव दिया। इसी संदर्भ में गाँधी ने विज्ञान के उस आयाम को अपनी स्वीकृति प्रदान की जिसमें इसकी उपयोगिता का मानव, समाज व प्रकृति के बहुआयामी सम्बन्धों के परिप्रेक्ष्य में मूल्याँकन सुनिश्चित हो। वर्तमान में हम सभ्यता मूलक संकट के दौर से गुजर रहे हैं। यह संकट इसलिए आया है क्योंकि मशीन तकनीक का पूरा तंत्र संकट में है और आज संवेदनशील व जागरूक लोगों के अलावा वैज्ञानिक समुदाय तथा अन्य लोग भी हमें वर्तमान व आगामी संकट के प्रति आगाह कर रहे हैं। गाँधी शायद वर्तमान सदी के पहले व्यक्ति थे जिन्होंने तकनीकी प्रगति के व्यापक व गहरे निहितार्थों को गहराई से समझा था। सम्पूर्ण रूप से देखें तो उनकी प्रतिक्रिया सावधानी, संयम व सीमा निर्धारण भी। इसकी उत्पत्ति हिन्द स्वराज में भारतीय सभ्यता बनाम पाश्चात्य सभ्यता को लेकर हुई। गाँधी के विचारों का पल्लवन व पुष्पन वैश्विक विकासों (दोनों विश्वयुद्ध शामिल) के व्यापक दायरों में हुआ। उन्होंने अपनी प्रतिक्रिया को वैश्विक चरित्र प्रदान किया तथा उसमें पूरी मानव जाति को शामिल किया।''[23]

गाँधी इसे अपने दार्शनिक विचारों के साथ आसानी से समायोजित कर सकते थे और इस समायोजन व समन्वयन के परिणामस्वरूप वर्तमान सभ्यता मूलक संकट का समाधान उभरकर सामने आया। अब हम गाँधीवादी पद्धति के आधारभूत अवयवों की रूपरेखा तय कर सकते हैं। गाँधी ने मानव के सभी सामाजिक, आर्थिक तथा राजनीतिक विकास का केंद्र बिन्दु बनकर उभरता था। यह मानव आध्यात्मिक मानव होता था जो अपने समुदाय और परिवेश के साथ अटूट रूप से जुड़ा होता था।''[24]

हिन्द स्वराज जीवन के बड़े पैमाने पर अंधाधुंध मशीनीकरण के ख़िलाफ़ चेतावनी तथा भविष्य का संकेतक है। जैसाकि हमने पहले ही संकेत किया है कि हिन्द स्वराज में प्रस्तुत मॉडल स्थायी नहीं है। बल्कि इसके उलट यह समय के साथ गाँधी के वैश्विक होती सोच के साथ परिवर्धित, सवर्धित तथा गतिशील होता जाता है। अतः हिन्द स्वराज को गाँधी विचारों के उस ढाँचे के अंतर्गत रखा जाना चाहिए जहाँ यह उनके सक्रिय जीवन के साथ-साथ विकसित व परिपक्व होता है।

हिन्द स्वराज में गाँधी के उस वाद-विवाद को पुनः जीवन प्रदान किया जिसने उन्नीसवीं शताब्दी के उत्तरार्ध में भारतीय मानव को आंदोलित किया था तथा उन्होंने इसके माध्यम से पाश्चात्य सभ्यता के ख़िलाफ़ अपनी आवाज़ बुलंद की। उन्होंने एक नियामक व संतुलित समाज की रूपरेखा भी सामने रखी, जिसकी जड़े भारत की भूतकालीन सभ्यता और उसके मूल्यों में टिकी थी। गाँधी ने भारतीय सभ्यता की प्रासंगिकता व महत्ता को पुनर्जीवन प्रयास करते हुए यह कहा कि दीर्घकालीन हित में भारत के विकास व समृद्धि के अगले दौर को सुनिश्चित करने के लिए इसे हम प्रारंभिक कदम के रूप में समायोजित कर सकते हैं।''[25]

दो अन्य तत्वों ने हिन्द स्वराज की रूपरेखा व विषय-वस्तु निर्धारित की। लंदन में रह रहे देशभक्त भारतीय इस निष्कर्ष के करीब पहुँचे कि ''ब्रिटेन के औपनिवेशिक साम्राज्य को ध्वस्त करने के लिए भारत को भी हिंसा के आधुनिक तौर-तरीकों तथा आधुनिक सभ्यता को गले लगाना चाहिए।''[26]

दक्षिण अफ्रीका में अपने प्रयोगों के आधार पर गाँधी ने जीवन के प्रति एक भिन्न रवैये का विकास किया! वे देशभक्त भारतीयों के रोग निदान के उनके तरीकों से असहमत थे।''[27] स्पष्टीकरण के तौर पर यह बात मार्के की है कि गाँधी द्वारा रेलवे, वकील, डॉक्टर, पार्लियामेण्ट, मशीनरी तथा पशुबल की आलोचना को हमें अक्षरशः नहीं लेना चाहिए। इसका सिर्फ़ सांकेतिक या रूपांतरित महत्तव है। गाँधी द्वारा व्यक्त विचारों के कहीं अधिक व्यापक व गूढ़ अर्थ थे।''[28] गाँधी ने 'छुटकारा'[29] नाम से 19 बिंदु कार्यक्रमों का प्रतिपादन किया।

गाँधी ने हिन्द स्वराज में निम्न विषयों के अंतर्गत पाश्चात्य सभ्यता की कटु आलोचना की, जो है–1. औपनिवेशिक साम्राज्यवाद, 2. औद्योगिक पूंजीवाद और 3. तर्कणावादी उपभोक्तावाद।''[30] गाँधी के अनुसार भारत में उपनिवेशवाद की विजय का कारण उसकी शक्ति नहीं वरन् भारतीयों में व्याप्त दुर्बलता व दुर्बल भावना थी। जिसने विदेशी ताकतों को पैर जमाने का मौका दे दिया। गाँधी पहले व्यक्ति थे जिन्होंने भारत में उपनिवेशवाद को भारत के 'नैतिक ह्रास' का परिणाम बताया। जिसने लगभग सम्पूर्ण भारत को अपने आगोश में समेट लिया था।''[31] भारत में औपनिवेशिक साम्राज्य की वजह नैतिक दुर्बलता को बताते हुए गाँधी ने तर्क किया। ''अंग्रेजों ने भारत को अपने कब्जे में नहीं लिया वरन् हमने उसे तोहफे में दे दिया। वे यहाँ अपनी ताकत की वजह से नहीं है वरन् हम लोगों ने उनकी जड़ को सिंचित किया है और लगातार सिंचित कर रहे हैं।''[32] गाँधी के अनुसार भारत में ब्रिटिश विजय की आधारशिला हमारे नैतिक क्षरण के परिणामस्वरूप रखी गई और वह हमारे नैतिकता के गिरते स्तर के साथ-साथ गहरी व स्थायी होती गई। हिन्द स्वराज में गाँधी ने उपनिवेशवाद के अतिश्योक्तिपूर्ण पुरुष प्रधान वैश्विक दृष्टिकोण का सबसे प्रभावी पार-सांस्कृतिक प्रतिरोध प्रस्तुत किया।''[33] दूसरे शब्दों में, हिन्द स्वराज

औद्योगिक पूंजीवाद के रूप में पैर पसार रही विकृति का सबसे सटीक, प्रभावी व रचनात्मक जवाब है।''[34] गाँधी के लिए औद्योगिकीकरण हमें पाश्चात्य सभ्यता का मुख्य संचालन बना रहा। (मशीनरी, आधुनिक सभ्यता का सबसे प्रधान प्रतीक है) यह एक महान पाप का प्रतिनिधित्व करता है—यदि मशीनों के प्रति हमारे देश में सनक पैदा होती है तो हम अपनी भूमि को दुःखों के मलबों के रूप में बदल देंगे)।''[35] यह अत्यंत आवश्यक है कि हम बुराई के प्रतीक मशीनों की पहचान समय रहते कर लें। इससे हम धीरे-धीरे उससे दूर हो सकेंगे तथा उसके बिना कार्य कर सकेंगे। यदि हम मशीनों को आशीर्वाद के बजाय अभिशाप मान लें तो इसका अंत स्वयंमेव हो जाएगा।''[36] गाँधी के अनुसार सांप का ज़हर, मिल उद्योग से कहीं कम खतरनाक है क्योंकि पहले वाला तो सिर्फ़ शारीरिक नुकसान ही करता है लेकिन बाद वाला हमारे तन-मन और आत्मा तीनों को नष्ट कर देता है।''[37] गाँधी के अनुसार एक सच्ची सभ्यता और मशीन पर आधारित एक सभ्यता के बीच का द्वन्द्व सदैव बना रहेगा। जहाँ पहले का आधार वाक्य धर्म के गर्भ से निकली नैतिकता का बीज मंत्र है वहीं दूसरे का आधार वाक्य तर्कणावादी उपभोक्तावाद है। आधुनिक सभ्यता में अर्थ और काम का सबन्ध धर्म से बिल्कुल विच्छेद हो जाता है क्योंकि इसमें उपभोक्तावाद ही सर्वोपरि हो जाती है।

एक ओर, हिन्द स्वराज पाश्चात्य सभ्यता के सैद्धातिक आधार को रचनात्मक चुनौती है। हिन्दू धर्म व उसकी समृद्ध परंपराओं से सभ्यतामूलक संसाधनों का भरपूर उपयोग करते हुए गाँधी ने उपनिवेशवाद व औद्योगिक पूंजीवाद को परिकल्पित करने के लिए एक नवीन सैद्धांतिक ढांचे का प्रतिपादन किया। वहीं दूसरी ओर उन्होंने कुछ मौलिक अवधारणाओं का विकास किया जो बाद में गाँधीवाद कहलाया। स्वराज, स्वदेशी और सत्य ऐसे तीन महत्त्वपूर्ण विषय थे जिसकी उपस्थिति न केवल उनकी रचनाओं में दिखती है। वरन् उनके सार्वजनिक जीवन में भी यह पूरी सत्यता के साथ दिखता है। सो गाँधी के लिए स्वतंत्रता का मतलब भारत की आध्यात्मिक आज़ादी से था और ऐसी आज़ादी का द्वार प्रत्येक व्यक्ति की सोच में मौलिक परिवर्तन से ही संभव था। स्वदेशी, जिसका मतलब आत्मसम्मान, आत्मानुभूति तथा आत्मनिर्भरता था, उत्पादन के पारंपरिक व स्वदेशी तकनीकों का महिमा मंडल मात्र नहीं था। वरन् इसका तात्पर्य एक ऐसे रचनात्मक अनुप्रयोग से था जो उपलब्ध संसाधनों का महत्तम उपयोग जनकल्याण अर्थपूर्ण ढंग से कर सके। उनके विमर्श का मुद्दा यह नहीं था कि 'भारत को तकनीक की जरूरत है या नहीं वरन् उनके लिए मुख्य मुद्दा था' भारतीय जरूरतों के अनुरूप तकनीक'। सत्य और अहिंसा, सात्विक ताकत यानी सत्यबल के मुख्य अस्त्र है, ये दोनों मिलकर सत्याग्रह की रचना करते हैं। इसमें अधिकारों की प्राप्ति के लिए व्यक्तिगत दुःख भोग को तरजीह दी जाती थी और उसे उद्देश्य प्राप्ति हेतु जरूरी माना जाता था। सत्याग्रह तर्कणा, नैतिकता व

राजनीति का सम्मिलित देशी रूप था। इसके द्वारा विरोधियों के दिल और दिमाग के मर्म तक पहुँचकर उसे मथने की कोशिश की जाती थी।''[39]

हिन्द स्वराज की विषय वस्तु

गीता में 18 अध्याय हैं, उसी प्रकार हिन्द स्वराज में 20अध्याय हैं। शुरूआत के तीन अध्यायों में भारतीय राष्ट्रीय कांग्रेस तथा भारतीय जन जागरूकता का ज़िक्र आया है। पहले अध्याय का शीर्षक 'कांग्रेस और उसके कर्ता-धार्ता' है। इस अध्याय में गाँधी अपनी दृष्टि में आम आदमी व लोकपक्ष का तर्क प्रस्तुत करते हैं। हिन्द स्वराज का दूसरा अध्याय 'बंग-भंग' एवं तीसरे अध्याय 'अशांति और असंतोष' आपस में जुड़ा हुआ है। दूसरे अध्याय में अंग्रेजी हुकूमत द्वारा बंगाल का बंटवारा (1905) और तीसरे अध्याय में बंग भंग के बारे में अंग्रेज सरकार के निर्णय के उपरांत पूरे देश और खासकर बंगाल में पैदा हुए ''अशांति और असंतोष'' के बारे में अपना विश्लेषण प्रस्तुत किया है। हिन्द स्वराज के दूसरे अध्याय में 'बंग-भंग' के बारे में गाँधी कहते हैं ''स्वराज के बारे में सही जागृति के दर्शन बंग-भंग से हुई। प्रजा एक दिन में नहीं बनती, उसे बनाने में कई बरस लग जाते हैं।'' तीसरे अध्याय में बंगाल विभाजन के परिणामस्वरूप उपजे अशांति एवं असंतोष के बारे में अपने विश्लेषण में गाँधी कहते हैं कि नींद और जागने की प्रक्रिया में अंगड़ाई की स्थिति स्वभावित होती है ठीक उसी प्रकार गुलामी की प्रक्रिया में सुप्त चेतना और आत्म चेतना के बीच अशांति और असंतोष भी स्वाभाविक है। ए.ओ. ह्यूम हमेशा कहते थे कि हिन्दुस्तान में असंतोष फैलाने की जरूरत है। यह असंतोष बहुत उपयोगी चीज है। इसलिए हर एक सुधार के पहले असंतोष होना ही चाहिए। इससे यह स्पष्ट है कि गाँधी बंग-भंग को न सिर्फ़ स्वाभाविक बल्कि ग्राह्य भी मानते हैं। ह्यूम भारतीय समाज में भारतीय संस्कृति, रीति-रिवाज़ों एवं धार्मिक मान्यताओं के प्रति असंतोष बढ़ाना चाहते थे। वे लोग मानते थे कि भारत यदि गुलाम बना तो इसका कारण भारतीय संस्कृति की हीनता एवं अंग्रेजों की संस्कृति की श्रेष्ठता रही है। अतः अगर भारतीयों को विकसित होना है तो केवल ज्यादा संवैधानिक एवं राजनैतिक अधिकार प्राप्त करने से बात नहीं बनेगी बल्कि भारत की सामाजिक, सांस्कृतिक, धार्मिक हालत के प्रति भारतीयों में असंतोष बढ़ाना भी आवश्यक है ताकि वे यूरोपीय मापदंडों पर सुधर सकें या सुधारकों द्वारा सुधारे जा सकें।

अध्याय चार, 'स्वराज्य क्या है?' इस अध्याय से हिन्द स्वराज का असली एजेंडा, असली ब्लू प्रिंट, असली मेनिफेस्टो, असली घोषणा-पत्र शुरू होता है। वास्तव में पहले तीन अध्याय संदर्भ प्रस्तुत करते हैं। भूमिका बनाते हैं या दूसरे शब्दों में कहें तो पृष्ठभूमि तैयार करते हैं। शेष सोलह अध्याय विषय की प्रस्तुति करते हैं तथा अन्तिम अध्याय में पूरी पुस्तक का सार-संक्षेप है।

चौथे अध्याय में गाँधी स्वराज का अर्थ एवं प्रकृति समझाते हैं। उनका कहना है कि यह समझना बहुत आवश्यक है कि देश से अंग्रेजों को क्यों निकाला जाना चाहिए। गाँधी कहते हैं कि इंग्लैंड में जो राज्य चलता है वह ठीक नहीं है और हमारे लायक नहीं है। इंग्लैंड की संसद तो बांझ और वेश्या है। इस अध्याय में गाँधी ने आधुनिक प्रजातंत्र की संसदीय प्रणाली की बहुत सही और कटु आलोचना प्रस्तुत की है। इस आलोचना का महत्त्व समकालीन भारतीय संदर्भ में और भी बढ़ गया है। वास्तव में इस अध्याय में अंग्रेजी राज के विधान को अपने तर्क से नकारते हैं।

छठे अध्याय का शीर्षक है–'सभ्यता का दर्शन।' इस अध्याय का सैद्धांतिक आधार एक ओर सनातन भारतीय सभ्यता की उनकी अपनी समझ है जो मूलतः उनकी (गाँधी) व्यक्तिगत अनुभूतियों पर आधारित, तो दूसरी ओर यह प्लेटो, रस्किन, थोरे और टॉलसटॉय की रचनाओं से भी प्रभावित है। भारतीय दृष्टि से यूरोपीय सभ्यता की प्रारम्भिक सैद्धांतिक आलोचना है। आधुनिक सभ्यता की इतनी सटीक, इतनी कटु, इतनी सरल भाषा में और इतनी कलात्मक आलोचना अन्यत्र नहीं मिलती।

'हिन्दुस्तान कैसे गया?' का वर्णन अध्याय सात में हैं। सातवें अध्याय में गाँधी पिछले अध्याय के अपने तर्क को आगे बढ़ाते हैं। इस अध्याय का शीर्षक गाँधी ने स्पष्ट किया कि हम लोग अपनी पारंपरिक संस्कृति की आंतरिक कमियों या समाज व्यवस्था की रणनीतिक कमजोरियों के कारण या अंग्रेजी संस्कृति की आंतरिक शक्ति या उनकी समाज व्यवस्था की आंतरिक गुणवत्ता के कारण नहीं हारे हैं बल्कि हमारे प्रभुत्व वर्ग और उभरते हुए मध्य वर्ग के लोभ और लालच के कारण बिना संघर्ष किये एक स्वैच्छिक समझौते के तहत हारे हैं। अंग्रेजी राज अधार्मिक, अनैतिक एवं चालबाज सभ्यता की उपज है जो लोभ, लालच और अनैतिक समझौतों का प्रचार करती है और एक साजिश के तहत हमारे शासक एवं व्यापारी वर्ग को रिझाकर अपना उल्लू सीधा करती है। गाँधी का मानना था कि अंग्रेजों को यहाँ लाने वाले हम ही हैं और वे हमारी बदौलत ही यहाँ रहते हैं। हमने उनकी सभ्यता अपनायी है, इसलिए वे यहाँ रह रहे हैं। जिस दिन एक देश के रूप में हिन्दुस्तान का स्वाभिमान जाग गया और हमने उनकी सभ्यता अपनायी है, इसलिए वे यहाँ रह रहे हैं। जिस दिन एक देश के रूप में हिन्दुस्तान का स्वाभिमान जाग गया और हमने उनकी शैतानी सभ्यता का आकर्षण त्याग दिया उसी क्षण हमें गुलामी से आज़ादी मिल जायेगी। वास्तव में अस अध्याय में हिन्दुस्तान अंग्रेजों के हाथ में क्यों है, इसकी सूक्ष्म व्याख्या की गई है।

आठ से ग्यारह अध्याय तक गाँधी हिन्दुस्तान की दशा की व्याख्या करते हैं। अध्याय आठ में गाँधी कहते हैं कि 'आज हिन्दुस्तान की रंक (कंगाल) दशा हैं।' हिन्दुस्तान अंग्रेजों से नहीं। बल्कि आजकल की सभ्यता से कुचला जा रहा है, उसकी चपेट में वह फंस गया हैं। उसमें से बचने का अभी भी उपाय है, लेकिन दिन-ब-दिन समय बीतता जा रहा है। मुझे तो धर्म प्यारा है। हिन्दुस्तान धर्म भ्रष्ट होता जा रहा

है। धर्म का अर्थ मैं यहाँ हिन्दू, मुस्लिम या जरथोस्ती धर्म नहीं करता लेकिन इन सब धर्मों के अंदर जो धर्म है वह हिन्दुस्तान से जा रहा है। हम ईश्वर से विमुख होते जा रहे हैं। धर्म से विमुखता गाँधी की पहली चिन्ता है। दूसरी चिन्ता गाँधी की यह है कि आधुनिक लोग हिन्दुस्तान पर यह तोहमत लगाते हैं कि हम आलसी हैं और गोरे लोग मेहनती और उत्साही हैं। गाँधी आगे कहते हैं कि हिन्दुस्तानी लोगों ने इस झूठी तोहमत को सच मान लिया है और आधुनिक मानदंडों पर खरा उतरने के लिए अनावश्यक रूप से गलत दिशा में प्रयत्नशील हो गये हैं। हिन्दू, मुस्लिम, जरथोस्त्री, ईसाई सब धर्म सिखाते हैं कि हमें दुनियावी बातों के बारे में मंद और धार्मिक (दोनों) बातों के बारे में उत्साही रहना चाहिए। हमें अपने सांसारिक लोभ, लालच और स्वार्थ की सीमा बांधनी चाहिए और आत्मविकास एवं सांस्कृतिक परिस्कार पर ज्यादा ध्यान केंद्रित करना चाहिए। गाँधी बल देकर कहते हैं कि जैसा पांखड आधुनिक सभ्यता में पाया जाता है उसकी तुलना में सभी धर्मों में पाया जाने वाला व्यावहारिक पाखंड कम खतरनाक और कम दुःखदायी होता है। आधुनिक सभ्यता एक प्रकार का मीठा ज़हर है। उसका असर जान हम जानेंगे तब पुराने बहमों और धार्मिक पाखंड इसके मुकाबले मीठे लगेंगे। आधुनिक सभ्यता के बहमों और पाखंडों से आधुनिक सभ्यता में आस्था रखने वाले लोगों को लड़ने का कोई कारण नज़र नहीं आता। जबकि सभी धर्मों के भीतर धर्म और पाखंड के बीच धार्मिक संघर्ष सदैव चलता रहा है। गाँधी की तीसरी चिंता यह है कि कुछ लोगों को अभी भी भ्रम है। अंग्रेजों ने हिन्दुस्तान में शांति एवं सुव्यवस्था कायम की है और अंग्रेज नहीं होते तो ठग, पिंडारी, भील आदि आम आदमियों को जीना नामुमकिन कर देते। गाँधी इसे भी अंग्रेजी राज प्रेरित आधुनिक कुप्रचार मानते हैं। इन सबका इस अध्याय में गहराई से विचार किया गया है।

इसी क्रम को नवें अध्याय में 'हिन्दुस्तान की दशा' की व्याख्या करते हुए रेलगाड़ियों के महत्त्व पर प्रकाश डालते हैं। हिन्दुस्तान की तत्कालीन दशा के बारे में गाँधी की चौथी चिन्ता यह है कि वास्तव में जिन चीजों ने हिन्दुस्तान को कंगाल बनाने में सबसे बड़ी भूमिका निभायी है उसे ही हम लोगों ने लाभकारी मानना शुरू कर दिया है। हिन्दुस्तान को रेलों ने, वकीलों ने और डॉक्टरों ने कंगाल बना दिया है। गाँधी की दृष्टि में आधुनिक सभ्यता एक अदृश्य रोग है। इसका नुकसान मुश्किल से मालूम हो सकता है। इस अध्याय का मूल उद्देश्य आधुनिक सभ्यता के तकनीकी आधार पर सूक्ष्म आलोचना है। इसमें गाँधी कहना चाहते हैं कि किसी भी सच्ची, अच्छी और कल्याणकारी सभ्यता का आधार धर्म, नीति और मूल्य होते हैं तथा यंत्रों, तकनीकों एवं मशीनों का उपयोग मात्र साधन के रूप में होता है। जबकि आधुनिक सभ्यता का आधार धर्म, नीति और मूल्य होते हैं तथा यंत्रों, तकनीकों एवं मशीनों का उपयोग मात्र साधन के रूप में होता है। जबकि आधुनिक

सभ्यता का आधार मूल्य, नीति और धर्म के बदले आधुनिक तकनीक वाला मशीन बन जाता है। गाँधी तकनीक की सांस्कृतिक उपयुक्तता का प्रश्न उठाते हैं। उनका मानना है कि मनुष्य के जीवन, आकांक्षा, सुख-दुःख, सफलता-असफलता, हानि-लाभ, प्रगति-पतन जैसे मूल विषयों को जन मूल्यों के स्थान पर तकनीक परिभाषित करने लगते हैं तब सभ्यता पर असली संकट आता है। गाँधी के तर्क में दम तो है परंतु पिछले अध्यायों के तर्क से थोड़ी असंगति भी दिखती है।

गाँधी की पांचवी चिंता यह है कि लोग अंग्रेजों के इस कुप्रचार को सच मानते हैं कि हिन्दुस्तानी लोग अंग्रेजों और रेलवे के आने से पहले एक राष्ट्र नहीं थे और एक राष्ट्र बनाने में हम लोगों को सैकड़ों बरस लगेंगे। गाँधी साफ-साफ कहते हैं कि यह बिल्कुल बेबुनियाद बात है। जब अंग्रेज हिन्दुस्तान में नहीं थे तब भी हम एक राष्ट्र थे। हमारे विचार एक थे। हमारा रहन-सहन एक था। तभी तो अंग्रेजों ने यहाँ एक राज्य कायम किया। हमारे बीच भेद तो बाद में उन्होंने ही पैदा किया। एक राष्ट्र का अर्थ यह नहीं कि हमारे बीच कोई मतभेद नहीं था। परंतु हमारे यहाँ रेलवे नहीं थी लेकिन हमारे समाज के प्रमुख लोग पैदल या बैलगाड़ी में हिन्दुस्तान का सफर करते थे। वे लोग एक-दूसरे की भाषा सीखते थे। देश के चारों कोनों तक लोग तीर्थ करने जाते थे। हमारे यहाँ एकता के सूत्र अलग प्रकार के रहे हैं।

हिन्द स्वराज के दसवें अध्याय में गाँधी हिन्दुस्तान में हिन्दु-मुस्लिम सम्बन्धों की दशा और दिशा की समालोचना करते हैं। हिन्दुस्तान की तत्कालीन दशा के बारे में गाँधी की छठी चिंता यह है कि विदेशी शिक्षा और कुप्रचार के प्रभाव में कुछ लोग मानने लगे हैं कि भारत में हिन्दू मुसलमान कभी मिलकर नहीं रह सकते। यह एक काल्पनिक मिथ् है। हिन्दुस्तान में इसलिए सभी धर्मों और षास्त्रों के लिए स्थान है। यहाँ राष्ट्र सभ्यतामूलक अवधारणा है। राष्ट्र या सभ्यता का अर्थ यहाँ तात्विक रूप से सदैव विश्व व्यवस्था या 'वसुधैव कुटुम्बकम' के रूप में रहा है। नये धर्मों या विदेशी धर्मों एवं उनके अनुयायियों के प्रवेश से यह राष्ट्र कभी आतंकित और चिंतित नहीं होता। यह एक सनातन सभ्यता है, सनातन राष्ट्र है। यह अंततः मिटने वाला नहीं है। जो नये लोग इसमें दाखिल होते हैं, वे इस राष्ट्र की प्रजा को तोड़ नहीं सकते, वे इसकी प्रजा में अंततः घुल-मिल जाते हैं। हिन्दुस्तान ऐसा रहा है और आज भी ऐसा ही है। गाँधी ने स्पष्ट किया कि पूजा-पद्धति, रीति-रिवाज़ और उपासना की सांप्रदायिक व्यवस्था के स्तर पर हिन्दू-मुसलमानों में अंतर अवश्य है परंतु यह अंतर उन्हें दो राष्ट्रों की प्रजा नहीं बना सकती। 1947 में देश के बंटवारे के अवसर पर भी गाँधी ने नहीं माना कि दो राज्य बनने से भारत और पाकिस्तान नामक दो राष्ट्र बन गए। वे हमेशा मानते रहे कि भारत में राष्ट्र की अवधारणा समयतामूलक रही है, एक प्रकार की भू-सांस्कृतिक अवधारणा रही है और समय-समय पर इसमें न सिर्फ़ एक से अधिक राज्य होते रहे हैं बल्कि उनके बीच राजनैतिक शत्रुता भी रही

है। गाँधी का मत था कि बंटवारे के बावजूद भारत और पाकिस्तान के हिंदू-मुसलमान एक ही सभ्यता के अंग रहेंगे।

हिन्द स्वराज के ग्यारहवें अध्याय में वे तत्कालीन हिन्दुस्तानी समाज में वकीलों, जजों और आधुनिक न्यायालयों के द्वारा ब्रिटिश राज के संवर्धन की समालोचना करते हैं। उस समय के हिन्दुस्तानी समाज के बारे में गाँधी की सातवीं चिंता भारतीय समाज में वकीलों के बढ़ते महत्त्व को लेकर है। उनकी राय में वकीलों ने हिन्दुस्तान को गुलाम बनाने में महत्त्वपूर्ण भूमिका निभायी है। इस अध्याय में गाँधी भारतीय वकीलों के सुप्त राष्ट्रवाद को जगाकर उन्हें अंग्रेजों से असहयोग करने के लिए प्रेरित करते हैं।

हिन्द स्वराज के बारहवें अध्याय में वे हिन्दुस्तान की तत्कालीन दशा से सम्बन्धित अपना पांचवा लेख 'डॉक्टर' शीर्षक से पूरा करते हैं। इस दृष्टि से पांच लेखों के अंतर्गत गाँधी की आठवीं चिंता वकीलों, डॉक्टरों जैसे नये पेशों के प्रचार-प्रसार के बहाने अनीति और अधर्म के नये-नये क्षेत्रों में प्रचार-प्रसार को लेकर है। इस अध्याय को बहुत ध्यान और गहराई वे पढ़ने की आवश्यकता है। वर्‌ना बहुत से लोग खासकर नयी पीढ़ी इस अध्याय के रणनीतिक निहितार्थ को समझ नहीं पायेगी और गाँधी के तर्क उन्हें बहुत हल्के, यहाँ तक कि बेतुके व बेबुनियादी नजर आयेंगे। इस अध्याय के संदर्भ पर ध्यान देना जरूरी है। इसमें अंग्रेजी राज के विरुद्ध और हिन्दुस्तानी सभ्यता में स्वराज की प्राप्ति की दृष्टि में गाँधी अपना आठवां तर्क और अंतिम चिंता प्रस्तुत करते हैं। अंग्रेजी राज और आधुनिक सभ्यता के ख़िलाफ़ यह अध्याय गाँधी के तरकश का अंतिम बाण है। इस अध्याय में अंग्रेजी राज में डॉक्टरों की भूमिका की वे सरल भाषा में समालोचना प्रस्तुत करते हैं। यह अध्याय अपने समय से काफी पहले उत्तर आधुनिक तर्कों के आधार पर हर व्यक्ति को अपना डॉक्टर खुद बनने, अपने शरीर के स्वभाव और जरूरतों को समझकर अपने रोगों का खुद इलाज करने और अपने सर्वांगीण स्वास्थ्य का खुद ख्याल रखने की अपील करता है। साथ ही साथ अंग्रेजी राज के हिन्दुस्तान में बने रहने का अंतिम और सबसे मजबूत नैतिक स्तंम्भ ढहाने की कोशिश करता है।

भारत की दयनीय हालत का वर्णन अध्याय 01 से 12 के बीच किया गया है। अध्याय 13 में इस प्रश्न का उत्तर दिया गया है कि क्योंकि गाँधी भारतीय सभ्यता को सही मायनों में एक आधुनिक सभ्यता मानते थे। सत्याग्रह या निष्क्रिय प्रतिरोध की संभावनाओं पर रोशनी अध्याय 14 से 17 के बीच में डाली गई है। अध्याय 18 से 19 में आधुनिक शिक्षा व तकनीक से सम्बन्धित विभिन्न समस्याओं की गहराई से पड़ताल की गई है।

बीसवें अध्याय जिसका शीर्षक छुटकारा है, में पूरे हिन्द स्वराज का निष्कर्ष बताया गया है। पाठक गाँधी से राष्ट्र के नाम उनके संदेश के बारे में पूछता है। गाँधी

का संदेश स्पष्ट है। इस राष्ट्र से मैं कहूँगा कि जिस हिन्दुस्तानी को (स्वराज की) सच्ची खुमारी यानी मस्ती चढ़ी होगी, वही अंग्रेजों से ऊपर की बात कह सकेगा और उनके रोब से नहीं दबेगा।

सच्ची मस्ती तो उसी को चढ़ सकती है, जो ज्ञानपूर्वक समझ-बूझकर यह मानता हो कि हिन्द सभ्यता सबसे अच्छी है और यूरोप की सभ्यता चार दिन की चांदनी है। वैसे सभ्यतायें तो आज तक कई हो गयीं और मिट्टी में मिल गयीं, आगे भी कई होंगी और मिट्टी में मिल जायेंगी।

सच्ची खुमारी उसी की हो सकती है, जो आत्मबल अनुभव करके शरीर बल से नहीं दबेगा और निडर रहेगा तथा सपने में भी तोपबल का उपयोग करने की बात नहीं सोचेगा।

सच्ची खुमारी उसी हिन्दुस्तानी को रहेगी, जो आज की लाचार हालत से बहुत ऊब गया होगा और जिसने पहले से ही ज़हर का प्याला पी लिया होगा।

ऐसा हिन्दुस्तानी अगर एक ही होगा, तो वह भी ऊपर की बात अंग्रेजों से कहेगा और अंग्रेजी को उसकी बात सुननी पड़ेगी।

ऊपर की मांग, मांग नहीं है, वह हिन्दुस्तानियों के मन की दशा को बताती है। मांगने से कुछ नहीं मिलेगा, वह तो हमें खुद लेना होगा। उसे लेने की हममें ताकत होनी चाहिए। यह ताकत उसी में होगी -

1. जो अंग्रेजी भाषा का उपयोग लाचारी से ही करेगा।
2. जो वकील होगा तो अपनी वकालत छोड़ देगा और खुद घर में चरखा चलाकर कपड़े बुन लेगा।
3. जो वकील होने के कारण अपने ज्ञान का उपयोग सिर्फ़ लोगों को समझाने और लोगों की आंखे खोलने में करेगा।
4. जो वकील होकर वादी-प्रतिवादी के झगड़ों में नहीं पड़ेगा, अदालतों को छोड़ देगा और अनुभव से दूसरों को अदालतें छोड़ने के लिए समझायेगा।
5. जो वकील होते हुए भी जैसे वकालत छोड़ेगा वैसे न्यायाधीशियन भी छोड़ेगा।
6. जो डॉक्टर होते हुए भी अपना पेशा छोड़ेगा और समझेगा कि लोगों की चमड़ी झोंकने के बजाय बेहतर है कि उनकी आत्मा को छुआ जाये और उसके बारे में शोध-खोज़ करके उन्हें तंदुरुस्त बनाया जाये।
7. जो डॉक्टर होने से समझेगा कि खुद चाहे जिस धर्म का हो, लेकिन अंग्रेजी वैद्यशालाओं-फार्मेसियों में जीवों पर जो निर्दयता की जाती है, वैसी निर्दयता से बनी हुई दवाओं से, शरीर को चंगा करने के बजाय बेहर है कि शरीर रोगी रहे।
8. जो डॉक्टर होने पर भी खुद चरखा चलायेगा और जो बीमार होंगे उन्हें उनकी बीमारी का सही कारण बताकर उसे दूर करने के लिए कहेगा तो यही समझेगा

कि निकम्मी दवाएं न लेने से बीमार की देह अगर गिर भी जाये तो उससे दुनिया अनाथ नहीं हो जायेगी, और यही मानेगा कि उसने बीमार पर सच्ची दया की है।

9. जो धनी होने पर भी धन की परवाह किये बिना अपने मन में होगा वही कहेगा और बड़े-से बड़े सत्रधीश की भी परवाह न करेगा।
10. जो धनी होने से अपना रूपया चरखे चालू करने में खर्चेगा और खुद सिर्फ़ स्वदेशी माल का इस्तेमाल करके दूसरों को भी ऐसा करने के लिए बढ़ावा देगा।
11. दूसरे हर हिन्दुस्तानी की तरह जो यह समझेगा कि यह समय पश्चाताप का, प्रायश्चित का और शोक का है।
12. जो दूसरे हर हिन्दुस्तानी की तरह यह समझेगा कि अंग्रेजों का कसूर निकालना बेकार है। हमारे कसूर की वजह से वे हिन्दुस्तान में आये, हमारे कसूर के कारण ही वे यहाँ रहते हैं और हमारा कसूर दूर होगा तब वे यहाँ से चले जायेगे या बदल जायेंगे।
13. दूसरे हिन्दुस्तानियों की तरह जो यह समझेगा कि मातम के वक्त मौज-शौक नहीं हो सकते। जब तक हमें चैन नहीं है तब तक हमारा जेल में रहना या देश निकालना भोगना ही ठीक है।
14. जो दूसरे हिन्दुस्तानियों की तरह यह समझेगा कि लोगों को समझाने के बहाने जेल में न जाने की खबरदारी रखना निरा मोह है।
15. जो दूसरे हिन्दुस्तानियों की तरह यह समझेगा कि कहने से करने का असर अद्भुत होता है, हम निडर होकर जो मन में है वही कहेंगे और इस तरह कहने का जो नतीजा आये उसे सहेंगे, तभी हम अपने कहने का असर दूसरों पर डाल सकेंगे।
16. जो दूसरे हिन्दुस्तानियों की तरह यह समझेगा कि कहने से करने का असर अद्भुत होता है, हम निडर होकर जो मन में है वही कहेंगे और इस तरह कहने का जो नतीजा आये उसे सहेंगे, तभी हम अपने कहने का असर दूसरों पर डाल सकेंगे।
17. जो दूसरे हिन्दुस्तानियों की तरह समझेगा कि अंग्रेजों की सभ्यता को बढ़ावा देकर हमने जो पाप किया है। उसे धो डालने के लिए अगर हमें मरने तक भी अंडमान में रहना पड़े, तो वह कुछ ज्यादा नहीं होगा।
18. जो दूसरे हिन्दुस्तानियों की तरह समझेगा कि कोई भी राष्ट्र दुःख सहन किये बिना ऊपर चढ़ा नहीं है। लड़ाई के मैदान में भी दुःख ही कसौटी होता है, न कि दूसरे को मारना। सत्याग्रह के बारे में भी ऐसा ही है।
19. जो दूसरे हिन्दुस्तानियों की तरह समझेगा कि यह कहना कुछ न करने के

लिए एक बहाना भर है कि 'जब सब लोक करेंगे तब ही भी करेंगे।' हमें ठीक लगता है इसलिए हम करेंगे, जब दूसरों को ठीक लगेगा तब वे करेंगे। यही करने का सच्चा रास्ता है। अगर मैं स्वादिष्ट भोजन देखता हूँ, तो उसे खाने के लिए दूसरे की राह नहीं देखता। ऊपर कहे मुताबिक प्रयत्न करना, दुःख सहना निरी बेगार है।

हिन्द स्वराज के अंत में निष्कर्ष के रूप में गाँधी लिखते हैं कि–

अपने मन का राज्य स्वराज्य है।

उसकी कुंजी सत्याग्रह, आत्मबल या करूणा बल है।

उस बल को आजमाने के लिए स्वदेशी को पूरी तरह अपनाने की जरूरत है।

हम जो करना चाहते हैं वह अंग्रेजों के लिए (हमारे मन में) द्वेष है इसलिए या उन्हें सजा देने के लिए नहीं करें, बल्कि इसलिए करें कि ऐसा करना हमारा कर्त्तव्य है। मतलब यह कि अंग्रेज अगर नमक महसूल रद कर दें, लिया हुआ धन वापस कर दें, सब हिन्दुस्तानियों को बड़े-बड़े ओहदे दे दें और अंग्रेजी लश्कर हटा लें, तो हम उनकी मिलों का कपड़ा पहनेंगे। या अंग्रेजी भाषा काम में लायेगें, या उनकी हुनर कला का उपयोग करेंगे सो बात नहीं है। हमें यह समझना चाहिये कि वह सब दरअसल नहीं करने जैसा है, इसलिए हम उसे नहीं करेंगे।

यथार्थ में, हिन्द स्वराज में महात्मा गाँधी ने जो भी लिखा है वह अंग्रेजों के प्रति घृणा, द्वेष होने के कारण नहीं, बल्कि उनकी सभ्यता के प्रतिवाद में कहा है। गाँधी का स्वराज दरअसल एक वैकल्पिक सभ्यता का प्रारूप या ब्लू प्रिंट हैं। वह राज्य की सत्ता प्राप्त करने का कोई राजनैतिक एजेंडा या या घोषणा-पत्र नहीं है।

भारत में अपने एक मित्र को लिखे पत्र में गाँधी ने निम्न शब्दों में हिन्द स्वराज का सारांश प्रस्तुत किया–

1. पूर्व और पश्चिम के बीच कोई अलंघ्य दीवार नहीं है।
2. पाश्चात्य या यूरोपीय सभ्यता जैसी कोई चीज नहीं है, वरन् एक आधुनिक सभ्यता अस्तित्व में है जो पूर्णतः उपभोगवादी है।
3. आधुनिक सभ्यता के संपर्क में आने से पहले यूरोप के लोग अधिकांशतः अपने पूर्व के भाईयों के समान थे और उनमें काफी चीजें साझी थी; और आज भी वे कुछ यूरोपीय, जिन्हें आधुनिकता का रोग नहीं लगा है। आधुनिक सभ्यता के साचे में पले-बढ़े लोगों की अपेक्षा कहीं अधिक और बेहतर ढंग से भारतीयों के साथ अपना समायोजन कर सकते हैं और करते भी हैं।
4. भारत में शासन ब्रिटिश लोग नहीं कर रहे हैं वरन् रेलवे, टेलीग्राम, टेलीफोन तथा इसी जैसे अन्य अनेक अविष्कारों के माध्यम से आधुनिक सभ्यता भारत के ताने-बाने को छिन्न भिन्न कर रहे हैं। ये वही तत्व हैं जो अपने आपको इस तथाकथित सभ्यता का गौरवशाली उत्पाद मानते हैं और विजय का दंभ भरते हैं।

5. भारत के बम्बई, कलकत्ता तथा दूसरे अन्य महानगर बुराइयों के शरणस्थली के रूप में विकसित हुए हैं।
6. यदि वर्तमान ब्रिटिश शासन के स्थान पर आधुनिक तौर-तरीकों पर आधारित भारतीय शासन स्थापित हो भी जाए तो भी हमारी दशा व दिशा में कोई परिवर्तन नहीं आएगा, सिवा इसके कि हम इंग्लैंड द्वारा भारतीय धन की निकासी पर कुछ रोक लगा पाएंगे। लेकिन तब भारत की स्थिति यूरोप या अमेरिका के दूसरे या पांचवे दर्जे के राष्ट्र के समान ही होगी।
7. यदि पश्चिम आधुनिक सभ्यता से पूरी तरह तौबा करलें तो पूर्व और पश्चिम का सौहार्दपूर्ण मिलन संभव ही नहीं सुनिश्चित भी है। ये अभी भी मिल सकते हैं बशर्ते पूर्व आधुनिक सभ्यता को पूरी तरह अपना ले लेकिन तब यह मिलन एक सैन्य संधि के समान होगी। इस मिलन का परिणाम हम जर्मनी और इंग्लैंड के बीच कटुतापूर्ण विध्वंसक रिश्ते के आइने में आसानी से देख सकते हैं।
8. किसी भी व्यक्ति या समूह के लिए संपूर्ण विश्व के सुधार की कल्पना या कोशिश नितांत अव्यावहारिक है। और यह प्रयास यदि अन्यंत्र परिस्कृत, स्वचालित व त्वरित कृत्रिम साधनों के द्वारा किया जाता है तो इसे असंभव ही माना जाएगा।
9. भौतिक सुख-सुविधाओं में बढ़ोतरी किसी भी रूप में नैतिकता को प्रेरित या समृद्ध नहीं करेगी।
10. चिकित्सा शास्त्र काले जादू का केंद्रीकृत सारतत्व है। इस तरह उच्च चिकित्सीय कौशल से नीम हकीमी अनन्त गुना बेहतर है।
11. अस्पताल शैतानी साम्राज्य कायम रखने के औजार हैं। ये दुर्बलता, क्षरणता, नैतिक पतन तथा वास्तविक गुलामी लाने वाले मुख्य कारक हैं। चिकित्सकीय प्रशिक्षण लेने की अपनी योजना पर जब विचार करता हूँ तो पाता हूँ कि मैं बहुत बड़ा पाप करने जा रहा था तथा अस्पतालों में हो रहे पापों का भागीदार बनने की राह पर था। यदि यौन रोगों या फिर क्षय रोगों के वास्ते कोई अस्पताल नहीं होता तो शायद यौन दुराचारों व क्षय रोगियों की संख्या इतनी नहीं होती जितनी आज है।
12. भारतीय गुलामी का कारण है कि पिछले पचास वर्षों के घटनाक्रम से कोई सीख न लेने की हमारी प्रवृत्ति। रेलवे, टेलीग्राफ, हॉस्पीटल, वकील, डॉक्टर आदि जैसे चीजों का खात्मा नितांत आवश्यक है और इसे जाना ही होगा। हमारे तथाकथित उच्चवर्गीय लोगों को विचारपूर्वक एक सात्विक, सरल व सादे जीवन की कला सीखनी होगी क्योंकि इसी के माध्यम से वे सही मायनों में संतुष्ट व सानंद जीवन जी पाएंगे।
13. भारतीयों को मशीन निर्मित वस्त्रों से पूर्णतया परहेज करना चाहिए, फिर चाहे

वह वस्त्र यूरोपीय मिलों का हो या भारतीय मिलों का।

14. इंग्लैण्ड ऐसा करने में भारत की मदद कर सकता है और तब सही मायनों में वह अपने शासन को न्यायोचित कहलवा पाएगा। इंग्लैण्ड के बहुत सारे लोग आज इस तरह की सोच रखते हैं।

हमारी प्राचीन सभ्यता व समाज आज की अपेक्षा कई गुना अधिक सहज, संतुलित व नियमित भी क्योंकि उन्होंने उपभोगवादी प्रवृत्ति को संयमित व संतुलित कर रखा था और तब के लोग आज के यूरोपीयों के मुकाबले कहीं अधिक लंबा व सुखद जीवन जीते थे। मुझे पूरा विश्वास है कि यदि हम संयम व विवेक से काम लें तो हम फिर से पहले वाली निश्चिन्तता, सरलता व आनंद का उपभोग कर सकेंगे। मेरा ख्याल है कि प्रत्येक प्रबुद्ध व्यक्ति इससे सहमत होंगे और वह ऐसा करना चाहेंगे।

इसी प्रकार **आर.पी. मिश्र**"[41] ने अपनी नवीनतम पुस्तक "**गाँधी की पुनः खोज खण्ड -एक, हिन्द स्वराज**" में बहुत ही सुन्दर शब्दों में हिन्द स्वराज का सार संक्षेप गागर में सागर भरते हुए दिया है -

1. तथाकथित आधुनिक सभ्यता पश्चिम की सभ्यता नहीं है, क्योंकि पश्चिम द्वारा अपनाई गई औद्योगिक सभ्यता जिसे उसने ग्रहण किया है, इससे पूर्व और पश्चिम की सभ्यताओं में कोई अंतर नहीं था;
2. पश्चिम द्वारा पूर्व का शोषण करने का यह अर्थ नहीं है कि वे पश्चिम के लोग हैं, बल्कि मुख्य कारण यह है कि उन्होंने इस सभ्यता को अपने नियंत्रण में कर लिया और उसको अपना ग्रास बना लिया;
3. भारत ब्रिटिश लोगों द्वारा पराजित नहीं किया गया है बल्कि भारतीय लोगों औद्योगिक सभ्यता से प्रभावित हो गए और उसके प्रलोभन में उन्होंने स्वयं ब्रिटिश लोगों को अपने ऊपर शासन करने के लिए आमंत्रित कर लिया था;
4. शोषणात्मक शहरीकरण आधुनिक सभ्यता का प्रतीक बन गया;
5. ब्रिटिश लोगों को यहँ से हटाने की समस्या नहीं है उन्हें भारतीयों द्वारा हटाना है उन्हें बदलना है परन्तु यह देखना है कि वास्तविक आधुनिक सभ्यता लोने के लिए व्यवस्था को किस प्रकार से बदला जाए ;
6. भौतिक कल्याण में सुधार होने से किसी भी प्रकार से मनुष्य का नैतिक उत्थान नहीं होता है बल्कि जीवन के नैतिक स्तर में सुधार हाने से इसे भौतिक प्रगति योग्य बनाया जा सकता है;
7. आधुनिक औषधियाँ स्वास्थ्य में सुधार नहीं लाती हैं, ये बीमारियों का सबसे बड़ा कारण हैं,
8. कानूनी व्यवस्था लोगों के बीच अलगाव पैदा करती है। यह कदाचित ही लोगों में मेल करती है;

9. मशीनों के प्रति आकर्षण से मनुष्य की पुरानी जीवन पद्धति में बदलाव आता है, श्रम बचाने वाली मशीनें तभी भी ठीक हैं जब प्रत्येक व्यक्ति के पास समुचित जीविका कमाने और रचनात्मक कार्य करने के साधन हों;
10. हिंसा, हिंसा को पैदा करती है। सत्याग्रह अधिक शक्तिसम्पन्न अस्त्र है। यह शक्तिशाली लोगों का अस्त्र है, शक्तिहीनों का नहीं;
11. साध्य और साधन अविभाज्य हैं। हम किसी महान साध्य को क्षुद्र साधन द्वारा प्राप्त नहीं कर सकते हैं। उचित साधन सदैव समुचित साध्य की ओर ले जाएगा;
12. केवल "सादा जीवन और उच्च विचार" ही शांति और सद्भावना पैदा कर सकते हैं;
13. प्राथमिक शिक्षा का अर्थ नैतिक शिक्षा है;
14. विवेकशील लोगों का कहना था कि वास्तविक बुद्धिमानी यही थी कि उन्होंने लोगों की भौतिक स्थितियों को नियंत्रित करके समाज को व्यवस्थिता प्रदान की थी;
15. भारत उसी क्षण स्वतंत्र हो जाएगा जब भारतीय लोग आधुनिक सभ्यता को अपनाने के प्रलोभन का त्याग कर देंगे।

निष्कर्ष

हिन्द स्वराज गाँधी द्वारा लिखी उन महत्त्वपूर्ण रचनाओं में से है, जिसे गाँधी ने अपने विचार व दर्शन को स्पष्ट करने के लिए लिखा। राज्य, समाज व राष्ट्र पर गाँधी के विचारों की शायद सबसे परिष्कृत व सुस्पष्ट व्याख्या थी। यद्यपि हिन्द स्वराज एक मौलिक रचना है, तथापि इसे लिखने के क्रम में गाँधी कुछ प्रमुख पाश्चात्य विचरकों के साथ-साथ भारतीय दर्शन से अत्यधिक प्रभावित दिखते हैं। इसमें गाँधीवादी राजनीति के कुछ अत्यंत ही मौलिक सिद्धान्तों"[42] का प्रतिपादन हुआ है। दूसरे शब्दों में, गाँधी ने अपनी वास्तविक स्थिति को हिन्द स्वराज के माध्यम से स्पष्ट किया तथा अंत तक उस पर कायम रहे। वास्तव में, हिन्द स्वराज में हिन्दुस्तान के स्वराज की उपलब्धि के लिए गाँधी की सम्पूर्ण रणनीति का सबसे निर्णायक सैद्धांतिक पहलू उभरकर सामने आता है।"[43] इसके अलावा स्वराज व सत्याग्रह से सम्बन्धित गाँधी के सामाजिक व राजनीतिक विचारों का यह सबसे प्रमाणिक दस्तावेज़ है। हिन्द स्वराज में गाँधी ने अपने पूर्ववर्तियों की अपेक्षा कहीं अधिक नाटकीय व मौलिक रूप से भारतीय समाज के आध्यात्मिक व नैतिक ताने-बाने तथा यूरोपीय राज्यों के हिंसक तथा राजनीतिक रूप से भ्रष्ट प्रकृति के बीच के मौलिक अंतर व अंतर्विरोध को स्पष्ट किया है।

हिन्द स्वराज का एक लक्ष्य था, अराजकतावादी तथा हिंसा प्रेमी भारतीय

राष्ट्रवादियों के सम्मुख एक अहिंसक विकल्प को प्रस्तुत करना जिसकी उत्पत्ति गाँधी के सत्याग्रह पर आधारित प्रारम्भिक प्रयोगों से हुई थी। हिन्द स्वराज ने दो उद्देश्यों की पूर्ति की –पहला यह पशु बल पर आधारित पाश्चात्य सभ्यता की एक विस्तृत आलोचना भरी समीक्षा थी; दूसरे और इसने गाँधी के सामाजिक व राजनीतिक विचारों की आधारशिला रखी।"[44]

गाँधी व गाँधीवादी विचारधारा को सूक्ष्मता से समझने के लिए हिन्द स्वराज एक आधारभूत व गूढ़ रचना है। भारतीय एवं पाश्चात्य विचारों के परिसंशोधन के निष्कर्ष के रूप में हिन्द स्वराज वास्तव में गाँधीवादी सामाजिक व राजनीतिक विचारों की सबसे महत्त्वपूर्ण व्याख्या है।"[45] यह एक राजद्रोहात्मक रचना थी या नहीं, यह एक विवाद का विषय हो सकता है, लेकिन निश्चित रूप से यह पुनगर्ठित विचारों की एक ऐसी महत्त्वपूर्ण रचना भी जिसके दो सुस्पष्ट आयाम थे–(अ) पाश्चात्य सभ्यता की आलोचना तथा (ब) भारतीय लोगों को बोधगम्य 'कार्यवाही के एक देशी मॉडल' का विकास"[46] गाँधी का हिन्द स्वराज, स्वतंत्रता, धार्मिक सहनशीलता, समानता, गरीबी उन्मूलन आदि जैसे आधुनिकता के उदारवादी योगदानों को खारिज या अस्वीकार नहीं करता है। इसके बजाय उनके प्रयास को इन सकारात्मक तत्वों के साथ परम्परा के सकारात्मक तत्वों को समन्वित करने के प्रयास के रूप में देखा जाना ज्यादा उपयुक्त होंगा। अपनी अनवरत रचनाओं, समीक्षाओं, आलोचनाओं व वक्तव्यों के, द्वारा गाँधी ने परम्पराओं के बाहरी व भीतरी तत्वों को समन्वित करने का महान कार्य किया।"[47]

गाँधी का हिन्द स्वराज, व्यक्ति, समाज व राज्य के आंतरिक व बाह्य द्वन्द्वों से उत्पन्न विभिन्न तात्कालिक व समकालीन समस्याओं का ज़वाब था। साथ ही हिन्द स्वराज समकालीन समस्याओं के साथ-साथ भविष्य में उत्पन्न होने वाले समस्याओं का एक वैकल्पिक व समुचित समाधान भी सुझाता है तथा उसके लिए प्रमाणिक तथा मौलिक दृष्टिकोण प्रस्तुत करता है। भविष्य की आशा निश्चित रूप से हिन्द स्वराज पर टिकी है।

समय की मांग है कि हमारे नीति निर्माता तथा हमारी जनता अपने आन्तरिक प्रकाश की खोज़ करे ताकि हिन्द स्वराज, द्वारा सुझाए रास्तों पर चलने की प्रेरणा उन्हें प्राप्त हो सके, यदि किसी अन्य कारण से नहीं तो भारत सहित सम्पूर्ण विश्व की वर्तमान मर्ज के समाधान हेतु इसकी सैद्धांतिक मजबूती के लिए ही सही। अंत में कहना यह उचित होगा की हिन्द स्वराज पुस्तक व्यक्ति समाज तथा राष्ट्र के लिए नैतिक मूलक, मानवतावादी सभ्यतामूलक, अहिंसक व न्यायोचित विकल्प प्रस्तुत करती है।

सन्दर्भ

1. आ.पी. मिश्र, हिन्द स्वराज, नई दिल्ली, कांसेप्ट पब्लिशिंग कंपनी, 2006

2. नागेश्वर प्रसाद (सं.), हिन्द स्वराज : ए फ्रेश लुक, नई दिल्ली, गाँधी शांति प्रतिष्ठाान, 1985, पृ.-1
3. एन्थनी जे. परेल, हिन्द स्वराज एण्ड अदर राइटिंग्स, कैम्ब्रिज, कैम्ब्रिज यूनिवर्सिटी प्रेस, 1998,पृ.-XII
4. वही, XII
5. महात्मा गाँधी, हिन्द स्वराज और इण्डियन होमरूल, अहमदावाद; नवजीवन पब्लिशिंग हाऊस, 1938, पृ.-13
6. नागेश्वर प्रसाद, पृ.-16
7. वही
8. वही, पृ.-16-17
9. डी.जी. तेंदुलकर, महात्मा, खण्ड 1, बम्बई, विठ्ठलभाई के झावेरी, 1951, पृ.-127-28
10. देवदत्त, हिन्द स्वराज : कंटेस्ट और टेस्ट, नागेश्वर प्रसाद (सं.), हिन्द स्वराज : ए फ्रेश लूक नई दिल्ली, गाँधी शांति प्रतिष्ठान, 1985, पृ.-30
11 आर.पी. मिश्र, पूर्व उद्धरित.
12. वही.
13. एन्थनी जे. परेल, पृ.-XIV
14. सम्पूर्ण गाँधी वाङ्.मय, खण्ड 71, पृ.-238.
15. सम्पूर्ण गाँधी वाङ्.मय, खण्ड 10, पृ.-245
16. सम्पूर्ण गाँधी वाङ्.मय, खण्ड 22, पृ.-260
17. देवदत्त, पृ.-33
18. एम.के. गाँधी, पृ.-94,
19. नागेशवर प्रसाद, पृ.-17
20. वही, पृ.-18-19
21. वही, पृ.-20-23
22. वही, पृ.-23
23. वही, पृ.-23-24
24. वही, पृ.-24
25. वही
26. देवदत्त पृ.-32
27. वही
28. वही, पृ.-35
29. वही, पृ.-38
30. विद्युत चक्रवर्ती, सोशल एण्ड पॉलिटिकल थ्योरी ऑफ महात्मा गाँधी, लंदन रॉटलेज, 2006, पृ.-24
31. वही
32. एम.के. गाँधी, पृ.-24

33. विद्युत चक्रवर्ती पृ.-25
34. वही
35. एम.के. गाँधी, पृ.-81
36. वही, पृ.-83-84
37. वही, पृ.-82
38. विद्युत चक्रवर्ती, पृ.-26
39. वही, पृ.-26-27
40. डी.जी. तेंदुलकर, पृ.-129-31
41. आर.पी. मिश्र, पूर्व उद्धत
42. विद्युत चक्रवती, पृ.-23
43. वही
44. वही, पृ.-24
45. वही
46. वही
47. रूडोल्फ सी हेरेडिया, इन्टरप्रेटिंग गाँधी–हिन्द स्वराज, इकोनोमिक एण्ड पोलिटिकल वीकली, वॉल्यूम XXIV न. 24, जून 12-18, 1999 पृ.-150

हिन्द स्वराज में गांधी की राष्ट्र की धारणा

एन्थनी जे. परेल/अनु. प्रो. उमा सिन्हा

राष्ट्रवाद का वही स्वरूप ठीक होगा जिसमें दया और राष्ट्रहित दोनों का समावेश हो। आधुनिक राष्ट्रवाद दया के बिना भी केवल राष्ट्रीय हित की बात करता है। अभिजात वर्ग भी राष्ट्र हित के नाम पर दया तत्व को भुला कर केवल अपने संकीर्ण हितों की पुष्टि करना चाहता है। पर इनका हित प्रजा के हित से मेल नहीं खाता।

गांधी के सिद्धांत से यह निकाला जा सकता है कि प्रजा के रूप में भारत का भाग्य भारत के पेशेवर वर्ग (एलीट) के नैतिक चरित्र पर निर्भर करता है। वकील, डॉक्टर तथा धनी वर्गों पर। अगर यह वर्ग लोभ से ग्रस्त रहेगा तथा जाति आधारित रहेगा और राष्ट्रवाद के आदर्शों से दूर रहेगा, तब भारत का भविष्य अंधकारमय है। प्लेटो की तरह गाँधी ने भी समझा कि देश और आत्मा का स्वास्थ्य 'पथ प्रदर्शक वर्ग' के नैतिक चरित्र पर निर्भर करेगा।

हिन्द स्वराज को गाँधी की मूलभूत कृति माना जाता है। उसको समझने के लिए 'राष्ट्र' शब्द का अर्थ जानना जरूरी है, क्योंकि इसमें हिन्द और उसके रहने वालों के स्वराज का अर्थ निहित है। गाँधी की विशेषता यह है कि वे देश और देशवासी दोनों को स्वराज का विषय मानते हैं। देश के स्वराज पाने की प्रक्रिया के साथ-साथ व्यक्ति के आत्मसंयम की प्रक्रिया भी होती है और ऐसे स्वराज से ही देश भी बनता है और व्यक्ति भी।

इसे कोई व्यक्तिवादी धारणा नहीं समझना चाहिए, बल्कि यह गाँधी के राष्ट्रवाद की एक अनूठी राजनैतिक धारणा है जहाँ आत्मसंयम से ही देश का कल्याण निहित है। हिन्द स्वराज लिखते समय गाँधी ने अनुभव किया कि राष्ट्र को मुक्त कराने वाले हिंसा के आधार पर अपनी आत्मा की परवाह नहीं कर रहे थे तथा आत्मा की बात करने वाले राष्ट्र की परवाह नहीं कर रहे थे। गाँधी ने इन दो धाराओं में

सेतु का काम किया ताकि भारतीय राष्ट्रवाद से हिंसक वृत्तियां हटें तथा शांत लोगों में नागरिक कर्त्तव्य की मानसिकता जगे। हिन्द स्वराज में स्वराज का ऐसा ही कठिन अर्थ निहित है।

इस लेख में स्वराज को समझने के लिए गाँधी के 'राष्ट्र', 'राष्ट्रवाद', 'राष्ट्रीयता' तथा 'राष्ट्रीय' शब्दों का विवेचन किया गया है। हिन्द स्वराज में 'राष्ट्र' पर विचार करना सर्वोपरि माना गया है, जो कई सूत्रों से जाना जा सकता है। पहला, गाँधी की लार्ड एम्पथिल को लिखी गई चिट्ठी जिसमें वे 'देशवासियों के राष्ट्रीय आंदोलन और राष्ट्र चेतना पर' लिखना चाहते थे तथा यह भी कि 'यह ज्यादातर भद्दे और आत्मसंयम से वंचित रूप में था।'[1] 1909 में लंदन में जिन भारतीय राष्ट्रवादियों से उनकी भेंट हुई वे हिंसा में विश्वास करते थे। उनकी राष्ट्रीयता का यह मूल दोष था।

इस पुस्तक द्वारा इस दोष को हटाना था। 'मैं राष्ट्रीय भावना की कद्र करता हूँ, पर उनके तरीके से सहमत नहीं हूँ, चाहे वे अतिवादी हों अथवा मध्यमार्गी।'[2] मूल गुजराती पुस्तक में भूमिका में लिखते हुए कहा गया कि 'इस पुस्तक के लिखने का प्रयोजन बस इतना था कि देश के लिए सेवाभाव और इसके लिए सत्य का पालन हो।'[3] ये दोनों साथ-साथ चलते हैं। पुस्तक के अंग्रेजी संस्करण की भूमिका में भी यही राष्ट्र भावना थी –'अगर लाखों देशवासियों तथा कुछ अंग्रेज साथियों ने ऐसा नहीं कहा होता तो मैं राष्ट्रीय आंदोलन पर कुछ नहीं कहता।'[4]

हिन्द स्वराज में 'राष्ट्र' शब्द का इतना महत्त्व दिखता है कि यह पूरे पुस्तक में 75 बार आया है, जबकि पुस्तक केवल 56 पृष्ठों में गाँधी के कलेक्टेड वर्क्स में आ गया है। यह भी महत्त्वपूर्ण है कि गाँधी ने 'राष्ट्र' के लिए गुजराती शब्द 'प्रजा' का प्रयोग किया है। हिन्दी अनुवाद में भी राष्ट्र की जगह प्रजा का प्रयोग है। अरविन्द घोष ने सूरत कांग्रेस की राष्ट्रीय कमेटी में स्पष्ट किया गाँधी का प्रजा से अभिप्राय जनसमुदाय था जब कि राष्ट्र का शक्ति से। इसलिए गाँधी के 'राष्ट्र' में प्रजा का महत्त्व था न कि शक्ति का। तर्क जो भी हो, गाँधी के लिए भारतीय पहले प्रजा है, बाद में कोई भाषा बोलने वाले, कोई धर्म मानने वाले या किसी प्रदेश में रहने वाले। प्रजा शब्द यह बतलाता है कि भारतीय लोग एक पूर्ण प्रजातांत्रिक इकाई हैं।

हिन्द स्वराज में राष्ट्र की धारणा में चार बातों पर प्रकाश मिलता है–पहला, भारत एक राष्ट्र है न कि कई। दूसरा, राष्ट्र, धर्म और भाषा से जुड़ा हुआ है। तीसरा, भारतीय राष्ट्रवाद के निर्माण में 1909 तक भारतीय राष्ट्रीय कांग्रेस के चरमपंथी तथा मध्यममार्गी गुणों की भूमिका अंत में, पुस्तक में संभ्रान्त वर्ग अर्थात्, वकीलों, डॉक्टरों तथा नए शिक्षित प्रवुद्ध वर्गों की राष्ट्रीय भूमिका पुस्तक इन वर्गों की राष्ट्रीय दुर्बलताओं पर प्रकाश डालती है तथा दिशा बतलाती है। इन चारों पर अलग-अलग विचार करें।

1. भारत एक राष्ट्र है

गाँधी ऐसे विचारों को पूर्णतः अस्वीकृत मानते हैं कि भारतीय इतिहास या परम्पराओं में ऐसा कुछ नहीं जिससे इसकी राष्ट्रीयता सिद्ध हो, या कि भारत एक ब्रिटेन शासकों की सुविधा के लिए बनावटी ढंग से जोड़ दिया गया हो। यह भी कि अगर यह राष्ट्र हुआ है तो पश्चिमी विचारों और उनके रेल और टेलीफोन के संचार माध्यमों के कारण। ऐसे विचार, गाँधी की दृष्टि में, भारतीय इतिहास की ब्रिटेनी दृष्टि के परिणाम है और कुछ भारतीय भी इसी रंग में रंगे हैं। ''बर्तानिया के लोगों को इतिहास रचने की बीमारी है। वे सभी देशों के रश्मों-रिवाज को जानने का स्वांग करते हैं मानों भगवान की तरह से सर्वज्ञाता हों और सब कुछ कर सकते हों। वे अपने विचारों को अनूठा समझते हैं और हमें मानने के लिए मजबूर करते हैं और हम अनभिज्ञ की तरह उनके चरण पर गिर जाते हैं।''[6]

पूरब के देशों की समझ अभी जगी ही नहीं थी और गाँधी केवल इस नए ज्ञान की परिकल्पना कर रहे थे।''[7] एक पाठक ने गाँधी से भारत के राष्ट्र होने के संबंध में भारत में रेल के विकास से जोड़ते हुए चर्चा की पर वे पुरजोर विरोध करते हैं-''यह नासमझी है। अंग्रेज समझते हैं कि हम न कभी एक राष्ट्र थे और न होंगे। यह निराधार है, हम उनके आने के पहले से ही एक राष्ट्र थे।''[8]

भारत एक राष्ट्र है-इस संबंध में गाँधी की दो मान्यताएँ हैं। पहला, प्राचीन भारत की सभ्यता में सबको जोड़ने की शक्ति थी और, दूसरा, भारतीय आचार्यों ने तीर्थ स्थलों की स्थापना कर पूरे देश को एक समझने का आधार बना दिया। यद्यपि प्राचीन भारत एक हिन्दू देश था पर इसकी सभ्यता गैर-हिन्दू विचारों तथा सर्वग्राह्य/मूल्यों के लिए खुली थी। इस सर्वग्राह्यता के लिए गाँधी ने गुजराती शब्द 'समास' का प्रयोग किया। व्याकरण के अनुसार इसका अर्थ भाषाओं की उस रूप को कहते हैं, जिसमें नए शब्दों को अपने पुराने शब्दों में बदल दिया जाता है। जैसे महा और आत्मा को मिलाकर महात्मा बन जाता है पर महात्मा की अपनी विशेषता हो जाती है। असी प्रकार प्रजा शब्द कई इकाईयों का बोध कराता है, पर अपने सामासिक अर्थ में यह एक सम्पूर्ण का बोध करता है। इस तरह गाँधी के 'समास' की धारणा अर्नेस्ट रेनन की ''फ्यूजन'' से करीब है जब भारत की कई उपराष्ट्रों को मिलाकर एक सम्पूर्ण राष्ट्र बन जाता है। रेनन ने अपने लेख में यूरोप के कई आबादियों को मिला कर एक यूरोपीय राष्ट्र की बात कही थी। गाँधी भी भारत को कई सदियों में एक होती हुई 'समास' की प्रक्रिया मानते हैं।'[9]

पर इस सामासिक प्रक्रिया में यह जरूरी है कि सभी मिलने वाली इकाइयाँ एक वृहत् इकाई में समाहित होने की इच्छा एवं ताकत रखती हों। जहाँ कई उपराष्ट्र हों वहाँ केवल किसी एक के चाहने से एक राष्ट्र नहीं बन सकता। अर्थात् बाद में

आने वाले, मुस्लिम, इसाई, पारसी अथवा सिक्ख-सभी को भारतीय सभ्यता के सर्वग्राही भावना में अपने को तैयार करना होगा। हाँ, वे अपनी पहचान बनाए रख सकते हैं, पर एक भारतीय के रूप में उन्हें अपने को भारत की सर्व-ग्राह्य सभ्यता की सीमाओं में रखना होगा।

''एक देश तभी एक राष्ट्र होता है जब नए आने वाले पुराने समूह में मिलकर रहना चाहें। उस देश में एक-दूसरे को ग्रहण करने की शक्ति का होना जरूरी है। भारत सदा ऐसा ही देश रहा है।''[10]

गाँधी का तात्पर्य यह है कि भारत की प्राचीनता इस बात में है कि वह कितना सर्व-ग्राह्य एवं खुली है। उसी तरह नए आने वालों की जो भी पहचान हो, वैसी कोई बाधा नहीं आने देना चाहिए जो भारतीय सभ्यता की भावनाओं के अनुकूल न हो।

गाँधी की दूसरी मान्यता भारत के नायक आचार्यों तथा भविष्य वक्ता पूर्वजों के कार्यों की ओर ले जाती है। अवश्य ही ये प्राचीन भारत की सभ्यता के प्रदर्शक थे। ये भारत के एक छोर से दूसरे छोर तक पैदल अथवा बैलगाड़ियों पर घूम-घूम कर एक सार्वदेशिक जागृति का सृजन किए। उनका भ्रमण धीमा था पर इसी कारण वे जन-जन के मानस में एक समुदाय की भावना को स्थापित कर दिए। गाँधी के अनुसार भारतीय राष्ट्रीय बोध के लिए उन्होंने भारत के मुख्य केन्द्रों में तीर्थ-स्थलों की स्थापना की-यह एक महती उपलब्धि थी। उदाहरण के लिए उत्तर में हरिद्वार, दक्षिण में रामेश्वरम और पूरब में जगन्नाथ। ''हमारे दूरद्रष्टा पूर्वजों का इसके पीछे मंशा क्या हो सकती है? आप मानेंगे कि वे कोई नासमझ नहीं थे।'' उन्होंने किसी धर्म से लाभ कमाने के लिए ऐसा नहीं किया। इसके लिए इतनी दूर तीर्थ बनाने में क्या लाभ मिलता।'' ईश्वर की पूजा तो घरों में भी हो सकती थी। उन्होंने सिखाया था कि धर्म की आभा अगर हृदय में उद्भासित हो तो गंगा घर में बहती है।'' पर उन्होंने इन पवित्र स्थलों की स्थापना किसी धार्मिक सिद्धि के लिए नहीं बल्कि पूरे देश के उत्तर छोर से दक्षिण छोर तथा पूरब से पश्चिम छोर को बांधने का मतलब कुछ और था। यह सब देश में बिखरे हुए भारतीयों को एक सूत्र में बांधने के लिए था क्योंकि ''वे जानते थे भारत एक अविच्छिन्न भू-भाग था और प्रकृति ने इसे एक राष्ट्र भावना की ज्योंति जलाई जो अन्यत्र कहीं नहीं हुआ।''[11]

आधुनिक विद्वान मानते हैं कि प्राचीन भारत के तीर्थ स्थल एक राष्ट्रीय पहचान के प्रबल वाहक थे। डेविड मैंडेल बान के अनुसार ''तीर्थ स्थल सदा लोगों को पूरे देश का बोध कराते रहते हैं'' तथा एम.एन. श्रीनिवास ने माना है कि ''भारत की एकता एक धार्मिक धारणा है।''[12] पर गाँधी ने इन विचारों की परिकल्पना पचास वर्ष पहले ही कर ली थी। यह राष्ट्रीय पहचान कोई राजा-महाराजाओं की देन न थी बल्कि प्राचीन संतो की। यह ज्ञान उन्हें शंकर और रामानुज के पढ़ने से हुआ था न कि राजा और राजवंशों के कारनामें जानने से।

यहाँ गाँधी ने बैलगाड़ियों और रेलगाड़ियों की भूमिका को भी ला खड़ किया। राष्ट्रीय भावना रेलों से नहीं बल्कि धीमी गति की बैलगाड़ियों से जगी। धीमी गति से लोगों में राष्ट्रीय भावना प्रबल रूप से जगती है और इसलिए गाँधी मानते रहे कि पद-यात्रा राष्ट्र निर्माण और राष्ट्र जागरण की प्रबल साधन है। लोग इसे गाँधी के नमक यात्रा या नोआखाली यात्रा से जोड़ सकते हैं। पर हिन्द स्वराज में 1909 में ही गाँधी को पद यात्राओं के जोड़ने की शक्ति का बोध हो गया था। हमें तीर्थ स्थलों को भी पदयात्रा से जोड़ना चाहिए न कि वीभत्स पर्यटन मात्र से। हेनरी पोलक को हिन्द स्वराज के लिखने के दरम्यान ही गाँधी ने लिखा था। "जब तेज सवारियाँ नहीं थी हमारे व्यापरी तथा साधुजन पैदल ही देश के एक छोर से दूसरे छोर जाते थे, कोई स्वास्थ्य लाभ या मौज मनाने के लिए नहीं, बल्कि सारी आपदाओं को झेलते हुए, मानवता की सेवा में। तब बनारस और कई अन्य तीर्थस्थल थे, भले ही आज वे घृणा-स्थल बन गए हों।"[13]

गाँधी प्राचीन संतो की धीमी गति के भ्रमण और भारतीयों की राष्ट्रीय चेतना में केवल एक शास्त्रीय संबंध नहीं जोड़ रहे थे, वे इसमें विश्वास करते थे। वे अपनी पदयात्राओं को तीर्थ-भ्रमण मानते थे क्योंकि इससे जागरण तो होता ही था, इससे वे जन-समुदाय से निकटता का अनुभव करते। जहाँ वे पदयात्रा किए, वहाँ सबसे अच्छे काम हुए। हरिजन में लिखा है-

"मुझे मोटर, रेल या बैलगाड़ी पर भी भ्रमण करना अच्छा नहीं लगता, जहाँ मैं पैदल चलकर जा सकता हूँ। मैं तो चाहूँगा कि रेल हटा दिए जांए तथा रोगी और अपंग को छोड़, सभी अपना काम पैदल करें। मैं कल्पना कर सकता हूँ और कोशिश भी कर रहा हूँ कि एक ऐसी सभ्यता आ जाए जहाँ कि मोटर गाड़ियों का होना कोई गुण नहीं माना जाए तथा रेल न हों।"[14]

यह ठीक है कि गाँधी रेलवे से या गाड़ी से काफी भ्रमण करते थे, इसलिए कि इन्हें छोड़ना संभव नहीं था"[15] पर वे चाहते थे कि ऐसा हो सके। एक बार ठक्कर बप्पा से उन्होंने पैदल जाने की इच्छा बनाई। यह 1930 के हरिजन भ्रमण की तीर्थयात्रा थी। वे प्रतिदिन 8-10 मील ही चल पाए पर जहाँ पैदल चले वह बड़ा सार्थक हुआ।"[16] पद यात्रा गाँधी के राष्ट्र-निर्माण की महत्त्वपूर्ण कड़ी थी। वे कुछ नया नहीं कर रहे थे, वे आज वही कर रहे थे जो प्राचीन आचार्यों ने पहले किया था।

2. राष्ट्र से धर्म तथा भाषा का सम्बन्ध

भारत एक राष्ट्र है-यह भारतीय सभ्यता के कुछ तथ्यों से संकट उपस्थित करता है। हिन्द स्वराज का एक पाठक प्रश्न करता है, "अगर इस्लाम की वजह से भारतीय सभ्यता की पहचान बदली नहीं होती तो इसकी अपनी पहचान रह जाती",[17] "लेकिन अब यहाँ मुसलमान, यहूदी, इसाई रहते हैं। कहावत सिद्ध करती है कि

''मुसलमान पश्चिम की ओर पूजा करता है, हिन्दू पूरब की ओर; मुस्लिम गाय मारते हैं, हिन्दू उनको पूजते हैं, मुसलमान अहिंसा में विश्वास नहीं करते, हिन्दू इसका पालन करते हैं। हम पग-पग पर अलग हैं, भारत कैसे एक राष्ट्र हो सकता है।''[18]

यहाँ गाँधी, राष्ट्रीयता, धर्म और भाषा के संबंध में एक आदर्शवादी दृष्टिकोण रखते हैं न कि स्थितिवादी। वे इतिहास के सत्य को मानते हैं पर यह भी कि एतिहासिक सत्य आदर्शों में ढ़ाले जा सकते हैं और बदलते हैं और नीतिशास्त्र और राजनीति में कोई घटना वही नहीं रहती। अगर भारत के इतिहास में हिन्दू-मुसलमान की शत्रुता दिखाई पड़ी पर यह मान लेना कि यह होगा ही; सही नहीं। नए अनुमान ऐसे हो सकते हैं जो नया इतिहास बनायें जहाँ पूरा भारत एक 'प्रजा' सा दिखाई पड़ने लगे। इस अर्थ में गाँधी दोनों धर्मों में विभिन्नता होते हुए भी यह नहीं मानते कि वे एक पूर्ण राष्ट्र बनाने में बाधक होंगे। उनके अनुसार विभिन्न धर्म भारतीय सभ्यता को चुनौती नहीं देते बल्कि इसकी सर्व-ग्राह्यता को इसके अलावा, सभी धर्म विभिन्न पंथ हैं और कई पंथों के बावजूद भी एक राष्ट्र हो सकता है। पंथ विदेशी क्यों न हों, उससे कोई राष्ट्र भंग नहीं हो जाता।[19]

इस पर और विचार करें। धर्म का अर्थ क्या है? गाँधी के अनुसार धर्म का मूल क्या है तथा गौण क्या है; अंतिम लक्ष्य क्या है तथा उनके पंथ क्या हैं, अंतिम लक्ष्य का एक होना कई धर्मों को एक राष्ट्र में बांध सकता है।

दूसरी तरह से धर्म एक सामाजिक संगठन या पंथ है, दूसरा, यह नैतिक आचरण और विश्वास का साधन है। पहले अर्थ में यह एक सामाजिक जीवन है, दूसरे अर्थ में यह व्यक्तिगत आचरण है। गाँधी की मान्यता है कि पहले अर्थ के धर्म को गौण मान कर दूसरे की प्रधानता देकर भारतीय राष्ट्रवाद का निर्माण हो सकता है।

गाँधी का राष्ट्रवाद न कट्टरपंथ है और न धर्म-मुक्त। यह कट्टरपंथी नहीं है क्योंकि यह धर्म के सामाजिक संगठन को राष्ट्रवाद से नहीं जोड़ता। यह धर्म-मुक्त नहीं क्योंकि यह धर्म के नैतिक भाग को भारतीय राष्ट्रवाद के साथ मेल खाता है। गाँधी लिखते हैं -

''सच यह है कि धर्म उतने हैं जितने व्यक्ति पर जो राष्ट्रीयता से जागरूक हैं वे एक दूसरे के धर्म में बांधा नहीं डालते। अगर वे ऐसा करते हैं तब वे एक राष्ट्र नहीं हो सकते।''[20] ''अगर सभी अपने-अपने धर्म की मूल बात को समझेंगे और पालन करेंगे और झूठे प्रचारकों के झांसे में न आवेंगे, तब कोई झगड़ा ही न रहेगा।''[21]

गाँधी मानते हैं कि कट्टरपंथी धर्म और राष्ट्र को एक मानते हैं। इसकी वजह वही झूठे प्रचारक हैं। ये कौन हैं-बस इतना ही जानें कि कुछ उलेमा तथा स्वामी ही एक धर्म और एक राष्ट्र की नसीहत देते हैं। गाँधी इसका सख्त विरोध करते हैं। ''अगर हिन्दू समझे कि भारत केवल हिंदुओं का है तो यह कोरी कल्पना है और अगर

मुस्लिम समझे कि केवल मुस्लिम यहाँ रहें तो ये भी। सभी हिन्दू, मुस्लिम, इसाई, पारसी जिन्हांने भारत को अपना देश माना है वे एक देशवासी हैं और उन्हें मिलकर रहना है, इसीमें उनका स्वार्थ है। एक राष्ट्र और एक धर्म दुनिया में कहीं नहीं है, न भारत में कभी होगा।''[22]

गाँधी के इस आदर्शवादी विचार में राष्ट्रवाद, के लिए हिन्दू-मुसलमान को अपना बैर हटाने के तरीके खोजना होगा। हिन्दू-मुसलमानों में अथवा वैष्णवों और शैवों में काफी मन-मुटाव रहा है पर इससे क्या उनकी राष्ट्रीयता खत्म हो जाती है।''[23] आपसी मतभेद राष्ट्रीय मतभेद नहीं हो जाते। जैनों और वैदिक हिंदुओं में पंथाई भेद है पर इससे उनकी राष्ट्रीयता अलग नहीं हो जाती।''[24] इसलिए हिन्दू-मुसलमानों को अब चाहिए कि वे धर्म और राष्ट्रीयता का सच्चा ज्ञान हासिल करें। सच्चा ज्ञान जितना बढ़ेगा उतना ही दूसरे धर्म को मानने वालों में कलह कम होगा।''[25]

अब प्रश्न नस्ल का उठेगा। भारतीय हिन्दू और भारतीय मुसलमानों का नस्ल एक ही है। बहुत से हिन्दू और मुसलमान के पूर्वज एक थे और उनकी धमनियों में एक जैसा खून प्रवाहित होता है तो क्या वे शत्रु हो गए क्योंकि वे धर्म बदल दिए? क्या मुसलमान का भगवान और हिन्दू का भगवान अलग हो गया?''[26] इसलिए अलग राष्ट्रीयता का प्रश्न धर्म से नहीं जुड़ता। इस तरह हिन्द स्वराज में धर्म सामाजिक संगठन के रूप में अलग-अलग रास्तों से एक ही उद्देश्य पर मिल जाते हैं, रास्ते क्यों न अलग हों।''[27] कहने का अर्थ यह है कि राष्ट्रीयता की मांग है कि सभी पंथ भारतीय प्रजा के रूप में एक-दूसरे में मिले रहें।

धर्म और राष्ट्रीयता के संबंध को गाँधी ने गो-रक्षा एवं गो-हत्या के प्रश्न द्वारा बहुत अच्छे से समझाया है। अंतिम रूप से वे गो-रक्षा को एक बहुधर्मी राष्ट्रवाद की ऐसी मांग समझते हैं जो मान्य हो सकता है। यद्यपि गो-रक्षा हिन्दू धर्म का मूल न होकर गौण अंग है, फिर भी इसे मिश्रित राष्ट्र की पुकार माना जा सकता है। गो-रक्षा से एकल राष्ट्र का महत्त्व ज्यादा होगा लेकिन अगर मुसलमान मान जाएं तो वे इतना करने के लिए तैयार थे पर अगर नहीं तो नहीं। ''मैं स्वयं गाय का सम्मान करता हूं और प्यार भी पर मुझे गो के साथ-साथ अपने हमवतनियों का भी सम्मान है।''[28] इसके अलावे मुसलमानों का हिंदुओं से खून का रिश्ता है और इसलिए गो-रक्षा के लिए मैं मुसलमानों से इतना तो कह ही सकता हूँ कि देश भावना के लिए उन्हें भी गो की रक्षा करनी चाहिए। अगर वे नहीं मानते हैं तो मैं इसे अपनी असमर्थता मान लूंगा। अगर मुझे गाय के लिए दया है तो मैं अपनी जान गंवा सकता हूँ, पर अपने भाईयों का नहीं। इसे मैं अपने धर्म का कानून मानूंगा।''[29]

यहा गाँधी पाठकों से कहना चाहते हैं कि हिन्दुओं में भी मांस खाने वाले हैं और वे गाय को अच्छे से नहीं रखते। पर गो-रक्षा समितियां इस डर से कुछ नहीं बोलतीं कि उन्हें हिन्दू विरोधी तथा राष्ट्र विरोधी समझा जाने लगेगा। ''गाय की रक्षा

कौन करता है जब वे उनसे क्रूरता से पेश आते हैं? कौन टोकता है जब वे बैलों को डण्डे से हांकते हैं? फिर भी हमें एक राष्ट्र कहलाने से कोई रोक नहीं सकता।"[30]

हिन्द स्वराज में मुसलमानों के प्रति गाँधी की दृष्टि आत्म विश्वास और उदारता की है। वे समझते थे कि ऐसी दृष्टि से ही बहुसंख्यक वर्ग अपने अल्पसंख्यकों में विश्वास पैदा कर सकता है। "वह मनुष्य जो विश्वास पैदा करता है उसे दुनिया में कुछ नहीं खोना है।"[31] इसका मतलब यह भी है कि अगर बहुसंख्यक अल्पसंख्यकों से डरने लगे तो इससे बुरा कुछ नहीं होगा। यह जर्मनी के यहूदी और नात्सियों की तरह हो जाएगा। 1909 के भारत में हिंदुओं की संख्या काफी थी और वे अधिक शिक्षित थे और इसलिए वे मुसलमानों से रिश्ते के बिगड़ने को रोकने में अधिक समर्थ थे।"[32] और ऐसी स्थिति में हिन्द स्वराज में गाँधी ने मिंटो-मौर्ले द्वारा प्रस्तावित मुसलमानों के अलग चुनावी हक तथा विशेष छूट का हामी भरा है। राष्ट्रीय एकता के लिए इसे मान लेने में क्या डर था। दोनों सम्प्रदायों में मेल की कमी के कारण मुसलमानों ने लार्ड मोर्ले इस तरह की छूट मांगी थी। फिर इसे हिन्दू क्यों मना करते?"[33]

भाषा के प्रश्न पर गाँधी के सामने तीन विचार थे –भारत में मैकोले की अंग्रेजी भाषा की भूमिका का विरोध करना, दूसरा, मातृभाषा जिसे हिन्द स्वराज में प्रांतीय भाषा कहा गया को प्रमुख बनाना तथा तीसरा, देश के लिए एक राष्ट्रीय भाषा की जरूरत।

मैकाले

अपने लार्ड ऐम्पथिल के पत्र में गाँधी ने घोषणा की थी–"लार्ड मेकाले के शिक्षा प्रस्ताव से मैं अब उनको हितकारी नहीं समझता जैसा पहले समझता था।"[34] हिन्द स्वराज में भी यही बात है-"जिस शिक्षा की मेकोले ने नींव डालरी है, उससे हम गुलाम हो गए।"[35] लेकिन गाँधी ने देखा कि मेकोले के प्रस्ताव पर जिस प्रकार कुछ भारतीयों ने नासमझी में मान लिया है वह उससे भी खराब है क्योंकि "इससे पूरा राष्ट्र गुलाम हो गया...अंग्रेजीदां भारतीयों ने राष्ट्र को गुलाम बनाया है और यह शाप अंग्रेजों का नहीं पर हमारा है।"[36]

क्या (भाषा) बुनियाद पड़ी और यह गुलामी क्यों है, यहाँ गाँधी यह नहीं कहते कि अंग्रेजी भाषा का व्यवहारी महत्त्व नहीं है क्योंकि इससे प्रांतीय भाषाओं की गुणवत्ता बढ़ेगी तथा आधुनिक विज्ञान की जानकारी होगी।"[37] लेकिन गाँधी की आपत्ति इस बात पर थी कि मेकोले मानता था कि भारत का भविष्य के लिए संस्कृत और फारसी की कोई जरूरत न होगी। और अंग्रेजी भाषा नए भारत की बुनियादी भाषा के रूप में उन भाषाओं की जगह लेगी। अंगेजी की ऐसी संस्कृतिक भूमिका देना गाँधी की दृष्टि से देश का गला घोंटना था। ऐसे अंग्रेजीदां भारतीय देश को

मुक्ति नहीं दासता दे रहे थे।

यहाँ यह जानना जरूरी है कि गाँधी अंग्रेजी को कितना राष्ट्रीय गुलामी और कितना राष्ट्रीय विकास का जरिया मानते थे। वे अंग्रेजी का बहिष्कार बिना समझे-बूझे और न पूर्ण रूप से कर रहे थे। पाठकों ने पूछा कि क्या हम यह समझें कि आप हिन्द स्वराज के लिए अंग्रेजी को जरूरी नहीं समझते। गाँधी ने कहा-''मेरा जवाब हाँ और ना दोनों है।''[38] ना जहाँ तक मेकोले की समझ है; हाँ, जहाँ तक राष्ट्र की व्यवहारी जरूरत है अर्थात् जहाँ तक वैज्ञानिक शिक्षा और प्रांतों के बीच संवाद की जरूरत है क्योंकि इनके बीच तभी बातें हो सकती है। हमें सभ्यता का रोग ऐसा लगा है कि हम बिना अंग्रेजी के कुछ कर नहीं सकते।''[39] गाँधी की आपत्ति इस बात की थी कि नया अंग्रेजीदां भारतीय बुद्धिशाली वर्ग इसके जरिए अच्छा मान, पद और नौकरियां प्राप्त कर ले रहा है जो देश का अंग्रेजी-अनभिज्ञ वर्ग को नहीं मिल सकता। इससे इन दोनों वर्गों के बीच एक बड़ी खाई बनती है। ज्यादातर लोग अंग्रेजी को पैसा कमाने का जरिया बनाते हैं।''[40] इससे कोई डॉक्टर, वकील या प्रशासनिक नौकरशाह बन जाता है और इसके द्वारा एक वर्ग अन्य भारतीयों को वश में रखता है। इससे एक स्वार्थ परक, गैर-जिम्मेवार और महत्त्वांकांक्षी वर्ग का जन्म होता है जिसमें न देश की चिंता है न राष्ट्रीय स्वाभिमान। ऐसे भारतीयों ने लोगों को ठगा है और आतंक बरपाया है।''[41] हिन्द स्वराज में ऐसे ही अंग्रेजीदां अभिजात वर्ग का विरोध है, न कि अंग्रेजी भाषा का? ऐसी अंग्रेजी एक प्रबल भारतीय राष्ट्रवाद की सीमाओं में ही रह सकती है।

जहाँ तक मातृभाषा का सवाल है इसे हर प्रांत के सांस्कृतिक जीवन का आधार बनाना होगा। अंग्रेजी से इनके विकास में मदद मिल सकती है। हिन्द स्वराज में स्पष्ट कहा गया है कि ''इससे अपनी सभी भाषाओं को समृद्ध बनाना है। अच्छी अंग्रेजी की किताबों को अपनी भाषाओं में अनुवादित करना चाहिए।''[42] अगर अंग्रेजी भाषा विज्ञान की शिक्षा दे तो प्रांतीय भाषाएं नैतिक शिक्षा दें। ''अंग्रेजी पढ़े लोगों को अपनी संतानों को नैतिक शिक्षा मातृभाषा में देनी होगी।''[43] ऐसा करने से गाँधी की मंशा थी कि अंग्रेजी शिक्षा का राष्ट्र विरोधी प्रभाव न पड़े।

हिन्द स्वराज, 1909 में गाँधी हिन्दी को सार्वदेशिक भाषा बनाना चाहते थे, जिसकी लिपि फारसी अथवा देवनागरी हो सकती थी।''[44] इससे मातृभाषाओं के विकास का मेल नहीं बैठता पर इन दोनों में सहमति के आधार पर, न कि जोर जबर्दस्ती से, तालमेल हो सकता था। अल्पसंख्यकों की भावना का भी ख्याल रखना होगा। इस तरह भाषा के प्रश्न को भारतीय राष्ट्रवाद के साथ जोड़कर एक विस्तृत प्रारूप तैयार हो सकता था। अपनी भाषा के अलावे सबको अन्य भाषाओं की जानकारी भी हो; अगर हिन्दू संस्कृत, मुसलमान, अरबी, पारसी, फारसी पर सभी हिन्दी-जानें तथा सभी उत्तर भारतीय तमिल भी जाने-ऐसा होना चाहिए।''[45]

3. इण्डियन नेशनल कांग्रेस की भूमिका

हिन्द स्वराज का एक प्रयोजन यह भी था कि उससे भारत के राष्ट्रीय आंदोलन की व्याख्या हो। गाँधी को 1909 तक के आंदोलन का आंकलन भी करना था। इसके 1-3 अध्यायों में तथा कुछ 20वें अध्याय में इसी की चर्चा है। इसमें पाठक संशय उठाते हैं तथा गाँधी जवाब देते हैं। पाठकों के अनुसार नए भारत कांग्रेस की परवाह नहीं करता था, जिनके अनुसार यह ब्रिटिश शासन का वाहक बन बैठा था।''[46] पाठक कहता है कि एलन आक्टेवियन ह्यूम तथा सर विलियम वेडरबर्न जैसे ब्रिटेनवासी की भागीदारी समझ के बाहर है।''[47] नरमदल के दादाभाई नैरोजी, गोपाल कृष्ण गोखले और बदरूद्दीन नैयबजी ब्रिटेनी शासन के फरमावरदार के रूप में देखे जाने चाहिए। पाठक समझता है कि भारत राष्ट्रवाद को वैधानिक तरीके, जैसे आग्रह और आवेदन की जगह हिंसक प्रतिरोध की जरूरत थी, जिससे कठोर शक्ति को बल मिलता। नरम पंथियों और गरम दल के आपसी टकराव के कारण आतंकी रास्ते भी अपनाए जा सकते थे। इस तरह भारतीय राष्ट्रवाद को पश्चिमी देशों के राष्ट्रवाद की तरह उग्र होने का खतरा था। पाठक चाहता था कि यह आधुनिक अर्थात् पश्चिमी, हिंसक, स्वार्थपरक, बंद तथा सबसे अलग बन जाए।

गाँधी को कांग्रेस को, प्रथमत : ''राष्ट्रीयता से प्रेरित-भारत के विभिन्न भागों के लोगों की भागीदारी वाली पहली संस्था बनाना था। इस पर विदेशी शासकों को पूरी शंका थी; यह राष्ट्र केवल अपना आय-व्यय का अधिकार मांग रहा था; तथा कनाडा के मॉडल का स्वायत्त शासन चाहता था और इससे स्वशासन का पूर्वाभास दे रहा था। इस दावे से इसे वंचित करना न केवल अनुचित था, ऐसा करने से सच्चे स्वराज का मिलना भी दूभर हो जाता। पर उग्र तरीकों से कांग्रेस, भारत के एक राष्ट्र के रूप में विकसित करने का वाहक नहीं बन सकता था।''[48]

हिन्द स्वराज में केवल तीन कांग्रेस के राष्ट्रवादियों की चर्चा है-नरोजी, गोखले और तय्यबजी-एक पारसी, एक हिन्दू और एक मुस्लिम। भारत का प्रजा रूप इससे अच्छा क्या हो सकता था। नरोजी राष्ट्र के पिता थे और राष्ट्रीयता के हस्ताक्षर।''[49] वे देश की सेवा के प्रतिरूप है; इन्होंने यहाँ की मिट्टी को स्वराज के लायक बनाया, जिसकी पाठक कल्पना भी नहीं कर सकता था; उनके प्रवाह का सिद्धांत ने बताया कि अंग्रेजों ने हमें चूस लिया था।'' जो हमने सीखा उन्हीं से जाना।''[50] गोखले का उदाहरण भी वैसा ही है। प्रोफेसर गोखले राष्ट्र हित में गरीबी का वरण किया और जीवन के बीस वर्ष समर्पित किए। वे आज भी गरीब हैं, वे माता-पिता की जगह पर हैं, उनका राष्ट्र प्रेम इतना है कि वे देश के लिए जान भी दे सकते हैं।''[51] तयूयबजी भी वे हैं जिन्होंने कांग्रेस के जरिए स्वशासन की नींव डाली। स्पष्ट है कि एक राष्ट्र जो गृह-शासन की चाह रखता है वह अपने पूर्वजों की उपेक्षा नहीं कर सकता।''[52]

गाँधी ने ह्यूम और वेडरवर्न की भूमिका की भूरी-भूरी पुष्टि की है। जहाँ तक कांग्रेस के राष्ट्रीयता के विकास का प्रश्न है। इससे न केवल इन लोगों के ऐतिहासिक पृष्ठभूमि की बात है बल्कि उस आदर्शवादी राष्ट्रीयता की भी जिसमें भारतीयों के साथ अंग्रेज भी भारतीय राष्ट्रीयता का संवर्द्धन कर सकते थे। उनका राष्ट्रवाद नस्लवादी नहीं है और न हिन्दुत्व राष्ट्रवाद की कोई कसौटी है। इसे वे न दर्शन के आधार पर और न इतिहास के आधार पर ही सही मानते हैं। कई अंग्रेज भारत के स्वराज के पक्षधर हैं और कितने भारत को अपना घर मानते हैं। इस बात को चरमपंथी या आतंकी नहीं स्वीकारते। "अगर हम न्याय मांगते हैं तो दूसरों को न्याय देना भी होगा।" हम कैसे भुला सकते हैं कि ह्यूम ने क्या लिखा, कैसे प्रेरित किया और किस हद तक हमें कांग्रेस की मंजिल पर पहुँचने के लिए जागृत किया।"[53] वेडरवर्न ने भी तन, मन, धन से सहायता दी और उनके लेख आज भी सोचने योग्य हैं।"[54]

आतंकियों के सिद्धांत नरमपंथियों से अधिक आपत्तिजनक हैं।"[55] वे स्वराज के सही मतलब के बारे में अपने विपक्षियों से भी ज्यादा गलत हैं।"[56] वे मूर्खता पूर्वक समझते हैं कि स्वराज राज्य हिंसा तथा ब्रिटनों को निकाल कर पाया जाएगा।"[57] वे स्वराज का अर्थ आधुनिक निरंकुश राष्ट्र-राज्य से समझते हैं या बिना अंग्रेजों के अंग्रेजी शासन से।" वे बाघ के स्वभाव को चाहते हैं पर बाघ को नहीं। वे भारत को अंग्रेज बनाना चाहते हैं और तब हिन्दुस्तान अंग्रेजिस्तान बन कर रह जाएगा। यह मेरी पसंद का स्वराज नहीं।"[58] वे इटाली जैसा राष्ट्रीय स्वतंत्रता के कटु आलोचक थे। पुस्तक का 15वां अध्याय इटाली की राष्ट्रीयता पर है। इटाली की अगर कोई बात जानने की है तो यह कि भारत का रास्ता वह नहीं। भारत के चरमपंथी मैजीनी से ज्यादा गैरीबाल्डी तथा सबूर से प्रभावित थे। मेजीनी की दृष्टि की स्वतंत्रता अभी भी अधूरी है पर इटाली के लोग समझते हैं कि उनकी स्वतंत्रता ऑस्ट्रिया को फौजी शक्ति से गौरी बाल्डी और उनके सहयोगियों द्वारा मंगाने से मिली। गाँधी पाठक से कहते हैं कि वे भारत में ऐसा नहीं करना चाहेंगे। "मुझे विश्वास है कि भारत के करोड़ों लोगों की खुशहाली चाहते हैं न कि शासन की बागडोर।"[59]

4. राष्ट्र और राष्ट्रीय कुलीन वर्ग (एलीट)

गाँधी का राष्ट्रवाद एक स्वशासन की परिसीमा है "जहाँ (1) पूरा समुदाय न कि कुछ प्रबुद्ध वर्ग, स्वतंत्र और कार्यशील हो, (2) जन–संगठन आत्मा की शक्ति न कि दुरात्मा की शक्ति से चले और (3) राज-काज का नैतिक मूल्य केवल स्वार्थ न हो।"[60] इसका अर्थ यह है कि केवल अभिजात वर्ग का शासन राष्ट्रीय हित में न होगा। गाँधी की दृष्टि में भारतीय नवाबों और महाराजाओं के अत्याचार अंग्रेजों से कम न थे। वे पाठक को दिखलाते हैं कि कई भारतीय राजाओं के अधीन जनता

पिसती रही और इन्होंने उसे क्रूरता से दबाया। उनका अत्याचार अंग्रेजों से भी बढ़ कर था।''[61]

पर गाँधी मदन लाल ढिंगरा के विचार से सहमत नहीं थे कि भारत को इन लोगों की हत्या से मुक्ति मिलेगी। यह भीरूता होगी और भारत के लोग ऐसा नहीं सोचते। ऐसा वही सोचेंगे जो आधुनिक सभ्यता के मद में हैं। मार कर शक्ति हासिल करने से शांति नहीं मिल सकती।''[62]

गाँधी का राष्ट्रवाद अध्याय 17 में अपने चरम पर पहुँच जाता है, जो पुस्तक का सबसे महत्त्वपूर्ण अध्याय है। यह प्रश्न उठाता है कि क्या कोई ऐतिहासिक उदाहरण है जब कोई देश अपनी नैतिक शक्ति से उठा हो।''[63] इतिहासकारों ने केवल राजाओं के हिंसक कृत्यों की चर्चा की है तथा नीति पर अनीति का विजय सिद्ध किया है। सतही तौर पर ऐसा लगता है पर गाँधी ने राजाओं के आचरण को राष्ट्रवाद का आधार नहीं माना बल्कि इसको प्यार और दया की विवेकपूर्ण उपज बताते हैं। वे तुलसीदास से मार्गदर्शन लेते हैं। जहाँ दया धर्म का मूल है जो प्रजा का संचालन करती है भले ही इतिहास में हिंसक शक्तियों की विस्तृत चर्चा क्यों न हो। राज चलाने का सही आधार नैतिक शक्ति ही हो सकता है। अगर दुनिया की कहानी युद्धों से शुरू हुई होती तो आज एक भी जिंदा आदमी नहीं बचा होता।

स्पष्ट है कि दुनिया को युद्धों से घिरे रहने पर भी नैतिक शक्तियाँ जीवित हैं तथा कई देश शांति में रह रहे हैं। इतिहास इस बात का गवाह है विघ्नों के बीच भी नैतिक और आत्मा की शक्ति काम करती है।''[64] गाँधी का मानना है कि भारतीय राष्ट्रवाद एक अनूठा तथा नया प्रयोग होगा। जहाँ बहुभाषी एवं बहुधर्मी राष्ट्र खड़ा होगा। भारतीय सभ्यता को ऐसे राष्ट्र को खड़ा करने की शक्ति है। लेकिन इसका नयापन इस बात में होगा कि यह चरमपंथियों एवं आतंकियों से मुक्त होगा। यह एक भारत का नमूना पेश करेगा-सत्याग्रह तथा सर्वोदय।

1909 में लंदन में जिन ढिगरा एवं सावरकर समूह से गाँधी मिले वे पश्चिम के राष्ट्रवादी दर्शन से भ्रमित थे-स्पेंन्सर तथा मिल का प्रभाव था। लंदन से प्रकाशित 'द इण्डियन सोशियोलोजिस्ट' में जी.के. चेस्टरटन ने इन भारतीय आतंकी समूहों के विचार दिए है जिस पर गाँधी की दृष्टि थी। 'भरत में भारतीयों को भारतीय के रूप में रहने का हक था' पर इस अधिकार को हर्बट स्पेंसर से क्या लेना-देना था? क्या भारत की ग्रामीण विरासत स्पेंसर के दर्शन से नायक नहीं हो जाती?''[65] स्पेंसर न भारतीय हैं न उनका दर्शन भारतीय था न उनकी शिक्षा संबंधी बातें। इस तरह भारत का राष्ट्रवादी भारतीय नहीं रह जाता।''[66] भारत के भ्रमित आतंकी समूह वह सब कुछ खो देना चाहते हैं जो भारत की चिर् संचित निधि है।''[67]

हिन्द स्वराज यह नहीं बताता कि राज हिंसा को सर्वथा निर्मूल किया जा सकता है पर जो भी हिंसा राज्य से होता हो वह कुल जनता के हित में हो न कि देश के कुछ

अभिजात वर्ग के हित में, और वह भी सामान्य दया के घेरे में। सख्ती उतनी ही जितना किसी बच्चे के लिए जरूरी हो। गाँधी उतना ही ठीक मानते हैं, जिसके पीछे नीयत ठीक हो और बच्चे की भलाई के लिए जरूरी हो। उससे ज्यादा नहीं।"[68]

इस तरह राष्ट्रवाद का वही स्वरूप ठीक होगा जिसमें दया और राष्ट्रहित दोनों का समावेश हो। आधुनिक राष्ट्रवाद दया के बिना भी केवल राष्ट्रीय हित की बात करता है। अभिजात वर्ग भी राष्ट्र हित के नाम पर दया तत्व को भुला कर केवल अपने संकीर्ण हितों की पुष्टि करना चाहता है। पर इनका हित प्रजा के हित से मेल नहीं खाता। गाँधी देख रहे थे कि यह वर्ग-डॉक्टर, वकील अथवा पेशेवर वर्ग, राष्ट्र के नाम पर साधारण जनता को लूट रहा था।

आधुनिक राष्ट्रवाद में प्रबुद्ध वर्गों का आचरण ऐसा ही होगा पर अगर दया के आधार पर राष्ट्र बनता है तो वे भी प्रजा की हित की बात करेंगे। पर इसके ए उन्हें अपने अंतर को शुद्ध करना होगा। हिन्द स्वराज इस प्रक्रिया पर अंत तक विचार करता है।

पाठक पूछता है कि इसके लिए आप राष्ट्र को क्या कहते हैं? गाँधी का जवाब है कि प्रबुद्ध वर्ग ही राष्ट्र है, एक विशेष अर्थ में। अब तक गाँधी राष्ट्र को सामान्य प्रजा से जोड़ते थे पर अब वे इसे संकीर्ण अर्थ में 'एलीक' से ही जोड़ते हैं। इस तरह राष्ट्र उन लोगों से विशेष रूप से जुड़ जाता है जो आधुनिक यूरोपीय सभ्यता से प्रभावित हैं तथा देश के लिए स्वशासन की मांग कर रहे हैं।

गाँधी के इस विचार के तह में जाना चाहिए। गाँधी इस राष्ट्रीय अभिजात वर्ग के लिए एक राष्ट्रीय जिम्मेवारी को खड़ी करते हैं। यही बाद में चलकर "रचनात्मक कार्यक्रम" का रूप बन गया। इसके लिए इस वर्ग को एक नैतिक हृदयांतरण की जरूरत पड़ती जो उनके आधुनिक राष्ट्रवाद को बदल कर भारतीय परिवेश में लाता। इससे उनके हृदय में सच्चा प्रेम तथा आत्म शक्ति जागृत हो सकेगी। ऐसी स्थिति में ये लोग अंग्रेजों से बिना घृणा के और बिना डर के पेश आ सकते थे। ऐसे परिवर्तन से ही देशवासियों को आधुनिक सभ्यता के खतरों का भान होगा तथा भारतीय सभ्यता की विशेषताओं का इन्हें स्वराज का सही अर्थ समझना होगा।

पहली बात कि स्वराज एक मानसिक स्थिति है (1) जिससे आधुनिक (अंग्रेजी) सभ्यता में निहित सत्ता और लोभ से मुक्ति मिले, (2) अंग्रेज जो देश के दुश्मन हैं, उनके घृणा भाव से मुक्ति मिले और (3) भारतीय प्रजा से प्यार, जिससे सत्ता का लोभ और प्रलोभन हट जाए।

दूसरा, स्वराज बाह्य रूप में (1) विदेशी सत्ता से राजनैतिक मुक्ति है। (2) और भारतीय प्रजा से आजीवन समर्पण है जिससे इसकी आर्थिक गरीबी मिटे तथा इसे जाति प्रताड़नाओं से मुक्त किया जाए।

स्पष्ट शब्दों में, स्वराज अमानवीय शक्ति और मानवी शक्ति के चयन का

प्रश्न है। अगर एक भी भारतीय ऐसा हो जाए तो अंग्रेजों को उन्हें सुनना होगा। तब बदले हुए भारतीयों तथा संवेदनशील अंग्रेजों में प्रभावी संवाद हो सकेगा। तब आजादी के लिए हिंसा और आतंक की जरूरत नहीं होगी।

इस तरह यह स्पष्ट होता है कि देश को आज़ाद होने के लिए अंग्रेजों से मुक्ति से ज्यादा जरूरी अंग्रेजी सभ्यता से मुक्ति मिलनी चाहिए जो भारतीय भद्र वर्ग को इसकी प्रजा को सताना सिखलाती है। एक बार भारतवासी इस दोष से मुक्त हो लें, फिर वे नैतिक बल से अंग्रेज तथा भारतीयों-दोनों को चला लेंगे। यह गाँधी अंग्रेजी सभ्यता के दुर्गणों को बनाने के साथ-साथ आधुनिक भारतीयों को इस सभ्यता के रोग से बचाना चाहते हैं। अगर ऐसा दोष है तो उससे क्यों नहीं बचा जाए। नैतिकता का यही तकाजा है।

हिन्द स्वराज में 19 तथ्य इसके अंतिम अध्याय में रखे गए हैं, जिससे भद्र वर्ग का मानसिक परिवर्तन हो सके। यह जरूरी है क्योंकि इसी वर्ग पर भारत का भाग निर्भर करता है। ऐसी ही शुद्धि से उन्हें 'आवश्यक बल' मिलेगा देश के लिए कुछ करने के लिए। ऐसे काम उन्नीस ही क्यों-इसका कोई महत्त्व नहीं। ये 1909 वर्ष की जरूरतें हैं पर इस ऊर्जा को कायम रखना है जैसे देश की जरूरतें बदलें।

[इस लेख में 'एलीट' शब्द की हिन्दी कुलीन, भ्रद, स्वजात, अभिजात शब्दों का प्रयोग किया गया है। (अनुवादक)]

इन उन्नीस मुद्दों में तीन डॉक्टरों के लिए, चार वकीलों के लिए और शेष 'धनी' वर्गों के लिए हैं। अर्थात् गाँधी यहाँ देश के पेशेवर वर्गों को संबोधित करते हैं, जिसमें डॉक्टर, वकील, वैज्ञानिक, शासक, राजनेता अथवा व्यापारी वर्ग होगा। ये लोग पहले देश की सेवा में लगे तथा पैसा कमाना गौण मरने। अर्थ धर्म की परिधि में रहे और धर्म वह यंत्र बने जो देश के शरीर और आत्मा को स्वस्थ करे तथा इसके कमजोर और गरीब वर्ग को, और न केवल सबल और धनी वर्गों को, खुशहाल बनावे।

इसके लिए गाँधी ने हस्तकर्घा तथा हस्त शिल्प के विकास को एक संबल बनाया। उसी तरह, प्रायश्चित शोक, शपथ, जेल, देश निकाला आजीवन कारावास आदि का अर्थ इतना ही है कि वे 1909 के आतंकियों की रणनीति बने। पर देश के भद्रलोक के लिए प्यार, आत्मशक्ति, तथा उचित उत्पादन तकनीक का रास्ता था। इस तरह स्वराज के लिए आत्म शुद्धि, सवैधानिक सुधार तथा आर्थिक सुधार ही रास्ते थे। यही हिन्द स्वराज का संदेश है।

निष्कर्ष

इस प्रकार हिन्द स्वराज प्रतिपादित करता है कि भारत एक राष्ट्र है, एक प्रजा है और भारत की खुशहाली के लिए यह समझ लेना जरूरी है। पर यह विरोध करना है जहाँ आधुनिक राष्ट्र की धारणा अमानवीय शक्ति, देश के स्वार्थ और कुछ लोगों में सीमित

व्यवस्था पर आधारित होती है, जो किसी धर्म, भाषा या नस्ल से जुड़ती हो।

भारत भारतीयों का स्वदेश है या उन सभी का जो इसे स्वदेश के रूप में अपनाते हैं। गाँधी के स्वदेश का अर्थ एक खुला समाज है, जो भारतीय सभ्यता की देन है और आत्मा की शक्ति को मानते हुए विभिन्न नस्लों भाषाओं और धर्मों को एक सामासिक जुड़ाव में रखता है।

इससे यह पता चलता है कि राष्ट्र की धारणा में बहुसंख्यक समुदाय और अल्पसंख्यकों के ऊपर एक जिम्मेवारी रहती है। बहुसंख्यक, चाहे धर्म, भाषा या नस्ल के हों, को खुला समझौता और सहनशीलता का भाव रखें, तथा अल्पसंख्यक भारतीय सभ्यता के मुताबिक अपने को बदलें।

भारतीय मुस्लिम के लिए राष्ट्रीय समास या जुड़ाव का विशेष अर्थ है। गाँधी की प्रजा की धारणा में इस्लाम को भारतीय सभ्यता के अनुकूल बनाना चाहिए। इससे वे प्रजा के रूप में अपनी-कानूनी और भावनात्मक स्थिति को पुष्ट कर लेंगे। आज भी मुसलमानों के सामने यह सवाल है कि क्या एक अच्छा मुसलमान कानूनी तथा भावनात्मक रूप से एक गैर-मुस्लिम देश का भारतीय नागरिक है? क्या इस्लाम के सिद्धांत में गाँधी की 'प्रजा' की धारणा बैठती है? यह सत्य है कि भारतीय राष्ट्रवाद का क्रम गाँधी के रास्ते पर नहीं चला पर इसका अर्थ यह नहीं कि गाँधी की धारणा गलत थी तथा उनके भारतीय सभ्यता की व्याख्या गलत थी। देश के विभाजन ने यह जरूर सिद्ध किया कि देश के हिन्दू या मुसलमान गाँधी की चुनौतियों पर खरा नहीं उतरे।

गाँधी के सिद्धांत से यह निकाला जा सकता है कि प्रजा के रूप में भारत का भाग्य भारत के पेशेवर वर्ग (एलीट) के नैतिक चरित्र पर निर्भर करता है। वकील, डॉक्टर तथा धनी वर्गों पर। अगर यह वर्ग लोभ से ग्रस्त रहेगा तथा जाति आधारित रहेगा और राष्ट्रवाद के आदर्शों से दूर रहेगा, तब भारत का भविष्य अंधकारमय है। प्लेटो की तरह गाँधी ने भी समझा कि देश और आत्मा का स्वास्थ्य 'पथ प्रदर्शक वर्ग' के नैतिक चरित्र पर निर्भर करेगा। ये भद्रलोक राष्ट्रवाद का अपहरण कर सत्ता और लोभ में झोंक सकता है। गाँधी का स्वराज राष्ट्र (प्रजा) व्यक्ति तथा पेशेवर वर्ग के चरित्र तथा लोक सेवा पर निर्भर करता है। अगर स्वराज के लिए यह वर्ग समाज के सबसे कमजोर वर्ग के लिए तथा आत्मशुद्धि के लिए समर्पित हो तो स्वराज स्थापित हो सकेगा।

सन्दर्भ

1. कलेक्टेड वर्क्स ऑफ महात्मा गाँधी, पब.हि.वि., सूचना मंत्रालय, 1958-84 वोल॰ 1 पृ. -508-509
2. वही, पृ.-509

3. वही, वाल 10, पृ.-7
4. वही, पृ.-190
5. अरविन्दो, वंदे मातरम, अर्ली पॉल वर्धा, शताब्दी अंग, 1972 पृ.-571, 585
6. हिन्द स्वराज, अध्याय X पृ.-47-8, (1989 रीप्रिंटिंग, नवजीवन, अहमदाबाद)
7. जान स्ट्रेचे, 1888, उद्धृत ए.एम्ब्री, इण्डियाज सर्च फार नेशनल आइडेन्टीटी, चाणक्या पब, 1988 पृ.-1 (ब्रिटेन में पूरब के दर्शन पर एक विचार यह था-''भारत के बारे में यह एक जरूरी जानने की बात है कि यहाँ कभी 'भारतीय' जैसी चीज नहीं थी या कोई ऐसा भारत जो एक था, राजनैतिक, सामाजिक या धार्मिक दृष्टि से। पंजाब, बंगाल बार्थ वेस्टनै प्रोविंस का मद्रास के लोग कभी नहीं सोचते थे कि वे एक महान राष्ट्र के थे।)
8. हिन्द स्वराज, अध्याय IX, पृ.-42
9. रेनन के लेख के लिए, देखें, हंस करेन, नेशनलिज्म, इट्स मीनिंग एण्ड हिस्ट्री, प्रिसन्टन, वैन नौ स्ट्रेण्ड, पृ.-136
10. हिन्द स्वराज, अध्याय ए पृ.-45
11. वही, पृ.-48
12. देखें सुरिन्दर मोइन भारद्वाज, हिन्दू प्रसेज ऑफ पिलग्रिमेज इन इण्डिधुनि आफ केलिफोर्निया प्रेस, 1973, पृ.-217
13. 14 अक्टूबर का पत्र, कलेक्टेड वर्क्स ऑफ महात्मा गाँधी, वोल 9 पृ.-481
14. हरिजन 14 अक्तू. 1939, पृ.-303
15. वही
16. वही
17. हिन्द स्वराज, पृ.-44
18. वही, पृ.-43
19. वही, पृ.-45
20. वही, पृ.-45
21. वही, पृ.-48
22. वही पृ.-45 (गुजराती संस्करण में)
23. वही, पृ.-46
24. वही,
25. वही, पृ.-46
26-33. वही पृ.-45 से 48 तक
34. कलेक्टेड वर्क्स, उपर्युक्त, वोल. 9, पृ.-409

35. हिन्द स्वराज, पृ.-79

36-45. वही, पृ.-79 से 81 तक

46-55. वही, पृ.-81 से 21 तक

56-57. वही, पृ.-86-87

58. हिन्द स्वराज पृ.-27

59. वहीं, पृ.-61

60. 61. वही, पृ.-61-68

62. वही, पृ.-62 धींगरा, लंदन का पंजाबी छात्र जिसने सर विलियम एच. कर्जन विली, जो भारत के सक्रेटरी ऑफ स्टेट के सचिव थे की हत्या 1 जुलाई 1909 में की थी, गाँधी के दक्षिण अफ्रीका से लंदन आने के कुछ पूर्व।

63. वही, पृ.-69

64. वही, पृ.-69-70

65. कलेक्टेड वर्क्स, उपर्युक्त वोल. 9, पृ.-425

66. वही, पृ.-427

67. वही, पृ.-427

68. हिन्द स्वराज, पृ.-68

69. वही, पृ.-89

हिन्द स्वराज में राष्ट्रवाद और अन्तर सामुदायिक सम्बन्ध

प्रो. रामपुनियानी

अनुवाद : जनार्दन मिश्र

हमें यहाँ याद रखना चाहिए कि वो गांधी ही थे, जिनको राष्ट्रपिता कहा गया, उनके भारतीय राष्ट्रीय स्वतंत्रता संग्राम में महत्वपूर्ण भूमिका के कारण ही। यह उनका नेतृत्व ही था जिन्होंने याचना-राजनीति को 'समुदाय राजनीति' में रूपांतरित कर दिया। समुदाय-राजनीति, जिसने भारत की स्वतंत्रता के लिए अब तक के ब्रिटिश साम्राज़्य के दुर्भेद्य प्रतिरोध को अपने दबाव से गठरे में तब्दील कर दिया। ये उन्हीं की प्रक्रिया एवं विचार थे, जिसने उन्हें आम जनता के प्रति उत्तरदायी बनाया।

हिन्द स्वराज में प्रतिपादित भारतीय राष्ट्रीयता एवं सहभागिता सम्बन्ध की गंभीरता व्यक्ति को विस्मित कर देती है। इस पुस्तक के सौ वर्ष होने के बाद उनके ये सब विचार और अधिक प्रासंगिक हुए हैं क्योंकि हम धर्म के नाम पर घटित हिंसा एवं हिंन्दू राष्ट्रवाद की प्राप्ति हेतु घटित हिंसा के गवाह हैं। एक प्रकार से राष्ट्रवाद के अवहेलना अपमान की प्रस्तुति ही इस असाधारण पुस्तक में गाँधीजी ने की है।

प्रस्तावना

जिस समय गाँधी जी अपने विचारों को निर्भीक तरीके से इस पुस्तक में प्रस्तुत कर रहे थे उस समय भारतीय राष्ट्रीय संग्राम का प्रारम्भिक/उदीयमान किन्तु कठिन चरण था। उद्योगपति वर्ग के उदय के बाद कामगारों और आधुनिक शिक्षित वर्ग ने भारतीय राष्ट्रीय कांग्रेस का प्रारूप सृजित किया था। वह एक ऐतिहासिक क्षण था क्योंकि इसमें सभी धर्मों को मानने वाले लोग एक ही राष्ट्रवादी ध्वज के नीचे एक साथ आगे बढ़ रहे थे, जो एक ही उद्देश्य थे और उनमें स्वतंत्रता समानता और बंधुत्व जैसे मूल्यों के प्रति आस्था, अभिलाषा को पुनः प्राप्त करने का एक सोपान था।

विभिन्न संगठनों की निर्मिति के उपरान्त, व्यापार पर आधारित उद्योग, श्रम और शिक्षा इन सब संस्थाओं ने यह महसूस किया कि उनके अपने अभिरुचियों की अभिव्यक्ति के लिए एक राजनीतिक प्रकोष्ठ की आवश्यकता है।

अतः सन 1885 में भारतीय राष्ट्रीय कांग्रेस ने लोक तांत्रिक राष्ट्रवाद का तिरंगा फहराया। प्रतिष्ठा एवं उभरते वर्गीय अधिकारों को एक साथ बढ़ाने वाली अपनी उन मांगों को सामने रखा, जो सामाजिक धर्मतंत्रीय समूहों के बीच सामाजिक समीकरण के बेहतरीं पर केंद्रित थी। लोकतांत्रिक मूल्यों की क्षमता के चलन द्वारा अव्यवस्थित पतनशील राजाओं के प्रभाव और जमींदारी संयुक्त भारत राष्ट्रवादी 1889 संगठन के निर्माण के साथ आगे आयी। जिसमें ब्रिटिश साम्राज्य के प्रति प्रतिद्धिता व्यक्त की गयी और आई.एन.सी. की राजनीतियों की भर्त्सना की गयी। यह संस्था हिंदू और मुस्लिम दोनों जमींदारों और राजाओं के द्वारा गठित हुई थी। बाद में इस संस्था से एक तरफ 'मुस्लिम लीग' की स्थापना हुई और दूसरी तरफ 'हिन्दू महासभा' अस्तित्व में आया। वास्तव में, हिन्दू महासभा का प्रारम्भ पंजाब हिंदू सभा के द्वारा हुआ था, जिसका समान सांप्रदायिक मुद्दा था। ये सब विरचन बाद में मुस्लिम राष्ट्र और हिंदू राष्ट्र के नाम से अलग-अलग पुकारे गये। उनके विचारों में धर्म और राष्ट्रवाद को एक-दूसरे से सम्पृक्त कर जोड़ दिया गया था।

राष्ट्रीयता और गाँधी

राष्ट्रीयता के संदर्भ में, जिसके सबसे बड़े प्रतिपादक स्वयं गाँधी जी ही थे, का मानना था—धर्म की मानव जीवन में विशेष भूमिका है लेकिन इसे राष्ट्रीयता के साथ मिलाया नहीं जा सकता है। वे हिन्द स्वराज में कहते हैं—"भारत को एक राष्ट्र तक सीमित नहीं किया जा सकता है क्योंकि यहाँ विभिन्न धर्मों से सम्बन्धित लोग रहते हैं। विदेशियों का प्रवेश अनिवार्यतः राष्ट्र को नष्ट नहीं करता है बल्कि इससे वे मिलते-जुलते हैं। एक देश एक राष्ट्र तभी है जब वह इस प्रकार की परिस्थितियाँ प्राप्त कर लेता है। उस देश के पास आत्मसात् करने के लिए एक संकाय का होना अत्यन्त आवश्यक है, भारत हमेशा से इस प्रकार का देश रहा है। यह वास्तविकता है कि यहाँ जैसे अनेक लोग हैं वैसे ही अनेक धर्म भी हैं, लेकिन वो जो अपनी राष्ट्रीयता की आत्म के प्रति सचेष्ट है, दूसरों के धर्म की मान्यता के प्रति हस्तक्षेप नहीं करते हैं यदि वो ऐसा करते हैं तो वह एक राष्ट्र की अवधारणा में उपयुक्त नहीं समझे जाते हैं। यदि हिन्दू ऐसा विश्वास करते हैं कि भारत केवल हिंदुओं के राष्ट्र के रूप में माना जाए तो वह एक स्वप्नभूमि में रह रहे हैं। हिन्दू, मुस्लिम, पारसी और इसाई जिन्होंने भी भारत को अपना देश बनाया, वे सब मित्र देशवासी हैं और उन्हें एकता के सूत्र में बंधकर रहना होगा। शायद उन्हें अपनी अभिरुचियों के लिए। पूरे विश्व के किसी भी भाग में एकल राष्ट्रीयता और एकल धर्म जैसा समानार्थी

उपबंध नहीं है। और न कभी भी ऐसा भारत में रहा है।" (द कंडीशन ऑफ इण्डिया (कन्टीन्यूड हिन्दूज एण्ड मोम्डन्स, http:/www.mkganghi.org/swarajya/coverpage.ntm) गाँधीजी) उनका और भारतीय राष्ट्रीयता के जवाब में मुस्लिम लीग की साम्प्रदायिक राजनीति का होना हिन्दू महासभा और आर.एस.एस. को दूसरे को साथ देना अवश्यम्भावी था। रोचक बात तो यह है वे एक धर्म परायण हिन्दू थे लेकिन कर्मकाण्डी नहीं थे। उनका धर्म नैतिक मूल्यों के साथ अधिक समानार्थी था, अपेक्षाकृत कर्मकाण्ड एवं धर्म-प्रांतीय अंधश्रद्धा के।

हिन्द स्वराज राष्ट्रीयता और भारतीय परिप्रेक्ष्य में धर्म के समझ की उनकी एक प्रतिभाशाली व्याख्या है। वे सामाजिक दशा को समझ लेने में पर्याप्त उत्सुक थे और जो कट्टर किस्म के धर्म गहरी पकड़ से बधा हो। यह सुनिश्चित करने के लिए, कि लोग इस कट्टर विकलांगता से निजात पा सकें, उन्होंने धर्म की एक अद्वितीय व्याख्या की, जिसमें उसके मानवीय पक्षों पर अधिक ध्यान दिया गया है और उसे एकल धर्म की परिधि से बढ़कर कहा गया और इस प्रक्रिया से उन्हें जनता की तरफ से जबरदस्त प्रतियुत्तर मिला। उनका झगड़ा जातीय राजनीति में लगे लोगों से था, जिसको यहाँ संक्षेप में निर्दिष्ट किया जा सकता है।

साम्प्रदायिकता एवं साम्प्रदायिकतावाद

इन साम्प्रदायवादियों में से अधिकतर अधार्मिक थे जो धर्म का प्रयोग अन्यों के विरुद्ध उनके समुदायों के संकुचित अवसान को दृढ़ करने के लिए करते थे। वे गाँधीजी के गहन आध्यात्मिक मानवतावाद से गंभीर रूप से भयभीत थे। यही कारण है कि हिन्दू और मुस्लिम सम्प्रदायवादियों ने उन पर ज़हर उगला। (उनको घाल-मेल के लिए जिम्मेदार ठहराया गया, जिसके परिणाम स्वरूप साम्प्रदायिक राजनीति स्वतः एक पक्ष में थी।) इस कारण के लिए यह ठीक है कि एक हिन्दू जातीय राजनीति का समर्थक 'नाथूराम गोडसे' ने उनकी हत्या कर दी। कृषक वर्गों के समुदाय को उनकी पहचान और सांस्कृतिक अनुकूलन के तरीके बने। उन्हें नैतिक और व्यावहारिक नेतृत्व ने आगे आने वाले दिनों में सहयोग राष्ट्रीय स्वतंत्रता के लिए दिया। इन प्रक्रियाओं के कारण सम्प्रदायवादियों के विपरीत वे करोड़ों लोगों को एक साथ अपने नेतृत्व के अंतर्गत लाने और सचेत करने में सर्मथ थे। उनकी देशभक्ति ब्रिटिश विरुद्ध थी और कोई एक धार्मिक सम्प्रदाय तक सीमित नहीं थी। राष्ट्रीय स्वतंत्रता संग्राम के प्रति गाँधी की दृष्टि गहन धर्मनिरपेक्ष थी और वह सभी धर्मों के लोगों पर समान रूप से आकृष्ट करने की कार्यवाही आगे जारी रही। यह एक प्रक्रिया के तहत उनकी खुली जीत थी और धार्मिक राजनीति पर आधारित राष्ट्रवाद, हिन्दू राष्ट्र समर्थक की परोक्ष सहायता थी।

उनके धर्म परायणता का पूर्ण अर्थ समझने के लिए यह भी समझने की

आवश्यकता है कि उनकी धर्म-परायणता प्रचलित धार्मिक संस्था की परिधि से बढ़कर है। उनका धर्म सम्पूर्ण मानवता को अपने में समाहित करने वाला धर्म है एवं अन्य विभिन्न धार्मिक परम्पराओं को शत्रुता भाव से नहीं देखता है।

गाँधी और धर्म

गाँधीजी के लिए, धर्म का तात्पर्य मुख्यतः उसका नीति पक्ष, नैतिक भाव है। वे सामाजिक मानदण्ड और मूल्यों को विभिन्न धर्मों की सीमा को रेखांकित करने के विषय में चिन्तित थे और कह रहे थे -''मैं अपने आपको एक अच्छा मुस्लिम और एक अच्छा हिन्दू मानता हूँ और उसी परिप्रेक्ष्य में, मैं अपने आपको समान रूप से एक इसाई और एक पारसी मानता हूँ। (गाँधी एण्ड कम्यूनल प्राब्लम्स, सी.एस.एस. एस.1997 पेज 6)। "उनके इस उद्धरण को उनके अन्य दो महत्त्वपूर्ण उद्धरणों के साथ देखा जाना चाहिए जो बहुत प्रचलित हैं। ''मेरे लिए, धर्म से वंचित राजनीति पूर्णतः तुच्छ है, और दूर रहना भी। धर्म से अलग राजनीति एक शव के समान है जो केवल जलाने के लायक है।''

ये वो महत्त्वपूर्ण विचार हैं, जिसमें 'हम' और 'वे' के भाव समाप्त हो जाते हैं। गाँधीजी के राष्ट्रवाद ने उदीयमान राष्ट्र का प्रतिनिधित्व किया। यद्यपि उन्होंने इसे धार्मिक भाषा में अभिव्यक्त किया, यह किसी एक धर्म से बंधा नहीं है। उनके लिए भारत एक असाम्प्रदायिक राज्य होने के सिवा कुछ न था। जहाँ सभी धर्मों को समान रूप से समान सामाजिक स्तर पर सम्मान दिया जाएगा किंतु उनमें से किसी भी धर्म को राज्य को निर्देश देने का अधिकार नहीं होगा। हालांकि राजनीतिक स्तर पर नैतिकता का सर्वोपरि आधिपत्य होता है। ''जिसके चलन के लिए भारत में मैंने अपने पूरे जीवन भर कार्य किया, प्रत्येक व्यक्ति समानता की उस स्थितिजन्य आनन्द का भागी है चाहे उसका धर्म कुछ भी हो। राज्य पूरा का पूरा धर्मनिरपेक्षता के भाव से बंधा है। (पेज 87, गाँधी एण्ड कम्युनल हॉरमनी, सी.एस.एस.एस. 1994), और धर्म, राष्ट्रीयता का परीक्षण मात्र नहीं है बल्कि मानव और ईश्वर के बीच एक व्यक्तिगत विचार है। (इसिइड, पेज 90), धर्म प्रत्येक व्यक्ति का नितान्त व्यक्तिगत मामला है, इसे कभी भी राजनीति या राष्ट्रीय मामलों में मिश्रित करके नहीं देखना चाहिए।''

ये ही वे विचार थे, जो भारतीय राष्ट्र निर्माण के पथ-प्रदर्शक थे। हमें यहाँ याद रखना चाहिए कि वो गाँधी ही थे, जिनको राष्ट्रपिता कहा गया, उनके भारतीय राष्ट्रीय स्वतंत्रता संग्राम में महत्त्वपूर्ण भूमिका के कारण ही। यह उनका नेतृत्व ही था जिन्होंने याचना-राजनीति को 'समुदाय राजनीति' में रूपांतरित कर दिया। समुदाय-राजनीति, जिसने भारत की स्वतंत्रता के लिए अब तक के ब्रिटिश साम्राज्य के दुर्भेद्य प्रतिरोध को अपने दबाव से गठरे में तब्दील कर दिया। ये उन्हीं की प्रक्रिया एवं विचार थे, जिसने उन्हें आम जनता के प्रति उत्तरदायी

बनाया। उनके धर्म और क्षेत्र, जाति एवं लिंग का बिना विचार करते हुए, स्वतंत्र भारत के लिए संघर्ष करते समय। उनके लिए राष्ट्रपिता की उपाधि स्वतंत्रता प्राप्ति हेतु उनके प्रभावी नेतृत्व एवं योगदान के कारण है।

आज आर.एस.एस. की संताने यह कहते हुए कि यह राष्ट्र 5000 वर्ष पुराना है और उसके लिए किसी पिता की आवश्यकता नहीं है, वे आज़ादी, समानता और बंधुत्व पर आधारित आधुनिक भारतीय गणराज्य को आसानी से भ्रम में डाल रहे हैं और पूर्व आधुनिक राज्य-क्षेत्र और साम्राज़्य जो कि संरचनात्मक जटिलताओं एवं स्थिति अधिकार की कठोरताओं पर आधारित है, वे उनके वर्तमान राजनीति में लक्ष्य प्राप्ति में सहयोगी हैं। यह धर्म एवं राष्ट्रवाद के प्रति संघर्षशील मनोवृत्ति के प्रतीक से अधिक है एवं इस प्रकार के किसी व्यक्ति से सम्बन्धित नहीं है।

हिन्द स्वराज के आइने में भारतीय इतिहास

जैसा कि इस पुस्तक में प्रतिबिम्बित हुआ है कि उनकी (गाँधीजी की) इतिहास सम्बन्धी व्याख्या बहुत अभिनव एवं सर्व-समावेशी है, जब साम्प्रदायवादी 'एकान्तिक इतिहास' का राग अलाप रहे थे। मुस्लिम साम्राज़्यवादी लोगों का कहना था कि मुस्लिम राष्ट्र यहाँ मुहम्मद बिन कासिम के समय से ही रहा है। जो पहली बार आठवीं शताब्दी में सिंध को फ़तह किये थे। उनका कहना था कि मुस्लिम शासक थे इसलिए ब्रिटिश शासकों को सत्ता मुस्लिलमों को हस्तान्तरित करनी पड़ी क्योंकि उन्होंने इस सत्ता को मुस्लिमों से ही छीना था। हिंदू सम्प्रदायवादी कह रहे थे कि अनादिकाल से यह एक हिन्दू राष्ट्र है। यह हिन्दू राष्ट्र है और मुस्लिम विदेशी हैं। वे मुस्लिमों के निर्दयी होने की बात भी किये और उनके अन्य देशीयता की बात भी। हिन्दू और मुस्लिम राजाओं के बीच का युद्ध जैसे हिंदुओं और मुस्लिमों का युद्ध ही वाली बातें हुई। इसके विपरीत गाँधी ऐसे समझ का प्रचार-प्रसार करते हैं जो अधिक तर्कपूर्ण, असाम्प्रदायिक एवं सर्वसमावेशी हो। हिन्द स्वराज में वे कहते हैं—हिन्दुओं का उत्थान मुस्लिम साम्राज़्य के अधीन हुआ एवं मुस्लिमों का उत्थान हिन्दू साम्राज्य के अधीन हुआ। प्रत्येक समुदाय ने समझा कि आपसी संघर्ष आत्मघाती है और दोनों में से कोई भी शस्त्र बल के कारण अपना धर्म नहीं छोड़ेंगे। दोनों पक्षों ने इसलिए शांतिपूर्वक रहने का निर्णय लिया। अंग्रेजों के आने के साथ ही युद्धों की प्रस्तावना हुई। क्या हमें नहीं याद करना चाहिए उन हिंदुओं और मुस्लिमों के उनके अपने पूर्वजों को, जिनके नसों में उनके समान लहू (खून) दौड़ रहा है? क्या लोग शत्रु हो जाते हैं क्योंकि वे अपना धर्म बदलते हैं? क्या मुसलमानों के खुदा से हिंदुओं का ईश्वर अलग है? सभी धर्म विभिन्न रास्तों से होता हुआ एक ही बिंदु पर आकर मिलता है। इससे क्या होता है? यदि हम विभिन्न मार्गों को अपनाते हैं और साथ ही हम एक समान लक्ष्य को प्राप्त करते हैं। प्रासंगिक

कहावतें-जैसे शिव और विष्णु के मानने वालों के बीच हैं, तब पर भी कोई नहीं सुझाव देता है कि ये दोनों देवता एक राष्ट्र से सम्बन्धित नहीं है। यह कहा गया है वैदिक धर्म, जैन धर्म से अलग है लेकिन अलग-अलग अनुयायियों के विश्वास अलग राष्ट्रों के प्रति नहीं है। सत्य यह है कि हमने अपने को गुलाम कर रखा है इसलिए युद्ध और हमारे बीच युद्ध होने का निर्णय किसी तीसरे पक्ष द्वारा निर्धारित होता है। यहाँ हिंदू मूर्तिभंजक है तो मुस्लिम भी उनकी तरह मूर्तिभंजक हैं, जितना अधिक हम सत्य ज्ञान में आगे बढ़ेंगे, उतने ही अच्छे तरीके से हम यह समझेंगे कि हमें उनके साथ लड़ाई करने की आवश्यकता है, जिनके धर्म का हम अनुपालन नहीं कर सकते हैं। (द कंडीसन ऑफ इंडिया (कन्टीन्यूड) हिन्दूज एण्ड मोहम्डन्स)

http:/www.mkganghi.org/swarajya/coverpage.ntm

ठीक यही इतिहास का सत्य है। राजाओं के बीच युद्ध शक्ति एवं सम्पत्ति के लिए ही हुआ करता था जबकि औसत जनता आपस में एक-दूसरे से मिलती-जुलती थी और समन्वयवादी परम्पराओं एवं संस्कृति की रचना करती थी। धार्मिक चेतना का विकास हुआ, जिससे एक-दूसरे से लोग परस्पर बंधे और पूरी सम्पूर्णता में समाज को सम्पन्न बनाये। भारतीय संस्कृति क्या? क्या यह हिन्दु संस्कृति है? या क्या यह मुस्लिम संस्कृति है अथवा यह क्या है? भारत ही एक ऐसा स्थान है जहाँ सभी धर्मों को बिना किसी भेद-भाव के विकसित होने या बढ़ने का मौका मिला है हिन्दू, जैन, बौद्ध, इसाई, इस्लाम और सिक्ख ये प्रमुख धर्म है। जिसका लोग पालन करते रहे हैं, इनमें से कुछ तो यहीं जन्में थे और कुछ बाहर से यहाँ आये और विभिन्न प्रक्रियाओं के तहत फैले, जैसे संतो की शिक्षायें, सूफी और मिशनरी इत्यादि। इस्लाम मुख्यतः सूफी संतों की शिक्षाओं के द्वारा ही फैला, इसाई धर्म प्रमुखतः मिशनरियों के माध्यम से फैला जो शिक्षा और स्वास्थ्य के क्षेत्र में दान के लिए कार्यरत थे। संस्कृति के सभी पक्षों का विभिन्न धर्मों के लोगों से एक समृद्ध सरोकार था। हमारे खाने-पीने की आदतें और बहुत-सी प्रक्रियाएं पश्चिमी एशिया और विश्व के अन्य भागों से आगत् है। हमारा परिधान और हमारी वास्तुकला का छाप विभिन्न धर्मों के विभिन्न लोगों पर पड़ा है और विश्व के विभिन्न क्षेत्रों से आने और संस्कृति के विकास में योगदान करने का भी प्रभाव पड़ा है। भक्ति और सूफी इस पारस्परिक प्रभाव के प्रमुख बिन्दु हैं आज विभिन्न परम्पराओं एवं मान्यताओं के लोग भले ही विभिन्न धर्म-अनुयायियों के योगदान को खारिज कर दें।

हिन्दू-मुस्लिम संगम

यह पारस्परिक प्रभाव मोहम्मद दारा शिकोह द्वारा लिखित पुस्तक 'मजमा -उल-बहरैन' बहुत अच्छे रूप में देखने को मिलता है, जिन्होंने भारत में हिन्दू धर्म और इस्लाम

के मिलन स्थल को व्याख्यायित किया है। साथ ही उर्दू, भारतीय भाषा का विकास हिन्दी और पयिन के पारस्परिक क्रिया के माध्यम से हुआ। यह राजाओं की धार्मिक निरपेक्षता ही थी, जिसके कारण विभिन्न धर्मों के लोग उनके दरबार में थे। अकबर के दरबार में वित्ताधिकारी के रूप में थे? कुछ छूटता है और शिवाजी के यहाँ गुप्त सचिव के रूप में हैदरअली थे। ये कुछ उदाहरण मात्र हैं मेवाती मुस्लिम हिन्दू पुजारियों के माध्यम से अपनी वेश परम्पराओं को रखते थे और केरला के नवायत मुस्लिमों में अग्नि के चारों ओर सात फेरे लगाने की प्रथा विवाह में कोई अपवाद नहीं है बल्कि नियम का अंग है। जहाँ से सम्पूर्ण समन्वयवादी परम्परा का विकास हुआ? उन धार्मिक समुदाय के राजनैतिक तत्वों और डांट-डपट की कट्टरता के बावजूद इन दिखायी पड़ने वाले मिलानों से समन्वयवादी परम्परा का विकास हुआ।

वास्तविक रूप में भारत विभिन्न संस्कृतियाँ एक-दूसरे से सम्मिलित हैं और देश के सभी भागों में एक समय समन्वय वादी संस्कृतियाँ ऊपर आयीं। यह भी कहा जा सकता है कि धर्म की श्रेष्ठता को कट्टर पादरी अन्य के रीतिपरक निष्कासन के लिए रख देते हैं जबकि समुदाय के गरीब और औसत लोग न केवल अन्यों के सांस्कृतिक अभिव्यक्तियों का आदर करते हैं बल्कि उसमें भाग भी लेते हैं। होली, ताजिया जैसे त्योहारों में भाग लेना, जिसे ऐतिहासिक संचयों में से हटाया नहीं जा सकता है, धर्म पर आधारित राजनीति की सांस्कृतिक नीति के डांट-डपट के बावजूद।

मध्ययुग एवं बहुलवाद

क्या मध्ययुग का इतिहास पूर्णतः केवल मुस्लिम राजाओं के मन्दिरों को नष्ट करने के लिए आक्रमण एवं लोगों को इस्लाम में तब्दील करने से सम्बन्धित है? क्या इतिहास का यह समय हमारे सामाजिक जीवन का अंधकार युग है या इससे अलग है? भारत की विविधता हमारे शक्ति का प्रमुख स्रोत एवं जन-समुदाय की उत्थान शक्ति का स्रोत भी रही है। यद्यपि यह भी सत्य है कि अधिकतम् भूमि अधिग्रहण के लिए राजाओं में आपस में युद्ध हुआ और पादरी (उलेमा और ब्राह्मण) पूजा के अन्य साधन को हीन समझने लगे। औसत लोग, मजदूर, मेहनती लोग एवं पददलित दोनों धर्मों के लोग एक-दूसरे के पारस्परिक क्रिया को सुखीपूर्वक मनाते थे। जबकि राजाओं की सबसे बड़ी चिंता राज्य विस्तार की थी और साथ ही उनके भौतिक लाभ के लिए राज्य संरक्षण की चिन्ता भी रहती थी। समाज का अधिसंख्य वर्ग उनके सामाजिक एवं सामुदायिक जीवन से सुख प्राप्त करता था। इस समय के विभिन्न क्षेत्रों के सामन्तवर्ग अपने सामाजिक सामर्थ्य के सुदृढ़ीकरण के प्रति उत्सुक रहा करते थे और दूसरों को कष्ट पहुँचाया करते थे। समाज के विभिन्न क्रियाशील स्तरों पर कवियों, राजकवियों, वास्तुविदों, नाट्य कलाकारों, लोक कलाकारों एवं रंगरेजों ने

अन्य क्षेत्रों को अपनी कला से जोड़ा जो स्वतः एक प्रक्रिया के तहत समृद्ध हुई।

भक्ति और सूफी सन्त

इस प्रकार की सबसे बड़ी संश्लिष्ट परम्परा लोकप्रिय धर्मों में ज्ञेय है। हिंदुओं की भक्ति और मुस्लिमों की सूफी दोनों प्रमुख धार्मिक परम्परायें इस युग में एक साथ आगे बढ़ीं। कबीर, नानक और तुलसीदास ने संश्लिष्ट परम्पराओं को प्रतिबिम्बित किया, जिसका प्रभाव दोनों धर्मों के लोगों के जीवन एवं कार्यों पर पड़ा। कबीर ने संस्कृत भाषा को स्वीकार नहीं किया क्योंकि यह अभिजात्य ब्राह्मणों की भाषा थी। उन्होंने सामान्य हिन्दी में अपने विचार से समाज को अवगत कराया, जिसका प्रतिबिम्बन दोनों समुदायों के मध्य एक पुल के निर्माण के रूप में हुआ। अपने एक 'सबद' में वे कहते हैं कि एक सोने से निर्मित विभिन्न आभूषण भिन्न-भिन्न आकार-प्रकार के दिखायी पड़ते हैं। उसी प्रकार अल्लाह, राम, रहीम और हरि एक ही परमात्मा के अलग-अलग नाम हैं। हिंदुओं का पूजा करना और मुस्लिमों का नमाज अता करना, यह एक ही ईश्वर के प्रति प्रेम (साधना) का भिन्न-भिन्न तरीका है। कबीर धर्म के संस्थागत रूप के कठोर आलोचक थे और उस धार्मिक परम्परा के भी, जिसने लोगों को विभाजित किया।

कबीर मौलवियों और पण्डितों के समान रूप से आलोचक थे और सामाजिक बुराई के भी, जिसने धर्म के नाम पर जाति-पाँति एवं छुआ-छूत आदि से समाज को प्रभावित किया। उनकी शिक्षा इस युग में महत्त्वपूर्ण धार्मिक परम्पराओं के एकत्रीकरण के लिए व्यापक रूप से अनुयायियों द्वारा प्रचारित-प्रसारित की गई।

तुलसीदास इस समय के महान कवि थे। उनका एक आत्मवृत्तात्मक पद यह प्रदर्शित करता है कि कैसे इस समय में धार्मिक समन्वय किया जा रहा था।

A slave of Ram is Tulsi,
What ever they say let them say.
On alms I live, the mosque is my refuge,
my give and take with the world is done.
(Tulsidas: from Kavitavali)

एक समय महानतम् राम भक्त एक मस्ज़िद में रहता था। जहाँ से उसने अधिकतम् भगवान राम के लिए भक्तिपूर्ण कार्य शुरू किया। गुरूनानक समाज में शांति व्यवस्था के लिए कार्यरत थे। वे कबीर के विचारों से प्रभावित थे एवं समन्वयवाद के प्रबल समर्थक थे। इन दोनों धर्मों के मान्यताओं को ग्रहण करके उन्होंने हिंदुओं और मुस्लिमों को एकता सूत्र में बांधने का प्रयास किया था। इस्लाम से उधार लेते हुये, यह एक ईश्वर में विश्वास करता है तथा मूर्ति पूजा का विरोध करता है। हिंदुओं से उन्होंने पुनः अवतार के सिद्धान्त और कर्म के

द्वारा ही व्यक्ति के भविष्य का कार्य एवं भाग्य निर्धारित होने के सिद्धान्त को अपनाया। यह सिद्धान्त जाति-व्यवस्था के विरुद्ध था। उनका पवित्र ग्रंथ 'आदि ग्रंथ' आत्यन्तिक रूप से कबीर और सूफी संत बाबा फरीद का उद्धरण देता है। सूफी कवियों में से एक सूफी कवि 'मीर मियां' ने स्वर्ण मंदिर का आधार-शिला रखने की प्रार्थना की थी।

सूफियों ने नीची जाति एवं वर्गों के बीच से बहुसंख्यक अनुयायियों को आकर्षित किया। ये उनकी कट्टरता रहित सामान्य जीवन शैली ही थी जिसने बहु-संख्या में निचली जाति के लोगों को इस्लाम में परिवर्तित करने के लिए आकर्षित किया। सूफी संत मुख्यतः इस्लाम के आध्यात्मिक पक्ष के समर्थक थे। और यह भी कहा जा सकता है कि यह इस्लाम की कट्टरताओं के विरुद्ध एक विद्रोह था जो मुख्यतः उलेमाओं द्वारा फैलाया गया था। सूफी संतों में मुइनुद्दीन इब्ऩ अराबी एक ऐसे संत थे, जिन्होंने 'बहादत-अल-वजूद' के सिद्धांत को संस्थापित किया। उदाहरण के लिए 'एकता को होना, जिसने आध्यात्मिक सार्वभौमवाद को बढ़ाया तथा जाति एवं नस्ल के दीवारों को तोड़ने की कोशिश की। इन सिद्धांतों का कहना है कि सत्य एक है और हम सभी उसकी अभिव्यक्तियाँ हैं। इस सिद्धांत ने विभिन्न धर्मों के अनुयायियों के बीच सौहार्द को जन्म दिया।

यहाँ उल्लेख करना रूचिकर है कि सूफी संतो की लेखनी आमजन से जुड़ी थी। बाबा फरीद ने पंजाबी भाषा में काव्य लिखा था। सिक्खों के पवित्र ग्रंथ गुरूग्रंथ साहब के एक भाग में उनका लेखन है। बाबा फरीद के सबसे प्रसिद्ध अनुयायी निजामुद्दीन औलिया थे, जो विश्वास से कहा करते थे कि जैसे बालू में कई कण होते हैं उसी प्रकार ईश्वर की उपासना के कई तरीके होते हैं। वे भजन सुनने के बड़े शैकीन थे और भजन एवं कव्वाली दोनों से समान रूप से प्रभावित थे। उनका सम्मान लोक परम्पराओं के प्रति अत्यधिक था। एक छोटी-सी कहानी बताती है कि वे कैसे इस्लामी कट्टरता से दूर थे और उनमें कैसे लोक-परम्पराओं के प्रति अधिक सम्मान भाव था–"एक दिन वे अपने शिष्यों के साथ दिल्ली में यमुना के किनारे भ्रमण कर रहे थे। विख्यात कवि खुसरो ने कुछ हिन्दू स्त्रियों को यमुना में नहाते एवं सूर्य की उपासना करते हुये देखा। इस पर हज़रत निजामुद्दीन ने कहा–अरे खुसरो, ये औरतें अल्लाह की प्रार्थना कर रहीं हैं उनकी प्रार्थना का अपना तरीका है और तभी उन्होंने कुरान के एक अंश को उद्धृत करते हुए कहा–"प्रत्येक व्यक्ति के पास एक दिशा होती है, जिसके अनुरूप वह मुड़ता है अथवा बदलता है इसलिए अच्छे कार्यों के लिए एक-दूसरे से मुकाबला क्यों?" (असगर अली इंजीनियर :सूफीज्म एण्ड फेथ हार्मनी : इंस्टीट्यूट ऑफ इस्लामिक स्टडीज, मार्च 4,95)।

यह भी उल्लेखनीय है कि "उलेमा प्रायः उन सभी की भर्तसना करते थे जिन्होंने इस्लाम से इतर धर्म का अनुपालन किया, जैसे 'काफ़िर' कहता। जबकि

सूफी संत सभी धर्मों के समान आध्यात्मिक साधना पद्धति का सम्मान करते थे और उनके प्रति पर्याप्त सम्मान दिखाते थे। (अ.अ. इंजीनियर उपर्युक्त पेज) साथ ही, मज़ार जां-ए-जान एक प्रसिद्ध धर्म विज्ञानी सूफी जो अन्य परम्पराओं के प्रति सम्मानजनक रवैये के एक महान समर्थक थे। जहाँगीर के राज्य का उत्तराधिकारी दाराशिकोह, जो संस्कृत का एक महान विद्वान था और जिसने हिंदू धर्म ग्रंथों का गहन अध्ययन किया था, उसको उसके अपने ही भाई ने सत्ता की प्राप्ति के लिए मार डाला। उसने एक 'मजमूल बहरान' (हिन्दू-मुस्लिम, दो महासमुद्रों का संगम) पुस्तक में इस्लामी और सूफी शैलियों की तुलना की है और हिन्दू धर्म की भी, जो यह दर्शाता है कि इन दोनों में बहुत कुछ साम्यता है।

इन दोनों धर्मों के पारस्परिक क्रिया-प्रक्रिया को प्रसिद्ध विद्वान डॉ. वी.एन. पाण्डेय ने संक्षेप में बहुत अच्छे से बताया है –इस्लाम और हिन्दुत्व प्रारम्भ में काफी विरोधात्मक रूप में थे और अंत में एक-दूसरे से मिले। और प्रत्येक ने एक-दूसरे को अत्यधिक गहरायी तक प्रभावित किया। उनके आपस में मिलने से भक्ति और तसव्वुफ धर्म का विकास हुआ। प्रेम एवं त्याग के धर्म ने भारत के विभिन्न धर्मों एवं पंथों के करोड़ों मतावलम्बी के हृदय को एक सूत्र में बांधा। वर्तमान इस्लामी सूफीवादी और हिन्दू भक्ति दोनों एक शक्तिशाली धारा के रूप में जुड़े जिसने पुराने निर्जन प्रदेश को उर्वर बनाया और देश की तस्वीर को बदला। यह भारत की आत्मा थी, जिसने स्पष्ट तथा अनैतिक कटुता का समाधान करने में सफल रही यह कार्य दुष्कर था। विस्मय प्रेरक इस्लामी उत्कर्ष पूर्णरूप से फैलने वाला बना और हिंदुओं के साथ उनकी अंतर्व्यापी एकता की सहजानुभूत अवधारणा ने कला, साहित्य, पेंटिग, वाद्य, काव्य एवं प्रेमानुरागी धर्म के सभी स्मारकों की रचना की जो मध्य युग के भारतीय इतिहास की विरासत है।

सांस्कृतिक समन्वय

मुस्लिम शासकों के अन्योन्य क्रिया के कारण इस्लाम और क्षेत्रीय संस्कृति ने यहाँ एक संश्लिष्ट संस्कृति की एक सम्पूर्ण धारा को सभी जीवन गतिविधियों में विकसित किया। संगीत में ख्याल, गज़ल और ठुमरी इन पारस्परिक क्रियाओं की अभूतपूर्व देन है। आज जिसे उत्तरभारतीय शास्त्रीय संगीत के नाम से जाना जाता है, वह 500 वर्षों से अधिक समय का हिंदू और मुस्लिम तत्वों का पूर्ण मिश्रण था। बीजापुर के इब्राहिम अलि आदिल शाह (1580-1626) के 300 हिंदू संगीतज्ञ थे। मुस्लिमों में इस संगीत को इस प्रकार के संगीत को लोकप्रिय बनाने के लिए उसने स्वयं 'नौरस' नाम से उर्दू में एक पुस्तक की रचना की जिसमें 59 कवितायें हैं और उनमें से पहली कविता में माँ सरस्वती की प्रार्थना है। चैतन्य महाप्रभु एवं अधिकतर वैष्णव संत कवि कहावतों को लिखने के लिए मुस्लिमों से प्रभवित थे।

रहीम और रसखान हिन्दी कवियों में बहुत प्रसिद्ध कवि हैं जिन्होंने ब्रजभाषा में भगवान कृष्ण की स्तुतियाँ की हैं। साईद वजीद शाह ने मध्यकालीन समय में हीर-रांझा नामक कालजयी कृति की रचना की थी। शेख मोहम्मद ने मराठी साहित्य में महान योगदान दिया है और शिवाजी के गुरू संत आचार्य रामदास की प्रशंसा में उन्होंने विशेष शब्द कहे थे। पश्चिमी हिन्दी के साथ पार्शियन बोली का मिश्रण दिल्ली के आस-पास में बोली जाती थी। जो बाद में एक नयी भाषा 'उर्दू' के रूप में अभिहित की गयी। बहुत महान हिन्दू विद्वान थे जिन्होंने उर्दू को न केवल शासकीय भाषा के रूप में ग्रहण किया बल्कि उर्दू साहित्य में लेखन कार्य किया और उर्दू साहित्य में योगदान दिया। हिन्दू वास्तुकला 'जटिल मूर्तिवत ब्यौरों द्वारा अत्यधिक आच्छादित किया गया था जबकि इस्लामी वास्तुकला अपने लालित्य और प्रकाशमयता के लिए विख्यात थी। दो व्यक्त अलग-अलग वास्तुकलात्मक चमत्कार इस अवधि के दौरान आगे आये। यह संगम जोधाबाई के महल में आगरे के किले में फतेपुर सीकरी में और कौव्वल-उल-इस्लाम मस्जिद के मेहराव पर देखा गया है। इस मिश्रण का प्रभाव राजस्थान की हवेली के चारों ओर, मध्यप्रदेश, जोधपुर की इण्डो सारासेनिक वास्तुकला, बीकानेर और जसलमेर में इन्द्रिय गोचर है। साथ ही पारसी तकनीकों और चटकीले हिन्दू रंगों का संयोजन सौन्दर्य और प्रमीतत्व द्वारा चिन्हित लघु चित्र के रूप में सामने आया।

मध्यकालीन समाज के सौहार्द्र का एक सबसे महत्त्वपूर्ण स्मृति-शेष सूफी दरगाह है जिसमें विभिन्न साम्प्रदायिक शक्तियों पर हुए आक्रमण को आज तक जीवित रखा है। ये दरगाह विभिन्न नगरों में फैले हुए हैं जिनका प्रबंधन हिन्दू एवं मुस्लिम परिवारों द्वारा होता है और यहाँ सभी धर्मों के मतावलम्बी दर्शन करते हैं तथा साम्प्रदायिक राजनीति के व्यवसायियों द्वारा प्रचारित साम्प्रदायिक विद्वेष की परवाह नहीं करते हैं। मुम्बई के ठीक पास हाजी मलंग का मक़बरा मध्ययुगीन समन्वयवादी लोकाचार की बहुत अच्छी अभिव्यक्ति है। मक़बरे के अनुवांशिक टस्टी कैलासनाथ गोपाल केतकर, एक ब्राह्मण हैं। मक़बरे पर चढ़ाये गये मन्नत के चढ़ावे हिन्दू और मुस्लिम परम्पराओं के मिले-जुले रूप हैं। भक्तगण उस पर चद्दर, नारियल फूल एवं फुलों का गुच्छा चढ़ाते हैं। इस प्रकार के अनेकों उदाहरण यहाँ सभी जगह छिटके हुए हैं।

आज एक सचेत प्रयास एक बहुमूल्य परम्परा के अवमूल्यन और उच्च वर्ग एवं शासक वर्ग के अन्तर के राग अलापने से सम्बन्धित हैं जठात सत्य को सम्पूर्णता में देखने का है। इन समन्वयवादी परम्पराओं की बहुलताओं को पहचानते रहने की भी जरूरत है जो एक-दूसरे के प्रति हमारे सामाजिक प्रेम, आदर एवं त्याग की मूल्यवान श्रद्धांजली है। ये सभी समन्वयवादी परम्परायें ही आपस में हमारे सामुदायिक प्रेम, आदर एवं त्याग की मूल्यवान श्रद्धांजली है।

स्वतंत्रता संग्राम एवं भिन्न संस्कृतियों का दृष्टिकोण

विगत् 19वीं शताब्दी में स्वतंत्रता आन्दोलन के आगे बढ़ने के साथ ही प्रतिकिया स्वरूप मुस्लिम लीग की स्थापना की बात सामने आयी और हिन्दू महासभा यथा समय अस्तित्व में आया। उससे जुड़ी हुई अन्य सम्बन्धित संस्थायें भी इन राजनीतिक प्रभागों में जैसे-आर.एस.एस. हिन्दुत्ववादी पक्ष में एवं जमात-ए-इस्लामी पक्ष की आवश्यकता पर ध्यान देते हुए, साम्प्रदायिक मुद्दों के पूरक के रूप में आयीं। ये सभी जातीय उपकरण समाज के उच्च वर्ग से आये और समाज के निहायती कमजोर एवं गरीब क्षेत्रों की संस्कृतियों को हीन समझे। वे प्रत्यक्षतः दलितों एवं अजलफासों को तुच्छ समझते थे। इन सब (साम्प्रदायिक) धाराओं ने निम्न जातियों को उनके धर्मों के अनुसार मनाने का प्रयास किया जैसे-आर्य समाज के द्वारा 'शुद्धि' और तब्लिकों समाज द्वारा संचालित धार्मिक उपकरण का प्रयोग। यद्यपि अनेक समाज के उच्चवर्गीय व्यवस्था से आते हैं तथापि स्वतंत्रता संग्राम की दिशा धर्म निरपेक्षता से एवं अनेक मूल्यों के प्रति सभी धर्मों में समान रूप से सम्मान से सम्बन्धित है। अम्बेडकर जैसे प्रखर समाज सुधारकों का योगदान सांस्कृतिक प्रभावधर्मिता के क्षेत्र में ध्यान देने योग्य है।

हालांकि स्वतंत्रता संग्राम सभी साम्प्रदायिक संस्थाओं को सम्मिलित कर रहा था, जिनकी संकीर्ण दृष्टि थी। समग्रतः स्वतंत्रता संग्राम में सभी लोगों को उनकी सांस्कृतिक विविधता के साथ एकल राजनीतिक मंच पर वापस लाकर पूरा विस्तार करने की क्षमता थी। जातीय कतारों और उनकी नीतियाँ हाशिए के रूप में अवशिष्ट रहीं, लेकिन ये बिटिश नीति के एवं निर्देश के कारण बंटवारे की लकीर खींचने में अवश्य सफल रहे।

साम्प्रदायिक मैत्री एवं आज हिन्द स्वराज

आज सौ वर्षों का समय व्यतीत होने के बाद भी प्रत्येक व्यक्ति राष्टपिता की बुद्धिमत्ता से विस्मित है, जिन्होंने गैर साम्प्रदायिक तरीके से इतिहास का संप्रत्ययीकरण किया और साम्प्रदायिक ताकतों के तर्कों का माकूल जवाब दिया। दुःख की बात है कि विगत् दो दशकों से इस स्वप्नदर्शी के द्वारा प्रतिपादित विचारों पर साम्प्रदायिक शक्तियों द्वारा प्रहार किया जा रहा है। ऐसे लोगों ने न केवल इतिहास को गाली दी है और इतिहास के ऐसे संस्करण को लोकप्रिय बनाने का प्रयास किया है जो विभेदकारी एवं बहिष्कारक है, बल्कि लोग समाज में हिंसा एवं घृणा फेलाने का कुत्सित कार्य में लगे हुए हैं। साम्प्रदायिक हिंसा के दौरान क्रिश्चयनों के ख़िलाफ़ कंधमाल और अथवा डेंग्स की घटनायें भारत के लिए शर्मनाक हैं। यह पूर्णतः लोकाचार का उल्लंघन था, जिसके लिए राष्ट्रपिता और

सम्पूर्ण राष्ट्र की संकल्पना की गयी थी। इस महत्त्वपूर्ण पुस्तक के सौ वर्ष होने के उत्सव मनाते हुए प्रत्येक व्यक्ति को यह सुनिश्चित कर लेना आवश्यक है कि इन मूल्यों को पुनर्स्थापित करने की महती आवश्यकता हमारे भारतीय समाज के राजनीतिक अंग को है। प्रत्येक व्यक्ति को बुद्धिमत्ता से युक्त इस पुस्तक का प्रयोग ठीक-ठीक निरूपित मूल्यों पर आधारित जातीय अथवा साम्प्रदायिक शांति बहाल करने के प्रयास के लिए करना है।

आज के सामाजिक परिदृश्य में घृणा-राजनीति उफान पर है यह हिन्द स्वराज के सिद्धांतों का पूर्णतः उल्लंघन है। इन सब मूल्यों को सामाजिक एवं राजनीतिक परिदृश्य में वापस लाने के लिए संघर्ष करना ही इस कालजयी महान पुस्तक के लिए वास्तविक श्रद्धांजली होगा।

Bibliography:

1. The Condition of India (Continued) Hindus and Mohammedans, http://www.mkgandhi.org/swarajya/coverpage.htm
2. Puniyani, Ram : Second Assassination of Gandhi, Media House, Delhi 2001
3.. Basu T., Datta P., Sarkar S., Sarkr t., and Sen S. "Khakhi Shorts Saffron Flags: Orient Longman, Delhi 1993
4. Gadkari J. :Hindu Muslim Jamatvadacha Panchnama, Kosambi Memorial Trust,1996
5. Christophe Jaffrelot : Hindu Nationalism Movement and Indian Politics, Delhi ,Viking 1993
6. Anderson and Damle- Brotherhood in Saffron-Vistar , New Delhi 1987.
7. Hansen and Jaffrelot, The BJP and Compulsions of Politics, OUP,1998
8. Achin Vanaik, Contesting Communalism, Sage 1998
9. Shamsul Islam, Undoing India The RSS Way, Media House, New Delhi, 2002

हिन्द स्वराज : जनविरोध और साम्प्रदायिक सौहार्द

शुक्ला सेन

अनुवाद : बृजेन्द्र

साम्प्रदायिक सद्भाव और शांति के लिए लड़ाई में गाँधी के विचारों और दृष्टिकोण का काफी बड़े पैमाने पर इस्तेमाल कर सकने की सम्भावना उभर कर सामने आती है। खासतौर से इसलिए कि 'राष्ट्रीय' मानस में उनको एक महान नेता के रूप में माना जाता है।

समय की माँग है कि, भारत की आज़ादी से लगभग 40 साल पहले, 'हिन्द स्वराज' नाम की अपनी किताब में, गाँधी ने जिस खूबी से 'भारत देश' की अपनी परिकल्पना की व्याख्या की थी, हम उस परिकल्पना को याद करें और उसको असलियत का रूप देने की कोशिश करें। गाँधी के शब्दों में हम यह नहीं कह सकते कि भारत एक शब्द नहीं हो सकता क्योंकि इसमें अनेक धर्मों को मानने वाले लोग रहते हैं। विदेशों के आगमन से जरूरी नहीं कि एक देश राष्ट्र टूट जाए। वे विदेशी देश में घुल-मिल जाते हैं। एक देश, एक राष्ट्र तभी बन सकता है, जब उसमें विदेशों को अपना बनाने की क्षमता हो। भारत हमेशा से ही ऐसा देश रहा है।

गाँधी और भारत

कहा जाता है कि गाँधी को 'राष्ट्रपिता' का ख़िताब सुभाषचन्द्र बोस ने दिया था, जो कांग्रेस में गाँधी के शायद सबसे बड़े प्रतिद्वन्दी थे।''[1] इस ख़िताब देने के पीछे मूलतः दो कारण थे एक, वैचारिक और दूसरा, राजनीतिक। पहला, अंग्रेजी साम्राज्यवादी शासन के ख़िलाफ़, आजादी की लड़ाई के दौरान, भारत एक देश--एक 'संस्कृति' और 'सभ्यता' से अलग, या के रूप में उभर रहा था। इस धारणा की शुरुआत उन्नीसवीं शताब्दी के दौरान हुई थी जब एक भारतीय ने भारत का आर्थिक इतिहास लिखा था। 'राष्ट्रपिता' के ख़िताब के पीछे दूसरा कारण था खुलेतौर पर भारत के स्वतंत्रता आन्दोलन में गाँधी की केन्द्रीय भूमिका को स्वीकारना (बोस के द्वारा जो

एक गंभीर और कड़वे राजनीतिक मतभेद के बाद हाल ही में गाँधी से अलग हो गए थे)।

गाँधी को 'महात्मा' भी कहा जाने लगा था। कहा जाता है कि गाँधी को महात्मा 'महान-आत्मा' की पदवी रविन्द्रनाथ टैगोर ने दी थी।"[2] इस पदवी के पीछे कारण राजनीति में नैतिक सिद्धान्तों-सत्य और अहिंसा के प्रति गाँधी के लगातार निष्ठा को स्वीकारना। गाँधी के ये दो रूप—एक राजनीतिक नेता और एक सिद्धान्तवादी के रूप में अलग-अलग थे, इसके बावजूद वे एक दूसरे से जुड़े हुए थे। मेरी यह मान्यता है कि गाँधी के लिए सिद्धान्तों को मानना, उनकी राजनीति से उभरा था, जैसा कि आम तौर मर माना जाता है कि-उनकी राजनीति सिद्धान्तों की उपज थी।

हिंद स्वराज

भारत की आजादी को लेकर गाँधी अपने राजनीतिक विचारों का पूरी तरह खुलासा, दक्षिण अफ्रीका से 1915 में आख़िरी बार भारत लौटने से काफी पहले कर चुके थे। 13-22 नवम्बर 1909 के दौरान गाँधी ने अपनी सबसे महत्त्वपूर्ण किताब 'हिंद स्वराज' लिख डाली थी। यह किताब गुजराती में में लिखी और छापी गयी थी और अंग्रेज सरकार ने तुरन्त इस पर पाबंदी लगायी थी। इसके तुरन्त बाद किताब का अंग्रेजी अनुवाद छापा था।"[3] इस किताब में गाँधी ने ब्रिटिश शासन में भारत को आज़ाद कराने की अपनी योजना को एक ओर पश्चिमी आधुनिकता को लेकर अपनी प्रतिक्रिया और विरोध और दूसरी और 'सत्यग्रह/निष्क्रिय विरोध' के विचार से जोड़कर देखा था। कुछ समय बाद गाँधी के नेतृत्व में भारत में स्वतंत्रता आन्दोलन के प्रारूप में आधुनिकता को लेकर गाँधी का विरोध ज्यादा मुखर होकर सामने नहीं आया, पर जन विरोध के आयोजन में गाँधी की 'अहिंसा' की अवधारणा, स्वतंत्रता आंदोलन का एक आधार स्तंभ थी हालाँकि इसमें अन्य विचार भी शामिल थे।

अहिंसा-जनविरोध की गाँधीवादी नीति

व्यावहारिक स्तर पर गाँधी की 'अहिंसा' का अर्थ था-बड़े पैमाने पर आम जनता का, एक सीमित स्तर पर उग्रवाद के साथ विरोध। यह इत्तफाक की बात नहीं है कि हिन्द स्वराज में गाँधी एक नए भारत के उदय की शुरुआत को बंगाल, जिसको स्वदेशी आंदोलन से जोड़ते हैं—एक आंदोलन जिसमें आम जनता में बड़े पैमाने पर भाग लेकर पूरे जोश के साथ ब्रिटिश शासन के बंगाल के प्रस्तावित विभाजन का विरोध किया था।"[4]

गाँधी का मुख्य दबाव इस बात पर नहीं था जैसा कि उनके वामपंथी विरोधी उनपर आरोप लगाते हैं कि जनता की विरोध जोर-शोर से न हो बल्कि इस बात पर था कि विरोध का 'जनवादी' चरित्र बना रहे। गाँधी के अनुसार 'हिंसा' होने पर विरोध का जनवादी चरित्र कमजोर पड़ सकता था। और इसको लम्बे समय तक जारी

रखने में मुश्किलें आ सकती थी। जबकि गाँधी की धारणा थी कि विरोध को प्रभावशाली बनाने के लिए गाँधी अपने तरीके पहले ही दक्षिण अफ्रीका में आजमा चुके थे जहाँ पर यह माना जाता है कि शासन और अधिक क्रूर था। भारत में भी उग्रवादी-राष्ट्रवादी विचारों के संगठनों के अनुभवों और उनके परिणामों की जरूरत को जरूर महसूस किया होगा। शुरुआत में, गाँधी के विचारों पर शायद वैष्णव और जैन मान्यता का प्रभाव था क्योंकि गाँधी ने इन मान्यताओं को नजदीक से देखा और अनुभव किया था। उनका खुद का परिवार वैष्णवी था। बाद में, टॉलस्टॉल और इसाई नैतिकता को लेकर उनकी समझ का गाँधी पर काफी प्रभाव पड़ा।''[6] अपनी किताब 'हिन्द स्वराज में गाँधी स्पष्ट रूप से उग्रवादी राष्ट्रवाद सत्याग्रह की धारणा का समर्थन करते हैं। हालाँकि गाँधी पर वामपंथियों का यह आरोप एक हद तक सही है कि गाँधी ने जानबूझकर उग्रवाद के रास्ते का विरोध किया था ताकि जन आंदोलन का नेतृत्व शोषित और मेहनतकश जनता के हाथों में न चला जाए।''[7] 1930 के दशक में, भगत सिंह को बचाने के लिए पैरवी में गाँधी की हिचकिचाहट इसका एक उदाहरण है।''[8] परन्तु आम तौर पर गाँधी के नेतृत्व में कांग्रेस के ज्यादातर सामान्य सदस्य और कार्यकर्ताओं की तुलना में मुख्य उग्रवादी नेता खुद समाज के अपेक्षाकृत संभ्रांत वर्ग के सदस्य थे और जाति और स्त्री जैसे प्रश्नों पर, सामाजिक दृष्टिकोण में (गाँधी और कांग्रेस की तुलना में) ज्यादा रूढ़िवादी थे। इसका एक मुख्य उदाहरण हैं उग्रवादियों के बड़े नेता बालगंगाधर तिलक।

1920 के दशक के बाद से ही, बोल्शेविक क्रांति के प्रभाव में भारत में वामपंथी विचारों के प्रति झुकाव बढ़ने लगा''[9] हालांकि इसके लगभग तीन दशक पहले बंकिमचन्द्र-जो बाद में एक रूढ़िवाद विचारक बन गए थे-'साम्य' (बराबरी) और 'बंगाल के किसान' जैसे क्रांतिकारी लेख लिख चुके थे।

फरवरी 1922 में पूर्वी उत्तर प्रदेश (तब संयुक्त प्रदेश) में चौरीचौरा पुलिस स्टेशन पर हिंसक हमले के बाद गाँधी ने साम्राज्यवादी शासन के ख़िलाफ़ जन आंदोलन वापिस ले लिया था।''[10] जबकि उस समय उनके ख़िलाफ़ क्रांतिकारियों का ख़तरा/चुनौती इतनी अधिक गम्भीर नहीं थी।

इसके बिल्कुल विपरीत, 20 साल बाद 'भारत छोड़ो आन्दोलन' के दौरान गाँधी ने ऐसा कोई कदम नहीं उठाया और बाद में यह आन्दोलन चारों ओर फैल गया।''[11] यह बात भी ध्यान देने योग्य है कि हालाँकि अब आन्दोलन पर वामपंथियों का वैचारिक और राजनीतिक प्रभाव पहले से कहीं ज्यादा था, इसके बावजूद अगस्त की क्रांति के बावजूद शोषित वर्ग सत्ता में नहीं आया। यह तो निश्चित तौर पर कहा जा सकता है कि गाँधी के नेतृत्व में भारत में आज़ादी का आन्दोलन पूरे देश के स्तर पर जनता के विरोध का पहला ऐसा उदाहरण था जिसमें साम्राज्यवादी शासन के

ख़िलाफ़ सभी लोग अपने मतभेदों से ऊपर उठकर मिलकर एक साथ खड़े थे। इस नज़रिये से, इस आन्दोलन का चरित्र 1857 के विद्रोह से एकदम अलग था।"[12]

अपने मतभेदों से ऊपर उठकर

इसका एक अर्थ यह भी है कि शक्तिशाली साम्राज्यवादी शासन के ख़िलाफ़ एक प्रभावशाली जन-आंदोलन खड़ा करने के लिए जरूरी था कि हिन्दू-मुस्लिम एकता बनी रहे।

वैसे भी, अपनी राजनीतिक रणनीति को उचित ठहराने के लिए गाँधी ने दार्शनिक स्तर पर कई प्रयास किए और उनके दृष्टिकोण में अनेक स्तर पर धार्मिक विचारों का गहरा प्रभाव था।

एक बार फिर, भारतीय जनमानस पर धर्म के प्रभाव को नकारा नहीं जा सकता था। इसलिए भगवद्‌गीता पर तिलक को व्याख्या को चुनौती देते हुए गाँधी को इसपर अपनी एक अलग व्याख्या देनी पड़ी।"[13]

इस सब का निचोड़ यह है कि गाँधी के साहित्यवादी दृष्टिकोण ने मूलरूप से, साम्राज्यवादी शासन के ख़िलाफ़ एक नियंत्रित स्तर पर सक्रिय जनविरोध की नीति में एक सहयोगी की भूमिका निभाई और यह दृष्टिकोण समय के साथ बदलता गया। पर इस बात से इंकार नहीं किया जा सकता कि इन दोनों के बीच (अहिंसा और जनविरोध) एक पेंचीदा सम्बन्ध था या कि गाँधी के दृष्टिकोण का दायरा बहुत बड़ा था और, उसके कई पहलू थे जिसमें (प्रचलित मान्यताओं से अलग और कहा जा सकता है पुरातन पर भी) आर्थिक विचार और पर्यावरण के प्रति गहरा झुकाव भी शामिल थे।"[14]

गांधी और साम्प्रदायिक सद्‌भाव के लिए लड़ाई

इस सन्दर्भ में, साम्प्रदायिक सद्‌भाव और शांति के लिए लड़ाई में गाँधी के विचारों और दृष्टिकोण का काफी बड़े पैमाने पर इस्तेमाल कर सकने की सम्भावना। उभर कर सामने आती है। खासतौर से इसलिए कि 'राष्ट्रीय' मानस में उनको एक महान नेता के रूप में माना जाता है।"[15] और नागासाकी-हिरोशिमा पर परमाणु बम गिराने की नीति की गाँधी ने खुले आम साफ और कड़े शब्दों में भर्त्सना की थी।"[16] इसके अलावा, खासतौर से अगस्त 1946 से 30 जनवरी 1948 को अपने मारे जाने तक-जब एक निहत्थे गाँधी, एक जनप्रार्थना में भाग ले रहे थे-अपनी जान को अनेक ख़तरों के बावजूद गाँधी ने चारों ओर पागलपन की हद तक फैली साम्प्रदायिक हिंसा को काबू में लाने के अकेले ही लगातार प्रयास किए।

30 जनवरी 1948 को 'महात्मा' के नाम से जाने-जाने वाले गाँधी पर 'मुस्लिम तुष्टिकरण' का आरोप लगाते हुए, राष्ट्रीय स्वयं सेवक संघ से प्रेरित एक कट्टरवादी नाथूराम गोडसे ने गाँधी की गोली मारकर हत्या कर दी थी।"[17] गाँधी की मृत्यु के

बाद ही, धीरे-धीरे भारतीय स्वतंत्रता आन्दोलन के नेता गाँधी' (अहिंसा के पुजारी) गाँधी के नाम से ज्यादा जाने जाते हैं। इस प्रक्रिया में, जहाँ एक ओर गाँधी की अन्तरराष्ट्रीय छवि बढ़ रही है वहीं उनके अपने देश में उनकी छवि धूमिल पड़ने लगी है। जहाँ रोमा रोलां और आइंस्टीन जैसे लोग शुरू से ही गाँधी के अन्तरराष्ट्रीय स्तर पर प्रशंसक थे, वहीं बाद में इसमें मार्टिन लूथर किंग जूनियर और नेलसन मण्डेला का नाम भी जुड़ गया।

आज, जबकि गाँधी और, भारत के स्वतंत्रता आन्दोलन के अनेक अग्रणी नेताओं के सपनों के भारत-अनेक मान्यताओं और धर्मों को सम्मान देने वाला, जनतांत्रिक और बराबरी का देश' की अवधारणा को एक बार फिर गम्भीर रूप से चुनौती दी जा रही है, जरूरी है कि हम गाँधी और उनकी मान्यताओं पर एकबार फिर नज़र डालें।

समय की माँग है कि, भारत की आज़ादी से लगभग 40 साल पहले, 'हिन्द स्वराज' नाम की अपनी किताब में, गाँधी ने जिस खूबी से 'भारत देश' की अपनी परिकल्पना की व्याख्या की थी, हम उस परिकल्पना को याद करें और उसको असलियत का रूप देने की कोशिश करें। गाँधी के शब्दों में हम यह नहीं कह सकते कि भारत एक शब्द नहीं हो सकता क्योंकि इसमें अनेक धर्मों को मानने वाले लोग रहते हैं। विदेशों के आगमन से जरूरी नहीं कि एक देश राष्ट्र टूट जाए। वे विदेशी देश में घुल-मिल जाते हैं। एक देश, एक राष्ट्र तभी बन सकता है, जब उसमें विदेशों को अपना बनाने की क्षमता हो। भारत हमेशा से ही ऐसा देश रहा है। वास्तव में, जितने लोग हैं, उतने ही अलग-अलग धर्म हैं। परन्तु जो लोग राष्ट्रीयता की भावना को समझते हैं वे एक-दूसरे के धर्म में हस्तक्षेप नहीं करते। अगर वे ऐसा करते हैं तो वे एक राष्ट्र, कहलाने योग्य नहीं हैं। अगर हिन्दू यह मानते हैं कि भारत में सिर्फ़ हिन्दू रहने चाहिए तो वे एक सपने में रह रहे हैं। हिन्दू, मुसलमान, पारसी और ईसाई, जिन्होंने भारत को अपना देश मान लिया है वे सब एक देश के नागरिक हैं और उनको एक साथ रहना होगा। इसी में उनका भला है। दुनिया के किसी भी कोने में, एक राष्ट्र और एक धर्म का अर्थ एक नहीं है; भारत में भी ऐसा कभी नहीं हुआ है।''[18]

टिप्पणी और सन्दर्भ

1. इसी विरोध के चलते, गाँधी ने बोस को 'देश भक्तों का देशभक्त' कहा था। http://www.hationmaster.com/encyclopedia/subhash-chandra-Bose

''अगर इत्तफाक से हमारे देश के नागरिक अपने प्रयासों के जरिये अपने आपको आज़ाद कर पाएँ अथवा ब्रिटिश शासन आपका 'भारत छोड़ो प्रस्ताव' मानकर देश छोड़ दे तो हमसे ज्यादा खुशी किसी को नहीं होगी। परन्तु हमारा यह मानना है कि ये दोनों विकल्प सम्भव नहीं है और इसलिए हम मानते हैं कि एक सशस्त्र

संघर्ष जरूर होगा। भारत की आज़ादी की आख़िरी लड़ाई शुरू हो चुकी है। भारत की जमीन पर आज़ाद हिन्द फौज के सिपाही बहादुरी से जड़ रहे हैं और हर प्रकार की मुश्किलों और परेशानियों के बावजूद वे धीरे-धीरं आगे बढ़ रहे हैं। यह सशस्त्र संघर्ष तब तक जारी रहेगा जब तक अंग्रेज भारत से खदेड़ नहीं दिए जाते और जब तक हमारा तिरंगा झण्डा नयी दिल्ली में वायसराय हाऊस पर नहीं लहराता। ''

''राष्ट्रपिता ! भारत की आज़ादी के इस पवित्र युद्ध में हमें आपके आशीर्वाद और शुभकामनाओं की जरूरत है।''

—सुभाषचन्द्र बोस : गाँधी को संदेश

(भारत की ओर आई.एन.ए.फौज की पहल की पूर्व संध्या पर 6 जुलाई 1944 को आज़ाद हिन्द रेडियो पर नेताजी सुभाषबोस के भाषण के कुछ अंश)

<http:www.forwadbloe.org/september.htm>

''भारत छोड़ों आन्दोलन शुरू करने की पूर्व संध्या पर, एक अमरीकी पत्रकार से बातचीत के दौरान गाँधीजी ने बोस को 'देशभक्तों का देशभक्त' कहकर उनकी पैरवी की। 6 जुलाई 1944 को अपने आख़िरी भाषण में—एक बेहतरीन रिपोर्ट-में गाँधी आज़ाद हिन्द रेडियो पर को सम्बोधित करते हुए बोस ने कहा था कि 'भारत से बाहर रह रहे देशभक्त भारतीयों के बीच और भारत की आज़ादी के विदेशी समर्थकों के बीच आपका कद उस मसय सौ गुना बढ़ गया जब आपने बहादुरी के साथ अगस्त 1942 में 'भारत छोड़ो आन्दोलन' की शुरुआत की। अपने भाषण के अन्त में, बोस ने गाँधी से आशीर्वाद और शुभकामनाएँ माँगी।

—अंश गाँधी और सुभाषचन्द्र बोस'' सिद्धार्थ दास, 'उड़ीसा रिव्यु, जनवरी 2005

<http://orissagov.nic.in/e-magazine.orissadeview/jan 2005/ englishpdf/Gandhi- subhash.pdf>

2. हालाँकि गलतफहमी में लोग समझते हैं कि महात्मा गाँधी के नाम एक हिस्सा है, वास्तव में यह संस्कृत के आदर के शब्द 'महात्मन्' यानि 'महान आत्मा' से लिया गया है। 1915 में गाँधी को 'महात्मा' की पदवी रवीन्द्रनाथ टैगोर (साहित्य के लिए नोबेल पुरस्कार पाने वाले पहले एशियाई) ने दी थी। यह पदवी उन्होंने गाँधी द्वारा टैगोर को 'गुरुदेव' की पदवी देने के जवाब में दी थी। जैसाकि गाँधी ने अपनी आत्मकथा में लिखा है उन्होंने महात्मा की पदवी स्वीकार नहीं की क्योंकि वे अपने आपको इसके योग्य नहीं समझते थे।

''भारत के बाहर, बड़े पैमाने पर इस पदवी की स्वीकृति एक स्तर पर गाँधी की ज़िन्दगी के दौरान भारत और ब्रिटेन के बीच जटिल सम्बन्धों पर प्रकाश डालती है। यह पदवी इसलिए भी स्वीकार की गयी क्योंकि यह बड़े पैमाने पर फैले इस विचार का समर्थन करती है कि गाँधी काफी धार्मिक थे और अहिंसा के प्रति वचनबद्ध थे।''

<http:www.nationmaster.com/encyclopedia/Mohandas-k-Gandhi>

महात्मा का अर्थ है 'महान आत्मा'। दक्षिण अफ्रीका से एकदम बदलकर आए व्यक्ति (गाँधी) को यह उचित पदवी थी जो उन्हें डॉ. एनी बेसेण्ट और रविन्द्र नाथ टैगोर ने मिलकर दी थी।

अंश, जी.रामचन्द्रन ''द अ सेंस ऑव गाँधी'

<http:www.mkgandhi.org/g-relavence/chap34.htm>

3. मैं बड़े संकोच के साथ 'हिन्द स्वराज' का यह अनुवाद जनता के सामने रख रहा हूँ। एक यूरोपीय मित्र-जिनसे मैंने इस किताब के विषय के बारे में बात की थी-इसका अनुवाद देखना चाहते थे और, अपने खाली समय में मैं जल्दबाजी में इसका अनुवाद बोलता गया और वे लिखते गये। एकदम शाब्दिक अनुवाद नहीं है पर यह मूल किताब के विषय का सारांश है। मेरे कई अंग्रेज दोस्त इसे पढ़ चुके हैं और जब मैं इस किताब को छापने के औचित्य के बारे में उनसे सलाह कर रहा था तभी मुझे खबर मिली कि भारत में मूल किताब की कापियाँ सरकार ने ज़ब्त कर ली है। इस जानकारी के बाद मैंने तुरंत यह किताब छापने का फैसला कर लिया। ''

<http:www.jmu.edu/gandhicenter/wm-library/ganahiana-hindswaraj.pdf>

अंश, हिन्द स्वराज' के अंग्रेजी अनुवाद में प्राक्कथन 20 मार्च, 1910

13 और 22 नवम्बर 1909 के बीच, जब गाँधी किलडोनन कैसल नामक जहाज में सफर करते हुए इंग्लैण्ड से दक्षिण अफ्रीका वापिस जा रहे थे, उसी दौरान गाँधी ने गुजरात में 'हिन्द स्वराज' लिखी थी। 'इण्डियन ओपिनियन' अख़बार के गुजराती भाग में यह किताब दो अंकों में (11 और 19 दिसम्बर 1909) को छपी थी।

1 जनवरी 1910 को यह एक किताब के रूप में छापी गयी। इसका अंग्रेजी अनुवाद-जो गाँधी ने खुद किया था–'इण्डियन होमरूल' नाम से मार्च 20, 1910 को छपकर आयी थी। इसकी प्रस्तावना गाँधी ने लिखी थी। अंग्रेजी अनुवाद के मुख्य पृष्ठ पर गाँधी ने गुजराती शीर्षक 'हिन्द स्वराज्य' बदलकर 'हिन्द स्वराज' कर दिया था।

(नवजीवन ट्रस्ट के प्रकाशक की टिप्पणी के अंश)

4. बंगाल विभाजन के बाद, लोगों ने देख कि अपने आवेदनों के साथ उनको अपनी ताकत भी दिखानी होगी और उनको कष्ट सहने के लिए भी तैयार रहना होगा। इस भावना को विभाजन का मुख्य परिणाम समझना चाहिए। अख़बारों में छपे बेबाक लेखों में यह भावना खुलकर सामने आ रही थी।

जो बातें लोग डर-डरकर, छुप-छुपकर कह रहे थे, वे खुलेआम कही जाने और छपने लगी। स्वदेशी आंदोलन की शुरूआत हो चुकी थी। जहाँ किसी भी अंग्रेज को देखते ही लोग, बूढे या जवान, तुरंत भाग खड़े होते थे, वहाँ अब वे बिल्कुल नहीं डरते। लोगों को झगड़े से या जेल जाने से भी डर नहीं लगता। फिलहाल भारत के

सबसे प्रतिभावान बेटे निर्वासन में है। यह सिर्फ़ आवेदन करने से अलग है। इस तरह लोग प्रभावित होते हैं। बंगाल में उत्पन्न यह भावना अब पंजाब के उत्तर से केप कोमोरिन के दक्षिण तक फैल चुकी है।''

अंश, 'बंगाल का विभाजन'

<http:www.mkgandhi.org/swarajya/choo2htm>

5. ''दक्षिण अफ्रीका में और 1918 में चम्पारन (बिहार) और खेड़ा (गुजरात) में मोहनदास गाँधी ने यह देखा दिया था कि ब्रिटिश अफसरों का आदर और ध्यान खींचने का एक ही तरीका है-जन सहयोग के द्वारा सरकारी गतिविधियों का सक्रिय विरोध। दक्षिण अफ्रीका में दो बार, नाटाल इलाके में भारतीय बंधुआ मजदूरों के ख़िलाफ़ अमानवीय व्यवहार और दमनकारी कानूनों को लेकर गाँधी ने ब्रिटिश अधिकारियों को उन्हें रद्द करने पर मजबूर कर दिया था।''

अंश 'असहयोग आन्दोलन'

<http:www.bharatdesham.in/history/non-cooperation-movemert/php>

6. गाँधी के राजनीतिक विचारों के अनेक स्रोत थे। उन्हें पश्चिमी विचारकों जैसे हेनरी डेविड थोरो, जॉन रस्किन, रॉल्फ, वल्डो इमरसन मालियो, टाल्स्टॉय के लेखों से प्रेरणा मिली। उसी तरह, गाँधी के घर वैष्णवी और जैन सम्प्रदाय का भी काफी असर था क्योंकि गुजरात में अपने बचपन में उन्होंने इन्हें नजदीकी से देखा और अनुभव किया था।

-अंश 'प्लासी से विभाजन तक', शेखर बंधोपाध्याय

http://books.google.com/books\=id=an.......

7. गाँधी के कई आलोचक मानते हैं कि चौरी चौरा की घटना के बाद गाँधी की नीति में पूरा बदलाव इस बात का संकेत है कि गाँधी, ब्रिटिश शासन के अन्याय की तुलना में भारत को गरीब और शोषित जनता की स्वाभाविक ऊर्जा और उत्साह से ज्यादा डरते थे। निश्चित तौर पर, गाँधी का रूढ़िवाद इन विचारों की पुष्टि करता है। 1928 तक भी, गाँधी नेहरू और बोस का विरोध करते रहे और भारतीय राष्ट्रीय कांग्रेस के अधिवेशन में पूर्ण आजादी के प्रस्ताव के विरोध में प्रचार करते रहे। स्वतंत्रता आन्दोलन के अन्य नेताओं की तुलना में, गाँधी को अंग्रेजों से काफी गलत उम्मीदें थीं। 1930 में गाँधी को अपने एक पत्र में मोतीलाल नेहरू ने गाँधी को (इंग्लैण्ड में) लेबर सरकार और वायसराय पर भरोसा करने के लिए लताड़ा भी था।

अंश : गाँधी महात्मा या लॉड जीनियस नेशनल लीडर या मेनिलपुलेटिव पोलिटिशियन''

<http://india.resource.tripod.in/gandhi.htm>

''चौरी चौरा'' में दंगे के बाद गाँधी के रवैये में पूरा बदलाव क्रांति के रास्ते से हटकर सुधार के रास्ते की ओर-गाँधी के राजनीतिक जीवन में एक महत्त्वपूर्ण पड़ाव

है और यह एक ऐसी निर्णयक घटना है जिसके आधार पर भावी पीढ़ियाँ गाँधी और उनके सिद्धाँतों का मूल्याँकन करेगी। जनता के असहयोग आन्दोलन की शुरुआत की तीसरी बार घोषणा के बाद, जिसका जनता को बेसब्री से इंतजार था गाँधी ने तीसरी बार अपना निर्णय वापिस ले लिया और जिन लोगों ने गाँधी पर भरोसा किया था, उनसे गाँधी ने अपना नाता तोड़ लिया। न केवल गाँधी ने दंगाई किसानों को अधिकारियों के सामने समर्पण करने और अपना अपराध स्वीकार करने का अनुरोध किया बल्कि अपने अनुयायियों के कड़े विरोध के बावजूद वारडोली प्रस्तावों को स्वीकार करवाने के लिए गाँधी ने अपनी व्यक्तिगत प्रतिष्ठा दांव पर लगायी। इन प्रस्तावों में पूरी तरह से, किसी भी तरह की उग्रवादी कार्यवाही की निंदा की गयी और राष्ट्रीय गतिविधयों को सूत कातने, बुनने और प्रार्थना करने तक सीमित कर दिया गया। इस तरह इस क्रांतिकारी का असली रूप सामने आया। एक डरपोक समाज सुधारक, अपने नेतृत्व में जारी आंदोलन की महानता से घबराया हुआ और अपनी प्रतिक्रियावादी विचारधारा की सीमाओं में आन्दोलन को कुचलने की असफल कोशिशों में व्यस्त।"

अंश, "महात्मा गाँधी : क्रांतिकारी या प्रतिक्रियावादी"?, इवलिन रॉय, सितम्बर 1923

<http:www.marxists.org/archive/roy-evelyn/articees/1923/gandhi-rev-counter.htm>

चौरीचौरा घटना से कुछ समय पूर्व ब्रिटिश साम्राज्यवाद के ख़िलाफ़ भारतीय जनता के संघर्ष के ऊपर के विश्लेषण से एकदम अलग वामपंथी विश्लेषण इस प्रकार है :

"निश्चित तौर पर, कांग्रेस आंदोलन से जुड़े राष्ट्रवादी मानते हैं कि सरकार के ख़िलाफ़ खुलकर लड़ाई छेड़ने का समय अभी नहीं आया है और उनको डर है कि दमन के सभी तरह के हथकण्डों से पूरी तरह तैयार अफसर शाही की ताकत को चुनौती देना जल्दबाजी होगा। गाँधी का यह मौलिक विचार कि देश की सारी जनता को जेल जाने के लिए तैयार होना होगा, राष्ट्रवादियों को तब तक एकमात्र व्यावहारिक कदम लगता है जब तक देश की सरकार को खुलकर चुनौती देने के लिए पूरा देश एक साथ खड़ा न हो सके। इसी दौरान सरकार खुद देशभर में तेजी से फैल रहे आंदोलन को दबाने की तैयारी में जुटी है। जेलें असहयोग आंदोलन के कार्यकर्ताओं से भरी हैं जिन्हें किसी भी मामूली से मामूली आरोप के बहाने गिरतार कर लिया गया है और कई कार्यकर्ताओं को बिना किसी आरोप के पकड़ लिया गया है। एक सरकारी कर्मचारी को अपनी नौकरी से हाथ धोने के लिए या कई बार, जेल जाने के लिए गाँधी टोपी या खादी के कपड़े पहनने का गुनाह ही काफी है। घरों में तलाशी ली जा रही है। अख़बारों को डराया-धमकाया जा रहा है, सभाओं पर पाबंदी लगी है, वक्ताओं को अदालतों में 'जबरदस्ती बुलाकर उनको' अपने हर वक्तव्य के

प्रति जवाबदार होने को मजबूर किया जा रहा है। गैर-ब्राह्मण सर जार्ज लायडे, बम्बई इलाके के गवर्नर, ने कहा कि ""सरकार को बदनाम करने का अभियान अखबारों में लगातार बढ़ रहा है और इस पर कोई रोक-टोक नहीं है। सरकार के ख़िलाफ़ खुले आम विद्रोह की माँग सार्वजनिक सभाओं से की जा रही है। सरकार का रास्ता एकदम साफ है। जनता को यह अच्छी तरह समझ लेना चाहिए कि सरकार का पहला दायित्व कानून और व्यवस्था बनाए रखना है और सरकार इसके प्रति पूरी तरह से कटिबद्ध है। अगर सरकार कानून तोड़ने वालों के ख़िलाफ़ कोई कार्यवाही नहीं करती और कानून का मखौल उड़ाने वालों को अराजकता फैलाने देती है तो सरकार अपना दायित्व निभाने में असफल रहेगी।'' गवर्नर की इस घोषणा का राष्ट्रवादियों ने कड़ा जवाब दिया : ''वर्तमान सरकार के ख़िलाफ़ विद्रोह खुले आम फैल रहा है, यह किसी से छुपा नहीं है। अब तक हर अधिकारी को यह समझ लेना चाहिए था कि देश इतना जाग चुका है कि किसी भी प्रकार का दमन इस भावना को कुचल नहीं सकता। जिसे गवर्नर 'अराजकता' कहते हैं उसे अब रोका नहीं जा सकता। आखिर इससे बड़ी अराजकता क्या हो सकती है कि लोगों पर बिना उनकी मर्जी के कोई शासन थोपा जाए।''

''लखनऊ में बारिश के बीच अपने इंतजार में खड़े, लगभग एक लाख लोगों को अपने दो घण्टे के भाषण में गाँधी ने इस स्थिति से उबरने का एक रास्ता सुझाया : सरकार की दमनकारी नीति का जवाब देने के लिए देश के हर जिले में हमको 50000 कार्यकर्ताओं की एक सेना तैयार करनी चाहिए जो जेल जाने में अपनी आज़ादी समझे और जिन्हें दुनिया की कोई सेना हरा नहीं सकती। तीन महीनों में ही, हम या तो इस सरकार के तरीके बदल देंगे या ये सरकार खत्म कर देंगे।''

अंश ''प्रेजेन्ट इवैन्ट्स इन इण्डिया'', 'एन', कम्युनिस्ट इण्टरनेशल, न. 19 दिसम्बर, 1921 पृष्ठ 437.442

<http:www.maxists.org/subject/india/ci/n/X01.htm>

और गाँधी की वामपंथियों द्वारा आलोचना की आलोचना इस प्रकार है

गाँधी के नेतृत्व में राष्ट्रीय आन्दोलन में कांग्रेस में विरोधी वर्गों का आपस में एक संतुलन था जैसे पूंजीवादी और गरीबों के समर्थक उद्योगपतियों और किसानों के समर्थक और इसका पूरा नज़रिया मध्यमवर्गीय था। गाँधी गरीबों को संगठित नहीं कर सके इसलिए पूंजीवादी समर्थक ज्यादा शक्तिशाली थे परन्तु पूंजीवाद-विरोधी न पूरी तरह गायब थे और न इतने कमजोर कि वे पूंजीवादी झुकाव का विरोध न कर सके। मध्यम वर्गीय झुकाव के रहते, कांग्रेस ने किसी भ एक पक्ष विचारधारा को अपने ऊपर हावी नहीं होने दिया। इसके अपेक्षाकृत निश्चित वैचारिक संतुलन के कारण यह परस्पर विरोधी विचार धाराओं के बीच मध्यस्थता का काम करती रही। कांग्रेस को मालूम था कि वह नैतिक स्तर पर परेशान हुए बिना, भीतरी विरोध या

अपने आंतरिक संतुलन को खोये बिना ज्यादा लम्बे समय तक पूंजीवादी समर्थक नीतियाँ नहीं अपना सकती थी। विपिन चन्द्र के शब्दों में, ''भारतीय राष्ट्रीय कांग्रेस एक जनवादी, विभिन्न वर्गों से जुड़ा आन्दोलन था। इस आन्दोलन पर पूंजीवाद का कब्जा नहीं था और न ही पूंजीवादियों ने इस अपना एकाधिकार जमाया।'' गाँधी का कोई भी विश्लेषण वामपंथियों के साथ उनके पेचीदा व्यक्तिगत और राजनीतिक सम्बन्धों को पूरी तरह समझे बिना नहीं किया जा सकता। हालांकि, गाँधी की कुछ आस्थाओं/मान्यताओं और कार्यों की वामपंथी बुद्धिजीवियों ने कड़ी और उचित आलोचना की, पर विशेष बात यह है कि इनमें से ज्यादातर ने गाँधी से अपना नाता बिल्कुल तोड़ा नहीं, और जयप्रकाश नारायण जैसे लोगों ने ऐसा किया भी तो आख़िर में वे वापिस गाँधी से जुड़ गए और उनके सबसे कट्टर विरोधियों जैसे एम.एन.राय ने भी बाद में गाँधी के प्रति अपने विचार बदल दिए। और यह भी सही है कि भारत की आम जनता पर गाँधी की पकड़ इतनी मजबूत थी कि कोई उन्हें चुनौती देने की हिम्मत नहीं कर सकता था। इसके अलावा गाँधी इतने चतुर और समर्पित नेता थे। जैसा जवाहरलाल नेहरू और सुभाषचन्द्र बोस की कुछ कड़वे अनुभवों के बाद ही समझ पाए। इसलिए, राजनीतिक रूप से महत्त्वाकांक्षी वामपंथी नेताओं ने गाँधी के विरोधी न बनने में ही अपनी भलाई समझी। वामपंथी यह भी जानते थे कि अपने अपेक्षाकृत नये क्रांतिकारी विचारों और नीतियों का प्रचार करने के लिए, लगातार दबाव और प्रोत्साहन से उनके लिए गाँधी का समर्थन पाना जरूरी था।''

अंश ''एनोट आन मार्किसस्ट इन्टरप्रेटेशन ऑव गाँधी,''
भीखू पारिख
<http:www.mkgandhi.org/artils/note-marxist.htm>

उदाहरण के तौर पर, भगतसिंह को फांसी दिए जाने के विषय पर हालांकि गाँधी ने ब्रिटिश सरकार की भर्त्सना की, परन्तु गाँधी ने यह भी कहा कि ''सरकार के पास निश्चित तौर पर इन लोगों को फांसी देने का अधिकार है। परन्तु कुछ अधिकार ऐसे हैं जिनके इस्तेमाल न करने में ही शासकों की इज्जत बढ़ती है।''

(गाँधी संकलन, अंक 45, पृष्ठ 359-61, (गुजराती में)

इस विषय पर गाँधी के प्रति ज्यादा सहानुभूति रखने वाली, एक अलग व्याख्या है। ''ऑव मीन्स एण्ड एण्डस, परेश आर वैद्य

9. ''एशिया की बोल्शेविक क्रांति ने दुनिया भर के इतिहास पर गहरा प्रभाव डाला। इसने कई मायनों में भारत में राष्ट्रीय क्रांति को आगे बढ़ाया : भारतीय मजदूर आन्दोलन और किसानों के विद्रोह ने एक नयी लहर को जन्म दिया, अखिल भारतीय ट्रेड यूनियन का जन्म हुआ, कई युवाओं ने मार्क्सवाद और समाजवाद को अपनाया, भारतीय कम्युनिस्ट पार्टी की स्थापना हुई, राष्ट्रीय कांग्रेस में वामपंथियों का उदय हुआ आदि-आदि...

अंश 'बोल्शेविक क्रांति का भारतीय राष्ट्रीय आन्दोलन पर प्रभाव' जिन योगंली <http://worldhistory.cass.cn/index/9ikantushuxinmu/qikan/silsml_txt/all_txt/20070sy003.htm>

इसके अलावा 'ओरिजन्स ऑव द रिवोल्यूशनरी सोशलिस्ट पार्टी', बुद्धदेव भट्टाचार्य

10. <http:www.marxists.org/archiv/bhbattacharya/1982/origins-rsp/index.htm>

11. चौरी-चौरा <http://en.wikipedia.org/wiki/chauri_chaura> "गाँधी ने जनता द्वारा की जा रही हिंसा की निन्दा करने से इन्कार कर दिया क्योंकि उनके अनुसार जनता की कार्यवाही कहीं ज्यादा बड़े स्तर पर जारी राज्य की हिंसा के जवाब में थी। कहा जाता है कि हिंसा के प्रति गाँधी के विरोध का एक मुख्य कारण था कि इसके इस्तेमाल से एक आन्दोलन में आम जनता की भागीदारी रूक जाती है। पर 1942 में गाँधी का विचार यह था कि हिंसा की एकाध घटना की वजह से आम जनता की भागीदारी पर कोई फ़र्क नहीं पड़ेगा। गाँधी यह मानने लगे थे कि जिस प्रकार की अहिंसा वे अपने देशवासियों को सिखाना और व्यवहार में देखना चाहते थे, वह सम्भव नहीं थी और इसलिए अपने राजनीतिक जीवन के अंतिम पड़ाव में उन्होंने इस बात की कुछ हद तक छूट दे दी थी कि आन्दोलन में भाग लेने वाले लोग इस बात का खुद निर्णय कर सकते हैं कि उन्हें क्या करना चाहिए। (ब्रिटिश शासन से) वे इस हद तक कि उनको लगने लगा था कि कुछ ख़तरों के निराश हो चुके थे बावजूद उनका यह कर्त्तव्य है कि वे अपनी जनता को गुलामी का विरोध करने का आहवान करें। हालांकि इस दौरान गाँधी विशेष तौर पर आक्रामक रूप में थे इसके बावजूद वे हिंसा में अपनी आस्था को पूरी तरह नकारना नहीं चाहते थे। अच्छा यह होता कि आंदोलन पूरी तरह अहिंसक रह पाता पर गाँधी बिना किसी शर्त आम जनता के विरोध का ख़तरा मोल लेने को तैयार थे। चाहे इसका मतलब देश में गृहयुद्ध ही क्यों न हो। इसलिए गाँधी ने कहा था कि "अंग्रेजों को भारत का भविष्य भगवान भरोसे छोड़ देना चाहिए या, आधुनिक शब्दों में, अराजकता के भरोसे।"

"इस तरह भारत छोड़ो आन्दोलन, 1920-22 और 1930-34 के आन्दोलनों से अलग था और इस पर किसी प्रकार की कोई पाबन्दी नहीं थी। यह एक पारम्परिक सत्याग्रह नहीं था। यह एक 'अंतिम लड़ाई' थी, एक 'खुला विद्रोह' निर्णायक लड़ाई' जिसका परिणाम बड़े पैमाने पर हिंसा भी हो सकता था। देश में किसी भी कीमत पर विदेशी शासन को खत्म करना जरूरी था।"

12. "भारतीय स्वतंत्रता आन्दोलन के तथ्य"
<http:www.indiafacts.headlinesindia.com/freedom-movement-facts.htm>

13. "आधुनिक समय में, लोकमान्य तिलक की मान्यता थी कि कर्मयोग ही

असली संदेश है। पर गाँधी के लिए किसी भी काम का सच्चा अर्थ था बिना फल की इच्छा किए कर्मयोग (अनासक्तियोग)।

अंश, ''भगवद्गीता पर गाँधी'', ज्योत्सना कामत

<http:www.kamat.comm/mmgandhi/mkggita.htm>

14. एक और बेहतरीन विश्लेषण इस प्रकार है

'गाँधी के पूरे राजनीतिक जीवन में सफलता की कुंजी थी कि उनकी गहरी राजनीतिक आस्थाओं और एक विशिष्ट राजनीतिक समझ के बीच संयोजन। अगर गाँधी को कभी भी यह लगता था कि उनके अनेक नैतिक सिद्धान्तों में से किसी को भी लेकर उन्हें समझौता करना पड़ सकता है तो वे पूरी तरह डट जाया करते थे। पर जब भी उनके सिद्धान्तों की सीमाओं के दायरे में समझौता हो सकता था तो गाँधी इसके लिए तैयार थे। जब भी उनके अनुयायी उनके काबू से बाहर हो जाते थे और गाँधी की बर्दाश्त के बाहर हिंसक कार्यवाही करते थे तो गाँधी भूख हड़ताल पर जाकर अपने आपको सजा देते थे। यह एकदम सटीक नीति थी। परन्तु यह एकदम सटीक इसलिए थी क्योंकि गाँधी के लिए यह सिर्फ़ एक तकनीक नहीं थी बल्कि उनके अपने कर्तव्यों के प्रति प्रतिबद्धता की जरूरत थी।

''भारत के लिए, जो एक आधुनिक देश नहीं है, गाँधी का चरित्र और गाँधी का धर्म दोनों जरूरी थे। उदाहरण के तौर पर, एक ज्यादा आधुनिक विचारों वाला व्यक्ति अछूतों को लेकर गाँधी के अभियान में इतना सफल नहीं हो सकता था। जहाँ एक ओर गाँधी की स्मृति का सम्मान करना जरूरी है, वहीं यह उम्मीद करना गलत होगा कि जो नज़रिया गाँधी को सबसे उपयुक्त लगता था,भारत भी वही नज़रिया बनाए रखेगा। अन्य देशों की तरह भारत को आधुनिक दुनिया में अपनी जगह बनानी होगी न कि एक बीत गए समय के सपनों में। गाँधी का काम खत्म हो चुका है और अगर भारत को उन्नति करनी है तो जरूरी है कि वह गाँधी के रास्ते की बजाय अन्य रास्तों पर चले।

अंश, 'महात्मा गाँधी,' बर्टेण्ड रसैल

15. ''ज्यादातर भारतीयों के लिए, गाँधी नैतिक मापदण्ड की अंतिम कसौटी है और जनमानस में उनका स्थान वही है जैसे अमरीका में थॉमस जैफरसन या इस्लामिक देशों में कुरान।''

अंश, ''यूजिंग एण्ड एब्यूजिंग गाँधी', रामचन्द्र गुहा

<http:www.mkgandhi.org/articles/abusing-gandhi.htm>

16. ''परमाणु बम गिराने की सबसे बड़ी त्रासदी से हमको यह समझ लेना चाहिए कि बम का ज़वाब और बम नहीं है जैसे हिंसा का ज़वाब प्रतिहिंसा नहीं है। मानवता अहिंसा के रास्ते पर चलकर ही हिंसा के दुष्चक्र से बाहर निकल सकती है। सिर्फ़ प्यार ही घृणा का ज़वाब है। प्रतिघृणा सिर्फ़ घृणा का दायरा और उसकी

गहराई को बढ़ावा देती है।"

अंश, "गांधी रीडर" होमर ऐलेक्जण्डर जैक, पृ. 350

<http:www.mkgandhi.org/articles/abusing-gandhi.htm>

17. "बावन साल पहले, 30 जनवरी, 1948 को एक हिन्दू चरमपंथी नाथूराम गोडसे ने महात्मा गाँधी को गोली मारकर हत्या कर दी थी। गोडसे का मानना था कि महात्मा (महान आत्मा) भारत के विभाजन और पाकिस्तान के जन्म के लिए जिम्मेदार थे। गोडसे और उनके मित्र आप्टे को फाँसी की सजा दी गयी थी। उनके भाई गोपाल और दो अन्यों इस षडयंत्र में भाग लेने के लिए उम्रकैद की सजा हुई थी। गोपाल गोडसे 18 साल तक जेल में रहे और अब 80 साल की उम्र में वे अपनी पत्नी के साथ पूना में एक छोटे से घर में रहते हैं। उनको आज भी (गाँधी की) हत्या में अपनी भूमिका पर गर्व है।"

अंश "उनका शांति का सिद्धान्त नकली था।" (गोपाल गोडसे के साथ एक साक्षात्कार)

<http:www.time.com/time/asia/magazine/2000/0214india.godse.htm>

इसके अलावा,

"गोपाल गोडसे : नाथूराम ने राष्ट्रीय स्वयं सेवक संघ नहीं छोड़ा था।"

<http:www.sabrang.com/cc/archive/2004/aug04/cover6.htm>

वैकल्पिक अहिंसक समाज-रचना : गाँधीय अवधारणा

रामचन्द्र राही

मनुष्य को बेकार, आलसी, निकम्मा और तंत्र का एक पुर्जा मात्र बना डालने वाले उद्योगों-यंत्रों-पद्धतियों के विरुद्ध थे, लेकिन मनुष्य की सृजनशीलता, उत्पादक क्षमता बढ़ाने वाले, काम के भार को हल्का और उसकी नीरसता को दूर कर पूरी उत्पादन-क्रिया को सरल-सरस बनाने वाली औद्योगिक पद्धति और यंत्रों के वे पक्षधर थे। वे ऐसे यंत्र चाहते थे, जिनका नियंत्रक मनुष्य रहे, यंत्र ही मनुष्य के नियंत्रक न बन जाँय। यंत्र उत्पादन के साधन हों, शोषण के औजार नहीं। वे मानते थे कि इस औद्योगिक सभ्यता ने दुनिया का भविष्य ख़तरे में डाल दिया है।

अपनी अवधारणा को सत्य के प्रयोग, मेरा जीवन ही मेरा संदेश कहने वाले महात्मा गाँधी के जीवनकाल का अधिकांश समय यद्यपि ब्रिटिश साम्राज्य से भारत की मुक्ति के संघर्ष में ही गुजरा था, लेकिन इस संदर्भ में उन्होंने जिस शक्ति और साधन का प्रयोग और विकास किया, वह मानवता के भविष्य की दृष्टि से बुनियादी महत्त्व रखता है।

महात्मा गाँधी के लिए भारत की आज़ादी का संघर्ष मात्र सत्ता-परिवर्तन तक सीमित नहीं था, बल्कि वे इस लड़ाई के मार्फत् मानव-मुक्ति की समग्र लड़ाई लड़ रहे थे; मुक्ति-हिंसा से, हर प्रकार के शोषण से, किसी भी प्रकार की राजनीतिक तानाशाही से, एक-दूसरे पर बर्चस्व जमाने वाला मनोवृति से, मानव को मानव से अलग करने वाली हर तरह की व्यवस्था और मान्यता से। इस लड़ाई में उन्होंने सिद्धि से ही साधनों का औचित्य सिद्ध होता है —इस प्रचलित मान्यता को अमान्य करते हुए साध्य के अनुरूप साधनों के आग्रह का मार्ग अपनाया और उसके प्रयोग किये।

हिंसा के बदले अहिंसा समाज की चालक-शक्ति बने

हिंसा को समाज की चालक-शक्ति के रूप में स्वीकार कर जो सभ्यता विकसित हुई है, वह अंततः सम्पूर्ण मानव-जाति ही नहीं, पूरी सृष्टि के लिए विनाशकारी सिद्ध

होगी, यह क्राँन्तिद्रष्टा गाँधी ने देख-समझ लिया था। वे हिंसा की जगह अहिंसा को समाज की चालक-शक्ति बनाना चाहते थे, ताकि एक शान्तिमय, अहिंसक समाज और विश्व का निर्माण हो। इसीलिए भारतीय स्वतंत्रता संग्राम में उन्होंने हिंसा को सर्वथा अमान्य किया और अहिंसा की सामाजिक शक्ति विकसित करने के विविध प्रयोग किये। उनकी हिंसा-मुक्ति मात्र युद्ध-विरोध या शस्त्र-त्याग तक ही सीमित नहीं थी, वे तो राज्य और अर्थ-व्यवस्था, सामाजिक संरचना, सांस्कृतिक मूल्यों, यहाँ तक कि मनुष्य के प्रकृति, बल्कि पूरी सृष्टि, के साथ के सम्बन्धों में भी अहिंसा के तत्व दाखिल करना चाहते थे। अर्थात् मानवता के भविष्य को वे हिंसा-मुक्ति और अहिंसक समाज-रचना के विकास के रूप में देखते थे।

अहिंसा की शक्ति का विवेचन करते हुए गाँधीजी ने कहा था, "अहिंसा आत्मबल या हमारे भीतर बसे हुए अंतर्यामी की शक्ति है। अपूर्ण मनुष्य उस शक्ति को सम्पूर्ण रूप से नहीं पहचान सकता। परन्तु उसका अतिसूक्ष्म अंश भी जब हमारे भीतर सक्रिय हो जाता है, तो वह चमत्कार कर दिखाता है...अहिंसा अपनी क्रिया में रेडियम की तरह है। उसकी अति सूक्ष्म मात्रा भी जब शरीर में बढ़े किसी हानिकारक भाग में जमा कर रख दी जाती है, तो लगातार, चुपके-चुपके और अविश्रान्त रूपमें वह काम करती है। आत्मा मृत्यु के बाद भी बनी रहती है, उसका अस्तित्व भौतिक शरीर पर निर्भर नहीं करता।...वह दृकाल से परे है। इसलिए यह निष्कर्ष निकलता है कि अहिंसा एक स्थान में स्थापित हो जाती है, तो उसका प्रभाव सर्वत्र फैल जाता है।"[1] आत्मशक्ति में आस्था, मानव मात्र के प्रति आत्मीय दृष्टि, अहिंसा की शक्ति के विकास के लिए अनिवार्य है। गाँधीजी ने अहिंसा की सफलता के लिए केवल दो शर्तें मानी हैं :—"(1) शरीर से भिन्न आत्मा के अस्तित्व में और उसके अविनाशी होने में विश्वास होना चाहिए और वह विश्वास सजीव श्रद्धा की हद तक पहुँचना चाहिए। (2) यह पद्धति उन लोगों के काम नहीं आती, जिनमें प्रेमरूपी ईश्वर के प्रति सजीव श्रद्धा न हो।"[2]

अहिंसा की शक्ति में अपनी अटूट आस्था के आधार स्पष्ट करते हुए गाँधी कहते हैं : अहिंसा में मेरा विश्वास इस धारणा पर खड़ा है कि मानव-स्वभाव वास्तव में एक ही है और इसलिए प्रेम का प्रभाव उस पर पड़े बिना नहीं रह सकता।... अहिंसक सत्याग्रही का आधार ईश्वर की अचूक सहायता पर होता है। वह सहायता उसे ऐसी कठिनाइयों में भी सहारा देती है, जिसको पार करना अन्यथा असम्भव माना जाता है। उसकी श्रद्धा उसे अजेय बना देती है।"[3]

प्रयोगसिद्ध अनुभवों के प्रकाश में

महात्मा गाँधी ने जो कुछ भी कहा और लिखा, उसे अपने प्रत्यक्ष प्रयोगों द्वारा पुष्ट किया। उनके अधिकांश प्रयोग हालांकि, स्वतंत्रता-संग्राम के संदर्भ में हुए, फिर भी

अपने हर प्रयोग द्वारा उन्होंने मानवीय सभ्यता-संस्कृति के भविष्य का स्पष्ट दिशा-निर्देश किया।

यहाँ हम अन्यायी एवं शोषण-दमनकारी व्यवस्थाओं को बदलने और नयी मानवीय रचना करने में उनके प्रयोगों में निहित कुछ संकेतों-संदेशों को समझने की कोशिश करेंगे।

अन्यायी व्यवस्था से मुकाबले की अहिंसक प्रक्रिया

शुरुआत दक्षिण अफ्रीका से होती है। जहाँ सर्वप्रथम महात्मा गाँधी को, वहाँ की कुछ ऐतिहासिक घटनाओं ने, एक ऐसे साम्राज्य के आमने-सामने ला खड़ा किया था, जो नस्ली भेद-भाव पर आधारित, शोषणकारी और जुल्मी था। जो मानवीय गरिमा और अस्मिता के लिए चुनौती बन चुका था।

दक्षिण अफ्रीका की स्थिति का व्यापक एवं गहन अध्ययन करने के बाद गाँधीजी ने यह महसूस किया कि गोरों के साम्राज्य की सबसे बड़ी ताकत है उस साम्राज्य के प्रति काले गुलामों की मूक स्वीकृति। और, यह मूक स्वीकृति ही काले गुलामों की अपनी सबसे बड़ी कमजोरी है। अपने इस अनुभूत सत्य के प्रकाश में गाँधी ने अहिंसक लड़ाई की जो प्रक्रिया अपनायी, वह इस प्रकार थी : (1) साम्राज्य की अमानवीय यंत्रणा झेलनेवालों में इससे मुक्ति की चेतना, आत्मविश्वास और अस्तित्व-बोध जागृत करना।

(2) अपने अन्दर के भय, लोभ और आपसी विग्रह को समाप्त करना, तथा मानवीय गरिमा की रक्षा के लिए त्याग-बलिदान की तैयारी रखना।

(3) व्यवस्था के प्रहारों को सविनय झेलने और स्वेच्छया स्वीकारी आत्मपीड़ा को भोगने की हिम्मत के साथ उस व्यवस्था के अमानवीय रूप को पूर्णतः अस्वीकार करना, साथ ही उस व्यवस्था के संचालकों से यथासम्भव आत्मिक संवाद बनाने की कोशिश जारी रखना।

सत्य-अहिंसा : अविभाज्य

गाँधीजी के लिए सत्य और अहिंसा एक-दूसरे से अविभाज्य है। उनके लिए सत्य ईश्वर है और अहिंसा प्रेम की उत्कट्ट अभिव्यक्ति। इस आस्थाभाव के कारण स्वाभाविक तौर पर गाँधीजी ने जुल्मी साम्राज्य, और उसके संचालकों, को अलग-अलग नज़रिये से देखा। पाप और पापी की तरह उनके भिन्न अस्तित्व को सामने रखा। मानव स्वभाव और आत्मा की एकता में अपनी आस्था को कायम रखते हुए जड़-व्यवस्था-तंत्र और संवेदनशील मनुष्य, दोनों को वे एक ही श्रेणी में कैसे रख सकते थे ? इसलिए अहिंसा की हर लड़ाई में उन्होंने दो प्रक्रियाएँ अपनायीं : (1) व्यवस्था-संचालन करनेवाले व्यक्तियों से संवाद, और

(2) व्यवस्था-तंत्र के अमानवीय स्वरूप में परिवर्तन लाकर उसे मानवीय बनाने का संघर्ष। व्यवस्था-संचालक से संवाद कौन करेगा? वह, जो उस व्यवस्था का शिकार है, उसकी पीड़ा झेल रहा है। कैसे करेगा और उसके अन्दर संवाद करने की शक्ति कहाँ से आयेगी? व्यवस्था संचालक जिन कमजोरियों की जकड़ में है, उससे स्वयं को मुक्त करने की सक्रिय चेष्टा से, साधना से। इस प्रक्रिया में संवाद और संघर्ष दोनों का सहज समावेश हो जाता है। अगर हम गुलामी के बंधनों से स्वयं को मुक्त करना चाहते हैं तो हमें सम्पूर्ण मानव की मुक्ति का लक्ष्य अपने सामने रखना होगा। गुलाम बनानेवाली व्यवस्था के वर्तमान संचालक की जगह हम स्वयं उसी व्यवस्था के संचालक बन जायं, इस आकांक्षा को अपने अन्दर संजोये रखकर मुक्ति की अहिंसक लड़ाई हर्गिज़ नहीं लड़ी जा सकती।

दक्षिण अफ्रीका में चलाये गये सत्याग्रही संघर्ष के दौरान जो अनुभव हासिल हुए, उनके आधार पर कुछ महत्त्वपूर्ण बिन्दु सामने आते हैं :

(1) अन्याय का सिलसिला सिर्फ़ अन्यायी के दबाव और दमन की शक्ति से ही नहीं, अन्याय सहन करने वालों की स्वीकृति और निर्बलता से कायम रहता है।

(2) अन्यायी व्यवस्था से मुक्ति के लिए, अन्याय झेल रहे लोगों के अन्दर, उस अन्यायी व्यवस्था को अस्वीकार करने का, आत्मबल विकसित करना होगा।

(3) अहिंसक लड़ाई का नेतृत्व वही कर सकता है, जिसकी अहिंसा में अटूट आस्था, प्रयोग के प्रति समर्पण-भाव और वृत्ति सत्यशोधक हो।

(4) अन्यायी व्यवस्था को अस्वीकारने की शक्ति व्यक्ति और समाज में तभी पैदा होती है, जब वह स्वयं अन्यायी आचरण से मुक्त होता है।

(5) हिंसाबल का मुकाबला हिंसाबल से करने का अर्थ है अन्यायी व्यवस्था के बुनियादी मूल्यों को ही स्वीकार करना। इससे एक अन्यायी शक्ति पर दूसरी उससे अधिक ताकतवर अन्यायी शक्ति हावी हो सकती है, लेकिन समाज अन्याय की व्यवस्था से ही मुक्त हो जाय, यह लक्ष्य नहीं सिद्ध हो सकता।

(6) हिंसा-शक्ति या सैन्यबल के मुकाबिले में आत्म-शक्ति व्यक्तिगत और समूहरूप में भी जागृत-संगठित की जा सकती है। वह सबल एवं समर्थ हो सकती है।

स्वाधीनता का संघर्ष और नयी रचना की दिशा

अंग्रेजी साम्राज्य की गुलामी से भारत की मुक्ति के लिए महात्मा गाँधी ने अंग्रेजों को भारत से भगा देना ही पर्याप्त नहीं माना था। उनका लक्ष्य था पूर्ण स्वराज्य अर्थात् एक अहिंसक समाज और राष्ट्र की पुनर्रचना। इसके लिए उन्होंने जो योजना बनायी थी वह समग्र थी। इस पुनर्रचना के माध्यम से मानव सभ्यता और संस्कृति को एक नयी दिशा, एक नया आयाम वे देना चाहते थे, आर्थिक, सामाजिक, सांस्कृतिक,

आध्यात्मिक, हर क्षेत्र में स्वतंत्रता के मूल्य दाखिल करना चाहते थे और वह अहिंसक समाज-रचना से ही सम्भव है, ऐसी उनकी दृढ़ मान्यता थी। पश्चिम की औद्योगिक सभ्यता, उसके वैश्विक दुष्परिणाम, भारत की विशिष्ट भूमिका आदि सभी पहलुओं को ध्यान में रखकर ही उन्होंने पुनर्रचना की वह समग्र योजना बनायी थी। उसके रचनात्मक कार्यक्रम समाज में अहिंसा को साकार करने के माध्यम थे। व्यक्ति और समूह की वृत्ति अहिंसक बने, इसके लिए उन्होंने एकादश व्रतों –अहिंसा, सत्य, अस्तेय, ब्रह्मचर्य, असंग्रह, शरीरश्रम, अस्वाद, निर्भयता, सर्वधर्म समभाव, स्वदेशी, अस्पृश्यता निवारण –के पालन का आग्रह रखा था। उनके आश्रमों में, जो उस समय सत्याग्रह की दीक्षा लेने देने वाले जीवन-विद्यापीठ थे, इन व्रतों का पालन अनिवार्य हुआ करता था।

बुनियादी भिन्नता

गाँधीजी के सपनों का भारत दूसरे राष्ट्रीय नेताओं से बिल्कुल भिन्न था। वे कहते थे कि : ईश्वर करे भारत कभी पश्चिम के ढंग के उद्योगवाद को न अपनाये। एक ही छोटे से द्वीप या राज्य (इंग्लैण्ड) के आर्थिक साम्राज्यवाद ने सारे संसार को गुलामी की जंजीरों में जकड़ रखा है। तब यदि 30 करोड़ (अब एक अरब से भी अधिक) का समस्त राष्ट्र (भारत) इसी तरह के आर्थिक शोषण का मार्ग अपना ले तो, यह टिड्डीदल की तरह सारी दुनिया का सफाया कर देगा।''[4] अपनी इस भिन्न दृष्टि को और अधिक स्पष्ट करते हुए उन्होंने अक्टूबर 1945 के प्रथम सप्ताह में पंडित नेहरू को लिखा था : हमारे दृष्टिकोण में जो भेद है, उसके बारे में मैं लिखना चाहता हूँ। यदि यह भेद बुनियादी है तब तो...जनता को मालूम हो जाना चाहिए। उसे अंधकार में रखने से...हमारे स्वराज्य के काम में हानि पहुंचेगी।...मेरा विश्वास है कि यदि भारत को सच्ची स्वतंत्रता प्राप्त करनी है, और भारत के द्वारा संसार को भी प्राप्त करनी है, तो आगे-पीछे यह तथ्य हमें स्वीकार करना ही पड़ेगा कि लोगों को गांवों में, न कि शहरों में, झोपड़ों में, न कि महलों में रहना होगा। करोड़ों आदमी शहरों में और महलों में कभी एक-दूसरे के साथ सुख-शांति से रह ही नहीं सकेंगे। फिर तो उनके पास हिंसा और असत्य, दोनों का आश्रय लेने के सिवा और कोई चारा ही नहीं रहेगा।...आज दुनिया गलत रास्ते पर जा रही है...यह हो सकता है कि भारत भी उसी रास्ते पर जाय और कहावत के पतंगे की तरह अन्त में उसी दीपक की आग में जल मरे, जिसके आस-पास वह ताण्डव नृत्य करता है। परन्तु मेरा जीवन के अंतिम क्षण तक यह परम धर्म है कि मैं ऐसे सर्वनाश से भारत, और भारत के द्वारा समस्त संसार की रक्षा करने का प्रयत्न करूँ।''[5]

महात्मा गाँधी वर्तमान औद्योगिक सभ्यता के पूर्णतः ख़िलाफ़ थे, क्योंकि इस सभ्यता को टिकाये रखने के लिए प्रत्यक्ष या परोक्ष साम्राज्यवादी व्यवस्थाएँ अनिवार्य

होती हैं, ताकि : (1) दुनिया के अधिकतर प्राकृतिक संसाधनों पर कब्ज़ा जमाया जा सके, (2) विश्व की अधिकतम जनसंख्या को अपना उपभोक्ता बाज़ार बनाया जा सके। यह सभ्यता मनुष्य, प्रकृति, बल्कि पूरी सृष्टि के निर्मम शोषण पर आधारित है और गाँधीजी शोषण को हिंसा का ही एक रूप मानते थे। पूंजीवादी औद्योगिक अर्थ-व्यवस्था मानवता के लिए कितनी घातक है, इसे भारत के संदर्भ में स्पष्ट करते हुए उन्होंने कहा था, "हिन्दुस्तान में अगर हम मैनचेस्टर कायम करेंगे तो पैसा हिन्दुस्तान में ही रहेगा, लेकिन वह पैसा हमारा खून चूसेगा,...वह पैसा हमारी नीति को बिल्कुल खतम कर देगा। अमेरिका के राकफेलरों से हिन्दुस्तान के राकफेलर कुछ कम हैं, ऐसा मानना निरा अज्ञान है। गरीब हिन्दुस्तान तो गुलामी से छूट सकेगा, लेकिन अनीति से पैसे वाला बना हिन्दुस्तान गुलामी से कभी नहीं छूटेगा।"[6]

वैकल्पिक संरचना की दिशा

खादी-ग्रामोद्योग आधारित अर्थरचना की उनकी अवधारणा आर्थिक आज़ादी हासिल करने की सुदृढ़ मौर्चेबन्दी थी। गाँधीजी उद्योगों और यंत्रों के विरुद्ध नहीं थे। हां, शोषण और हिंसा की व्यवस्थाओं को ताकतवर बनानेवाले उद्योगों-यंत्रों के विरुद्ध वे अवश्य थे। मनुष्य को बेकार, आलसी, निकम्मा और तंत्र का एक पुर्जा मात्र बना डालने वाले उद्योगों-यंत्रों-पद्धतियों के विरुद्ध थे, लेकिन मनुष्य की सृजनशीलता, उत्पादक क्षमता बढ़ाने वाले, काम के भार को हल्का और उसकी नीरसता को दूर कर पूरी उत्पादन-क्रिया को सरल-सरस बनाने वाली औद्योगिक पद्धति और यंत्रों के वे पक्षधर थे। वे ऐसे यंत्र चाहते थे, जिनका नियंत्रक मनुष्य रहे, यंत्र ही मनुष्य के नियंत्रक न बन जाँय। यंत्र उत्पादन के साधन हों, शोषण के औजार नहीं। वे मानते थे कि इस औद्योगिक सभ्यता ने दुनिया का भविष्य ख़तरे में डाल दिया है, मानवता की रक्षा इससे मुक्ति में है उन्होंने स्पष्ट कहा था : "दुनिया आज उल्टी दिशा में दौड़ रही है। उसे अपनी गति पलट देनी चाहिए। उन यंत्रों को अस्वीकार कर देना चाहिए, जिन्होंने ऐसे उपाय को जन्म दिया है जिससे स्वयं मनुष्य अपना विनाश कर सकता है।"[7] इस औद्योगिक सभ्यता को वे सृष्टि के सहज विकासक्रम के विरुद्ध और अनीतिकारक मानते थे, इसलिए उन्होंने एक क्रान्तिद्रष्टा की तरह पूरे वैश्विक संदर्भ को ध्यान में रखकर खादी-ग्रामोद्योगों पर

आधारित एक नयी कृषि-औद्योगिक-ग्रामीण-अहिंसक-अर्थरचना की कल्पना की और आज़ादी की लड़ाई के साथ-साथ उस दिशा में ठोस प्रयोग भी किये।

पूंजीवादी, नगरीय, औद्योगिक-सभ्यता की अंधी दौड़ में शामिल होने के बदले उन्होंने गांवों का पुनर्निर्माण करके, परस्परावलम्बी, स्वायत्त ग्राम-इकाईयों की बुनियाद पर एक नये भारत के निर्माण का सपना देखा था, ऐसा भारत, जो पश्चिम को भी

मुक्ति का नया संदेश, नयी दिशा देने में समर्थ हो।

स्वाधीनता के अहिंसक संघर्ष में खादी-ग्रामोद्योग के कार्यक्रम ब्रिटिश राज के आर्थिक आधार को भारत में खत्म करने वाले कार्यक्रम भी थे और एक नयी अहिंसक अर्थ-व्यवस्था की बुनियाद डालने वाले भी। जीवन, समाज, प्रकृति और पूरी उत्पादन-प्रक्रिया को शिक्षण का माध्यम बनाकर वे परोपजीवी सभ्यता के विकल्प स्वरूप उत्पादकों की, श्रमिकों की एक नयी मानवीय सभ्यता का विकास करना चाहते थे। उन्होंने कहा था : "मानव की मानवता को और किसी उपाय से टिकाया नहीं जा सकता। सबको समान अवसर मिलना ही चाहिए। अवसर मिले तो प्रत्येक मानव में आध्यात्मिक विकास की एक-सी शक्ति होती है। चरखा विकास का प्रतीक है।"[8]

एक भव्य वैश्विक अवधारणा

महात्मा गाँधी ने मनुष्य को किसी भी प्रकार के राजनीतिक, आर्थिक, सामाजिक या धार्मिक व्यवस्था के विशालकाय, प्रचण्ड शक्तिमान ढाँचे के एक पुर्जे के रूप में कभी देखा ही नहीं, वे तो एक चेतन, संवेदशील, गतिशील बुनियादी घटक के रूप में मनुष्य को हर प्रकार की व्यवस्था के केन्द्र में रखना चाहते थे। वे मनुष्य की वर्तमान हैसियत को बुनियादी तौर पर बदलना चाहते थे। मालिक को समाज की अमानत संभालने वाला ट्रस्टी (अमानतदार), मजदूर को उत्पादक, और शासित को स्वशासित बनाना चाहते थे, ताकि समाज की हर प्राथमिक इकाई अपनी बृहत्तर इकाई के साथ परस्पर पूरक बनते हुए जागतिक स्तर तक एक स्पर्धामुक्त, सहयोगी एवं अहिंसक समाज की रचना करने में समर्थ एवं सार्थक भूमिका निभा सके। अपनी अवधारणा के व्यक्ति, समाज और विश्व की संरचना की ओर इंगित करते हुए उन्होंने लिखा था : "...उसका स्वरूप एक के ऊपर एक के ढंग का नहीं बल्कि लहरों की तरह एक के बाद एक की शक्ल में होगा। ज़िन्दगी मीनार की शक्ल में नहीं होगी, जहाँ ऊपर की तंग चोटी को चौड़े पाये पर खड़ा होना पड़ता हो, वहाँ तो समद्र की लहरों की तरह ज़िन्दगी एक के बाद एक घेरे की शक्ल में होगी और व्यक्ति उसका मध्यबिन्दु होगा। वह व्यक्ति अपने गाँव (समाज की प्राथमिक इकाई) की ख़ातिर मिटने को तैयार होगा। इस तरह आख़िर सारा समाज ऐसे लोगों का बन जायेगा, जो उद्धत बनकर कभी किसी पर हमला नहीं करते, बल्कि हमेशा नम्र रहते हैं और अपने में समुद्र की उस शान को महसूस करते हैं, जिसके वे एक अंग हैं। इसलिए सबसे बाहर का घेरा या दायरा अपनी ताकत का उपयोग भीतर वालों को कुचलने में नहीं करेगा, बल्कि उन सबको ताकत देगा और उनसे ताकत पायेगा...न कोई पहला होगा, न आखिरी।"[9]

सन्दर्भ

1. हरिजन : 12 नवम्बर, 1938, पृ.-326-27
2. पूर्णाहुति : प्यारेलाल, चतुर्थ खण्ड, पृ.-514-15
3. हरिजन : 24 दिसम्बर, 1938, पृ.-394-95
4. यंग इंडिया : 20 दिसम्बर, 1928, पृ.-422
5. पूर्णाहुति : प्यारेलाल, चतुर्थ खण्ड, पृ.-154-55
6. हिन्द स्वराज : मो. क. गाँधी, पृ.-78-79
7. पूर्णाहुति : प्यारेलाल, चतुर्थ खण्ड, पृ.-502
8. वही, पृ.-503
9. हरिजन : 28 जुलाई, 1946, पृ.-236

'हिन्द स्वराज' बनाम स्वतंत्र भारत का स्वराज

पाण्डेय शशिभूषण 'शीतांशु'

गाँधी ने 'हिन्द स्वराज' में मनुष्य को निर्मित करने का कारखाना लगाया है। अगर सही मनुष्यों का निर्माण हमने इन साठ-बासठ वर्षों में कर लिया होता, तो आज सारे उद्योग और सारे काम-काज सही हाथों में होते। पर हमारे देश ने अनेक उद्योग धंधों को लगाया, आयातित किया, केवल मनुष्य निर्मित करने का कारखाना नहीं लगने दिया। इस कारखाने से सही भारतीय निकलते, गांधी जैसे लोग निकलते और आज़ाद भारत को 'स्वराज' का सुख नसीब हो पाता। अब वह समय आ गया है कि इस दिशा में सक्रियता दिखायी जाए।

गाँधी और 'हिन्द स्वराज'

लाहौर में दिसम्बर 1909 में आयोजित कांग्रेस अधिवेश। इस के सत्रान्त में गोपालकृष्ण गोखले ने गाँधी के प्रति 1902-03 के दौरान प्राप्त अपने प्रत्यक्ष अनुभव के आधार पर कहा था कि "गाँधी से अधिक शुद्ध, विनम्र, वीर और उन्नत-उदान्त आत्मा पहले कभी इस पृथ्वी पर नहीं आयी थी।...वे मनुष्यों में मनुष्य, योद्धाओं में योद्धा, देश-भक्तों में देशभक्त है और हम यह कह सकते हैं कि वर्तमान समय में उनमें भारतीय मानवता वास्तव में अपने जल शिखर पर पहुँच गई है।" 'हिन्द स्वराज' इसी गाँधी की महत्त्वपूर्ण कृति है। इसके 'प्राक्कथन' में गाँधी ने लिखा है कि "इसे मैंने इसलिए लिखा है कि इसे लिखने से मैं अपने आपको रोक नहीं सका हूँ।" भारत के लिए इसके लिखे जाने दो सोद्देश्यता थी। इसमें निरूपित सिद्धान्त और नीति-योजना के आधार पर अंग्रेजों को निष्कासित कर स्वराज प्राप्त करना और द्वितीयतः आजादी मिलने के बाद सिद्धांतों और नीति-योजनाओं के आधार पर 'स्वराज' को सही अर्थ में स्वरूपित और आचरित करना। गाँधी इसकी पहली तात्कालिक सोद्देश्यता में अभूतपूर्व रूप में सफल हुए, पर इसकी परवर्ती सोद्देश्यता

को चरितार्थता प्रदान करने का दायित्व जिनके कंधों पर था, उन्होंने अपने मन-मस्तिष्क से इसकी ओर उपेक्षा कर दी थी। यही नहीं, 'हिन्द स्वराज' में गाँधी ने जिस पश्चिमी सभ्यता की ओर निन्दा की थी, उसी सभ्यता-पिशाची की गोद में भारत को बिठा दिया गया, जिसका दुष्परिणाम आज हमारे सामने है। क्या आज आजादी के बासठ (62) वर्षों के बाद भी हम सही अर्थ में पश्चाताप करने की स्थिति में है, जिससे हम अपने राजनेताओं द्वारा की गयी बुनियादी भूलों का सुधार कर सकें? 'हिन्द स्वराज' भारत की आत्मा की आवाज़ के रूप में हमें इसके लिए अभिप्रेरण और सम्बल प्रदान करता है।

हिन्द स्वराज की लेखन-प्रेरणा

बीसवीं सदी के पहले दशक में गाँधी ने इंग्लैण्ड में रहते हुए एक जरूरी अख़बारी टिप्पणी के साथ-साथ दो महत्त्वपूर्ण पुस्तकें पढ़ी थीं। इस टिप्पणी के लेखक थे पी. के. चेस्टर्टन और उनकी यह टिप्पणी सितम्बर 1909 के 'इलस्ट्रेटेड लंदन न्यूज में छपी थी। गाँधी पर इस टिप्पणी का जबर्दस्त प्रभाव पड़ा था। पुस्तकों में पहली पुस्तक थी 'एक हिन्दू के नाम पत्र' जिसे प्रसिद्ध रूसी लेखक टॉलस्टॉय ने उन दिनों तुरंत-तुरंत लिखा था। दूसरी पुस्तक एडवर्ड कार्पेंटर की 'सिविलिजेशन : इट्स कोजिऐड क्यूर' थी। इसे गाँधीजी ने 7 सितम्बर, 2009 को पढ़ा था। टॉलस्टॉय की उक्त पुस्तक एक वृहदाकारी पत्रात्मक पुस्तक थी। इसकी पांडुलिपि कोई 413 पृष्ठों की थी। उन दिनों वेनकूवर (कनाडा) में रह रहे थे। ताराचन्द दास अपनी विद्रोही मासिक पत्रिका 'फ्री हिन्दुस्तान' का सम्पादन कर रहे थे। इस मासिक के मस्तूल शिखर पर हर्बर्ट स्पेंसर को उद्धृत किया गया था। श्री दास ने अपने अस पत्र के लिए टॉलस्टॉय से एक आलेख मांगा था। उसीकी अनुक्रिया में टॉलस्टॉय ने 413 पृष्ठों की यह पाण्डुलिपि तैयार की थी। पर कुछ कारणों सें टॉलस्टॉय की वह पत्रात्मक पाण्डुलिपि तब तक प्रकाशित नहीं हो पायी थी। गाँधी जी के एक पुराने मित्र प्राण जीवन मेहता थे। वे गाँधीजी के इंग्लैण्ड में रहने के दौरान वहाँ आये हुए थे। उन्होंने ही वहाँ यूरोप के भारतीय दायरे में टॉलस्टॉय की उक्त पत्रात्मक पाण्डुलिपि की एक टंकित प्रति को बारी-बारी से वितरित होते पाया था और वहाँ से लेकर इसे गाँधीजी को पढ़ने के लिए दिया था। इस पुस्तक में टॉलस्टॉय ने यह विचार व्यक्त किया था कि भारतीयों को इंग्लैण्ड का अहिंसक प्रतिरोध करना चाहिए और उसकी सभ्यता को खारिज कर देना चाहिए। उक्त पत्रात्मक पुस्तक में टॉलस्टॉय ने लिखा था कि "एक व्यावसायिक कम्पनी ने बीस करोड़ लोगों के राष्ट्र को गुलाम बना दिया। इसका क्या अर्थ लिया जाए कि केवल बीस हजार ऐसे लोगों ने, जो व्यायामी (एथलीट) नहीं थे, बल्कि दुर्बल और रुग्ण चेहरे वाले थे, बीस करोड़ ताकतवर, होशियार, मजबूत, आजादी पसन्द लोगों को गुलाम बना दिया। क्या यह

तादाद ही यह स्पष्ट नहीं कर देती है कि अंग्रेजों ने नहीं, बल्कि भारतीयों ने ही अपने-आपको गुलाम बना लिया है? ''गाँधी ने इस पुस्तक की टंकित प्रति टॉलस्टॉय को भेजकर रूसियों की ओर से इसके प्रकाशन की अनुमति मांगी थी। यह अनुमति उन्हें लौटती डाक से तत्काल मिल भी गयी थी। सो इंग्लैण्ड में रहते हुए ही गाँधी ने इस पुस्तक की बीस हजार प्रतियाँ छपवायीं। इसका खर्च उनके मित्र प्राणनाथ मेहता ने उठाया था। गाँधी ने मेहता के साथ इससे संदर्भित अपनी बातचीत का उल्लेख करते हुए लिखा है कि ''मेहता यद्यपि उन्हें प्यार करते थे, पर वे यह सोचते थे कि गाँधी मूर्ख है और भावुक भी है। पर जब मैंने उनके सामने अपना दृष्टिकोण रखा तब वह उनके दिल को अपील कर गया और उनकी यह-मनोवृत्ति बदल गयी।'' इस तरह 'हिन्द स्वराज' में निरूपित 'अहिंसा' जैसे अस्त्र के मूल में टॉलस्टॉय की इस पुस्तक में निरूपित बद्‌रूपी मान्यताओं का तात्कालिक अभिप्रेरण और प्रभाव सहज ही रेखांकित किया जा सकता है। निश्चय ही इसने गाँधी की वह मनःस्थिति तैयार की, जिससे गाँधी के लिए 'हिन्द स्वराज' का लिखना सम्भव हो सका।

कारपेंटर की पुस्तक से गाँधी ने सभ्यता क अवधारणा ली। वह भी इस रूप में कि यह एक रोग है, पर है निदान के योग्य। गाँधी ने अपने-आपको भारत और भारतीयों के लिए इसके चिकित्सक के रूप में देखा, चाहे वह किसी भी कीमत पर क्यों न उपलब्ध हो? उन्होंने कार्पेटर की पुस्तक को बहुत प्रबोधकारक (illuminating) माना। 8 सितम्बर, 1910 को गाँधी ने पोलक को पत्र लिखते हुए इसका उल्लेख किया। चेस्टर्टन की टिप्पणी में भारतीयों की आलोचना भी थी। वह लन्दन में रह रहे 'भारतीय राष्टवादियों' के दृष्टिकोण से सहमत नहीं थे। उनके विचारों को उन्होंने उद्धत भी किया है कि वे बैलट बॉक्स चाहते हैं, जजों के विग चाहते हैं और कहते हैं कि हमें प्रधानमंत्री होने का स्वाभाविक अधिकार प्राप्त है। यदि 'डेली मेल' के 'सम्पादक' पद से मुझे हटा दिया जाता है, तो मेरी आत्मा इसके लिए तरसती है। और चेस्टर्टन ने इसका जवाब भी दिया था-तुम जो कहते हो वह बहुत सुन्दर है। पर ये तो 'हम' ही हैं, जिसने इन चीजों को आविष्कृत किया है। पर चेस्टर्टन ने भारतीयों की अभिव्यक्ति के अधिकार को जैनुइन माना था और यह लिखा भी था कि उन्हें भारतीय होने और भारतीयों की तरह जीने का अधिकार है। गाँधी ने 20 अगस्त 2003 के 'इंडियन ओपीनियन' में एक आलेख लिखा था। ठीक इसके पाच वर्षों बाद 1908 में उन्होंने पश्चिमी सभ्यता को हॉल का फेनोमेना माना, जो महज पचास से सौ साल पुरानी है। उन्होंने यह जान-मान लिया था कि यह आधुनिक सभ्यता और उसकी 'वीपेनरी', अस्त्र-शस्त्रादि ही है, जिसने उपनिवेशीकरण को सम्भव बनाया है। उनके अनुसार बारूद गन पाउडर और पश्चिमी सभ्यता दोनों इतिहास में विलयित हो गए हैं।

उक्त तीनों पाठों से गुजरने के तत्काल बाद गाँधी की अन्तःप्रज्ञा 1909 में

एक सिद्धान्त और युक्ति कौशल के रूप में स्वरूपित हो उठी। यह सिद्धान्त यह था कि हिंसा और पश्चिमी सभ्यता-दोनों साथ-साथ चलते हैं, ठीक वैसे ही जैसे सत्याग्रह और भारतीय सभ्यता-दोनों साथ-साथ चलते हैं। उनका दृढ़ विश्वास था कि सत्याग्रह का यह सिद्धान्त पश्चिमी प्रभुत्व के विरुद्ध भारतीयों के संघर्ष को, उनकी लड़ाई को शक्ति प्रदान करेगा।

गाँधी की यह नीति-युक्ति भारत की आत्मा के नाम पर और उसके अतीत के हवाले से पश्चिमी सभ्यता और हिंसा के मिश्रित आभाव को खारिज करने की युक्ति थी। इसमें क्रूर शक्ति के विरोध में भारत के आत्मबल के निर्माण की बात की गयी थी। इसके लिए उनकी दृष्टि में 'सत्याग्रह' न केवल सही मार्ग था, बल्कि भारतीय मार्ग भी था। गाँधी ने देखा था कि यह विवके मेहता के सन्दर्भ में काम कर गया था। उन्होंने मानों अपने-आपसे कहा 'मुझे इस युक्ति आर्गूमेंट को लिख लेने दो। 'हिन्द स्वराज' के लेखन की यही अभिप्रेरणा थी, यही उसका हेतु भी था।

'हिन्द स्वराज' की लेखन-प्रक्रिया तथा क्रिया-प्रतिक्रिया

'हिन्द स्वराज' गाँधी के द्वारा 3 से 27 नवम्बर, 1909 के बीच अच्छे, मजबूत स्टाम्प्ड कागज़ पर अपने मूल रूप में गुजराती में लिखा गया। यह वह समय था जब वह लन्दन से दक्षिण अफ्रीका लौट रहे थे। अपने आरम्भिक रूप में 'हिन्द स्वराज' तीस हज़ार शब्दों की पाण्डुलिपि थी, जिसे बीस छोटे-छोटे अध्यायों में वर्गीकृत किया गया था। 'हिन्द स्वराज' की लेखन-प्रक्रिया ऐसी थी कि जब गाँधी का दाहिना हाथ थक जाता था तब वे अपने बायें हाथ से लिखने लगते थे। इस प्रक्रिया को गाँधी ने आजीवन बनाए रखा। गाँधी ने कैलेनबाख (Kallen Back) को लिखा कि 'हिन्द स्वराज' के द्वारा उन्होंने अपना एक मौलिक लेखन सम्पन्न किया है। 'हिन्द स्वराज' लिख लेने के तत्काल बाद गाँधी ने टॉलस्टॉय के 'एक हिन्दू के नाम पत्र' का भी गुजराती में अनुवाद किया।

'हिन्द स्वराज' पहली बार दिसम्बर 1909 में 'इंडियन ओपीनियन' के गुजराती संस्करण के दो आनुक्रमिक अंकों में प्रकाशित हुआ। पुस्तक के रूप में यह पहली बार जनवरी 1910 में छपा पर बम्बई सरकार ने मार्च 1910 में ही इसकी छापी गयी प्रतियां ज़ब्त कर लीं। इसके तुरन्त बाद मार्च 1910 में ही इसका अंग्रेजी अनुवाद (Indian Homerule) छपा। इसे गाँधी ने स्वयं कैलेनबाख (Kallen Back) के आग्रह पर उसे श्रुतलेख के रूप में लिखाया था। यह 20 मार्च 1910 को सामने आया। इसके तुरन्त बाद 'इण्डियन ओपीनियन' में गाँधी ने टॉलस्टॉय की उक्त पत्रात्मक पुस्तक को इसके गुजराती और अंग्रेजी-दोनों संस्करणों में प्रकाशित किया। इसके 'प्राक्कथन' में गाँधी ने टॉलस्टॉय की पश्चिमी दुनिया के स्पष्टतम् चिन्तकों तथा महानतम् लेखकों में एक माना। उन्होंने यह बताया कि एक सैनिक के रूप

में उसने यह अच्छी तरह जान लिया है कि हिंसा क्या होती है? यहीं उन्होंने यह भी कहा कि भारत अपने को 'राष्ट्रवादी भारत' बनने से रोकेगा, यदि उसकी पवित्र धरती पर बन्दूकों के कारखानों और धृण्य औद्योगीकरण का पुनरुत्पादन होगा गाँधी ने टॉलस्टॉय को 'हिन्द स्वराज' की एक अंग्रेजी प्रति भेजी थी। टॉलस्टॉय ने 10 मई 1910 को गाँधी को पत्र लिखा था। यह उस महान रूसी लेखक का अंतिम लम्बा पत्र था। इसमें उन्होंने लिखा कि टांसवाल Transval में ऐसा सर्वाधिक वजनी और व्यावहारिक प्रमाण मुहैया किया है, जिसमें दोनों विश्वास रखते हैं। टॉलस्टॉय के उद्गार दृष्टव्य हैं Your work in transval, with seens to be far away from the centre of our world, to yet the most fundamental and most important to us.

'हिन्द स्वराज' के अंग्रेजी संस्करण के 'प्राक्कथन' में गाँधी ने लिखा है कि इसमें इन्होंने भारतीय दर्शन के आचार्यों के अलावा टॉलस्टॉय, रस्किन, थोरे, इमर्सन आदि लेखकों का विनम्रतापूर्वक अनुसरण करने का प्रयास किया है। यहाँ यह तथ्य विशेष रूप में ध्यान देने योग्य है कि उन्होंने जहाँ भारतीय दर्शन के आचार्यों का कोई नामोल्लेख नहीं किया है, वहाँ पश्चिमी चिन्तकों, लेखकों के नामों का स्पष्ट उल्लेख किया है।

'हिन्द स्वराज' की रचना संवादात्मक प्रोक्ति–'Discourse' के रूप में हुई है। यह संवाद एक सम्पादक तथा अनाम पाठक के बीच चलता है इसमें पाठक सावरकर ओंट लंडन के उग्रवादी छात्रों तथा मेहता की लाइन पर तर्क देता है। यहाँ गाँधी ने अपनी बात एक आधुनिक अख़बार के सम्पादक के मुंह से कहलायी है तथा पश्चिमी सभ्यता की निन्दा की है और भारतीयों को उन्नतशिखर करते हुए महत्त्व प्रदान किया है।

गाँधी के 'हिन्द स्वराज' की तात्कालिक प्रतिक्रिया भी हुई। इसकी आत्मा को नहीं समझने के कारण कृष्ण वर्मा ने 'हिन्द स्वराज' पर बौद्धिक प्रहार करते हुए यह आरोप लगाया कि अपनी इस कृति में गाँधी जीसस क्राइस्ट ईसा मसीह के अनुयायी हो गये हैं। वे आत्मपीड़न के अतिरेकी इसाई सिद्धान्त को व्यवहार में लाने का प्रयास कर रहे हैं। पर कृष्ण वर्मा इस तथ्य से अनभिज्ञ थे कि भारत का यतिवादी सम्प्रदाय प्राचीन काल से अपनी साधना में आत्मपीड़न को महत्त्व देता था। साथ ही इसाईयत में जो करुणा और अहिंसा है वह उसमें बौद्ध दर्शन से ही आयातित है। इसका विवरण 'क्राइस्ट लिण्ड इन इण्डिया' पुस्तक में प्राप्त होता है। इसके काफी वर्षों बाद Aryan Path ने अपना 'हिन्द स्वराज अंक' निकाला। इसके कई आलेखों में भी गाँधी की आलोचना उनकी औद्योगीकरण विरोधी नीति के लिए की गई पर इसके मूल में जो एक ओर इसकी तात्कालिक सोद्देश्यता थी और दूसरी ओर जो इसकी अन्तरात्मा भी उसे नहीं समझा जा सका। गाँधी मानते थे कि यंत्रों का प्रेरक कारण धन का लोभ और मोह है। इसीलिए उन्होंने तात्कालीन चालू अर्थ-व्यवस्था के

खिलाफ युद्ध छेड़ा था। उन्होंने स्पष्ट कहा था कि मेरा विरोध यंत्रों के लिए नहीं है, बल्कि यंत्रों के लिए जो पागलपन चल रहा है, उसके लिए है। कुछ गिने-गिनाये लोगों के पास सम्पत्ति जमा हो ऐसा नहीं, बल्कि सबके पास जमा हो यह मैं चाहता हूँ। वे यंत्र को चलाने वाले को भी लाभ दिलाना चाहते थे, जिससे वैयक्तिक पूंजीवाद अधिक नहीं बढ़ पाए। गाँधीजी ने 1921 में 'हिन्द स्वराज' की लिखी भूमिका में ही यह स्वीकार कर लिया था कि विदेशी मशीनरी से आयातित सामानों की जगह, मैनचेस्टर की जगह यदि भारत में ही इसकी मशीनरी लगे , तो उन्हें कोई आपत्ति नहीं होगी। वे स्वयं 'सिंगर' सिलाई मशीन के प्रशंसक थे, क्योंकि इसके आविर्भाव में इन्सानियत के भले का विचार मुख्य था। इसके अतिरिक्त उनका यंत्र-विरोध ब्रितानियों के प्रति उनकी असहयोग नीति पर आधारित था, जिसका सीधा सम्बन्ध उन दिनों आजादी के संघर्ष से जुड़ता था। अतः इसके मूल में निहित सोद्देश्यता को बिना समझे गाँधी की यंत्र-विरोधी नीति पर यह कटाक्ष करना कि आखिर 'चरखा' भी तो एक यंत्र ही है व्यर्थ सिद्ध होता है।

'हिन्द स्वराज' का मूल प्रति पाठ्य और स्वतंत्र भारत का वर्तमान साध्य

'हिन्द स्वराज' में गाँधी के द्वारा की गयी वैचारिक स्थापना दक्षिण अफ्रीका में बसे भारतीयों की अपेक्षा भारत और भारत में बसे मूल भारतीयों उद्दिष्ट के प्रति ही है। गाँधी ने सीधे इन्हें ही सम्बोधित किया है। अफ्रीका में बसे भारतीयों को इसके अनुषंग रूप में ही लिया जाना चाहिए। 'हिन्द स्वराज' की सबसे बड़ी विशेषता गाँधी द्वारा 'स्वराज' के किये गये अर्थ-स्पष्टीकरण को लेकर है। इसमें उन्होंने स्पष्ट किया है कि प्रत्येक व्यक्ति का अपने उपर शासन नियन्त्रण ही 'स्वराज' है। राजनीतिक स्तर पर यही गृहशासन या आत्मशासन (Self Government) है। इसे यदि सन्तोषप्रद और सफल होना है, तो आत्मशासन को उस नियंत्रण पर आधारित होना चाहिए, जहाँ नेता और नागरिक-दोनों ही अपने-अपने ऊपर इसे आचरित करें पर आज़ाद भारत ने 'स्वराज' के इस अर्थ को आज तक नहीं जाना। यहाँ गाँधीजी का बल इस बात पर है कि भारतीयों को सरल जीवन अपनाना चाहिए और सत्याग्रह पर चलना चाहिए। उनकी दृष्टि में भारतीय प्रतिमान को अहिंसा ही धारती है, यही उसके उपयुक्त बैठती है। हिंसा पश्चिमी है, साथ ही भारत के भविष्य के लिए विनाशकारी है।

एंथोनी जे. परेल ने यह भी स्पष्ट किया है कि 'हिन्द स्वराज' में गाँधी ने भारत को धर्म की आधुनिक अवधारणा प्रदान की है, जो अपने-आपमें एक सुदृढ़ शक्ति या बल है। उनकी दृष्टि में वास्तविक धर्म वह है जो सभी धर्मों में अन्तर्हित है। वे धर्म को उसकी बांटने वाली भूमिका से अलगाते हैं, ऐसी भूमिका से, जो हिन्दू और मुसलमान को एक-दूसरे के विरुद्ध खड़ा करती है। साथ ही इसे इसकी उस

पारम्परीण भारतीय भूमिका से भी अलगाते हैं, जो केवल कर्मकाण्डों में निहित है अथवा जिसका उपयोग सामाजिक स्तृति (Stratas) को दर्शाने हेतु किया जाता है। इसकी जगह वे धर्म का व्यवहार नागरिकता, स्वतंत्रता और पारस्परिक सहायता के लिए आचारशास्त्र और सच्ची सभ्यता की समतुल्यार्थता में करते हैं। यहाँ यह मूल रूप से द्रष्टव्य है कि गाँधी ने कैसे धर्म का उपयोग टांसवाल (Transval) सत्याग्रह के लिए किया। 'हिन्द स्वराज' इसी व्यवहार-पक्ष का सिद्धान्तीकरण है। 'हिन्द स्वराज' सम्पर्क को महत्त्व देता है और योग्य पश्चिमी व्यक्तियों की उचित प्रशंसा भी करता है। यह कटाव-भरे एकाकीपन को हटाता-मिटाता है तथा 'घृणा' को निर्मूल करता, खारिज़ करता है।

'हिन्द स्वराज' में गाँधी ने सत्याग्रहियों को सरल जीवन और गरीबी को अपनानेपर बल दिया है। इसके मूल में गाँधी का उद्देश्य भारतीय संकट और विपदा (Mideries) को समाप्त करना है। वे भारत से मनुष्य की अनन्त इच्छा को मिटाने के लिए ही सत्याग्रहियों से अपनी इच्छा को सीमित करने का आग्रह करते हैं। 'हिन्द स्वराज' भारत में पाश्चात्य रंग में रंगे 'एलीट' को श्रेष्ठ जनों के विशिष्ट वर्ग-डॉक्टरों, वकीलों और धन-सम्पन्नों को आम जनता से अपनी दूरी पहचानने तथा उन्हें अपने-अपने जीवन को सरलीकृत करने के लिए कहते हैं। गाँधी पन्द्रह एकाक्षरी (एक सिलेबल वाले) शब्दों में लिखते हैं –"Those in where name we speak we do not know and they do not know us" गाँधीजी ने यह स्पष्ट कर दिया था कि वे अंग्रेजों के लिए शत्रु भाव अवश्य रखते थे, पर वे उनकी 'सभ्यता' के लिए यह शत्रुभाव अवश्य रखते थे। गाँधी जी ने 'स्वराज' की जिस अवधारणा को स्पष्ट किया और जैसा उनका आत्मज्ञान उन्हें निर्दिष्ट करता रहा, उनका जीवन आजीवन इसके लिए प्रत्यार्पित रहा। यही गाँधी ने अपने जीवन के मिशन की घोषणा की, जो सत्याग्रह के द्वारा भारत को 'स्वराज' दिलाने का मिशन था। वे इसके माध्यम से पूरी दुनिया के लिए सत्याग्रह को प्रस्तुत करना चाह रहे थे। कहना होगा कि अपने इस मिशन से ही गांधीजी ने भारत को स्वतंत्रता दिलायी। 'हिन्द स्वराज' का बहुत बड़ा महत्त्व इस दृष्टि से है।

हिन्द स्वराज का सिद्धान्त अफ्रीका और भारत-दोनों ही जगहों पर सफल हुआ। 'सत्याग्रह' ने ही ब्रितानियों को भारत से निष्कासित किया और भारतीयों को गाँधी के नेतृत्व में इस योग्य बनाया कि वे यह अनुभव कर सकें कि उनके पास उच्च भौतिक आधार है। गाँधी ने अपने सत्याग्रह सिद्धान्त के आधार पर हिंसक भारतीय निकाल (स्कूल) को हाशिये पर ला खड़ा किया। भारतीयों ने गाँधी को प्रमाणिक भारतीय के रूप में तथा सत्याग्रह को भारतीय प्रविधि के रूप में स्वीकार किया। उन्होंने यह भी माना कि हिंसा के आग्रही भारतीय मूलतः पश्चिम के ही अनुकर्ता थे। कहा जाता है कि 'हिन्द स्वराज' एक योद्धा का 'मेनिफेस्टो' था। वह

किसी विद्वान का सर्वेक्षण नहीं था। यह भारत को प्रभावित करने वाला गाँधी का अस्त्र था। 'हिन्द स्वराज' में उन्होंने सर्वत्र बन्दूक, औद्योगीकरण और पश्चिम की आलोचना की है तथा भारतीय त्रिक (Trio) सत्याग्रह, सरल जीवन और भारत की श्रेष्ठ सभ्यता की उच्चता को स्थापित किया है। कहना होगा कि गाँधी के इस सिद्धान्त निरूपण ने हमारे प्राचीन आत्म-औचित्यपूर्ण भाव को पुनर्बलीकृत किया कि भारत पश्चिम की अपेक्षा कहीं अधिक बुद्धि सम्पन्न और आध्यात्मिक है। यद्यपि गाँधी इन सबके साथ-साथ भारतीयों के लालच और उनकी निर्दयता से बखूबी परिचित थे और पश्चिम के कुछ ऐसे पक्ष भी थे, जिनकी उन्होंने प्रशंसा की थी, पर 'हिन्द स्वराज' में वे अपने पाठक को 'अनपूछी भारतीय श्रेष्ठता' के साथ छोड़ देते हैं। निश्चय ही इसका कारण ब्रिटेन के साथ तात्कालिक संघर्ष के लिए आत्मबल पूर्ण मानसिकता तैयार करने में निहित है। इसलिए 'हिन्द स्वराज' में एक ही सांस में भौतिकतावाद (लोभ/लालच) और मशीनरी (वैयक्तिक अर्थ-केन्द्रण) दोनों को खरिज किया गया है। आखिर मशीनरी से, यंत्र से भी पैसा आता है, अर्थ-मोह पैदा होता है और गाँधी के लिए पैसा 'इविल' है। पर यदि गाँधीजी की धर्मपरायण नीति-शिक्षा इसके मूल में सक्रिय हो, तो गाँधीजी का स्वदेशी उपयोग से कहीं कोई विरोध नहीं है। गाँधी प्रोद्योगिकी या मशीनरी के द्वारा प्राप्त होने वाली सुविधाओं और विकासपरकता से अनभिज्ञ नहीं थे वे तो नयी चीजों से घृणा करते थे और नहीं निरुपयोगी, पुरानी चीजों से चिपके रहने वाले थे। इसलिए 'हिन्द स्वराज' को उस पश्चिमी प्रभुत्व के समय में पौरसत्य की पहचान के दावे के बतौर और गाँधी के दृढ़ आत्मकथन के बतौर देखा जाना चाहिए, विशेषतः उस समय के भारत में जब यहाँ और वहाँ बम फेंकना कोई दुष्कर कार्य नहीं रह गया था। इन्हीं सब दृष्टियों से 'हिन्द स्वराज' को एक युगांतकारी अमर किताब कहा गया है। सार रूप में हिन्द स्वराज का प्रतिपाद्य भारत की यूरोप से ब्रिटेन से तुलना करते हुए अपनी पुरानी शिक्षा पद्धति और अपनी सभ्यता को तार्किक रूप में न केवल श्रेष्ठ दिखाना है बल्कि उसे अपने आचरण में अपनाना भी है। पश्चिमी शिक्षा के मूल में पैसा है, उसकी सोद्देश्यता धन अर्जित करने की है, उसमें नीति और सच्चे धर्म की शिक्षा नहीं है पर यह नीति और धर्म का मूल आरंभ से ही भारतीय शिक्षा में निहित और सक्रिय रहा है। गाँधी मानवता केन्द्रित की दृष्टि से इसके पक्षधर हैं। पश्चिमी सभ्यता परिग्रही है पर भारत की सभ्यता अपरिग्रही रही है। गाँधी अपनी अपरिग्रही सभ्यता को महत्त्व देते हैं और उसे श्रेष्ठ मानते हैं। शिक्षा के संदर्भ में गाँधी ने 'हिन्द स्वराज' में फासले को उद्धृत किया है, -उस आदमी ने सच्ची शिक्षा पायी है, जिसे शरीर को ऐसी आदत डाली गयी है कि वह उसके बस (वश) में रहता है, जिसका शरीर चैन से और आसानी से सौंपा हुआ काम करता है। उस आदमी ने सच्ची शिक्षा पायी है जिसकी बुद्धि शुद्ध, शांत और न्यायदर्शी है। उसने सच्ची शिक्षा पायी है, जिसके

मन की भावनाएँ बिल्कुल शुद्ध हैं।

जिसे नीच कामों से नफ़रत है और जो दूसरों को अपने जैसा मानता है। ऐसा आदमी ही सच्चा शिक्षित माना जाएगा, क्योंकि वह कुदरत के मानून के मुताबिक चलता है। कुदरत उसका अच्छा उपयोग करेगी और वह कुदरत का अच्छा उपयोग करेगा। शिक्षा की इस कसौटी पर गाँधी खरे उतरते हैं, पर नेहरू खरे नहीं उतर पाते। गाँधी में भारतीय सभ्यता मूर्तिमान दिखती है, पर नेहरू में पाश्चात्य सभ्यता का ही बोलबाला और अनुकरण दिखता है। अतः आज़ाद भारत को जो नीतिपूर्ण शिक्षा और भारतीय सभ्यता का प्रादर्श चाहिए था वह उसे प्राप्त नहीं हो सका। स्वतंत्र भारत की सत्ता सम्भालने वालों ने 'हिन्द स्वराज' की बुनियादी बातों की ही घोर उपेक्षा कर दी। शिक्षा के सन्दर्भ में गाँधी की मान्यता है कि हमारे पुराने स्कूल ही काफी हैं। यहाँ नीति को पहला स्थान दिया जाता है। वह सच्ची प्राथमिक शिक्षा है। उस पर हम जो इमारत खड़ी करेगे वह टिक सकेगी। इसी प्रकार वे सामान्य अंग्रेजी शिक्षा के विरोध में थे। उनका मानना था कि -करोड़ों लोगों को अंग्रेजी की शिक्षा देना उन्हें गुलामी में डालने जैसा है। गाँधी अपनी भाषा की उन्नति के पक्षधर हैं। उनका यह माना बहुत सही था कि -अंग्रेजी शिक्षा से दम्भ! राग जुल्म, वगैरह बढ़े हैं। अंग्रेजी शिक्षा पाये हुए लोगों ने प्रजा को ठगने में, उसे परेशान करने में कुछ भी उठा नहीं रखा है।...पर वे यह समझने लगे थे कि -अंग्रेजी शिक्षा बिल्कुल लिये बिना हम अपना काम चला सकें, ऐसा समय अब नही रहा।...अतः जिसने भी यह शिक्षा पायी है वह उसका अच्छा उपयोग करे।" वे दूरद्रष्टा थे। अतः चाहते थे कि "जो लोग अंग्रेजी पढ़े हुए हैं उनकी संतानों को पहले तो नीति सिखानी चाहिए, उनकी मातृभाषा सिखानी चाहिए और हिन्दुस्तान की एक दूसरी भाषा सिखानी चाहिए। वे पुख्ता हो जाएँ तब भले ही वे अंग्रेजी शिक्षा पाएँ..." उनका यह दृढ़ विश्वास था कि "पश्चिम की सभ्यता को निकाल बाहर करने की कोशिश करनी चाहिए। दूसरा सब अपने-आप ठीक हो जाएगा।"

गाँधी ने अंग्रेजी शिक्षा के लिए 'हिन्द स्वराज' में मैकाले का स्मरण किया है कि मैकाले ने शिक्षा की जो बुनियाद डाली वह सचमुच गुलामी की बुनियाद थी। उन्होंने बताया कि मैकाले का भले ही यह उद्देश्य नहीं रहा हो पर हमारा अंग्रेजी मोह उसकी चलागी शिक्षा का ही दुष्परिणाम है। ज्ञातव्य है कि हिन्द स्वराज के लिखे जाने के 26 वर्ष पहले 11 दिसम्बर, 1883 को आधुनिक भारत का निर्माता कहे जाने वाले राजा राममोहन राय ने भारत के तत्कालीन गवर्नर जनरल एकहर्स्ट को अंग्रेजी शिक्षा प्रचलित करने हेतु एक लम्बा पत्र लिखकर भारतीयता, भारतीय सभ्यता, भारतीय ज्ञान और भारतीय शिक्षा की जो खिल्ली उड़ायी थी वह 'हिन्द स्वराज' के संदर्भ में सदैव विचारणीय रहेगी। क्योंकि यह उसके बिल्कुल दूसरे ध्रुवान्त पर स्थित है और अपने आग्रह में गुलामी की बुनियाद डालने वाली है। इसमें

राजा राममोहन राय ने अंग्रेज सरकार की भूरि-भूरि प्रशंसा की है और संस्कृत शिक्षा बन्द करने का आग्रह किया है-

My Lord,

When we looked forward with pleasing hope to the down of knowledge this promised to the rising generation, our hearts were filled with mingled feelings of delight and gratitu : We already offered up thanks to providence for inspiring the most generous and enlightened of the Nations of the West with the glorious ambitions of planting in Asia and sciences of modern Europe.

We now find that the Government are establishing a sangorit school under Hindu Pundits to impast such knowledge as is already convent in India. This seminary (similar to character to those which exipted in Europe before the time of lord Bacow) can only be expected to load the minds of youth with grammatical ricties and metaphysical distinctions of tittle or no practicable use to the porsessors or to society. The people will these aquire what was known his thousand yours ago, with the addition of vain and empty sublilties suice produced by speculative men, such as is already commonly taught in all points of India."

इस लम्बे पत्र के आरम्भ की चाटुकारिता से राजा राममोहन राय की मानसिक गुलामी का पता चलता है, जिसके लिए गाँधी ने 'हिन्द स्वराज' में स्पष्ट लिखा है कि पहले हम अंग्रेजी पढ़े-लिखे लोग 'स्वराज' पा लें, तो प्रजा अवश्य 'स्वराज' प्राप्त कर लेगी। अपने इस पत्र में राय साहेब ने यह बताया है कि संस्कृत अत्यंत कठिन भाषा है और यह पढ़ने-पढ़ाने योग्य नहीं है-

The Sanskrit lauguage, is difficult that almost a life time to necessary for the perfect quisition, is well known to have been for ages a lancetable check on the diffusion of language, and the learning concealed under this advert imperrious veils far from sufficient to reward the labour of quiring it.

संस्कृत की मूल आत्मा को बिना समझे ही उन्होंने यह भी लिख मारा कि यह शिक्षा-पद्धति देश को अंधेरे में रखने वाली सिद्ध होती, यदि ब्रितानी विधायिका इस नीति को चलाती रह गयी होती–In the same manner the Sanskrit system of education could be the best calculated to keep this country in darkness, if such had been the policy of the British Legislative.

कहना होगा कि यह पश्चिमी सभ्यता के रोग से भरी चिट्ठी है। इसके ठीक

विपरीत गाँधी का 'हिन्द स्वराज' इस रोग से मुक्ति का प्रयास है। उन्होंने 'हिन्द स्वराज' में लिखा है कि "हम मानते हैं कि आपकी कायम की हुई शालाएँ और अदालतें हमारे किसी काम की नहीं हैं। उनके बजाय हमारी पुरानी अपनी शालाएँ और अदालतें ही हमें चाहिए।" 'हिन्द स्वराज' में उन्होंने भारतीयों के लिए करणीय को स्पष्ट किया है कि "हिन्दुस्तानी को अपनी भाषा का, हिन्दू को संस्कृत का, मुसलमान को अरबी का, पारसी को फारसी का और सबको हिन्दी का ज्ञान होना चाहिए। सारे हिन्दुस्तान के लिए जो भाषा चाहिए वह तो हिन्दी ही होनी चाहिए।

'हिन्द स्वराज' भारत में राजा राममोहन राय जैसी सोच रखने वालों के विरोध में लिखा गया था। यह पश्चिमी सभ्यता के रोग से ग्रस्त देश और लोग के लिए निदान बन कर आया था। भारत के स्वतंत्र होने पर राजा राम मोहनराय पश्चिमी सभ्यता के जैसे ही दूसरे दीवाने नेहरू थे उन्होंने भारत में गाँधी के 'स्वराज' को स्वरूपित नहीं किया। वे पश्चिमी सभ्यता के आग्रही थे। फलतः उसके युग में सभ्यता का यह रोग सुरसा के मुँह की तरह बढ़ता गया। आज आज़ादी के 62 वर्षों में जो स्वतंत्र भारत में भ्रष्टाचार, अपराधीकरण, धार्मिक उन्माद, आतंक तथा दंगों ने अपने को व्यवस्थित रूप में स्थापित कर लिया है उसके मूल में पश्चिमी शिक्षा और सभ्यता की ही सक्रिय भागीदारी है। आज जो हमारी भारतीय श्रेष्ठता खो गयी है, उसका मूल कारण भी यही है। आज़ादी के बाद कांग्रेस और कांग्रेस के अगुआ नेहरू ने ही गाँधी की मूलभूत नीतियों को कुचल कर रख दिया। गाँधी ने अपनी जिन नीति-युक्तियों से भारत को आज़ादी दिलायी थी उसी के आधार पर, उसकी आत्मा को ग्रहण करते हुए स्वतंत्र भारत का विकास होना था, स्वराज को स्वरूपित और आचरित करने वाले, उसका उपयोग और उपभोग करने वाले श्रेष्ठ नागरिकों का निर्माण होना था। पर नेहरू ने पश्चिमी सभ्यता के आधार पर नागरिकों का जीवन स्तर उन्नति करने का आग्रह दिखाते हुए 'हिन्द स्वराज' में निर्दिष्ट प्राथमिक नैतिक शिक्षा और सर्वधर्म समभाव की प्राथमिक शिक्षा को उपेक्षित कर दिया। इसकी जड़ ही काट डाली। विडम्बना यह है कि आज विश्वविद्यालयों में उच्चतर शिक्षा में करोड़ों रूपये खर्च कर इन विषयों पर प्रायः संगोष्ठियाँ आयोजित की जाती हैं, जो नितान्त प्रभावहीन और निष्फल सिद्ध होती हैं। गाँधी ने 'हिन्द स्वराज' में आधुनिक सभ्यता से उत्पन्न जिस रोग की पहचान की थी और उसके उपचार का प्रावधान किया था उसे स्वतंत्र भारत के आकाओं ने बिल्कुल दरकिनार कर दिया। आज भी हमें 'हिन्द स्वराज' इस रोग से मुक्त होने का रास्ता दिखा रहा है। पर क्या हमारी सरकार अब भी प्राथमिक शिक्षा के पाठ्यक्रम में पूरे देश में नैतिक शिक्षा और सर्वधर्म समभाव शिक्षा का अनिवार्य प्रावधान करने के लिए तैयार है? इसके बिना सच्चे मनुष्य का, सच्चे नागरिक का और 'स्वराज' निर्माण सम्भव नहीं है। सही नागरिकों के निर्माण से ही भ्रष्टाचार समाप्त हो सकता है, अन्यथा यह कभी समाप्त नहीं

होगा। हमने 'हिन्द स्वराज' की मूलभूत अवधारणा की उपेक्षा करके औद्योगीकरण के द्वारा, मशीनरी के द्वारा अपनी सुख-सुविधा और विकास का प्रबन्ध तो कर लिया, पर जो 'स्वराज' की सबसे बड़ी बात मनुष्य के निर्माण की थी, नागरिकों के निर्माण की भी उसे पश्चिमी सभ्यता के उन्माद और पागलपन के पैरों तले रौंद दिया। मुझे केदारनाथ सिंह की एक कविता याद आती है–"छोटे-से आंगन में/माँ ने लगाये हैं/तुलसी के बिरवे दो/ पिता ने उठाया है/बरगद छतनार/मैं अपना नन्हा गुलाब/कहाँ रोप दूँ?/मुट्ठी में प्रश्न लिये दौड़ रहा हूँ वन-वन/पर्वत-पर्वत/रेती-रेती/बेकार।" इस कविता को कवि ने आज़ादी मिलने के ठीक दस वर्षों बाद लिखा था। कवि को 'हिन्द स्वराज' की याद आ रही थी। उसकी नीति परक युक्तियों के आरचरण का अभाव सिद्दत से खल रहा था यहाँ छोटा-सा आंगन विभाजन के बाद का हमारे देश का छोटा-सा आंगन है। माँ भारत माता है। और पिता राष्ट्रपिता गाँधी है। तुलसी के दो बिरवे हिन्दू और मुसलमान की पवित्र मनुष्यता को प्रतीकित करते हैं। बरगद छतनार धर्म-निरपेक्षता, सर्वधर्म-समभाव को संकेतित करता है। बरगद छतनार आज़ादी के पहले का है, पर तुलसी के बिरवे ठीक आज़ादी के समय के हैं पर स्वतंत्र देश का एक जागरूक नागरिक नन्हा गुलाब रोपने के लिए बेकल-बैचेन है। वह गुलाब रोपने के लिए विशेष से सामान्य जन तक बेचैन दौड़ रहा है। पर वह जहाँ भी गया उसे हिंस्र वृध्द (वन-वन) मिला, निर्मम हृदय (पर्वत-पर्वत) मिला, अलुर्पर हृदय (रेती-रेती) मिला। वस्तुतः हृदय ही गुलाब को रोपने, लगाने की सही जगह है। प्रेम, शांति और अमन-चैन का गुलाब तो यहीं लग सकता है। पर हमारे नेताओं ने नीति प्रवर्तकों ने नीति की और धर्मनिरपेक्षता की वह प्राथमिक शिक्षा देश की आधुनिक कक्षाओं में भला कहाँ निर्धारित की? उन्होंने पश्चिमी सभ्यता, जो हिंसा और धन-लोलुप सभ्यता है, उससे हमें मुक्त करने का भला कौन-सा प्रयास किया? उल्टे हमें उसके कदम में दलदल में फंसा दिया। हमारे राजनेता को इस ओर ध्यान देने और 'हिन्द स्वराज' में व्यक्त गाँधी की मूलभूत मान्यताओं को प्राथमिक शिक्षा में लागू कराने की अवकाश ही कहाँ था? 'हिन्द स्वराज' में गाँधी ने लिखा था कि सबसे पहले धर्म (सर्वधर्म समभाव) की या नीति की शिक्षा देनी चाहिए।" यह भी कि "पश्चिम की सभ्यता को निकाल बाहर करने की ही कोशिश करनी चाहिए। दूसरा सब अपने-आप ठीक हो जाएगा।" पर नेहरू के नेतृत्व में इस दिशा में रंच-मात्र भी किसी तरह की पहल नहीं की जा सकी। वे गाँधी के पद चिह्नों पर नहीं चलकर अपने पिता मोतीलाल नेहरू के ही पदचिह्नों पर चले। गाँधी के भौतिक शरीर के नहीं रहने पर उन्होंने कहा था -"The light has gone" पर जो आलोक वह अपने चिंतन में छोड़ गये थे उसे नेहरू ने स्वयं ही अलविदा कह दिया। जबकि वह प्रकाश 'हिन्द स्वराज' में आज भी अपनी पूरी अस्मिता और सार्थकता में विद्यमान है। पर हमारा आज़ाद देश बासठ वर्षों तक इन सबसे बेखबर रहा है और आज भी

है। वह उल्टी दिशा में बढ़ रहा है और इसे ही अपना विकास कह रहा है। क्या आज देश में व्याप्त हर प्रकार के अनैतिक आचरण, हर प्रकार के भ्रष्टाचार, हर प्रकार के खाद्य-पदार्थ में की जाने वाली मिलावट, हर प्रकार के साम्प्रदायिक तनाव और आतंक तथा अपराधीकरण से हमारी वर्तमान नीतिविहीन शिक्षा और पाश्चात्य पिशाची सभ्यता (गाँधी के शब्द में 'चांडाल सभ्यता') अपनी करोड़ों कोशिशें करने पर भी हमें मुक्ति दिला सकती हैं।

'हिन्द स्वराज' न तो कोई 'यूटोपिया' है, न ही कोई 'मिथ' है। यह 'आउट ऑव डेट' नहीं, बल्कि आज की सारी सरकारी नीतियों से कहीं अधिक समकालिक और प्रासंगिक है। यह गाँधी की भविष्यदर्शिता को सिद्ध करता है। गाँधी ने 'हिन्द स्वराज' में मनुष्य को निर्मित करने का कारखाना लगाया है। अगर सही मनुष्यों का निर्माण हमने इन साठ-बासठ वर्षों में कर लिया होता, तो आज सारे उद्योग और सारे काम-काज सही हाथों में होते। पर हमारे देश ने अनेक उद्योग धंधों को लगाया, आयातित किया, केवल मनुष्य निर्मित करने का कारखाना नहीं लगने दिया। इस कारखाने से सही भारतीय निकलते, गाँधी जैसे लोग निकलते और आज़ाद भारत को 'स्वराज' का सुख नसीब हो पाता। अब वह समय आ गया है कि इस दिशा में सक्रियता दिखायी जाए।

'हिन्द स्वराज' के संदर्भ में विनोद शाही ने यह प्रश्न उठाया है कि क्या इन्क़लाब अहिंसक हो सकता है? पर यह एक उल्टा प्रश्न है, जो हमें गाँधी की सही सोच के विरुद्ध सोचने को उकसाता है। सही सोच का प्रश्न तो यह है कि क्या 'अहिंसा' इन्क़लाब हो सकती है? और गाँधी ने पूरी दुनिया को इस प्रश्न का उत्तर इसकी व्यवहारजन्य सार्थकता सफलता से दे दिया है? 'हिन्द स्वराज' में गाँधी ने अपने समकालीन डॉक्टरों और वकीलों को पश्चिमी सभ्यता का एजेंट करार दिया था तथा उनकी निन्दा की थी। आज तो पूरा-का-पूरा हमारा शिक्षातंत्र और कर्म-तंत्र ही पश्चिमी सभ्यता का एजेंट बना हुआ है। गाँधी ने अपनी इस पुस्तक में भारत में आयी ऐसी हर चीज़ की निन्दा की थी, जिसे उन दिनों विकास के नाम पर महत्त्व दिया जा रहा था। मसलन रेलगाड़ियाँ। गाँधी की ऐसी धारणा के लिए उनकी आलोचना भी की गयी। पर यहाँ विकास-विषयक गाँधी की बुनियादी दृष्टि को ठीक से समझने की अपेक्षा है। गाँधी न केवल भारतीयों को बल्कि पूरी दुनिया को आत्मिक विकास की ओर ले जाना चाहते थे। भौतिक विकास इन आत्मिक विकास के सामने तुच्छ है, यह बताना चाहते थे। संदर्भ चाहे शिक्षा का हो या सभ्यता का, धर्म का हो या विकासात्मकता का, हिंसा का हो या अहिंसा का, वे हर कहीं अपनी इस मूलभूत दृष्टि से अभिप्रेरित थे। वे भौतिक विकास की उपेक्षा कर रहे थे। मौरिस जैसे अमेरिकी प्राणिविज्ञानी और संकेतविज्ञानी ने जो मूल्य (Value) का विभाजन किया है उसमें उसने क्रियात्मक मूल्य (Active Value) और आकस्मिक मूल्य

(coneeptual value) की बात की है। गाँधी वर्तमान क्रियात्मक मूल्य को नहीं, बल्कि आकल्पित मूल्य को मानने वाले और उसे ही क्रियात्मकता में परिचालित करने वाले चिंतक और प्रयोक्ता थे। 'हिन्द स्वराज' इसी चिन्तन और कर्म की, सिद्धान्त और व्यवहार की प्रस्तावना है।

'हिन्द स्वराज' के बारे में गाँधी ने लिखा है, ''मेरी यह छोटी-सी किताब इतनी निर्दोष है कि बच्चों के हाथ में भी यह दी जा सकती है। यह किताब द्वेष-धर्म की जगह प्रेम-धर्म सिखाती है, हिंसा की जगह आत्म बलिदान को स्थापित करती है और पशुबल के ख़िलाफ़ टक्कर लेने के लिए आत्मबल को स्थापित करती है।'' आज 'हिन्द स्वराज' के शताब्दी-वर्ष में मैं गाँधी के उक्त कथन के पहले वाक्य से 'भी' निपात को निकाल दे रहा हूँ और चाहता हूँ कि यह किताब न केवल भारत के बच्चे-बच्चे के हाथ में अनिवार्य रूप में दे दी जाए, बल्कि दुनिया भर के बच्चों के हाथों में उनकी-उनकी भाषाओं में उन्हें पढ़ा दी जाए, जिससे जो आत्मविकास युवाओं, नेताओं, प्रौढ़ों और तथाकथित बुद्धिजीवियों से सम्भव नहीं हो सका, उस जेनुइन आत्मिक विकास को मानवता के नाम पर ये सम्भव कर पाएँ।

गाँधी जी का अहिंसक इन्क़लाब और 'हिन्द स्वराज'

विनोद शाही

गाँधी से आगे बढ़ने की जरूरत होगी, गांधी अपने समय की सीमाओं की उपज थे, परन्तु वे अपने समय से बहुत आगे की बात देख और सोच पा रहे थे। उनका 'धर्म' मनुष्य के व्यापक सभ्यतामूलक रूपांतर के तौर पर, 'परंपरागत धर्म' से अलहदा नया, आधुनिक और व्यापक रूप में मानवीय अर्थ तो पाता है, परन्तु इसे अनिवार्य रूप में 'मनुष्य के समाजिकीकरण' की प्रक्रिया के रूपांतरकारी-चरणों के रूप में तर्कसंगत व्याख्या प्रदान नहीं कर पाता।

गांधी के 'धर्म' और 'आत्मचेतना' की अवधारणाओं की एक नयी समाज वैज्ञानिक व्याख्या की जा सकती है और वह हमारे समय की जरूरतों के भीतर से एक पुरजोर माँग की तरह प्रकट भी हो रही है, इसके दो कारण हैं। एक यह है कि हमारे समय तक आते-आते उत्तर-पूँजीवादी या वित्तीय पूँजीवादी हालात में 'पूँजी' और 'पर्यावरण' दोनों, प्राकृतिक संसाधनों के उत्पादन-पुनरुत्पादन से जुड़ी मुनाफावादी विकास-स्पर्द्धाओं की जकड़बंदियों से, एक हद तक आज़ाद होने की कोशिश कर रहे हैं।

गाँधी और मार्क्स (भारतीय यथार्थवाद की भूमिका)

गाँधी और कार्ल मार्क्स के बीच का फ़ासला बीसवीं सदी की अनसुलझी ज्ञान-गुत्थियों में सबसे ज्यादा ध्यान खींचता है। एक अर्थ में वह मार्क्स के लेनिनवादी और माओवादी मॉडलों के इन्क़लाबी संघर्षों के तहत उभर कर आये अंतर्विरोधों की तुलना में बहुत विराट व कहीं ज्यादा गहरी जमीन नापता है—क्योंकि इस फ़ासले को पाटने का मतलब है-रूस या चीन की तरह क़ौमी इन्क़लाबों तक सीमित रह जाने की बजाय पूरी मानवजाति के नवरूपांतर के नक्शे खोजने की कोशिश करना। मार्क्स और गाँधी के रूप में गोया दो विश्व-मानव और धरती के इतिहास के दो पुनर्शोधक

ही एक-दूसरे के सामने आ खड़े होते हैं। इन दोनों के बीच का फ़ासला एक अर्थ में बहुत बड़ा दिखायी देता है-जिसे पाटना असंभव सा लग सकता है; पर कुछ दूसरे धरातलों पर वे एक-दूसरे के इतने क़रीब भी नज़र आते हैं, जैसे कि फ़ासलों की कहीं कोई गुंजाइश ही न हो। ये दोनों इस अर्थ में एक दूसरे से अभिन्न हैं कि दोनों आधुनिक औद्योगिक पूँजीवादी तहज़ीब की बुराइयों से लड़ते-जूझते हुए एक मानवीय सामाजिक-रूपांतर की अनिवार्य फ़िक्र में डूबे हैं; परंतु दोनों लिहाज़ से एक-दूसरे से सहमत दिखाई नहीं देते कि यह रूपांतर कैसे संभव होगा? क्या यह 'वैज्ञानिक विकास' की राह पकड़ते हुए उसी के भीतर से उपजने वाले विवेक को सामाजिक (वर्गीय) आचरण का हिस्सा बनाते हुए संघर्ष करने से होगा; और/या कि वह सत्याग्रह से पायी गयी चित्त शुद्धि के द्वारा पाये गये आचरणमूलक आत्मसंयम के बल पर स्थापित 'स्वराज्य' की शक्ल में सामने आयेगा?

बेशक ऊपर से देखने पर, इन दोनों रास्तों के बीच बहुत बड़ा फ़ासला दिखायी देता है, जो ऐसे 'परंपराजीवी' आग्रहों की शक्ल में मौजूद गांठों या गुथियों को सामने लाता है, जिन्हें विज्ञान से पाये 'प्रकृति-विवेक' द्वारा सुलझाना कठिन लगता है।

तथापि मार्क्स और गाँधी का समन्वय, इक्कीसवीं सदी की हमारी मौजूदा दुनिया के रूपांतरकारी भविष्य की संभावनाओं को गहराने के लिये अब और भी ज़रूरी मालूम पड़ता है। मार्क्स के दर्शन-गत विज्ञान और गाँधी के विज्ञान की ओर झुके 'अलग तरह के धर्म' के समन्वय के बिना न तो यह संभव है कि विज्ञान के उच्च्य तकनीकी रूपों के 'मानव-सभ्यता विरोधी रूपों'' की गति की ताक़त पर नकेल डाली जा सकेगी और न यह संभव है कि मानवजाति धर्म और सभ्यतामूलक विखंडन को मानवविरोधी व आत्मघाती (आतंक आधरित) रूप ग्रहण करने से—बिना एक नयी व गहरी विज्ञानदृष्टि के-रोक पायेगी।

मानव सभ्यता के विकास के लिहाज से मानवजाति आज तक के महानतम संकट से रूबरू है। इस संकट ने मानव समाजों के इंक़लाबी रूपांतर की संभावनाओं को ही नहीं रोका हुआ है, हालात ऐसे हैं कि इसकी वजह से तो अब वैज्ञानिक अग्रविकास भी पर्यावरण और संसाधनों के व्यापक विनाश के भय से थोड़ा ठिठकता सा नज़र आता है। गाँधी इसी संदर्भ में ज्यादा अहम हो गये हैं।

गाँधी का चिंतन मानव सभ्यता के विकास की समस्याओं के आसपास केंद्रित है। मार्क्स, बरास्ते विज्ञान, वहाँ पहुँचते हैं, जहाँ गाँधी पहले से मौजूद हैं, और चूंकि, जैसा कि ऊपर रेखांकित किया गया है, मानवजाति का मौजूदा संकट सभ्यतामूलक विकास की समस्याओं पर केंद्रित हो रहा है; गाँधी की ओर हमारी वापसी उचित भी है और जरूरी भी।

और इसीलिये पहली दफा यह हो सकता है कि हमें गाँधी के भीतर से मार्क्स को नये रूप में खोजने और विकसित करने की ज़रूरत महसूस हो।

हालांकि अभी तक मार्क्स और गाँधी के समन्वय के प्रयास मार्क्स से गाँधी

तक पहुँचने की असफल कोशिशों जैसे रहे हैं; भारत के कुछ महान समाजवादियों ने इस दिशा में बड़े दूरगामी प्रभावों वाले और विराट जनचेतना तक पहुँच रखने वाले प्रयास किये हैं। राममनोहर लोहिया और जयप्रकाश नारायण को हम इस कोटि में रख सकते हैं। वे मार्क्स की मार्फत, उस गाँधी तक लौटने की कोशिश कर रहे थे, जो भारत के जन से अजाने में खो गया था।

परन्तु लोहिया और जे.पी. के प्रयासों का जल्द गर्भपात हो गया। वजह शायद वही थी मार्क्स के जरिये, उसके सिद्धांतों और उसकी धारणाओं की मार्फत गाँधी को फिर से खोजने की दिशा पकड़ना। वह परायी जमीन से अपनी जमीन को पाने कोशिश थी, जो असफल हो गयी; क्योंकि सही रास्ता तो अपनी जमीन को पकड़ने का ही है, जिसके भीतर में पायी गयी 'परायी जमीन' भी अपनी होकर परायेपन से मुक्त हो जाती है।

आज़ादी के बाद के दौर में लोहिया और जे.पी. ने मार्क्स से पुनः गाँधी की ओर लौटने की कोशिशों को एक नयी सांस्कृतिक क्रांति अथवा संपूर्ण (सामाजिक) क्रांति की तरह विकसित करना चाहा था। परन्तु इन कोशिशों से मार्क्स और गाँधी के बीच का फ़ासला कम होने की बजाय और नुमायाँ ही हुआ। इस फ़ासले के बढ़ जाने का सुबूत उस ऐतिहासिक परिदृश्य में साफ प्रकट है, जहाँ ऐसी अधूरी क्रांतियों की विरासत कांग्रेस और वामदलों समेत लगभग सभी अहम राजनैतिक दलों की आंतरिक टूट-फूट के रूप में गहराती चली जाती है। इधर छोटी-छोटी और अब तक हॉशिये पर ठिठकी कौमीयतें वे जातीय अस्मिताएँ सत्ता में अपनी भागीदारी के लिये सौदेबोजी करने की हद तक ताकत पा रही होती हैं तो उधर सांस्कृतिक एकजुटता के बिखराव को सांप्रदायिक पोषण मिलने लगता है और उग्र-हिंसक व्यवहारों के सामने आने के लिये 'राजनैतिक जगह' मिलनी व दी जानी आरंभ हो जाती है। यानी भारत में उत्तर जे.पी. काल में न मार्क्स की विरासत गहराती है और न गाँधी की और नतीजा यह निकलता है कि राजनैतिक विवेक व सामाजिक रूपांतर के लिये जरूरी संघर्ष, चेतना व मूल्य विमर्श अब 'सिद्धांत' या 'विचारधारा' की जमीन भी छोड़ जाते हैं—जिस जमीन से उन्हें आचरण या व्यवहार की दुनिया से पहले ही दूर भगा दिया गया होता है। वामदल विचारधारा से प्रतिबद्ध होने की बात करते-करते, प्रजातांत्रिक तरीके से सत्ता पर काबिज होने की राजनीति को अपने आचरण का केंद्र बना लेते हैं और कांग्रेस धर्मनिरपेक्षता की बात करती-करती वोटों के समीकरण में अनेक दफा सांप्रदायिक जमातों के हितों से अगर सीधे नहीं भी जुड़ती, तब भी उन्हें नुकसान पहुँचाने से गुरेज करने लगती है। इस तरह भारतीय राजनैतिक परिदृश्य में मार्क्स विचारधारा के मोर्चे पर और गाँधी सांप्रदायिक सद्भाव के युद्ध में, पराजित और घायल दिखायी देते हैं।

इन हालात का इतिहास पढ़ने लायक है। आज़ादी से पहले महात्मा गाँधी के

असहयोग आंदोलनों में सत्य और अहिंसा पर डटे रहने से जुड़े धर्म की कठिन परीक्षा होती है और नतीजे निकलते न पाकर, गर्म दल के लोग या उग्र मिजाज के नौजवान गाँधी का विकल्प खोजते हुए मार्क्स तक चले जाते हैं। आधुनिकता, प्रगति और विज्ञान के मुखौटे लगाये पश्चिमी सभ्यता, मुक्ति की जो नई परिभाषा पेश करती है, उसका ताल्लुक समानता, न्याय और भाईचारे जैसी बेहद लुभावनी चीजों से होता है और साथ ही भौतिक सुख-सुविधाओं के दायरे के विस्तार वायदा भी इससे जुड़ा रहता है। परंतु इस सब को हकीकत बनाने में मदद करने वाले औद्योगिक पूँजीवाद के भारत में आधे-अधूरे रूप में प्रवेश करने से, ये अधीर नौजवान जब गाँधी का विकल्प खोजते हैं, तो उन्हें मार्क्स के सिवा और किसी में रौशनी की इतनी चमक दिखायी नहीं देती और मार्क्स की ओर यह जो झुकाव है, अब गाँधी का साथ छोड़ जाने वालों में ही नहीं गाँधी के नजदीकी सहयोगियों में झलकने लगता है। इन सहयोगियों में जवाहरलाल नेहरू अंतरंग खेमे के महान नायक हैं तो भीमराव अंबेडकर कांग्रेस के भीतर ही भीतर वैकल्पिक विचारधारा को संगठित करने की उम्मीद और अभिलाषा वाले दलित वर्गों के नायक की तरह सामने आते हैं। कांग्रेस के बाहर, विरोधी विचारधारा को प्रजातांत्रिक समाजवादी गठबंधन में बँधे भगतसिंह और उनके साथी, एक तरह के जन-आंदोलन की हद तक आगे ले जाने की कोशिश करते हैं। इस तरह मार्क्स, महात्मा गाँधी के सामने सदैव एक बड़ी वैकल्पिक चुनौती की तरह मौजूद रहता है और वे इस संदर्भ में उठे सवालों के जवाब में कई दफा हँस कर इस तरह की बात करते भी नज़र आते हैं कि 'क्या आपको मैं एक मार्क्सवादी जैसा व्यक्ति नहीं लगता हूँ? 'रोम्यां रोलां, की 'गाँधी की जीवनी' में उनके एक साक्षात्कार में यह बात विचार-गहन तरीके से विवेचित भी हुई है, जहाँ वे खुद को अहिंसक उपायों से मार्क्स के सरोकारों की पूर्ति करने वाले व्यक्ति के रूप में पेश करते हैं और पूँजीपतियों के हृदय परिवर्तन की संभावना को भी एक हकीकत बनाने के अपने उन प्रयासों का ज़िक्र करते हैं, जिनसे अहमदाबाद के मिल मालिकों ने मजदूरों के हितों की पूर्ति के लिये उन्हें बहुत सी सहूलियतें देने की बात मंजूर की थी। अपने 'अहिंसक इंक़लाब' के सरोकारों की पूर्ति के लिये गाँधी लिवरपूल के पूँजीपतियों उद्योगपतियों के ख़िलाफ़ भी सत्याग्रह करने की योजना बनाये बैठे थे, परन्तु भारत के स्वतंत्रता संग्राम से जुड़े कार्यों में बेहद मशगूल होने की वजह, से उनके इस अहिंसक-इंक़लाब की यथार्थभूमि बहुत व्यावहारिक व मूर्त रूप पाने से रह गयी।

अपने भीतर में मार्क्स के नवविकास या पुनर्विकास से चूक गये महात्मा गाँधी की इस इंक़लाबी जमीन पर खड़े होने का हौसला किसी ने नहीं दिखाया—न उनके सहयोगियों ने और न उनका विकल्प मार्क्स के गाँधी विरोधी रूपों में खोजने वालों ने। गाँधी से निराश होने पर या उनसे मोहभंग के बाद, सभी ने गाँधीविहीन मार्क्स

को अपनाने में ही सुविधा देखी, क्योंकि ऐसा करते हुए कुछ भी मौलिक चिंतन या व्यवहार करने की चुनौती के रूबरू होने की जिम्मेदारी से बचा जा सकता था। परंतु कठिन चुनौतियों की जिम्मेदारी से बचने का अर्थ था-अपनी उस जमीन से ही चूक जाना, जहाँ खड़े होकर आगे बढ़ना मुमकिन हो सकता था। गाँधी हमें और कुछ न भी दे पाये हों पर हमें हमारी अपनी जमीन को खोजने और पाने में हमारी मदद वे जरूर करते हैं। परंतु उनके साथ यही एक दिक्कत भी है कि हमारी ये जमीन कितनी भी ऊसर, उथली या अंतर्विरोधात्मक खाइयों से अटी-पटी क्यों न हो, परन्तु वह 'परायी जमीन' को ओढ़ने से हमेशा इंकार करती है। यों उसके लिये कुछ भी पराया नहीं है,बशर्ते वह उसके भीतर से, आत्मसातीकृत हो कर अपने लिये जगह बनाता हो। इस जमीन ने यह जगह बहुतों को दी है-कुषाणों को, यवनों को, मुगलों और अफगानों को और यह उस अर्थ में अंग्रेजों के लिये भी खुली रह पायी है, भेले ही उन्होंने खुद यहाँ इस जमीन को 'अपनाने' की बजाय यहाँ से रूख्सत होना क्यों न पसंद किया हो। इसलिये अगर हम भारतीय जमीन की इस मूल प्रकति को समझ पाने के लिये राजी हों तो हमें यह मानना पड़ेगा कि यहाँ न तो गाँधी से मार्क्स में छलांग लगाने की गुंजाइश है और न मार्क्स से गाँधी तक चले आने में कोई बड़ी अर्थवत्ता है। ये दोनों प्रयोग हमारे यहाँ किये जा चुके हैं और असफल भी हो गये हैं: एक प्रयोग आज़ादी से पहले के दौर में हुआ था —गाँधी से वैकल्पिक मार्क्स तक चले जाने का और दूसरा आज़ादी के बाद के समय में हुआ, मार्क्स से पुनः गाँधी में लौट आने की कोशिशों की तरह। परन्तु न तो प्रजातांत्रिक समाजवादी क्रांति घट सकी और न संपूर्ण क्रांति ही इसलिए तीसरे प्रयोग को आजमाने की जरूरत महसूस की जा सकती है-गाँधी के भीतर से मार्क्स के नव या पुनर्विकास के लिये प्रयास करने की-क्योंकि स्वयं गाँधी यह करना चाहते थे परन्तु कर नहीं पाये और ऐसा करने की जरूरत से हमें अभी तक निजात नहीं मिली है। मौजूदा दौर के संकटों के दरपेश सांप्रदायिक सद्‌भाव के विचारधारात्मक या वैज्ञानिक तरीके से नये रूप में उपलब्ध करने की जरूरत के रूप में; तथा वित्तीय पूँजी के दौर में उच्च तकनीकी के मानवीय रूपों के अंतर्विकास की चुनौती का हल खोजने के संदर्भ में।

भारत की जमीन

'हिंद स्वराज' (1909) में गाँधी ने एक जगह कहा है कि उन्हें भारत के अधिकांश "धर्माचार्य दंभी और स्वार्थी नज़र आते हैं", (संपूर्ण गाँधी वाङ्मय-सं.गाँ.वां., खण्ड दस,) परन्तु धर्म विषयक यह जो संस्थागत पतनशीलता है, उसे ही 'धर्म' का पर्याय न मानकर, वे मार्क्स की तरह 'धर्म की आलोचना' में प्रवृत्त नहीं होते और न ही अपने चिंतन को 'नास्तिक भौतिकवाद' वाली वैज्ञानिक तार्किकता की ऊँचाई पर ले जाने की कोशिश करते हैं। इसकी बजाय वे अपने चिंतन को मार्क्स की 'एण्टी

थीसिस' के रूप में रखना ही पसंद करते हैं। उनके मुताबिक ऐसी वैज्ञानिक तार्किक, भौतिकवादी 'नास्तिकता भारत की जमीन में उग सकने वाली अनुकूल फसल नहीं है'' (सं.गाँ.वां. 10/56) परन्तु क्या गाँधी के इस कथन का मतलब यह लगाया जा सकता है कि उनके मुताबिक भारत की जमीन ही तर्क-विवेक और वैज्ञानिक चिंतन के अग्र विकास के लिहाज से बंजर है और इसीलिये अज्ञान और अंधविश्वास में सदा के लिये पड़ी रहने लायक है? गाँधी की आस्तिकता की वकालत ने उन्हें आधुनिक वैज्ञानिक चिंतन की कसौटियों पर अंतर्विरोधों से घिरे चिंतक के रूप में बदला है। परन्तु यहाँ लगता यह है कि यह गाँधी की बाबत अधूरी समझ के आधार पर लिया गया सरलीकरण है। मार्क्स के धर्म के विवेचनों का भी एक अन्य संदर्भ में सरलीकरण अक्सर होता रहा है। धर्म को जनता के दुःख-दर्द भुलाने के लिये अफीम की तरह इस्तेमाल होता देखने के बावजूद वे उसमें जनता के यथार्थ संघर्षों की सारभूत चेतना को देख पाये हैं और उनका ऐतराज ज्ञानमीमांसीय है। वे चेतना को भौतिक अस्तित्व और उसके सामाजिक अंतःसम्बन्धों के सार की तरह देखते हैं, इसलिये चेतना के 'स्वयंभू' होने (ईश्वर होने) के बारे में मौजूद मान्यताओं को खंडित होने लायक मानते हैं। समाज-ब्रह्म चेतना को समाजों पर नियंत्रण रखने के लिये, बाहर कहीं से ले आना वाकई बेहद काबिले ऐतराज है। वह मनुष्य को हीन बनाती है और सत्य से तथा तर्क-विवेक से कोसों दूर की चीज मालूम पड़ती है।

अब गाँधी पर लौटते हैं। उनका आस्तिकता के पक्ष में खड़े होना और उसे भारत की जमीन की बुनियादी पहचान व प्रकृति मानना उनके चिंतन का एक पहलू है, जबकि दूसरा पहलू वही है-जिसकी ओर ऊपर इशारा किया गया है-यानी यहाँ के धर्म और धर्माचार्यों के यथार्थ की पहचान और उसकी कटु आलोचना, जिसके तहत गाँधी भारत के धर्माचार्यों में 'दम्भ और स्वार्थ' देखते हैं और धर्मों को 'सांप्रदायिक संकीर्णताओं में घिर कर अपने सार से वंचित हो जाने की तरह' परिभाषित करते हैं। इसलिये वे 'धर्मों की विविधता' की बात को खारिज करने लायक मानते हुए, वास्तविक धर्म को उससे अलहदा चीज मानते हैं, जो 'सभी धर्मों के सार' जैसी वस्तु है। 'हिन्द स्वराज' में इसे वे 'कठौती में गंगा' बहाने वाली 'भीतरी वस्तु' मानते हैं : बाहर की गंगा, भीतर तब बहती है, जब आदमी 'प्रकृति की अनुकूलता' में जीवन जीना आरंभ करता है और 'अप्राकृतिक आकर्षणों से खुद को बचाकर आत्मसंयम', वाले 'नैतिक आचरण' की राह पकड़ता है (10/26-7)। इस तरह गाँधी के लिये प्राकृतिक सामाजिक व्यवहार शैली की 'सारभूत चेतना' के अलावा कोई अन्य चीज 'धर्म' का रूप लेती मालूम नहीं पड़ती। 'हिन्द स्वराज' उनके जीवन के आरंभिक दौर के चिंतन का दस्तावेज़ है और वहाँ से अपने जीवन के आखिरी दौर तक आते हुए वे सन् 1947 में एक प्रार्थनासभा में 'ईश्वर' सम्बन्धी अपनी अवधारणा को साफ करते हैं और उसे एक

'बातचीत' में दोहराते भी हैं। वहाँ यह बात पुरजोर तरीके से कही गयी है कि 'ईश्वर जीवन है, भलाई है'' (89/62) यानी वैज्ञानिक शब्दावली में कहें तो गाँधी के ईश्वर एक 'जैव वैज्ञानिक' चेतना की तरह हैं, तथा एक 'सामाजिक आचरण-पद्धति' यानी लोक कल्याण के लिए प्रतिबद्ध चेतना का पर्याय हैं और गाँधी के इस ईश्वर तक पहुँचने का रास्ता है-सामाजिक सत्याग्रह व व्यवहारभूत अहिंसा, क्योंकि उनके मुताबिक जहाँ अहिंसा है, वहाँ ईश्वर है।' यहाँ वे तुलसीदास के 'दयाधर्म का मूल है' से प्रेरित हैं, जिसे वे उद्धृत करते हैं।

भौतिकवादी ज्ञानमीमांसीय 'चेतना' का निषेध नहीं करती; वह उसे 'भौतिक सामाजिक व्यवहारों व सम्बन्धों के द्वारा निर्मित वस्तु' मानती है। एंगेल्स जीवन के 'भौतिक अस्तित्व की चरम-अभिव्यक्ति' की तरह देखते हैं और उसमें भी 'जीवन में आत्म चेतना' को इस अभिव्यक्ति के सार जैसी आखिरी उपलब्धि मानते हैं। इस तरह भौतिकवादी चितन में 'अन्य' के 'आत्म' हो सकने की संभावनाओं को एक 'तर्क-क्रमी और ऐतिहासिक प्रक्रिया' के तौर पर ग्रहण करने और समझने की कोशिश की जाती है-यह परंपरागत ज्ञान मीमांसा की दिशा को उलट देने जैसी बात है, जहाँ 'आत्म' या 'चेतना' (अथवा ईश्वर यानी परम आत्मा) के 'अन्य' यानी भौतिक अस्तित्व का रूप लेने की प्रक्रियाओं को विचार और विवेचन का आधार बनाया जाता है। समझ की यह दिशा मनुष्य के बोध की, उसके तर्क-विवेक की सहज या प्राकृतिक गति के बिल्कुल अनुकूल नहीं बैठती। अब इस विवेचन की रौशनी में हम गाँधी के सोच-विचार की असल जमीन पर पहुँचने की कोशिश करते हैं। हमारे सामने सवाल यह पैदा होता है कि गाँधी की आस्तिकता, ईश्वर की धारणा, धर्म और आत्म-चेतना की समझ ऊपर दी गयी ज्ञानमीमांसा की दोनों दिशाओं में से किस दिशा का आधार लेती है? क्या ईश्वर, आस्तिकता और आत्मचेतना जैसे शब्दों के प्रयोग भर का सहारा लेकर गाँधी के चिंतन को अवैज्ञानिक मानकर खारिज किया जा सकता है?

भौतिक यथार्थवादी चिंतनों में आत्मचेतना या स्वचेतना का विकास, सामाजिक इतिहास भी आगे से आगे जटिल होती जाती जैव-व्यवहारों की अभिव्यक्ति दिखायी देता है। जटिल होते जाते उत्पादन-सम्बन्ध, उल्टे आत्माभिव्यक्ति के लिए जरूरी श्रम-सृजन की आज़ादी को खण्डित करते हैं, जबकि ऐसी आज़ादी में आत्मचेतना समाज के साथ और प्रकृति के साथ एकरूपता का आनंदमय अनुभव बनाती है। इसलिये मार्क्स को भी लगा कि मानवजाति अपने सामाजिक विकास के आरंभिक कबीलाई दौर में-वर्गविहीन उत्पादन सम्बन्धों के चलते-आत्मचेतना की कुदरती अभिव्यक्ति के लिये ज्यादा आज़ाद थी। इस कुदरती आत्मचेतना को-आदिम धर्म चेतना को-आधुनिक दौर में जटिल रूप में वर्ग-विभाजित समाज में फिर से, नये सिरे से और जटिल व गहरे रूप में पुनः पाना है। अतः मार्क्स एक वर्गविहीन साम्यवादी

समाज को स्थापित करने का सपना देखते हैं। इसका मतलब यह है कि भौतिक-यथार्थवादी चिंतन में आत्मचेतना या धर्मभाव के वैज्ञानिक जैव-सामाजिक अर्थों का, आगे और विकास होता रहता है। यानी भौतिक-यथार्थवादी नज़रिये से भी धर्म पर पुनर्विचार करें तो पायेंगे कि यहाँ धर्म के जड़ संस्थागत, रूढ़िवादी और ईश्वर केंद्रित रूपों का तो जबरदस्त विरोध है; परन्तु इससे जुड़े एक दूसरे पहलू का वैज्ञानिक तरीके से आगे विकास भी किया जाता है। यह दूसरा पहलू है-आदमी और कुदरत के रिश्तों वाला पहलू। जिसके जैव सामाजिक विकास की संभावनाओं के मुताबिक ही ऐसे सामाजिक रूपांतर की कोशिश की जाती है, जो श्रमसृजन की आज़ादी और आत्मचेतना की अभिव्यक्ति के आनंद को हर मनुष्य के लिए सहज बना सकें।

धर्म के इन्हीं वैज्ञानिक पहलुओं और अर्थों के संदर्भ में गाँधी को दोबारा समझने की जरूरत है। गाँधी के धर्म के 'ब्रह्माचार, दम्भ, स्वार्थ, अंधविश्वास व सांप्रदायिक संकीर्णताएँ छोड़ने लायक चीजें हैं, इस लिहाज से तो 'धर्मग्रंथ की गुलामी' तक से बचने की बात करते हैं। रवीन्द्रनाथ टैगोर के एक आलेख में अपने असहयोग आंदोलन पर उठे सवालों का जवाब देते हुए वे 'यंग इंडिया' में (13-10-1921) 'सजग प्रहरी' नाम से जो आलेख लिखते हैं, उसमें वे भारत के नवजागरणवादियों की 'शास्त्रीय ग्रंथों के प्रति आग्रहशीलता' को कटघरे में खड़ा करते हैं। वे पूछते हैं कि 'क्या अब हमें अपने पुराने महान धर्मग्रंथों के प्रचार के काम में जुट जाना चाहिये? वे भारत के पतन और गुलामी के लिये उस ग्रंथमूढ़ता' को जिम्मेवार मानते हैं, जो 'आचरण से रहित' है। उनके लिये भारत 'धर्मविमुख और ईश्वरविमुख' होकर अपने 'स्वशासन' से नीचे गिर गया है, परन्तु यह धर्म और ईश्वर आचरण से जुड़ी वस्तु है, न कि विश्वास या अध्ययन की। 'हिंद स्वराज' में भी वे अपनी 'स्वराज' की धारणा के मानी बताते हुए कहते हैं कि वह 'स्व पर राज्य करने' अथवा अपने आप पर, अपने मन और इंद्रियों पर शासन करने वाली आत्मचेतना का दूसरा नाम है और इस 'स्वराज्य' को पाने के लिये जरूरत है—कुदरती जीवनशैली में लौटना। उस पंपरागत भारत को फिर से एक हकीकत में बदल देना, जो आत्मसंयम के मार्ग को समझता था और कुदरत के नियमों के मुताबिक अपने सामाजिक व जैविक व्यवहारों को ढालने की कोशिश करता था। गाँधी की यह सोच बताती है कि वे दरअसल परम्परागत भारत में मनुष्य और प्रकृति के आपसी रिश्तों के उन संतुलनों को देखने की कोशिश कर रहे थे, जो इस देश में कबीलाई दौर के वर्गविहीन व्यवहार रूपों का अवशेष थे और जिन्हें यहाँ के सामंतीय विकास के इतिहास ने पूरी तरह नष्ट नहीं कर दिया था (10/38-52)। ऐसे ही प्राकृतिक व्यवहारों व सामाजिक रिश्तों को उनकी 'धर्म' आत्मचेतना व 'ईश्वर' की धारणाएँ पकड़ती हैं और उन्हें साम्राज्यवादी पूँजीवादी सत्ता व उत्पादन तंत्र के ख़िलाफ़ खड़ा

करने के लिये प्रतिरोध की भंगिमा से जोड़ने में लग जाती है। इस तरह गाँधी का पूँजीवाद और साम्राज्यवाद का विरोध, ऊपरी तौर पर ही आस्तिकता से ताल्लुक रखने वाले अंतर्विरोध का शिकार मालूम पड़ता है, जबकि गहराई में वह भौतिक यथार्थवादी चिंतन की वैज्ञानिक कसौटियों पर भी खरा उतरता दिखायी देता है। गहराई में वे भारत की सामाजिक संरचना को मानव वैज्ञानिक किस्म की बहुत से स्तरों वाली संरचना की तरह देख पाने में समर्थ होते हैं और वहीं भारत की उस खासियत को रेखांकित करने की वजह भी पाते हैं, जिसकी बिना पर भारत, भारत कहलाता है और फिर वे इस भारत को कसौटी बनाकर आधुनिक पश्चिमी सभ्यता और उसके 'मानवविरोधी भौतिकवाद' की ख़बर लेते हैं परन्तु उनकी इसी कोशिश से वे गलतफहमियाँ भी पैदा होती हैं, जिनके कारण उन्हें 'आधुनिकता, प्रगति और विज्ञान के नये चलन' में विरोधी के रूप में देखा जाता है और इसे साबित करने के लिये उनके धर्म और आस्तिकता संबंधी विचारों के उथले अर्थों को रेखांकित करने की कोशिश की जाती है।

जबकि देखने लायक बात इसके उलट यह है कि गाँधी 'बड़े गहरे रूप में' भौतिक-यथार्थवादी चिंतन को आत्मसात कर आगे बढ़ने की कोशिश करते हैं, भले ही भाषा के जनप्रचलित रूप में वे एक धार्मिक संत की तरह ही बोलते क्यों न दिखायी देते हों।

सभ्यता की आलोचना

भारत की गुलामी के सवाल पर विचार करते हुए गाँधी अंततः इस 'वर्गीय अंतदृष्टि' तक पहुँचे कि ''इस गुलामी की असल वजह ऊपर के लोगों की गुलामी है, जो पश्चिमी प्रभाव में आ गये हैं और अगर वे मुक्त हो जाते हैं तो भारत मुक्त ही है; क्योंकि भारत का सामान्यजन अभी भी अपनी जमीन से टूटा नहीं है।'' (10/38) गाँधी इसी भारतीय जन की 'मुक्त आत्मा' के भरोसे अपने सत्याग्रह को जन-आंदोलन में बदल पाने में कामयाब होते हैं; परन्तु इससे पहले उन्हें अपने मुल्क के 'गुलाम ऊपर के लोगों' के हृदय परिवर्तन के लिये खासी मेहनत मशक्कत करनी पड़ती है। उन्हें लगता है कि भारत के ये 'ऊपर के लोग' ऐसी ''पश्चिमी सभ्यता के असर में आ गये हैं, जो दरअसल असभ्यता है।'' भारत में 'ऊपर के लोगों ने अपने स्वार्थ और लोभ के वशीभूत' होकर इस 'भौतिकवादी लोभवादी-शोषणकारी असभ्यता' को अपना लिया है और ये लोग ही भारत की गुलामी की वजह हैं। जिसके परिणामस्वरूप 'भारत कंगाल हो गया है और विनाश के कगार पर जा पहुँचा है। (10/20-5)

इन उद्धरणों से साफ हो जाता है कि गाँधी जब 'भौतिकवादी पश्चिमी सभ्यता' की आलोचना करते हैं (तो इसका अर्थ है-पूँजीवाद के पतनशील साम्राज्यवादी रूप की आलोचना और स आलोचना कें आधार पर गाँधी उस भौतिकवादी यथार्थवादी)

समाज-चिंतन की मूलभूमि के करीब ही दिखायी देते हैं, जिसका मकसद पूँजीवादी साम्राज्यवादी विकृतियों को परे हटाकर, एक स्वस्थ व न्यायकारी समाजवादी—जनवादी-साम्यवादी व्यवस्था को लाना है। यानी भौतिकवादी—नास्तिकवादी सभ्यता के विरोध से, गाँधी की मुराद, गहराई में 'आस्तिकता के भ्रमजाल' में लझाने वाली चीज नहीं हैं, अपितु सामाजिक रूपांतर की फिक्र करने वाली इंकलाबी प्रतिरोध की भूमि से ही है। परन्तु इस 'गहराई' तक पहुँचने के लिये उनकी चिंतन-भाषा की 'सतह' को भेदना जरूरी है।

इसी तरह गाँधी 'इतिहास' का विरोध करते भी दिखायी देते हैं, जो भौतिक यथार्थवादी चिंतन की 'आत्मा' की तरह है। परन्तु 'गहराई' में उतरते ही यह बात साफ दिखायी देने लगती है कि गाँधी का 'इतिहास का विरोध' दरअसल 'पूँजीवादी-साम्राज्यवादी इतिहास' का, अथवा 'सामंतवादी इतिहास का विरोध है, जिसके खिलाफ वे अपनी तरह के 'जनवादी इतिहास' की धारणा का विकास करते नजर आती हैं, परन्तु ऊपरी तौर पर उनके इस जनवादी इतिहास को भ्रमवश 'धार्मिक इतिहास' जैसी वस्तु भी समझ लिया जा सकता है, हालांकि वे सजग रूप में यह दलील देते हैं कि 'धर्मपरायण लोगों ने भी सामंतों, बादशाहों और शस्त्रबल से उपनिवेश बनाने वाले साम्राज्यवादियों की तरह ही बड़े जोगों का खून बहाया है, परन्तु वह सच्चे धर्म का आचरण नहीं है; (10/23) परन्तु यह दलील बहुत आश्वस्त नहीं करती। इसकी बजाय गाँधी अगर यह स्वीकार करते कि धर्म भी 'सामंतों, बादशाहों और उपनिवेशवादियों' की आड़ का काम करता है, तो वह रास्ता तर्क-विवेकपूर्ण व संगत होता। परन्तु 'धर्म' शब्द को छोड़ न पाने के गाँधी के अपने कारण हैं। भारत के जन-इतिहास में यह शब्द अभी उतना विकृत नहीं हुआ है कि इसे छोड़ना जरूरी हो गया हो। तथापि धीरे-धीरे अंग्रेजों के धूर्त उपनिवेशवाद ने धर्म के ऐसे सांप्रदायिक अंतर्विभाजन खड़े कर दिये कि गाँधी का 'जन धर्म या मानव धर्म' भी उसके आगे काफी हद तक विवश व हताश होकर रह गया। नतीजतन उन्हें अपने इस 'जिद्दी प्रतिरोध' के एवज में सांप्रदायिक कट्टरताओं के हाथों न सिर्फ़ उपनिवेशवादी सत्तातंत्र के बिछाये जाल के मुताबिक अपने प्रिय भारत के विभाजन का साक्षी होना पड़ा, अपितु आखिरकार एक 'हिंदूवादी' के कातिल हाथों के लिये अपनी पूर्णाहुति भी देनी पड़ी।

गाँधी धर्म को सभ्यता की बहस में बदल पाने से ही नहीं चूके, उसकी यथार्थ सामाजिक अंतर्भूमि तक उसे ले जाने का काम भी अधूरा छोड़ गये तथापि आज भी भारत की नव-औपनिवेशिक गुलामी से लड़ने के रास्ते खोजते वक्त जरूरी हो जाता है कि हम गाँधी के भीतर मौजूद उनकी इंक़लाबी जनवादी संभावनाओं को पहचान कर, उनका आगे विकास करने की कोशिश करें, क्योंकि बात शुरू ही उनकी इस खोज़-दृष्टि से होती है कि भारत क्या है और उसकी सभ्यता किन इंक़लाबी तत्वों से मुक्त होने

की वजह से नवसाम्राज्यवादी शिकंजों से मुक्ति की ओर ले जा सकती है?

गाँधी ने धर्म को संस्कृति की बजाय, सभ्यता के अर्थों में ग्रहण किया। इसका नतीजा यह निकला कि वे भारत के सामाजिक विकास के इतिहास को भारत की सभ्यता के उन पक्षों से जोड़ कर देखते रहे, जो पश्चिमी सभ्यता की बुराइयों के विकल्प की तरह हमारे पास मौजूद थे। भारत की सभ्यता के ये पक्ष थे-आदमी का कुदत के साथ सहज रिश्ता, आत्मसंयम के साथ वाजिब शारीरिक श्रम करते हुए जीवन बीताने का विवेक, आत्मनिर्भर आर्थिकता के लिये जरूरी उत्पादन सम्बन्धों की पारस्परिकता और स्व पर राज्य करने की चेतना से जन्म लेने वाला मनुष्य केंद्रित सत्तातंत्र। भारतीय सभ्यता के इन तमाम जैव-सामाजिक पक्षों का आधार गाँधी को भारत के गांवों में दिखायी देता है। भारत के गाँवों की, यहाँ के सभी सामाजिक वर्गों या समुदायों की परस्पर निर्भरता इसलिये मानवीय एवं आपसदारी वाली आत्मनिर्भर आर्थिकता को जन्म देती है, क्योंकि वहाँ अभी आधुनिक यंत्र केंद्रित पश्चिमी सभ्यता की दखल नहीं हुई है और इसीलिये मनुष्य और प्रकृति के बीच के सहज रिश्ते अभी खंडित नहीं हुए हैं। पर गाँधी यह भी देख पाते हैं कि अंग्रेज अपने साथ जो 'असभ्य सभ्यता' लाये हैं, परस्पर-शोषण के रिश्तों वाली आधुनिक अर्थव्यवस्था लाये हैं, आदमी के श्रम की प्राकृतिक सामर्थ्य को बढ़ाने वाली नयी विकसित यंत्र संस्कृति लाये हैं और शस्त्रबल व हिंसा के सहारे दूसरों पर शासन करने वाली विजेताओं के इतिहास की दुंदुभि बजाने वाली राजनीति व सत्ता की व्यवस्था लाये हैं-वह भारत को तबाह करने वाली, मानवविरोधी और आत्महंता या धर्मविनाशिनी व्यवस्था है। वह केवल सत्ता की गुलामी का नहीं, सभ्यतामूलक गुलामी का हेतु भी है, जो एक दिन भारत को भारत ही नहीं रहने देगी। इसलिये गाँधी को लगा कि भारत के जिन गाँवों में यह विजेताओं का इतिहास, आत्मविनाशक यंत्र और भोगवादी ऐंद्रीय लिप्सावादी व लोभवादी (भौतिकवादी) पश्चिमी सभ्यता वाली आधुनिकता नहीं पहुँची है-वहाँ के लोग सच्चे अर्थों में सभ्य, सुखी, शांत, मानवीय एवं प्राकृतिक या स्वस्थ जीवन जीने वाले लोग हैं, और जहाँ-जहाँ इस शहरीकरण, आधुनिकीकरण और औद्योगीकरण का ज़हर फैलता जाता है, वहाँ-वहाँ तबाही उसके साथ अपने शिकंजों में सभी को कसती चली जाती है।

गाँधी की यह 'सभ्यता की आलोचना' ऊपरी तौर पर अवैज्ञानिक, आधुनिकता-विरोधी और प्रगति विरोधी मालूम पड़ती है, क्योंकि गाँधी के विवेचन के केंद्र में धर्म, नैतिक आचरण, आत्म साधना या चित्त शुद्धि जैसी चीजें ही नुमायाँ देखायी देती हैं और वे अपनी बात को आधुनिक वैज्ञानिक दर्शनों की भाषा में ढाल कर तर्कसंगत व्याख्या तक पहुँचने-पहुँचाने से चूक जाते हैं। इसलिए उनके 'हिन्द स्वराज' के पश्चिमी आलोचकों को उनके विचारों में 'संतत्व तो दिखायी देता है, परन्तु साथ ही वैज्ञानिक तर्क-संगति का अभाव' भी मौजूद नज़र आता है। (देखें,

एच.जी.वेल्स का 'अ क्रिटीक ऑफ हिंद स्वराज') यों, ऐसे पश्चिमी सिद्धांतों की कमी नहीं है, जो भारतीय सभ्यता की उपर्युक्त 'जीवनशैली व आचरणगत विशेषताओं' से प्रभावित हुए हैं, स्वयं गाँधी ने अपने 'हिंद स्वराज' में ही ऐसे कुछ विद्वानों के हवाले से भारतीय सभ्यता की श्रेष्ठता के पक्ष में अपने मत को स्थापित व प्रमाणित करने की चेष्ठा की है और कहा है कि 'भारत की सभ्यता इतनी मानवीय ऊँचाई पर प्रतिष्ठित है कि भारत को सभ्यता के मामले में पश्चिम से कुछ भी सीखना नहीं है।'' बेशक ऐसी बातों से भारत के लोगों में आत्मगौरव का भाव तो जागता है, परन्तु इस सवाल का जवाब नहीं मिलता कि भारत की महान और मानवीय सभ्यता कैसे तेजी से फैलती हुई पश्चिमी सभ्यता का विकल्प बनकर, उसकी अमानवीय विनाशलीला को रोक सकती है?

गाँधी इस सवाल का जवाब अधूरा देते हैं, क्योंकि उनके सामने देश की गुलामी का सवाल मुख्य है। गुलामी से उबरने की प्रक्रिया के गहनतम होते जाने में इस सवाल का पूरा जवाब छिपा है, और यह गाँधी के बाद भी जारी रहती है, तो ही हम भविष्य में विकल्प हो पाने की बात को संभावना से यथार्थ में बदल सकते हैं।

परन्तु इसके लिये पहले हमें गाँधी से पूरी तरह न सही, एक हद तक तो सहमत होने की जरूरत पड़ेगी फिर उस चेतना को गहराने का सवाल आयेगा।

सहमत होने के लिये, एक दलील तो गाँधी के 'हिन्द स्वराज' से ही ली जा सकती है कि पश्चिमी सभ्यता के जो स्रोत हैं, वे ग्रीको-रोमन हैं और वह सभ्यता के कब की नष्ट हो चुकी है। अगर वहाँ वाकई बहुत बड़े प्रासंगिक होने लायक प्रेरणा-स्रोत होते, तो उस सभ्यता का विनाश नामुमकिन था और जबकि तुलना में भारतीय सभ्यता अभी तक ग्रामीण समाजों में जीवंत बची रह गयी है, भले ही 'शहरों में रहने वाले ऊपर के लोगों के लोभ' की वजह से भारत को अंग्रेजों का गुलाम क्यों न होना पड़ा हो? इसलिए विकल्प की तलाश में हमें भारत के गाँवों की ओर लौटना होगा।

अब यह जो दलील है, वह हमें 'आश्वस्ति' तो देती है, परन्तु उस वैज्ञानिक विवेचन तक नहीं ले जाती, जिसके आधार पर हम पूँजीवादी और अपने समय के उत्तर-पूँजीवादी हालात के मद्देनजर तर्कसंगत विकल्प होने-बनने की जमीन को पा सकते हैं। ऐसे विवेचन के लिए जरूरी हो जाता है कि हम गाँधी जी के चिंतन के अंतःयथार्थ को समझते हुए ऊपर की धर्म-नीति-ईश्वर आदि से जुड़ी भाषा के अंतर्विरोधों से थोड़ी निजात पाने की कोशश करें या दूसरे शब्दों में कहें कि हमें गाँधी की धर्म, नैतिक आचरण और ईश्वर पर आस्था जैसी चीजों के सामाजिक-यथार्थगत सार को ग्रहण करना चाहिए, ताकि 'अपनी जमीन पर खड़े होने' की मोहलत पा सकें। गाँधी के साथ यहाँ एक सहूलियत है और वह यह है कि हमें मार्क्स की तरह हीगेल के दर्शन की 'दिशा उलटने' कह जरूरत नहीं होगी, क्योंकि गाँधी का मकसद

तो 'यथार्थ की भूमि' से जुड़ा है, सिर्फ़ भाषा थोड़ी मध्यकालीन अर्थबोध की गूँजों-अनुगूँजों की दख़ल लिये रहती है और फिर इस दख़ल को सही साबित करने के लिए 'आधुनिक तर्क' खोजती हुई विभ्रम-सा पैदा करती है। भाषा के इस कुहासे के नीचे जो पड़ा है, वह वैज्ञानिक व यथार्थवादी चिंतन धाराओं के बहुत अनुकूल व करीब है, पर यहाँ जब हम गाँधी की भाषा पर टिप्पणी कर रहे हैं तो यह बात भी साथ ही समझ लेनी चाहिए कि गाँधी मूलतः दार्शनिक या समाज वैज्ञानिक नहीं हैं, वे एक राजनेता और आंदोलनकारी 'एक्टिविस्ट' हैं इसलिये वे अपने दर्शन-चिंतन को बड़ी जल्दी, एक छलाँग सी लेकर आचरण और राजनैतिक कार्यक्रम की योजनाओं तक ले जाते हैं। उनके सामने औपनिवेशिक-साम्राज्यवादी सत्ता का स्थापित संस्थाबद्ध सत्तातंत्र है और उससे जूझने व पार पाने के लिए उनके पास है-स्त्रैण प्रतिरोध वाला आचरण, जिसे वे सत्याग्रह का नाम देते हैं, इन्हीं को मूल बनाकर हम उनके दर्शन के वैज्ञानिक व्याख्या'-सूत्रों तक पहुँचने की कोशिश कर सकते हैं।

संस्थाबद्ध होती गुलामी (फूको पर डोलती परछाईं गाँधी की)

हालांकि गाँधी भारत की गुलामी के लिये अपने ही लोभग्रस्त 'ऊपर के लोगों' यानी सामंतों, व्यापारियों और कुलीनों को जिम्मेवार मानते हैं, परंतु साथ ही वे यह भी देख पाते हैं कि भारत में कुछ वर्गों व संस्थाओं ने इस गुलामी को संस्थाबद्ध रूप देकर टिकाऊ बनाने का काम किया। ये व्यावसायिक वर्ग व संस्थाएँ पश्चिमी सभ्यता की उपज थे, जिन्हें अंग्रेज भारत में आयातित करके, विरूपित या विकृत रूप में, भारत पर आरोपित करने की कोशिश कर रहे थे। इन्हीं की वजह से भारत में पश्चिमी सभ्यता को गहरी सामाजिक जड़ें जमाने का मौका मिला और गुलामी इस कदर संस्थाबद्ध रूप में यहाँ टिक गयी कि अंग्रेजों के यहा से चले जाने के बावजूद उससे मुक्ति अभी तक संभव मालूम नहीं पड़ती।

पश्चिमी सभ्यता में बुनियादी प्रवृत्तियों की तरह मौजूद लोभ, शोषण व सत्ता के अमानवीय रूपों की वजह से वहाँ जो प्रगति और विकास हुआ है, उसे गाँधी मानव विरोधी और पूरी दुनिया के लिए एक ख़तरा मानते हैं। अतः इस तरह के विकास व प्रगति को जिन चीजों ने एक व्यवस्था या तंत्र की शक्ल दी है-गाँधी उनके विरुद्ध खड़े होकर, मनुष्य व समाज को उनसे निजात दिलाने का प्रयास करते हैं। इस अमानवीय व लोभ-शोषणवादी सत्ता-व्यवस्था के तंत्र का आधार वे 'कानून के शासन' को मानते हैं-जिसकी मुख्य संस्थाएँ हैं-पार्लियामेंट, अदालतें और पुलिस और इनसे जुड़े व्यवसायों में आते हैं-वकील, न्यायाधीश और उनके फैसले लागू करने-करवाने वाले पुलिसकर्मी, पार्लियामेंट को वे 'बांझ और बंजर जमीन' जैसे नामों से पुकारते हैं-'जैसे कि वह कोई नन हो' और उसके नैतिक आधार के खोखलेपन को रेखांकित

करने के लिए गाँधी कहते हैं कि 'जो वोटर इस पार्लियामेंट को चुनते हैं, उनकी धर्मपुस्तक अख़बार हैं'' (10/15-20) इस पार्लियामेण्ट के बनाये कानूनों के आधार पर न्याय के लिये जिन वकीलों की शरण में जाते हैं, उनका मकसद 'वैर-विरोध व हिंसक प्रवृत्तियों को बढ़ावा देने से जुड़ा रहता है' क्योंकि वे 'न्याय' के लिये नहीं, अपने-अपने मुवक्किल के लिये 'लाभवश झूठी दलीलों की दुनिया' रचा करते हैं। इस तरह न्याय मिल भी जाये, तो भी कभी आपसदारी, भाईचारा, मैत्री, सद्भाव व परोपकार जैसे उच्च मानवीय व्यवहारों वाला समाज गठित नहीं हो सकता।

गाँधी के द्वारा की गयी 'पश्चिमी सभ्यता के सत्तातंत्र' की आलोचना उत्तर-आधुनिक चिंतक मिशेल फूको की याद दिलाती है, जो इसे 'ज्ञान-सत्ता या सत्ता-ज्ञान के तंत्र' के रूप में समझने की कोशिश करते हैं और यहाँ यह बात वाकई हैरान करने वाली एवं उल्लेखनीय लगती है कि गाँधी के सत्तातंत्र सम्बन्धी उक्त विवेचनों का दूसरा पहलू बड़े साफ तौर पर यहाँ आरोपित किये गये 'ज्ञान के तंत्र' का भी गहराई के साथ प्रतिरोध करने से ताल्लुक रखता है। गाँधी ने 'हिन्द स्वराज' में वकीलों के साथ-साथ डॉक्टरों व स्कूलों-कॉलेजों के शिक्षकों को भी गुलामी तंत्र को स्थापित व मजबूत करने वाली कड़ियों की तरह रेखांकित किया है। उधर फूको अपने 'सत्ता-ज्ञान-तंत्र' के प्रमुख आधारों के रूप में डॉक्टरों-अस्पतालों (क्लीनिकों), पुलिसकर्मियों-जेलों, एवं शिक्षण संस्थाओं-शिक्षकों-प्रिंसिपलों के द्वारा निभायी जाने वाली भूमिकाओं की विशेष रूप में चर्चा करते हैं तथा सामान्य रूप में वे पूरे समाज के उस अंतर्विभाजन पर अपनी पैनी निगाह केंद्रित करते हैं, जो कुशलता या विशेषज्ञता (ज्ञान-तंत्र) के विविध स्तरों के आधार पर क्रमिक रूप में वरिष्ठ-कनिष्ठ (सीनियर-जूनियर) वाली ऐसी अनुशासन-पद्धति (सत्तातंत्र) को लागू करता है, जहाँ सभी 'ऊपर वाले लोग' सभी 'नीचे वालों को दबाने या अनुकूलित करने की सामाजिक भूमिका निभाने लगते हैं। इस तरह ज्ञान और सत्ता एक-दूसरे के पूरक बन कर पूरे समाज को 'व्यवस्था' में बाँधने के नाम पर, उसकी सहज व सृजनशील अभिव्यक्तियों व व्यवस्थाओं को कुंठित करने वाली गुलामी के साँचों में ढालने का काम करते हैं। ज्ञान-सत्ता-तंत्र की इस 'गुलामी में ढालने वाली सभ्यता' को लोग खुद अपनी मर्जी से इसलिए अपनाते हैं क्योंकि इसे यह तंत्र आधुनिकता, प्रगतिशीलता, विकासोन्मुखता आदि की अनिवार्य शर्त की तरह प्रचारित करता है और नौकरियों व व्यवसायों का लालच देकर सभी को अपने जाल में उलझा लेता है। 'लोभ, स्पर्द्धा और भोगवाद' को तरजीह देने वाली इस सभ्यता के द्वारा समाज के उत्पादन-तंत्र व आर्थिक ढाँचे को इस तरह काबू में कर लिया जाता है कि नागरिकों के पास इस 'आधुनिक या उत्तर-आधुनिक तंत्र' का कोई विकल्प ही नहीं बचता! फूको के विवेचन हमें एक डरावनी तस्वीर दिखाते हैं और उनसे यह नतीजा निकाला जा सकता है कि अब यूरो-अमरीकी पश्चिमी सभ्यता के वर्चस्व से वहाँ के

नागरिकों के पास प्राकृतिक जीवन शैलियों व मानवीय सभ्यता-रूपों के मुताबिक जीने की संभावना वाले विकल्प का करीब-करीब लोप हो चुका है। गाँधी ने यूरोप में इस संभावना-विकल्प के लुप्त होने की वजह को 'आस्ट्रेलिया के सभ्यताकरण' के उदाहरण के रूप में पहचाना था। 'हिन्द स्वराज' में एक जगह वे लिखते हैं कि 'अंग्रेजों ने आस्ट्रेलिया के मूल निवासियों का लगभग खात्मा करके वहाँ अपनी हिंसक और बर्बर अमानवीय पश्चिमी सभ्यता को स्थापित किया। इसलिये वहाँ के बचे हुए मुट्ठीभर मूल निवासी एक दिन देखेंगे कि ये अंग्रेज भी एक दिन उसी तलवार से मारे जाएंगे, जिससे वे वहाँ काबिज हुए'' (10/47) गाँधी की चेतावनी के आज ज्यादा गहरे प्रतीकार्थ अपनी गूँज-अनुगूँज फेंक रहे हैं, क्योंकि वह जो 'दूसरों का दमन और विनाश' है, वह पलटकर 'अपने सभ्यताकरण की मूल प्रकृति के रूप में' समाज को ऐसे अंतर्विभाजन की ओर ले जाता मालूम पड़ रहा है, जो गहरे आत्मदमनात्मक या आत्मविनाशक है। फूको यूरोप की इस आत्मविनाशी सभ्यता के अंतर्विरोधों को पहचानकर, इसके असर को कम करने की कोशिश करना चाहते हैं। वे यूरोप को सभ्यतामूलक अंतःविनाश से बचाने के लिये सत्ता ज्ञानतंत्र के थोड़े मानवीयकरण का प्रयास करते हैं। लग यह रहा है कि पश्चिम में सत्ता ज्ञानतंत्र वाली सभ्यता का शिकंजा इतनी गहराई से पूरे समाज पर कस चुका है कि वहाँ अब किसी बड़े मानवीय व मुक्तिदायी इंक़लाब की कोई बड़ी संभावना नहीं बची है। इस संभावना की जमीन की तलाश में भारत की ओर देखना अभी भी थोड़ा अर्थपूर्ण मालूम पड़ता है। वजह भी वही है जो यूरोप-आस्ट्रेलिया-अमेरिका के सभ्यताकरण का बर्बर इतिहास है। वह यहाँ के औपनिवेशीकरण के बावजूद यहाँ घटित नहीं हुआ। अंग्रेजों के द्वारा पश्चिमी सभ्यता का परचम यहाँ लहराया तो गया, परन्तु इसमें उनके साथी यहाँ के 'ऊपर के लोगों' का पश्चिमीकरण पर्याप्त साबित हुआ और उसे स्थापित रखने के लिए यहाँ 'नीचे के लोगों' के सफाये की बहुत जरूरत नहीं पड़ी। यों 1857 की घटनाओं के बाद अंग्रेजों ने यहाँ की 'हिन्दी पट्टी' में ऐसा बर्बर सफाई-अभियान जरूर छेड़ा था, परन्तु उसके निशाने पर वही 'नीचे के लोग' थे, जिन्होंने उस पहले स्वतंत्रता संग्राम में विद्रोही सामंतों का साथ दिया था। दूसरी एक और वजह भी थी और वह यह थी कि भारत के गाँवों की आर्थिकता, का पूरा ढाँचा एक जबरदस्त परस्पर निर्भरता पर टिका था, 'जिसमें ऊपर के लोगों' का काम नीचे के लोगों के बिना कतई नहीं चल पाता था, इसलिये ऐसा सफाया उल्टे 'काउंटर-प्रोडक्टिव' हो सकता था, तीसरे अंग्रेज भारत में 'नीचे के लोगों' की सफाई का अभियान चलाने की बाबत तभी सोच सकते थे, अगर उनका मकसद भारत का व्यापक औद्योगीकरण करके यहीं बस जाने का होता, पर उन्हें भारत का 'औपनिवेशिक रूप' ही ज्यादा फायदेमंद लगता था। अतः ऐसे हालात के चलते यहाँ के नीचे के मूल निवासियों के व्यापक सामूहिक विनाश का कहर भारत में नहीं घटा।

पारंपरिक भारतीय सभ्यता के प्रकृति निर्भर और परस्पर-पूरक, आत्मस्वायत्त ग्रामीण इकाइयों वाले रूप के पूरी तरह बर्बाद होने से बच जाने की वजह से भारत में पश्चिमी सभ्यताकरण के विकल्प की संभावनाएँ एक विकल्प-यथार्थ की तरह सदा मौजूद रहीं। गाँधी यहाँ के उन्हीं मूलस्रोतों से शक्ति व प्रेरणा हासिल करते रहे और वहीं से उन्होंने प्रतिशोध को अपना मौलिक हथियार व बल पाया।

स्त्रैण प्रतिरोध वाला इन्क़लाबी प्राच्यवाद
(गांधी बनने से आख़िर क्यों चूक गये एडवर्ड सईद)

मिशेल फूको जब ज्ञानतंत्र के भीतर सत्ता के खेल को देखते हैं और सत्ता के तंत्र के भीतर ज्ञानतंत्र की संस्थाओं के प्रायोजित आचरण की नुमाइंदगी के अलावा सत्ता और ज्ञान की मानवीय संभावनाओं की अभिव्यक्ति के लिए कोई खास 'सामाजिक स्पेस' नहीं पाते हैं, तो ऐसा करते हुए वे दरअसल प्रतिरोध के ही प्रायोजित या अनुकूलित हो जाने के पहलुओं पर ध्यान केंद्रित किये रहते हैं। वे यह तो जानते-समझते हैं कि मानव देह के व्यवहारों को कोई प्राकृतिक व आंतरिक किस्म की अभिव्यक्ति-भाव प्रतिरोध या विद्रोह के लिए छटपटाती रहती है, परन्तु उसके असामाजिक या समाजेतर होने से उसे यह सत्ता-ज्ञान-तंत्र या तो दबा देता है या अनुकूलित कर लेता है। इस तरह मनुष्य के पास सिवाय 'आत्मानुभूति मूलक आजादी' के और कोई 'स्पेस' नहीं बचता, जिसमें उस प्रतिरोध को प्रकट होने का मौका दिया जा सकता हो। यों, फूको इस स्थिति से बहुत सहमत तो नहीं पर इसके अलावा उनके पास कोई विकल्प भी नहीं। इस बात को यहाँ थोड़ा रुक कर समझना जरूरी लगता है।

मानवदेह के भीतर एक प्राकृतिक सामर्थ्य होती है कि वह अपने भीतर 'आत्मचेतना' के रूप में ऐ ऐसी 'स्पेस' खोज़ सकती है, जो 'अन्यों' के साथ एकरूप होने की अनुभूति को उपलब्ध होकर 'आनंद दशा' में पहुँच सकती है। फूको को लगता है कि नशों या काम-सुख की तृप्ति के अलावा भी यह दशा सहज-प्राकृतिक तौर पर मनुष्य को समाज के सत्ता-ज्ञान-तंत्र के गहरे बंधनों से मुक्ति पाने की अनुभूति देने वाली हो सकती है। चूँकि यह दशा 'असामाजिक' नहीं होती-जैसे कि नशों को लेकर या कामसुख के तहत खास तौर पर समलैंगिक रिश्तों की वजह से समाज की सत्ता ज्ञान मूलक व्यवस्था को इन व्यवहारों में असामाजिक होने या प्रतिरोधमूलक होने की शंका हो सकती है, पर ज्ञानानंद की दशा आमतौर पर व्यवस्था-प्रतिरोधी मालूम नहीं पड़ती। अतः समाज का यह व्यवस्था-तंत्र ऐसे आत्मानंदी-प्रतिरोधी के रास्ते में बहुत रुकावटें खड़ी नहीं करता, परंतु यह आत्मचेतना के आधार पर किया जाने वाला प्रतिरोध 'स्त्रैण प्रतिरोध' (पैस्सिव रेजिस्टेंस) की कोटि में आता है, यूरोप के 'पश्चिमी मनस्' (वेस्टर्न सायकी) में 'स्त्रैण प्रतिरोध' पूर्व के मनस् की खासियत माना जाता है।

एडवर्ड सईद ने अपने प्राच्यवाद वाले विवेचनों में पश्चिम और पूर्व के मनस् की इस भिन्नता को गहराई से समझने की कोशिश की है। उन्हें लगता है कि पश्चिम के लोग खुद को 'विश्व विजेता' होने की 'प्राकृतिक विशेषता' से युक्त मानते हैं क्योंकि वे पुरुषोचित रूप में आक्रामक हो सकते हैं जबकि पूर्व का 'स्त्रैण प्रतिरोध' एक तरह का ऐसा 'गुलामी का भाव' है, जो इन देशों के मनस् में संस्कार बन कर बैठा हुआ है। यानी पूर्वी देश गुलाम होने के लिये ही बने हैं क्योंकि उनका 'स्त्रैण प्रतिरोध' उन्हें इस लायक नहीं बनाता कि वे 'विजेता' हो सकें। सईद इन धारणाओं की कटु आलोचना करता है और इस 'मनोवैज्ञानिक ज्ञान निर्मिति' को पश्चिम के ऐसे 'मिथ्या प्रचार' की श्रेणी में रखता है, जिसे इसलिए 'गढ़ा' गया है, ताकि पश्चिम के साम्राज्यवादी-उपनिवेशवादी आक्रमणों की अमानवीयता को छिपाया जा सके। सईद इस प्रचार को निरस्त करता हुआ पूर्व के 'स्त्रैण प्रतिरोध' को भी यथार्थ की जमीन पर खड़ी इतिहास वस्तु मानने से इंकार करता है परंतु सवाल यहाँ यह पैदा होता है कि आज पूर्व के पास प्रतिरोध का कोई अपनी तरह का स्त्रैण हथियार नहीं है तो उसके पास साम्राज्यवाद और नवसाम्राज्यवाद के आक्रान्ता रूपों का मुकाबला करने के लिए क्या है? क्या उसे भी प्रतिरोध में आक्रान्ता होने की जरूरत है? और क्या मानव-इतिहास ज्यादा व कम आक्रान्ता जातियों की कशमकश का ही लेखा-जोखा है? सईद इस सवाल का जवाब नहीं देते, इसलिये वे फूको व गाँधी दोनों के मुकाबले में ही उतनी गहराई में उतरते मालूम नहीं पड़ते फिर भी फूको की तरह 'प्रतिरोध को उड़ा ही देने' का अपराध वे नहीं करते और उसे उसकी यथार्थ अंतर्वस्तु के साथ जोड़े रखने के मामले में वे गाँधी के अधिक करीब मालूम पड़ते हैं। फूको प्रतिरोध को मानव देह की जैविक जमीन पर तो खड़ा करते हैं, परंतु उसके सामाजिक-राजनैतिक या ज्ञानसत्तामूलक संदर्भ में उतना ही स्वीकार करते हैं, जितना कि सत्ता के हाथों उसका अनुकूलन संभव होता है, यों सत्तासमर्थित होने पर फूको का 'ज्ञानानंद आत्मचेतनामूलक स्त्रैण प्रतिरोध' भी 'इंक़लाबी रूप' ग्रहण में लायक हो जाता है-जैसे कि उसने अपनी 'ईरान वाली खुमैनी-प्रेरित क्रांति' को, यथार्थ की जमीन पर खड़े होने लायक रूप में रेखांकित किया है।

गाँधी, फूको और सईद के मुकाबले में बहुत आगे चले जाते हैं, हालांकि उनके 'प्रतिरोध के दर्शन' पर अभी तक पर्याप्त गहराई से विवेचन नहीं हुए हैं, तथापि संभवतः उन्हीं में एक नये इतिहास के जन्म लेने की बीज भूमियाँ मौजूद हैं-जिनकी उपेक्षा हुई है। इसी संदर्भ में गाँधी के सत्याग्रह व अहिंसक प्रतिरोध को नये सिरे से पुनः समझना जरूरी लगता है। जिसके लिये आगे प्रयास किया जायेगा।

फूको का 'आत्मानुभूतिमूलक ज्ञानानंद' अथवा सईद द्वारा रेखांकित 'पूर्व की स्त्रैणता का मिथ्याबिम्ब'-ये दोनों ही वर्चस्वी-सत्ता, उसके ज्ञान-तंत्र की उपज है। ये दोनों सत्ता-विमर्श के 'अन्य' हैं। फर्क इतना ही है कि फूको का यह अन्य 'प्रतिरोध'

का 'स्वानुभूति' के रूप में दिलकर, उसके मानवीय पहलू की ओर इशारा करता है, जबकि सईद उसे मूलतः 'पश्चिम' के ही 'मुखौटे' की तरह देखता है और वह जो 'यथार्थ' है-चाहे पूर्व का हो या पश्चिम का-उसकी जांच-परख के लिए पूर्वाग्रहहीन भूमिका भर बनाता है। इस तरह फूको और सईद–ये दोनों ही पश्चिम के व्यक्तित्व की एक ऐसी समझ तक ले जाते हैं जहाँ 'आत्म-चेतना', 'स्वानुभूति', 'स्त्रैणता' अथवा 'मानवीय अंतश्चेतना' जैसी चीजें या तो 'अन्य' (अदर) की कोटि में आती हैं और या 'निर्मित' (कंस्ट्रक्शन) अथवा 'अधिरचना' (सुपर स्ट्रक्चर) की कोटि में। केंद्र में सामाजिक 'सत्ताज्ञानतंत्र' या 'व्यवस्था' ही रहती है। यही समाज की संरचना की 'वैज्ञानिक बनावट' है। साफ-तौर पर इस तरह की व्याख्याओं में जो बुनियादी संकट है–वह -'सिद्धांत' (थ्योरी) का संकट है–जो 'अन्य' (अदर) के केंद्र में आने के हालात में गहरा जाता है। आसान लफ़्ज़ों में कहें तो पश्चिम के ज्ञान-सिद्धांत का बुनियादी संकट यह है कि कहीं पूर्व के वे देश जो अभी तक उपनिवेशित या नव-उपनिवेशित हालात में जी रहे हैं, उनकी स्थिति केंद्रीय न हो जाये। इसलिए इधर जो दलित या नारी-विमर्श का उभार नज़र आ रहा है, उसका मकसद है–इस 'अन्य' को अनुकूलित या आत्मसात करना (जिसे अंग्रेजी में एप्रोप्रियेशन और एसिमिलेशन कहते हैं) पर वह जो दलित है, व्यथित है, उपनिवेशित या गुलाम है--उसका 'आत्म' या 'स्व' उसका बुनियादी यथार्थ है-वह 'अन्य' या 'अदर' कैसे हो सकता है? इसलिये 'सत्ता का प्रतिरोध' उसके लिये अराजक या अव्यवस्था की बात न होकर उसके 'होने की शर्त' ही होता है।

पर पश्चिम ने अपने इस आत्म पक्ष पर स्त्रैण-पक्ष का तो अपने सभ्यताकरण व आधुनिकीकरण के तहत सफाया करना ही बेहतर समझा है, और समाज का यह जो 'आत्मवत् मूलनिवासी' थोड़ा-बहुत बचा रह गया है, उसे वह अपने 'अन्य' की तरह, अपनी 'निर्मित' या अपनी 'अधिरचना' भर बना कर व्यवस्थित करके जिंदा रखना चाहता है।

गाँधी जब पश्चिम को आत्म-विहीन सभ्यता के रूप में देखते हैं या उसके भौतिकवाद को मानवीय चेतना से रहित पाते हैं तो दरअसल वे पश्चिम के समाजेतिहास एवं उसके ज्ञानतंत्र की बुनियादी कमियों व अंतर्विरोधों की ओर इशारा कर रहे होते हैं, यहाँ जो बात समझने लायक है, वह यह है कि गाँधी की अध्यात्मक, रहस्यवादी या आत्मा और ईश्वर की धारणाएँ-यथार्थ पर आरोपित धारणाएँ नहीं हैं, अपितु यथार्थ के भीतर से जन्म लेने वाली ऐसी धारणाएँ हैं जो दमनकारी सत्ताज्ञानतंत्र के ख़िलाफ़ प्रतिरोध करते हुए उनकी ओर व्यापक भारतीय समाज की चेतना का हिस्सा बनी हैं। यह यथार्थ-आधारित अध्यात्म, सामंती दौर से चला आने वाला परंपरागत आरोपित अध्यात्म नहीं है, जिसे आद्यतन एक अंधविश्वास की तरह ढोया जाता है। ऐसे अध्यात्म का विरोध करने में गाँधी जी मार्क्स के साथ खड़े हैं,

परन्तु फर्क यह है कि भारत में बार-बार धर्म के आरोपित मिथ्या रूपों का खण्डन यहाँ की अनेकानेक सांस्कृतिक क्रांतियों के हाथों होता चला अया है, इसलिये उसका 'समग्र खण्डन' जरूरी नहीं लगता-जैसा कि यूरोप के हालात में अनिवार्य था, क्योंकि वहाँ सत्तातंत्र और धर्माचार्यों (पोप) के गैरधार्मिक-गठबंधन (अनहोली अलायंस) से बाहर आने का दूसरा रास्ता नहीं था। उसे उखाड़ते हुए मजदूरों-छोटे किसानों की, दलितों-शोषितों की नयी मानवीय उत्पादनशील सभ्यता के आत्मविहीन होने की संभावना भी मार्क्स को मान्य नहीं थी, अतः वह भावी साम्यवाद के अपने यथार्थ आधारित मानवीय आध्यात्म की जरूरत को भी रेखांकित करता है किन्तु जैसाकि हम समाजवादी मुल्कों के रूप में अब तक घटित हुई भौतिकवादी-यथार्थवादी क्रांतियों के प्रयोगों के कुछ नतीजों को देख पाये हैं, उसके आधार पर लगता यह है कि 'यथार्थ-आधारित आत्मचेतना' का नवविकास भी अतीत को उखाड़ फेंकने से पैदा होने वाले शून्य के भीतर से नहीं होता, अपितु वह भी विकास की ऐतिहासिक प्रक्रियाओं के निचोड़ या सार की तरह घटा करता है। वह अपने अतीत के मानवीय अनुभवों के इतिहास के भीतर से सार के ग्रहण व झूठ या मिथ्या के खण्डन के लिए यथार्थ को कसौटी बनाता हुआ एक पारस्परिक-द्वन्द्वात्मक घटना की तरह विकास करता है। स्थापित वर्चस्वी कुलीनजन्मा सत्ताज्ञानतंत्र हमेशा ही एक ऐसी आत्मा या ईश्वर जैसी परम-आत्मा की वकालत करता है, जो यथार्थ से परे, कहीं और से आती है और सामान्यजन को एक कृपा, प्रसाद, करुणा या भीख की तरह मिलती है। वह एक आरोपित वस्तु होती है जिसे व्यवस्था व अनुकूलन के लिए एक हथियार की तरह इस्तेमाल में लाया जाता है। इसके लिए उस आत्मा या परमआत्मा के शास्त्र को पवित्र बना दिया जाता है। इसलिये वास्तविक या यथार्थ-आधारित आत्मा को सदा, सब समयों व स्थानों में, ऐसी स्थापित सत्ता व उसके ज्ञानतंत्र से प्रतिरोध करते हुए लोगों के द्वारा पुनः-पुनः नये अर्थों व रूपों में, और-और विकसित करते हुए खोजा व पाया जाता है व ऐसा करते हुए स्थापित ईश्वर या परम-आत्मा अथवा आत्मा का खण्डन भी किया जाता है। द्वन्द्वात्मक भौतिकवाद को इस रूप में आध्यात्म की दुनिया की व्याख्या के लिये विकसित करने से जो चूक हो गयी है, उसी का नतीजा हमने रूस जैसे समाजवादी मुल्क के पतन के बाद के समय में देखा है कि वहाँ वही पुराना स्थापित परंपरागत कुलीन-आधारित कैथोलिकवाद, फिर से स्वीकृत धर्म की तरह वापसी कर रहा है। और एडवर्ड सईद अपने विवेचन में जहाँ चूक गये हैं, उसकी मुख्य वजह पूर्व के मुल्कों के प्रतिरोध की उनकी समझ का 'इस्लामी मुल्कों के प्रतिरोध' पर केंद्रित होना है, जहाँ अभी तक परंपरागत सत्ता व ज्ञानतंत्र की पूरकता के द्वारा स्थापित 'अविकसनशील रूढ़िग्रस्त धर्म' ही यथार्थ आधारित आत्मा के नवविकास के रास्ते का सबसे बड़ा अवरोध बना हुआ है इसलिये नवसाम्राज्यवाद के ख़िलाफ़ अपनी लड़ाई को वह आत्मघाती फिदायीनवाद व कट्टरतावाद की झोली

में जा गिरने से रोक नहीं पाता है। सईद ने इस लिहाज से अगर भारत में हुए इस्लाम के अंतर्विकास को-जो यहाँ के सूफियों की मार्फत हुआ-की दिशा में 'फोकस' किया होता तो, उन्हें प्रतिरोध की इंक़लाबी जमीन को खोज़ने में आसानी हुई होती और इसलिये भारत के संदर्भ में सईद अब भी एक संभावना हैं, गाँधी भारत में साम्राज्यवाद को टिकाऊ बनाने वाले प्राच्यवादी मिथ्यात्व के दुष्चक्रों को समझ तो पा रहे थे, परन्तु उन्हें भेद पाने में उन्हें अधूरी कामयाबी ही मिल सकी। लोभ और स्वार्थ के वशीभूत भारत के 'ऊपर के लोग' गोरों के वर्चस्व और आधुनिक भौतिकवादी प्रगति के मुनाफाखोर भोगवाद के हिस्सेदार हो गये थे, इसलिये 'गोरों की सत्ता के मिथ्या प्राच्यवादी रूपों' को हमारे यहाँ प्रमाणिक व विश्वसनीय बनाने में उनका सहयोग कर रहे थे। यही वे लोग थे, जो 'हिन्दू' और 'मुसलमान' अस्मिताओं को कट्टरता से ओढ़े रखने में दिलचस्पी रखते थे क्योंकि इससे गोरों की सत्ता में उनकी हिस्सेदारी, उनके विभाजित वोट-बैंकों की वजह से, निश्चित हो जाती थी। धर्म को इस तरह सत्ता के झूठे 'ज्ञातंत्रीय प्रचार' के तहत, एक 'इतिहास' और एक 'रूढ़िवादी आचरण' के साथ बाँधकर संस्थापित करने की कोशिश की जाती थी। एडवर्ड सईद साम्राज्यवादी या नवसाम्राज्यवादी आधार वाले प्राच्यवादी झूठ को बेनकाब करने के लिये धर्म के यों 'संस्थानीकृत सियासत' में बदलते जाने के पीछे पश्चिम की शरारतपूर्ण कूटनीति को जिम्मेवादर मानते हैं। पर इस्लामी मुल्कों में इस वजह से कुंठित व गुमराह होने वाले प्रतिरोध को सही दिशा या विकल्प देने की खातिर कोई नयी दृष्टि दे पाने में कामयाब नहीं होते।

इस तरह गाँधी और सईद दोनों की आपसदारी की बात अर्थपूर्ण हो जाती है। गाँधी भारत की जमीन में वे सारी संभावनाएँ देख पाते हैं जो साम्राज्यवाद (और अब के नवसाम्राज्यवाद) के भी ख़िलाफ़ खड़े हो सकने वाले प्रतिरोधों के गतिरोधों को हटाकर उन्हें इंक़लाबी बना सकती है, पर गाँधी इन संभावनाओं को बहुत मूर्त व व्यावहारिक रूप लेता हुआ देखने से चूक जाते हैं, क्योंकि वे धर्म के संस्थानीकृत रूपों की ताकत को कुंद कर पाने और इसीलिये भारत के सांप्रदायिक विभाजन को रोक पाने में असफल होते हैं। सईद गाँधी की इस असफलता को पहचानने में हमारी मदद करते हैं-धर्म के संस्थानीकरण के पीछे मौजूद सत्ता के ज्ञानतंत्र की बारीकियों पर उंगली रखते हुए। अगर हम इन बारीकियों को समझ पा रहे हों तो यहीं हमें गाँधी फिर से चाहिए होते हैं-नये रूप में, एक नये इंक़लाब की भूमिका के हेतु की तरह, परंतु यह तभी संभव है यदि भारत के सूफियों की मिसाल को सामने रखते हुए इस्लाम के ऐसे अंतःरूपांतर की बात और गहरा सके, जिसका दूसरा किनारा गाँधी के उस अहिंसक इंक़लाब से जा जुड़ता है, जिसे उन्होंने शस्त्रबल-आधारित पश्चिम की आधुनिक सभ्यता के विकास की तरह देखा था।

क्या इंक़लाब भी अहिंसक हो सकता है?

'सशस्त्र प्रतिरोध' के रूप में ही इंक़लाब की धारणा को समझ पाने की वजह है-आधुनिक ज्ञान मीमांसा का वह बुनियादी 'एपेस्टीम'-जो सत्ता और ज्ञान को एक-दूसरे के पूरक की तरह ही ग्रहण कर पाता है। इस 'एपेस्टीम' को हीगेल और मार्क्स से लेकर फूको, सईद, देरिदा या लाकां तब सब कहीं, सभी में बड़ी गहराई व अनिवार्यता में देखा जा सकता है। इसका ताल्लुक 'सत्ता' व 'इतिहास' की बाबत उस आधुनिक दृष्टि से है, जो उत्पादनमूलक आर्थिक रिश्तों की समाज वैज्ञानिक समझ को भी 'बेहतर शस्त्रबल और सामर्थ्य' की कसौटी पर कस कर, उसे वहाँ ले जाती है, जहाँ 'वर्चस्व' और 'सार' एक-दूसरे के पर्याय हो जाते हैं। एंगेल्स जब राजनीति को सामाजिक व्यवहारों की 'उच्चतम गतिविधि' का नाम देते हैं, तो इस दृष्टि की प्राथमिकताओं का फैसला तो हो ही जाता है, आर्थिक उत्पादन बेहद विकासगत कारगुजारी दिखाते हुए जो मुनाफा (सरप्लस) करते हैं, वह मुनाफा तभी 'टिकाऊ' सिद्ध होता है, जब उस उत्पादन मूलक गतिविधि को 'और बेहतर व मारक शस्त्रबल' को उत्पादित करने के लायक भी बनाया जा सकता हो।

इसलिये शस्त्रबल पर आधारित व स्थापित सभ्यताओं, वर्चस्वों व सत्तासमीकरणों वाले आधुनिक, उत्तर-आधुनिक दौर में, इंक़लाबों को भी अगर आना है तो 'सशस्त्र प्रतिरोध' के बिना वह कैसे आ सकते हैं? अतः 'सशस्त्र इंक़लाब' का एक सर्वस्वीकृत धारणा बन जाना सहज व तर्कसंगत लगता है, यों सामंती कालों में भी शस्त्रबल की सामर्थ्य ही आखिरी फैसला करती थी, परंतु तब और अब में फर्क, यंत्र और वैज्ञानिक विधियों या तकनीकी व उच्च तकनीकी का है, जिसने मनुष्य की मौजूदगी की अनिवार्यता नहीं रहने दी है। मनुष्य देह की जगह मनुष्य के ज्ञान ने लेनी प्रारम्भ कर दी है, जो खास अमूर्त व परोक्ष किस्म की मौजूदगी रखता है। सामंती दौर में आमने-सामने के युद्ध में जब मनुष्य के हाथों दूसरे मनुष्य के मारे जाने की घटना घटती थी, तो यक एक प्रत्यक्ष अनुभव वाला बोध था, जिसमें वैराग्य के जन्म की संभावना भी उतनी ही थी जितनी वैर-विरोध से पुष्ट होने वाले अहंकार की, इसलिये उस दौर का सत्ता का ज्ञानतंत्र वैराग्य और अहंकार के ध्रुवों के बीच डोलता है, पर आधुनिक दौर के परोक्ष अस्त्र-संचालन में मारने वाला, मौत के घटित होने के वास्तविक अनुभव-बोध को कभी उपलब्ध नहीं होता। मौत दूर कहीं घटने वाली चीज होती है, जो एक ख़बर की तरह मारने वाले तक पहुँचती है। हिरोशिमा-नागासाकी पर एटम बम गिराने वालों के लिए लाखों लोगों का एक साथ मर जाना एक दूर से देखा गया क्षणिक बिम्ब मात्र है। इराक युद्ध के आँखों देखे प्रसारण भी आदमी की मौत को दूर घटने वाले दृश्यबिम्ब से ज्यादा कुछ नहीं थे, जिससे शस्त्रास्त्र-बल के परिणाम एक परोक्ष घटना के संवेदनविहीन बोध से ज्यादा गहरे में उतरने लायक

नहीं रह जाते। ऐसे में गाँधी का रास्ता ज्यादा अर्थपूर्ण मानवीय संभावना के करीब लगता है, जिसका मुख्य कार्यक्षेत्र है—मनुष्य के चित्त का हिंसा-भाव, इसका रूपांतर करना है और इसकी मंजिल है-शस्त्रास्त्र बल पर आधारित मानव विरोधी भौतिकवादी सभ्यता के विकल्प के रूप में एक अहिंसक समाज की नयी सभ्यता का विकास-जो शस्त्रबल को बढ़ाते चले जाते हुए उसके वर्जक (डेटरेंट) किस्म के इस्तेमाल द्वारा संभव नहीं, और न ही वह मृत्यु-रूप से काँपते हुए कमजोर लोगों के समाज की उपज हो सकता है, क्योंकि भय और हिंसा एक ही सिक्के के दो पहलू होते हैं। गाँधी अहिंसा को निर्भयता का दर्शन मानते हैं, परंतु जब तक इस धारणा की समाज-वैज्ञानिक रूप में व क्रमिक ऐतिहासिक विकास-चरणों की शिनाख्त करते हुए व्याख्या न की जायेगी, तब तक विकल्प अमूर्त और अध्यात्म या रहस्य-जैसी वस्तु बना रहेगा, जिससे सामूहिक तालमेल व रिश्ता बनाना सहज-सरल नहीं हो सकेगा।

यहाँ पहली बात यह समझने लायक है कि गाँधी का यह अहिंसक इंकलाब केवल साम्राज्यवाद विरोधी राष्ट्रीय आंदोलन की नीति का एक पहलू भर नहीं है, अपितु यह एक सभ्यतामूलक रूपांतर जैसी व्यापक, वैश्विक व मानवीय धरातल वाली वस्तु है।

दूसरी बात है-इसका सत्ता-ज्ञान के दायरे से बाहर खड़े होने के लिए 'आत्म-सत्ता' वाली धारणा को परंपरागत आत्म-तत्व के नवविकल्प की संभावना की तरह सामने लाना और उसके आधार पर एकदम नये और मौलिक ज्ञानतंत्र के विकास के लिए प्रयास करना है।

भारत के सांस्कृतिक परिदृश्य में एक बड़ी मौलिक बात यह दिखायी देती है कि यहाँ सामंती दौर के आरम्भ से ही 'सत्ता का प्रतिरोध करने वाली आत्म-चेतना' का निर्माण व विकास दिखायी देने लगता है। यह विश्व का इतिहास का सबसे अलहदा व अनूठा पहलू है और यही वह बात है जो भारत को भारत बनाती है। गाँधी और इक़बाल औपनिवेशिक दौर में 'भारत की सभ्यता' के 'मिट न सकने वाले पहलू' पर जोर देते हैं और 'कुद बात है कि हस्ती मिटती नहीं हमारी'-के सवाल का जवाब खोजते हैं। गाँधी इसका जवाब 'हिंद स्वराज' की भूमिका के शुरुआती आधार-लेखन में इस रूप में देते हैं कि "जिस दिन भारत की पवित्र भूमि पर बंदूकें बनाने वाले कारखाने खड़े होंगे, उस दिन इसकी राष्ट्रीय विशिष्टता खत्म हो जायेगी, क्योंकि भारत भारत नहीं रह जायेगा।" (प्रस्तावनाः टॉलस्टॉय के 'हिन्दू के नाम पत्र' की, से.गाँ.वां. की-10/4) यहाँ गाँधी के चिंतन की दिशा व सरोकार तो स्पष्ट हैं, परंतु इससे 'अहिंसा के लिए समाज-सांस्कृतिक स्पेस बनाने' की उनकी कोशिश इस सवाल का जवाब नहीं देती कि अंग्रेज-काल से पहले जब भारत में धनुष-बाण और त्रिशूल-तलवारों की ढलाई व निर्माण के काम चल रहे थे तो भारत को भारत बनाये रखने वाली वस्तु कौन सी थी? इस सवाल का जवाब खोजते हुए अगर वे भारत के

समूचे सांस्कृतिक इतिहास का पुनर्पाठ व पुनर्ममूल्यांकन करते तो पाते कि वह चीज थी-सत्ता के ख़िलाफ़ खड़ी हो सकने वाली मनुष्य की मानवीय और अहिंसक आत्म-चेतना के लगातार विकसित होते रहने के हालात व क्षमता का जमीनी यथार्थ। और यह बात वाकई रेखांकित करने लायक है कि इस प्रतिरोधी आत्मचेतना को भारत ने ईसा से सात शताब्दियों पूर्व गौतम बुद्ध और महीवर वर्धमान जैसे सत्ता से बाहर जा खड़े होने वाले राजपुत्रों ने ही जमीनी हकीकत में नहीं बदला, इसी की बदौलत यहाँ का वैष्णव साहित्य भी 'सत्ता से वनवास' पाये राजपुत्रों की संघर्ष गाथाएँ बनकर, भारत के सामान्यजन की अंतश्चेतना का पर्याय हो जाता है। आगे चलकर तेरहवीं-चौदहवीं सदी में भारत में सत्ता पर काबिज इस्लाम को भीतर से बदलते हुए अनेक सूफी भी यहाँ ऐसी ही हिम्मत जुटाते हुए सत्ता के बाहर खड़े होकर जनता की 'आत्मा की वाणी' (रूह की आवाज़) हो जाते हैं। उसी परंपरा में खड़े होने की वजह से महत्त्वपूर्ण होते हैं गाँधी-एक विराट रूपांतर व विकल्प के आधुनिक गोमुख का रूप लेते हुए।

गाँधी की इस विराट रूपांतर-विकल्प की ओर इशारा करती उनके चिंतन व आचरण की भीतरी संभावनाएँ, उन्हें मार्क्स, फूको और सईद जैसे महान चिंतकों की तुलना में ज्यादा गहराई में उतरने वाला साबित करती हैं। वे वर्गविहीन समाज की ओर होने वाले मानवजाति के संभावित रूपांतर को एक समग्र समाज-सांस्कृतिक इकाई की तरह आगे बढ़ाने वाली चेतना से मुक्त नज़र आते हैं और इस तरह मार्क्स को अपने तरीके से आत्मसात करते हैं। फूको और सईद के सांस्कृतिक व सामंतीय प्रतिरोध वाले रूपांतर की संभावनाओं को गाँधी का चिंतर एक परिप्रेक्ष्य देता है-एक सांस्कृतिक इतिहास-धारा में उसे जोड़ता हुआ एक जमीनी हकीकत से बदलता मालूम पड़ता है।

भारत में गौतम बुद्ध के काल से अहिंसा को परमधर्म का नाम देते हुए एक ऐसे सभ्यतामूलक प्रश्न की तरह उठा लिया गया, जो राजसत्ताओं के उदयकाल में उनके हिंसा-आधारित व्यवस्थापकों के ख़िलाफ़ उठ खड़ा हुआ, मनुष्य की परम स्वतंत्र और मानवीय आत्म चेतना को बचाने से जुड़ा सवाल था। गौतम बुद्ध ने राजसत्ता के उदय की स्थितियों का अपने एक उपदेश में, एक कथा की तरह बयान किया है और उसे लोगों के जान और माल की हिफाजत करने के नाम पर खड़ी की गयी हिंसा की व्यवस्था (या संस्था) का नाम दिया है, परन्तु जनसामान्य के लिए अहिंसा ही परमधर्म और समाज की बुनियादी व्यवस्था का आधारमंत्र है, इन विचारों से प्रभावित कई ब्राह्मण-ग्रंथ भी हिंसा को राजा के 'आपद्-धर्म' के अधिकार की तरह ही स्वीकृति देते हैं। बाद के सामंतीय सत्ताविमर्श धीरे-धीरे हिंसा के आपद्-धर्म वाले अधिकार का विस्तार करते हुए उसे आत्मसत्ता की कसौटी पर जायज ठहराने की कोशिश करते हैं। आधुनिक सत्ताविमर्शों में आत्मरक्षा के लिये हिंसा को न्यायोचित व वैधानिक रूप में स्वीकार कर लिया गया और अंतरराष्ट्रीय नीतिनिर्देश के तौर पर

दूसरे मुल्कों में 'डेटरेंट' के तौर पर 'अनुक्रमण के लिए जरूरी भय' के आधार के रूप में 'शस्त्रबल के संतुलन' के लिये जगह बना ली गयी है। इस तरह यह जो अब तक का पूरा सत्ताविमर्श है, वह अपने 'हिंसा की व्यवस्था' होने के भाव को चरितार्थ करता है और अपने मकसद के रूप में जनसामान्य के लिए अहिंसक बने रहकर सामाजिक-व्यवस्था बनाये रखने के लिए तथा शांति के हालात में विकास करने के लिये मददगार होने का दावा पेश करता है, परंतु जैसा कि मानवजाति ने सामंती कालों से लेकर अपने मौजूदा आधुनिक-उत्तर आधुनिक समयों तक व्यावहारिक रूप में यही देखा है कि राजसत्ताएँ अपने हिंसा की व्यवस्था के अधिकार को जनदमन के अधिकार में बदल लेती हैं और अहिंसक समाज की व्यवस्था के अपने मकसद से, बिना किसी अपवाद के 'हमेशा' चूकती रहती हैं।

क्योंकि जैसा गाँधी देख पाये, हिंसा से हिंसा और अहिंसा से अहिंसा का विस्तार होता है, जैसा कि उन्होंने बार-बार समझाने का प्रयत्न किया कि साधनों के हिंसक होने से कभी नतीजे अहिंसक नहीं हो सकते?

इसलिये गाँधी का अहिंसा का सवाल केवल पश्चिम की साम्राज्यवादी दमनकारी नीतियों को निरस्त करने तक रुका-ठिठका सवाल नहीं है, वह बड़े व्यापक अर्थबोध के साथ पूरे मानव समाज के अब तक के सत्ताविमर्शों की हिंसा की व्यवस्था हो सकने की गुत्थी को फिर से खोलकर नये सिरे से सुलझाते हुए, सभ्यता के विमर्श तक पहुँचने की कोशिश करता हुआ सवाल है। बेशक ऐसे बड़े सवालों के साथ सहमत होने के बावजूद यह शंका भी इसके साथ सदा चिपकी रहती है कि क्या यह संभव है? क्या सत्ता के किसी ऐसे रूप की कल्पना व्यावहारिक रूप में की जा सकती है, जो अहिंसक हो? इस सवाल के वाब में एक बात तो अवश्य कही जा सकती है कि राष्ट्रीय स्तर पर या दुनिया के मुल्कों में विभाजित बने रहने तक तो शायद ऐसी सत्ता-व्यवस्था की परिकल्पना संभव मालूम नहीं पड़ती, परंतु यही यह सवाल भी असी के भीतर से जन्म लेता है कि क्या सत्ता-व्यवस्था के बुनियादी रूप और चरित्र के अंतरराष्ट्रीय हो जाने पर, एक विश्व-सरकार के वजूद में आ जाने की स्थिति, में यह मुमकिन है? बेशक तब यह ज्यादा व्यावहारिक संभावना बन जाती है, परंतु वास्तव में यह मुमकिन तभी हो सकती है, जब मनुष्य के चित्त का 'सामाजिकीकरण' उस ऊँचे मानवीय स्तर पर पहुँच जायेगा, ज़ब वह अहिंसक व्यवहार को अपनी सहज अभिव्यक्ति मानेगा। मार्क्स जिस वर्गविहीन किस्म के सामाजिक रूपांतर का सपना देखते हैं, उसमें समानता, भाईचारा, आत्मगौरव व सभी के लिए न्याय व विकास के अवसरों के अधिकार देने वाले शांति-मैत्रीपूर्ण हालात भी गहराई में इस तरह के व्यवहारों के सहज मानवीय व्यवहार हो जाने का नतीजा होते हैं। यह मनुष्य और मनुष्य के बीच के रिश्तों के 'प्राकृतिक अभिव्यक्ति वाले श्रमसृजन या उत्पादनमूलक रिश्तों' का पर्याय हो जाने से

ताल्लुक रखने वाली बात है। सत्ता-सम्बन्ध चूँकि अधिरचनाएँ हैं, इसलिये उन्हें ऐसे व्यवहारों का नतीजा होना चाहिए, न कि सशस्त्र इंक़लाब के द्वारा हासिल की गयी सत्ता के हिंसक-चरित्र के द्वारा अहिंसक समाज की स्थापना वाले उल्टे चलन द्वारा उन्हें 'शॉर्टकट' से आने की कोशिश की जानी चाहिये। गाँधी इसलिये अधैर्य को रूपांतर के बड़े दुश्मनों में से एक मानते हैं। मकसद की एकता होने की वजह से यहाँ हम हम कह सकते हैं कि गाँधी से बेहद धैर्यवान मार्क्स हैं, जो इंक़लाबी परिणाम ही नहीं चाहते, इंक़लाब के 'साधनों' के तल तक भी नीचे को जमीनी हकीकत में बदलने की इच्छा रखते हैं।

इस अहिंसक मानवीय सभ्यता-दर्शन के सत्ताविमर्श का स्वरूप है-मनुष्य मात्र में विकेंद्रितकेंद्र के रूप में किसी भूमण्डलीय सत्ता का वर्चस्व ऐसी भूमण्डलीय सत्ता का नीति-निर्देशक विधान 'मनुष्य' को सर्वोपरि मानने की वजह से, विधिताओं के प्रति स्वीकार-भाव रखने वाला होगा, जिन्हें 'स्व' व 'अन्य' में विभाजित नहीं किया जायेगा, मनुष्यों में प्रकट होने वाली असामाजिक हिंसक-प्रवृत्तियों को मिटाने की बजाय उनके 'रूपांतर' के लिये प्रयास करना उसकी मानवीय भूमि की कसौटी होगी। गाँधी का 'हृदय का रूपांतर'। इस व्यापक समाजिकीकरण वाले रूपांतकर की शुरुआती भूमिका भर बन कर रह जायेगा, इस लिहाज से भावी समाजों को गाँधी से आगे बढ़ने की जरूरत होगी, गाँधी अपने समय की सीमाओं की उपज थे, परन्तु वे अपने समय से बहुत आगे की बात देख और सोच पा रहे थे। उनका 'धर्म' मनुष्य के व्यापक सभ्यतामूलक रूपांतर के तौर पर, 'परंपरागत धर्म' से अलहदा नया, आधुनिक और व्यापक रूप में मानवीय अर्थ तो पाता है, परन्तु इसे अनिवार्य रूप में 'मनुष्य के समाजिकीकरण' की प्रक्रिया के रूपांतरकारी-चरणों के रूप में तर्कसंगत व्याख्या प्रदान नहीं कर पाता।

गाँधी के 'धर्म' और 'आत्मचेतना' की अवधारणाओं की एक नयी समाज वैज्ञानिक व्याख्या की जा सकती है और वह हमारे समय की जरूरतों के भीतर से एक पुरजोर माँग की तरह प्रकट भी हो रही है, इसके दो कारण हैं। एक यह है कि हमारे समय तक आते-आते उत्तर-पूँजीवादी या वित्तीय पूँजीवादी हालात में 'पूँजी' और 'पर्यावरण' दोनों, प्राकृतिक संसाधनों के उत्पादन-पुनरूत्पादन से जुड़ी मुनाफावादी विकास-स्पर्द्धाओं की जकड़बंदियों से, एक हद तक आज़ाद होने की कोशिश कर रहे हैं। उनकी यह 'सापेक्ष आज़ादी' उनके सामने मौजूद, उनके भयावह रूप में संकटग्रस्त हो जाने के हालात का दूसरा पहलू है। प्राकृतिक संसाधनों की एक सीमा है, जिसके पार उनके दोहन-शोषण का मतलब है-पर्यावरण के प्राकृतिक संतुलन व वजूद को ख़तरे में डाल देना, इसी तरह 'पूँजी के मुनाफावादी सरलता' की भी सीमा है, जिसके पार स्पर्धा का मतलब है-विश्व की अर्थव्यवस्था के संतुलन को बिगाड़ना और युद्धों में शस्त्रबल की श्रेष्ठता को साबित करके अपने पलड़े को भारी बनाना।

दूसरी ओर वह जो पूँजी व 'पर्यावरण' की सापेक्ष आज़ादी है, वह मनुष्य के तल पर 'निजी जीवन जी सकने की आज़ादी' देती है और विविध समाजों तल पर 'स्थानीय आधार पर प्राकृतिक संसाधनों के आत्मशोधी व आत्मोत्पादक (रीसायकल्ड एवं रीजेनेरेटिव) रूपों को खोज़कर अंतःनिर्भर आर्थिक रिश्तों को खोजने की आज़ादी है। इस तरह हम देख सकते हैं कि आधुनिक, उत्तर-आधुनिक आर्थिक-राजर्नतिक सत्ता-व्यवस्थाओं ने जिस तरह के समाज को संरचित किया, उसमें 'मनुष्य' अथवा 'मनुष्य देह' के दमनशोषण को सार्वजनिक या सामूहिक कारणों से परोक्ष-स्वीकृति दी गयी और इस लोभ-स्वार्थ व भोगवाद से संचालित व्यवस्था के असल चेहरे को ढाँपने के लिये उसी मनुष्य के लिये 'निजी' धरातल पर 'व्यक्ति घेरने की आज़ादी' को भी एक 'सामाजिक स्पेस' दे दी गयी-जिसे 'कल्याणकारी राज्यों' ने अपना 'मानवीय चेहरा' बताया और जिसे अनुत्पादक होने पर विकास के लिये जरूरी शिक्षा व स्वास्थ्य के क्षेत्रों व काम के दौरान छुट्टियों व पेंशन आदि की रियायतों के रूप में प्रचारित किया गया, इस तरह इस आधुनिक, उत्तर-आधुनिक सभ्यता व्यवस्था में 'मनुष्य' धर्म और सियासत से लेकर श्रम-रोजगार व स्त्री पुरूष के प्रेम-काम सम्बन्धों तक में, सार्वजनिक एवं निजी दुनियाओं में अंतर्विभाजित हो गया यानी मनुष्य को 'मनुष्य' होने की मोहलत केवल आंशिक 'निजी दुनिया' वाले हिस्से के तहत ही दी गयी। ऐसा मनुष्य के अधूरे, अप्राकृतिक व अमानवीय किस्म के 'सामाजिकीकरण' की व्यस्था को, सामूहिक-सार्वजनिक व्यवस्था के नाम पर, ले आने की वजह से हुआ। यानी पूँजीवादी-उत्तरपूँजीवादी मुनाफावाद व भोगवाद के दोहन-शोषण करने की अनिवार्य जरूरत के कारण हुआ। पर एक अच्छी बात यह हुई कि आधे-अधूरे या आंशिक रूप में ही सही, मनुष्य के 'मनुष्य' हो सकने के निजी अधिकार-क्षेत्र का विकास-विस्तार हुआ और पहली दफा सामूहिक रूप में मनुष्य अपने बारे में इतना 'सामाजिक तौर पर सजग' हो पाया। मध्यकाल तक भले मनुष्य के 'मनुष्य होने' और 'उस रूप में जीने' की स्थितियाँ अंतर्विभाजित न होने से, प्राकृतिक रूप में व अखण्ड तौर पर, खुली व उपलब्ध थीं, परंतु वहाँ उन समयों में इस बारे में 'सजगता' का इतना अभाव था कि संतो-बुद्धों-भक्तों आदि को इसके लिए बार-बार 'वैराग्य', 'क्षणिकता' व 'पशुता या जड़ता' से ऊपर उठने के उपदेशों के द्वारा 'साधने लायक वस्तु' बनाना पड़ता था। गाँधी इसी मध्यकालीन चेतना के साथ मनुष्य को अपने 'मनुष्य' होने के प्राकृतिक अधिकार की बाबत सजग बनाते हुए, सीधे आधुनिक-काल में एक छलाँग ही लगाते हैं और मनुष्य के मौजूदा दौर के अंतर्विभाजन को आधुनिक सभ्यता की विकृति व पतनशीलता का लक्षण मानते हैं। यह बात तो समझ में आ जाती है, पर इसमें दिक्कत यह है कि विकास और समय के अग्रप्रवाह को पीछे लौटा ले जाना संभव नहीं इसलिए मनुष्य-केंद्रित सत्ता व समाज-व्यवस्था को लाने के लिये जो करना होगा, उसे इसी सभ्यता की विकृतियों को निरस्त करते हुए करना होगा।

गाँधी अपने चिंतन के इस अधूरेपन से वाकिफ हैं और 'हिंद स्वराज' में औद्योगिक विकास के तत्कालीन चरण को देखते हुए यह कहते हैं कि यंत्र-आधारित सभ्यता में उद्योगों व रेलगाड़ियों आदि के आ जाने से भले ही मानवजाति का सभ्यताकरण के मामले में बहुत बड़ा नुकसान हुआ है, पर यथार्थ स्थिति का तकाज़ा यह है कि अब यंत्रों, उद्योगों व रेलगाड़ियों को नष्ट नहीं किया जा सकता। अतः मानवजाति को सोचना यह होगा कि किस तरह इन चीजों के 'अमानवीय प्रयोगों' को दूर करते हुए 'मानवीय इस्तेमाल' के रास्ते निकाले जायें? किंतु ऐसा करने लायक होने के लिए 'स्वराज' या 'स्वशासन' पहली शर्त है, गाँधी उस पहली शर्त के लिये की जाने वाली जद्दोजहद में ताउम्र उलझे रहे, अतः उसके बाद, वहाँ से शुरू होने वाले असल कार्य-को यानी सभ्यतामूलक नवनिर्माण को-गाँधी अपने जीवनकाल में पर्याप्त गहराई व व्यावहारिक नक्शे प्रदान नहीं कर पाये। हमारे समय को इसी नवनिर्माण की समस्या का समाधान खोजने की जरूरत है।

कहना मुश्किल है कि अगर गाँधीजी जीवित होते तो अपने सरोकरों को व्यावहारिक बनाने के लिये-एक सभ्यतामूलक नवनिर्माण के लिये अपने अहिंसक इंक़लाब को क्या दिशा प्रदान करते? तथापि कुछ बातों को यहाँ रेखांकित अवश्य किया जा सकता है, जो मेरे मतानुसार—गाँधी-दर्शन के भीतर से विकसित होती है (और जिनसे मतभेद की पूरी गुंजाइश व स्वतंत्रता दी जानी चाहिये) गाँधी के 'स्वशासन' का एक सिरा 'सत्ता के मनुष्य केंद्रित रूप' में तो दूसरा सिरा ग्रामीण पंचायती इकाइयों की आत्मनिर्भर आर्थिकता में सत्ता के मनुष्य केंद्रित रूप का विस्तार मानवजाति को एक 'भूमण्डलीय सत्ताकेंद्र' की ओर ले जायेगा, जो सारे विश्व के शस्त्रबल का अंतरराष्ट्रीयकरण (राष्ट्रीयकरण का अगला चरण) करके उस पर एकाधिकार रखेगा और उसके प्रयोग के लिए अंतरराष्ट्रीय कानून के अंतर्गत काम करेगा। यू0एन0ओ0 को वास्तविक शक्ति केंद्र में बदलते हुए राष्ट्रीय अंतर्विभाजनों को 'मानव केंद्रित समाज-व्यवस्था' के पक्ष में कामचलाऊ व्यवस्था की तरह रहने देगा, ताकि विविधताओं की रक्षा सम्भव हो, पर गाँवों को इकाई मानने से शहरकेंद्रित अर्थव्यवथा का ढाँचा अवश्य चरमरा जायेगा। बड़ी औद्योगिक इकाइयों वाले शहरों को गाँवों की तर्ज पर प्राकृतिक संसाधनों के संतुलित इस्तेमाल करने वाले एक आत्मनिर्भर आर्थिकता वाले ब्लाकों या खण्डों के रूप में काम करने के तरीके ईजाद करने होंगे और मनुष्य व प्रकृति के रिश्तों की पूरकता और समरसता को एकमात्र 'धर्म' के रूप में विकसित करना पड़ेगा, ताकि आत्मचेतना के अंतर्विकास के लिये वही एकमात्र स्त्रोत के रूप में हमारी दृष्टि नैतिकता और आचरण के बुनियादी नियमों को जन्म देने वाला एवं जीवंत बनाने वाला हो सके। 'मनुष्य' और 'प्रकृति' को सत्ता व उत्पादन-प्रणालियों का आधार बनाने से ही एक वर्गविहीन विश्व समाज का अहिंसक इंक़लाब चरितार्थ हो सकता है।

बीच बहस 'हिंद स्वराज' और आधुनिक विकास

के.एन. गोविंदाचार्य

आज़ादी के बाद, शुरुआती दिनों में देश की किसानी को पटरी पर लाने के लिए सरकारी तौर पर कई तरह के प्रयास हुए। लेकिन यहाँ भी किसानों के पारंपरिक ज्ञान और जीवनशैली को दरकिनार करते हुए पश्चिमी तौर-तरीके थोप दिए गए। परिणाम यह हुआ कि एक बार अनाज का उत्पादन तो बढ़ा, लेकिन उससे जुड़ी कई समस्याएँ भी उत्पन्न हो गईं। जब से देश में तथाकथित 'आर्थिक उदारवाद' की बयार बहनी शुरू हुई है तब से किसानों का जीवन और मुश्किल हो गया है। अब तो संकट किसानों के अस्तित्व का ही संकट है।

हिंद स्वराज से जुड़ी किसी भी बात को आगे बढ़ाने से पहले बुनियादी तौर पर कुछ चीजों को जान-समझ लेना जरूरी है। गाँधी जी जिस हिंद स्वराज की बात करते थे उसमें यह दृष्टि नहीं थी कि सिर्फ़ अंग्रेजों के भारत से चले जाने से ही सब कुछ ठीक हो जाएगा। बल्कि गाँधी जी का मानना था कि भारत अपनी तासीर, तेवर और जरूरत के हिसाब से समाज संचालन के लिए संरचना गढ़ता चले। इसके साथ-साथ गाँधी जी चाहते थे कि समाज जीवन, सत्य, प्रेम और अहिंसा के अधिष्ठान पर सुचारु ढंग से चल सके और समाज का हर हिस्सा ईमान की रोटी खाए और इज़्ज़त की ज़िंदगी जिए। उनके हिंद स्वराज का एक व्यापक फलक था जिसमें आज़ादी का अर्थ कमजोर से कमजोर इंसान में अभिव्यक्त होना प्रमुखता से शामिल था। सही मायने में कहा जाए तो गाँधी की दृष्टि सत्ता हस्तांतरण या राजनैतिक आज़ादी के सीमित अर्थों तक बंधी हुई नहीं थी।

आज के भारत के लिए हिंद स्वराज बीते सौ साल के मुकाबले अधिक अर्थवान है। जब हम प्रत्यक्ष अनुभव ले रहे हैं कि पैसा कमाना ही सुख नहीं है यानी सुख पैसे में निहित नहीं है। ऐसी स्थिति में हिंद स्वराज का ज्यादा अर्थवान् लगना स्वाभाविक ही है। सही मायने में अगर कहा जाए तो हिंद स्वराज समर्थ भारत के साथ भारत को सार्थक बनाने के लिए एक सशक्त विचार है।

इस बात से कोई इन्कार नहीं कर सकता कि किसी भी देश को समर्थ एवं सार्थक बनाने में उस देश के विकास की सबसे अहम भूमिका होती है। गाँधी जी के हिंद स्वराज की बात करते हुए हमें विकास की अवधारणा पर विस्तार से निगाह डालना चाहिए। तब ही सही मायने में स्वराज की बात भी सामने आ पाएगी। जब हम विकास की बात करते हैं तो प्रायः हम विकास की अमेरिकी अवधारणा को ही दोहराने लगते हैं। हम भूल जाते हैं कि विकास के संदर्भ में भारत की भी एक सोच रही है। भारत ही क्या, दुनिया के प्रत्येक कोने में विकास की व्याख्या अलग-अलग ढंग से की गई है। हिंद स्वराज में गाँधी जी ने भी इसे भारतीय संदर्भ में देखा है। वैसे हमें यह याद रखना चाहिए कि दुनिया के अलग-अलग हिस्सों में बसने वाले समाजों के रहन-सहन, खान-पान, उनकी राजनीति, संस्कृति, उनके सोचने और काम करने के तौर-तरीके, सब जिस मूल तत्व से प्रभावित होते हैं, वह है वहाँ की भौगोलिक परिस्थिति। उसी के आलोक में वहाँ जीवन दृष्टि, जीवनलक्ष्य, जीवनादर्श, जीवन मूल्य, जीवन शैली विकसित होती है। उसी के प्रभाव में वहाँ के लोगों की समझ बनती है और साथ ही दुनिया में उनकी भूमिका भी तय होती जाती है।

भारत भी ऐसा एक देश है जहाँ भूगोल का असर पड़ा। उसके कारण यहाँ विकेन्द्रीकरण, विविधता, अभौतिक सुख का महत्त्व, मनुष्य प्रकृति का पारस्परिक सम्बन्ध जैसी बातों को विशेष महत्त्व दिया गया। उसी आधार पर यहाँ सुख की समझ बनी। विश्व दृष्टि, जीवन दृष्टि बनी। दुनिया को बेहतर बनाने में योगदान करने की इच्छा और सामर्थ्य विकसित हुई। यहाँ समृद्धि और संस्कृति के संतुलन का ध्यान रखना आवश्यक माना गया। सुख के भौतिक-अभौतिक पहलुओं की समझ बनी। तद्नुसार समाज संचालन की विधाएँ विकसित हुईं। धर्मसत्ता, समाजसत्ता, राजससत्ता, अर्थसत्ता की संरचनाएँ एवं उनके पारस्परिक सम्बन्ध स्वायत्तता आदि की व्यवस्था बनी। समय-समय पर परिमार्जन की व्यवस्था भी बनती गई। देशी समझ के साथ समस्याओं के समाधान और हर प्रकार की सत्ता के विकेन्द्रीकरण को पर्याप्त महत्त्व दिया गया। विकेन्द्रीकरण, विविधीकरण, स्थानिकीकरण की अवधारणा को समाज व्यवस्था की निरंतरता एवं गतिशीलता के लिए आवश्यक समझा गया। इन सब बातों को भारत की तासीर कहा जा सकता है।

विगत 200 वर्षों में इस तासीर को समय-समय पर मिटाने और बदलने की कोशिश होती रही। अभी यह कोशिश अंधाधुंध वैश्वीकरण एवं बाज़ारवाद के हमले के रूप में हमारे सामने है। विचार, व्यवस्था, व्यवहार तीनों स्तरों पर इसका प्रभाव है। यह चुनौती एक दानवी चुनौती है क्योंकि इसमें न तो मनुष्य की, न तो उसके सुख की और न ही समाज और प्रकृति की कोई परवाह है। इसकी सोच आक्रामक, पाश्विक, प्रकृति विरोधी एवं मानव विरोधी है। इसके लक्षण हैं केन्द्रीकरण, वैश्वीकरण, एकरूपीकरण एवं बाज़ारीकरण। यह अर्थसत्ता को सर्वोपरि बनाकर

राजसत्ता का उपयोग करती है और इस प्रकार समाजसत्ता तथा धर्मसत्ता को नष्ट करके आसुरी संपदा; आसुरी साम्राज्य बनाने के लिए प्रयासरत है। हमारे ऊपर जो आसुरी हमला हो रहा है, उसमें मनुष्य की भौतिक इच्छाओं को हवा देकर उसके जीवन के शेष अभौतिक पहलुओं को नकारने की प्रवृत्ति अंतर्निहित है। इसी के अनुसार सुख एवं विकास आदि को परिभाषित किया जाता है और सभी माध्यमों का उपयोग करते हुए इसे जन-जन के मन में बिठाने की कोशिश की जाती है। जबकि वास्तविकता यह है कि विकास की यह भ्रामक, एकांगी एवं प्रदूषित संकल्पना है।

भारत में विकास का मतलब है शरीर, मन, बुद्धि व आत्मा का संतुलित सुख। आंतरिक एवं बाहरी अमीरी का संतुलन रहे। तद्नुसार सामाजिक, आर्थिक, राजनैतिक, सांस्कृतिक व्यवस्था हो। तद्नुसार शिक्षा संस्कार भी हो। समाज में समृद्धि और संस्कृति का संतुलन बना रहे, वही सही विकास होगा। विकास की अवधारणा समाज से जुड़ी हुई है। हम समाज कैसा चाहते हैं? इसी से तय होगा कि विकास हुआ या नहीं। वास्तविक विकास मानवकेन्द्रित न होकर पारिस्थितिकी केन्द्रित होता है, एक ऐसी व्यवस्था जिसमें जमीन, जल, जंगल, जानवर, जन का परस्पर पोषण होता रहे। व्यक्ति का परिवार, पड़ोस, समाज, दुनिया, प्रकृति के साथ तालमेल बना रहे। वही तकनीक सही मानी जाएगी जो आर्थिक पक्ष के साथ पारिस्थितिकी एवं नैतिक पक्ष का भी ध्यान रख सके।

गांधी जी जिस स्वराज की बात करते थे आज उसके विपरित ही परिस्थितियाँ बनाई जा रही हैं। मौजूदा दौर में लंबी-चौड़ी सड़कों के निर्माण और जीडीपी के बढ़ने को ही विकास बताया जा रहा है। इससे भी बुरी बात यह है कि सत्ता में बैठे लोग दूसरों को भी इसी अवधारणा को सच मानने के लिए बाध्य कर रहे हैं। मीडिया का एक बहुत बड़ा वर्ग उनके साथ है। इसका असर यह हुआ कि बहुत सारे लोग शेयर बाज़ार की उछाल और विदेशी मुद्रा भंडार के साथ-साथ शॉपिंग माल्स की बढ़ती संख्या को ही विकास मान बैठे हैं। परन्तु हकीकत यह नहीं है। जिसे विकास बताया जा रहा है वह वस्तुतः विकास नहीं है। अगर सही मायने में विकास हुआ होता तो क्या देश में चारों ओर खुशहाली नहीं आई होती? क्या यहाँ के किसान आत्महत्या करने को मजबूर होते? एक बात तो साफ है कि विकास को लेकर समाज में भयानक भ्रम फैलाया गया है और अभी भी यह प्रवृत्ति थमी नहीं है।

हिंद स्वराज की बात करते हुए ही हमें यह अच्छी तरह से समझ लेना चाहिए कि भारतीय संदर्भ में विकास के साथ कुछ बुनियादी शर्तें जुड़ी हैं। यहाँ वास्तविक विकास कार्य उसी को कहा जा सकता है जिसमें अंतिम व्यक्ति का हित सर्वोपरि रहे। जबकि आज हो रहा है इसके ठीक उल्टा। आज जो नीतियां बनाई जा रही हैं, उनमें आम आदमी की बजाए पूंजीपतियों एवं प्रभावशाली समूहों के हित का ध्यान

रखा जाता है। वर्तमान 'संप्रग' सरकार की मानें तो आज भी देश के 84 करोड़ लोग बीस रुपए रोज़ाना पर जीवन बसर करने को मजबूर हैं। आज जहाँ एक ओर विकास के बढ़-चढ़ कर दावे किए जा रहे हैं वहाँ इन लोगों की बात करने वाला कोई नहीं है। यह कैसा विकास है जिसमें अमीर की अमीरी और गरीब की गरीबी बढ़ती ही जा रही है। गैरबराबरी की खाई दिनोंदिन चौड़ी होती जा रही है। एक खास तरह की सामाजिक और आर्थिक असमानता समाज में बढ़ती हुई देखी जा सकती है।

भारत में विकास तब तक सतही और खोखला माना जाएगा जब तक यहाँ के किसान सुखी और समृद्ध नहीं हैं। आज़ादी के बाद के शुरुआती दिनों में देश की किसानी को पटरी पर लाने के लिए सरकारी तौर पर कई तरह के प्रयास हुए। लेकिन यहाँ भी किसानों के पारंपरिक ज्ञान और जीवनशैली को दरकिनार करते हुए पश्चिमी तौर-तरीके थोप दिए गए। परिणाम यह हुआ कि एक बार अनाज का उत्पादन तो बढ़ा, लेकिन उससे जुड़ी कई समस्याएँ भी उत्पन्न हो गईं। जब से देश में तथाकथित 'आर्थिक उदारवाद' की बयार बहनी शुरू हुई है तब से किसानों का जीवन और मुश्किल हो गया है। अब तो संकट किसानों के अस्तित्व का ही है। हम अगर गौर करें तो हमारे ध्यान में आएगा कि 1991 के बाद किसानों की आत्महत्या काफी तेजी से बढ़ी है। अगर हम सरकार के बजट पर निगाह डालें तो पता चलेगा कि इस दौरान कृषि को मिलने वाले बजट में भी कमी होती गई। अब सीधा सा हिसाब है कि अगर निवेश घटेगा तो स्वाभाविक तौर पर उस क्षेत्र का विकास बाधित हो जाएगा। अभी देश के किसानों और किसानी की जो दुर्दशा है, वह इन्हीं अदूरदर्शी नीतियों की वजह से है। इस बदहाली के लिए देश का अदूरदर्शी नेतृत्व भी कम जिम्मेदार नहीं है। बीते सालों के अनुभव से साफ है कि किसानों की हालत को सुधारे बगैर हम भारत का विकास नहीं कर सकते।

भारत के विकास की दिशा में सोचने पर मेरे ध्यान में आता है कि यहाँ ऐसी नीतियों को अपनाया जाना चाहिए, जिनसे परिवार की इकाई मजबूत बने। दरअसल, भारत की संरचना ही ऐसी है कि हम यहाँ एक-दूसरे के साथ एक खास तरह की डोर में बंधे बगैर अपना सर्वश्रेष्ठ प्रदर्शन नहीं कर पाते हैं। हमारे सामाजिक सम्बन्धों को तय करने में भी हमारे संस्कारों की अहम भूमिका होती है। हम सब अपने-अपने परिवार से ही संस्कार ग्रहण करते हैं। जब परिवार नामक इकाई मजबूत रहेगी तभी सही मायने में उसके सदस्यों के व्यक्तित्व का समग्र विकास हो पाएगा। आजकल देखने में आ रहा है कि परिवार नामक इकाई कमजोर होती जा रही है। अलगाव बढ़ता जा रहा है। लोग आत्मकेंद्रित होते जा रहे हैं। इसका असर समाज में साफ तौर पर दिखने लगा है। भय और असुरक्षा का माहौल बढ़ता जा रहा है। सोचने का दायरा सिमट कर रह गया है। अपने स्वार्थ के लिए कुछ भी करने की मानसिकता में आज लोग आ गए हैं। अगर हम वाकई इस दिशा में सुधार करना चाहते हैं तो हमारी

नीतियां ऐसी हों जो परिवार नामक इकाई को मजबूत कर सकें।

देश के विकास के बारे में जब हम सोचें तो यह बात भी जेहन में रहनी चाहिए कि इसके लिए नारी की सुरक्षा, मर्यादा और सहभागिता सुनिश्चित करना बहुत जरूरी है। भारत में नारी को मातृशक्ति का दर्ज़ा दिया गया है। पर हकीकत में यह धारणा बस किताबों में ही रह गई है। व्यावहारिक तौर पर समाज में महिलाओं को वह प्रतिष्ठा नहीं मिल पाई है, जिसकी हकदार वो हैं। हमें राष्ट्र के विकास की नीतियों के निर्धारण के वक्त इस बात का ख्याल रखना होगा। आज़ादी के साठ साल गुजरने के बावजूद हम देख सकते हैं कि सार्वजनिक क्षेत्रा में महिलाओं की भागीदारी अपेक्षाकृत कम है। ऊँचे ओहदों की बात करें तो वहाँ तो महिलाएँ और भी कम दिखती हैं। अगर हम समग्र विकास चाहते हैं तो आधी आबादी की सहभागिता को बढ़ाए बगैर ऐसा नहीं हो सकता।

देश के विकास के दौरान समृद्धि और संस्कृति का संतुलन बना रहना बेहद जरूरी है। आजकल देखा जा रहा है कि समृद्धि के लिए संस्कृति की उपेक्षा की जा रही है। समृद्धि भी जनसाधारण की नहीं बल्कि प्रभावशाली लोगों की। देश की नीतियाँ पूंजीपरस्त हो गई हैं और उसमें थैलीशाहों का हित सर्वोपरि हो गया है। ऐसे में समृद्धि और संस्कृति का संतुलन गड़बड़ाना स्वाभाविक है। यदि हम समाज का समग्र विकास चाहते हैं तो समृद्धि और संस्कृति में संतुलन साधना बेहद जरूरी है। यह संतुलन साधे बगैर समाज में विकास की बात करना बेमानी होगा।

दरअसल, आज इस बात को भी समझने की जरूरत है कि हम आख़िर समृद्धि किस कीमत पर चाहते हैं। क्या अपनी परंपराओं को मिटाकर लाई जा रही तथाकथित समृद्धि की हमें जरूरत है? और अगर हमारा जवाब नकारात्मक है तो आख़िर हमारे लिए विकास का रास्ता क्या हो? आख़िर कैसे हम अपनी संस्कृति को सुरक्षित रखते हुए समृद्धि की दिशा में बढ़ें? कैसे हम अपनी संस्कृति को ही समृद्धि के लिए उपयोग में ला सकें? ये कुछ ऐसे मसले हैं जिन पर बातचीत करने की आज जरूरत है।

स्वस्थ विकास तो मनुष्य के साथ-साथ जमीन, जल, जंगल और जानवर के विकास से भी जुड़ा है। इनकी उपेक्षा करके विकास की परिभाषा गढ़ेंगे तो वह टिकाऊ नहीं होगा। पर्यावरण की जिस समस्या से हम दो-चार हो रहे हैं वह और विकराल स्वरूप ग्रहण कर लेगी। जरूरत इस बात की है कि विकास पारिस्थितिकी को ध्यान में रखकर किया जाए, न कि अकेले मानव मात्रा को ध्यान में रखकर। पारिस्थितिकी में हर किसी की अपनी एक अलग और विशेष भूमिका है। अगर इस चक्र के किसी भी अंग को नुकसान हुआ तो पूरे चक्र का गड़बड़ाना तय है। विकास जब केवल मानव मात्र को ध्यान में रखकर करने की कोशिश की जाएगी तो यह सहज और स्वाभाविक है कि प्रकृति में जबर्दस्त असंतुलन कायम होगा और उसके दुष्परिणामों से मनुष्य बच नहीं पाएगा।

यदि विकास के पहिए को सही पटरी पर लाना है तो भूख और बेरोजगारी को मिटाना हमारी पहली प्राथमिकता होनी चाहिए। आज भी देश की एक बड़ी आबादी को दो वक्त की रोटी नहीं मिल पाती। ऐसे लोग भी अपने देश में है जो रात में भूखे पेट सोने को मजबूर हैं। उनकी इस स्थिति के लिए यदि हम विकास के मौजूदा मॉडल को दोषी ठहराएँ तो गलत नहीं होगा। बेरोजगारी की मार से नौजवान बेहाल हैं। साफ तौर पर दिख रहा है कि सरकार के पास हर हांथ को रोजगार देने के लिए कारगर नीति का अभाव है। यह अभाव नया नहीं है। हमें विकास की ऐसी अवधारणा पर काम करना होगा जिसमें हर हाथ को काम मिल सके। इसके लिए हमें स्वरोजगार को बढ़ाने की दिशा में भी काम करना होगा। आत्मनिर्भरता की राह पर आगे बढ़ते हुए नौजवानों में ऐसा आत्मविश्वास पैदा करना होगा कि वे किसी का मुँह देखे बिना खुद अपने लिए रोजगार पैदा करते हुए प्रगति की राह पर आगे बढ़ सकें। अभी विकास के जिस माडल को लेकर हम चल रहे हैं, उसमें गरीबी रेखा तय की जाती है। इसका परिणाम सबके सामने है। मेरा मानना है कि सही मायने में अगर हम विकास चाहते हैं तो गरीबी रेखा के बजाए समृद्धि की रेखा तय की जाए और उसी के मुताबिक समयबद्ध कार्यक्रम लागू किए जाएँ।

भारत के संदर्भ में अगर हम विकास की बात करते हैं तो हमें यह भी ध्यान में रखना होगा कि राजनैतिक सत्ता का विकेंद्रीकरण हो। ग्राम सभा को सभी स्तरों के निर्णय में सहभागी बनाया जाए। राजनैतिक सत्ता में आम सहमति की अवधारणा को हकीकत में बदलने की जरूरत है। राजनीतिक दलों का रवैया प्रतिस्पर्धात्मक न होकर सकारात्मक होना चाहिए। इसके अलावा भारत के विकास के लिए चुनावों को बाहुबल और धनबल से मुक्त करने की व्यवस्था भी करनी पड़ेगी। इसके लिए राजनैतिक दलों को उत्तरदायी बनाने की शुरुआत होनी चाहिए।

देश के समग्र विकास के लिए कर ढाँचे को भी सुधारे जाने की जरूरत है। सरकार को चाहिए कि वह आमदनी की बजाए खर्च पर कर लगाने की शुरुआत करे। आर्थिक क्षेत्रों में अपने देश में बहुत अव्यवस्था है। इसे सुधारने के लिए अन्य उपायों के साथ-साथ अनार्जित आय को परिभाषित एवं नियंत्रित करना जरूरी है। न्यायपालिका सहित पूरे प्रशासनिक ढाँचे को विकेंद्रीकरण के जरिए जनता के प्रति ज़वाबदेह बनाना होगा।

समग्र विकास के लिए यह भी जरूरी है कि सामाजिक, सांस्कृतिक और धार्मिक क्षेत्रों को स्वायत्तता दी जाए और उन्हें शक्ति सम्पन्न बनाकर सरकारी नियंत्रण से मुक्त किया जाए। ऐसा होने पर ही ये विकास की गति को बनाए रखने में अपना महत्त्वपूर्ण योगदान कर पाएंगे। हमें यह भी याद रखना होगा कि भारत के सामाजिक विकास में यहाँ के धर्मस्थलों की अहम भूमिका रही है। हमें उनकी सकारात्मक सहभागिता सुनिश्चित करनी होगी।

शिक्षा को व्यक्तित्व विकास केन्द्रित एवं जीवनोपयोगी बनाया जाना चाहिए। शिक्षा ऐसी होनी चाहिए कि उससे एक स्वतंत्रता और सकारात्मक सोच विकसित हो। देशी चिकित्सा पद्धतियों को प्रोत्साहित किया जाए और उन्हें सक्षम बनाया जाए। अगर ऐसा किया जाएगा तो विकास को गति मिलनी तय है। हम सब जानते हैं कि बदलती जीवनशैली ने छोटे-बड़े रोगों का प्रकोप बढ़ा दिया है। आनन-फानन में हमें उपचार के लिए अंग्रेजी पद्धतियों का आश्रय लेना पड़ रहा है। इलाज कराते-कराते लोग कंगाल हो जाते हैं, लेकिन प्रायः उन्हें स्वास्थ्य लाभ नहीं मिल पाता। देशी चिकित्सा अपेक्षाकृत सस्ती और कई रोगों में ऐलोपैथी से अधिक कारगर है। हमें इस पर अधिक ध्यान देने की जरूरत है। निष्कर्ष यह है कि भारत में सकल घरेलू उत्पाद एवं आर्थिक वृद्धि दर के स्थान पर विकास का एक नया 'सुखमानक' तैयार करने की जरूरत है। तभी समग्र विकास होगा और इसका फायदा समाज के प्रत्येक वर्ग को मिल पाएगा और तब ही सही मायने में गाँधी जी के हिंद स्वराज के सपने की ओर कुछ कदम हम आगे बढ़ेंगे।

हिंद स्वराज पर बात करते हुए संसदीय राजनीति में आई गिरावट की चर्चा भी ज़रूरी है। हाल के अनुभवों से इस बात की पुष्टि हो चुकी है कि लोकतंत्र अब निगमतंत्रों में बदलकर रह गया है। इस बात का सबसे बड़ा प्रमाण विश्वास मत प्राप्त करने के दौरान बीते 22 जुलाई लोकतांत्रिक आस्था के केंद्र संसद में देखने को मिला। सारी दुनिया ने उस शर्मनाक घटना को देखा कि सरकार बचाने के लिए विश्व का सबसे बड़ा लोकतंत्र होने का दंभ भरने वाले देश में सांसदों को खरीदने की कोशिश होती है। इस घटना से कई गंभीर संकेत उभरकर सामने आ रहे हैं। पहली बात तो यह कि जो वोट के बदले नोट नहीं चाहते थे उन्होंने तो सबके सामने यह पोल खोल दी। पर यह अंदाजा लगाना मुश्किल नहीं है कि जब इतने बड़े स्तर पर नोट से वोट और वोट से नोट का खेल चल रहा हो तो अंदर ही अंदर कई लोगों ने इस खेल में हिस्सा लिया होगा और अपना स्वार्थ साध होगा। इस बात की पुष्टि उस वक्त भी हो गई थी जब कई सांसदों ने विश्वास मत के दौरान पाला बदलकर मतदान किया था और कई तो मतदान से गायब ही हो गए थे। यह लोकतंत्र के निगमीकरण का सार्वजनिक प्रदर्शन था।

इससे पहले भी संसद सदस्यों के चरित्रों से देश उस वक्त परिचित हुआ था जब 2005 के आख़िरी दिनों में एक स्टिंग ऑपरेशन के ज़रिए यह बात उजागर की गई थी कि कुछ सांसदों ने सदन में सवाल उठाने के लिए पैसे लिए थे। इस स्टिंग ऑपरेशन के जरिए तो उन्हीं का चेहरा सामने आया जो कैमरे की कैद में आ गए। सदन ने उन्हें गुनाहगार मानते हुए सजा भी दे दी। जो स्वभाविक ही था। पर इससे एक प्रवृत्ति की झलक मिलती है। वो यह कि पैसा लेकर सवाल पूछने की कुप्रथा चल पड़ी है। खुद को जनप्रतिनिधि कहने वालों के लिए यह बेहद शर्मनाक है। ऐसे

में यह सवाल उठना स्वाभाविक है कि आख़िर हमारी चुनाव प्रणाली में कहाँ खोट है जिसकी वजह से ओछे लोग इस व्यवस्था का संचालन करने के लिए निर्वाचित हो जा रहे हैं।

बहरहाल, इन अनुभवों से जो बात निकलकर सामने आ रही है वो यह है कि बड़े दलों और गठबंधनों को निगमों ने निगल लिया है। निगमतंत्र के भारतीय राजनीति पर बढ़ते प्रभाव के लिए कुछ घटनाओं का उल्लेख करना आवश्यक है। कुछ साल पहले देश के बड़े उद्योगपति ने अपने एक चहेते को ऊर्जा मंत्रालय दिए जाने की मांग की थी। ऐसा उन्होंने इसलिए कहा था कि उनके मन मुआॅफिक मंत्री बनने के बाद उनके व्यावसायिक हितों का सध्ना आसान हो जाता। गुजरात सरकार में उद्योगपतियों को जबर्दस्त तरीके से प्रोत्साहन दिया गया। यहँ तो निवेशकों की बैठक, बड़े प्रोजेक्टस और इंफ्रास्ट्रक्चर के विकास की आड़ में थैलीशाहों को लाभ पहुँचाया जा रहा है। कर्नाटक में तो हद ही हो गई। बताया जा रहा है कि पिछले विधानसभा चुनाव में वहाँ के हर विधानसभा क्षेत्रों में कार, मोटरसाइकल, रंगीन टीवी समेत नकद भी बांटे गए। निगमतंत्र में बदलने की दौड़ में कोई भी प्रचलित दल पीछे नहीं है। कांग्रेस और भाजपा भले ही इस दौड़ में सबसे आगे दिख रहे हों लेकिन उनके पीछे दूसरे दलों की एक लंबी फेहरिस्त है। सपा, बसपा और वामपंथ आदि भी उसी पंक्ति में हैं। चिंता की बात तो यह भी है कि चुनाव मैदान में एकदूसरे के ख़िलाफ़ दो-दो हांथ करती दिखने वाली पार्टियाँ कई मसलों पर समान रवैया ही रखती हैं। इसे विकास के उदाहरण से समझा जा सकता है। विकास को लेकर सभी दलों में वैचारिक समानता दिखती है। जीडीपी, आर्थिक विकास दर, इन्वेस्टर्स मीट और इंफ्रास्ट्रक्चर निर्माण की तेज गति को ही ये दल विकास मानते हैं। पर विकास की यह अवधारणा कई स्तर पर खोखली साबित हो रही है। आर्थिक विकास के नाम पर उड़ीसा, छत्तीसगढ़ और झारखंड जैसे राज्यों में खनिज की खुलेआम लूट जारी है। इससे वहाँ के लोगों का तो विकास नहीं हो रहा है लेकिन मुट्ठी भर थैलीशाहों का आर्थिक विकास जरूर हो जा रहा है। इसके अलावा इंफ्रास्ट्रक्चर के नाम पर कई राज्यों में रोड और ई-चौपाल बनवाए गए और इनके ज़रिए भी वहाँ के लोगों को जमकर लूटा जा रहा है।

राजनीतिक दलों और गठबंधनों के निगमतंत्र में बदल जाने की वजह से इसका दुष्प्रभाव कई स्तर पर देखने को मिल रहा है। कहा जाता है और काफी हद तक यह सही भी है कि राजनीति में हो रहे बदलावों का असर मीडिया पर भी पड़ता है। बीते कुछ सालों से मीडिया भी निगमतंत्र से प्रभावित होता जा रहा है। इसका प्रमाण इस बात से मिलता है कि चुनाव के दौरान तो राजनीतिक दलों के द्वारा अख़बारों में स्थान और चैनलों पर टाइम स्लॉट खरीद लिए जा रहे हैं जिस पर वे अपने सियासी लाभ के लिए मनमुआॅफिक ढ़ंग से सामग्री का प्रकाशन और प्रसारण

करवाते हैं। बात अब प्रायोजित परिशिष्ट से आगे बढ़ चुकी है। अब तो विज्ञापन को भी बिल्कुल ख़बर की तरह ही प्रकाशित किया जाता है और कहीं भी यह उल्लेख करने का जहमत अख़बार नहीं उठाना चाहते हैं कि यह प्रायोजित ख़बर है। यह समाचार संस्थानों का अपने पाठकों से छल है। इस मामले में ख़बरिया चैनल तो और भी आगे बढ़ गए हैं। कई समाचार चैनल तो वीडियो कंपनी में तब्दील हो गए हैं। इन चैनलों में राजनीतिक दल की जरूरत के हिसाब से पैसा लेकर उस दल विशेष का महिमामंडन करने वाले वीडियो बनाए जा रहे हैं और इन्हें उस ख़बरिया चैनल पर समाचार की तरह प्रसारित किया जा रहा है। इसके अलावा समाचार संस्थानों में अब यह व्यवस्था भी हो गई है कि एक निश्चित रकम देकर यह सुनिश्चित किया जा सके कि अपने राजनीतिक विरोधियों से जुड़ी सही खबरें भी प्रकाशित या प्रसारित नहीं हो पाएँ। यह चलन चुनाव दर चुनाव बढ़ता ही जा रहा है और निगमतंत्र को विस्तार देता जा रहा है।

गाँधी जी के देश में आज सत्ताधरी दलों में चुनावों के दौरान जमकर सरकारी धन के दुरुपयोग करने की प्रवृत्ति बढ़ती ही जा रही है। सरकारी विज्ञापन होर्डिंग्स और अन्य तरीके से सत्तारूढ़ दल अधिसूचना जारी होने से पहले तक सरकारी खर्च पर करता है। ज्यादातर सरकारें बजट का एक बड़ा हिस्सा सरकारी विज्ञापन पर ही खर्च करती हैं। चुनाव के दौरान जो विज्ञापन दिए जाते हैं, वे काफी महंगे होते हैं लेकिन चुनाव आयोग को कम खर्च का फर्जी बिल बनाकर थमा दिया जाता है और दंतहीन चुनाव आयोग के पास ऐसे सियासी दलों के ख़िलाफ़ आवश्यक कदम उठा पाने में खुद को असक्षम पाती है। उत्तर प्रदेश के एक बड़े नेता की एक सभा में पांच सौ के नोट सरेआम बांटे गए लेकिन ना ही उनके ख़िलाफ़ और ना ही उनकी पार्टी के ख़िलाफ़ कोई कदम उठाया जा सका। चुनाव जीतकर जो दल सत्ता में आता है उसका शपथ ग्रहण समारोह सरकारी खर्चे पर होता है। इसमें भी धन के दुरूपयोग से ये दल बाज नहीं आते हैं। चार्टर्ड हवाई जहाज से शपथ ग्रहण में आना या फिर मेहमानों को बुलवाना भी राजनीति में बढ़ते निगमतंत्रा के प्रभाव को ही दर्शाता है।

खैर, चुनाव के दौरान सत्तारूढ़ दल द्वारा पूरे चुनाव को कई तरह से प्रभावित किया जा रहा है। सत्ता में बैठे लोग अपनी सुविधा के मुताबिक पक्षपातपूर्ण तरीके से रिटर्निंग अफसरों की नियुक्ति करते हैं। ऐसे में यह संभावना तो बनी ही रहती है कि इन अफसरों के लिए लोभ और दबाव में अपने कार्य को निष्पक्षता से अंजाम दे पाना बेहद मुश्किल है। सत्तारूढ़ दल हर कीमत पर चुनाव में अपनी जीत सुनिश्चित करने के लिए आपराधियों को इस मौके पर जेल से छुड़वाने और उन्हें जिलाबदर नहीं करवाने में अहम भूमिका निभाती है। सत्तारूढ़ दल के इशारे पर शराब बाँटना, थाना कार्रवाई नहीं करना, विपक्षी कार्यकर्ताओं को झूठे मुकदमे बनाकर उन्हें जेल में डालना और उनके पुराने मुकदमे खोलना जैसी प्रवृत्तियाँ काफी तेजी से बढ़ रही हैं।

देश की मौजूदा राजनीतिक तंत्रों की बदहाली को देखते हुए यह बात महसूस होती है कि कहीं ना कहीं बुनियादी स्तर पर ही कुछ गड़बड़ियां जरूर हैं। ऐसे में जो बहली बात जो ज़ेहन में उभरती है वो यह की चुनाव सुधर के बगैर दीर्घकालिक परिणाम हासिल करना आसान नहीं है। ऐसा होने पर ही हिंद स्वराज की मूल भावना के अनुरुप लोकतांत्रिक व्यवस्था सही अर्थों में कायम हो सकती है। हमें यह भी याद रखना होगा कि चुनाव सुधर की बात जब हम करते हैं तो सबसे पहले हमें चुनाव प्रक्रिया में व्यापक सुधर की बात उठानी होगी। इसमें पहली बात तो यह है कि बूथ के हिसाब से वोटों की गिनती नहीं हो। क्योंकि ऐसा अनुभव आया है कि कई स्थानों पर दबंग प्रत्याशी और उनके गुर्गे गांव के लोगों को यह कहकर डराते-धमकाते हैं कि वोट नहीं दोगे तो गिनती के दौरान हमें पता चल जाएगा कि इस बूथ से कितना वोट मिला है और अगर हमें वोट नहीं दिया तो इसका अंजाम ठीक नहीं होगा। इसका परिणाम यह होता है कि इन गुंडों से दुश्मनी मोल नहीं लेने की इच्छा से लोग डरकर न चाहते हुए भी किसी प्रत्याशी को वोट देने के लिए मजबूर हो जाते हैं। ऐसे में हिंद स्वराज की मूल भावना छूट जाती है और एक ऐसी व्यवस्था कायम होती है जो कम से कम देश के आमजन का हित तो नहीं ही चाहती है।

चुनाव व्यवस्था को सुधरे बगैर लोकतांत्रिक व्यवस्था और उसमें लोगों के भरोसे को कायम नहीं रखा जा सकता है। इस बात को समझते हुए चुनाव व्यवस्था पर सवाल उठाने की जरूरत है। समस्या का समाधन सिर्फ़ सवालिया निशान लगाने भर से काम नहीं चलेगा बल्कि इस दिशा में एक स्पष्ट कार्ययोजना के साथ आगे बढ़ने की जरूरत है। चुनाव व्यवस्था में लोगों का भरोसा कायम रखने के लिए मोबाइल बूथ की व्यवस्था की जाए। पोस्टर से लेकर पूरे विज्ञापन अभियान का खर्च ठीक से तय हो। ताकि मुकाबला संसाधनों के बीच न होकर मुद्दों और मूल्यों के बीच हो। चुनाव सुधार के जरिए धन के अपव्यय पर तो हर हाल में लगाम लगनी ही चाहिए।

इसके अलावा चुनाव के मैदान में आयोग को हर प्रत्याशी के साथ समान व्यवहार करना चाहिए। अभी तक तो होता यह है कि बड़े दल के प्रत्याशी को आयोग के तरफ से अतिरिक्त महत्त्व दिया जाता है। उदाहरण के लिए टीवी और दूसरे प्रचार साधनों पर चुनाव प्रचार के लिए बड़े दल के प्रत्याशी को अधिक समय दिया जाता है जबकि छोटे दल के प्रत्याशी को अपेक्षाकृत कम समय मिलता है। इसके अलावा यह भेदभाव और भी कई स्तर पर है। चुनाव संचालन की योजना बनाते समय ही बड़े दल के प्रत्याशियों को तो आयोग विचार-विमर्श के लिए बुलाता है जबकि छोटे दल या निर्दलीय प्रत्याशियों को इन मामलों से आयोग दूर ही रखता है।

चुनाव से पहले के सर्वेक्षणों पर रोक लगाई जाए। इसके ज़रिए अपने स्वार्थ साधने की कोशिश सम्बन्धित पक्ष करते हैं और मतदाता चुनाव परिणाम आने के

बाद खुद को ठगा हुआ महसूस करता है। वैसी हालत में लोगों के पास पांच साल तक मन-मसोसकर बैठे रहने और यथास्थितिवादी मानसिकता में ढल जाने के अलावा कोई रास्ता नहीं बचता है।

इसके साथ ही चुनाव के दौरान यह अनुभव भी सामने आया है कि चुनाव चिन्ह को लेकर भी कई स्थानों पर गफलत पैदा हो जाती है। ऐसे में मतदाता अपना मत देना किसी और को चाहता है लेकिन भ्रम के स्थिति बन जाने या बना देने के कारण वोट किसी और को दे देता है। चुनाव के बाद जब उसका यह भ्रम टूटता है तब तक काफी देर हो जाती है। ऐसे हालात पैदा नहीं हो पाएँ इसके लिए यह जरूरी है कि चुनाव चिन्ह पहले से ही आबंटित हो जाए।

चुनाव के दौरान बोगस वोटिंग की घटना भी आम तौर पर हर जगह चलन में है। कई स्थानों पर तो प्रत्याशी बड़े ही सुनियोजित तरीके से इस कार्य को अंजाम देते हैं। चुनाव आयोग को यह अधिकार मिलना चाहिए कि इस तरह के कदाचार करते हुए पाए जाने पर सम्बन्धित प्रत्याशी को अयोग्य करार देते हुए चुनाव लड़ने से रोक दिया जाए। चुनाव लड़ने वालों के लिए घोषणा पत्र बंधनकारी हो। साथ ही आयोग यह सुनिश्चित करे की अगर कोई उम्मीदवार इस घोषणापत्र में गलत जानकारी दे तो उसे खारिज कर दिया जाए और उसे चुनाव लड़ने से रोक दिया जाए। चुनाव सुधार के तहत ही यह भी सुनिश्चित किया जाए कि अपराधी चुनाव नहीं लड़ सकें। बीते कुछ सालों से राजनीति का अपराधीकरण काफी तेजी से बढ़ा है। इस वजह से सही सोच और समझ के साथ काम करने की क्षमता से लैस सज्जनशक्ति राजनीति से दूर होती जा रही है। इसे रोकना इसलिए भी जरूरी है कि सज्जनशक्ति के राजनीति में नहीं होने की वजह से राजनीति के अमीरपरस्त और विदेशपरस्त होने की गति निरंतर बढ़ती ही जाएगी।

चुनाव के दौरान ही कई स्थानों के लोगों ने बताया कि उनके यहाँ जो ईवीएम लगाई गई वह अंधेरे में रखी गई और इस वजह से उन्हें चुनाव चिन्ह पहचानने में दिक्कत आई और मतदान करने में परेशानी उठानी पड़ी। हर स्थान पर ऐसा हुआ हो, यह संभव नहीं है। पर कुछ जगहों पर ही ऐसा क्यों हो। ऐसे हालात पैदा नहीं हों इसके लिए एक काम यह किया जा सकता है कि मतदान के लिए लगाया जाने वाला ईवीएम स्वंय प्रकाशित हो। इससे चुनाव चिन्ह पहचानने में किसी को कोई परेशानी नहीं होगी और चुनाव चिन्ह के घालमेल की शिकायत भी दूर हो जाएगी।

चुनाव के दौरान निष्पक्षता सुनिश्चित करने के मकसद से यह भी किया जाना चाहिए कि जिला चुनाव अधिकारी उस प्रदेश का नहीं हो बल्कि दूसरे प्रदेश का हो। इसके अलावा चुनाव याचिकाओं के निपटारा भी जल्द से जल्द हो, यह भी सुनिश्चित करना होगा। चुनाव से जुड़े मामलों को छह माह के अंदर तो हर हाल में निपटाना ही होगा तब ही चुनाव की प्रक्रिया सही मायने में निष्पक्ष और जन अपेक्षाओं के

अनुरूप संपन्न हो पाएगी। हमें इस बात को अच्छी तरह से समझ लेना चाहिए कि अभी जिस व्यवस्था में हम जी रहे हैं वह हिंद स्वराज की मूल भावना के ख़िलाफ़ है। इसलिए हमें इस कुव्यवस्था को बदलकर सुव्यवस्था स्थापित करना होगा। हिंद स्वराज पुस्तक ऐसी ही संस्कृति और सभ्यता के निर्मिति की आज अपेक्षा करती है, लेकिन फैसला अन्ततः हमें अपने आप से करना है।

हिंद स्वराज में राजधर्म, नैतिकता और व्यावहारिकता

डॉ. राजीव कुमार

मानवीय परिस्थितियों पर हमारा ही बस है। वर्तमान भारत में राजनीतिक जीवन के भ्रष्ट हो जाने से पारिवारिक, सामाजिक और सांस्कृतिक जीवन में भ्रष्टाचार व्याप्त हो गया है। कोई कानून या व्यवस्था नहीं रह गयी है। सामाजिक हितों की रक्षा का कानून ही एकमात्र साधन है। नैतिक उत्तरदायित्वों का स्रोत कानून और राज्य ही है। सामाजिक भ्रष्टाचार दूर होने पर ही स्वतन्त्रता उदात्त शिष्टाचार, देशभक्ति की भावना आदि गुणों का विकास हो सकता है। आज नागरिकों से सब गुणों का मूल स्रोत कानून है। राज्य द्वारा ही इसका संरक्षण सम्भव है।

आज का जीवन तथा राजनीतिक परिदृय नितान्त जटिल और संघर्षपूर्ण है। प्रश्न यह है कि हिन्द स्वराज में भारतीय समाज एवं राजनीति के जीवन के लक्ष्य, नैतिकता, व्यक्तिगत और समष्टिगत जीवन की व्यवस्था के विषय में जिन तत्वों का प्रतिपादन किया गया है उनकी वर्तमान सामयिकता क्या है? क्योंकि नैतिकता के अनुशीलन के संदर्भ में उन दशाओं और परिस्थितियों पर विचार करना आवश्यक है जिनमें भारतीय समाज पल और पनप रहा है। ये दशायें तथा परिस्थितियाँ ही बहुत सीमा तक समाज की जीवन दशा का निर्माण और नियमन करती हैं। इसके अतिरिक्त, आज की राज्य व्यवस्था है। राज्य के अधीन तथा राज्य कानूनों की व्यवस्था विकसित करके ही समाज का संचालन सम्भव है।

किसी समाज या जाति के जीवन लक्ष्यों और उन्हें प्राप्त करने के साधनों के विषय में बहुत काल तक चलने वाले अनेक प्रयोगों, अनुभवों और नियोजनों के आधार पर उस समाज या जाति के विचारक अपने मौलिक और दूरगामी चिन्तन के द्वारा जिन मूल्यों की प्रतिष्ठा कर देते हैं वे ही उनके शास्त्रों का गौरव बढ़ाया करते हैं। हिंद स्वराज उसी परम्परा का एक शास्त्र है।

वस्तुतः भारत जैसे उन्नत राज्य में अपने जीवन मूल्यों और उससे सम्बद्ध

नैतिक मन्तव्यों के रूप में प्रतिपादित करने की प्रवृत्ति स्वाभाविक रूप से है और यही नैतिक मन्तव्य कानूनी धाराओं के रूप में निबद्ध कर दिये गए हैं। स्पष्ट है कि राजनीतिक मान्यताओं के तत्वों की पृष्ठभूमि में किसी समाज की मानव-जीवन तथा उसके जीवन मूल्यों, लक्ष्यों या पुरुषार्थों के विषय में विशेष मान्यतायें रहती हैं।

गाँधी के चिन्तन में राजनीतिशास्त्र या राजधर्म की महत्ता का प्रतिपादन निरन्तर हुआ है। यह स्मरणीय है कि शान्तिपर्व में राजनीतिशास्त्र या राजधर्म की महत्ता के संदर्भ में कहा गया है कि राज्य की नियामक शक्ति दण्ड के नष्ट होने पर तीनों वेद डूब जायेंगे, सभी कर्तव्य, कर्म एवं धर्म चाहे वे कितने ही विकसित और उन्नत क्यों न हों, क्षीण हो जायेंगे तथा परम्परा प्राप्त राजधर्म के त्याग दिये जाने पर सभी आश्रय धर्म जो व्यक्तिगत जीवन के विभाजन के मूल आधार हैं, नष्ट हो जायेंगे। राजधर्म में ही सम्पूर्ण त्यागों की पूर्ति होती है, सभी दीक्षायें राजधर्म में संयुक्त होती हैं और सभी विधाओं का समन्वय राजधर्म में ही होता है। सभी लोक इस राजधर्म में ही केन्द्रित है। राजनीतिक चिन्तन की यह व्यापकता गाँधी में भी दिखायी देती है। हिंद स्वराज में गाँधी ने भी मनुष्य के वैयक्तिक और सामाजिक व्यवहार के सम्पूर्ण क्षेत्र को दृष्टि में रखते हुए शाश्वत युगधर्म की व्यवस्था का प्रतिपादन किया है। हिंद स्वराज में गाँधी का चिन्तन तर्कशीलता तथा बौद्धिकता पर आधारित है। फिर भी, किसी विशेष युग में राष्ट्र की आवश्यकताओं, भावनाओं और सामर्थ्य आदि के अनुरूप सभी विचारों की नवीन व्याख्यायें समय-समय पर की जानी चाहिए। डॉ. राधाकृष्णन ने लिखा है "भारतीय धर्म कट्टर मताभिमान से मुक्त एवं आध्यात्मिक मान्यताओं का ऐसा विवेकपूर्ण समन्वय है, जो दार्शनिक विचारों की प्रगति के साथ साथ नयी मान्यताओं को आत्मसात् करता चलता है।"

भारतीय राजनीतिक चिन्तन में भारतीय समाज व्यवस्था की विशिष्ट परिस्थितियों का बड़ा महत्त्वपूर्ण योगदान रहा है। यद्यपि गाँधी कर्म और नैतिकता से अत्यधिक प्रभावित थे। उनके विचारों ने तत्कालीन सामंतवादी व्यवस्था तथा उसको पोषित करते अंग्रेज शासकों के विरुद्ध जनमानस को एक प्रतिरोधात्मक सामर्थ्य प्रदान किया। डॉ. सर्वपल्ली राधाकृष्णन कहते हैं कि भारत की अति गहन आध्यात्मिकता ने भारत को काल की विडम्बनाओं और इतिहास की दुर्घटनाओं का प्रतिरोध करने का सामर्थ्य प्रदान किया है और इसी के द्वारा भारत को मानवीय कार्य व्यवहार के सभी पक्षों, आन्तरिक सत्यों और वास्तविक सिद्धान्तों को समझने में सफलता मिली है।

गाँधी ने आध्यात्मिक बुद्धिवाद का प्रतिपादन किया। वर्तमान युग विज्ञान एवं तकनीकी का युग है। भौतिकवाद, नास्तिकता अथवा पाखंडी धार्मिकता की प्रवृत्ति बढ़ रही है। आदर्श तथा नैतिकता की परवाह नहीं की जा रही है, ऐसे में इस वातावरण को भी बड़े साहसिक तरीके से नियमबद्ध करने की जरूरत है। कहा जाता है कि भारतीयों में सन्तुलन और सामंजस्य की प्रवृत्ति है। महर्षि अरविन्द भी कहते

थे कि भारतीय मस्तिष्क केवल आध्यात्मिक और नैतिक ही नहीं है वह बौद्धिक और कलापरक भी है। वैश्वीकरण एवं बाज़ार से उत्पन्न भौतिक विकृतियों से समाज कैसे निपटेगा, समय ही बतायेगा। इन विकृतियों के प्रति गाँधी ने आगाह किया था।

गाँधी जी ने हिंद स्वराज में परदेशी विचारों एवं संस्थाओं के प्रति भक्ति का विरोध किया तथा इस मनोवृत्ति को अस्वाभाविक एवं अवैज्ञानिक माना हैं। भारत विदेशी विचार प्रणाली के साथ अनेक बार सम्पर्क में आया है मानवीय सत्ता के प्रयोजन के रूप में जैसा कि पूर्व में कहा गया है कि चार जीवन मूल्यों अथवा पुरुषार्थों धर्म, अर्थ, काम, एवं मोक्ष-की स्थापना की गयी है। धर्म का तात्पर्य आचार संहिता है। अर्थ आर्थिक हित से; काम-यौन, भावनात्मक एवं कलात्मक प्रवृत्तियों की तृप्ति से तथा मोक्ष-आत्मा की मुक्ति से सन्दर्भित है। ऋग्वेद में कहा गया है कि सत्य और असत्य वचनों में परस्पर प्रतिस्पर्धा रहती है। जो सत्य एवं उदात्त है उसकी रक्षा सोम करते हैं तथा वह असत्य का हनन करते हैं। ऋग्वेद की यह मान्यता कि ऋत्' (सत्य) ही ब्रह्माण्ड का नियम करने वाली सार्वभौम सत्ता है, यही मान्यता बाद में धर्म की सम्प्रभुता के सिद्धान्त के रूप में विकसित हुई। तैत्तरीय उपनिषद में सत्य बोलो, धर्म का आचरण करो यही उपदेश दिया गया है। वृहद्कारण्य उपनिषद में मानव जीवन में धर्म एवं सत्य को एक दूसरे का पर्याय बताया गया है। इस प्रकार भारतीय जीवन मूल्यों और मूल्य दृष्टियों के अनुसार कर्मकाण्डीय यज्ञ, धार्मिक रीति-रिवाज़ आदि की तुलना में आत्मा के नैतिक गुणों को बहुत अधिक महत्त्व दिया गया है।

भारतीय नैतिकता एवं धर्म के दो मूल सिद्धान्त हैं—प्रथम, व्यक्ति को अपनी अन्तश्चेतना या अन्तरात्मा के अनुकूल आचरण करना चाहिए। गाँधी जी कहते थे कि मेरे लिए अन्तरात्मा की आवाज़ ही सत्य है। द्वितीय, मनुष्य को दया, अहिंसा आदि उदात्त गुणों को धारणा करना चाहिए क्योंकि प्रत्येक प्राणी में एक ही आत्मा 'तत् त्वमसि—व्याप्त है। भारतीय दर्शन की यह चरम उपलब्धि है। गाँधी के विचारों में भी इसी के अनुरूप नैतिकता और दर्शन दोनों का समन्वय हो जाता है।

हिंद स्वराज के सातवें से बारहवें अध्याय में भारत में ब्रिटिश शासन के कारण तथा उसके परिणामों पर विवेचन है। गाँधी के अनुसार इसके दो कारण हैं, प्रथम, ब्रिटेन के व्यापारिक तथा शक्ति हित तथा द्वितीय, भारतीय समाज का राजनीतिक एवं नैतिक पतन। गाँधी का मानना था कि अंग्रेजों के विरुद्ध भारत पराजित नहीं हुआ था बल्कि हमने भारत को अंग्रेजों के हाथों में दे दिया था। भारत में ब्रिटिश शासन का यह परिणाम हुआ कि हम आधुनिक सभ्यता के प्रति प्रतिरोधात्मक नहीं है। डॉक्टर तथा वकील वर्ग के रूप में एक ऐसे मध्यवर्ग का उदय भी हो रहा है जो भारत के प्रति चिन्तित तथा संवेदनशील नहीं है। हिंद स्वराज में गाँधी कहते हैं कि इस दलदल से भारत अपनी परम्परागत नैतिक तथा बौद्धिक स्रोत के सहारे निकल सकता है।

हिंद स्वराज में गाँधी ने अपने विचार व्यक्त करते हुए कहा है कि राजनैतिक

जीवन में भी सक्रिय जीवन के उच्च आदर्शों को प्राप्त किया जा सकता है। स्वतंत्रता, समानता और समृद्धि के आधुनिक व़िव में जीवन के लिए उपयुक्त धर्म के अनुपालन के द्वारा यह स्थिति प्राप्त की जा सकती है। गाँधी कहते हैं कि यदि भारतीय इस धर्म का अनुपालन कर लें तो वे उपनिवेशवाद तथा आधुनिक सभ्यता की अच्छाइयों को भी अपनी संस्कृति में आत्मसात् करते हुए इस प्रकार के धर्म का विकास एवं क्रियान्वयन कर सकते हैं।

गाँधी का मानना था कि वैयक्तिक तथा राष्ट्रीय एकीकरण की इस प्रक्रिया में सभ्यता व संस्कृति वाह्य भी हो सकती है, सहायक भी। यह हमारे नैतिक दृष्टिकोंण पर निर्भर करता है। गाँधी का विचार था कि भारत की आज की रूढ़िवादी संस्कृति की स्थिति, औद्योगिक क्रांति से उपजी आधुनिक संस्कृति की तरह बाधक है। प्रवर्तित नूतन भारतीय संस्कृति व सभ्यता भारत को स्वराज दिलाने में सहायक हो सकती है। गाँधी का विश्वास था कि ऐसा होने पर राजनीतिक हिंसा में कमी आयेगी, पैसा कमाने की भूख कम होगी, करुणा एवं दया बढ़ेगी, आर्थिक समृद्धि आयेगी तथा व्यक्ति आध्यात्मिकता से जुड़ेगा। गाँधी का स्वराज अर्थ तथा काम को धर्म की सीमाओं में बांधता है। स्वयं के द्वारा स्वयं का शासन स्व-शासन रूपी स्वराज है। दूसरे शब्दों में धन की लालसा एवं क्रोध आदि भावनाओं पर हमारे विचारों एवं मस्तिष्क का नियंत्रण स्व-शासन रूपी स्वराज है। इस प्रकार स्वराज अर्थ तथा काम को धर्म को सीमाओं में आबद्ध रखता है। इस्लाम में 'जेहाद' का मूल अर्थ भी यही है अर्थात अपनी इन्द्रियों को वशीभूत करने का संघर्ष ही जेहाद है।

हिंद स्वराज में गाँधी का कहना है कि सरकार या अपना शासन राष्ट्र का शासन है। यह सुराज की स्थापना का आधार है जो उपयुक्त अर्थ में स्वशासन के द्वारा ही सम्भव है। लेकिन गाँधी यह भी मानते हैं कि सुराज एवं स्वराज तभी फल-फूल सकता है जब वह समाज एक राजनीतिक समुदाय के रूप में संगठित हो। हिंद स्वराज में गाँधी इस विचार से सहमति प्रकट करते हैं कि भारत एक ऐसा राष्ट्र है जो अपना शासन स्वयं संचालित कर सकता है। बल्कि वे राष्ट्र के स्थान पर प्रजाशब्द का प्रयोग करते हैं। गाँधी के अनुसार इस्लाम युग से पहले भारत पहले ही 'प्रजा' विश्वास करता था, प्राचीन काल में भारतीय दर्शन के आचार्यों ने प्रजा के विचार को पुष्ट किया। उनके द्वारा भारत के दक्षिण, उत्तर, पूर्व और पश्चिम में स्थापित धार्मिक तीर्थ स्थान वस्तुतः 'प्रजा' निर्माण केन्द्र हैं। इस्लाम से पूर्व की भारतीय संस्कृति में बाह्य मूल्यों को स्वीकार एवं आत्मसात करने की प्रवृत्ति थी। यही कारण है कि इस्लाम तथा अन्य धर्मों के मूल्यों को भारत ने आत्मसात् कर लिया। इस प्रकार गाँधी के राष्ट्र राज्य के प्रजा के विचार से वह आधार तथा दृष्टि प्राप्त होती है जिसके द्वारा आज के विश्व एवं भारत की मिली-जुली संस्कृति के विकास का मार्ग प्रशस्त किया जा सकता है।

गाँधी के अनुसार 'सुराज' या 'स्वराज' तभी प्राप्त हो सकता है जब देश के सामान्य नागरिक भी अपनी इन्द्रियों को व्रीभूत करके अपने ऊपर स्व-शासन, अनुशासन में सक्षम होंगे। इस प्रकार भारतीयों का राज्य भारतीयों को ही चलाना है। ऐसी स्थिति गाँधी के अनुसार सत्याग्रह के माध्यम से प्राप्त हो सकती है। अंग्रजों के चले जाने तथा हमें स्वाधीनता दे देने से स्वराज नहीं आ जायेगा। गाँधी ऐसे हस्तान्तरण को अपरिवर्तनीय हस्तान्तरण कहते हैं।

गाँधी ने हिंसा के ऊपर अहिंसा की नैतिक सर्वोच्चता प्रतिष्ठापित की। उनके विचार में प्रेम तथा दया की शक्ति हथियारों की शक्ति से अधिक महान है। उनके अनुसार अंहिसा आत्मबल से उपजती है और हिंसा शरीर बल से। प्रेम बल, सत्य बल, दया बल, तप बल, नीति बल, आदि अनेक शब्दावलियों के माध्यम से गाँधी आत्मा की शक्ति की विवेचना करते हैं। आत्मा, विचार और संवेगों के नियंत्रित होने पर ही अहिंसा की स्थिति प्राप्ति हो सकती है।

गाँधी का कहना था कि एक अहिंसक सामाजिक व्यवस्था के लिए शिक्षा की उचित प्रणाली तथा उपयुक्त तकनीक की आवश्यकता है। गाँधी कहते हैं कि एक समय था जब भारत को गम्भीरता से लिया जाता था। धरती वही है, लेकिन लोग बदल गये हैं। यही कारण है कि यह स्थान बंजर हो गया। इसे पुनः सोना करने के लिए धर्म, सदाचार, नैतिक उच्चता के मार्ग पर चलना होगा। हमारा सबसे बड़ा शत्रु गाँधी कहते हैं, विदेशी नहीं है, हम स्वयं हैं। हमारी अपनी इच्छायें हैं।

इस प्रकार, आधुनिक राजनीति से नैतिकता और आध्यात्मिकता को अलग करने पर गाँधी ने तीव्र आलोचना की। आधुनिक या उदारवादी जीवन के व्यक्तिगत क्षेत्र क्रो सार्वजनिक या राजनीतिक क्षेत्र से अलग करते हैं। नैतिकता या सार्वजनिक व्यवहार की दृष्टि के अनुकूल तथा उपयोगिता के अनुसार अपेक्षा की जाने लगी है, नैतिकता या आध्यात्मिक मूल्यों के अनुसार नहीं। इसलिए आज की आधुनिक राजनीतिक संस्थायें तथा राजनीतिक प्रतिनिधि नैतिकता के प्रति उदासीन हो गये है। गाँधी का मानना था कि नैतिकता तथा आध्यात्मिकता से आज की राजनीति के असम्बद्ध होने से तथा अमीरों तथा अन्य शक्तियों को राज्य व्यवस्था को अपने स्वार्थ में संचालित करने का मौका मिल गया है। कानून के समक्ष समानता की कानूनी मनगढ़न्त व्याख्या तथा राज्य की निरपेक्षता ने सामाजिक तथा आर्थिक असमानता को बनाये रखा है। राजनीतिज्ञ, नौकरशाह तथा वकील इस असमानता तथा सामाजिक विभाजनों को अक्सर प्रोत्साहित करते रहते हैं।

आज आदर्श तथा यथार्थ के सामंजस्य की आवश्यकता है। यद्यपि मानव जीवन के जो सामान्य नैतिक नियम धीरे-धीरे व्यवहार में परिस्कृत और सुव्यवस्थित होकर आचरण के सिद्धान्त बन गये तथा जो परम्परायें काल की कसौटी पर खरी और शाश्वत सिद्ध होकर दृढ़ होती गयीं, वे समाज व्यवस्था और शासन व्यवस्था के

कानूनों के रूप में धर्म बन गयीं। इन धर्मों की रक्षा पर ही समाज तथा राज संस्था की रक्षा निर्भर है। यह भी सत्य है कि व्यक्ति, समाज तथा राज्य के निरन्तर प्रगतिशील, समृद्ध, विकासशील होने का मूल मानव स्वभाव में है। इसके लिए शक्तिशाली शासनसत्ता तथा कठोर कानून व्यवस्था की आवश्यता है। गाँधी की स्वयं अनुशासन की अपेक्षा अव्यवहारिक है।

वास्तव में नैतिकता के उदार मूल्यों और सद्गुणों को धारण करना और उसके अनुरूप व्यवहार करना सदैव सम्भव है। क्योंकि मानवीय परिस्थितियों पर हमारा ही बस है। वर्तमान भारत में राजनीतिक जीवन के भ्रष्ट हो जाने से पारिवारिक, सामाजिक और सांस्कृतिक जीवन में भ्रष्टाचार व्याप्त हो गया है। कोई कानून या व्यवस्था नहीं रह गयी है। सामाजिक हितों की रक्षा का कानून ही एकमात्र साधन है। नैतिक उत्तरदायित्वों का स्रोत कानून और राज्य ही है। सामाजिक भ्रष्टाचार दूर होने पर ही स्वतन्त्रता उदात्त शिष्टाचार, देशभक्ति की भावना आदि गुणों का विकास हो सकता है। आज नागरिकों से सब गुणों का मूल स्रोत कानून है। राज्य द्वारा ही इसका संरक्षण सम्भव है।

नागरिकों के लिए नैतिक आचरण नहीं करना पाप है। अपने स्वार्थ के लिए अनैतिक आचरण करना शासक के लिए महापाप है किन्तु राज्य के सर्वोपरि हित के उत्तरदायित्व को वहन करने वाले शासक की नैतिकता का मानदण्ड वही नहीं हो सकता जो सामान्य अनुत्तरदायी नागरिक का है। कौटिल्य यही मानते हैं, प्रश्न केवल राजधर्म का ही नहीं है, राज्य के संरक्षण का भी है।

नैतिक भ्रष्टाचार से ग्रस्त समाज में अच्छे शासन की स्थापना की सम्भावना भी नहीं हो सकती। अरस्तु ने कहा था कि कानून तथा न्याय को तिलांजलि देने पर मनुष्य सबसे अधिक निकृष्ट पशु बन जाता है। वर्तमान भारत के सामाजिक एवं राजनीतिक जीवन में छल-कपट, झूठ, पतितता, स्वार्थ, अनाचार, अन्याय तथा शक्ति प्रयोग का नंगा नाच हो रहा है। ऐसे में गाँधी की साधन-साध्य की पवित्रता, आत्म विजय अथवा आत्मसंयम के रूप में सदाचार से परिपूर्ण, नैतिक एवं धार्मिक पुनीत जीवन की अपेक्षा कल्पित लगती है। गांधी आज प्रासंगिक नहीं है। इस दृष्टि से गाँधी का तत्वदर्शन व्यवहारिक नहीं है। इसका प्रासकीय पक्ष काल्पनिक है।

भारत को सर्वाधिक शक्तिशाली राजनीतिक संस्था 'राज्य' के रूप में राज्य का व्यवहार करने की आवश्यकता है। यह सही है कि कोई राज्यसत्ता सदा निरंकुश नहीं रह सकती लेकिन यह राज्य के संरक्षणदायी कानून की उत्कृष्टता पर निर्भर है। समाज का कल्याण राज्य का आवश्यक कर्तव्य है। ऐसे में, जब गाँधी जी के विचारों के विपरीत लोग दोहरे नैतिक मानदण्ड अपना रहे हैं तो राज्य को भी अपने कानून के द्वारा इस अमानवीय, पशु, प्रवृत्ति तथा भ्रष्ट आचरण को ठीक करने के लिए कड़े कानून बनाने होगे। राज्य को ही साध्य मानना होगा वरना भारत बिखर जायेगा।

गाँधी का हिंद स्वराज ''कैसा होना चाहिए'' पर निर्भर है इसके स्थान पर ''कैसा होता है'' ''कैसा है'' और कैसा हो सकता है पर विचार होना चाहिए। भारत के वर्तमान नागरिकों की वास्तविक स्थिति का ज्ञान आवश्यक है। समय के साथ होने वाले परिवर्तनों के अनुरूप यदि परिवर्तित नहीं हुआ तो पूरी राजनीतिक व्यवस्था नष्ट हो जायेगी।

हिंद स्वराज तथा गाँधी जी के भाषणों और लेखों में उनके ग्राम आधारित मॉडल का भरपूर उल्लेख मिलता है। महात्मा गाँधी विकास के ऐसे मार्ग का पक्ष ले रहे थे जिसमें गांव अपनी जरूरत का समूचा उत्पादन स्वयं करेंगे और वे थोड़ा ज्यादा उत्पादन इसलिए करेंगे ताकि शहरों को भोजन और कपड़ों की आपूर्ति कर सकें। गाँधी जी एक अत्मनिर्भर अर्थव्यवस्था की वकालत करते हैं। जिसका दुनिया से मामूली या नहीं के बराबर लेन देन था। आज देश में आद्योगीकरण तथा प्रौद्योगिकीय उन्नति की धुन सवार हैं। गाँधी ने चरखे तथा भारतीय हथकरघा उद्योग को पश्चिम की औद्योगिकीय शक्ति के विरुद्ध हथियार तथा करोड़ों भारतीयों के लिए खेती के बाद आजीविका के सबसे बड़े साधन के रूप में देखा। 21वीं शताब्दी में गाँधी की इस संदर्भ में प्रांसगिकता पर चर्चा करते समय उनका भावार्थ समझकर नवीन आयाम में उसका उपयोग करना होगा। किसी राज्य, नगर या ग्राम को अब एक अलग युनिट के रूप में नहीं देखा जा सकता। भूमण्डलीकरण एवं पूँजीवादी व्यवस्था में स्वदेशी ग्रामीण तकनीक को नया वैज्ञानिक एवं व्यवसायिक आधार देकर विश्व पटल पर प्रस्तुत करना होगा। इसके लिए ग्रामीण क्षेत्रों का नगरीय विकास किया जा सकता है जिसकी वकालत पूर्व राष्ट्रपति डॉ. अब्दुल कलाम ने की थी। इसके लिए अन्तरराष्ट्रीय वित्तीय एवं व्यापारिक संस्थाओं की विकासशील देशों के हितों के अनुरूप व्यवहार करने का संघर्ष चल ही रहा है।

स्थानीय स्वशासन के सिद्धान्त पर आधारित विशाल प्रशासन व्यवस्था के द्वारा भारत ने अपनी संस्कृति की अखण्डता को प्राचीन काल से आज तक सुरक्षित रखा है। भारत में राजनीतिक और सामाजिक व्यवस्थायें अलग अलग आत्मनिर्भर रूप में राष्ट्रीय सामाजिक जन-जीवन तथा सामाजिक कर्तव्य इन दो केन्द्रों की तरह साथ-साथ विकसित हुईं। इसलिए सामाजिक जीवन में हस्तक्षेप न करने की नीति राज्य का आदर्श मान ली गयी थी। हिंद स्वराज में गाँधी भी इसी नीति के पक्षधर हैं। उनका कहना है कि भारतीय समाज अपनी कमियों को समय के साथ स्वयं ठीक कर लेगा। लेकिन यह तथ्य स्मरण रखना चाहिए कि पहले भौतिक साधनों, सुविधाओं और अवस्थाओं का अभाव था तथा एक सुकेन्द्रित सुदृढ़ शासन व्यवस्था द्वारा प्रशासन चलाना असम्भव था। लेकिन आज सामाजिक जीवन तथा राष्ट्रीय क्रियाकलापों में राज्य में हस्तक्षेप या नियंत्रण की आवश्यकता को

अस्वीकार नहीं किया जा सकता। हिंद स्वराज में राजधर्म अथवा राजनीतिक संस्थाओं तथा राजनीति एवं नैत्तिकता के संदर्भ में जो मान्यतायें अभिव्यक्त हुईं उन्हें नूतन परिस्थितियों के अनुकूल परिमार्जित करके राष्ट्र के हितों की सिद्धि के लिए प्रयुक्त किया जा सकता है।

'हिन्द स्वराज' और आधुनिकता का प्रश्न

इंद्रनाथ चौधुरी

आधुनिक सभ्यता का लक्ष्य भौतिक उन्नति है और उसके लिए टेक्नोलॉजी का उपयोग किया जा रहा है। टेक्नोलॉजी पर्यावरण को नष्ट कर रही है तथा भोग और हिंसा को बढ़ावा दे रही है। पर्यावरण और हिंसा विश्व की आज दो बड़ी चुनौतियाँ हैं। इन चुनौतियों का सामना करने का एक ही उपाय है। पर्यावरण के साथ मनुष्य के एकमेक होने के रास्ते को ढूंढ निकालना है। यही प्राचीन भारतीय रास्ता है। इसी को पर्यावरण प्रभावित नैतिकता कहा गया है। हिंसा मनुष्य शरीर का अनादर करना है। धार्मिक उग्रवाद तथा राजनैतिक विचारधारा यह समझती है कि धर्म या राजनीति के नाम पर हत्या करने का लाइसेंस उनके पास रहता है और फिर उपभोक्ता संस्कृति से जुड़ी सेक्स की भूख ने शरीर को अर्थहीन बना दिया है। शरीर में ईश्वर का निवास है। हमारे पुराने रूपक अंग-अंगी, देह-देही, पुर-पुरूष प्रसिद्ध है। ये रूपक 'पैटर्न्स ऑफ वायलेंस' को दूर करने के उपाय थे।

आज उत्तर-आधुनिक युग में ऐसी कई समस्याओं से हम जूझ रहे हैं, जिनके समाधान के लिए हिंद स्वराज पुस्तक काफी महत्त्वपूर्ण सिद्ध हो सकती है। हिन्द स्वराज आधुनिक सभ्यता की समीक्षा है, मास्टर नरेटिव के रूप में आधुनिक सभ्यता को स्वीकार करने का प्रश्नचिन्ह है। ब्रिटिश संसदीय गणतंत्र की कटु आलोचना है और अंततः हमारी आधुनिकता को स्वराज, स्वदेशी, सत्याग्रह तथा सर्वोदय की सहायता से रेखांकित करने का प्रयत्न है। आज की तीन ज्वलंत समस्याएँ हैं :

1. आधुनिक सभ्यता तथा उद्योग अनुप्राणित समाज से सम्बद्ध विकास की अवधारणा हमारे लिए कहाँ तक सार्थक है?
2. संसदीय गणतंत्र हमारे लिए कहाँ तक उपयुक्त है?
3. आधुनिकता की क्या पहचान है? दरअसल आधुनिकता का पूरा प्रश्न बाकी दो समस्याओं से जुड़ा हुआ है।

सन 1947 के बाद उत्तर-उपनिवेशवादी युग में विकास के पश्चिमी दृष्टिकोण तथा आधुनिक प्रौद्योगिकी तथा पाश्चात्य आधुनिक अवधारणा की सहायता से जवाहर लाल नेहरू ने भारत के अर्थनैतिक विकास को संभव बनाने का प्रयत्न किया था। गुन्नार मिर्डल जैसे पश्चिमी विचारकों का दृष्टिकोण यही था कि भारत जैसे पारंपरिक समाज जब तक अपनी प्राचीन मूल्य-व्यवस्था से मुक्त होकर आधुनिकीकरण की ओर आगे नहीं बढ़ेगा, तब तक उसका विकास संभव नहीं यानी उपनिवेशवादी शासकों की आधुनिकीकरण और सभ्यकरण की भूमिका के आश्रय से ही भारत जैसे देश का विकास संभव है। दूसरे शब्दों में, हमें अपने यथार्थ को भूलकर, अपनी आधुनिकता को पहचाने बिना दूसरे की आधुनिकता को अपने ऊपर ओढ़ लेना पड़ेगा। किंतु स्वाधीनता प्राप्ति के बाद इन साठ वर्षों में हम यह निश्चित समझ पाये हैं कि विदेश से उधार लेकर कोई परिवर्तन संभव नहीं है और न ही आधुनिकता के क्षेत्र में प्रवेश संभव है। जब तक हम अपनी आधुनिकता को परिभाषित नहीं करते, तब तक आधुनिकता-जो विकास का प्रतीक है, जो जीवन के यथार्थ से जुड़ा है,—उसको रूपायित करना संभव नहीं हो सकेगा।

आज इस उत्तर-आधुनिक युग में अपनी आधुनिकता को परिभाषित करने की आवश्यकता हम और अधिक अनुभव कर रहे हैं। भूमंडलीकरण के प्रभाव-स्वरूप जिस उपभेक्ता संस्कृति से हम प्रभावित हो रहे हैं, वह एक ऐसी संस्कृति है जो पश्चिमी आधुनिक शैली को स्वीकारने को कहती है, जिसमें विविधता के लिए कोई स्थान नहीं है और इससे प्रभावित हम हीगेल को सही मानने लग जाते हैं कि कल्चरल मॉइनारिटी के बहुसंख्यक समाज के साथ सम्मिलित हो जाने से अल्पसंख्यकों को फायदा पहुँचता है। जॉन स्टूअर्ट मिल ने भी इस प्रकार की बात कही है कि सामाजिक आत्मसात्करण से अल्पसंख्यकों को फायदा है। परंतु हम यह भूल बैठे हैं कि आवश्यकता आत्म-सात्करण की नहीं, वरन् सामुदायिक भावना का प्रसार करना है। हरेक वैविध्य को फलने-फूलने देना है। समांगीकरण (homegenisation), सहयोजन (co-option) तथा विनियोजन (appropriation), हमारे अस्तित्व के लिए खतरनाक सिद्ध हो सकते हैं। भूमंडलीकरण के द्वारा यही किया जा रहा है और इससे जो ख़तरा पैदा हो रहा है उसका एहसास करना निहायत जरूरी है। भारत की आत्मा को सही रूप से प्रतिष्ठित किये बिना हमारा विकास संभव नहीं।

जवाहर लाल नेहरू का कहना था कि राष्ट्र की आत्मा और विदेशी प्रभुत्त्वपूर्ण शक्ति के बीच के संघर्ष से आधुनिक भारत का निर्माण हुआ है। महात्मा गाँधी ने भी 'भारतीय आत्मा' की बात कही थी : भारत के लिए यह ख़तरा है कि वह अपनी आत्मा को खो बैठे। उसे खोकर भारत जीवित नहीं रह सकता। इसीलिए भारत को 'अकर्मण्य' और 'असहाय' बन कर बैठे रहना नहीं चाहिए। मेरे लिए पश्चिम के उन्मादपूर्ण प्रवाह से बचना कठिन हो रहा है। भारत को शक्तिशाली बनाना होगा

जिससे कि अपने खातिर और दुनिया के लिए वह इसका प्रतिरोध कर सके।

नेहरू भारतीय आत्मा का पश्चिमी ढंग से नवीकरण चाहते थे और गाँधी उसका फिर से आविष्कार करना चाहते थे। नेहरू का सपना था एक शहरी औद्योगिक भारत जिससे सार्वजनिक उपक्रम को महत्त्वपूर्ण स्थान मिलेगा। नेहरूवियन यह सपना सन् 1990 से टूटने लगा था। केंद्रयुक्त आर्थिक योजनाओं का टूटना या हमारे फायदे या नुकसान जिस किसी के लिए धर्म का आम संस्कृति तथा राजनीति से जुड़ना नेहरूवियन धर्म निरपेक्षता, समाजवाद तथा गणतंत्र के लिए एक बहुत बड़ा धक्का था और ऐसी स्थिति में हिन्द स्वराज में गाँधी का यह उत्तर-आधुनिक सपने को एक नया रूप मिलना शुरू हुआ है।

हिन्द स्वराज लिखते समय आधुनिकता और विकास के नाम पर जो विदेशी सभ्यता, विदेशी टेक्नोलॉजी, विदेशी संसदीय पद्धति के अनुकरण की कोशिश हो रही थी। उसको गाँधी मानने के लिए तैयार नहीं थे गाँधीजी का हिंद स्वराज भारत की आधुनिकता को रेखांकित करने की प्रथम कोशिशों में से एक था। गाँधी जी की स्वदेशी और विदेशी के बीच कोई कश्मकश पैदा करने की इच्छा नहीं थी। वे सिर्फ़ हमें सावधान कर रहे थे कि उपनिवेशवादी मानसिकता या मानसिक उपनिवेशीकरण हमारे लिए खतरनाक सिद्ध हो सकता है।

टैगोर ने भी उन दिनों कहा था कि वास्तविक आधुनिकता मन की स्वाधीनता है, आस्वाद की गुलामी नहीं (not slavery of taste); यह चिंतन और क्रिया की स्वाधीनता है, यूरोपीय स्कूल मास्टरों की अभिभावकता में जीना नहीं। सन् 1784 में इमैनुएल कांट ने अपने एक छोटे से निबंध 'Enlightment' में कहा था कि एनलाइटमेंट का अर्थ दूसरे के नियंत्रण से अपने को मुक्त करना है, आत्मनिर्भर बनना है और इस तरह इस मानसिक स्वाधीनता के द्वारा अपने को मुक्त करना है और अपने समसामयिक जीवन के बारे में स्वाधीन ढंग से सोचने के लिए रास्ता बनाना है। कांट प्रथम व्यक्ति थे, जिन्होंने समसामयिक दुनिया की संरचना को अपनी दार्शनिक खोज़ का आधार बनाया था। मिशेल फूको ने बाद में इस बात की ओर इशारा भी किया था। कांट 'ज्ञानोदय' (enlightment) के संकट की ओर इशारा नहीं कर रहे थे, न ही ऐतिहासिक विकास या ऐतिहासिक परिणामों की ओर उनका इशारा था। कांट सिर्फ़ यह जता रहे थे कि किस प्रकार अतीत से वर्तमान भिन्न है और इस भिन्नता का आश्रय से कैसे ज्ञानोदय के अर्थ या आधुनिकता की परिभाषा को रूप दिया जा सकता है। कांट की दृष्टि 'कालवाचक' रही है और टैगोर की दृष्टि 'मूल्यवाचक'। टैगोर के अनुसार हृदय की स्वाधीनता ही सच्ची आधुनिकता है। कहते हैं कि 'आप अपने प्राच्य हृदय का प्रयोग कीजिए, आध्यात्मिक शक्ति, सरलता के प्रति आपका प्यार और सामाजिक उत्तर-दायित्व के प्रति सचेतन हो जाइये और तब पश्चित के असांसारिक विकास की गाड़ी जो केवल विसंगतिपूर्ण आवाज़ करती

दौड़ रही है उसके रास्ते से अलग नया रास्ता बना पायेंगे।' और एक निबंध में टैगोर ने कहा था कि, 'जब आप मानव की समस्याओं का संतोषजनक हल निकाल लेंगे और जीवित रहने की अपनी कला का विस्तार करेंगे तब अपनी वर्तमान स्थिति में इसका प्रयोग करने पर इसमें से एक नयी रचना पैदा होगी, जो केवल अनुकरणात्मक नहीं होगी। ऐसी रचना को जनता की आत्मा अपने लिए स्वीकार करेगी और गर्व के साथ दुनिया के सामने मनुष्य के कल्याण के निमित्त हमारी श्रद्धाँजलि के रूप में समर्पित करेगी।'

एशियाई स्वायत्तता तथा व्यक्तित्व की रचनात्मक अभिव्यक्ति के आधार पर 'टर्म्स ऑफ डिसकोर्स' को पुनः परिभाषित करने की टैगोर तथा गाँधी जी की इस प्रचेष्टा में हमारी आधुनिकता को समझने का एक ताजा एजेंडा तैयार हो रहा था।

गाँधीजी के इन शब्दों को हमारे मन तथा आत्मा की स्वायत्तता की प्रारंभिक अभिव्यक्ति के रूप में स्वीकारा जा सकता है, खासतौर पर उस समय, उस परिवेश में जब पश्चिम के आधिपत्य (hegemony) पर प्रश्न उठाने का कोई अधिकार ही किसी को नहीं था। उन्होंने कहा था :

My resistance to western civilization is really a resistance to its indiscriminate and thoughtless imitation based on the assumption that Asiatics are fit only to copy everything that comes the west.

वस्तुतः पाश्चात्य प्राच्यविदों का यही 'हिडेन एजेंडा' था। उसका कहना था कि भारत का अतीत निश्चित ही बहुत गौरवपूर्ण है परंतु उनका कोई वर्तमान नहीं। वर्तमान को बनाने के लिए उसे पश्चिम की ओर जाना पड़ेगा और धीरे-धीरे भारत ने इस अवधारणा को स्वीकार कर लिया कि पश्चिमीकरण ही आधुनिकीकरण है। सर विलियम जोन्स ने सन 1786 में कलकत्ता स्थित एशियाटिक सोसायटी में अपने 'डिसर्कोस' में यह घोषित किया था कि भारतीय इतिहास की तलाश करते हुए सुंदर पुराकाल तक जाने के लिए वे तैयार हैं और नीचे की ओर 11वीं सदी तक ही वे अपने शोधकार्य को सीमित रखना चाहेंगे। जोन्स के बाद लगभग सभी पश्चिमी प्राच्यविदों ने इस तथाकथित ऐतिहासिक अंतर को मानते हुए संस्कृत की परंपरा को मध्ययुग से पहले तक सीमित रखते हुए मध्ययुग और आधुनिक परंपरा से अलग ही नहीं रखा, वरन बड़ी चालाकी से मध्ययुग के लिए Pre-British India पदनाम देकर उसे अंधकारमय सिद्ध करते हुए ब्रिटिश इंडिया के गौरव को प्रकट करने का प्रयत्न किया।

इस दासतापूर्ण बौद्धिक चिंतन के विरोध में गाँधी ने 'हिंद स्वराज' में अपनी आवाज़ उठाई और गैर-पश्चिमी समाज के लिए उपयोगी उपनिवेशवाद के आधुनिकीकरण और सभ्यताकरण (civilizing) की भूमिका पर प्रश्न उठाने तथा इस मिथक को तोड़ने में महत्त्वपूर्ण भूमिका ग्रहण की। पी.सी. जोशी का यह कहना

बिल्कुल ठीक है कि गैर-पश्चिमी समाज तथा सभ्यता के बारे में पश्चिम की अभिधारणा (assumptions) तथा आधार वाक्यों (premises) को लेकर आलोचनात्मक जाँच, व्याख्या तथा मूल्याँकन की यह परंपरा गाँधी से ही शुरू हुई थी। गाँधी पहले व्यक्ति थे जिन्होंने भविष्यद्रष्टा ऋषि की तरह पश्चिमी सभ्यता में निहित अशुभ-प्रवृतियों के ख़तरनाक संभाव्य शक्ति का पर्दाफाश किया था। दूसरे चिंतकों ने उपनिवेशवाद के विरुद्ध आवाज़ उठायी थी परंतु किसी ने आधुनिकता के पश्चिमी मॉडल का विरोध नहीं किया था।

पश्चिमी परिभाषाओं के अनुसार प्रतिष्ठित नियमों, परंपराओं तथा परिपाटियों से नाता तोड़ना आधुनिकता है और इस विश्व में मनुष्य के स्थान और कार्य को एक नयी दृष्टि से देखना है और कुछ स्थितियों में रूप तथा शैली को लेकर अभूतपूर्व प्रयोग करना है। भारत में आधुनिकता एक क्रिया व्यापार (Phenomenon) या मूल्य के रूप में अतीत और भविष्य के संदर्भों से कटा नहीं है। वह अपने में पारंपरिक मूल्यों और नवीनता को समेटे हुए है और नैरंतर्य के आधार पर इसका स्वरूप स्पष्ट हो पाता है। इसको समझने के लिए भीमसेन जोशी या कुमार गंधर्व के उदाहरण दिये जा सकते हैं। ये गायक अपने गायन में चाहे कितनी भी नवीनता लाएँ, इन्हें कभी भी आधुनिक जैज या राक गायकों की तरह मॉडर्न नहीं कहा जा सकता। मगर व्यावहारिक दृष्टि से भारतीय परिस्थिति में जो कुछ भी पश्चिमी है, आधुनिक है और पश्चिमीकरण आधुनिकीकरण है। इसमें कोई शक नहीं कि विचार, चिंतन, मनन, प्रणाली, प्रक्रिया का जो विस्तृत निकाय हमारे वर्तमान तथा हाल ही के समय से सम्बन्द्ध है उसकी उत्पत्ति पश्चिम में हुई फिर भी हमारे आधुनिक बनने की प्रक्रिया में भीतर ही भीतर ऐसा कुछ घट रहा था कि पश्चिमी आधुनिकता को ग्रहण करने के बाद भी उसके मूल्य और फलाफल के सम्बन्ध में हम संशय में थे और लगातार अपनी आधुनिकता को परिभाषित करने की कोशिश में जुटे हुए थे।

राजनारायण बसु ने सन 1873 में 'सकाल और एंकाल' पुस्तिका लिखकर यह प्रमाणित किया था कि प्राचीन काल वर्तमान काल से अधिक आधुनिक था। अतीत काल की मूल्यवत्ता को महत्त्वपूर्ण मानते हुए और उसे आधुनिक करार देते हुए उन्होंने वर्तमान को ह्रास या पतन का काल कहा है। राजनारायण बसु कतिपय वस्तुगत अभिमतों की सहायता से इस निर्णय पर पहुंचते हैं। उनका कहना है कि पहले लोग शारीरिक दृष्टि से अधिक स्वस्थ थे। आज मनुष्य नैसर्गिक प्रकृति में परिवर्तन आ गया है। खाद्य के नाम पर कुखाद्य पर जोर है। अब लोग धर्मभीरू नहीं हैं। दयाशील और सरल भी नहीं लगते हैं। समाजतंत्र पर अधिकार हो गया है। चरित्र की दृष्टि से छोटापन आ गया है।

टैगोर भी आधुनिकता को मूल्य रूप में स्वीकार करते हुए शाश्वतता, स्थायित्व तथा आनंद, जो कविता को अंतर्मुखी बनाते हैं तथा पारदर्शिता आदि को आधुनिकता

की विशेषताएँ बताते हैं। यहाँ यह कहा जा सकता है कि आधुनिकता कालवाचक शब्द है और इसलिए आज के विज्ञान तथा प्रौद्योगिकी पर आधारित औद्योगिक सभ्यता के आधार पर आधुनिकता के स्वरूप का उद्‌घाटन होता है। मगर हम सब जानते हैं कि विज्ञान तथा प्रौद्योगिकी पर आश्रित उद्योग-आधारित नाजी, जर्मनी की चिंतनधारा, तर्कविहीन, अवैज्ञानिक, बर्बरतापूर्ण तथा संवेदनशून्य थी। ठीक उसी प्रकार जैसे विज्ञान-पूर्व, प्रौद्योगिकी-पूर्व तथा पूर्व-औद्योगिक युग के कई समुदायों में देखा जा सकता है। इसलिए समय के साथ जो घटनाएं घटती हैं, क्रिया-व्यापार होता है, उसके आधार पर आधुनिकता को परिभाषित नहीं किया जा सकता। इससे एक महत्त्वपूर्ण अर्थ निकलता है कि विशेष अवस्था के अनुसार आधुनिकता के विशिष्ट रूपों का निर्धारण तथा युक्ति-तर्क-विचार-बुद्धि का प्रयोग कर आधुनिकता के कौन से प्रकरण हमारे लिए उपयुक्त हैं। इसका निर्वाचन अथवा उद्‌भावन ही यथार्थ आधुनिकता है। अर्थात् आधुनिकता का कोई सर्वग्राह्य सामान्य संज्ञा नहीं। तर्कबुद्धि के द्वारा हमारी विशेष आधुनिकता को समझना होगा। सन 1904 में रवींद्र नाथ टैगोर ने स्वदेशी समाज निबंध लिखा था और 25 वर्षों के बाद और एक निबंध में उसकी ताइद की थी। उनका कहना था कि राष्ट्र प्रधान देश में राष्ट्र तंत्र के भीतर देश का मर्म स्थान विशेष रूप से आबद्ध रहता है। समाज प्रधान देश का प्राण सर्वत्र व्याप्त रहता है। पाश्चात्य राज्य शासन में भारत को यहाँ आघात मिला है। गांव-गांव में इसका जो सामाजिक स्वराज परिव्याप्त था, राज्य शासन ने उस पर अधिकार कर लिया। विदेशी आधुनिकता ने हमारे मर्म स्थान पर आघात किया।

स्वामी विवेकानंद ने सन 1902 में कहा था कि, 'अनुकरण किसी सभ्यता की पहचान नहीं है। मैं पुरानी अर्थोडाक्सी के पक्ष में हूँ। उनमें नाना दुर्बलताएँ हैं। मगर फिर भी मैं उसमें विश्वास करता हूँ। जो इसमें विश्वास करता है, वह अपने पैरों पर खड़ा होने की सामर्थ्य रखता है। मैं आधुनिक यूरोपीय सभ्यता के पक्ष में नहीं हूँ।' यस्तुतः पाश्चात्य सभ्यता की विवेकानंद घोर आलोचना करते हैं। इस तरह की घोर आलोचना, इस तरह की चरम पोजिशन लेने की जरूरत क्यों हुई? गाँधी ने भी 'हिंद स्वराज' में 'एक्सट्रीम पोजीशन' ली थी। इस तरह का रूख कोई महान कवि या दिव्यदर्शी ही ले सकता है। कवि ब्लेक ने कहा था, All extremes open the gate of heaven. सत्य उदार दृष्टिकोण से नहीं चरम दृष्टिकोण से ही स्पष्ट होता है।

हिन्द स्वराज की प्रस्तावना में गाँधी ने तीन उद्देश्यों का उल्लेख किया है -

1. उद्देश्य देश की सेवा करना है,
2. सत्य की खोज़ करना है तथा
3. उसके मुताबिक बरतना है

आज पता चला कि 'हिन्द स्वराज' आधुनिक सभ्यता की पहली समीक्षा है। प्रत्येक परिवर्द्धन की भविष्यधर्मी गुणागुण परीक्षा है। आज परिवर्धन लगभग एक धर्म

बन चुका है। गाँधीजी ने परिवर्धन के इस विचार की समीक्षा की है और उसके साथ ही आधुनिक विश्व प्रणाली की भी समीक्षा की है।

तिलक ने राजनैतिक जीवन की शुरुआत गीता का भाष्य लिखकर की थी। गाँधीजी ने राजनैतिक पुस्तक हिन्द स्वराज लिख कर की। बाद में गीता पर भाष्य लिखा। अर्थ स्पष्ट है—पहले अपने यथार्थ की पहचान जरूरी है, स्वराज का रास्ता ढूंढना है। हम अपने ऊपर राज करें, वही स्वराज्य है और वह स्वराज हमारी हथेली पर है। अपने मन का राज्य-स्वराज है, उसकी कुंजी सत्याग्रह, आत्मबल है और उस बल को अपनाने की जरूरत है और बाद में गीता के स्वधर्म, निष्काम कर्म और आत्मसमर्पण के मॉडल की सहायता से उसे पुख्ता करना है।

'एक्सट्रीम व्यूज्स' अर्थात् पश्चिमी सभ्यता का विरोध, यंत्रवाद का विरोध, रेल, पाश्चात्य चिकित्सा पद्धति, अस्पताल, न्यायालय, न्यायदान पद्धति का विरोध या ब्रिटिश संसद को बांझ और वेश्या कहने के पीछे अर्थात् इस एक्सट्रीम व्यूज्स के पीछे उनके दो-तीन उद्देश्य थे। संसदीय पद्धति बांझ क्यों? इसका उत्तर आज एकदम स्पष्ट है। संसद ने अथवा संविधान ने अस्पृश्यता तथा दहेज प्रथा खत्म कर दी है, परंतु दोनों कुरीतियाँ समाज में पूरे पर बरकरार है। दहेज के विरूद्ध जब तक जनमत तैयार नहीं होगा, कुछ नहीं किया जा सकेगा। उसी प्रकार अस्पृश्यता को दूर करने के लिए नयी संस्कृति की जरूरत है। कानून से अस्पृश्यता दूर नहीं की जा सकती। किसी भी मूलभूत परिवर्तन की जननी संसद नहीं सक्रिया सचेतन संबद्ध जनमत की भूमिका होती है। संसदीय व्यवस्था वेश्या क्यों? जनमत के आधार पर जो राजनैतिक दल सत्ताधारी बनता है, संसद उसका प्रभुत्व स्वीकार कर लेता है, परंतु यह विजय पूर्ण रूप से नैतिक ढंग से नहीं घटती है। इसके पीछे रहता है रूपये का खेल, झूठी प्रतिश्रुति और नाना प्रकार की दुर्नीति। मगर जनमत हमेशा इससे प्रभावित होता है, ऐसी बात नहीं, फिर भी संसदीय गणतंत्र कुछ नियम बाँध देते हैं। मगर दुर्नीति को रोकना कठिन हो जाता है।

रेलवे की आलोचना कर उन्होंने विरोधियों को आकर्षणविहीन कर दिया और साथ ही दूरदर्शिता का भी परिचय दिया। केंद्र में रहनेवाले पश्चिम प्रभावित मध्यवर्गी बुद्धिजीवी, जो राष्ट्रीय संग्राम के अग्रवर्ती थे, उनके स्थान पर बाह्य परिधि या हॉशिए में रहनेवाले किसानों का पक्ष लिया। इसके लिए राजनीति को गैर बौद्धिक करना था, हालांकि वे बौद्धिकता के विरोधी नहीं थे। बौद्धिकता युक्त विदेशी आधुनिकता के विरोधी थे। स्वाधीनता के संघर्ष में किसान, हरिजन और स्त्रियों को आगे लाना चाहते थे, गैर ब्राह्मणवाद के पक्ष में थे और हमारी सरलता, गरीबी और धीमेपन में सौंदर्य को खोजना चाहते थे। लगता है कि यह रूढिवादिता है, मगर औद्योगिकीकरण और विज्ञान के आधार पर परिवर्तन और सभ्य बनाने की विदेशी भूमिका, जो श्रेणीवाद और जातिवाद और शोषण को बढ़ावा देता था, का विरोध था और फोक

हिंदुइज़्म का पक्ष लेना था, हिदुत्व के लोक पक्ष या 'सर्वोदय' को उजागर करना था।

गाँधी को यह मालूम था कि विदेशी ज्ञान विज्ञान के चकाचौंध के द्वारा उपनिवेशवादी क्षमता के विस्तार की जो आधुनिक प्रक्रिया है उससे वैश्विक आधुनिकता के हम मात्र ग्रहीता ही बनेंगे। स्रष्टा बनने का अवसर कभी नहीं मिलेगा। इसलिए गाँधी की कोशिश थी कि वैश्विक आधुनिकता में मायाजाल को हटाकर ऐसा स्थान ढूंढना जहाँ अपनी आधुनिकता के हम ही नायक बन सकें। याद कीजिए पाश्चात्य आधुनिकता को भारतवर्ष की पराधीनता के समर्थन में सबसे बड़े तर्क के रूप में प्रयोग में लाया गया था। यह कहा गया कि भारतवासियों के उद्धार के लिए विदेशी शासन जरूरी है। हालांकि इसी आधुनिकता ने हमें साम्राज्यवाद के विरुद्ध खड़े होने का साहस जुटाया और आधुनिकता के नाम पर क्षमता के प्रसार की अंग्रेजों की अभिलाषा का भंडाफोड़ किया। हमें याद रखना होगा कि वैश्विक आधुनिकता के प्रांगण में हम अछूत हैं, हमारे लिए वह फैंसी मार्केट है, वहाँ हम पहुँच नहीं सकते, इसीलिए किसी भी प्रकार की आधुनिकता तर्कसिद्ध है और हमारे लिए मंगलमय जैसी सोच गलत है।

हां, परिवर्तन जरूरी है, वर्तमान परिवर्तन की अपेक्षा रखता है, उसका परिवर्तन करना कर्तव्य है। परिवर्तन की आकांक्षा हमारी परंपरा का केंद्रीय तत्व है। इसको समझाने के लिए निहार रंजन राय ने दो पारिभाषिक तत्वों का उल्लेख किया है—'कुल' तथा 'शील'। कुल आनुवांशिकता है, उत्तराधिकार है, परंपरा है। शील मनुष्य का विकास है, उसका व्यक्तित्व तथा व्यवहार है तथा वह कुल से प्रभावित रहता है। शील अपने स्थान और काल में कुल के उन तत्वों को नकारता रहता है, जो अपनी शक्ति खो बैठे हैं और अपनी तरफ से विचारों और क्रियाओं के नये प्रकारों को उसमें जोड़कर हमारी परंपरा की निरंतरता को बरकार रखते हुए वर्तमान को प्रखर तथा प्रभावशाली बनाता है और इस तरह परंपरा के साथ-साथ नवीनता को स्वीकारते हुए परंपरा को हमेशा गतिशील रखा गया है। गाँधी के स्वराज में यह अर्थवत्ता जुड़ी हुई है। स्वराज का अर्थ मात्र स्वाधीनता और स्वराज्य नहीं है। भारतीय चिंतन धारा की सुरक्षा और सतत प्रवाह है तथा यथार्थ को दखने परखने तथा अनुभव करने का उपाय है। इसका अर्थ है आंतरिक ढंग से अपने को शक्तिशाली बनाना जिससे कि वर्तमान विकास की प्रक्रिया को हम चुनौती दे सकें। विकास और आधुनिकता की अवधारणा को बदल सकें। इसके परिणामस्वरूप भारत की पारंपरिक साकल्यवादी दृष्टि का फिर से अनुसरण करना संभव हो सकेगा और प्रकृति और समाज के साथ मनुष्य जीवन के सामांजस्य की पुनः स्थापना करते हुए नयी विचारधारा की छानबीन कारना भी संभव हो पायेगा और आधुनिकता तथा विकास के अपने मॉडल तैयार करना सहज हो जायेगा। यह रवींद्र के द्वारा पूर्व और पश्चिम के सामंजस्य की बात नहीं है, श्री अरविंद का 'सेलेक्टिव माडर्निज़्म' भी नहीं है। यह पाश्चात्य आधुनिकता

की सहायता से विविधतायुक्त भारतीय सांस्कृतिक परंपरा का अंतर्वेशन कर नयी संरचना की सृष्टि करने का अवसर देना है और इस तरह आज की तेजी से बदलती हुई दुनिया में हमारी आधुनिकता को परिभाषित करना है और जड़े और पंख दोनों के महत्त्व को स्वीकारना है। गाँधीजी के शब्द इस संदर्भ में बहुत ही महत्त्वपूर्ण हैं–

I do not want my house to be walted in on all sides any may windows to be stuffed. I want the cultures of all lands to be blown about my house as free as possible. But I refuse to be blown off my feet by any.

'यंग इंडिया' में बाद में उन्होंने लिखा कि नयी संरचना भारतीय स्वदेशी ढंग की होगी, जहाँ प्रत्येक संस्कृति को न्याय संगत स्थान प्राप्त है और वह अमेरिकी ढंग की नहीं, जहाँ एक प्रधान संस्कृति बाकी सबको विनियोजित कर लेती है और जहाँ सामंजस्य नहीं वरन जबरन निर्मित एक कृत्रिम एकता की सृष्टि उद्देश्य होता है। इसीलिए हमारी चुनौती केवल स्वदेशी नहीं स्वराज्य है और आधुनिकता की कोटियों का निर्माण है। गाँधी ने इस तरह जो विकल्प हमारे सामने रखा वह परंपरा बनाम पाश्चात्य आधुनिकता का नहीं वरन् दोनों की इकट्ठी स्वीकृति बनाम किसी एक की बाध्यतामूलक स्वीकृति का था।

हमारा भविष्य इसमें निहित है कि हम उन विशेषताओं या तत्वों का आविष्कार करें, जिससे हम अपनी आधुनिकता को रेखांकित कर सकें। हमारी आधुनिकता के विशिष्ट स्वरूप को पहचानने के लिए यह जरूरी है कि हमारे भीतर अन्यत्र प्रतिष्ठित आधुनिकता को ठुकराने का साहस हो। राष्ट्रीय संग्राम के युग में उसकी जरूरत थी। गाँधी जी ने वह रास्ता दिखाया था। आज भूमंडलीकरण के युग में उस साहस को दिखाना फिर जरूरी हो गया है। भूमंडलीकरण एक नव-उपनिवेशवाद है, इससे बचने का एकमात्र रास्ता है कि हम अपनी मानसिकता का गैर-उपनिवेशीकरण करें। हिन्द स्वराज के द्वारा गाँधी का उद्देश्य था कि हम अपने को तथा अपनी दुर्बलताओं को भी पहचानें। अपने यथार्थ को पहचानना-यानी अपनी आधुनिकता को पहचानना और उसके लिए उनके द्वारा निर्मित मॉडल कुछ इस प्रकार था –

पहले प्राचीन सभ्यता की स्वीकृति फिर स्वराज की बात। सभ्यता फर्ज़ अता करने का आचरण है। फर्ज़ अता करना नीति का पालन करना है। नीति का पालन मन और इंद्रियों पर काबू पाना है, भोग पर नियंत्रण पाना है। काबू करने का अर्थ अपने को पहचानना, 'स्व' की पहचान है।

सभ्यता के नियमों के बारे में गाँधीजी का कहना था कि हिंसा हिंदुस्तान के दुखों का इलाज नहीं है और भारतीय संस्कृति का अनुसरण करते हुए आत्मरक्षा के लिए अहिंसा और सत्याग्रह का प्रयोग ही उचित है। अहिंसा हमारा आध्यात्मिक तत्व है, जिसे गाँधीजी ने सैनिक और आर्थिक शक्ति के विरोध में इस्तेमाल किया। जिसे दुर्बल तत्व माना गया था, उसे उन्होंने सबल बना दिया। शांतिपूर्ण प्रतिरोध

(सत्याग्रह) के द्वारा क्रियात्मक स्थिति पैदा की गयी। पीड़ित व्यक्ति के दुःख दर्द के स्थान पर सत्याग्रही की तरह दुःख दर्द स्वीकारते हुए उसे महिमामंडित कर दिया। भारतीय सभ्यता की विशेषता है कि वह व्यक्ति को भोग से दूर रखता है और इसीलिए आधुनिक सभ्यता का उससे मेल नहीं है। आधुनिक सभ्यता का लक्ष्य भौतिक उन्नति है और उसके लिए टेक्नोलॉजी का उपयोग किया जा रहा है। टेक्नोलॉजी पर्यावरण को नष्ट कर रही है तथा भोग और हिंसा को बढ़ावा दे रही है। पर्यावरण और हिंसा विश्व की आज दो बड़ी चुनौतियाँ हैं।

इन चुनौतियों का सामना करने का एक ही उपाय है। पर्यावरण के साथ मनुष्य के एकमेक होने के रास्ते को ढूंढ निकालना है। यही प्राचीन भारतीय रास्ता है। इसी को पर्यावरण प्रभावित नैतिकता कहा गया है। हिंसा मनुष्य शरीर का अनादर करना है। धार्मिक उग्रवाद तथा राजनैतिक विचारधारा यह समझती है कि धर्म या राजनीति के नाम पर हत्या करने का लाइसेंस उनके पास रहता है और फिर उपभोक्ता संस्कृति से जुड़ी सेक्स की भूख ने शरीर को अर्थहीन बना दिया है। शरीर में ईश्वर का निवास है। हमारे पुराने रूपक अंग-अंगी, देह-देही, पुर-पुरूष प्रसिद्ध है। ये रूपक 'पैटर्न्स ऑफ वायलेंस' को दूर करने के उपाय थे। गाँधी धर्म को मूल दया मानते हुए सत्याग्रह के द्वारा दया-बल और आत्मबल के प्रसार की बात करते हैं और हिंसा को रोकने के लिए उसका प्रयोग करते हैं।

गाँधी आज के बुद्धिजीवियों की तरह विउपनिवेशीकरण तक अपने को सीमित नहीं रखते। विउपनिवेशीकरण का पूरा एजेंडा 'स्व' एवं 'समाज' से संबद्ध है, उसमें 'अन्य' के बारे में कुछ उल्लेख नहीं होता है। संस्कृति और समाज की 'स्व' परिभाषा बनाना तथा विदेशी शक्ति से मुक्ति पाना विउपनिवेशीकरण की परिभाषा रही है। गाँधी ने यह परिभाषा बदल दी। स्वराज में 'अन्य' के लिए भी उन्होंने स्थान बनाया और इस तरह कॉलोनाइज़र तथा कॉलोनाइज़्ड दोनों की स्वाधीनता को उन्होंने स्वीकृति दी। वस्तुतः हिंद स्वराज एक वैकल्पिक स्थिति पैदा करता है। एक वैकल्पिक मूल्य-व्यवस्था की रचना करता है। यह भारतीय आधुनिकता की सबसे बड़ी बात है। यह पाश्चात्य आधुनिकता की तरह एक को बहिष्कृत कर दूसरे की प्रतिष्ठा नहीं करता। यहाँ वैकल्पिक स्थितियाँ उपस्थित की जाती हैं। पश्चिम शब्द केंद्रित तथा एकान्तिक है। भारत प्रतीकात्मक तथा अंतर्भावयुक्त है। भारत समयोजन के द्वारा अपना विकास करता है और अपने को बार-बार वर्णित करता है। पश्चिम प्रतिस्थापन के द्वारा विकसित होता है। इसीलिए भारत में प्राचीन विचारों को भले ही नये विचार स्थान न दे, मगर प्राचीन विचार खो नहीं जाते, नवीन के साथ सहवस्थान करते हैं। यहाँ एक का बहिष्कार कर अपनी आधुनिकता की रचना नहीं की जाती। यहाँ विकल्पों को स्वीकारा जाता है, इसलिए हिन्द स्वराज 'स्व' की स्वाधीनता की बात करता है, अपने को पहचानने की बात करता है, सिर्फ विकास

की बात नहीं करता, जिससे धन अधिक पैदा हो सके। वह ऐसी दुनिया या लोगों की बात करता है, जिनकी सहायता से 'स्वराज' मिल सके। आधुनिकता और परंपरा को जोड़ने की बात नहीं करते, अंतर्वेशन के द्वारा आधुनिकता की नयी संरचना का निर्माण करते हैं। इसलिए बहुत से समाज सुधारकों की तरह परंपरा, जातिवाद, ब्राह्मणवाद आदि का तिरस्कार करते हुए डरते नहीं। यही 'क्रिटिकल इनसाइडर' का काम है और इसीलिए आधुनिकता के लिए गये उदारवादी तथा मानवीय संशोधनों को भी स्वीकारते हैं। जिससे कि तेजी से बदलते हुई दुनिया में हम अपनी आधुनिकता को सही ढंग से परिभाषित कर सकें। इसीलिए चुनौती सिर्फ़ स्वदेशी और स्वराज की खोज़ नहीं, जिससे कि आधुनिकता की कोटियों का निर्माण हो सके, मगर विशेषताओं और सिद्धान्तों की खोज़ भी है, जिससे हमारी आज की आधुनिकता को सही रूप से परिभाषित कर सकें। उपनिवेशीकृत समाज में एक ओर शोषकीय तथा प्रतिक्रियावादी तत्व पैदा हो जाते हैं, या संस्कृति का जो हिस्सा बचा रह जाता है, उसको पकड़े रखा जाता है। इस तरह का समाज धर्म, स्वदेशी, परंपरा की बात प्रतिक्रियात्मक ढंग से करते हैं। गाँधी की तरह धर्म के भीतर जो धर्म है, उसकी बात नहीं करते या फिर उपनिवेशी स्वामी की प्रतिमूर्ति बन जाते हैं। परिणामतः छाया हृदय पैदा हो जाते हैं अनुकरण ही जिनके लिए सब कुछ होता है। हिन्द स्वराज ने गहन प्रश्नों के द्वारा आंतरिक शत्रुओं का पता दिया, उसके आधार वाक्यों को उघाड़ा, उसकी सांकेतिक भाषा को डी-कोड दिया।

भारतीय संस्कृति तथा चिंतन की बड़ी बात विविधता है। असहमतियों को कबूलते हुए एकता का प्रसार है। यह संस्कृति एक ऐसे समाज की बात करती है, जो पिरामिड नहीं, जो ऊँचाई के स्थान पर लगातार चौड़ाई में प्रसारित होने वाले सागरीय वृत्तों की तरह फैला हुआ समाज है। ऐसा समाज भारत का ग्राम समाज है। इसलिए गाँधी जी गांव के समाज को, स्वदेशी को प्रमुखता देते हैं और इसके लिए क्षमता के विकेंद्रीकरण का पक्ष लेते हैं। राजधानी क्रमशः समग्र समाज को ग्रस रही है, इसीलिए राज्य सरकार नहीं, ग्राम समाज को ही गाँधी ने क्षमता की भित्ति के रूप में स्वीकार किया है। मगर आज गांव तीन तरह के बोझों से दबा हुआ है –

1. सरकारी शासनतंत्र का बोझ,
2. व्यावसायिक प्रतिष्ठानों का बोझ तथा
3. राजनैतिक दलों की राजनीति का बोझ।

इनमें से पहले दो दबावों से गांव पहले से परिचित हैं। राजनैतिक दलों की राजनीति अभी बात की है। दलीय राजनीति का एक अपना आदर्शगत् वक्तव्य होता है। क्षमता की लड़ाई इस आदर्श के नाम पर चलती है। क्षमता के लिए नीति विसर्जित होती है तथा दलों की स्वार्थ रक्षा के लिए अपराधीकरण का प्रसार होता है। यह लड़ाई राजधानी के लिए होती है, मगर इसके लिए गांव पर कतृत्व जरूरी

है और परिणामतः गांव को धक्का लगता है।

ग्रामीण समाज के अभ्यंतर में एक आत्मीय समाज का आदर्श रहता है और वह निर्दलीय लोकनीति से मेल खाती है। बहुदलीय व्यवस्था नहीं, एक दलीय राजनीति नहीं, निर्दलीय लोकनीति के साथ गाँधी के मतादर्श का मेल है। यह गाँधी संसदीय गणतंत्र का अतिक्रमण कर जाते हैं। यही गाँधी मार्ग है। आज के राजनेता कहेंगे, असंभव, यह असंभव है। गाँधी कहेंगे, इसके बिना समाज की मुक्ति संभव नहीं। दरिद्रता, अशिक्षा, छोटेपन के बावजूद रवींद्र और गाँधी जी के ग्राम में ही भारतीय आदर्श समाज के मूल सूत्रों को प्रत्यक्ष किया था। टैगोर का कहना है कि इस देश में राष्ट्रनीति और समाजनीति में हमेशा फासला रहा है। ग्रामीण समाज के अभ्यंतर में एक आत्मीय समाज का आदर्श है। नाना अविचार, कुसंस्कार और अशिक्षा के बावजूद यहाँ ग्राम और समाज का अपना आदर्श है। मनुष्य के साथ मनुष्य का आत्मीय सम्बन्ध-स्थापन चिरकाल भारत वर्ष की सर्व प्रधान चेष्टा थी। हम जिस किसी व्यक्ति के संपर्क में आने से उसके साथ एक सम्बन्ध बना बैठते हैं। इसके अच्छे बुरे दोनों प्रकार के परिणाम संभव है, मगर इस देश की, उससे बड़ी प्राच्य परंपरा है। ग्राम समाज-आत्मीय समाज, प्रतिवेशी समाज और इसमें समन्वय यानी सर्वोदय की भावना अनुस्यूत है। इसकी तुलना में राष्ट्र एक 'हृदयहीन मशीन' की तरह है। आजकल नगरों में राष्ट्रनीति के साथ वाणिक शक्ति आ मिली है। रवींद्र का कहना है कि नगर देश की शक्ति का क्षेत्र है, ग्राम प्राण का क्षेत्र है। इस गांव को केंद्र में लाने के लिए ही रवींद्र और गाँधी ने स्वदेशी का पक्ष बना लिया था। स्वदेशी केवल प्रत्यावर्तन नहीं है, एक स्थायी उपाय ढूंढना है और इस तरह गांव को स्वनिर्भर बनाना है और शहर के शोषण से गांव को मुक्त रखना है। इसके लिए रास्ता समवाय का है और यही सत्य का रास्ता है। गाँधी के लिए यह सत्य, तपस्या द्वारा प्राप्त किया जा सकता है और रवींद्र का कहना है कि सत्य आनंद द्वारा प्राप्त किया जा सकता है। समवाय-नीति मनुष्यत्व की मूल नीति है, मनुष्य के सहयोग से ही मनुष्य है। गाँधी और रवींद्र यंत्र के विरोधी नहीं थे, यांत्रिकता के विरोधी थे। यंत्र ने भोग को बढ़ाया है, भोग स्थायी तृप्ति नहीं दे सकता, संयम के द्वारा ही जीवन में तृप्ति संभव है। भोग की दृष्टि में सभी उपकरण हैं और ऐसी स्थिति में प्यार भी उपकरण बन जाता है। रवींद्रनाथ भोग की वासना को सौंदर्य-बोध के द्वारा नियंत्रित करना चाहते थे, गाँधी जी नैतिकता के द्वारा और उसका उत्स प्रेम की शक्ति में था। उनका कहना था : The fact that there are so many men still alive in the world show that it is based on the force of truth of love. गाँधी जी ने भारत के यथार्थ को समझने का, उसके विकास का यही आधार माना था।

हमारी आधुनिकता परंपरा तथा पाश्चात्य आधुनिकता को जोड़कर नहीं, उनके अन्तर्वेधन के द्वारा एक नयी संरचना की सृष्टि की समस्या से विकसित हुई है।

दूसरे के प्रभुत्व तथा स्थानापन्नता से बचने के लिए आज गाँधी की फिर जरूरत है, जो हमें हमेशा पश्चिमी की ओर जाने से सचेत करते रहेंगे। जो हमें विदेश को अपने ढंग से, अपनी शर्तों पर स्वीकार करने के लिए रास्ता दिखाते रहेंगे। हमें अपने ढंग से परिभाषित करने में सहायता करेंगे। श्री अरविंद ने चयनात्मक आत्मसात्करण की बात की है। आज विदेशी प्रभाव से बचना मुश्किल है, मगर नकल नहीं, अपनी शर्तों पर चयनात्मक आत्मसात्करण करना है।

गाँधी ने आध्यात्मिक नैतिकता की सहायता से हमारी अर्थनैतिक तथा सैनिक कमजोरी को शक्ति में बदल दिया। अहिंसा को हमारी सबसे बड़ी शक्ति बना दी। सत्याग्रह की सहायता से शोषितों की तरह नहीं, विद्रोही की तरह जीना सिखाया और इस तरह सत्याग्रह को अस्त्र में बदल दिया। सहनशीता को सक्रियता में बदलने का अभूतपूर्व कार्य किया। शक्तिहीन शक्तिशाली हो गया। पाश्चात्य आधुनिकता का विरोध कर हमें अपने यथार्थ को पहचानने का रास्ता दिखाया। ग्राम को विकास के केंद्र में लाकर वैकल्पिक टेक्नोलॉजी, स्वदेशी का प्रसार तथा सर्वोदय को महत्त्व देते हुए लोक हिंदुत्व का पक्ष लिया और भारतीय सशक्तीकरण का मार्ग दिखाते हुए आधुनिकता की व्याख्या की।

गाँधी ने एक और 'क्रिटिकल इनसाइडर' की तरह हमारी परंपरा में से उन तत्वों का आविष्कार कर प्रयोग किया। जिससे समाज का प्रगतिशील रूप प्रकट हो सके और समाज में फैली हुई कुरीतियों को दूर किया जा सके। दूसरी ओर 'क्रिएटिव डेस्ट्रॅक्शन' की सहायता ली, जिसका अर्थ केवल आक्रमण या कुरीतियों का ध्वंस नहीं, वरन् चिंतन के धरातल पर रूपांतरण, अनुकूलन तथा पुनर्निर्माण की सहायता से नयी अंतर्दृष्टि का प्रसार करना है। दूसरे शब्दों में, परंपरा में आंतरिक परिवर्तन करते हुए नये बोध के प्रसार के द्वारा गाँधी ने हमारी आधुनिकता को समझा और स्वराज, स्वदेशी, सत्याग्रह और सर्वोदय की सहायता से उसको रेखांकित किया।

हिन्द स्वराज की राजनीति

कुमार प्रशांत

राजनीति का मतलब हम सीधे चुनाव व चुनावी गतिविधियों से लेते हैं। यह राजनीति का बहुत सीमित मतलब है और हमारे रूढ़िबद्ध मानस का परिचायक भी है। राजनीति एक व्यापक सामाजिक कर्म है, चुनाव जिसका एक अंग है। यह इतना महत्वपूर्ण है कि इसकी उपेक्षा नहीं की जा सकती है, इसी कारण इसे पार्टियों के भरोसे नहीं छोड़ा जा सकता है। चुनाव की इस पूरी प्रणाली का लोकतंत्रीकरण कैसे हो और लोग इसके संचालन व नियमन से सीधे कैसे जुड़ें, यह हिन्द स्वराज्य की राजनीति की खोज़ है।

हिन्द स्वराज्य गाँधीजी ने तब लिखी थी जब उनकी अपनी राजनीति का चेहरा पूरी तरह तैयार नहीं हुआ था, वे उसकी आत्मा अवश्य छू पाये थे। यह बात भी ध्यान में रखने जैसी है कि इस किताब के लिखने तक, भारतीय राजनीति से भी गाँधीजी का कोई निकट का रिश्ता नहीं बना था, उसके नायक बनने की बात तो अभी वर्षों दूर थी। लेकिन उनके भीतर कुछ था जो घुमड़ रहा था। दक्षिण अफ्रीका का गहरा होता जा रहा संघर्ष और उसके साथ-साथ उठते तीखे सवाल उन्हें और उनके साथियों-विरोधियों सबको मथ रहे थे। अपने भीतर के बवंडर को जब गाँधीजी संभाल नहीं सके, तब यह किताब बनी। जब मुझसे रहा ही नहीं गया तभी मैंने यह लिखा; (1909 में, पहले प्रकाशन की भूमिका से) तो यह कहें कि हिन्द स्वराज, जैसे हम किसी खुदाई नूर या आसमानी सत्य के अवतरित होने की बात सुनते हैं, वैसे ही गाँधी पर अवतरित हुआ? और फिर वे जीवन भर उस दिशा में व्यक्तिशः चलने की और समाजतः उसकी रणनीति बनाने व उसका संगठन खड़ा करने की कोशिश करते रहे? "जो विचार यहाँ रखे गए हैं, वे मेरे हैं और मेरे नहीं भी हैं। वे मेरे हैं, क्योंकि उनके मुताबिक बरतने की मैं उम्मीद रखता हूँ। वे मरी आत्मा में गढ़े-जड़े हुए जैसे हैं। वे मेरे नहीं हैं, क्योंकि सिर्फ़ मैंने ही उन्हें सोचा हो सो बात नहीं।" (वही), हिन्द स्वराज में अपने तर्कों-स्थापनाओं के बारे

में गाँधीजी काफी बुलंदी से बात करते हैं, विपक्षी मत की खिल्ली भी उड़ाते हैं, लेकिन उसमें अंध कट्टरता नहीं है। प्रयोग का खुलापन है उसमें, "उद्देश्य सिर्फ़ देश की सेवा करने का और सत्य की खोज़ करने का और उसके मुताबिक बरतने का है। इसलिए अगर मेरे विचार गलत साबित हों, तो उन्हें पकड़ रखने का मेरा आग्रह नहीं है। अगर वे सच साबित हों तो दूसरे लोग भी उनके मुताबिक बरतें, ऐसी देश के भले के लिए साधारण तौर पर मेरी भावना रहेगी। (वही),

हिन्द स्वराज्य के बारे में किसी भी चर्चा से पहले इतना कुछ जान लेना जरूरी क्यों है? क्योंकि दिशासूचक यंत्र-कपास-को ही रास्ता मानने की बचकानी गलती आदमी हमेशा से करता आया है–हम गाँधी वाले भी इस कमजोरी से ग्रस्त हैं! गाँधीजी को एक सावधान सामाजिक क्रांतिकारी मानने की जगह उन्हें अंतिम प्रमाण की तरह दूसरों के मुंह पर दे मारने का करतब हम भी बहुत करते हैं, और ऐसा करते हुए गाँधीजी की सबसे ज्यादा कुसेवा करते हैं। हिन्द स्वराज की भी बड़ी कुसेवा होगी यदि हम इसे गीता और वेद की जगह रख देंगे। यह किताब एक अनोखी क्रांति के प्रयोग की दिशा बताती है और उस दिशा में मानने वालों को प्रयोग के लिए उकसाती है। हम खुद इस दिशा में प्रयोग करें और उससे प्राप्त सत्य की घोषणा करें, तो हिन्द स्वराज की सार्थकता है। गाँधीजी ने खुद भी ऐसा ही किया।

ऐसा नहीं करें हम तो इस किताब में से कुछ खास निकलता नहीं है। इसलिए मैं कहता हूँ–यह किताब पढ़ने की नहीं, पढ़ने और पचाने वाली किताब है।

1912 में, गोपालकृष्ण गोखले ने दक्षिण अफ्रीका में, इस मूल गुजराती पुस्तिका का अंग्रेजी अनुवाद पढ़ा तो इतना ही कह सके कि "भारत लौटकर, गाँधी साल भर के भीतर इस किताब का नाश कर देंगे क्योंकि इसमें जीवित रह सकने जैसा कोई तत्व नहीं है।" लेकिन हुआ कुछ और। गाँधीजी ने इस दिशा में जीने और मुल्क को साथ ले चलने के जितने प्रयोग किये, उस विश्वास के बल पर 1938 में लिखा–"यह पुस्तक अगर आज मुझे फिर से लिखनी हो, तो कहीं-कहीं मैं इसकी भाषा बदलूंगा। लेकिन इसके लिखने के बाद, जो तीस साल मैंने अनेक आंधियों में बिताये हैं, उनमें मुझे इस पुस्तक में बताए हुए विचारों के फेरबदल करने का कुछ भी कारण नहीं मिला।" (अंग्रेजी मासिक 'आर्यन पाथ' के हिन्द स्वराज अंक के लिए भेजे संदेश से) लेकिन यह भी हमारे ध्यान में रहे कि 1921 में वे हिन्द स्वराज की भूमिका में लिखते हैं "लेकिन मैं पाठकों को एक चेतावनी देना चाहता हूँ। वे ऐसा न मान लें कि इस किताब में जिस स्वराज की तस्वीर मैंने खड़ी की है, ऐसा स्वराज कायम करने के लिए मेरी कोशिश चल रही है। मैं जानता हूँ कि अभी हिन्दुस्तान उसके लिए तैयार नहीं है आज मेरी सामूहिक प्रवृत्ति का ध्येय तो हिन्दुस्तान की प्रजा की इच्छा के मुताबिक पार्लियामेंटरी ढंग का 'स्वराज्य' पाना है। रेलों या अस्पतालों का नाश करने का ध्येय मेरे मन नहीं है, अगरचे उनका कुदरती नाश हो तो मैं जरूर उसका स्वागत करूँगा।

रेल या अस्पताल दोनों में से एक भी ऊँची और बिल्कुल शुद्ध संस्कृति की सूचक नहीं है। ज्यादा-से-ज्यादा इतना ही कह सकते हैं कि यह एक ऐसी बुराई है, जो टाली नहीं जा सकती। दोनों में से एक भी हमारे राष्ट्र की नैतिक ऊँचाई में एक इंच की भी बढ़ती नहीं करती। इसी तरह मैं अदालतों के स्थायी नाश का ध्येय मन में नहीं रखता, हालांकि ऐसा नतीजा आए तो मुझे अवश्य बहुत अच्छा लगेगा। यंत्रों और मिलों के नाश के लिए तो मैं इससे भी कम कोशिश करता हूँ। उसके लिए लोगों की आज जो तैयारी है, उससे कहीं ज्यादा सादगी और त्याग की जरूरत रहती है।''

यह इस किताब की और गाँधी की आत्मा है-सपना, उस दिशा में संभव प्रयोग, प्रयोग के निष्कर्ष और फिर नये प्रयोग, सतत, संपूर्ण क्रांति।

एक बात और। गाँधीजी के बारे में एक बात हम गाँधीवालों को बार-बार याद करनी चाहिए और गांठ बांध कर रखनी चाहिए। वह यह है, कि गाँधी-विचार और प्रयोग के टुकड़े नहीं हो सकते, करने की कोशिश भी नहीं करनी चाहिए। हम इसे गाँधीजी की विशेषता समझें या कमी लेकिन यह अकाट्य है कि गाँधी आयेगा तो पूरा ही आयेगा या नहीं आयेगा। उसके टुकड़े बना कर, अपनी सुविधा या पसंदगी से हम चाहे जितना पूजें, उसका विद्रूप ही बनाएंगे, उसका उपहास ही करेंगे। हमने रचनात्मक कार्यक्रम की एक पूंछ पकड़ कर गाँधीजी को पकड़ लेने का दावा किया! और शासकों ने गाँधीजी को कर्मकांडों व पुतलों में जड़वत् बना देने व दूसरे को पीटने की लाठी की तरह भांजने का करतब किया है। हिन्द स्वराज की आत्मा व्यवस्था चलाने की नहीं, व्यवस्था बदलने की है, और इसलिए इसे लेकर चलेंगे तो स्थापित व्यवस्था से टकराव अपरिहार्य है। यह टकराव कब, कैसे, कितना और कहाँ होगा, इसका निर्धारण उस वक्त के नेतृत्व व परिस्थिति पर छोड़ना होगा। हिन्द स्वराज का एक-एक शब्द कहता है कि इस दर्शन को परिपूर्णता में समझना पड़ेगा और संपूर्णता में ही इसके प्रयोग करने होंगे।

जयप्रकाश जी के शब्दों में, ''गाँधी की पूजा करने का एक ऐसा खतरनाक खेल है जिसमें सफलता हर्गिज नहीं मिलेगी।''

अब मैं अपने विषय की तरफ आता हूँ—हिन्द स्वराज में से उभरती राजनीतिक-संकल्पना। लोकतंत्र की संसदीय पद्धति की जैसी कठोर आलोचना गाँधीजी ने हिन्द स्वराज में की है, वैसी आलोचना और वैसी अंतदृष्टि कहीं और मिलती नहीं है। यह चर्चिल की उस धारणा से बहुत आगे की बात है जिसमें उन्होंने कहा था कि लोकतांत्रिक प्रणाली बहुत बुरी है फिर भी दूसरी प्रणालियों से अच्छी है। जवाहरलाल नेहरू ने भी ऐसी ही बातें कई बार कही थीं। कुछ बहुत अच्छा अपने पास है नहीं, तो जो है उससे काम चलाने वाली इस मानसिकता से बहुत आगे जा कर गाँधीजी असके लोकतांत्रिक होने पर ही प्रहार करते हैं और कहते हैं ''यह पार्लियामेंट तो बांझ और बेसवा है। ये दोनों शब्द बहुत कड़े हैं, तो भी उसे बहुत

अच्छी तरह लागू होते हैं। मैंने उसे बांझ कहा, क्योंकि अब तक उस पार्लियामेंट ने अपने आप एक भी अच्छा काम नहीं किया है। अगर उस पर जोर-दवाब डालने वाला कोई न हो तो वह कुछ भी न करें, ऐसी उसकी कुदरती हालत है। और वह बेसवा है क्योंकि जो मंत्रिमंडल उसे रखे, उसके पास वह रहती है। आज उसका मालिक एस्क्विथ है, तो कल बॉलफर होगा और परसों कोई तीसरा, उसका कोई मालिक नहीं है। उसका कोई एक मालिक नहीं हो सकता। लेकिन मेरे कहने का मतलब इतना ही नहीं है। जब कोई उसका मालिक बनता है (जैसे प्रधानमंत्री) तब भी उसकी चाल एक सरीखी नहीं रहती। जैसे बुरे हाल बेसवा के होते हैं, वह तो अपनी सत्ता की मद में मस्त रहता है। अपना दल कैसे जीते, इसी की लगन उसे रहती है। पार्लियामेंट सही काम कैसे करे, इसका वह बहुत कम विचार करता है। अपने दल को बलवान बनाने के लिए प्रधानमंत्री पार्लियामेंट से कैंसे-कैसे काम करवाता है, इसकी मिसालें जितनी चाहिए, उतनी मिल सकती हैं।

मुझे प्रधानमंत्रियों से द्वेष नहीं है लेकिन तजुर्बे से मैंने देखा है कि वे सच्चे देशाभिमानी भी नहीं कहे जा सकते घूस वे खुल्लमखुल्ला नहीं लेते-देते, इसलिए वे भले ही ईमानदार कहे जाएँ, वे दूसरों से काम निकालने के लिए उपाधि वगैरह की घूस बहुत देते हैं। मैं हिम्मत के साथ कह सकता हूँ कि उनमें शुद्ध भावना और सच्ची ईमानदारी नहीं होती। अगर पार्लियामेंट बांझ न हो तो इस तरह होना चाहिए-लोग उसमें अच्छे-से-अच्छा मेंबर चुन कर भेजते हैं ऐसी पार्लियामेंट को अर्जी की जरूरत नहीं होनी चाहिए, न दवाब की। उस पार्लियामेंट का काम इतना सरल होना चाहिए कि दिन-ब-दिन उसका तेज बढ़ता जाए और लोगों पर उसका असर होता जाए।

लेकिन इससे उलटा इतना तो सब कबूल करते हैं कि पार्लियामेंट के मेंबर दिखावटी और स्वार्थी पाए जाते हैं। सब अपना मतलब साधने की सोचते हैं। सिर्फ़ डर के कारण ही पार्लियामेंट कुछ काम करती है। जो काम आज किया, वह उसे कल रद्द करना पड़ता है। आज तक एक भी चीज को पार्लियामेंट ने ठिकाने लगाया हो, ऐसा कोई मिसाल देखने में नहीं आती। बड़े सवालों की चर्चा जब पार्लियामेंट में चलती है, तब उसके मेंबर पैर फैलाकर लेटते हैं या बैठे-बैठे झपकियां लेते हैं, अगर कोई मेंबर इसमें अपवाद स्वरूप निकल आए तो उसकी कमबख्ती ही समझिए। जितना समय और पैसा पार्लियामेंट खर्च करती है, उतना समय और पैसा अगर अच्छे लोगों को मिले तो प्रजा का उद्धार हो जाये। ब्रिटिश पार्लियामेंट महज प्रजा का खिलौना है और वह खिलौना प्रजा को भारी खर्च में डालता है। (हिन्द स्वराज्य : पृष्ठ —13, 14, 15)

संसदीय लोकतंत्र की ऐसी मारक, गहरी आलोचना दूसरे किसी विचारक ने कहा है तो मुझे मालूम नहीं। यह लोकतंत्र की किसी कमी या कमजोरी की आलोचना नहीं है, यह उसके भीतर की बीमारी का विश्लेषण है। और हमें यह भी ध्यान में

रखना चाहिए कि गाँधीजी यह सब तब लिख रहे हैं जब हमारे देश में संसदीय लोकतंत्र का दूर-दूर तक पता नहीं था, और उसके आज जैसे पतन का कोई अनुभव भी नहीं था। इंग्लैण्ड का अनुभव भी तब इतना जगजाहिर नहीं था। संसदीय लोकतंत्र के सम्मोहन में दुनियाभर के तमाम विचारक तब ऊब-डूब हो रहे थे। भारत का हाल गाँधीजी ने खुद ही हिन्द स्वराज्य में लिखा है कि हिन्दुस्तानी प्रजा की इच्छा भी संसदीय लोकतंत्र से आगे की नहीं है। मतलब यह कि संसदीय लोकतंत्र की यह आलोचना गाँधी की अंतर्दृष्टि से निकली है, और कैसी पक्की व सच्ची प्रमाणित हुई!

संसदीय लोकतंत्र की मां कही जाने वाली इंग्लैंड की संसद हो या महाप्रभु अमेरिका की कांग्रेस हो या हमारी अपनी ससंद—आर्थिक व नैतिक भ्रष्टाचार, जातीयता-सांप्रदायिकता जैसी तमाम प्रतिगामी सामाजिक बुराइयों, भयंकर क्रूर अकर्मण्यता और यथास्थिति के अंतिम हद तक संरक्षण के ये सबसे मजबूत किले बन गए हैं। अमेरिका कुछ भी कर ले, बिल क्लिंटन को नैतिक पतन की सजा नहीं दे सकता जार्ज बुश को आतंकवादी होने का अपराधी मानते हुए भी राष्ट्रपति की कुर्सी से हटा नहीं सकते, इंग्लैंड के नारिको की भी कुछ ऐसी मजबूरियाँ हैं। संसदीय लोकतंत्र निरुपाय इन सबको और इन जैसे ही दूसरों को भी ढोने को अभिशप्त है।

अपने यहाँ देखें तो जवाहरलाल नेहरू जैसे से लेकर नरसिंह राव जैसे तक इस किले में एक ही खेल खेलते नज़र आते हैं—अपनी सत्ता कैसे टिकाई जाए। जातीय संहार और सांप्रदायिक कत्लेआम का खेल किसी की आत्मा को नहीं झकझोरता है, यदि उससे सत्ता टिकी रहती है। यहाँ मुहम्मद अली जिन्ना और नरेन्द्र मोदी का चेहरा एक-सा हो जाता है। यहाँ विदेशी ताकतों के हित में एक-एक कर अपना मोर्चा खाली करते जाने में अटलबिहारी वाजपेयी और मनमोहन सिंह में कोई फ़र्क ही नहीं रह जाता है। क्या ये सब बदमाश लोग हैं? ऐसा कहेंगे तो उसमें इतना ही सत्य होगा कि ये सब अपनी सत्ता टिकाये रखने में किसी भी हद तक जाने की बदमाशी कर सकते हैं। लेकिन ज्यादा गहरी बात तो यह है कि संसदीय लोकतंत्र में बहुमत की परिभाषा, बहुमत का निर्धारण, बहुमत की ताकत का समीकरण ऐसा है कि उसके शिखर पर पहुँचने और वहाँ बने रहने के लिए सबको एक-सा ही रास्ता अख्तियार करना पड़ता है। इस संसद में पुँचने का रास्ता ऐसी गंदी गलियों से ही होकर गुजरता है। गाँधीजी इसे तब पहचान पाए, यह बड़े महत्त्व की बात है।

हिन्द स्वराज्य में गाँधीजी संसदीय व्यवस्था की कमियों को दूर करने में नहीं लगे हैं, वे नयी व्यवस्था बनाने में लगे हैं-संसदीय लोकतंत्र से आगे की व्यवस्था। हिन्द स्वराज्य में गाँधीजी इस नयी व्यवस्था के संकेत तो पर्याप्त देते हैं लेकिन वे एक व्यावहारिक क्रांतिकारी की तरह भावी संकटों से सावधान भी करते हैं—''आज के आंदोलन को बदनाम करने के लिए इस पुस्तक में से बहुत-सी बातों का हवाला दिया जाता मैंने देखा है कि मैं कोई गहरी चाल चल रहा हूँ, आज की उथल-पुथल

से लाभ उठाकर अपने अजीब ख्याल भारत के सिर पर लादने की कोशिश कर रहा हूँ और हिन्दुस्तान को नुकसान पहुँचा कर अपने धार्मिक प्रयोग कर रहा हूँ। इसका मेरे पास यही जवाब है कि सत्याग्रह ऐसी कोई खोखली चीज नहीं है आज देश के सामने जो प्रश्न हैं, उनके साथ जिन हिस्सों का कोई सम्बन्ध नहीं है", ऐसे हिस्से मेरे लेख में से देकर लोगों को भड़काने में न्याय हर्गिज नहीं है।" गाँधीजी यह भी कहते हैं कि "हिन्द स्वराज्य की दिशा में अभी तो एक ही हिस्से पर आज अमल हो रहा है, वह है अहिंसा। लेकिन मैं अफसोस के साथ कबूल करूँगा कि उसका अमल भी इस पुस्तिका में दिखाई हुई भावना से नहीं हो रहा है।"

इसमें से हम दो बातें समझ सकते हैं। स्वतंत्रता आंदोलन को हिन्द स्वराज्य से जोड़कर आम लोगों को भटकाया न जाए, इस बारे में उनकी सावधानी हमें बताती है कि हमें अगर हिन्द स्वराज्य की दिशा में काम करना है तो हमें दूसरे प्रवाहों में बहना नहीं चाहिए, और दूसरी बात यह कि बड़े-छोटे हर मौंके पर अहिंसा की संभावना सिद्ध करने से, समाज में हिन्द स्वराज्य की समझ बनाने में मदद मिलेगी।

देश की लोकसभा और सारी विधानसभाओं की कुल सदस्य संख्या 5-7 हजार से ज्यादा नहीं होगी। एक अरब से ज्यादा का यह मुल्क, कुछ हजार पेशेवर सत्ताधीशों की आपसी ले-दे का अखाड़ा बना दिया जाये और हमसे कहा जाए कि हम इसे लोकतंत्र की सर्वश्रेष्ठ प्रणाली मान लें तो यह कैसे संभव है? तब यह सवाल खड़ा होता है कि राजतंत्र में, राजा के कुछ सैकड़ा दरबारियों के हाथ से निकल कर, कुछ हजार सत्ताकांक्षियों के हाथ में व्यवस्था पहुँच जाने को लोकतंत्र कहते हैं क्या? लोगों के नाम पर सत्ता बनाने, चलाने और बदलने का खेल बहुत पुराना और बेलज्जत हो चुका है। वादा तो यह था कि लोग जिसे बनाने, चलाने और बदलने में सीधे हिस्सा ले सकें, ऐसी व्यवस्था हम बनायेंगे।

संसदीय लोकतंत्र को हम जितना अधिक लोक की सीधी ताबेदारी में ला सकेंगे, उतना ही वह शुद्ध होता जायेगा। यह गाँधीजी की राजनीति की सरलतम तस्वीर है। "मुख्य बात तो हर शख्स के स्वराज्य भोगने की है।" गाँधीजी एक-एक आदमी की लोकतंत्र में भूमिका की बात करते हैं। हमारा संसदीय लोकतंत्र आदमी को फीसदी में तोड़ कर संतुष्ट हो जाता है। यह खाई कैसे भरी जाए? गाँधी राजनीति का अपना हथियार सामने रखते हैं-'लोक सेवक संघ!'

कांग्रेस को विसर्जित करने की सलाह देने के साथ-साथ वे भारत के सात लाख गांवों के लिए सात लाख लोक सेवक की माँग ही नहीं करते हैं, बल्कि उसके काम की पूरी रूपरेखा सामने रखते हैं। वह गाँधीजी की राजनीतिक प्रक्रिया का सबसे नीचे बैठा, और इसलिए सबसे प्रमुख उत्प्रेरक है। प्रत्यक्ष लोकतंत्र की प्रक्रिया में लोगों को दक्ष बनाने की जिम्मेवारी उसकी है-प्रशिक्षक! मतलब गाँधीजी यहाँ भी हमेशा के लिए उसकी उपस्थिति या दखलंदाजी नहीं चाहते हैं। वह तभी तक उत्प्रेरक

है जब तक लोग उत्प्रेरक नहीं हो जाते हैं।

ऐसे उत्प्रेरक बनाना हिन्द स्वराज की चुनौती है। पार्टी की राजनीति के प्रति उनकी उदासीनता धारासभा में कांग्रेस के प्रवेश की बहस के दौरान भी दिखायी देती है और अंतरिम सरकार के गठन के दौरान भी। लेकिन गाँव-नगर में लोक संगठन खड़े करना, उन्हें सक्रिय बनाना और हर स्तर पर राजनीतिक प्रक्रिया में उसकी भागीदारी सुनिश्चित करना-यह खाका हमें हिन्द स्वराज से मिलता है। चंपारण के अपने पहले सत्याग्रह प्रयोग से लेकर अंत-अंत तक वे जन संगठन बनाने, जन सुनवाइयाँ करने, जनता की तरफ से जाँच बिठाने आदि-आदि का सिलसिला चलाते रहे। इसमें से संकेत यह मिलता है कि लोग समस्याओं से जुड़ें, उसे 'हम' करने का अभिक्रम करें और नेतृत्व लें-यह सच्चे लोकतंत्र और अहिंसक समाज के विकास के लिए जरूरी है।

हमें भी लगातार ऐसे अभिक्रम करने होंगे। राजनीति का मतलब हम सीधे चुनाव व चुनावी गतिविधियों से लेते हैं। यह राजनीति का बहुत सीमित मतलब है और हमारे रूढ़िबद्ध मानस का परिचायक भी है। राजनीति एक व्यापक सामाजिक कर्म है, चुनाव जिसका एक अंग है। यह इतना महत्त्वपूर्ण है कि इसकी उपेक्षा नहीं की जा सकती है, इसी कारण इसे पार्टियों के भरोसे नहीं छोड़ा जा सकता है। चुनाव की इस पूरी प्रणाली का लोकतांत्रीकरण कैसे हो और लोग इसके संचालन व नियमन से सीधे कैसे जुड़ें, यह हिन्द स्वराज्य की राजनीति की खोज़ है।

हमें इस दिशा में हर मौके पर इन दो कदमों को उठाने की तैयारी करनी होगी : एक, चुनाव की सारी प्रक्रिया के लोकतांत्रीकरण का लोगों में लगातार शिक्षण। यह सिर्फ़ बातों से नहीं होगा। हमें इसके लिए मतदाताओं-नागरिकों का संगठन बनाने की कोशिश करनी होगी और समाज जीवन में उठते अलग-अलग प्रसंगों के संदर्भ में नये-नये कार्यक्रम सोचने होंगे। यह हमारे भीतर लगातार चलने वाली प्रक्रिया है जिसका समय-समय पर बाह्य रूप प्रकट होता रहेगा। दो-ग्राम पंचायत से लेकर लोकसभा तक के चुनावों में हमें अपनी सक्रिय भूमिका निश्चित करनी होगी जो निश्चित ही किसी पार्टी से जुड़ी या किसी पार्टी के विरोध की नहीं होगी। अपवाद की स्थितियाँ तो हो ही सकती हैं और उन्हें भांपने-समझने का लचीलापन हममें होना चाहिए। लेकिन वह निष्क्रिय दर्शक की भी नहीं होगी, नहीं होनी चाहिए। इस दलाधारित संसदीय लोकतंत्र को आमूल बदलने की हमारी लड़ाई हिन्द स्वराज के दर्शन के प्रति हमारी प्रतिबद्धता में से पैदा होती है, किसी अवसर का लाभ उठाने या इस व्यवस्था में अपनी जगह बनाने की कमजोरी में से नहीं। ''यह सभ्यता चूहे की तरह फूंक कर काटती है। मेरा कहना यह नहीं है कि हमें पुराने वहमों को कायम रखना चाहिए। नहीं, उनके ख़िलाफ़ तो हम लड़ेंगे ही, लेकिन वह लड़ाई धर्म को भूल कर नहीं लड़ी जाएगी, बल्कि सही तौर पर धर्म को समझ कर, उसकी रक्षा के

लिए लड़ी जाएगी।" (पृष्ठ : 25)।

यह लड़ाई ग्रामसभा या मतदाता मंडल के गठन से शुरू होकर उम्मीदवार तक जाती है। हमारे बीच इस पर ही चर्चा होती रहती है कि लोक उम्मीदवार की आदर्श स्थिति आएगी तब उसका प्रयोग हम करेंगे। ऐसा सोचना गलत है। क्या होती है क्रांतिकारी प्रयोगों की आदर्श स्थिति? वह आदर्श स्थिति कहीं रखी होती तब तो बहुत आसान था कि क्रांतिकारी उसकी प्रतीक्षा करें। और फिर तो किसी क्रांतिकारी चिंतन व संगठित जमात की भी जरूरत क्या थी? वह आदर्श स्थिति किसी अटल घटना की तरह अपने आदर्श वक्त पर घट जाती! लेकिन नहीं, ऐसा होता नहीं। हमें अपने मन-प्राणों का पूरा जोर लगाकर क्रांतिकारी तत्वों को समाज जीवन में उतारना पड़ता है और उसे साकार करना पड़ता है। तैयारी हम पूरी करें लेकिन यह न भूलें कि पानी में उतरे बगैर जैसे आप तैरना नहीं सीख सकते वैसे ही लोक उम्मीदवार के लगातार प्रयोगों में उतरे बिना हमें यह सिद्ध नहीं होने वाला है। कई-कई प्रयोग करने होंगे तभी वह आदर्श स्थिति बनेगी जिसमें प्रतिनिधिक लोकतंत्र का विकल्प आकार लेने लगेगा। वह हमारी आज की कल्पना से कुछ अलग भी हो सकता है। लेकिन असली बात तो उसकी दिशा की है। हम हिन्द स्वराज्य के पूरे संदर्भ को साथ लेकर काम करेंगे तो उसमें से जो राजनीतिक संभावना पैदा होगी, उसमें ऐसा ही लोकतंत्र पैदा होगा दूसरा नहीं। मैं पुनः कहूँगा कि सभ्यता के जिस संघर्ष की बात आज एकदम ही अलग ढंग से की जा रही है। गाँधी ने एस संघर्ष को तभी पहचाना था और अपनी पूरी तीव्रता और गहनता से हमें समझाया था। वे जो लिखते हैं वह उनकी गहरी समझ से विकसित हुआ है 'लंदन में रहने वो हर एक नामी अराजकतावादी हिंदुस्तानी के सम्पर्क में आया उनकी शूरवीरता का असर मेरे मन पर पड़ा था, लेकिन मुझे लगा कि उनके जोश ने उलटी राह पकड़ ली है। मुझे लगा कि हिंसा हिंदुस्तान के दुखों का इलाज नहीं है और उसकी संस्कृति को देखते हुए उसे आत्मरक्षा के लिए कोई अलग या ऊँचे प्रकार का शस्त्र काम में लाना चाहिए।'

लेकिन यह किताब मात्र तो थी नहीं, थी यह गाँधीकी लड़ाई की गीता जिससे वे अपना महाभारत रचना चाह रहे थे। इसलिए विरोधी इस किताब से उनकी पिटाई करते रहे हैं। इसलिए 1981 में गाँधी फिर इस किताब को सही संदर्भ में दुनिया के सामने रखते हैं। 'मेरी राय में यह किताब ऐसी है कि वह बालक के हाँथ में भी दी जा सकती है। यह द्वेषधर्म की जगह प्रेमधर्म सिखाती है। हिंसा की जगह आत्मबलिदान को रखती है। पशुबल से टक्कर लेने के लिए आत्मबल को खड़ा करती है...इस किताब में आधुनिक सभ्यता की सख्त टीका की गयी है...क्योंकि. ..मुझे लगता है कि अगर हिंदुस्तान आधुनिक सभ्यता का त्याग करेगा, तो उससे उसे लाभ ही होगा...रेलों या अस्पतालों का नाश करने का ध्येय मेरे मन में नहीं हैं। अगरचे उनका कुदरती नाश हो तो मैं जरूर उनका स्वागत करूँगा। रेल या अस्पताल

दोनों में से एक भी ऊँची और बिल्कुल शुद्ध संस्कृति की सूचक नहीं हैं। ज्यादा से ज्यादा इतना ही कह सकते हैं के वह ऐसी बुराई है जो टाली नहीं जा सकती। दोनों में से एक भी हतारे राष्ट्र की नैतिक ऊँचाई में एक इंच भी बढ़ती नहीं करतीं। उसी तरह मै अदालतों के स्थायी नाश का ध्येय मन में नहीं रखता, हालांकि ऐसा नतीजा आए तो अवश्य मुझे बहुत अच्छा लगेगा। यंत्रों और मिलों का नाश के लिए मैं उससे भी कम कोशिश करता हूँ। उसके लिए लोगों की आज जो तैयारी है उससे कहीं ज्यादा सादगी और त्याग की जरूरत रहती है।...हिंदुस्तान अगर प्रेम के सिद्धान्त को अपने धर्म के एक सक्रिय अंश के रूप में स्वीकार करे और उसे अपनी राजनीति में शामिल करे, तो स्वराज्य स्वर्ग से हिंदुस्तान की धरती पर उतरेगा। लेकिन मुझे दुःख के साथ इस बात का भान है कि ऐसा होना बहुत दूर की बात है। ये वाक्य इसलिए मैं लिख रहा हूँ कि आज के आन्दोलन को बदनाम करने के लिए इस पुस्तक की बहुत सी बातों का हवाला दिया जाता है, मैंने देख है। मैंने इस मतलब के लेख भी देखे हैं कि मैं कोई गहरी चाल चल रहा हूँ। आज की उथल-पुथल से लाभ उठाकर अपने अजीब ख़्याल भारत के सिर लादने की कोशिश कर रहा हूँ और हिंदुस्तान को लाभ पहुँचाकर, अपने धार्मिक प्रयोग कर रहा हूँ। इसका मेरे पास ज़वाब है कि सत्याग्रह कोई ऐसी खोखली चीज नहीं है। इसमें कुछ भी दुराव-छिपाव नहीं है, उसमें कुछ भी गुप्तता नहीं है।'

बहुत बाद में, आज़ादी फलक पर किसी क्षीण रेखा-सी दिखाई देने लगी थी और ''गाँधी के लोग'' गाँधी से अलग किसी भारत की रेखाएँ खींचने की सोचने लगे थे, गाँधी ने जवाहरलाल नेहरू को सीधे ही सामने खड़ा किया था। उन्होंने लिखा कि मैने तुम्हें अपना उत्तराधिकारी घोषित किया है लेकिन मेरे-तुम्हारे बीच में फांसले बढ़ते ही जा रहे हैं और वे बहुत बुनियादी किस्म के है। इसलिए कहीं दुनिया में भ्रम न रह जाए, अतः मैं चाहता हूँ कि भारत के भावी के बारे में हमारी-तुम्हारी साफ बातें हो जाए। ऐसा कहकर वे फिर इसी पतली सी किताब की याद दिलाते हैं। जवाहर ज़वाब में लिखते हैं कि, हां ऐसी एक आपकी किताब थी तो जरूर जिसे मैंने सालों पहले पढ़ा था। उसकी कुछ धुंधली सी स्मृति है मुझे लेकिन वह तब भी मुझे किसी खास मतलब की नहीं लगी थी, और आज तो हालात एकदम बदल गए हैं। ऐसे मेंए उस किताब की बात...गाँधी तुरंत ज़वाब देते हैं—मैं आज भी अपनी उस किताब पर उसी तरह कायम हूँ और जिसे तुम बदले हालात कहते हो, उनमें मुझे ऐसा कुछ नहीं मिलता है जिसके कारण मैं इस किताब में कुछ बदलूँ...इसलिए जरूरी है कि हम समय निकालकर साथ बैठ लें और देश दुनिया के सामने अपना नज़रिया साफ कर दें। जवाहरलाल ने इस घनचक्कर के साथ किसी चक्कर में न पड़ना ही ठीक समझा और व्यस्तता आदि लिखकर इस किताब से छुटकारा पाया। बाद में तो देश ने गाँधी से ही छुटकारा पा लिया! 1909 में लिखी गयी इस छोटी

सी किताब ने 100 साल का सफर पूरा किया है और आज भी हमारे बीच वह हमारे सामने खड़ी है। किसी वैचारिक किताब की शताब्दी को लेकर देश-दुनिया में चर्चा हो रही हो, विभिन्न आयोजन हो रहे हों तो उसकी शक्ति समझी जा सकती है।

गाँधीजी ने जिन शब्दों में हिन्द स्वराज का समापन किया है, उन्हीं शब्दों को उद्धृत करते हुए मैं अपनी बात समेटता हूँ, इस निवेदन के साथ कि इसमें जहाँ-जहाँ अंग्रेज शब्द आया है, वहाँ-वहाँ हम हिन्दुस्तानी कर लें : "अपने मन का राज्य-स्वराज्य है। उसकी कुंजी सत्याग्रह, आत्मबल या करूणा-बल है। हम जो करना चाहते हैं वह अंग्रेजों के लिए (हमारे मन में) द्वेष है इसलिए या उन्हें सजा देने के लिए नहीं करें, बल्कि इसलिए करें कि ऐसा करना हमारा कर्तव्य है। हमने स्वराज्य का नाम तो लिया, लेकिन उसका स्वरूप हम नहीं समझते हैं। मैंने उसे जैसा समझा है, वैसा यहाँ बताने की कोशिश की है। मेरा मन गवाही देता है कि ऐसा स्वराज्य पाने के लिए मेरा यह शरीर समर्पित है।" (पृष्ठ : 87)

हिन्द स्वराज्य की राजनीति हमसे ऐसी समझ और समर्पण की माँग करती है।

हिन्द स्वराज का वर्णाश्रमी पाठ

विभूति नारायण राय

गाँधी लगातार इस बात पर जोर देते रहे कि आज़ादी की लड़ाई में हमें वर्ण व्यवस्था की विसंगतियों को नहीं लाना चाहिए। आज़ादी मिलने पर भारतीय स्वयं इसका हल निकाल लेंगे। अम्बेडकर इससे सहमत नहीं थे। उनकी दृष्टि में राजनैतिक आज़ादी से अधिक महत्वपूर्ण सामाजिक आज़ादी थी। वे मानते थे कि यदि बिना सामाजिक आज़ादी हासिल किए राजनैतिक आज़ादी मिल गई और अंग्रेज यहाँ से चले गए तो ऊँची जातियों के हिन्दू अछूतों से वे सारे अधिकार छीन लेंगे जो अंग्रेजी शासन के दौरान उन्हें मिले हैं।

गाँधी और फुले-अम्बेडकर की दृष्टियों के इस फर्क को हमें हिन्द स्वराज पढ़ते समय ध्यान रखना चाहिए।

हिन्द स्वराज का पाठ कई दृष्टियों से हो सकता है पर मुझे लगता है कि उसके एक वर्णाश्रमी पाठ की भी आवश्यकता है। यह दो कारणों से आवश्यक है। गाँधी स्वयं को सनातनी कहते थे और जन्मना वर्ण व्यवस्था में उनकी आस्था मृत्यु से कुछ दिनों पहले तक के उनके लेखन और वक्तव्यों से झलकती है। दूसरे हिन्द स्वराज के वर्णाश्रमी पाठ का कोई गंभीर प्रयास नहीं हुआ है। हर बार हिन्द स्वराज को पढ़ते हुए मेरे मन में कुछ शंकाएँ रह जाती हैं और उन्हीं में से कुछ मैं यहाँ रख रहा हूँ। ये शंकाएँ मुख्य रूप से भारतीय समाज को समझने में वर्ण व्यवस्था को एक महत्त्वपूर्ण कारक के रूप में लेने की मेरी जिद से उपजी हैं।

गाँधी का पूरा रसास्वादन एक गहरा आस्तिक मन ही कर सकता है। यह कमोबेश ईश्वर जैसी स्थिति है। ईश्वर की शरण में आप संशयात्मा बन कर नहीं जा सकते। वहाँ आप को सारे तर्क-वितर्क छोड़कर ऐसी आस्था के साथ जाना पड़ेगा जिसमें क्या, क्यों, कैसे के लिए स्थान नहीं है। आस्तिकता से लबरेज इस दर्शन में सब कुछ पूर्वनिर्धारित है और हर सत्य अंतिम सत्य है। जीवन और जीवन से

परे जो कुछ घट रहा है या जो कुछ नहीं भी घट रहा है पर हमें आश्वस्त कराया जाता है कि घट रहा है वह सब तर्कातीत है। नियंता की निर्मिति प्रश्नों से परे है। काफी हद तक गाँधी के साथ भी यही स्थिति है। आप उन तक निर्मल चित्त के साथ ही पहुँच सकते हैं। चित्त की यह निर्मलता बिना शर्त समर्पण से उत्पन्न होती है। जिसके पास कोई प्रश्न नहीं है, जो पूरी तरह से आस्था से भरा है और जो आँख मूँदकर वचनामृत पान करने को तत्पर हो उसी को निर्मल चित्त कहा जा सकता है। जरा सा संशय चित्त को कलुषित करता है। उसी आस्तिक भाषा के साथ आप भी गाँधी तक पहुँच सकते हैं।

हिन्द स्वराज को पढ़ते हुए हर बार मैं गड़बड़ा जाता हूँ। मेरे लिए उस तर्क पद्धति को स्वीकार करना संभव नहीं हो पाता जिसके माध्यम से गाँधी अंतिम सत्य का उद्घाटन करते हैं। अंतिम सत्य इस अर्थ में कि 1909 में तो गाँधी के मन में अपनी स्थापनाओं को लेकर कोई संदेह नहीं ही है, दशकों बाद भी जब उन्हें अपनी कृति को संशोधित परिवर्धित करने का अवसर मिला तब भी वे एक विनम्र अहंकार के साथ कहते हैं कि पूरे पाठ में वे सिर्फ़ एक शब्द परिवर्तित कर पाए। यह शब्द 'बेसवा' था जिसे उन्होंने ब्रितानी पार्लियामेण्ट के लिये उपयोग किया था और जिसे बदलने के लिए एक महिला अनुयायी के कहने से बड़े अनमनेपन से वे तैयार हुए। मैंने ऊपर जिस आस्तिकता का उल्लेख किया है वही इस तर्क पद्धति की जनक है। ईश्वरीय पुस्तकों में आप कामा, फुलस्टॉप भी नहीं बदल सकते। उनका पाठ या श्रवण वही कर सकता है जो ऊपर उल्लिखित निर्मल चित्त हो। यह बहुत स्वाभाविक है कि अपनी इस आस्तिक तर्क पद्धति से जब गाँधी समाज का एक वैकल्पिक रोल मॉडल हमारे सामने रखते हैं तो इस रोल मॉडल के बारे में वे इतने आश्वस्त हैं कि जहाँ कहीं उन्हें यह समझ में आ भी जाता है कि उनका सुझाया रास्ता अव्यावहारिक और अस्वीकार्य है वहाँ भी वे बुझे मन से सिर्फ़ यह कहते हैं कि "रेलों या अस्पतालों का नाश करने का ध्येय (अब) मेरे मन में नहीं है, अगरचे उनका कुदरती नाश हो तो मैं जरूर उसका स्वागत करूँगा।" (जनवरी 1929)!

गाँधी के वैकल्पिक मॉडल को समझने से पहले हमें उस तर्क पद्धति को समझना होगा जिससे इस मॉडल को प्रस्तावित किया गया है और जो इसके पक्ष में विमर्श खड़ा करती है। हिन्द स्वराज संवाद शैली में लिखी गई है। संपादक और पाठक के बीच संवाद हो रहा है, जिसमें पाठक प्रश्न पूछता है और संपादक उसकी शंकाओं का समाधान करता है। सम्पादक और पाठक दोनों एक ही हैं। यहाँ स्थिति यम और नचिकेता के संवाद जैसी है पर दोनों में एक फर्क भी है। कठोपनिषद् का रचयिता मुनि यम और नचिकेता के संवाद रचना है, उनके लिए एक तर्क पद्धति गढ़ता है और उसी तर्क पद्धति से प्रश्न पूछे जाते हैं तथा उनके समाधान प्रस्तुत किए जाते हैं। इसी तरह का संवाद हिन्द स्वराज में भी है-सम्पादक और पाठक के बीच

में। अंतर सिर्फ़ इतना है कि कठोपनिषद् के लेखक के लिए यम और नचिकेता दोनों अवैयक्तिक हैं। उसने दोनों पात्र गढ़े हैं अतः उसके लिए दोनों से समान दूरी बनाए रखना संभव है। यह दूरी दार्शनिक संवाद की उस कमी की प्रतिपूर्ति करती है जिसमें संवाद लेखक अपनी स्थापनाओं को सिद्ध करने के लिए प्रश्न और उत्तर इस तरह से रचता है कि किसी सजग व्यक्ति के लिए यह भाँपना मुश्किल नहीं होता कि प्रश्न उत्तरों को ध्यान में रखकर पूछे गए हैं। प्रश्न न भी पढ़े जाएँ तब भी कोई फर्क नहीं पड़ेगा। उत्तर अपने में स्वतंत्र और स्वायत्त है। इस तर्क पद्धति की प्रविधि इस प्रकार है कि इसमें पहले एक स्थापना गढ़ी जाती है और फिर उसे प्रस्तुत करने के लिए प्रश्न पूछे जाते हैं। प्रश्न पूछने वाला और उत्तरों का जिज्ञासु एक ही है इसलिए स्वाभाविक है कि जिज्ञासु उत्तरों से आसानी से संतुष्ट हो जाता है और ऐसे प्रतिप्रश्न नहीं पूछता जो उत्तर देने वाले को असहज कर दे।

हिन्द स्वराज पढ़ते समय यह ध्यान रखना होगा कि पाठक और संपादक एक ही व्यक्ति हैं। 1909 में गाँधी समाज के लिए जिस रोल मॉडल की परिकल्पना 10 दिनों में समुद्री यात्रा के दौरान लिखी गई इस पुस्तिका में करते हैं उसका खाका इस यात्रा के पहले के कुछ वर्षों में उनके मन में तैयार हुआ था। बार एट लॉ करके लौटे मोहनदास के पास भारत या दक्षिण अफ्रीका में वकालत करने, अकूत धन कमाने और एक उच्च वर्ग का जीवन व्यतीत करने के अपार अवसर थे। उनके जैसे तमाम नौजवान यही कर रहे थे और यही स्वाभाविक भी था। पर वे दूसरों से भिन्न निकले और उन्होंने भारत को समझने की ठानी। परतंत्रता जनित देश की दुर्दशा और दैन्य से उपजी लोगों की दुर्दशा ने उन्हें व्यथित किया औन इन सबके तह में जाने के लिए उन्हें प्रोत्साहित किया। उन्होंने विभिन्न स्तरों पर विचार विमर्श किया। इनमें से महत्त्वपूर्ण विमर्श उन लोगों के साथ था जिन्हें गाँधी अराजकतावादी कहते हैं और हिंसा को जायज ठहराने के उनके नजरिए से असहमत हैं। इन विमर्शों के माध्यम से उन्होंने तीन मसलों पर अपनी समझ विकसित करने की कोशिश की। ये थे-भारत की गुलामी और दुर्दशा के कारण और मुक्ति के उपाय, आधुनिक सभ्यता का स्वरूप तथा उसका एक वैकल्पिक रोल मॉडल।

यदि कोई पुस्तक 10 दिनों में लिखी जाए, दिन-रात लिखी जाए, दाहिना हाथ थक जाने पर बांये हाथ से लिखी जाए और लिखते समय कोई संदर्भ सामग्री उपलबध न हो, निश्चित रूप से ऐसी पुस्तक द्वारा प्रतिपादित स्थापनाओं में बाद में संशोधन परिवर्द्धन की गुंजाइश रह जाती है। गाँधी इस संभावना को पूरी तरह से नकार देते हैं। दशकों बाद भी पुस्तक के पाठ में किसी परिवर्तन से इंकार का मतलब है कि हमें पाठ को उपरोक्त सीमाओं से मुक्त कर पढ़ना होगा।

भारत गुलाम क्यों हुआ? इसका बड़ा सरलीकृत उत्तर गाँधी के पास है–''हिन्दुस्तान अंग्रेजों ने लिया सो बात नहीं है, बल्कि हमने उन्हें दिया है। हिन्दुस्तान में वे अपने

बल से नहीं टिके हैं बल्कि हमने उन्हें टिका रखा है।" इस समझ से किसी को आपत्ति नहीं हो सकती। यह स्थिति तो एक गुत्थी की तरह है जो भारतीय विद्वानों के अतिरिक्त कार्ल-मार्क्स और टॉलस्टॉय जैसे विदेशी मनीषियों को भी मथती रही है। आख़िर कैसे चन्द हजार लोग करोड़ों लोगों को गुलाम बना लेते हैं और एक सौ नब्बे वर्ष उनपर शासन करते रहते हैं? गाँधीजी के लिए उत्तर भी बड़ा सहज है—''अंग्रेज व्यापारियों को हमने बढ़ावा दिया तभी वे अपना पैर फैला सके।'' ''हिन्दुस्तान कैसे गया?'' नामक छोटे से अध्याय में गाँधीजी ने प्रतिपादित किया है कि अंग्रेज एक व्यापारिक कौम है, उसने भारत में व्यापार बढ़ाने के लिए नीति-अनीति सबका उपयोग किया है और भारतीयों ने अपने स्वार्थ के लिए उनके व्यापारिक प्रयासों में भागीदारी की है। अतः अंग्रेजों ने भारत ले लिया है और वे उसे रखे हुए हैं। ''उन्होंने तलवार से हिन्दुस्तान लिया ऐसा उनमें से कुछ कहते हैं, और ऐसा भी कहते हैं कि तलवार से उसे रख रहे हैं। यों, दोनों बातें गलत हैं; हम खुद ही उन्हें यहाँ रहने देते हैं।''

इस सरलीकृत स्थापना में कहीं भी यह जानने की कोशिश नहीं है कि केवल अंग्रेज ही नहीं, उनके पहले भी तमाम आक्रांता इस देश पर हमला करते रहे और बड़ी आसानी से अपने से कई गुना बड़ी हिन्दुस्तानी राजाओं की फौजों को हराते हुए देश को एक कोने से दूसरे कोने को रौंदते चले जाते थे। इस सरलीकृत स्थापना में उस मनोवृत्ति के पीछे के कारणों को समझने की कोशिश भी नहीं है जिसके अंतर्गत देश की असंख्य जनसंख्या 'कोई नृप होय हमें का हानि' में विश्वास रखते हुए आराम से अपना जीवन व्यतीत करती रहती है और इस बात से उसे कोई मतलब नहीं रहता कि उसका शासक कौन है? गाँधीजी जब यह मानकर चल रहे थे कि अंग्रेजों ने भारत लिया नहीं बल्कि हमने उन्हें दिया तब उन्हें भारतीय समाज में अपने समानांतर चल रही सोच की उस धारा के बारे में भी विचार करना चाहिए था जो अंग्रेजों को शोषक साम्राज्यवादी नहीं मुक्तिदाता मानती थी। ज्योतिबाफूले से शुरू होकर अम्बेडकर तक विकसित हुई यह मान्यता गाँधीजी की सरलीकृत व्याख्या के एकदम भिन्न है।

हिन्द स्वराज पढ़ते समय मुझे जिस चीज़ ने सबसे अधिक चमत्कृत किया वह है पूरी पुस्तक में वर्णव्यवस्था का कहीं ज़िक्र न होना। गाँधीजी ने इस पुस्तक में और इसके इतर अक्सर भारतीयों की दुर्दशा और पराधीनता से मुक्त न हो पाने के कारणों का ज़िक्र किया है। यदि हम मोटे तौर पर इनको रेखांकित करें तो कुछ कारण इस प्रकार उभर कर आएँगे-ईश्वरी विधान में पूरी तरह आस्था न रखना, ब्रह्मचर्य का पालन न करना, गो सेवा की भावना का अभाव इत्यादि। उन्हें कभी भी ऐसा नहीं लगा कि वर्ण व्यवस्था भारत की दुर्दशा के लिए जिम्मेदार महत्त्वपूर्ण कारणों में से एक है। अपने मृत्यु से कुछ समय पहले तक गाँधीजी जन्माधारित वर्ण व्यवस्था

में विश्वास करते थे। इस संस्था में उनकी आस्था इतनी गहरी थी कि अनेक सभाओं में वे भंगियों को अपनी जाति और जाति द्वारा निर्धारित काम न छोड़ने की सलाह देते नज़र आते हैं।

यहाँ गाँधीजी द्वारा रेखांकित भारत की पराधीनता के कारणों की पड़ताल करते हुए उस महत्त्वपूर्ण बिन्दु की तरफ ध्यान आकर्षित करना है जिसपर गाँधीजी की दृष्टि स्वाभाविक रूप से नहीं पड़ी। कोई भी सनातनी हिन्दू (गाँधीजी स्वयं को पारम्परिक अर्थों में सनातनी हिंदू कहते थे) वर्ण व्यवस्था की गलाजत को देख नहीं सकता या अगर उसका ध्यान जाति प्रथा से उत्पन्न सड़ाँध की तरफ आकर्षित किया जाए तो वह उसके दुष्प्रभाव को हल्का करके आँकने का प्रयास करेगा। उदाहरणार्थ सनातनी हिन्दू यह समझाने की कोशिश करेगा कि वर्ण व्यवस्था तो समाज को स्थिरता और सुदृढ़ता प्रदान करने के लिए बनी थी अथवा वर्ण का निर्धारण जन्मना नहीं कर्मणा होता था। ये या इस तरह के दूसरे तर्क इस तथ्य को नज़र अंदाज करने का प्रयास करते हैं कि दो हजार वर्षों से अधिक का भारतीय समाज के पतन का इतिहास रहा है। यह कोई शून्य से उपजा तथ्य नहीं है कि जातियों में विभक्त भारतीय समाज ने विदेशी आक्रांताओं के विरुद्ध एक भी उल्लेखनीय युद्ध नहीं जीता। यह तर्क बहुत हास्यास्पद है कि हम तो एक शांतप्रिय समाज हैं, विश्व विजय में हमें कोई दिलचस्पी नहीं रही इसलिए हमने दूसरे मुल्कों पर हमला नहीं किया और इसलिए बर्बर, युद्ध पिपासु जातियों से हम हारते रहे। सच तो यह है कि हम ऐतिहासिक रूप से हिंसक समाज रहे हैं। हमने जिन देवी-देवताओं की कल्पना की है उन सभी के किसी-न-किसी हाथ में भी कोई-न-कोई हथियार है। एक राष्ट्र राज्य बनने के पहले सैकड़ों राजाओं के अधीन इस भू-भाग का इतिहास निरंतर एक-दूसरे से लड़ते-भिड़ते रहने का इतिहास रहा है। पेंच इसमें यह है कि इस कदर युद्धप्रिय समाज कैसे अपने से कम संख्या वाली सेनाओं के सामने आसानी से घुटने टेक देता था। गाँधी यदि अंग्रेजों के व्यापारी होने का तर्क देने के साथ यदि इस पेंच को भी सुलझाने का प्रयास करते तो भारत की निरंतर हार के पीछे सबसे बड़े कारण के रूप में उस सामाजिक व्यवस्था को देखते जिसके अंतर्गत सैन्य शिक्षा प्राप्त करने या युद्ध करने का अधिकार जनसंख्या के एक बहुत छोटे तबके को प्राप्त था। सामंती अहंकार और जातिगत शौर्य के झूठे नशे में चूर यह योद्धा समुदाय देश के लिए एक भी युद्ध नहीं जीत पाया। यह जरूर हुआ कि एक-दूसरे के राज्यों को हड़पने या सुन्दर स्त्रियों के अपहरण जैसे मुद्दों पर आपस में जरूर मारकाट करता रहा। सही अर्थों में एक राष्ट्र के रूप में भारत ने उल्लेखनीय विजय 1971 में हासिल की जब उसने पाकिस्तान को हराया। पर यह तभी संभव हो पाया जब भारतीय सेना सिर्फ क्षत्रिय सेना नहीं थी, उसका बड़ा हिस्सा पिछड़ों और दलितों से निर्मित हुआ था।

मैंने ऊपर निवेदन किया है कि इस महत्त्वपूर्ण तथ्य कि भारत गुलाम इसलिए

हुआ कि नब्बे प्रतिशत से अधिक नागरिकों को शस्त्र धारण करने से वंचित किया गया, गाँधीजी का ध्यान न जाना एक सनातनी हिन्दू का सायास प्रयास था। वे गुलामी के कारणों में प्रमुख अंग्रेजों का व्यापारी होना और हमारा उनके व्यापारिक प्रयासों में मदद करना मानते थे। वर्ण व्यवस्था को मानने वाला व्यक्ति ही यह भी सोचने का प्रयास नहीं करेगा कि कैसे एक विशाल समाज शासन की पूरी प्रक्रिया से निरंतर इतना निस्पृह हो गया था कि सही अर्थों में उसने कोई नृप होय हमें का हानि में विश्वास करना शुरू कर दिया था। यह स्वाभाविक है कि कोई समाज यदि अपनी जनसंख्या के विशाल हिस्से को यदि जानवर से भी बदतर स्थिति में रखेगा तो उसके लिए इस बात में दिलचस्पी रखने का कोई कारण नहीं बचेगा कि उसका राजा कौन है। वह किसी ऐसे विदेशी शासक को बेहतर मानेगा जो ऐसी धर्म परम्परा से नहीं आता जिसमें असमानता की इतनी गहरी खाइयाँ हों जिनमें गिरा मनुष्य पशुवत् जीवन व्यतीत करने को विवश हो। यह सनातनी दृष्टि ही थी जिसके कारण गाँधी का ध्यान अपने जन्म से थोड़ा पहले फुले द्वारा आयोजित उस कार्यक्रम पर नहीं जाता जिसमें 1857 के विद्रोह को कुचलने में अंग्रेजों का साथ देने वाले महार सैनिकों का अभिनन्दन किया गया था। गाँधी की सनातनी दृष्टि वायसराय को लिखे पत्र का नोटिस भी नहीं लेती जिसमें वे इस बात पर खुशी जाहिर करते हैं कि यह अच्छा ही हुआ कि 1857 का विद्रोह असफल हो गया नहीं तो भारत के दलित एक बार फिर से सवर्णों के अधीन हो जाते और अंग्रेजों के राज्य में शिक्षा या रोजगार के क्षेत्रों में उन्हें जो अधिकार मिले हैं वे सभी छिन जाते। गाँधी और अम्बेडकर के बीच मतभेद भी इसी सनातनी दृष्टि की उपज थी। गाँधी लगातार इस बात पर जोर देते रहे कि आज़ादी की लड़ाई में हमें वर्ण व्यवस्था की विसंगतियों को नहीं लाना चाहिए। आज़ादी मिलने पर भारतीय स्वयं इसका हल निकाल लेंगे। अम्बेडकर इससे सहमत नहीं थे। उनकी दृष्टि में राजनैतिक आज़ादी से अधिक महत्त्वपूर्ण सामाजिक आज़ादी थी। वे मानते थे कि यदि बिना सामाजिक आज़ादी हासिल किए राजनैतिक आज़ादी मिल गई और अंग्रेज यहाँ से चले गए तो ऊँची जातियों के हिन्दू अछूतों से वे सारे अधिकार छीन लेंगे जो अंग्रेजी शासन के दौरान उन्हें मिले हैं।

गाँधी और फुले-अम्बेडकर की दृष्टियों के इस फर्क को हमें हिन्द स्वराज पढ़ते समय ध्यान रखना चाहिए। इससे हमें समझने में आसानी होगी कि क्यों भारत की गुलामी का इतना सरल उत्तर गाँधी के पास था—"हिन्दुस्तान अंग्रेजों ने लिया सो बात नहीं है, बल्कि हमने उन्हें दिया है...अंग्रेज व्यापारियों को हमने बढ़ावा दिया तभी हिन्दुस्तान में वे अपना पैर फैला सके।"

पूरी सभ्यता और खासतौर से समकालीन भारतीय समाज की दुर्दशा का कारण गाँधी जिनको मानते हैं उनमें तीन चीजें बड़ी प्रतीकात्मक हैं-रेल, वकील और डॉक्टर। इन तीनों से बचने की सलाह देते-देते वे तीनों के नष्ट होने की कामना करते हैं।

मूल पाठ के छप जाने के दशकों बाद जब उन्हें यह अहसास हो जाता है कि रेल, अस्पताल और अदालतें उनकी सदिच्छा के बावजूद फल-फूल रहे हैं, वे यह स्वीकारते हैं-"रेलों या अस्पतालों का नाश करने का ध्येय मेरे मन में नहीं है, अगरचे उनका कुदरती नाश हो तो मैं जरूर उसका स्वागत करूँगा...उसी तरह अदालतों के स्थायी नाश का ध्येय मन में नहीं रखता, हाँलाकि ऐसा नतीजा आए तो मुझे अवश्य बहुत अच्छा लगेगा।"

रेल, डॉक्टर और वकील के ख़िलाफ़ गाँधी के सारे तर्क एक गहरे धार्मिक मन की उपज है। धर्मों में आस्था सबसे अधिक महत्त्व की वस्तु होती है। विवेक जन्य तर्क का वहाँ कोई स्थान नहीं है। हिन्द स्वराज में रेल, वकील और डॉक्टर के विरुद्ध जो तर्क दिए गए हैं वे इसी भोली, निश्छल आस्था की उपज है। बिना विस्तार में गए मैं तीनों के विरुद्ध निर्मित अभियोग पत्र से सिर्फ एक-एक उदाहरण देना चाहूँगा।

"रेलगाड़ी मनुष्य को तेजी से एक स्थान से दूसरे स्थान तक ले जाती है इसलिए-रेल से महामारी फैली है। अगर रेलगाड़ी न हो तो कुछ ही लोग एक जगह से दूसरी जगह जाएंगे और इस तरह संक्रामक रोग सारे देश में नहीं पहुँच जाएँगे।...रेल से अकाल बाढ़े हैं क्योंकि रेलगाड़ी सुवियधा के कारण लोग अपना अनाज बेच डालते हैं।...रेल से दुष्टता बढ़ती है। बुरे लोग अपनी बुराई तेजी से फैला सकते हैं।"

अर्थशास्त्र, समाजशास्त्र और मनुष्य के विकास की सभी तार्किक अवधारणाओं को नकारते हुए इस तरह के तर्क वही व्यक्ति दे सकता है जिसके मन में आस्था के ऐसे गहरे खूँटे गड़े हों जिन्हें विवेक की कोई आँधी हिला न सके। मुझे यह तथ्य भी कारुणिक लगता है कि रेलों के इतने विरोधी गाँधी ने अपने विचारों के प्रयास और भारतीय जनता से सीधा साक्षात्कार करने के लिए सबसे अधिक उपयोग रेलों का किया। उनकी तीसरी श्रेणी की यात्राएँ तो भारतीय रेलवे के इतिहास में एनक डोट्स की तरह हैं।

इसकी तुलना सिर्फ़ टॉलस्टॉय की मृत्यु से कर सकते हैं। पूरे जीवन रेलवे का विरोध करने वाले टॉलस्टॉय की मृत्यु एक रेलवे प्लेटफार्म की बेंच पर ही हुई थी। गाँधी का रेलवे विरोध तर्कातीत कारणों से था, इसकी पुष्टि इस वाक्य से भी हो जाती है-"उससे अकाल फैलेगा या नहीं, इस बारे में कोई शास्त्रकार मेरे मन में घड़ी भर शंका पैदा कर सकता है; लेकिन रेल से दुष्टता बढ़ती है, यह बात जो मरे मन में जम गई है वह मिटने वाली नहीं है।"

रेलवे के विरुद्ध गाँधी के तर्क किसी गंभीर विमर्श की माँग नहीं करते। वकीलों और डॉक्टरों तथा उनके पेशों पर गाँधी की जो आपत्तियाँ हैं वे भी आस्था जन्य धारणाओं की उपज ही ज्यादा है। वकील और अदालतों के बारे में गाँधी का मानना है कि वे अंग्रेजी राज को बनाए रखने और मजबूत करने का औजार भर है। "ये

अदालतें लोगों के भले के लिए नहीं है। जिन्हें अपनी सत्ता कायम रखनी है, वे अदालतों के जरिए लोगों को बस में रखते हैं। लोग अगर खुद अपने झगड़े निपटा लें, तो तीसरा आदमी उन पर सत्ता नहीं जमा सकता। सचमुच जब लोग खुद मारपीट करके या रिश्तेदारों को पंच बनाकर अपना झगड़ा निबटा लेते थे तब वे बहादुर थे। अदालतें आईं और वे कायर बन गए। लोग आपस में लड़कर झगड़े मिटाएँ, यह जंगली माना जाता था। अब तीसरा आदमी झगड़ा मिटाता है, यह क्या कम जंगलीपन है?" गाँधी भारतीय समाज के जिस यूरोपियन युग को ध्यान में रखकर अंग्रेजों द्वारा थोपे गए कानूनों, अदालतों या वकीलों को कोसते हैं वह हमारे इतिहास का कौन सा स्वर्णयुग है यह समझ पाना थोड़ा मुश्किल है। भारतीय समाज में धर्म और राज्य सत्ता के संस्थाबद्ध होने के बाद किसी ऐसे समय को तलाशना जिसमें कानून की नज़रों में सभी नागरिक समान हो, लगभग संभव है। वर्णाश्रम सिर्फ़ श्रम का विभाजन नहीं करता बल्कि एक ऐसी स्तरीकृत सामाजिक व्यवस्था को जन्म देता है जिसमें जनसंख्या का बड़ा हिस्सा पशुवत् जीवन व्यतीत करता है। वर्णाश्रमी विधानों में विधि के समक्ष समानता पूरी तरह असंभव है। अंग्रेजों द्वारा लागू कानून और उसे स्थापित करने वाली संस्थाएँ किसी भी मकसद से हमारे देश पर थोपी गई हों परंतु एक बात तो निश्चित है कि इनकी निर्मिति पश्चिम में चर्च और राज्य के बीच चलने वाले लम्बे संघर्षों से हुई थी और इन्हीं संघर्षों की परिणिति से कानून के समक्ष समानता का सिद्धांत विकसित हुआ था और विधि का वही स्वरूप अंग्रेज हमारे समाज में लाए। पहली बार देश में ऐसे फौजदारी कानून लागू हुए जिनमें वर्ण, वर्ग या लिंग के फर्क को मिटाते हुए समान अपराध के लिए समान दण्ड की व्यवस्था लागू हुई जिन ग्राम पंचायतों में गाँधी की आस्था है वे वर्णाश्रमी कानूनों को संस्थाबद्ध मान्यता प्रदान करने का सबसे बड़ा माध्यम थी। गाँधी अपने जिस गौरवशाली अतीत के सपनों में खोये ऐसे किसी समय की कल्पना करते हैं, जिसमें गांव के लोग बैठ कर अपने झगड़े निपटा लेते हैं। वह यूरोपिया से अधिक कुछ नहीं है। पंचायतों में निर्णय वर्णाश्रमी कानूनों के अधीन थे और वर्णाश्रमी कानूनों में सब कुछ हो सकता था समानता की अवधारणा नहीं। आज भी देश के कुछ हिस्सों में पंचायती कानून चलते हैं। हरियाणा और पश्चिमी उत्तर प्रदेश की ये पंचायतें न्याय के लिए कम अपने तुगलकी फरमानों के लिए अधिक जानी जाती हैं। जातियों की रूढ़ियों में फँसे इनके फैसले अमानवीय, अतार्किक और समानता विरोधी होते हैं।

डॉक्टरों या आधुनिक चिकित्सा पद्धति के सारे विरोध की जड़ कहीं-न-कहीं धर्म प्राण गाँधी की इस चिंता में है, "डॉक्टर हमें धर्म भ्रष्ट करते हैं। उनकी बहुत-सी दवाओं में चरबी या दारू होती है। इन दोनों में से एक भी चीज़ हिन्दू मुसलमान को चल सके ऐसी नहीं है। हम सभ्य होने का ढोंग करके, दूसरों को वहमी मानकर और बेलगाम होकर चाहे सो करते रहें; यह दूसरी बात है लेकिन डॉक्टर हमें धर्म

से भ्रष्ट करते हैं, यह साफ और सीधी बात है...इसका परिणाम यह आता है कि हम निःसत्व और नामर्द बनते हैं। ऐसी दशा में हम लोक-सेवा करने लायक नहीं रहते और शरीर से क्षीण और बुद्धिहीन होते जा रहे हैं।''

गाँधी का रेल, वकील और डॉक्टर विरोध कहीं एक सनातनी हिन्दू मन की आशंका तो नहीं है जो इन्हें वर्णाश्रम के विरुद्ध सबसे बड़े ख़तरे के रूप में देख रहा है? मेरे मन में यह शंका हिन्द स्वराज को पढ़ते हुए बार-बार उठती है। यह शंका इसलिए और गाढ़ी हो जाती है कि जितना मैं गाँधी को पढ़ता हूँ मुझे उनमें एक सनातनी हिन्दू का बिम्ब उतना ही साफ दिखता है। एक सनातनी के लिए वर्ण व्यवस्था के बिना हिन्दू धर्म की कल्पना असंभव है। इसलिए यह स्वाभाविक है कि गाँधी उन सभी संस्थाओं का विरोध करते हैं जो सनातन धर्म की जड़ वर्ण व्यवस्था पर आघात करते हैं। सौ वर्ष बाद जब हम हिन्द स्वराज की चर्चा करें तो हमें इस तथ्य को भी ध्यान में रखना चाहिए।

क्या गाँधी हमारे किसी काम के नहीं?

पी. एन. सिंह

गाँधी केवल राजनीतिक व्यक्ति नहीं थे। 'सत्य' के प्रति उनकी निष्ठा ने उन्हें राजनीति में ढकेला था जिसे वे अहिंसक और नैतिक बनाना चाहते थे। उन्हें साम्राज्यवाद और पूँजीवाद दोनों असत्य, अनैतिक और हिंसक दिखते थे। उन्हें साम्राज्यवादी ब्रिटेन अपनी पूँजीवादी विकास की स्वाभाविक परिणति लगता था। हिन्द स्वराज से स्पष्ट है कि वे इस निष्कर्ष पर 1908 में ही, प्रमुखतः अपने अनुभवों के सहारे पहुँचे थे। (लेनिन ने इसका स्पष्ट रेखांकन 1916 में अपनी विख्यात पुस्तक 'साम्राज्यवाद-पूँजीवाद का सर्वोच्च चरण' में किया।) अतः अपने सत्य और अहिंसा की रक्षा के लिए गांधी को इन दोनों के लिए लड़ना था। राजनीति उनकी विवशता बनी, लेकिन उनका लक्ष्य सत्यनिष्ठा, अहिंसक, न्यायसंगत एवं समरस 'ग्राम समाज' था, न कि राजनीति सत्ता।

प्रश्न है-क्या अब गाँधी की बात करना सचमुच बेमानी है? क्या उन पर वही निष्कर्ष लागू होता है जो 19 वीं सदी में कुछ 'उद्धत' वामपंथी चिंतकों ने प्रख्यात दार्शनिक हीगेल पर दिया था -हीगेल अब "मरा हुआ कुत्ता" है। गाँधी -निषेध का इतिहास भी पुराना है। मानवेन्द्र नाथ राय ने गाँधी को "बुर्जुआ" नेता बताकर राष्ट्रीय मुक्ति की उनकी राजनीतिक पहल को खारिज कर दिया था। 1921 में ही अमृत पाद डाँगे ने गाँधी को बुद्ध ओर टॉलस्टॉय की परंपरा में रखते हुए उन्हें "यूटोपियन" नायक बताया और उनके राजनीतिक हस्तक्षेप को अनर्थकारी करार दिया। बी. आर. अम्बेडकर ने उन्हें हिन्दुत्ववादी, प्रतिक्रियावादी, अपढ़, अंधविश्वासी और दलित-विरोधी घोषित कर खारिज कर दिया। सुभाष चन्द्र बोस ने उन्हें लिजलिजा, कमजोर और समझौतावादी नेता के रूप में विश्लेषित कर स्वाधीनता संग्राम के लिए अहितकर बताया। गांधीवादी राजनीति के दायरे में रहते हुए और गाँधी व्यक्तित्व से अभिभूत जवाहर लाल नेहरू भी गाँधी की सोच-समझ, रीति-नीति

को बार-बार प्रश्नांकित करते रहे, और स्वतंत्रता प्राप्ति के बाद राष्ट्र-निर्माण की जो आधार उन्होंने रखी वह गाँधीवादी मंशा के प्रतिकूल थी। अपने को ''कुजात'' गाँधीवादी मानने वाले लोहिया ने भी स्वयं को सचेतन मार्क्स और गाँधी के बीच कहीं अवस्थित करने की कोशिश की। इतना ही नहीं, याद आते हैं नक्सलवादी और दलितवादी उफान के उग्र आरंभिक दिन भी जब क्रमशः माओवाद और अंबेडकरवाद के नाम पर गाँधी की अवमानना और निषेध को एक घोषित राजनीतिक मुद्दा बनाया गया था। किशोर नक्सलवाद को गाँधी माओवादी बन्दूक और अन्तरराष्ट्रीयतावाद के विरोधी दिखते थे, और दलितवाद इतना अंबेडकर अनुकूलित रहा कि गाँधी उन्हें दलितों के दुश्मन दिखते थे। आज भाषा बदली है, लेकिन सोच यथावत है। अगर सवर्णवाद अपने -शास्त्रों का गुलाम था। तो नक्सलवाद और दलितवाद अपने-अपने शास्त्रों के गुलाम हैं।

इनकी तुलना में गाँधी मुझे बहुत कम शास्त्र-शासित लगते है। वे शास्त्रों को अपने अनुभवों की रोशनी में देखते हैं। इसी कारण शास्त्रों को शाब्दिक सम्मान देते रहने के बावजूद व्यवहार में वे उन्हें अतिक्रमित करते रहते हैं, या उनसे वही अंश लेते हैं जो उनके विवेक के अनूकुल हो। इरफ़ान हबीब का सोचना सही है कि गाँधी का वाह्य भले पिछड़ा दिखता है, उनकी सोच और राजनीतिक आचरण पिछड़े नहीं थे। यही कारण था कि उन्होंने भारतीय मुक्ति संग्राम को जनाधार प्रदान कर, संगठित कर ''क्रिटिकल'' बिन्दु तक पहुँचाया। पढ़े-लिखों की दृष्टि में वे जननायक बने, इतिहास नायक बने। डॉ. रामविलास शर्मा का तो यहाँ तक मानना है कि 20वीं सदी में इतना बड़ा जननायक दूसरा नहीं हुआ। आस्थावान होने के चलते आमजन की निगाहों में वे 'महात्मा जी' थे, अजानबाहु थे, अवतार थे। 1942 तक आते-आते वे 'राष्ट्र-पिता' बन गये, और विडम्बना यह कि यह सम्मान उनके चरम विरोधी सुभाष चन्द्र बोस ने दिया, यद्यपि हीरेन मुखर्जी का कहना है कि भारतीय कम्यूनिष्टों ने इस संबोधन का प्रयोग सुभाष से पहले किया था। उनके संदर्भ में 'महापुरूष', महामानव, जैसी संज्ञाओं का प्रयोग आम बात थी। राष्ट्र-जीवन से तादात्म्य इतना जीवंत और सहज था कि वे 'बापू' के रूप में जाने जाते । आलोचनाएँ हाशिए की चीजें थीं, और आलोचक दरकिनार थे और उपेक्षा या निन्दा के पात्र थी। गाँधी एक विराट ऐतिहासिक परिघटना थे, एक व्यक्तित्व जो आमजन के कल्पित देवत्व की साकार मूर्ति था। फ्रान्सीसी मनीषी रोम्यां रोलां को उनमें सेन्ट फ्रैन्सिस की सादगी और निष्ठा के दर्शन होते। अमेरिका में निग्रो-मुक्ति के नायक मार्टिन लूथर किंग द्वितीय को श्वेत सामाजिक सत्ता के क्रूर वर्चस्व से टकराने की दृष्टि और रणनीति गाँधी से मिली थी। दक्षिण अफ्रीका में वे नेल्सन मंडेला के प्रेरणा स्रोतों में थे। हो चि मिन्ह् जैसा क्रांतिकारी भी अपने को उनका 'प्रत्यक्ष या परोक्ष अनुयायी' घोषित कर बैठा। उनकी हत्या पर बर्नाड शॉ जैसे मूर्तिभंजन मनीषी ने कहा-'बहुत भला होना भी

ख़तरनाक है।' दार्शनिक वैज्ञानिक अल्बर्ट आइन्स्टाइन ने कहा-"आने वाली सदियाँ विश्वास नहीं करेंगी कि हाड़ -माँस वाला एक ऐसा आदमी भी कभी इस पृथ्वी पर आया था।" यह महान वैज्ञानिक कितना सही था। धार्मिक और राजनीतिक खेमों के शिकार हम इतने बौने होते गये हैं कि महानता को पहचानने लायक भी नहीं रहे।

दरअसल, निन्दा या पूजा भाव के दायरे में किसी भी इतिहास नायक या महापुरुष का सम्यक आकलन संभव नहीं होता। गाँधी मूल्याँकन के संदर्भ में डॉ. अंबेड्कर और डॉ. राजेन्द्र प्रसाद इसके ज्वलंत उदाहरण हैं। डॉ. अंबेडकर की पुस्तक 'रानाडे एंड जिन्ना' या 'ह्वाट कांग्रेस एंड गाँधी हेव डन टू अनटचेबुल्स' और डॉ. राजेन्द्र प्रसाद की पुस्तक 'ऐट द फीट ऑफ द महात्मा' अधूरी पुस्तकें हैं। इनका आंकलन-मूल्याँकन अपने-अपने कोणों से भावुक और इसलिए, अतिरंजित है। डॉ. अंबेडकर महात्मा गाँधी में कोई अच्छाई देखने को तैयार नहीं हैं, और डॉ. राजेन्द्र प्रसाद को उनमें कोई कमी नहीं दिखती। तुलना में नेहरू की 'एन आटोबायोग्रॉफी अधिक वस्तुनिष्ठ और विश्वसनीय है। इसमें गाँधी व्यक्तित्व के प्रति स्वस्थ इतिहास संस्कृति बोध है जो अन्य दो मनीषियों में नहीं है। वर्ण पीड़ित अंबेडकर को गाँधी मात्र वर्णवादी हिन्दू दिखते हैं, और एक भले हिन्दू राजेन्द्र प्रसाद को महामानव। आश्चर्य नहीं, अपनी आत्मकथा में डॉ. राजेन्द्र प्रसाद, डॉ. अंबेडकर गाँधी के प्रति? नेहरू भी अंबेडकर की राजनीति को गलत मानते हैं लेकिन चुप हैं, अपनी आत्मकथा या भारत की खोज़ में उनकी चर्चा तक नहीं करते। महात्मा गाँधी ने डॉ. अंबेडकर पर शायद ही कभी कोई प्रतिकूल टिप्पणी की हो। कारण? उनके दलित मुद्दे की सार्थकता। डॉ. अंबेडकर स्वाधीनता संग्राम की राजनीतिक सामाजिक मंशा के प्रति इतने शंकालु हैं कि उनका इससे तालमेल नहीं बैठता। वे विकल्पों की तलाश में हैं। उन्हें गाँधी एवं कांग्रेस का विकल्प नापसंद है, क्योंकि उनकी दृष्टि में गाँधी मात्र एक सनातनी हिन्दू है और कांग्रेस हिन्दुओं का राजनीतिक दल। आश्चर्य नहीं, आज भी गाँधी -निषेध दलित मिशन एक महत्त्वपूर्ण एजेन्डा है। अभी भी यह वैचारिक, सांस्कृतिक अतिवाद का शिकार है। इससे अंबेडकर प्रतिमा खण्डित होती है। वह दलित नायक के रूप में सामने आते हैं। राष्ट्रनायक या महापुरुष के रूप में नहीं, जिसके वे लायक हैं। गाँधी के प्रति दलित दृष्टिकोण दलित-चिंतन की गंभीर सीमा है, यहीं नीत्से जैसा अंबेडकर राजनीति की एक महत्त्वपूर्ण विरासत हैं। यहीं नीत्से जैसा अविवेकी चिंतक याद आता है-"कितना खतरनाक है-उत्तराधिकारी बनना।" सनातनी हिन्दू और दलित दोनों की एक -सी विडंबना के शिकार हैं।

भारत कम्युनिस्ट आंदोलन भी गाँधी से टकराता रहा। उसकी दृष्टि में गाँधी राजनीतिक चरित्र मूलतः 'बुर्जुआ' था। अतः यह उनके साम्राज्य विरोध के साथ होते हुए भी उनका आलोचक था। गाँधी को वह एक ही साथ प्रगतिशील और प्रतिगामी दोनों मानता था। साम्राज्य विरोधी राष्ट्रवादी मंच तैयार करने के लिए उनका सामंती

एवं पूँजीवादी तबकों से समझौता उसे खटकता था। वह गाँधी के 'सत्य, अहिंसा और ब्रह्मचर्य'' जैसे आदर्शों को अप्रासंगिक करार देता था इन विश्वासों के सहारे गाँधी भले महात्मा बन गये हों, लेकिन इन सरकारों ने स्वाधीनता आंदोलन को अपनी स्वाभाविक परिणति तक नहीं पहुँचने दिया। धार्मिक सरकारों एवं प्रतीकों में गाँधी का उलझाव समूचे आंदोलन को गैर-राजनीतिक बनाता था और जनता को दिग्भ्रमित करता था। आश्चर्य नहीं, इतने व्यापक स्तर पर जनता को संगठित एवं उद्वेलित करने वाला राष्ट्रवादी आंदोलन बुर्जुआ लक्ष्यों तक सीमित रह गया। इससे गाँधी व्यक्तित्व की ताकत का भी एहसास होता है और उनकी राजनीतिक पहल की सीमा का भी। चौरीचौरा की घटना के बाद गाँधी की प्रतिक्रिया और राजनीतिक पहल इसके उदाहरण हैं। अगर रोका नहीं गया होता तो निश्चित ही असहयोग आंदोलन गांधीवादी दायरे से बाहर निकल गया होता और देश मुक्ति की ओर थोड़ी तेजी से अग्रसर हुआ होता। बहुत संभव था, हिन्दू मुस्लिम, और हिन्दू-दलित विवाद को अनपेक्षित केन्द्रीयता प्रदान करने के साम्राज्यवादी कुचक्र के लिए समय न मिलता और 15 अगस्त 1947 के बहुत पहले देश आज़ाद हो जाता। सुमित सरकार और रामविलास शर्मा जैसों का यह सोचना गलत है कि 1920-30 के दशक के बाद राष्ट्रीय राजनीति पर गाँधी जी की पकड़ ढीली पड़ती गयी। नमक सत्याग्रह धमाके के साथ प्रारम्भ हुआ था, लेकिन इसका अंत थकान एवं लड़खड़ाहट में हुआ। 1942 का 'भारत छोड़ो' आंदोलन का आह्वान तो उनका था, लेकिन संचालन उनके हाथ में नहीं था। 1946 का नाविक विद्रोह का आरंभ भी उनसे स्वतंत्र था। 1945-48 का समूचा राजनीतिक माहौल ही उनके प्रतिकूल था। देश के बँटवारे का निर्णय भी उनके मंशा के प्रतिकूल और उनसे बिना पूछे लिया गया था। जिस कांग्रेस के वे निर्माता थे, उसके ख़िलाफ़ अब उन्हें अनशन करना पड़ रहा था। अब वे मानवीय चीख और नैतिक दबाव थे, राजनीतिक प्रभाव नहीं।

1922 में चौरीचौरा के बाद उनसे बहुतों का मोह भंग हुआ था। क्रान्तिकारी जो उस सत्याग्रह के साथ थे, अपनी मूल राजनीति की ओर मुड़े। कम्युनिस्ट जो उनके साथ थे उन्होंने अपना दल बनाया। मोतीलाल नेहरू आदि ने स्वराजिस्ट पार्टी बनाई। कांग्रेस के भीतर नेहरू ने उनकी कटु आलोचना की। उत्तरोत्तर सुभाष चन्द्र बोस और स्वामी सहजानंद उनके कट्टर विरोधी हो गये। 1934 में कांग्रेस समाजवादी पार्टी के रूप में नरेन्द्र देव , जय प्रकाश और लोहिया आदि का भी असंतोष फूट पड़ा। लेकिन ये समाजवादी एक विडंबना के शिकार रहे। न तो वे गाँधीजी के मुखर आलोचक हो सके और न ही गाँधीजी की सहानुभूति का उन्हें कोई राजनीतिक लाभ मिला। इस संदर्भ में नेहरू अधिक समझदार और सौभाग्यशाली साबित हुए। गाँधीजी का उनका राजनीतिक मूल्याँकन कमोबेश सही लगता है।

लेकिन गाँधी केवल राजनीतिक व्यक्ति नहीं थे। 'सत्य' के प्रति उनकी निष्ठा

ने उन्हें राजनीति में ढकेला था जिसे वे अहिंसक और नैतिक बनाना चाहते थे। उन्हें साम्राज्यवाद और पूँजीवाद दोनों असत्य, अनैतिक और हिंसक दिखते थे। उन्हें साम्राज्यवादी ब्रिटेन अपनी पूँजीवादी विकास की स्वाभाविक परिणति लगता था। हिन्द स्वराज से स्पष्ट है कि वे इस निष्कर्ष पर 1908 में ही, प्रमुखतः अपने अनुभवों के सहारे पहुँचे थे। (लेनिन ने इसका स्पष्ट रेखाँकन 1916 में अपनी विख्यात पुस्तक साम्राज्यवाद-पूँजीवाद का सर्वोच्च चरण में किया।) अतः अपने सत्य और अहिंसा की रक्षा के लिए गाँधी को इन दोनों के लिए लड़ना था। राजनीति उनकी विवशता बनी, लेकिन उनका लक्ष्य सत्यनिष्ठा, अहिंसक, न्यायसंगत एवं समरस 'ग्राम समाज' था, न कि राजनीति सत्ता। अतः उनकी राजनीति भी प्रचलित अवधारणा एवं व्यवहार को अतिक्रमित करती थी :

मेरे अंदर के राजनेता ने मेरे एक भी निर्णय को प्रभावित नहीं किया है। और अगर मैं राजनीति में हिस्सा लेते दिखता हूँ तो मात्र इस कारण कि राजनीति आज सर्प की कुंडली की तरह सबको लपेटे हुए है। जिससे किसी का भी निकल पाना असंभव है, चाहे कोई कितनी भी कोशिश करे। इसलिए मैं इस सांप से लड़ना चाहता हूँ, और सचेतन 1894 से ही कमोबेश सफलतापूर्वक लड़ रहा है, और मैनें पाया हूँ कि अवचेतन रूप से तो तभी से जब मैंने होश संभाला (1971, रोनॉल्ड डंकन, द राइटिंग्स ऑफ गाँधी, रूपा एंड कं., नई दिल्ली, 1993, पृ.124)।

इस संदर्भ में रामकृष्ण मणि त्रिपाठी का निबंध (Transcending Politics) " जिसका हिन्दी अनुवाद ''राजनीति का अतिक्रमण'' शीर्षक से 'समकालीन सोच' में प्रकाशित हुआ था, अमूर्तन के बावजूद, मौलिक और समझदार है। ध्यातव्य यह भी है कि कार्ल मार्क्स जैसे व्यवस्था विश्लेषण दार्शनिक ने भी नागरिक समाज (Civil Society) को नहीं, बल्कि 'मानवीय समाज' (Human Society) को अपना लक्ष्य बनाया, जिसमें राज्य और राजनीति का विलोपन हो चुका होगा। मार्क्स की सारी अपेक्षाएँ राजनीति से ही थीं—राजनीति ही स्वयं को अतिक्रमित कर जाएगी। लेकिन गाँधी व्यक्ति पर अधिक बल देते है। राजनीति वर्गीय स्वार्थों को संगठित करती है और उसी के आधार पर सत्ता का निर्माण करती है। वर्ग अपने स्वार्थो को अतिक्रमित नहीं किया करते, जब कि व्यक्ति करता है। उसकी आदर्शोन्मुखता उसे शहादता तक ले जाती है, और आदर्श हमेशा दूसरों के हितों के साथ जीने मरने में निहित हुआ करते है। अतः जीवन में वैयक्तिक संकल्प और साधना को गाँधी ने केन्द्रीयता दी। उनकी आत्मकथा 'सत्य के साथ मेरे प्रयोग' आत्म-संघर्ष की महागाथा है। गाँधी 'व्यक्ति' एक प्रयोगशाला है, और उसकी राजनीति भी प्रयोगशाला है। उनकी राजनीति उनके व्यक्ति का सामाजिक विस्तार है। वे व्यक्ति और उसकी राजनीति में कोई विभाजन रेखा नहीं खींचते। समकालीन राजनीति ने इस रेखा को खींचा है, इसलिए राजनीति गैर-नैतिक बनी है। राजनीतिज्ञ कभी अपने किये को लेकर

आत्मसंघर्ष में फंसा नहीं दिखाई देता। इसी लिए साधन की शुचिता उसके बूते की नहीं। वह सम्पूर्णतः लक्ष्य यानी साध्य द्वारा संचालित होता है, और साधन के प्रति सावधान नहीं होता। राजनीति के दुष्चरित्र होते जाने का प्रमुख कारण यही है। गाँधी ने इसे ठीक समझा था। इसीकारण उनका नैतिक पक्ष उनके अन्य पक्षों पर हावी रहता था। वह गलती करते थे, शरारत नहीं, क्योंकि अन्यों को वह भले क्षमा कर दें अपने को क्षमा नहीं कर सकते थे। उनकी समझदारी की सीमा हो सकती थी, उनके ईमान की कोई सीमा नहीं थी। आश्चर्य नहीं, राहुल सांकृत्यायन जैसे व्यक्ति को भी जो अंततः अपने जीवन-बोध और राजनीति दोनों में गाँधी विरोधी थे, 1948 में गाँधी की शवयात्रा को देखने के दौरान उन्हें गौतम बुळ याद आये थे और उनका भी मानना था कि अपने आदर्शो के लिए गाँधी ने गौतम बुद्ध से भी अधिक कष्ट सहे, यातना झेली। काश! दलित चेतना यह समझ पाती।

गाँधी के बारे में सोचते हुए 20वीं सदी के इतिहास के दो महानायक लेनिन और माओं स्वभावतया याद आते हैं। दोनों नितांत राजनीतिक पुरूष हैं, उनका लक्ष्य भी तय है और रास्ता भी। अतः उनके जीवन में संघर्ष बहुत है। आत्मसंघर्ष बिल्कुल नहीं। दोनों इतने लक्ष्यबद्ध है किये पर उनमें कहीं पश्चाताप नहीं है। एच. जी. वेल्स और रसेल दोनों लेनिन से मिलकर बहुत परेशान हुए थे और सोवियत संघ के स्वस्थ भविष्य को लेकर आशंकित थे। लेनिन और माओ की प्रतिभा मूलतः बौद्धिक है, तर्कना उनके सोच समझ के केन्द्र में है। उनका व्यक्तित्व नितांत राजनीतिक हैं, इसलिए सपाट भी। उनका निर्माण कम्युनिस्ट क्रान्तिकारिता के नाते बाने में हुआ था। उनका व्यक्ति आड़े नहीं आता। लेकिन गाँधी के साथ ऐसा नहीं है। उनके निर्माण के अनेक स्रोत हैं—संतो, भक्तों की वैष्णव परंपरा, ''गीता'' और ''रामायण'', इसाई प्रेम और सेवा, थोरा, रस्किन और तॉलस्तॉय जैसों के विचार। सुकरात, मैजिनी एवं कमाल पाशा भी उन्हें आकर्षित करते थे और श्रवण कुमार तथा राजा हरिशचन्द्र से जुड़े पौराणिक आख्यान भी। और सर्वोपरि था उनका व्यक्ति, उनका अपना अनुभव-प्रसूत विवेक। वह धार्मिक थे और धर्मग्रंथों के प्रति मन में बहुत आदर था, लेकिन उनके किसी ऐसे अंश को मानने के लिए तैयार नहीं थे जो उनके विवेक को संतुष्ट नहीं करता। ऐसे अंश को वे 'शैतान की रचना' बताते थे। सामान्यतया अपने प्रत्येक महत्त्वपूर्ण निष्कर्ष के पूर्व वे अपने अनुभवों की रोशनी में सबकुछ को जाँचते परखते, और कभी-कभी तो 'अंतर्मन की आवाज़' की बात भी करते। उनके निष्कर्ष रजनीतिक न होकर सत्य, अहिंसा, शुचिता, गोरक्षा, बह्मचर्य, चरखा जैसे बिन्दु होते और वे राजनीतिक परिस्थितियों की वस्तुनिष्ठ अपेक्षाओं की अवहेलना करते। उनकी भाषा भी गैरराजनीतिक थी, आस्था और संस्कार युक्त भाषा। उनके लिए भौतिक परिस्थितियाँ अवश्य महत्त्वपूर्ण थीं, लेकिन उनकी आस्था के बिन्दु उनसे भी अधिक महत्त्वपर्ण हुआ करते, और इसी कारण वे नेहरू जैसे महापुरूषों के

लिए 'पहेली' भी थे।

जब भी मैं गाँधी के बारे में सोचता हूँ तो मार्क्सवादी विचारक काडवेल के कुछ सूत्र वाक्य बार-बार याद आते हैं:

1. 'लगता है कि नायक एक किस्त की अंतःप्रज्ञा से कार्य करता है, और यह अंशतः आश्चर्यजनक है कि वह भौतिक परिस्थितियों और मनुष्य दोनों का स्वामी होता है, क्षमताएँ जो बहुत सारे महापुरूषों में नहीं हुआ करती'।
2. 'नायक का विद्वान होना आवश्यक नहीं है, लेकिन उसमें पर्याप्त सहजात कुशाग्रता होती है।'
3. 'नायक अतीत को संबोधित करता है और उसे पुनर्जीवित करने हेतु लोगों को प्रेरित करता है, लेकिन इसी प्रक्रिया में वह भविष्य का निर्माण करता है।'
4. 'वह परिचित भाषा नहीं बोलता लेकिन उसके श्रोता उसे समझते हैं। (विस्तार के लिए देखें, 'स्टडीज़ एंड फरदर स्टडीज इन अ डाइंग कल्चर,' मंथली रिव्यू प्रेस, न्यूयार्क एंड लंदन,1971, पृ. 20-43)।

काडवेल का मानना है कि कोई आवश्यक नहीं कि नायक महापुरुष भी हो, क्योंकि वह बहुत सारे मानवतावादी सरकारों के प्रति उदासीन होता है । बर्नाड शॉ का भी मानना है कि नायक अनिवार्यतः भला आदमी नहीं होता अर्थात् उसका मूल्याँकन व्यक्ति के रूप में नहीं बल्कि उसके द्वारा छोड़े गये प्रभाव के रूप में किया जाना चाहिए। गाँधी नायक ही नहीं महामानव भी हैं, क्योंकि वे अपनी परिस्थितियों से बडे दिखते हैं, तात्कालिकता को अतिक्रमित कर मानवता के लिए कुछ शाश्वत संदर्भ छोड़ते है। वे राजनीतिक पुरुष तो मात्र इस कारण है कि तत्कालीन परिस्थितियों में कोई भी संवेदनशील एवं साहसी व्यक्ति राजनीति रूपी सर्प की कुंडली से बच ही नहीं सकता था, लेकिन वे मूलतः संस्कृति पुरूष हैं।

पुनः लेनिन और माओ याद आते हैं। इन्होंने आमजान को उनके हितों के दायरे में ही संगठित किया, लेकिन उनके निर्माण का दायित्व राजसत्ता को सौंप दिया। गाँधी को राजसत्ता पर भरोसा नहीं था। अतः उन्होंने ऐसे लाखों का निर्माण करना चाहा जो स्वेच्छया सत्य, अहिंसा, सादगी, निष्ठा, नैतिक, जीवन-यापन की साकार मूर्ति बने और पूँजीवादी जीवन मूल्यों के दबाव के बावजूद बने। लेनिन और माओ ने राजसत्ता केन्द्रित मनस का निर्माण किया जो सत्ता निर्माता होती या सत्ता निर्मित। राजसत्ता को गंतव्य मान लेने पर समाज कभी भी शासक शासित जैसे विभाजन से बच नहीं सकता। कुछ समय के लिए शोषित भले न हों शासित तो होंगे, चाहे सत्ता कितनी भी प्रतिनिधिमूलक हो, और उत्तरोत्तर ये शासित–शोषित बनते जाएगे। अतः गाँधी ने दूसरा रास्ता पकड़ा। उन्होनें अपने राजनीतिक आंदोलनों को ''सत्याग्रह'' कहा। इसमें गोपनीयता के लिए कोई स्थान नहीं था, क्योंकि इससे व्यक्ति असहज और वक्र बनता है, और सत्ताकेन्द्र तिकड़मबाज।

वर्तमान पूँजीवादी लोकतंत्रों में भी ऐसे ही नागरिक और सत्ताकेन्द्र विकसित हुए हैं। लेकिन गाँधी का 'सत्याग्रह' ऐसे व्यक्तियों और समाज के निर्माण हेतु है जो सत्ता निरपेक्ष रहते हुए सत्ता को एक आवश्यक बुराई के रूप में स्वीकार करते हैं। 'सत्याग्रह' लक्ष्यबद्ध रहते हुए भी यह साधन की शुचिता के प्रति सर्वाधिक संवेदनशील है, और ऐसी संवेदनशीलता के बिना नैतिक होना असंभव है। इसमें व्यक्ति सृजन और परिस्थिति सृजन दोनों निहित हैं, क्योंकि यह व्यक्ति की निजता को सम्मान देते हुए सामूहिक प्रयासों का आग्रही है। गाँधी कभी साध्य और साधन को बाँट कर नहीं देखते, इन्हें वे अन्विति के रूप में देखते है। इसी कारण यह एक ही साथ राजनीतिक भी हैं और नैतिक भी। दरअसल, राजनीति एक विराट सैद्धांतिक व्यवहार है और इसी रूप में व्यक्ति और समूह की नैतिकता का निकष भी है। केवल राजनीतिं सत्ता का खेल बनती है। और केवल 'शैतान' पैदा करती है। गाँधी 'सत्याग्रह' के माध्यम से शुचिता पर बल देकर राजनीति की नैतिकता को बचाना चाहते हैं। व्यक्ति और समाज को सुसंस्कृत और मानवीय बनाने के लिए गाँधी का 'सत्याग्रह' एक विश्वसनीय एवं शास्वत संदर्भ बनता है। इसमें व्यावहारिक कठिनाइयाँ चाहे जो हों, नीतिगत अंतर्विरोध नहीं है। लेकिन नीति के दायरे में व्यक्तिगत व्यवहार को माजना ही नैतिकता है। गाँधी ऐसे ही व्यवहार के कायल हैं। आश्चर्य नहीं, विशुद्ध व्यवहारवादी दृष्टि से गाँधी 'पहेली' है।

गाँधी ने दक्षिण अफ्रीका में गिरमिटिया भारतीय मजदूरों के नागरिक अधिकारों एवं सम्मान हेतु अपने संघर्षों के दौरान सत्याग्रह की अवधारणा और व्यवहार को विकसित किया था। सारी दुनिया में सामान्य जन शस्त्र या समर्पण की भाषा ही जानता बोलता था। गाँधी शस्त्र को पाश्विक और समर्पण को अपमानजनक मानते हैं। अतः उन्होनें सत्याग्रह का दुरूह एवं अनजाना रास्ता चुना जो अपने लक्ष्य की प्राप्ति में शस्त्र की पाश्विकता और समर्पण की नपुंसकता दोनों को नकारता है। दक्षिण अफ्रीका में उनका प्रयोग सफल रहा और 1915 में लौटकर उन्होंने यहाँ की परिस्थितियों में उसी का विस्तार किया। भारत में उन्हें अपेक्षित सहायता तो नहीं मिली, लेकिन जन-जागरण के स्तर पर इसकी भूमिका सर्वाधिक लोकप्रिय एवं शक्तिशाली रही, जिसके चलते भारतीय मुक्ति संग्राम में उनकी निर्णायक भूमिका बनी रही। अमरीकी संत-विचारक थोरो ने अमरीकी सत्ता के विरुद्ध व्यक्तिगत स्तर पर इसका पहला प्रयोग किया था, और गाँधी उनसे प्रेरित थे, यद्यपि इसे वे भारतीय परंपरा में निहित मानते थे। गाँधी ने थोरो के व्यक्तिगत 'सत्याग्रह' को राष्ट्रीय फलक प्रदान किया और इसे विश्वमानवता की वास्तविक मुक्ति के लिए अपरिहार्य बताया। वे अपने सत्याग्रह की शाश्वत अर्थवत्ता के प्रति आश्वस्त थे। 1908 में हिंद स्वराज में उन्होंने लिखाः

सत्याग्रह सर्वआयामी तलवार है, इसका प्रयोग किसी भी रूप में संभव है;

इसका प्रयोग लाभ करने वाले और जिसके विरुद्ध प्रयोग किया जाता है दोनों को मिलता है। एक कतरा खून बहाये बगैर इसके दूरगामी परिणाम होते हैं। इसे कभी जंग नहीं लगता और न ही इसे चुराया जा सकता है। इसमें सत्याग्रहियों की आपसी स्पर्धा की भी कोई सीमा नहीं है। सत्याग्रही की तलवार के लिए किसी म्यान की जरूरत नहीं होती। (एम.के.गाँधी : हिन्द स्वराज एण्ड अदर राइटिंग्स, सम्पादक,एंथनी जे.परेल, कैंब्रिज, 1997, पृ. 94)

उन्होंने सत्याग्रह को प्रचलित 'शरीर-बल' या 'शस्त्र-बल' के विकल्प के रूप में 'आत्म-बल' या 'सत्य-बल' को प्रस्तुत एवं व्यवहृत किया। अन्यायी के समक्ष 'ना' कह कर सत्याग्रही खड़ा होता है, लेकिन उसका सिर नहीं तोड़ता और न ही उसे अपमानित करता है, क्योंकि वह अन्याय का विरोधी है, अन्यायी का नहीं। इसी कारण वह उग्र प्रतिकार या प्रतिहिंसा की संभावना को सीमित करता है। अतः यह व्यक्ति के बूते का भी है और समूह के बूते का भी। इसका प्रयोग सर्वाधिक एवं सार्वकालिक है, अर्थात यह देशी-विदेशी में कोई फ़र्क नहीं करता। स्वयं गाँधी ने इसके प्रयोग का प्रारंभ विदेशी सत्ता के विरोध और आंतरिक समाज-सुधारों से किया था, और इसका समापन जनवरी 1948 में नवगठित राष्ट्रीय सत्ता के विरोध के साथ किया, जिसके निर्माण में उनकी केंद्रीय भूमिका रही थी। उन्होंने अपने सत्याग्रही अनशन के द्वारा राष्ट्रीय सत्ता पर दबाव सृजित किया कि वह पाकिस्तान के साथ वादाखिलाफी न करे और अपनी सीमा में मुस्लिम अल्पसंख्यकों को सुरक्षा दें। इसके लिए वे एक हिन्दू कट्टरपंथी के हाथों शहीद हुए। गाँधीवादी सत्याग्रह, अपनी धार्मिक-आध्यात्मिक शब्दावली के बावजूद, दृढ़ता के साथ 'सेक्युलर' है। पद साम्राज्यवाद-विरोधी हथियार तो है ही, पूँजीवाद-विरोधी हथियार भी है, क्योंकि यह साम्राज्यवाद को पूँजीवादी विकास की अनिवार्य परिणति के रूप में देखता है। यह सामंतवाद विरोधी भी है, और हिन्द स्वराज में ही गाँधी ने राजा रजवाड़ों के संकीर्ण सामाजिक आधार की ओर संकेत करते हुए सत्याग्रह की सामंतवाद-विरोधी भूमिका की ओर संकेत किया था। इसके पहले भारत में शायद ही किसी का ध्यान इधर गया हो। इस प्रकार गाँधी का 'स्वराज' सामंतवाद, पूँजीवाद और साम्राज्यवाद इन तीनों का मूलगामी (Radical) विकल्प है। उनका 'सत्याग्रह' इस 'स्वराज' को चरितार्थ करने का लोकतांत्रिक रास्ता है। साधनबद्ध एवं उद्देश्यबद्ध संगठित जनशक्ति ही इसकी शक्ति है। इस शक्ति के द्वारा गाँधी किसी देशज किस्म की राजसत्ता का निर्माण करना चाहते थे, जो इसके पूर्ण अधीन हो। अपने 'सत्याग्रह' के द्वारा गाँधी जी शासितों/शोषितों के सत्याग्रही बनने पर जोर देते रहे। उनका सत्याग्रह नैतिक अनुशासन के दायरे में जनान्दोलन को हिंसा-प्रतिहिंसा के दुष्चक्र से बाहर निकालने का ईमानदार प्रयास था। उनके 'स्वराज' की आदर्शवादी सीमाएँ भी हैं, जिनकी ओर डॉ. रवि श्रीवास्तव ने अपने आलेख में सविस्तार ध्यान खींचा है, लेकिन मार्क्सवादी रोमान्टिकता के साथ।

'क्रांतिकारी' आस्था वाले लोग गाँधीवादी सत्याग्रह को वर्तमान हिंस्र पूँजीवादी-साम्राज्यवादी दौर में, अप्रासंगिक मानते हैं। पारंपरिक क्रान्तिकारिता की केंद्रीय आस्था वर्ग-संगठन और शस्त्र-बल में होती है। वर्ग-संगठन का तो गाँधीवादी सत्याग्रह से कोई तात्विक विरोध नहीं है, लेकिन इसके शस्त्र-बल को यह पाशविकता का पर्याय मानता है। ''सशस्त्र वर्ग-संघर्ष में वह जीतता है जो अधिक हिंस्र है, न कि वह जो सही है।'' उनकी दूसरी आपत्ति यह थी कि जो लक्ष्य शस्त्र के बल पर प्राप्त होगा उसे शस्त्र द्वारा ही बचाया जा सकेगा। अर्थात्, जीत निर्णायक नहीं हो सकती, क्योंकि यह संरचनात्मक नहीं होगी। अधिनायकवादी होना इसमें अंतर्निहित है और सर्वोपरि भी है। इससे व्यक्ति-सृजन की प्रक्रिया बाधित ही नहीं विकृत होती है। 'मिलिशिया राष्ट्र' बौद्धिक एवं सांस्कृतिक संभावनाओं के विकास की दृष्टि से कमजोर होगा, बल्कि रिक्त होगा। सोवियत संघ के विघटन के बाद तो यह व्यवहार्य भी नहीं लगता। समकालीन संगठित लोकतांत्रिक सत्ताओं के विरुद्ध छोटे-छोटे राजनीतिक संगठनों का हिंस्र परिप्रेक्ष्य आत्मघाती है। राजकीय प्रतिहिंसा उन्हें शहादत का गौरव भी नहीं मिलने देती। एक सीमा तक विदेशी सत्ता के विरुद्ध सशस्त्र संघर्ष इसलिए लोकप्रिय होता है कि जनमानस का प्रचण्ड बहुमत उस सत्ता के विरुद्ध हुआ करता है। स्वदेशी लोकतांत्रिक सत्ताओं का अपना जनाधार होता है, जिसके माध्यम से ये ऐसे आंदोलनों को हाशिये पर सीमित रखती हैं और इनके अस्तित्व को अपने सुदृढ़ीकरण की एक शर्त के रूप में भी देखती हैं। गाँधी पर लिखते हुए जॉर्ज आर्वेल ने रेखांकित किया है कि लोकतांत्रिक सरकारों के विरुद्ध गाँधीवादी सत्याग्रह की सार्थकता असंदिग्ध है। इसकी सार्थकता का उपयोग समाजवादी ताकतों को करना ही होगा, क्योंकि वर्तमान नव-साम्राज्यवादी दौर में लोकतंत्र की वास्तविक लड़ाई इन्हीं ताकतों को लड़नी है, अन्यथा राष्ट्रीय बुर्जुआ पुनः नेतृत्व ले लेगा। इस प्रकार इसे गाँधीवादी सत्याग्रह से बहुत कुछ लेना होगा, ठीक वैसे ही जैसे कार्ल मार्क्स ने हीगल से 'द्वन्द्ववाद' (dialectics) और 'निर्वासन' (alienation) जैसी अवधारणाओं से बहुत कुछ लिया था। 'सत्याग्रह' उग्रवाम और हिंस्र सम्प्रदायवादी दक्षिणपंथ दोनों का विरोधी हैं डॉ. राममनोहर लोहिया ने सही कहा था कि गाँधी के सत्याग्रह की संभावनाओं का विकास स्वाधीन भारत में नहीं किया जा सका। वैसे, आज कमोबेश सभी राजनीतिक दल जाने-अनचाहे, चाहे-अनचाहे सत्याग्रही हैं। इनकी ट्रेजडी यह है कि ऐसा ये विवशता के चलते हैं, समझ और विश्वास के चलते नहीं। अतः सत्याग्रही नैतिकता के बिना सत्याग्रह चलाये जाते हैं। इससे सत्याग्रह की अप्रासंगिकता नहीं, बल्कि हमारी अपर्याप्तता सिद्ध होती है। न हम घाट के हैं और न घर के ही। इतना तय है कि वर्तमान सम्प्रदायवादी छल-छद्म का उत्तर सेक्युलर छल-छद्म नहीं होगा।

इसी प्रकार गाँधी ने साम्राज्यवादी-पूँजीवादी 'सभ्यता' और 'संस्कृति' के

विकल्प के रूप में 'स्वदेशी' की अवधारणा को विकसित किया था। 'सत्याग्रह' की तरह 'स्वदेशी' में भी प्रतिरोध और निर्माण दोनों निहित हैं। गाँधी समग्रतः रचनाधर्मी व्यक्तित्व हैं और इसलिए विकल्पों के माध्यम से प्रतिरोध और प्रतिवाद विकसित करते चलते हैं। उनके स्वदेशी के तीन आयाम हैं : धर्म, राजनीति और अर्थतंत्र। इनकी वे अपने विशिष्ट ढंग से व्याख्या भी करते हैं :

जहाँ तक धर्म की बात है...मुझे अपने पैतृक धर्म तक ही सीमित रहना है। मेरे तात्कालिक धार्मिक परिवेश का यही उपयोग है। अगर मैं इसमें कुछ दोष पाता हूँ तो इसके दोषों को दूर करता हुआ इसकी सेवा करूँगा। राजनीति के क्षेत्र में मुझे देशज संस्थाओं का उपयोग करना है और उनके सिद्ध दोषों को दूर करते हुए उनकी सेवा करनी है। अर्थशास्त्र के क्षेत्र में मुझे उन्हीं वस्तुओं का उपयोग करना है जो मेरे पास पड़ोस में तैयार की जाती हैं, और अगर उन उद्योगों में कोई कमी है तो उन्हें कार्यकुशल और पूर्ण बनाते हुए उनकी सेवा करनी है। (रोनॉल्ड डंकन, सं., द राइटिंग्स ऑफ गाँधी, रूपा, नई दिल्ली, 1993, पृ. 135-36)

इसी प्रकार शिक्षा में अंग्रेजी माध्यम के स्थान पर वे देशज भाषाओं को प्रतिष्ठित करने के पक्षधर थे। शिक्षा माध्यम के रूप में अंग्रेजी का बने रहना उन्हें 'गुलामी और पतन' का प्रतीक लगता था। लेकिन वह सावधान थे कि देशज भाषा एवं संस्कृति पर बल विश्व-संस्कृति से काटकर नहीं दिया जाना चाहिए :

मैं मानता हूँ कि महाकवि (रवीन्द्रनाथ) की तरह मैं भी स्वतंत्र हवा में विश्वास करता हूँ। मैं नहीं चाहता कि मेरा घर चारों ओर दीवारों से घिरा हो और उसकी खिड़कियाँ बंद हों। मैं चाहता हूँ कि सभी देशों की सांस्कृतिक हवाएँ यथासंभव स्वतंत्रता पूर्वक घर के इर्द-गिर्द बहें, लेकिन उन हवाओं में पूरी तरह बह जाने से मैं इंकार करता हूँ। (रोनॉल्ड, राइटिंग्स ऑफ महात्मा गाँधी, पृ. 172)

उनके धर्म को लेकर बहुत सारी सपाट आपत्तियाँ उठाई जाती हैं, जो या तो अपढ़ हैं या इतनी पक्षधर कि उन्हें समझने की कोशिश नहीं करतीं। हिन्द स्वराज में उन्होंने स्पष्ट कहा कि उनका धर्म सभी धर्मों का सारतत्व है–'My religion underlines all religions' उनका धर्म 'हिन्दुत्व को अतिक्रमित करता है' और व्यक्ति को सत्य और ईश्वर से जोड़ता है (रोनॉल्ड, पृ. 124-125।) यह ठहरा हुआ नहीं है, यह जड़ताओं का विरोधी और विकासमान है। धर्म के संदर्भ में गाँधी को बुद्ध और जीजस याद आते हैं :

बुद्ध पुरोहितवाद का प्रतिरोध करते मृत्यु स्वीकार करते (न कि समर्पण) अगर उनके प्यार में पुरोहितवाद को झुकाने का सामर्थ्य न होता। जीजस कांटों का ताज पहने और एक सशक्त साम्राज्य की अवहेलना करते हुए सूली पर चढ़ गये, और अगर मैं अहिंसक प्रतिरोध करता हूँ तो विनम्रता पूर्वक इन महान शिक्षकों के कदमों का अनुसरण करता हूँ (रोनॉल्ड, पृ. 125)।

स्पष्ट है गाँधी पुरोहितवादी पाखण्ड के विरोधी हैं और उनसे कोई समझौता नहीं चाहते। ऐसा भी नहीं है कि वे भारतीय संस्कृति और हिन्दुत्व की सीमाओं से अपरिचित हैं। एनी बेसेन्ट को जो 'सनातन' धर्म और संस्कृति की अनेक सारी कमजोरियों को खुल कर गिनाया था, लेकिन स्पष्ट किया था कि कमजोरियों को गिना कर निन्दा का सुख लेना उनका काम नहीं है, उनका दायित्व उन्हें दूर करना है। स्वदेशी के संदर्भ में गाँधी लिखते हैं :

भारत मूर्खताओं का देश है। प्यास से गले को सूखा रखना जबकि एक दयालु मुसलमान पीने के लिए शुद्ध पानी देने के लिए तैयार है, मूर्खता है। फिर भी हजारों हिन्दू प्यास से मर जाना चाहेंगे, लेकिन मुसलमान के घर का पानी नहीं पीएंगे (रोनॉल्ड, पृ. 139)

लेकिन गाँधी को विश्वास था कि इन मूर्खताओं से लोगों को बचाया जा सकता है।

डॉ. अंबेडकर की तरह इनके चलते वे हिन्दू जन से निराश नहीं थे। उनकी समझ थी कि अगर उनकी इस धर्मान्धता को कोई स्वस्थ सरोकार दिया जाय तो उसी कट्टरता के साथ वे उसे भी अपना लेंगे। इसी कारण वे "जनमत की ताकत और उचित शिक्षा" पर बहुत बल देते हैं, कानून पर नहीं। वे बार-बार कहा करते हैं कि इंग्लैण्ड व्यापारियों का देश है और व्यापार में नुकसान सहकर वे भारत पर राज नहीं करना चाहेंगे। अगर सभी भारतीय यह समझ लें कि 'स्वदेशी' ही उनका धर्म है, अर्थात् अगर वे अपनी भाषा बोलने लगें, अपने देश में बनी वस्तुओं का उपयोग करने लगें तो अंग्रेजी साम्राज्य अप्रासंगिक हो जाएगा। (रोनॉल्ड, पृ. 139-40) इसी प्रकार वे अपनी देशभक्ति को ऐकान्तिक (Exclusive) और समायोजी (Inclusive) दोनों मानते हैं। ऐकान्तिक इस माने में कि फिलहाल वे अपनी जन्मभूमि को ही ध्यान में रखेंगे, और समावेशी इस माने में कि स्पर्धा और प्रतिद्वंदिता से बचेंगे और इसके लिए वे प्रेम और अहिंसा को आधार बनाएँगे। उनका मानना है कि नफरत पर टिकी देशभक्ति 'जानलेवा' होती है, और प्रेम पर आधारित देशभक्ति 'प्राणरक्षक'।

इसी प्रकार उनकी ग्राम स्वराज' को लेकर आशंकाएँ बनी रहती हैं। नेहरू और अंबेडकर इसके मुख्य विरोधी थे, लेकिन गाँधी अपने सपने के प्रति निष्ठावान रहे। वे अपने 'आदर्श गाँव' का यूँ चित्रण करते हैं:

मेरे कल्पित देहात में देहाती जड़ नहीं होगा—शुद्ध चैतन्य होगा। वह गंदगी में, अंधेरे कमरे में जानवर की तरह बशर नहीं करेगा, मर्द और औरत दोनों आज़ादी से रहेंगे और सारे जगत के साथ मुकाबला भी करने को तैयार रहेंगे। वहाँ न हैजा होगा, न प्लेग होगा, न चेचक होगी। कोई आलस्य में नहीं रह सकता है। न कोई ऐश-आराम में रहेगा। सबको शारीरिक मेहनत करनी होगी...शायद रेलवे भी होगी, डाक घर भी होंगे (महात्मा गाँधी, ग्राम स्वराज, सं. हरिप्रसाद व्यास, नवजीवन

प्रकाशन, अहमदाबाद, 1988, पृ. 33)

उन्होंने अपने 'ग्राम स्वराज' के बारह बुनियादी सिद्धांतों की भी व्याख्या की (देखें, वही, पृ. 34-43) और कहा :

यह आदर्श निरापवाद रूप से तभी कार्यान्वित किया जा सकता है जब जीवन की प्राथमिक आवश्यकताओं के उत्पादन के साधन जनता के नियंत्रण में रहें। वे हर एक को बिना किसी बाधा के उसी तरह उपलब्ध होने चाहिए, जिस तरह कि भगवान की दी हुई हवा और पानी हमें उपलब्ध हैं—किसी भी हालत में वे दूसरों के शोषण के लिए चलाए जाने वाले व्यापार का वाहन न बनें। (वही, पृ. 34)

आज यह प्रश्न उठता है कि प्रौद्योगिकी के वर्तमान दौर में जब हम "वैश्विक गाँव" में जीन के लिए विवश हैं, गाँधी कहाँ तक प्रासंगिक होंगे, लेकिन युग के तर्क को देखते हुए यह समझ बनती है कि गाँधी के सत्याग्रह के सहारे उनके गाँव के जमींदार से तो संघर्ष संभव था, लेकिन आज प्रौद्योगिकी और सूचना जमींदारों के विरुद्ध संघर्ष असंभव-सा है। क्या इसके अपने शोषित, शूद्र और अछूत नहीं है। इसने अछूत-घोषित कर समाजवादी समाजों को विनष्ट किया। क्या अविकसित देश आज के शोषित और शूद्र नहीं हैं? पोशाक बदली है, सभी कमोबेश एक ही वेश-भूषा में दिखते हैं, लेकिन शासकों-शासितों के बीच की दूरी यथावत है और विभ्रम वही हैं। गांधी अपने 'स्वदेशी' और 'सत्याग्रह' के बलबूते जिस पूँजीवादी-साम्राज्यवाद से लड़ रहे थे वही आज 'आधुनिकता' की आड़ में पुनः हावी हैं। अतः अभी गाँधी अप्रासंगिक नहीं है। ध्यातव्य है कि गाँधी अपने को 'व्यावहारिक आदर्शवादी' बताते हैं। उन्होंने स्पष्ट कहा था कि उनके शब्दों के बजाय उनके कार्यों को देखा जाय और कथनों में भी पूर्व को छोड़कर अद्यतन पर ध्यान दिया जाय। अर्थात् गाँधी किये पर बल देते रहे और हमेशा बदलते रहे। 1915-16 में अपने बक्तव्यों में जाति और वर्ण के पक्षधर बने रहे, यद्यपि व्यवहार में वे न जातिवादी थे और न वर्णवादी। डॉ. अम्बेड़कर से टकराहट के बाद उन्होंने अपने कथनों में भी इसकी चर्चा बंद कर दी और अपने जीवन के अंतिम दिनों में उन्हीं विवाहों में आशीर्वाद देने जाते जो अंतर्धार्मिक अथवा अंतर्जातीय होते। उन्होंने हिन्द स्वराज में मशीनीकरण के विरुद्ध अपनी सैद्धांतिक जेहाद छेड़ा था, लेकिन नेहरू से अनवरत वैचारिक टकराहट और आदान-प्रदान के चलते कुछ विशिष्ट क्षेत्रों में इसका पक्ष भी लिया और 1941 में नेहरू को औपचारिक रूप से अपना राजनीतिक उत्तराधिकारी घोषित कर दिया (वैसे 1929 में 'पूर्ण स्वराज' की घोषणा उनके मुँह से करा कर इसका पर्याप्त संकेत दे दिया था) और अन्र्स्ट फिशर से साफ-सुथरे शब्दों में कहा कि पटेल और राजा जी (जो गाँधी के अत्यंत घनिष्ठ और वैचारिक रूप से सहमत माने जाते थे) उनके उत्तराधिकारी नहीं हो सकते। उनकी दृष्टि में नेहरू पश्चिम और पूर्व दोनों को जानते थे, इसलिए सेतु का काम कर सकते थे। वे भारतीय युवा पीढ़ी के आदर्श थे-और

उनमें नये विचार देने की क्षमता थी। उत्तरोत्तर वे समाजवादी नरेन्द्र देव, जयप्रकाश और लोहिया के निकट महसूस करने लगे थे। 1936 में कांग्रेस अध्यक्ष के रूप में जब नेहरू ने वैज्ञानिक समाजवाद की बात की और पुरानी पीढ़ी ने उग्र विरोध किया तो इसके लिए नेहरू पर कोई टिप्पणी नहीं की। केवल बीच-बचाव कर कांग्रेस की एकता को बचाया। वे कहा भी करते थे कि अगर साम्यवाद से जुड़ी 'हिंसा' को हटा दिया जाय तो वे भारत के 'प्रथम साम्यवादी' होंगे। व्यक्तिगत सम्पत्ति का मोह कभी नहीं पाला। अपने को सनातनी हिन्दू (दरअसल वे 'सुधारवादी' हिन्दू थे, 'सनातनी' नहीं) कहते रहने के बावजूद सामाजिक एवं वैयक्तिक आचरण में धर्म-निरपेक्ष बने रहे और अपनी शहादत तक दी। प्रोफेसर इरफॉन हबीब का यह कहना सही है कि गाँधी की पुरानी वेश-भूषा को देख कर उन्हें पुरानपंथी कहना भारी भूल होगी।

और अंत में पुनः अपने पुराने संदर्भ की ओर लौटना चाहूँगा। 19वीं सदी के कुछ अतिवादी वामपंथी विचारकों ने हीगेल को 'मरा कुत्ता' घोषित कर दिया, लेकिन कार्ल मार्क्स ने इसे अस्वीकार कर दिया। उन्होंने हीगेल की द्वन्द्वात्मक चिन्तन पद्धति (Dialectics) और निर्वासन (Alienation) की अवधारणा को स्वीकार कर उसे अपने क्रांतिकारी 'विजन' के अनुकूल समृद्ध किया। 'निवार्सन' की हीगेलवादी अवधारणा से उन्होंने पूँजीवाद के मानवीय संकट को रेखांकित किया और द्वन्द्वात्मक चिन्तन पद्धति के सहारे उसे अतिक्रमित (निषेध नहीं) करने की दृष्टि पायी। मार्क्स ने तो यहाँ तक कहा कि हीगेल की सकारात्मकता को रेखांकित करने में उन्होंने सचेतन हीगेलवादी शब्दावली का प्रयोग तक किया। क्रान्तिकारी सर्जनात्मकता निषेधवादी नहीं हुआ करती। निषेध प्रतिवाद हो सकता, उत्तर नहीं। क्रान्ति उत्तर हुआ करती है, मात्र प्रतिवाद या निषेध नहीं, और यह आरोपित तो हो ही नहीं सकती। गाँधी के पास यह मनोवैज्ञानिक पकड़ थी। इसी संदर्भ में उनके 'स्वदेशी', 'सत्याग्रह' और 'स्वराज' की अद्यतन संदर्भों में पुनर्व्याख्या संभव है और गाँधी एक महत्त्वपूर्ण प्रस्थान बिन्दु बन सकते हैं। कुल मिलाकर समस्या गाँधी को पढ़ने और समझने की है, अपनी राजनीतिक संस्कृति के एक अत्यंत महत्त्वपूर्ण व्यक्तित्व की समझ और विस्तार की है। अतः प्रश्न यह नहीं है कि गाँधी हमारे किसी काम के हैं या नहीं, प्रश्न यह है कि क्या हम गाँधी की अर्थवत्ता को समझने और स्वीकारने की समझ बना पा रहे हैं? अगर नहीं तो उनका भगवाकरण होकर रहेगा।

'हिन्द स्वराज' में हिंसा का प्रत्याख्यान

डॉ. रामजी सिंह

साक्षा. : रत्नेश मिश्र व सुधांशु शेखर

हिंसा एवं आतंक की जड़ मानव के मन एवं सामाजिक संरचना में है। मानव मन से ही युद्ध का आविर्भाव होता है इसलिए शांति का भी प्रारंभ मानव मन से ही करना होगा। विचार के साथ-साथ व्यवस्था में भी हिंसा की जड़ें जमीं हुई है। हमारा समाज एक व्याधि-ग्रस्त और बीमार समाज है। इसमें सामाजिक और अर्थिक अन्याय, धार्मिक भेदभाव आदि चरमसीमा पर हैं। विषमता और शोषण हमारे समाज का चिह्न बन गया है। जब तक समाज में यह विषमता, शोषण, बेरोजगारी, भ्रष्टाचार आदि सामाजिक एवं सांस्कृतिक व्याधियाँ रहेंगी तो हिंसा और आतंकवाद का उन्मूलन असंभव है।

गोलमेज परिषद में भाग लेने के लिये जब गाँधी जी इंग्लैंड गये थे तो वहाँ उन्हें भारत के देशभक्त क्रांतिकारियों से मिलकर विचार विनमय का अवसर मिला था। इतना तो सही था कि इन राष्ट्रभक्त नौजवानों के दिल में मातृभूमि को परतंत्रता के बंधनों से शीघ्र-से-शीघ्र मुक्त करने की उत्कट अभिलाषा और बेचैनी थी। अपने देश की स्वतंत्रता के लिये संघर्ष मानवीय सभ्यता का एक स्वर्ण गौरव रहा है। आधुनिक युग में भी अमेरिका की स्वतंत्रता का नेतृत्व वाशिंगटन, जेफरसन आदि ने किया था और इटली में मेजनी और गेरीबाल्डी अपने मातृभूमि की स्वतंत्रता के संघर्ष के पर्यायवाची रहे हैं।

लेकिन भारत में 1857 के जन-विद्रोह और प्रथम भारतीय स्वतंत्रता संग्राम में पराजय के पश्चात देश का मनोबल टूट चुका था। ब्रिटिश सरकार ने भारत को निःशस्त्र कर दिया था और आत्मरक्षा के लिये भी शस्त्र रखने के लिये सरकार से अनुमति लेनी पड़ती थी। दूसरी तरफ अंग्रेजों ने 'फूट डालो और शासन करो' की नीति अपनाकर देश को न केवल हिन्दु, मुसलमान, सिक्ख और इसाई में अलग-अलग

बांटने की कोशिश की बल्कि सवर्ण, अवर्ण और अस्पृश्य के भेदभाव को उजागर करके देश की एकता को भी तोड़ने की चेष्टा की थी ताकि भारत की जनता आज़ादी के लिये कभी संगठित ही न हो पाये।

इसलिये राष्ट्रभक्त क्रांतिकारियों ने देश को दासता से मुक्त करने के लिये एकमात्र रास्ता हिंसा और हिंसक युद्ध को ही माना। जहाँ कठोर अनुशासन, उद्दात देश प्रेम और जाति-संप्रदाय से मुक्त भारत की कल्पना थी। इस राष्ट्रीय नव जागरण के पीछे भारत का सांस्कृतिक जागरण और अतीत के गौरव की स्मृति-भावना भी रही है। किन्तु यह तो सत्य है कि चाहे इनकी त्यागपूर्ण देशभक्ति की निष्ठा कितनी भी प्रचंड हो मगर इनकी शक्ति सीमित थी।

इसलिये गाँधी जी ने इन क्रांतिकारियों से मुक्तवार्ता के क्रम में जहाँ इनकी अटूट और अकाट्य देश-भक्ति के सामने अपना सर झुकाया वहीं उन्होंने अस्त्र-शस्त्र या हिंसा एवं आतंक के माध्यम को भारत की तत्कालीन राजनीतिक एवं प्रशासनिक स्थिति में अव्यवहारिक बताने का प्रयास भी किया। 'हिन्द स्वराज' के प्रश्नोत्तरों में गाँधी के 'हिंसा का प्रत्याख्यान' से सम्बन्धित ये विचार काफी स्पष्ट हैं।

वैसे गाँधी जी ने हिंसा और अहिंसा की सैद्धांतिक चर्चा तो बाद में रखी जबकि शुरू में इन मुट्ठीभर नौजवानों की अकिंचन अस्त्र-शस्त्र शक्ति को विश्व साम्राज़्यवाद के महानायक ग्रेट-ब्रिटेन की खूनी ताकत के सामने बहुत ही कमजोर बताने की कोशिश की। क्योंकि मल-युद्ध और शस्त्र-युद्ध में समान शक्ति का संघर्षण होता है लेकिन यहाँ एक ओर ब्रिटेन असीम शस्त्र शक्ति से संपन्न विश्व में प्रथम श्रेणी में प्रथम शक्तिशाली राष्ट्र था जबकि दूसरी ओर 1857 के विद्रोह में पराजित एवं निःशस्त्र किया हुआ और अंग्रेजी शासन के द्वारा देसी रियायतों राय बहादुरों-खान बहादुरों तथा मैकाले के कारखाने से निकले हुये मेरुदंडहीन अर्धहिन्दुस्तानी लोगों की दुर्बल तथा विभाजित स्थिति। इसे यदि लौह दीवार से टकराने की मूर्खता नहीं कहा जाय तो कम-से-कम उसे अव्यवहारिक तो समझना ही चाहिये।

गाँधी के मन में इन नौजवान देशभक्तों के लिये न तो घृणा थी और न ही उपेक्षाभाव। वे तो चाहते थे कि इन लोगों की अदम्य और उत्साहपूर्ण शक्ति का राष्ट्रीय स्वतंत्रता संग्राम के लिये उपयोग हो और वे भी राष्ट्रीय स्वतंत्रता की मुख्यधारा में जुड़ जायें। आधुनिक विज्ञान और तकनीक ने राज्य सत्ता को इतनी अधिक शक्ति प्रदान कर दी है कि वह छिट-फुट अस्त्र-शस्त्र के माध्यम से चलने वाले विद्रोह को दबाने में अधिक सफल है। वास्तव में आज का शासन तंत्र पहले की अपेक्षा अधिक शक्तिशाली, हॉब्स के लेथीयाथन की तरह निरंकुश, संवेदनहीन और अधिक क्रूर हो गया है। इसलिये किसी भी अन्याय के प्रतिकार के लिये कोई सक्त अहिंसक विकल्प ढूंढना न तो कायरता है और न ही संघर्ष के प्रति प्रतिबद्धता का अभाव।

इतिहास और विज्ञान साक्षी है कि हिंसा का गतित्त्व अब समाप्त हो रहा है।

सृष्टि के ऊषाःकाल में संघर्ष के लिये मानव ने अपने दांत एवं नाखून का उसी तरह प्रयोग किया जिस प्रकार पशु-पक्षी करते हैं। फिर मल-युद्ध की शुरूआत हुई जिसमें शारीरिक शक्ति का ही प्रयोग होता था। उसके पश्चात धनुष और गदा युद्ध में बांस और अनेक प्रकार की लकड़ियों का प्रयोग हुआ। आज धातु-युग के आविर्भाव से मनुष्य ने भाले, बरछे, बघनखे, तलवारों आदि का युद्ध में प्रयोग किया। गोला-बारूद के युग में हमने संघर्ष में बंदूक, तोप और बम का प्रयोग किया लेकिन 20 वीं –21 वीं शताब्दी में हम परमाणु युग में पहुँच गये हैं जहाँ हमारे हाथों मानव संहार की असीम शक्ति आ गयी है। यदि आज किसी पागलपन की वजह से परमाणु युद्ध छिड़ गया और आण्विक राष्ट्र आमने-सामने आ गये तो सम्पूर्ण दुनिया की 7 अरब की आबादी के साथ-साथ सभी पशु-पक्षी, जीवधारी एवं पूरी सृष्टि का अंत हो जायेगा। जहाँ-जहाँ ये बम गिरेंगें वहाँ कि धरती पर अगले 50 वर्षों तक दूभ भी नहीं उगेगी। इसलिए अणु बम का एकमात्र विकल्प अहिंसा और अहिंसा ही हो सकता है।

आज हमें अणु-बम और मानव-अस्तित्व के बीच किसी एक को चुनना है। यदि हम हिंसा को मानवीय सभ्यता से निर्वासित नहीं कर सकते तो हिंसा ही सम्पूर्ण मानवता को निर्मूल कर देगी। यही आइंस्टीन जैसे वैज्ञानिक और मार्टिन लूथर किंग जैसे सामाजिक क्रांति के उन्नायक भी मानते थे।

हिंसा प्रतिहिंसा को जन्म देती है और प्रतिहिंसा का कहीं अंत नहीं होता है। तालिबान और अलकायदा का उत्तर जार्ज बुश के द्वारा ईराक का दमन और अफगास्तिान की विजय नहीं हो सकती है। आज तो यह सिद्ध हो गया है कि यह कदम प्रति उत्पादक था। सोवियत व्यवस्था इसलिये भी विखंडित हुई कि साम्यवाद के नाम पर शासन शस्त्रबल पर चलता था। हिंसा के द्वारा अन्याय के प्रतिकार के लिये जो भी कदम उठता है उससे घृणा-विद्वेष और सांय के वातावरण का उदय होता है। जो शांतिमय समाज-व्यवस्था और मानव-मंगल के लिये अनिष्टकर है।

यह सत्य है कि इतिहास में अन्याय के प्रतिकार के लिये हिंसा को गौरवपूर्ण स्थान दिया गया है। भारत के संदर्भ में स्वयं मर्यादा पुरुषोत्तम राम को रावण के द्वारा सीता के अपहरण तथा संत समाज की रक्षा के लिये धनुा-बाण का सहारा लेना पड़ा और लंका में रावण के ख़िलाफ़ युद्ध करना पड़ा। द्वापर में भगवान श्रीकृष्ण ने भले ही एक दो बार ही सुदर्शन चक्र का उपयोग किया लेकिन महाभारत में पांडव का मार्गदर्शन ही नहीं अर्जुन का सारथ्य भी किया। यही नहीं उन्होंने इस पुण्य कार्य के लिये 'परित्राणाय साधुनां, विनाशाय च दुस्कृतां' कहकर शुद्ध-अशुद्ध एवं हिंसा-अहिंसा का सारा भेद ही मिटा दिया। आतंकवादी की तरह यदि कौरवों ने पांडवों को जला डालने के लिये लक्ष्याग ह का निर्माण कराया तो इससे बचने के लिये कृष्ण ने पहले ही उससे निकल भागने का उपाय भी बता डाला। महाभारत का

इतिहास साक्षी है कि भगवान कृष्ण ने ही भीष्म, द्रोण, जयद्रथ, कर्ण, शल्य और दुर्योधन की मृत्यु में क्षत्रिय युद्ध की मर्यादाओं को भी धूल-धूसरित करते हुये प्रपंच का सहारा लिया। लेकिन इसका परिणाम अच्छा हुआ ये कौन कह सकता है? महाभारत का अंतिम निष्कर्ष महानाश ही हुआ और उसमें बचने वाले केवल विधवाएं और बच्चे ही रह गये। लेकिन आज के आण्विक युद्ध में विजेता-पराजित, दोषी-निर्दोष और सजीव-निर्जीव सभी भष्मीभूत हो जायेंगे।

इसलिये हजारों वर्षों से चले आ रहे युद्ध और संघर्ष के नीतिशास्त्र को बदलना होगा। अशुद्ध साधन से शुद्ध लक्ष्य की प्राप्ति संभव ही नहीं हैं। जिस प्रकार हजार मन बालू से एक छटाक तेल नहीं निकाला जा सकता और सम्पूर्ण समुद्र जल से भी एक ग्राम मक्खन नहीं निकल सकता है उसी प्रकार हजारों महाभारतों से भी विश्व को शांति नहीं मिल सकती।

आधुनिक इतिहास ने भी यह सिद्ध कर दिया है कि भारत जैसे विराट राष्ट्र की गुलामी का भी अंत गाँधी ने बिना शस्त्र के किया और उसके बाद देश में लगभग 600 देशी राजदरबारों एवं 10 हजार जमींदार-सामंतों का विलयन भी बिना शस्त्र बल के हुआ। सदियों के रंगभेद का अंत दक्षिण अफ्रीका मे, नेल्सन मंडेला अमेरिका में मार्टिन लूथर किंग और पोलेंड में लेहवेल्सा ने अहिंसक ढंग से किया। इसलिये आज भी हमने देखा है कि वर्षों की सैनिक तानाााही से पड़ोसी पाकिस्तान में अहिंसक जनशक्ति से वहाँ की जनता ने मुक्ति पायी है। इसलिये यदि हम अहिंसक जनशक्ति को कुालतापूर्वक संगठित कर चुके तो किसी भी अन्याय का प्रतिकार संभव है।

अंतिम बात यह है कि क्रांति और क्रांति करना हिंसा एवं आतंक की बपौती नहीं है। क्रांति का अर्थ मूल्य-परिवर्त्तन और मान्यता-परिवर्त्तन है। इसमें हृदय-परिवर्त्तन के साथ विचार-परिवर्त्तन और आकांक्षा परिवर्त्तन भी सन्निहित है। लेकिन हमारा विचार या मूल्य परिवर्त्तन किसी जोर-जबरदस्ती या हिंसा के द्वारा हो ही नहीं सकता। इसलिये निष्कर्ष यह है कि जितनी ही अधिक हिंसा होगी उतनी ही कम क्रांति होगी। इतिहास में भगवान महावीर, बुद्ध, जरथुस्त्र, ईसा मसीह, मूसा, मंसूर आदि ने हिंसा का सहारा लिये बिना मानव सभ्यता को जितना स्थायी और सशक्त रूप से प्रभावित किया उतना बड़े-बड़े सेनापतियों और आतंकवादियों के सरगनाओं ने नहीं।

आज आतंकवाद के रूप में हिंसा सबसे विक त, और जघन्य रूप में हमारे सामने प्रस्तुत है। दुर्भाग्य से हम इसके लिये एकमात्र उपाय विकल्प अधिक-से-अधिक पुलिस, अर्धसैनिक, सैनिक बल और खुफिया-तंत्र को मजबूत करना ही मानते हैं। बड़े लोगों का मानना है कि आतंकवाद की जड़ पर जब तक गदा प्रहार नहीं होगा, इसके पत्ते, फूल एवं फल कायम रहेंगे। हिंसा एवं आतंक की जड़ मानव के मन एवं सामाजिक संरचना में है। मानव मन से ही युद्ध का आविर्भाव होता है इसलिये

शांति का भी प्रारंभ मानव मन से ही करना होगा। विचार के साथ-साथ व्यवस्था में भी हिंसा की जड़ें जमीं हुई है। हमारा समाज एक व्याधि-ग्रस्त और बीमार समाज है। इसमें सामाजिक और अर्थिक अन्याय, धार्मिक भेदभाव आदि चरमसीमा पर हैं। विषमता और शोषण हमारे समाज का चिह्न बन गया है। जब तक समाज में यह विषमता, शोषण, बेरोजगारी, भ्रष्टाचार आदि सामाजिक एवं सांस्कृतिक व्याधियाँ रहेंगी तो हिंसा और आतंकवाद का उन्मूलन असंभव है। इसलिये हमें सामाजिक और सांस्कृतिक व्यवस्था का एक सुंदर विकल्प ढूंढना होगा।

संकुचित और संकीर्ण राष्ट्रवाद के नाम पर लगभग साढ़े छः हजार और साम्प्रदायिक धर्म के नाम पर लगभग साढ़े सात हजार छोटे-बड़े युद्धों से मानवता लहूलुहान हो चुकी है। इसलिए जिस प्रकार राजनीतिक रूप से विश्व में वर्चस्व कायम रखने की कुछ बड़े राष्ट्रों की घ णित अभीप्सा हिंसक विश्व के लिये जिम्मेवार है उसी प्रकार सांप्रदायिक एवं व्यक्तिवादी धर्मपीठों में विश्वविजय की अमानवीय कामना भी हिंसा और आतंकवाद की जड़ में मौजूद है।

अतः आज एक नये विश्व और नयी सभ्यता की स्थापना के लिये विश्वराज्य, विश्वधर्म और विश्व स्तर पर साधन एवं संपत्ति का समविभाजन करना होगा। आतंकवाद या हिंसा मनुष्य का स्वधर्म नहीं है। प्रेम और शांति स्वाभाविक है। हिंसा और आतंक के कारण होते हैं यदि हम इन कारणों को दूर कर ले तो पृथ्वी पर शांति का स्वर्ग स्थापित हो जायेगा। लेकिन इसका प्रारंभ स्वयं अपने अंदर प्रथम पुरुा से होगा। इस दिशा में हम गाँधी के 'हिन्द स्वराज' की मदद ले सकते हैं।

हमें यह याद रखना होगा कि अमेरिका यदि सोवियत वर्चस्व को अफगानिस्तान से निर्मूल करने के लिये वहँ तालिबानी हिंसा के बीज नहीं बोता तो आज सर्वोच्च महाशक्ति के प्रतीक अमेरिका के वर्ल्ड ट्रेड सेंटर के 104 महल ध्वस्त नहीं होते और यदि ईराक पर अकारण आक्रमण नहीं होता तो दक्षिण-पूर्व एशिया में आतंकवाद के पौधे नहीं लहलहाते। हिंसा और आतंक तो भस्मासुर राक्षस के समान है वह उसी के माथे पर हाथ रखकर उसे भस्म करना चाहता है जो इसे शक्ति प्रदान करता है। कहा भी गया है कि–

"कर में विज्ञान और दिमाग में है कूटनीति/मारक अणुअस्त्रों का करता निर्माण है/पाकर वरदान बना भस्मासुर आज अरे/मानव को हिंसा की शक्ति का गुमान है।"

हिन्द स्वराज : ऐतिहासिक अनिवार्यता

नन्द किशोर आचार्य

कम्युनिस्ट मैनीफैस्टो इस अवधारणा को इतिहास के अपने विश्लेषण के माध्यम से एक वैज्ञानिक आधार देने का प्रयास करता है। मार्क्स की शायद सर्वाधिक अंतदृष्टिपूर्ण स्थापना यह है कि सामाजिक अधिरचना का आधार उत्पादन-संबंध होते हैं जो उत्पादन के साधनों अर्थात् तकनीकी में परिवर्तन के साथ बदल कर नई अधिरचना का आधार बनते हैं।

हिंद स्वराज के आखिर में स्वराज को परिभाषित करते हुए गांधी जी तीन मुख्य बातें कहते हैं :

1. *अपने मन का राज्य स्वराज्य है।*
2. *उसकी कुंजी सत्याग्रह, आत्मबल या करुणा-बल है।*
3. *उस बल को आजमाने के लिए स्वदेशी को पूरी तरह अपनाने की जरुरत है। इन तीनों सूत्रों में महात्मा गांधी एडम स्मिथ और मार्क्स के बरक्स एक अहिंसक समाज के विकल्प का प्रस्ताव करते हैं।*

हम गांधीजी के अन्य दार्शनिक विश्वासों से सहमत-असहमत हो सकते हैं, लेकिन एक अहिंसक समाज के लिए अहिंसक प्रौद्योगिकी की आवश्यकता को और नहीं टाला जा सकता। इन्हीं अर्थों में हिंद स्वराज एक ऐतिहासिक अनिवार्यता है—यदि हम उस दुश्चक्र से निकलना चाहते हैं, जिसमें इतिहास ने हमें ला फंसाया है।

किताबें सभ्यताओं की प्रेरक रही हैं। यह तो शायद कभी नहीं हुआ कि कोई सभ्यता किसी किताब का हू-ब-हू जीवन में रूपांतरण हुयी हो—क्योंकि मनुष्य के जीवन को किसी किताब में बंद नहीं किया जा सकता—लेकिन, एक बड़ी हद तक कोई किताब किसी सभ्यता की केंद्रीय प्रेरक मानी जा सकती है। सभ्यता के प्रारंभ से लेकर मध्यकाल तक यह केंद्रीयता धार्मिक-आध्यात्मिक किताबों की रही जैसे—वेद, उपनिषद्, बाइबिल, कुरऑन आदि की। लेकिन मध्यकाल के बाद या कहें

कि आधुनिक विज्ञान के विकास के साथ धार्मिक ग्रंथों की मान्यताओं के सवालों के घेरे में आ जाने के कारण-यद्यपि उनका महत्त्व तो बना रहा—सभ्यता का केंद्रीय आधार होने के हैसियत उन्होंने खो दी। इसलिए सभ्यता का अधार भी धार्मिक किताबों के बजाय वे किताबें होनी स्वाभाविक थी जिनका संबंध धार्मिक विश्वासों के बजाय हमारे भौतिक-कहें कि आर्थिक जीवन से होता। प्राकृतिक विज्ञान की दृष्टि से चार्ल्स डार्विन की **ऑरिजिन ऑफ दि स्पेसीज** का ज़िक्र भी किया जा सकता है, लेकिन फिलहाल मैं उन तीन किताबों का ज़िक्र करना चाहूँगा जिनमें हिंद स्वराज भी एक है—जिन्हें आधुनिक काल की प्रेरक किताबें कहा जा सकता है।

इन तीन किताबों में पहली किताब है—1776 ई. में प्रकाशित एडम स्मिथ की **दि वैल्थ ऑफ नेशंस**। इस किताब के प्रकाशन के पूर्व यूरोप में रेनेसां के परिणाम स्वरूप धार्मिक अंधविश्वासों से जकड़ी हुयी मानसिकता एक तरह की स्वतंत्रता का अनुभव करने लगी थी और किसी भी तरह के आरोपित अनुशासन के बदले वैयक्तिक स्वतंत्रता की भावना बलवती हो रही थी। इंग्लैंड में प्रजातंत्र के विकास फ्रेंच क्रांति और अमरीकी स्वतंत्रता संग्राम आदि घटनाओं की पृष्ठभूमि में भी वैयक्तिक स्वतंत्रता का यह बोध एक तात्विक आधार का काम कर रहा था। यह भी माना जाने लगा था कि आर्थिक स्वतंत्रता वैयक्तिक स्वतंत्रता के लिए एक आवश्यक आधारभूमि का काम करती है। जॉन लॉक जैसे विचारक की मान्यता थी कि संपत्ति का अधिकार स्वतंत्रता की रक्षा के लिए बहुत आवश्यक है। यह माना गया कि आर्थिक प्रक्रिया की स्वतंत्रता मानवीय स्वातंत्र्य धारणा का आर्थिक आयाम है, इसलिए उसमे राज्य या किसी बाहरी शक्ति का हस्तक्षेप मानवीय स्वातंत्र्य का अतिक्रमण है। यह भी माना गया कि यह हस्तक्षेप नैतिक ही नहीं, अर्थशास्त्रीय दृष्टि से भी अनुचित होगा क्योंकि बाज़ार की प्रतिस्पर्धा कीमतों को कम रखने और आर्थिक सेवाओं को अधिक कुशल बनाने में सहायक होगी, जिसका स्वाभाविक परिणाम होगा उपभोक्ता अर्थात् समाज को कम कीमत में अधिक कुशल उत्पाद या सेवा मिलना। आदर्श बाज़ार वह है जिसमें ग्राहक और उत्पादक, दोनों पक्षों को मोल-तोल करने की पूरी स्वतंत्रता और शक्ति हो और ऐसा केवल मुक्त बाज़ार की अर्थ-व्यवस्था में ही संभव है। इन्हीं तर्कों के आधार पर एडम स्मिथ ने मुक्त बाज़ार की अवधारणा का प्रतिपादन किया। उनकी मान्यता थी कि उत्पादन में वृद्धि के साथ-साथ रोजगार की संभावनाएं बढ़ती जाएंगी और यदि राज्य आर्थिक प्रक्रिया में कोई हस्तक्षेप न करे तो एक अदृश्य हाथ उत्पादन में विकास हो, लोगों के निम्नतम स्तर तक पहुँचा देगा। आजकल जिस उदारीकरण की नीति का बोलबाला है, उसका अर्थशास्त्रीय-तात्त्विक आधार एडम स्मिथ ने ही अपनी किताब में प्रस्तुत किया था। भूमंडलीकरण इस उदारीकरण का ही स्वाभाविक अनुज, बल्कि उसका अंतरराष्ट्रीय अवतार है क्योंकि जिस तर्क के आधार पर किसी राष्ट्रीय स्तर की अर्थ-व्यवस्था में

हस्तक्षेप अनुचित है, उसी आधार पर अंतरराष्ट्रीय स्तर की अर्थ-व्यवस्था में भी राज्य का हस्तक्षेप अनुचित ही माना जाएगा।

भूमंडलीकरण के समर्थकों का तर्क यही है कि यदि कोई देश अपने यहाँ के उत्पादक बाज़ार को कुछ सब्सिडी देता या दूसरों की अपेक्षा अधिक सुविधाएं उपलब्ध करवाता है तो यह स्वस्थ प्रतिस्पर्धा को दबाना है, जिसका खामियाजा अंततः उपभोक्ता अर्थात् समाज को उठाना पड़ता है। इसलिए अंतरराष्ट्रीय स्तर पर मुक्त बाज़ार नैतिक और आर्थिक दोनों कसौटियों पर खरा उतरता है। यह मानवीय स्वातंत्र्य को आर्थिक क्रियाशीलता में प्रतिष्ठित करता और समाज की आवश्यकताएँ कम कीमतों में पूरी करने की गारंटी करता है।

दरअसल, एडम स्मिथ के तर्क के आधार पर जिस मुक्त बाज़ार का विकास हुआ, उसने स्वयं उसके निष्कर्षों को ही गलत साबित कर दिया। उत्पादन के विकास की दृष्टि से तकनीकी के विकास में श्रम की भूमिका के कमजोर होते चले जाने से रोजगार की संभावनाएँ कमजोर होती चली गई हैं और अर्थशास्त्रियों की राय में अब हम रोजगार विहीन विकास-जॉबलेस ग्रोथ-की स्थिति में आ रहे हैं अर्थात् विकास का तात्पर्य उत्पादन में वृद्धि तो है, पर उसके साथ रोजगार के अवसरों की उपलब्धता घट रही है। यह स्थिति वास्तव में विकास की वर्तमान प्रक्रिया की विफलता का नहीं बल्कि उसकी सफलता का अनिवार्य परिणाम है। उत्पादन में वृद्धि विकास का लक्षण है और इस वृद्धि की दर को निरंतर बढ़ाते जाने के लिए नित-नए तकनीकी परिवर्तनों की जरुरत पड़ती है। इसे अर्थ-शास्त्र की भाषा में हाइरेट ऑफ डेवलपमेंट-एचआरडी-कहा जाता है और इसे हासिल करने के लिए तकनीकी रूपांतरण-टेक्नोलोजिकल ट्रांसफोरमेशन-अनिवार्य है, जिसका तात्पर्य है ऐसी प्रौद्योगिकी को अपनाना जिसमें कम से कम मानवीय श्रम और सामाजिक समय के निवेश के माध्यम से अधिक से अधिक उत्पादन। इसका एक अनिवार्य परिणाम है रोजगार के अवसरों में कमी और रोजगार के अवसरों मे कमी का अनिवार्य परिणाम है समाज की क्रय शक्ति में कमी और जाहिर है कि क्रय शक्ति के अभाव मे कोई उत्पादन-वृद्धि टिकाऊ नहीं हो सकती वह मंदी का शिकार होती रहेगी।

यदि हम यह बात भूल भी जाएं कि उत्पादन में इस अंधाधुंध वृद्धि ने-मार्सेले के अनुकरण में-कितनी कृत्रिम मांगो को जन्म दिया, पर्यावरण तथा पारिस्थितिकी का कितना नुकसान किया और आर्थिक प्रतिस्पर्धा के चलते दो महायुद्धों और जाने कितने छोटे-छोटे युद्धों को जन्म दिया तथा बाज़ार को शस्त्रों से भर दिया है तो भी केवल शुद्ध आर्थिक दृष्टि से भी-इसने स्वयं एडम स्मिथ की मान्यताओं को भी झुठला दिया है।

एडम स्मिथ ने जब मुक्त बाज़ार और स्वस्थ प्रतिस्पर्धा की बात की थी, तब इस ख़तरे से भी सचेत किया था कि आर्थिक शक्ति का केंद्रीकरण बाज़ार को

वास्तविक अर्थों मे स्वतंत्र नहीं रहने देगा। विडंबना यह है कि राज्य के हस्तक्षेप के बिना आर्थिक केंद्रीकरण को रोक पाना भी मुमकिन नहीं। एडम स्मिथ स्वयं बाज़ार से ऐसे बड़े प्रतिद्वंद्वियों को बाहर ही रखना चाहते थे, जो एकाधिकारवादी हो सकें। उदारीकृत भूमंडलीकरण में बाज़ार वास्तविक अर्थों में मुक्त होने के बजाय एकाधिकारवादी प्रवृत्तियों में घुटता जा रहा है। बहुराष्ट्रीय कंपनियों के आपसी समझौते बाज़ार को वास्तविक अर्थों में प्रतिस्पर्धात्मक नहीं रहने दे रहें हैं। भूमंडलीकरण के इस रूप को निगमात्मक भूमंडलीकरण-कॉरपोरेट ग्लोबलाइजेशन—कहा जा रहा है। डेविड कोरटेन ने अपने अध्ययन वेनकोरपोरेशंस रूल दी वर्ल्ड में भलीभांति यह सिद्ध किया है कि बाहर से अलग दिखने वाली बहुराष्ट्रीय कंपनियों और राष्ट्रीय कंपनियों के आपसी संबंध जुड़कर इस प्रकार घनिष्ठ हो चले हैं कि अब उन्हें वास्तविक अर्थों प्रतिस्पर्धा कहना संगत नहीं होगा। अपने तर्क की पुष्टि के लिए कोरटेन कृषि-बाज़ार की दो वैश्विक कंपनियों-कारगिल और आर्चर डेनिएस मिडलैंड—की संयुक्त उद्यमिता का उदाहरण देते हैं, जिसका परिणाम यह हुआ है कि पहले खाने पर खर्च होने वाले प्रत्येक डालर का इक्तालिस प्रतिशत जिस किसान को मिलता था, उसके अब केवल नौ प्रतिशत मिल पा रहा है, जबकि उपभोक्ता को पहले से अधिक चुकाना पड़ रहा है। प्रसिद्ध व्यापार प्रबंधक साइरस फ्रीडहीम का निष्कर्ष है कि कुछ ही अर्से में विश्व-अर्थव्यवस्था का नियंत्रण जिस प्रवृत्ति से संचालित होगा, उसे संयुक्त उद्यमिता-रिलेशनशिप एंटरप्राइज-कहा जाना चाहिए। इस प्रकार के एकाधिकारवाद को राजसत्ता द्वारा भी नियंत्रित नहीं किया जा सकेगा क्योंकि स्वयं राज्य की शक्ति इनसे कम होगी—क्या कुछ वैसे ही जैसे भारत के देशी-राज्यों की शक्ति ईस्ट इंडिया कंपनी से कम हो गयी थी?

डेविड कोरटेन का कहना है कि आज की कॉरपोरेट व्यवस्था एक आयोजित प्रतिस्पर्धा का स्वांग रचती है। एक ओर वे आपसे में जुड़ी रहती हैं और दूसरी ओर, परिधि पर रहने वाली छोटी कंपनियों के बीच प्रतिस्पर्धा को बढ़ावा देती रहती है और इसका परिणाम होता है कि लागत का बड़ा हिस्सा छोटी कंपनियों को उठाना पड़ता है और लाभ का बड़ा हिस्सा कार्पोरेट जगत को मिलता है। इसका एक और उप-परिणाम होता है कि छोटी कंपनियां या तो इस कार्पोरेट भूमंडलीकरण में घुला ली जाती हैं या उसकी ऐजेंट हो जाती हैं।

दरअसल, एडम स्मिथ जिस मुक्त बाज़ार की बात कर रहे थे, वह विकेंद्रीकृत अर्थव्यवस्था में ही संभव है। कींज ने भी कहा था कि दर्शन, कला, साहित्य आदि को तो वैश्विक संदर्भ में देखा जा सकता है, लेकिन उत्पाद तो होमस्पन-होने चाहिए और अर्थ-व्यवस्थाएँ राष्ट्रीय ही बेहतर है। कींज जिस होमस्पन की बात कर रहे हैं, वह केवल स्वदेशी में ही संभव है। वास्तविक लक्ष्य मानवीय स्वाधीनता है, जो कि न केवल नैतिक है, बल्कि मानवता के आर्थिक-राजनीतिक-सामाजिक कल्याण का

भी आधार है। इसी अर्थ में नैतिक और आर्थिक परस्पराश्रित और परस्परपोषी होते हैं।

मैं जिस दूसरी किताब का ज़िक्र करने जा रहा हूँ, वह है **कम्युनिस्ट मैनीफेस्टो।** एडम स्मिथ की अर्थ-व्यवस्था ने आर्थिक स्वातंत्र्य के तर्क के आवरण में पूँजी को तो बढ़ाया, पर अदृश्य हाथ उसे उचित तरह से निम्नतर स्तर तक पहुँचा नहीं पाया-बल्कि पूँजी की प्रतिस्पर्धा ने न केवल युद्धों को जन्म दिया-बल्कि विकास की अंधाधुंध दौड़ ने पृथ्वी को ही जहरीला बना दिया-न खुदा ही मिला, न विसाले सनम।

पूंजी के इस खेल को कार्ल मार्क्स और उनके मित्र फ्रेडरिक एंगेल्स ने बहुत अच्छी तरह समझते हुए एक विकल्प की ओर ध्यान आकर्षित किया। कम्युनिस्ट मैनीफेस्टो में उन्होंने एक ऐसे समाज की कल्पना की जिसमें उत्पादन के लाभ वास्तविक अर्थों में नीचे तक पहुँच सकें और मानवीय स्वतंत्रता पोषित हो सके। कम्युनिज्म को स्वतंत्रता का दमन करने वाला बताने वाले अक्सर यह भूल जाते हैं कि कम्युनिस्ट मैनीफेस्टो का लक्ष्य एक ऐसे समाज की स्थापना करना है जिसमें प्रत्येक का स्वतंत्र विकास सबके स्वतंत्र विकास की अनिवार्य शर्त है, जाहिर है कि एडम स्मिथ की ही तरह यहाँ भी केंद्रीय मूल्य स्वतंत्रता है, जो उत्पादन के लाभों को निम्नतम स्तर तक पहुँचा पाने पर संभव होती है। मैनीफैस्टो की राय में मानवीय स्वतंत्रता के मार्ग में सबसे बड़ी बाधा है समाज का वर्ग-विभक्त होना जिसमें उत्पादन के साधनों का स्वामी वर्ग दूसरे वर्ग का शोषण-दमन करता और उसे वास्तविक स्वतंत्रता से वंचित रखता है। मैनीफैस्टो चाहता है कि यहं वंचित वर्ग क्रांति के द्वारा राजसत्ता पर अधिकार कर ले और तब राजसत्ता की मदद से एक ऐसी आर्थिक प्रक्रिया का विकास करे जिसमें वर्ग न बन सकें। मार्क्स के अनुसार राज्य वर्गहितों की रक्षा के लिए आवश्यक है, इसलिए जब वर्ग नहीं होगा तो राज्य का भी लोप हो जाएगा। यह एक वास्तविक स्वतंत्र समाज होगा।

कम्युनिस्ट मैनीफैस्टो इस अवधारणा को इतिहास के अपने विश्लेषण के माध्यम से एक वैज्ञानिक आधार देने का प्रयास करता है। मार्क्स की शायद सर्वाधिक अंतदृष्टिपूर्ण स्थापना यह है कि सामाजिक अधिरचना का आधार उत्पादन-संबंध होते हैं जो उत्पादन के साधनों अर्थात् तकनीकी में परिवर्तन के साथ बदल कर नई अधिरचना का आधार बनते हैं।

मार्क्स की यह मान्यता इतिहासकारों के उस वर्ग से मिलती है जो मानव-जाति के विकास का अध्ययन तकनीकी विकास की दृष्टि से करता है। इन इतिहासविदों की मान्यता है कि एक नई तकनीकी का अविष्कार मनुष्य के लिए परिवर्तन की नई संभावनाएँ प्रकट करता है और न केवल उसकी उत्पादन पद्धति और अर्थ-व्यवस्था उससे बदल जाती है, बल्कि उसका असर समूची सामाजिक संरचना और संस्कृति पर पड़ता रहता है। यानी तब स्वतंत्रता और समानता मूल्य नहीं रहते-मूल्य हो जाती हैं सुविधाएँ।

स्पष्ट है कि वैल्थ ऑफ नेशंस और कम्युनिस्ट मैनीफेस्टो दोनों के आधार पर समाज-रचना के प्रयत्न तो हुए पर वे उन मूल्यों के ही विरोधी हो जाने के कारण असफल हो गए हैं, जिनकी व्यावहारिक सिद्धि को उन्होंने अपना साध्य माना था। इसलिए यह स्वाभाविक ही लगता है कि मानवता एक नए विकल्प की तलाश में हो—एक ऐसा विकल्प जो एक वैकल्पिक प्रौद्योगिकी पर आधारित हो, जो अपने लक्ष्य में ही नहीं, अपनी प्रक्रिया में भी स्वतंत्रता और समानता को महत्त्व देती हो। आधुनिक भौतिकी ने भी अब तो यह स्पष्ट कर दिया है कि तत्त्व और प्रक्रिया अंततः अभेद सिद्ध हैं। तत्त्व और प्रक्रिया के इस अभेदत्व की आर्थिक-राजनीतिक और सांस्कृतिक सिद्धि तभी संभव है, जब एक स्वतंत्र और नैतिक समाज का विकास करने के लिए एक ऐसी आर्थिक-राजनीतिक तकनीकी का विकास किया जाए जो अपने फल में ही नहीं, अपनी प्रक्रिया में भी स्वतंत्रता, स्थानीय पहल और सत्ता के विकेंद्रीकरण को पुष्ट करने वाली हो।

इसी दृष्टि से हिंद स्वराज एक विकल्प प्रस्तुत करने वाली किताब है—कह सकते हैं कि यह भी एक ऐसी किताब है जो स्वतंत्रता और समता को बुनियादी नैतिकता के रूप में स्वीकार करती है, लेकिन, उन्हें दूरगामी फल की तरह नहीं, बल्कि फल तक पहुँचने की प्रक्रिया में ही सिद्ध करना चाहती है। इसलिए गाँधी व्यवस्था परिवर्तन तो चाहते हैं, लेकिन व्यवस्था पर काबिज होकर नहीं, बल्कि उसकी प्रक्रिया को ही बदल कर। दरअसल, एक स्वतंत्र और समताशील समाज का मतलब है एक अहिंसक समाज, एक सत्याग्रही समाज क्योंकि सत्य और अहिंसा अंततः एक ही सिक्के के दो पहलू हैं या कहें-कि अहिंसा ही सत्य का व्यावहारिक रूप है। यदि स्वतंत्रता या समानता सत्य है तो अहिंसा की उनका भी व्यावहारिक रूप हो सकती है।

स्पष्ट है कि यदि शोषण और दमन-उत्पीड़न से मुक्त समाज के सपने को किसी सीमा तक सच होना है तो उसके लिए उसी वैकल्पिक प्रौद्योगिकी और राज्य-तंत्र के विकास की दिशा मे प्रयत्नशील होना होगा जिसका बीज-संकेत हिंद स्वराज में मिलता है। गाँधीजी इस बात को अच्छी तरह समझते थे और इसीलिए उन्होंने आधुनिकतावादी प्रौद्योगिकी पर आश्रित सभ्यता को शैतानी सभ्यता और संसदीय लोकतंत्र को बांझ और वेश्या कहकर परिभाषित किया था। हिंद स्वराज के आखिर में स्वराज को परिभाषित करते हुए गाँधी जी तीन मुख्य बातें कहते हैं :

1. अपने मन का राज्य स्वराज्य है।
2. उसकी कुंजी सत्याग्रह, आत्मबल या करुणा-बल है।
3. उस बल को आजमाने के लिए स्वदेशी को पूरी तरह अपनाने की जरूरत है।

इन तीनों सूत्रों में महात्मा गाँधी एडम स्मिथ और मार्क्स के बरक्स एक अहिंसक समाज के विकल्प का प्रस्ताव करते हैं। जिसकी व्याख्या हिंद स्वराज

है। अर्थ-व्यवस्था के क्षेत्र में उत्पादन-वृद्धि अपने-आप में गाँधीजी के लिए कोई लक्ष्य नहीं हैं वह एक अर्थशास्त्री के रुप में हमारा ध्यान इस बात की ओर आकर्षित करते हैं कि उत्पादन का लक्ष्य हमारी बुनियादी आवश्यकताओं की पूर्ति करना है, न कि उपभोग की कृत्रिम मांगों के जाल में फंसना किसी व्यक्ति या समाज के लिए नैतिक स्तर पर कितना पतनकारी हो सकता है, तो भी केवल भौतिकवादी दृष्टि अर्थात् अर्थ-व्यवस्था और शारीरिक-मानसिक स्वास्थ्य की दृष्टि से भी महात्मा गाँधी के प्रस्ताव की प्रासंगिकता से इन्कार नहीं किया जा सकता। यह भी स्मरणीय है कि अपरिग्रह या त्यागपूर्वक भोग 'तेन त्यक्तेन भुंजीथा' इस संदर्भ में केवल नैतिक-आध्यात्मिक उपदेश नहीं, बल्कि आर्थिक आवश्यकता बन जाते हैं क्योंकि परिग्रह या कृत्रिम उपभोग की लालसा ही मांगों को अनियंत्रित करती है। उसमें बुनियादी जरूरतों का तिरस्कार नहीं है क्योंकि गाँधी मानसिक स्वास्थ्य के साथ शारीरिक स्वास्थ्य पर भी पूरा जोर देते हैं। कम लोग महात्मा गाँधी के उस कथन के बारे में जानते होंगे जिसमें वह कहते हैं कि गरीबों के लिए तो ईश्वर रोटी और मक्खन के रुप मे ही प्रकट हो सकता है। उनका तो यहाँ तक कहना है कि गरीबों के लिए आर्थिक ही आध्यात्मिक है। इसलिए महात्मा गाँधी भी उत्पादन बढ़ाने पर तो जोर देते हैं, लेकिन कृत्रिम मांगों के बजाय बुनियादी जरुरतों के लिए। इस उत्पादन वृद्धि प्रक्रिया या प्रौद्योगिकी भी वही वरेण्य हो सकती है जो रोजगार के पर्याप्त अवसर जुटा सके। हमारे आधुनिक अर्थशास्त्रियों का मानना है कि आधुनिक प्रौद्योगिकी को अपनाए बिना उत्पादन-वृद्धि नहीं हो सकती। लेकिन, जैसा कि हम देख चुके हैं, यह प्रौद्योगिकी-जॉबलेस ग्रोथ-रोजगारविहीन विकास की ओर ले जाने वाली है, जो आर्थिक दृष्टि से हानिकारक है। गाँधीजी, इसके बरक्स, जब स्वदेशी प्रौद्योगिकी का प्रस्ताव करते हैं तो वह उत्पादन-वृद्धि साथ-साथ रोजगार को बढ़ाने वाला प्रस्ताव भी हो जाता है। आधुनिक प्रौद्योगिकी के आधार पर होने वाले उत्पादन में शुमाकर के निष्कर्ष के अनुसार, हमारे सामाजिक समय का केवल साढ़े तीन प्रतिशत हिस्सा ही वास्तविक उत्पादन में लगता है।

स्वदेशी प्रौद्योगिकी क कई रुप हो सकते हैं-मुख्य बात इतनी ही है कि वह मानव-श्रम एवं स्थानीय संसाधनों ओर जरुरतों को उचित महत्त्व देती हो। चाहें तो उसके सत्याग्रही या अहिंसक प्रौद्योगिकी भी कह सकते हैं क्योंकि आग्रह शब्दों पर नहीं, उस दृष्टि पर है जो रोजगार, उत्पादन, और वास्तविक जरूरत को अहिंसा के एक सूत्र में बांध देती है। इसलिए मुख्य सवाल उस प्रौद्योगिकी को चुनने का है, जिसे हम अपनी आर्थिक प्रक्रिया का आधार बनाते हैं क्योंकि अंततः वही सारी सामाजिक संरचना का भी आधार होगी। दरअसल, स्वदेशी प्रौद्योगिकी ही वह

आर्थिक बेस है जिस पर एक अहिंसक या वास्तविक अर्थों में स्वतंत्र समाज का सुपर स्ट्रक्चर खड़ा हो सकता है, जिसका सपना एडम स्मिथ ओर कार्ल मार्क्स ने देखा था। फ़र्क यह रहा और जो कम महत्त्वपूर्ण नहीं था कि वे इस सपने को उसकी अपनी प्रक्रिया में नहीं बल्कि उसकी विरोधी प्रक्रिया के परिणामस्वरूप पाना चाहते थे जो इतिहास में कभी संभव नहीं होता। महात्मा गाँधी जब सत्य को ईश्वर कहते और स्वराज्य की कुंजी सत्याग्रह को बताते हुए उसे आजमाने के लिए स्वदेशी को अपनाने की बात करते हैं तो स्वयमेव यह स्पष्ट हो जाता है कि स्वदेशी पर आधारित व्यवस्था ही सत्याग्रही अर्थात् ईश्वरीय नियम की व्यवस्था है। संभवतः किसी भी अध्यात्मवादी या भौतिकवादी विचारक ने भौतिक उत्पादन के साधनों पर इतना बल नहीं दिया होगा जितना हिंद स्वराज का लेखक देता है क्योंकि वह जानता है कि गरीबों के लिए आर्थिक ही आध्यात्मिक है, और प्रौद्योगिकी आर्थिक अर्थात् गरीबों की आध्यात्मिक प्रक्रिया आधार है। सत्याग्रह जैसे राजनीति में धर्म का समावेश है वैसे ही स्वदेशी आर्थिकी में आध्यात्मिकता का समावेश। हमारी आधुनिकतावादी प्रौद्योगिकी ने एडम स्मिथ और मार्क्स के सपनों के बावजूद-आज हमें जिस परिस्थिति में ला खड़ा किया है—जिसके दुबारा वर्णन की जरुरत नहीं है-उससे उबरने का एक ही विकल्प संभव है और वह है उस प्रौद्योगिकी को अपनाना जिसका संकेत हिंद स्वराज का लेखक करता है। हम गाँधीजी के अन्य दार्शनिक विश्वासों से सहमत-असहमत हो सकते हैं, लेकिन एक अहिंसक समाज के लिए अहिंसक प्रौद्योगिकी की आवश्यकता को और नहीं टाला जा सकता। इन्हीं अर्थों में हिंद स्वराज एक ऐतिहासिक अनिवार्यता है—यदि हम उस दुश्चक्र से निकलना चाहते हैं, जिसमें इतिहास ने हमें ला फंसाया है।

गाँधी जी और हिन्द स्वराज

ज़ाहिदा हिना

अनुवाद : क़ादर नवाज़ खान

उनकी इस तहरीर को मैं एक सदी बाद पढ़ती हूँ तो अहसास होता है कि इस वक़्त उनकी बातों पर हिन्दुस्तान के दोनों मज़हबों के सियासतदानों और दानिश्वर तवज्ज़ो देते तो शायद लाखों लोग अपनी जान से न जाते और करोड़ों अपने घर से बेघर न होते।

उनकी समझ में वो आज़ादी नहीं आती थी जो ऊँच-नीच को या फ़िरक़ावारियत् को मानती हो, जिसमें लोगों को रोज़गार और तालीम हासिल करने का Equal मौक़ा हासिल् न हो, जिस में तमाम हिन्दुस्तानियों के Potential को Explore न किया जाये और उन्हें Empower न किया जाये।

समुंदर की लहरों पर सफ़र करते हुये उन्होंने हिन्दुस्तान और हिन्दुस्तानियों की आज़ादी का सुनहरा ख़्वाब देखा था, उस के लिये उन्होंने और उनके साथियों ने जेल काटी और बर्तानवी राज की दी हुई मुश्किलें सहीं। लेकिन हिन्दुस्तान को जब साम्राज्य से आज़ादी मिली तो वो ख़ून में भीगी हुई थी, शहर और बस्तियां आग में घिरी हुई थीं, लाखों बेगुनाह लोग मारे गये, औरतें बेहुरमत हुई, बच्चे अपने घर वालों से बिछड़ गये, लाखों ख़ानदान बेघर हुए, ये वो आज़ादी नहीं थी जिसका "हिन्द स्वराज" में ज़िक्र है।

मेरे लिये यह बहुत ऐज़ाज़ (सम्मान) की बात है कि मैं गाँधी जी की किताब 'हिन्द स्वराज' की एक सदी (100 वर्ष) पूरे होने के मौक़े पर अपने ख़यालात लिखूँ। इसके लिये मैं कन्हैया त्रिपाठी जी की बहुत शुक्रगुज़ार हूँ कि उन्होंने मुझे इसका मौक़ा दिया। 'हिन्द स्वराज' के बारे में कुछ लिखने से पहले मैं कुछ अपने बारे में बताना चाहती हूँ। मैं एक ऐसी पाकिस्तानी लड़की जो हिन्दुस्तान में पैदा हुई, जिसकी सारी उम्र पाकिस्तान में गुज़री, ये मैं आप लोगों को इसलिये बताना चाहती

हूँ ताकि मेरे इस मज़मून का पस मंज़र (पृष्ठभूमि) जान सकें। सोलह बरस की उम्र तक मेरे लिये गाँधी एक हिन्दू सियासतदां थे और बस, मेरे कानों में उनके लिये कुछ अच्छे जुमले नहीं पड़े थे। कहा जाता था कि वो लंगोटी पहने रहते थे, एक बकरी साथ लेकर चलते थे और बहुत चालाक (clever) सियासतदां थे और ज़बरदस्त अभिनेता (actor), जिन्होंने ब्रिटिश राज और क़ौमपरस्त मुसलमानों को बेवक़ूफ बनाया। पंडित नेहरू के लिये मेरे दिल में इज़्ज़त थी क्योकि वालिद ने मुझे उनकी किताब (Glimpses of the World History) पढ़ाई थी। मेरे नज़दीक पंडित जी एक शानदार और ख़ुश लिबास इंसान थे और नरगिस के साथ उनकी तस्वीरें आंखों को अच्छी लगती थीं, लेकिन गाँधी?

सच यह है कि 15-16 बरस की उम्र तक उनका कोई अच्छा तअस्सुर (प्रभाव) ज़हन में नहीं था और इससे ज़्यादा बड़ा सच यह है कि मैं उनके बारे में कुछ ज़्यादा जानती भी नहीं थी।

मैं सूबा बिहार के सहसराम (सासाराम) में पैदा हुयी। मेरी वालिदा तर्क वतन नहीं करना चाहती थीं लेकिन उनके शौहर का फ़ैसला कुछ और था। मेरे वालिद कराची में 1946 से रहते थे। जहाँ उनका अपने सिंधी, हिन्दू और मुसलमान दोस्तों के साथ कारोबार था।

मैं एक ऐसे माहौल में बड़ी हुई जहाँ मेरी वालिदा ने मुझे बताया कि उनके शहर में हिन्दू-मुस्लिम मिल जुलकर रहते थे और पटना के कई हिन्दू ख़ानदानों से उनके वालिद और दूसरे लोगों का मिलना जुलना था। उन्होंने मुझे मुश्तरक कल्चर (साझा संस्कृति) के बारे में भी बताया जिसे वो गंगा-जमुनी कल्चर कहती थीं। मेरी वालिदा का ख़ानदान सियासी एतबार से काँग्रेसी था और आज तक उसके ज़्यादा लोग काँग्रेस से ही वाबस्ता हैं और उनमें से कोई भी पाकिस्तान नहीं आया।

मेरे वालिद को हिन्दुस्तान की क़दीम तहज़ीब (प्राचीन संस्कृति) से 'महात्मा बुद्ध', 'बौद्ध भिक्षुओं', अजंता एलोरा के ग़ारों और योग से गहरी वाबस्तगी थी। इसके बावजूद ब्रिटिश राज के दौर में जो सियासत हो रही थी, उसमें वो मुस्लिम लीग के हामी (समर्थक/पक्षधर) थे और इसलिये उन्होंने पाकिस्तान में रहना पसंद किया।

पाकिस्तान में हिन्दुस्तान के लिये अच्छे जज़्बात नहीं पाये जाते थे। बंटवारे के वक़्त होने वाले क़त्लेआम के बारे में मुझे बताया गया कि सारा क़ुसूर सिक्खों और हिन्दुओं का था और मुसलमान बिल्कुल 'मासूम' थे। फिर कश्मीर था, अख़बारों में मज़हबी जमाअतों के बयानात छपते थे जो 'लाल क़िले पर सब्ज़ पाकिस्तानी परचम लहराने' की बात करते थे।

इस ज़हनी तरबीयत के साथ नौ बरस की उम्र में वालिदा छोटे भाई और छोटी बहन के साथ जब मैंने पहली मर्तबा हिन्दुस्तान का सफ़र किया तो सरहद पार करने से पहले मैंने अपनी वालिदा को बार-बार यह कहते सुना कि वो आठ बरस बाद अपने

'घर' जा रही हैं। अपने वालदैन और इकलौती बड़ी बहन से मिलने की ख़ुशी उनसे छुपाये नहीं छुपती थी। जबकि मैं डरी हुई थी क्योंकि हिन्दुओं के मुल्क जा रही थी।

हम 'घर' पहुँचे तो सहसराम (सासाराम) और मुंगेर में हमें सीने से लगाया गया और ख़ुशी का इज़हार करने वालों में हिन्दू घरानें भी थे। हमने वहाँ रमज़ान, ईद, होली मनाई और हर त्यौहार में हिन्दू दोस्त शामिल थे।

मैंने उर्दू छः बरस की उम्र में रवानी से पढ़नी सीख ली थी। इसलिये उर्दू रोज़ नामा 'जंग' पढ़ती थी और दूसरे रिसाले भी जिनमें हिन्दू 'दुश्मन' था और हर मुसलमान का झटका करना चाहता था लेकिन मुंगेर सहसराम (सासाराम) और दूसरी जगहों पर मुझे कोई दुश्मन नहीं मिला, मेरे ख़ालाज़ाद भाई के एक दोस्त जनसंघ के थे लेकिन जब वो मिलने आये तो हमारे आने की ख़ुशी में मोतीचूर के लड्डू लाये। मेरी कुछ समझ नहीं आ रहा था। पाकिस्तान में मुझे बताया गया था कि 'जनसंघी' के सरपर सींग होते है। लेकिन ये तो मेरे भाई जैसे ही थे। मैंने चुपके से वालिदा से कुछ पूछना चाहा तो उन्होंने मुझे बहुत डाँटा। हमने तीन महीने वालिदा के 'घर' में गुज़ारे ये मेरी ज़िंदगी के सुनहरे दिन थे।

हम वापस कराची आये तो वालिदा अपना 'घर' दोबारा छोड़ने पर बहुत ग़मगीन थी और वालिद ख़ुश थे और उनके बच्चे 'दुश्मन' के इलाक़े से ख़ैरियत के साथ वापस आ गये।

वापस आते ही मैंने उर्दू अदब (साहित्य) पढ़ना शुरू कर दिया उनमें कृष्ण चन्दर, मन्टो, बलवन्त सिंह, इस्मत चुग़ताई, अहमद नदीम क़ासमी, महेन्द्र नाथ, सरला देवी और क़ुर्रतुल एन हैदर सब ही शामिल थे। इन अफसानों और नॉवेलों ने मेरे अन्दर हिन्दुस्तान की एक मुख़्तलिफ़ (भिन्न) तसवीर बनाई। हमारे यहाँ तारीख़ (इतिहास) कम पढ़ाई जाती थी और वह भी Impartial नहीं थी। लेकिन अब मुझे इस बात की खोज लग गयी कि आख़िर हमारे यहाँ हिन्दुओं और हिन्दुस्तान को बुरा क्यों कहा जाता है। कृष्ण चन्दर का 'ग़द्दार' अहमद नदीम क़ासमी का 'परमेश्वर सिंग' और सआदत हसन मन्टो का अफ़साना 'खोल दो' और 'टोबा टेक सिंग' मुझे कुछ और बताते थे। मैं मैट्रिक का इम्तिहान देकर छुट्टियाँ गुजार रही थीं। जब मेरे हाथ क़ुर्रतुल एन हैदर का नॉवेल 'आग का दरिया' लगा, उसे पढ़ने के बाद मुझे अहसास हुआ कि अगर हिन्दू मुस्लिम की तक़सीम से ऊपर उठकर देखें तो बर्रे सग़ीर (उपमहाद्वीप) की तारीख़ उससे मुख़्तलिफ है जो हमें स्कूलों और कॉलेजों में पढ़ाई जाती है। इसका भी अंदाज़ा हुआ कि हिन्दुस्तान के बंटवारें का ज़िम्मेदार कोई एक कम्युनिटी या कोई एक शख़्स नहीं, ज़िम्मेदारी सबकी है, किसी की ज़िम्मेदारी ज़्यादा है, और किसी की कम।

इस नतीजे पर पहुँचने के बाद मैंने सच के उस मोती को ढूँढना शुरू किया जो कम्युनलिज़्म के गंदले तालाब में डूब गया था और इस तलाश में किताबों ने मेरी

रहनुमाई की। मैंने मौलाना अबुल कलाम आज़ाद की India Wins Freedom का उर्दू तरजुमा पढ़ा और उसके बाद हिन्दुस्तान की तहरीके आज़ादी के बारे में दूसरी किताबें पढ़नी शुरू कीं। पाकिस्तान पर उस वक़्त जनरल अय्यूब ख़ान का फ़ौजी राज था जिसने प्रोग्रेसिव रायटर्स (Progresive Writers) पर बहुत ज़ुल्म किये थे और अच्छी किताबें मुश्किल से मिलती थीं। कई किताबें पढ़ने के बाद फ्रीडम मूवमेंट के ज़माने के तमाम सियासी रहनुमाओं में सबसे उजला चेहरा मुझे गाँधी जी का नज़र आया।

तक़सीम के दिनों में मुझे हिन्दुओं में गाँधी जी और मुसलमानों में मौलाना अबुल कलाम आज़ाद से तन्हा कोई शख़्स नज़र नहीं आया। यूँ महसूस हुआ जैसे उन दोनों के दर्द को समझने वाले ख़ुद उनकी अपनी कम्युनिटी में या तो बहुत कम थे या फिर नफ़रत की जो आंधी चली थी उसने सच्चे और ईमानदार लोगों की कमर तोड़ दी थी।

गाँधी जी का 17 दिसम्बर 1947 का ख़त जो उनके Collected Works में मिलता है और जिसमें उन्होंने लिखा है कि If the ocean itself catches fire, who can put it out? False hood has spread so much that one cannot say where it will end?.....people deceive me"

इसी तरह उन्होंने 4 जनवरी 1948 की Prayer Meeting esa rd+jhj djrs gq;s dgk Time was when what I said went home..... Today mine is a cry in the wilderness"

ये एक दुखे हुये दिल की कराह थी उन्होंने सियायत को इबादत समझा था और अब सियासत उन्हें किसी और रंग में नज़र आ रही थी जिसकी वजह से उनका दिल टुकड़े हो रहा था।

ब्रिटिश राज ने मजे की जो तक़सीम की थी उसमें पाकिस्तान को उसका हिस्सा मिलने में देर होती गयी तो गाँधी जी ने मरण व्रत रखने का ऐलान कर दिया और इस व्रत के तीसरे या शायद चौथे दिन वो रक़म पाकिस्तान को दे दी गई जिसके लिये गाँधी जी ने भारत सरकार का शुक्रिया भी अदा किया लेकिन अपना व्रत तोड़ने से इंकार कर दिया। उनके डॉक्टरों ने कह दिया था कि गुर्दे नाकारा हो रहे हैं और क़िसी भी वक़्त कुछ हो सकता है लेकिन गाँधी जी ने कहा कि मैं उस वक़्त तक अपना व्रत नहीं तोड़ूंगा जब तक दोनों मुल्कों के दरम्यान अमन नहीं हो जाता और जब तक जान और माल के ख़तरे के बग़ैर दोनों मुल्कों के लोग एक दूसरे के शहरों में सफर नहीं कर सकते।

उनके इस बयान के बाद हज़ारों सिक्ख, मुसलमान और हिन्दू 'बिड़ला हाउस के बाहर जमा हो गये और उन्होंने गाँधी जी को यक़ीन दिलाया कि वो आपस में दंगा-झगड़ा नहीं करेंगे। हिन्दुओं और सिक्खों के बड़े रहनुमाओं ने उन्हें यक़ीन दिलाया कि वो मुसलमानों की जान और माल की हिफ़ाज़त करेंगे।

18 जनवरी को उनके सामने हिन्दुओं, सिक्खों और मुख़्तलिफ़ सियासी जमाअत के लोगों ने 7 पॉइंट वाले डिक्लेरेशन (घोषणापत्र) पर दस्तख़त किये जिसमें मुसलमानों की जान व माल का वचन दिया गया था। ये डिक्लेरेशन हिन्दी और उर्दू दोनों में था। उसके बाद ही उन्होंने अपना मरण व्रत ख़त्म किया। 20 जनवरी को उन्होंने दुआ के लिये होने वाली मीटिंग में बहुत कमज़ोर आवाज़ में कहा कि "मुझे इसमें कोई दुविधा नहीं कि जो मुसलमानों का दुश्मन है वो दरअसल हिन्दुस्तान का दुश्मन है"

वो पाकिस्तान जाना चाहते थे। सिन्ध के चीफ़ मिनिस्टर मोहम्मद अय्यूब खोड़ू ने उन्हें कराची आने की दावत दी थी लेकिन नाथूराम गोड़से के रिवॉल्वर से चली हुई गोली ने उन्हें कहीं जाने नहीं दिया।

ये तमाम बातें आप लोगों को रत्ती-रत्ती मालूम है, लेकिन मुझे इन बातों के बारे में कुछ मालूम न था। इन बातों को पढने के बाद मैंने जाना कि वो अपनी जान से इसलिये गये कि वो मुसलमानों को हिन्दुओं की तरह अज़ीज़ रखते थे। ये सब कुछ जानकर मुझे यूँ महसूस हुआ कि पाकिस्तान ने और हिन्दुस्तान छोड़कर पाकिस्तान आने वालों ने उस शख्स का हक़ अदा नहीं किया, जिसने उनकी ख़ातिर अपनी जान दे दी। जिस रोज़ मैंने ये जाना, उस दिन से वो मेरे लिये महात्मा गाँधी हो गये। यही वो ज़हानी सफर है जिसकी वजह से मेरे लिये ये मुम्किन हो सका कि श्री कन्हैया त्रिपाठी के कहने पर मैं "हिन्द स्वराज' के बारे में कुछ लिख सकूँ।

गाँधी ने "स्वराज" का नारा दरअसल ब्रितानी साम्राज्य की गुलामी से आज़ादी के लिये लगाया था।

अगस्त 1947 में ब्रिटिश राज से हिन्दुस्तान को आज़ादी मिली। लेकिन ये सच्ची आज़ादी न थी। इसी तरह इशारा करते हुये फैज़ ने अपनी मशहूर नज़्म में उसे "रात की डसी हुई सुबह" कहा था और ये कहा था –"वो इंतज़ार था जिसका, ये वो सहर तो नहीं"

आज पाकिस्तान में गाँधी जी ने जिस "स्वराज" का मुतालबा किया था उसे कोई अहमियत नहीं देता, बल्कि ये सोचता ही नहीं कि 1909 में जब वो "हिन्द स्वराज" हिन्दुस्तान की आज़ादी और Self Rule की बात कर रहे थे तो उसमें आज का हिन्दुस्तान पाकिस्तान और बंगला देश का इलाक़ा सब शामिल था और आज एक सदी के बाद भी ये तीनों मुल्क अपने अपने अन्दाज़ में "स्वराज" से महरूम हैं। हिन्दुस्तान में अंग्रेज़ के जाने के बाद रियासतें और बड़ी बड़ी ज़मीदारियां ख़त्म हुईं। पाकिस्तान में रियासतें और बड़े बड़े जागीरदार आज भी मौजूद हैं और हमारे यहाँ तो इन 62 बरसों में आला फौजी अफसरान भी गैर हाज़िर ज़मींदार बन चुके हैं और इदारे के तौर पर फौज कारपोरेट सेक्टर में एक बड़ा हिस्सा रखती है।

इस सूरते हाल को जानना हो तो डॉ. आयशा की किताब –Military Incorporation हर बात खोल कर रख देती है।

आज ये सवाल एक सदी बाद ज़्यादा अहमियत इख़्तियार कर गया है कि आखिर ये कैसा स्वराज है, जिसमें बर्रे सगीर की अकसरीयत गरीब से गरीबतर हुई जा रही है और अमीर अमीरतरीन हो चुके हैं। पहले हम अपने अपने मुल्कों के इन्ड्स्ट्रीयलिस्ट को रोते थे और आज ग्लोबाइज़ेशन की इस दुनिया में मल्टीनेशनल और ट्रांसनेशनल कम्पनियों की ताक़त हमारी जनता को आखरी हद पर exploit कर रही है। श्रीलंका जो हमारे बर्रे सगीर का ही एक मुल्क है, उसमें इंग्लिस्तान, फ्रांस और इटली के बड़े बड़े फैशन हाउसेज ने अपनी फैक्ट्रियाँ लगाई हैं। श्रीलंका के गरीब काम करने वालों से कम पैसों में काम करवाया जाता है, फिर उन्हीं कपड़ों पर इन मशहूर फैशन हाउसेज d Tag लगता हैं। और वो वहाँ से एक्स्पोर्ट हो कर सारी दुनिया में बिकते हैं, और करोड़ों डालर कमाते हैं, जबकि गरीब श्रीलंकन काम करने वाली या काम करने वाले के हिस्से में चंद सौ श्रीलंकन रूपये आते हैं।

गांधीजी ने जिस ''स्वराज'' का ख़्वाब देखा था वो न सिर्फ़ हिन्दुस्तान में कहीं नज़र आता बल्कि इसका मज़ाक भी उड़ाया जाता है। ये कहा जाता है कि गाँधी जी तारीख का पहिया उलटा चलाने का चक्कर चला रहे थे। यानि चरखा कातो, बैलगाड़ी में सफर करो और सिर्फ खद्दर पहनो, ये भी कहा जाता है कि गाँधी जी ने हिन्दुस्तान के लिये आज़ादी का जो नुस्खा लिखा था उस पर पंडित नेहरू, सरदार पटेल और उनके बाद आने वाले अगर अमल करते तो हिन्दुस्तान आज मोहन जोदड़ो के ज़माने में होता।

गाँधी जी ने ''हिन्द स्वराज'' में जो बातें लिखी हैं उन पर तनक़ीद करते हुए लोगों को ये तो याद रहता है कि उन्होंने सादगी इख़्तियार करने और हिन्दुस्तान के देहातों, किसानों और गरीबों से अपना रिश्ता जोड़ने की बात की थी लेकिन उन्हें यह याद नहीं रहता कि ये भी गाँधी जी थे जिन्होंने 1935 में लिखा था कि–I would prize every invention of science made for the benefit of all. There is a difference between invention and invention. I should not care for the asphyxiating gases capable of killing masses of men at time. The heavy machinery for work of public utility which cannot be undertaken by human labour has its inevitable place but that would be owned by the state and used entirely for the benefit of the people.

गांधीजी ने ''हिन्द स्वराज'' को अब से एक सदी पहले समुन्दर की लहरों पर सफर करते हुए लिखा था। उनके लिखे हुए लफ़्ज़ों का सफर आज एक सदी बाद भी जारी है। हम उसे पढ़ना शुरू करते हैं तो ''हिन्द स्वराज'' के पहले बाब में हमें ये जुमला मिलता है।

"We who seeks justice will have to do justice to others"

और इसके सोलहवें बाब में उन्होंने बीज और पेड़ की मिसाल देते हुए लिखा कि ये

रिश्ता नाक़ाबिले तक़सीम है। हम वही काटते हैं जो हम बोते हैं।

दानिश्मन्दी की ये बातें है जो आज से नही हज़ारों बरस से सच्ची हैं और गांधी जी ने इन्हीं सच्ची बातों पर हिन्दुस्तान और हिन्दुस्तानियों की आज़ादी की बुनियाद रखी थी। Dialogue of Plato के से अंदाज़ में गाँधी जी ने सवाल जवाब के ज़रिये हिन्दुस्तान को आज़ाद कराने और हिन्दुस्तान में हिन्दुस्तानियों के फराइज़ और उनके हुकूक् की बात की। उनकी इस तहरीर को मैं एक सदी बाद पढ़ती हूँ तो अहसास होता है कि इस वक़्त उनकी बातों पर हिन्दुस्तान के दोनों मज़हबों के सियासतदानों और दानिश्वर तवज्जो देते तो शायद लाखों लोग अपनी जान से न जाते और करोड़ों अपने घर से बेघर न होते।

अपनी इस किताब में वे इस बात पर ज़ोर देते नज़र आते हैं कि आज़ादी का मतलब इक़्तिदार हासिल करना नहीं होता है। बल्कि आज़ाद होने के बाद तमाम हिन्दुस्तानी एक दूसरे के बराबर होंगे। न कोई किसी से बढ़कर होगा, न कोई किसी से कमतर। ब्रिटिश राज ने अपने इक्तिदार को बचाने और ज़्यादा दिनों तक हिन्दुस्तान पर अपना कब्ज़ा बरकरार रखने के लिये ''लड़ाओ और हुकूमत करो'' की जो पालिसी इख्तियार की थी उसका नतीजा था कि हिन्दू मुस्लिम जो एक दूसरे के साथ एक क़ौम की तरह सैकड़ों बरस से रह रहे थे। उनके अंदर एक दूसरे से खौफ़ और नफ़रत पैदा हुई। जिसने हिन्दुस्तान की सरज़मीन को ख़ून से रंग दिया। 1909 में उनकी निगाहें उस तक़सीम को देख रहीं थीं जब ही ''हिन्द स्वराज'' में उन्होंने हिन्दू मुस्लिम इत्तिहाद का मसअला उठाया और उसके बारे में 10 वें बाब (अध्याय) में लिखा-"Do people become enemies because they change their religion? Is the God of the Mohammedan different from the God of the Hindu?"

(M.K. Gandhi, Hind Swaraj chap x)

और इसी बाब में उन्होंने यही लिखा

"There is mutual distrust between the two communities. I do not suggest that the Hindus and the Mohammedan will never fight. Two brothers living together often do so; we shall sometimes have our heads broken. Such a thing ought not to be necessary, but all men are no equitable. When people are in a rage, they do many foolish things. "

(M.K. Gandhi, Hind Swaraj chap x)

अब से एक सदी पहले उन्होंने न सिर्फ़ इस मसअले के बारे में लिखा था बल्कि उन हिन्दुस्तानियों पर भी कड़ी तन्क़ीद की थी, जो अंग्रेजी सीख चुके थे लेकिन एक नई ज़बान सीखकर उन्होंने क़ौम की ख़िदमत की बजाये उसे अपने सफेदफाम आ़काओं के एजेंडे को पूरे करने के लिए इस्तेमाल किया था। गाँधी जी ने ''हिन्द स्वराज'' बुनियादी तौर पर गुजराती में लिखी, उसका अंग्रेजी तरजुमा बहुत

बाद में शाया (प्रकाशित) हुआ। वो अंग्रेजी की अहमियत को अच्छी तरह जानते थे और ये भी समझते थे कि कि कोई ज़बान अगर इल्म हासिल करने के लिए सीखी जाये तो फर्द और क़ौम के फायदे की बात है लेकिन हिन्दुस्तान में अंग्रेज हाकिमों को खुश करने और उनकी हुक़ूमत को मुस्तहकम करने के लिए बहुत से हिन्दुस्तानियों ने जिस तरह अंग्रेजी सीखी थी। उसको वो बहुत नापसंद करते थे और इस बात का इज़हार वो इस मुख़्तसर किताब के अठारहवें बाब में यूँ करते हैं-

"English-knowing Indians have not hesitated to cheat and strike terror into the people. It is we, the English-knowing Indians that have enslaved India. The curse of the nation will rest not upon the English but upon us"

(M.K. Gandhi, Hind Swaraj chap xviii)

ज़बान शायद वो चीज़ है जो इंसानों के वजूद में मज़हब से कहीं ज़्यादा गहराइयों में उतरी हुई होती है। ज़बान की बुनियाद पर हिन्दू और मुस्लिम इत्तिहाद को तोड़ने की सूरतेहाल अंग्रेजों ने 1800 से फोर्ट विलियम कालेज के ज़रिये पैदा की। ये मुआमला जो एक सदी के अन्दर इतना बड़ा झगड़ा बन गया कि वो बररे सगीर की तक़सीम की अहम बुनियादों में से एक हुआ। गाँधी जी इस नज़ाकत को समझते थे। उन्होंने ''हिन्द स्वराज'' में ये मसअला उठाया भी और उसके 18 वें बाब में ये लिखा कि -"A Universal language for India should be Hindi, with option of writing it in Persian or Nagri characters"

मआज़रत के साथ मैं यूँ कहूँगी के गाँधी जी जिन्होंने उस वक्त तक अपनी उम्र का ज़्यादा बड़ा हिस्सा साउथ अफ्रीका या मग़रिब के सफ़र में गुज़ारा था, वो हिन्दुस्तान में ज़बानों के मसअले को बहुत सादगी से देख रहे थे और उतनी ही सादगी से उसे हल करने की कोशिश कर रहे थे। ''हिन्द स्वराज'' उन्होंने अपनी मादरी ज़बान (मातृ भाषा) गुजराती में लिखी और इसमें वो सिर्फ़ हिन्दी की बात कर रहे थे ख़्वाह वो नागरी लिपि में लिखी जाये या फ़ारसी स्क्रिप्ट में। उन्होंने उस वक्त ये Ground reality भुला दी थी कि बंग्ला, तमिल, गुजराती, गुरमुखी और कन्नड़ वो ज़बानें हैं जिनके बोलने और लिखने वालों की अक्सरीयत हिन्दी नहीं जानती और उन पर हिन्दी नहीं थोपी जा सकती और आख़िरकार अंग्रेज़ी ही हिन्दुस्तान की उन तमाम ज़बानों के बोलने वालों के दरमियान स्पदा Language बनेगी। हम जानते हैं कि ऐसा ही हुआ। ''सिर्फ़ हिन्दी'' की बात करके उन्होंने वही ग़लती की जो जिन्ना साहब ने 1948 में की थी जब ''सिर्फ़ उर्दू'' को पाकिस्तान की कौमी ज़बान बनाने का एलान किया और यूँ पाकिस्तान की तक़सीम और बंग्लादेश के क़याम की बुनियाद रखी।

गाँधी जी ने हिन्दी को नागरी और उर्दू दोनों स्क्रिप्ट्स में लिखने की बात की

थी लेकिन फ़िरकावाराना बुनियादों पर सियासत करने वालों ने लफ़्ज़ ''हिन्दी'' को पकड़ लिया और मुसलमानों से यही कहा कि कांग्रेस ''उर्दू'' को ख़त्म करना चाहती है। ऐसे जज़्बाती मुआमलात पर सियासत करना बहुत आसान होता है। चुनांचे, उर्दू का मुआमला हिन्दू और मुसलमान फ़िरक़ापरस्तों ने बहुत कामयाबी से अपने अपने एजेंडे को बढ़ावा देने के लिए इस्तेमाल किया।

गाँधी जी और उनके ''हिन्द स्वराज'' के फ़लसफ़े को Criticize करने वाले ये कहते थे और आज भी कहते हैं कि वो हिन्दुस्तान को सैकड़ों-हज़ारों साल पीछे ले जाना चाहते थे। मशीनों के दुश्मन थे, पक्की सड़कों की बजाय हिन्दुस्तान के देहातों के कच्चे रास्ते उन्हें पसंद थे और वो चरख़ा चलाकर हिन्दुस्तानियों को ये सिखा रहे थे कि उन्हें मशीन का बना हुआ कपड़ा नहीं पहनना चाहिये और ये भी कि आला तालीम के ख़िलाफ़ थे।

''हिन्द स्वराज'' पर लगने वाले इन इल्ज़ामात का इस एक सदी में हिन्दुस्तान और बाहर के बहुत से दानिशवरों और खुद गाँधी जी ने बार बार जवाब दिया है। मैं नहीं समझती कि मैं गाँधी जी के हक़ में कोई नई दलील ला सकती हूँ। मेरी समझ में सिर्फ़ इतनी सी बात आती है कि हिन्दुस्तान में पैदा होने वाली के तौर पर जब मैं इस किताब को पाकिस्तान में पढ़ती हूँ तो मुझे यही महसूस होता है कि गाँधी जी की लड़ाई सिर्फ़ ब्रिटिश राज से नहीं थी। वो उन तमाम हिन्दुस्तानियों से भी लड़ रहे थे जिन्होंने अपनी रूह बर्तानवी साम्राज्य के हाथों बेच दी थी। वो अगर अंग्रेज की Tyrran के ख़िलाफ़ थे तो वो ये भी नही चाहते थे कि जब हिन्दुस्तान आज़ाद हो तो यहाँ ऊँचे तबक़े के हिन्दुस्तानियों की निचले तबक़े के हिन्दुस्तानियों के लिये Tranny शुरू हो जाये। वो मुल्क के Resources को तमाम हिन्दुस्तानियों में बराबर की सतह पर तक़सीम होते देखना चाहते थे। लालच और ऊँच नीच का उनके आज़ाद हिन्दुस्तान में कोई गुज़र नहीं हो सकता था। वो ये नहीं देख सकते थे कि एक आज़ाद हिन्दुस्तान में लोग एक दूसरे का गला काटने के लिये आज़ाद हों। उनकी समझ में वो आज़ादी नहीं आती थी जो ऊँच-नीच को या फ़िरक़ावारियत् को मानती हो, जिसमें लोगों को रोज़गार और तालीम हासिल करने का Equal मौक़ा हासिल् न हो, जिस में तमाम हिन्दुस्तानियों के Potential को Explore न किया जाये और उन्हें Empower न किया जाये।

समुंदर की लहरों पर सफ़र करते हुये उन्होंने हिन्दुस्तान और हिन्दुस्तानियों की आज़ादी का सुनहरा ख़्वाब देखा था, उस के लिये उन्होंने और उनके साथियों ने जेल काटी और बर्तानवी राज की दी हुई मुश्किलें सहीं। लेकिन हिन्दुस्तान को जब साम्राज्य से आज़ादी मिली तो वो खून में भीगी हुई थी, शहर और बस्तियाँ आग में घिरी हुई थीं, लाखों बेगुनाह लोग मारे गये, औरतें बेहुरमत हुई, बच्चे अपने घर वालों से बिछड़ गये, लाखों ख़ानदान बेघर हुए, ये वो आज़ादी नहीं थी जिसका ''हिन्द

स्वराज'' में ज़िक्र है। गाँधी जी के सीने में उन हालात का जो दर्द था उस का हम अन्दाज़ा भी नहीं कर सकते।

एक पाकिस्तानी के तौर पर मैं जब 2009 में ''हिन्द स्वराज'' को पढ़ती हूँ तो जी चाहता है कि इस किताब पर हम सबने मिलकर ग़ौर किया होता, बहस की होती और अंग्रेज़ से एक ऐसी आज़ादी हासिल की होती जिसमें करोड़ों लोगों से उन की जन्मभूमि, उनके घर आँगन और उनके घर वाले न छिने होते। काश! लोगों ने महात्मा गाँधी की बातों पर ध्यान दिया होता।

हिन्द स्वराज में सत्याग्रह : बदलते परिवेश पर पुनर्विचार

प्रियम् कृष्णा

गाँधी के प्रयोगों को देखकर टॉलस्टॉय ने कहा कि "गांधी एक आंदोलन का नेतृत्व कर सकते हैं जो फलदायक भी होगा।
सत्याग्रह विदेशी शासकों को चुनौती देने तथा स्वतंत्रता के आंदोलन के रूप में निखरा परंतु अब उसे अपने देश के शासकों से ही मुकाबला लेने की चुनौती है जो गांधी के बाद नव-गाँधीवादियों ने प्रयोग किया। अब भी देश-विदेशी प्रभावों से आक्रांत है तथा शासनतंत्र भी अपने संसदीय व्यवस्था में उलझता जा रहा है। जहाँ धनी वर्गों तथा पार्टियों का वर्चस्व है और गरीबों की अनदेखी हो रही है। ऐसे में बिनोवा भावे तथा जयप्रकाश नारायण ने सत्याग्रह के द्वारा गरीबों में भूमि वितरण को एक आंदोलन का स्वरूप देना चाहा।

सौ वर्ष पूर्व 1906 में दक्षिण अफ्रीका में गाँधी ने जिस आंदोलन की रचना की थी वह कठोर शासकों से लड़ने की एक विधि बन गया। अपनी पुस्तक 'हिन्द स्वराज' (1909) में गाँधी ने इसी आंदोलन का प्रयोग भारत की आजादी की लड़ाई के लिए करने की विवेचना की है। अफ्रीका में यह एक ''मौन विरोध (पैसिव रेजिस्टैंस) था, पर उसके मुद्दे एक नस्ल के स्वाभिमान तथा गोरे शासकों की बदनियति से जुड़े थे। काले नस्ल में विरोध का स्वर गाँधी के नेतृत्व ने प्रबल कर दिया और शासकों पर यह काफी भारी पड़ा। शासकों ने एक कानून बनाया जिसमें एशियाई मूल के लोगों को अपना पंजीयन कराना जरूरी था, मानों वे कोई दुष्कर्मी और खतरनाक लोग हों। गाँधी ने ऐसे कानून की अवज्ञा करने की सलाह दी, भले ही उसकी सजा क्यों न भुगतनी पड़े? यहाँ एक 'सत्य' उद्देश्य बना और अहिंसात्मक विरोध उसका अस्त्र। इस अर्थ में हिन्द स्वराज में इस विरोध को मौन विरोध न मानकर 'सत्याग्रह' या सत्य के लिए 'हठ' का नाम दिया गया।''

पर यही 1909 में लिखा गया लेख गाँधी के भारतीय आंदोलन का आधार बन

जाएगा। ऐसा सिद्ध करने में गाँधी को तीस साल लग गए थे। जब 1938 में इस पुस्तक का पहला संस्करण निकला। भारतीयों के आतंकी दृष्टिकोण के जवाब में जो निकला था तब गाँधी ने इन लोगों से लंदन में मिले थे। पर अभी सत्याग्रह के प्रयोग के केवल दो वर्ष हुए थे, वह भी अफ्रीका में।

तीस वर्षों के बाद हिन्द स्वराज का परिस्करण हुआ"[1] पर अब मूल बातें भले ही वही थीं, गाँधी ने पूरे विश्व के भीतर तथा बाहर होने वाली दुविधाओं को सामने रखा-भला मशीन या मशीनी सभ्यता से क्यों विरोध की जरूरत थी, फिर ऐसी अहिंसा कोई अहिंसा है-(प्रश्नकर्त्ता-मिडलटन मुरी)।"[2] पुनश्च, पश्चिमी सभ्यता में युद्धों का अपना महत्त्व था तथा वह अपनी समस्या अपने तरह से सुलझाएगी तो क्या बुरा था। इसमें कोई सत्याग्रही सभ्यता का कारण नहीं बनता। (जी.ढी.एच. कोल के प्रत्युत्तर का कटु पक्ष)"[3] कुछ पाठक यह भी मानते थे कि 1921 तक अहिंसा और सत्याग्रह के प्रयोग विफल हो गए थे और अहिंसा का कोई मापदण्ड बनाना कठिन होता है। हाँ, लम्बे समय में (1930 तक) आजादी की लड़ाई में भले ही कुछ बल आ गया।"[4] गोखले ने तो 1912 में गाँधी के सत्याग्रह को भारत के लिए बेकार करार कर दिया क्योंकि वे खुद नरमपंथी थे तथा 'प्रार्थना और आवेदन' को विरोध का सही तरीका मानते थे न कि अवज्ञा और असहयोग को।"[5] (देखें, महादेव देसाई की भूमिका, में पृ. 13)

गाँधी का सत्याग्रह शुरू से ही आने की विरोध को गलत पर आतंकियों की देश भावना का कायल था।"[6] (देखें, गाँधी की प्रस्तावना पृ. 15) लगता है गाँधी का सत्याग्रह जो हिन्द स्वराज में विकसित हुआ वह गरम और नरम दलों के बीच का कोई रास्ता था जो न नरम दलों जैसा शिथिल और न गरम दलों की तरह आक्रामक ही हो। पर इसके लिए गाँधी जैसे नेतृत्व की जरूरत थी, जिसमें धैर्य हो, भेले ही उद्देश्य की प्राप्ति कुछ लम्बा खींच जाए। ऐसे में सफलता की दिशा तय होती जाती है अगर उसमें नैतिक ऊर्जा मिलती रहे। सत्याग्रह का यही स्वरूप हिन्द स्वराज में पुष्ट हो रहा था जो अफ्रीका की तुलना में अधिक सख्त था।"[7]

भारतीय सत्याग्रह किसी आदेश में अपनाया गया अस्त्र न था। वह पहले भारतीय समुदाय को एकबद्ध करने के अभियान में बदला। फिर एक भारतीय कांग्रेस के संगठन में बदला और फिर एक 'इंडियन ओपिनियन' नामक समाचार पत्र का निर्माण हुआ। जो उस आंदोलन का संचार करे। उसके बाद 11 सितंबर, 1906 में अंग्रेज शासकों के उस काले कानून को संशोधित करने के लिए महती सभा हुई जिसमें भारतीय हिन्दू, मुसलमान तथा चीनी लोग शामिल हुए। यह एक सभ्यता का दूसरे के विरोध में जुड़ाव था।

आंदोलन का रूप निर्माण उस कानून की अवज्ञा करने के संकल्प से शुरू हुआ

और उसके विरोध करने पर जो भी कानूनी जुर्माना देना था, उसे भी स्वीकार किया गया। एक मुस्लिम व्यापारी सेठ हाजी हबीब ने उस काले कानून को किसी भी हालत में न मानने के लिए 'ईश्वर का सौगंध' खाने तक का प्रस्ताव दिया। पर गाँधी ने संयम बनाते हुए ऐसा कहा–

"आपने हमारे हर शब्द को मौन होकर सुना। अन्य लोग भी बोले। सभी ने अपनी-अपनी जवाबदेही को समझी और फिर सभी ने हाथ उठा कर ईश्वर का सौगंध खाया कि वे इस अंधे कानून को बनने नहीं देंगे। मैं इस दृश्य को भुला नहीं सकता जो मेरे मानस पटल पर छाया हुआ है। लोगों का उत्साह की कोई सीमा नहीं थी।"[8]

सत्य और अहिंसा के मानक

गाँधी के सत्याग्रह का स्वरूप न कोई दुराग्रह था और न पूर्वाग्रह; वह एक खुला प्रयोग था जब मैं कई पुराने विचार को छोड़ चुका हूँ और नए अपनाए हैं।"[9] (पाठकों से हरिजन 29.4.33) अगर समस्या का समाधान एक रास्ते से न हो तो दूसरे मार्ग पर चलना चाहिए। "अगर मेरे विचार गलत सिद्ध होते हैं तो हमें उन्हें अस्वीकार करने में कोई हिचक नहीं होगी।"[10] (पृ. 29, पृ. 90-91)

सत्याग्रह के मानक तैयार करने में दक्षिण अफ्रीका के एक भारतीय व्यापारी के कानूनी सलाहकार बनकर मई 1893 में वहाँ गए। पर इस उपनिवेश में वे आदमी के आदमी के प्रति अमानवीय वर्ताव से भिड़ गए। वे पहले दर्जे का टिकट होते हुए भी रेलगाड़ी पर से ढकेल दिए गए, जिसके कारण 'उनके जीवन की सबसे सर्जनात्मक रात' सामने खड़ी हो गई। वे भारत लौटने का इरादा छोड़ दिए और रेलवे कम्पनी से लड़ने की ठानी। पर उनका रोष अब अपने प्रति ही नहीं, पूरे नस्ली घृणा, अन्याय और शोषण की ओर मुड़ गया जहाँ भारतीयों को यूरोपीय मालिकों के कारण सहना पड़ रहा था।

सत्याग्रह

मौन विरोध (पैसिव रेजिस्टेंस) से अवज्ञा और अवरोध की ओर–सत्याग्रह की धारणा का जन्म तत्कालीन यूरोपीय धारणा 'मौन विरोध' से हुआ और गाँधी खुद नहीं जानते थे कि उनका विरोध किस नाम से हो। "मुझे लगा कि यक एक 'मूल विरोध' ही था जो एक नए आंदोलन का रूप ले रहा था।"[11]

पर तुरंत उन्हें लगा कि यह नाम गलत था। यह शब्द ब्रिटेन में कमजोर और वोट-विहीन नागरिकों के आंदोलन के रूप में जाना जाता था पर गाँधी का आंदोलन उत्साही और बलवानों का था। "अगर मैं किसी कानून को भंग करता हूँ और उसके नतीजे को त्याग के रूप में मानता हूँ–यह एक त्याग है जिसे 'आत्मा की शक्ति' कहेंगे।"[12] यह कानून को मानता है इस अर्थ में 'मौन विरोध' कहा जा सकता है,

(पर यह कानून को भंग भी करता है।) इसकी महत्ता इस बात में है कि यह किसी से डरता नहीं तथा अपना कफन तैयार रखता है।''[13] गाँधी के मौन विरोध का अर्थ अगर कुछ है तो ''इतना कि विरोधी गरीबी में जिए, सत्य का पालन करे तथा निर्भय रहना सीखे।''[14] पहले 'सदाग्रह' अथवा 'अच्छाई के लिए मांग' नाम सोचा गया पर फिर 'सच्चाई के लिए माँग (सत्याग्रह) शब्द को चुना गया।

स्पष्ट है कि यह आंदोलन केवल माँग नहीं था बल्कि 'आत्मा की शक्ति' की उग्रता भी रखता था जो किसी भी तरह के प्रयास को कहेंगे जो सत्य की प्राप्ति करा दे। फिर सत्य क्या है? सत्य वह है जो देश, काल और व्यक्ति के अनुसार बदलता न हो। वहीं सत्य है जो सदा एक रूप हो चेतना का शुद्ध स्वरूप हो और व्यवहार रूप में 'परहितार्थम्' अथवा अन्य के कल्याण से जुड़ता हो। इस तरह सत्याग्रह आत्मा की वह शक्ति है जो लोगों को सच्चे अहिंसक व्यवहार से बदलने तक कायम रहे।''[15]

आदमी कितना भी क्रूर एवं अमानवीय क्यों न हो, उसमें, गाँधी के शब्दों में, कुछ विवेक और संवेदना जरूर रहती है। इस तरह गाँधी के सत्याग्रह में कुछ ऐसे सकारात्मक तत्व हैं जो इसे सशक्त बनाते हैं -

1. उद्देश्य कितना भी रचनात्मक क्यों न हों (जैसे स्वराज्य अथवा शांति) वे हिंसक साधनों से कभी प्राप्त न हो सकते। अतः अहिंसा सत्य को प्राप्त करने का अभिन्न अस्त्र है।
2. सत्याग्रह को प्रेरणा देने वाली शक्ति समूची मानवता के प्रति सत्य और प्रेम का आचरण है।
3. बुराई का विरोध हो न कि बुरा करने वाले का। इस सत्य का प्रमाण मिलता है ''जब तुम्हारा शत्रु तुम्हारा मित्र बन जाए।''[16]

सत्याग्रह का अराजक आंदोलनों से समीपता

जब सत्याग्रह को भारत के आजादी आंदोलन के क्रम में ब्रिटिश हुकमरानों के विरोध में दुर्बल लोगों का अस्त्र कहा जा रहा था तो 1916 में गाँधी ने असे 'जागृत अराजकता' का नाम दे दिया। ''मैं खुद एक अराजकतावादी हूँ लेकिन थोड़ा भिन्न''[17] 1930 के बनारस विश्वविद्यालय की सभा में, जब गाँधी का हिन्द स्वराज संबंधी विचार पुष्ट हो चुका था, अध्यक्षा एनीबेसेंट ने गाँधी को रोकना चाहा जब वे कह रहे थे –मैं अपने देश के आतंकवादियों का सम्मान करता हूँ जो अपने देश को इतना प्यार करते हैं तथा इसके लिए मर मिटने को तैयार हैं।''[18] उन्होंने यह भी कहा कि अगर कुछ लोगों ने बम नहीं फेंका होता तो बंगाल के विभाजन आंदोलन में हमें वह कुछ न मिलता जो मिला।''[19] यह ठीक है कि गाँधी कभी हत्या को सम्मानित नहीं मानते थे पर वे पश्चिमी आतंकवादियों के छोटी ग्राम इकाइयों द्वारा

राज्य चलाने की धारणा को सही मानते थे। वे जब उक्त सभा में यह कहने लगे कि ''अंग्रेजों से मांगने से कुछ नहीं मिलेगा, उसे लेना पड़ेगा।''[20] तब एनी बेसेंट उठ कर सभा से चली गईं। गाँधी ने अपने सत्याग्रह का एक निर्भय स्वरूप दिया जो मूक विरोध से कहीं तीखा था। गाँधी ने सत्याग्रह में विरोध करने के साहस और निर्भयता को वह रूप दिया जो हिंसा जैसा उग्र तो न था पर मर मिटने के संकल्प के कारण अत्यंत धारदार था। वह भारतीयों के चापलूस और खुशामदी मानस पर जो अंग्रेजी सभ्यता का वाहक बन गया था, स्वदेशी स्वाभिमान का कुठार था। इस अर्थ में गाँधी का सत्याग्रह ''पैसिव'' होने की जगह अत्यंत जागृत एवं कठोर था।

विदेशी शासन के विरोध में गांधी ने सत्याग्रह में जो नए विरोध का स्वर जोड़ा वह था पश्चिमी सभ्यता के प्रति विद्रोह तथा स्वदेशी के प्रति अपनत्व। ''भारत अंग्रेजों के पांव तले नहीं उनके आधुनिक सभ्यता से कुचला जा रहा है।''[21] तथा एक राक्षसी बोध से कराह रहा है।''[22] भारत विधर्मी हो गया है, हिन्दू-मुसलमान के अर्थ में नहीं बल्कि एक शाश्वत धर्म के लोप होने से, जो सभी धर्मों में एक परमात्मा को देखता है।''[22] अंग्रेजी सभ्यता के दुर्गुण को बताते हुए गाँधी ने इसके यंत्र मोह पर ऊंगली उठाई जो लाखों लोगों को बेरोजगार कर रहा था और भूख से मर रहा था—केवल पैसे के लोभ एवं लालच के लिए। यंत्र अपने में बुरे न भी हों, वे बाज़ार के लालच में देशों को युद्ध में लिप्त कर चुके थे।''[23]

सत्याग्रह पश्चिम के हिसंक विरोध की धारणा

इस तरह गाँधी का सत्याग्रह एक कठोर राज्य सत्ता का विरोध बन गया। इसी समय यूरोपीय देशों में कामगारों के मशीन मालिकों के विरोध में एक सशस्त्र आंदोलन रूप ले चुका था। एक ओर कम्युनिस्ट राज्य ने, विरोधी बन कर हिंसा को वर्ग-संघर्ष का रूप दे दिए थे दूसरी ओर विरोधी बन कर हिंसा को वर्ग-संघर्ष का रूप दे दिए थे। दूसरी ओर कुछ आतंकवादी गुट भी धन, धर्म और राज्य की संस्थाओं को तोड़ने के लिए धीरे-धीरे हिंसा और कठोर हिंसा के पक्षधर बन गए थे। शुरू में मजदूरों की यह लड़ाई वर्ग विरोधी थी पर राज्य विरोधी नहीं, अगर जागृत सरकारें अपने को संयम में रखने। पर फ्रांस के प्रूढों और अमेरिका के डेविड थोरू (1850 के काल में) संगठित सम्पत्ति और संगठित राज्य दोनों को गरीब विरोधी मानते थे, जिसके लिए विद्रोह होना मजदूरों के हित में था।

गाँधी पर थोरू का प्रभाव पड़ा था क्योंकि उनका उद्देश्य राज्य को छोटे समूहों में विकेंद्रित कर गरीब मजदूरों के लिए उनके शोषकों से मुक्त कर स्वशासन की नींव डालना था। ये शांतिपूर्ण आंदोलन थे जिनके आधार पर सहयोगी सरकार खड़ी की जा सकती जो खुद में सरकारें नहीं बल्कि सरकारों और निजी सम्पत्ति के

अधिकारों से रक्षा करने वाली संस्थाएँ होती। लेकिन अगले 50 वर्षों में ये आंदोलन हिंसक हो गए क्योंकि किसी सरकार को हटा कर कोई विकल्प खड़ा करना जो गैर-सरकारी हो, युद्ध स्तरीय ही हो सकता था। रूस में सकारात्मक राज्य विद्रोह नकारात्मक तथा हिंसक हो गया। राज्य को खत्म करने की जगह मजदूरों का राज्य खड़ा हो गया जो लेनिन के अनुसार एक अंतरिम राज्य ही था जो प्रतिहिंसा के सिद्धांत पर ही कायम रखा जा सकता था।''[24]

गाँधी का सत्याग्रह न राज्य विरोधी था न सम्पत्ति विरोधी और न धर्म विरोधी ही। वह मशीन विरोधी हो गया क्योंकि मशीनी सभ्यता लोभ और लालच की बुनियाद पर खड़ी थी, जिससे गुलाम और उपनिवेश बताए गए तथा एक धनी-उन्मुक्त और गरीब-विरोधी राज्य कायम हुआ।

विद्रोह-हिंसा मुक्त

गाँधी ने रूस के ही एक मनीषी, टॉलस्टॉय के प्रभाव में अपनी क्रांति में अहिंसक तत्वों को जोड़ने में दृढ़ हो गए। एक शांतिपूर्ण विद्रोह सत्याग्रह का रूप ले सकता था जो 1880-93 के टॉलस्टॉय के लेखन से सिद्ध हो रहा था, जहाँ मार्क्स ने क्रांति के इस पक्ष की अनदेखी कर दी थी। उसने ईमानदार श्रम और सादा जीवन को विलासी और धनी लोगों के जीवन के विरोध में खड़ा किया। फिर उसने इसाई धर्म के उसूलों को एक नैतिक दबाव का अस्त्र बनाया। इस तरह निजी-सम्पत्ति और राज्य दोनों एक विवेकपूर्ण और न्यायपूर्ण जीवन के विरोध में थे। पर इन्हें हटाने के लिए बल का प्रयोग जरूरी न था। इसके लिए व्यक्ति अपने जीवन के उदाहरणों से ही एक जागृत विद्रोह का जन्म दे सकता था। पर टॉलस्टॉय के इस दृष्टिकोण में प्रकाश तो था पर दबाव या प्रयास न था। जो शासकों को मजबूर कर सके। गाँधी के प्रयोगों को देखकर टॉलस्टॉय ने कहा कि ''गाँधी एक आंदोलन का नेतृत्व कर सकते हैं जो फलदायक भी होगा।''[25]

सत्याग्रह का वर्तमान परिवेश

सत्याग्रह विदेशी शासकों को चुनौती देने तथा स्वतंत्रता के आंदोलन के रूप में निखरा परंतु अब उसे अपने देश के शासकों से ही मुकाबला लेने की चुनौती है जो गाँधी के बाद नव-गाँधीवादियों ने प्रयोग किया। अब भी देश-विदेशी प्रभावों से आक्रांत है तथा शासनतंत्र भी अपने संसदीय व्यवस्था में उलझता जा रहा है। जहाँ धनी वर्गों तथा पार्टियों का वर्चस्व है और गरीबों की अनदेखी हो रही है।

ऐसे में बिनोवा भावे तथा जयप्रकाश नारायण ने सत्याग्रह के द्वारा गरीबों में भूमि वितरण को एक आंदोलन का स्वरूप देना चाहा। विनोवा का भूदान आंदोलन बहुत 'पैसिव' था पर 1950-60 काल में भूमिधरों के विरोध में जागृति हुई तथा

उन्होंने गरीबों में वितरण के लिए जमीन देने में तत्परता दिखाई। पर इससे राज्य की दिशा और निरंकुशता में कोई परिवर्तन नहीं हो सका और इसलिए 1970-80 के काल में जे.पी. ने सत्याग्रह को 'संघर्ष' का नाम दिया, जिसमें राज्य को बदलने की उग्रता थी।"[26] पर मान अहिंसा के ही थे।

सत्याग्रह उग्र हो सकता था अगर उसके बिना राज्य के प्रति भय और भूख का विकल्प रह जाता है। ऐसी स्थिति में गाँधी ने अहिंसक आंदोलन को ऐसे नेतृत्व के खाते में डाल दिया जो अपने नैतिक बल के आधार पर लोगों को निर्भय बना सके और शासन से संघर्ष करने की शक्ति रखे।

गाँधी के शब्दों में

"सत्याग्रही नेतृत्व को खड़ा करना सरल नही। अनुभव यह कहता है सत्याग्रही को आत्म संयम और निर्भयता एक फौजी से भी अधिक होनी चाहिए। ऐसे लोग के होने पर भारत बहुत शीघ्र ही संकट मुक्त हो जाएगा।"[27]

गाँधी ने जीवन काल में जो भी बातें कही है वह उनकी पुस्तक हिन्द स्वराज की ही देन है। वे सत्याग्रह को अपना आमोघ अस्त्र मानते हैं और वह हर परिस्थितियों और काल में प्रयोग किया जा सकता है। पहले इसके प्रयोग में ज्यादा कठिनाईयाँ थी पर आज विज्ञान और संचार की सुविधाओं के बढ़ने से तथा कई प्रकार की वैचारिक स्वतंत्रताओं में सत्याग्रह अधिक प्रभावी हो सकता है।

वास्तव में विश्व भर में, तथा देश के भीतर भी सत्याग्रह कई रूपों में प्रयोग किया जाने लगा है। गरीबों में यह बढ़ती हुई उम्मीदों का आंदोलन होने लगा है और आतंक के विरोध में नैतिक दबाव का आंदोलन बन रहा है। दुर्भाग्य यह है कि नेतृत्व राजनेताओं द्वारा अपहृत हो जाता है पर एक 'संयमित विद्रोह' की संभावना जन साधारण के पाले में ही रहेगा? भले ही यह ग्राम पंचायतों के सशक्त होने से हो या स्वयं-सेवी समूहों के जन-जागरण के प्रकल्पों से।

विश्व स्तर पर सभ्यताओं के टकराव को एक नए आतंक से जोड़ा जा सकता है। जहाँ विज्ञान के नाम पर या धर्म के नाम पर परस्पर विरोधी शक्तियों का जन्म हुआ है। हिन्द स्वराज में परिकल्पित सभ्यता का टकराव अब वैश्विक हो गया है और यह केवल भारत का नहीं, वैश्विक समस्या बन गया है।"[28]

पर विश्व की दृष्टि अब पहले से ज्यादा, गाँधी के अहिंसा की ओर ही जा रही है। गाँधी ने हिन्द स्वराज में 1937 के चीन तथा जापान के बीच के संघर्ष के संदर्भ में भी सत्याग्रह की परिकल्पना की थी।"[29] वामपंथी विचारक सोचते हैं कि अहिंसक प्रयोग बहुत लम्बा समय लेते हैं और गाँधी ने हर देश के अपने तरह के मार्ग चुनने के विकल्प छोड दिए। यह भी सोचा जा रहा है कि आतंक के ख़िलाफ

सत्याग्रह का मार्ग खुला नहीं है, भले ही लम्बे समय में कुछ नतीजा दिखाई पड़े। इसका कारण यह माना जा रहा है कि सत्याग्रह ही सफलता के लिए आतंकियों में एक अन्तचिंतन भूल का होना जरूरी होता है तथा सत्याग्रही की भी आतंकी के प्रति नहीं, आतंक के प्रति विरोध की भावना होनी चाहिए। लेकिन इनमें दोनों स्थितियों का अभाव दिखता है। इसके अलावा गाँधी के सामने दोनों विरोधी दल एक-दूसरे के आमने सामने एक राजनैतिक मुकाबले में दिखाई पड़ते हैं पर आतंकी संगठन (जैसे अलकायदा) किसी राजनैतिक व्यवस्था से बंधा नहीं और इसलिए सत्याग्रह की भूमिका नहीं दिखाई पड़ती। (देखें, इम्रियाज अहमद)''[30]

पर उचित नेतृत्व के अधीन सत्याग्रह की सफलता हर हालत में सिद्ध होनी है जहाँ नैतिक दबाव तथा नैतिक ऊर्जा किसी भी अमानवीय स्थिति के शमन कर मार्ग बना लेगी —सत्याग्रह का संदेश यही है।

सन्दर्भ

1. एम.के. गाँधी, हिन्द स्वराज (1938) निकप्रिंट, 1990 नवजीवन
2. वही, पृ. 5-6
3. वही, पृ. 7-10
4. वही, पृ. 6
5. देखें, महादेव देसाई की भूमिका, हिन्द स्वराज, पृ. 13
6. देखें, गाँधी की प्रस्तावना, हिन्द स्वराज, पृ. 15
7. वही, पृ. 16
8. कलेक्टेड, वर्क्स आफ महात्मा गाँधी, पोल 29, पृ. 90-91
9. पाठकों से, हरिजन, 29.4.1933, उद्धृत, हिन्द स्वराज
10. कलेक्टेड वर्क्स आफ महात्मा गाँधी, वोल 29, पृ. 90-91
11. हिन्द स्वराज, पृ. 78
12. वही, पृ. 74
13. वही, पृ. 76
14. वही,
15. डी.जी. तेंदुलकर, 1992, महात्मा, केल.1, पब दिवि भारत सरकार, पृ. 180
16. वही
17. वही, 183-86
18. हिन्द स्वराज, पृ. 16-17
19. डी.जी. तेन्दुलकर, उपर्युक्त, बोल –6 पृ. 183
20. वही
21. हिन्द स्वराज, पृ.-38
22. वही, पृ.-38

23. वही, पृ.-15
24. एफ. डबल कोक, रिसेंट पालिटिकल थौट, एप्लीट, यू.एस.ए., पृ. -203, 221, 225, 283
25. उद्धृत, तेंदुलकर, वाल, 6, पृ.-143
26. जे.पी., आमने-सामने, नव जीवन, 1970
27. गाँधी, उद्धृत, के.के. सिन्हा, पोवर्टी ऑफ इकोनोमिक्स, 2005, मानक, पृ.-83-84
28. एस. हर्टिंगटन, क्लैश ऑफ सिविलाइजेसन्स, पेन्गुइन ग्रुप, 1996, पृ.-315-18
29. हिन्द स्वराज, पृ.-10-11, देखें, विपिन चन्द्रा जी, अभिजित घोष का लेख, टाइम्स ऑफ इण्डिया 10, सितम्बर, 2006
30. इम्तियाज अहमद, उपर्युक्त लेख में ही

‘हिन्द स्वराज’ और पत्रकारिता

प्रो. कमल दीक्षित

गाँधी पत्रकारिता की इस धारा को मोड़ देते हैं और उनके पत्र इंडियन ओपीनियन, यंग इंडिया, नवजीवन, हरिजन सभी इसके उदाहरण हैं।

गाँधी की पत्रकारिता जनसरोकारी थी। उन्होंने हमेशा बड़ी से बड़ी या छोटी से छोटी बात को साधारण तरीके से प्रस्तुत किया। इससे वे आमजन तक अपनी बात को आसानी से पहुँचा सके। गाँधी ने अपना लिखान वार्तालाप शैली में किया। उन्होंने आम बोलचाल की भाषा का उपयोग किया। छोटे वाक्य, सरल वाक्य रचना, सुबोध शब्दावली, देशी ढंग से प्रयोग, बोलचाल के शब्द और साधारण वार्तालाप जैसा लेखन, यही गाँधी की पत्रकारिता के लेखन की पहचान बना। उनकी इसी विधा ने उनके लेखन से लाखों लोगों को जोड़ा।

महात्मा गाँधी तथा हिन्द स्वराज के सम्बन्ध में दो तथ्य अकाट्य हैं। एक यह कि महात्मा गाँधी पहले पत्रकार थे, समाज सुधारक या स्वराज्य के संग्रामी बाद में बने। ‘हिन्द स्वराज’ भी समाचार पत्र में पहले प्रकट हुआ। बाद में जनस्वीकृति ने उसे कालजयी बनाया। दूसरा यह कि महात्मा गाँधी के समाज, संस्कृति तथा स्वराज्य सम्बन्धी विचारों का प्रभाव देशकाल की सीमा से परे रहा है। उनके विचारों की प्रासंगिकता अभी भी हैं। ‘हिन्द स्वराज’ ने भी अपने प्रकाशन के एक दशक के भीतर ही दुनियाभर के विचारवान लोगों को प्रभावित किया। उसपर चर्चाएँ चलीं। गोपाल कृष्ण गोखले सहित कई लोगों की आशा के विपरीत न तो गाँधी ने उसको परिवर्तित किया और न समय के प्रवाह में वह नष्ट हुआ। उसे पढ़ते हुए किसी को भी लगेगा कि वह आज भी उतना ही प्रासंगिक है जितना भारत की आज़ादी के संघर्ष के दौरान माना जाता था। गाँधी की दृष्टि का स्वराज्य, गाँधी-दृष्टि तथा शैली की पत्रकारिता ऐसे प्रादर्श हैं जिन्हें व्यावहारिक स्वरूप देने में कठिनाई भले ही अनुभव की जाये, पर उनकी ‘आदर्श’ स्थिति तो आज भी है।

'हिन्द स्वराज', 1909 में 'इंडियन ओपीनियन' में गुजराती में प्रकाशित 20 लेखों की शृंखला का संकलित-संपादित स्वरूप है। गाँधीजी ने यह लेख लंदन से दक्षिण अफ्रीका लौटते समय जहाज पर कुछ अफ्रीकावासियों तथा कुछ हिन्दुस्तानियों से हुई चर्चाओं के बाद लिखे थे। इन चर्चाओं में हिंसा-पथ के समर्थक भी शामिल थे। स्वराज्य, आजादी के लिए चल रहे संघर्ष तथा उसपर गाँधी के दृष्टिकोण पर उठे सवाल इसके केन्द्र में थे। इन प्रश्नों की परिधि काफी विस्तृत थी। उद्योग, मशीनों का उपयोग, हिंसा-अहिंसा, सत्याग्रह, स्वधर्म, स्वराज, हिन्दुस्तानी भाषा तथा जीवन के सम्बन्ध में जितने भी व्यवहार-रूप हो सकते हैं, लगभग सभी इस चर्चा में विस्तार या संक्षेप में आये हैं। आज जब भारत और दुनिया की स्थिति हम देखते हैं, जिसमें उपद्रव, हिंसा, आतंक का भय समाज में व्याप्त है। राज्य को लेकर असंतोश है। अपने-अपने धर्म की श्रेष्ठता के लिए संघर्ष है। शोषण की स्थितियाँ है। मनुष्य की मनुष्य के प्रति बढ़ती नफरत है। ये सभी 'हिन्द स्वराज' की चर्चा को अब भी असमाप्त बताने में समर्थ हैं। इस अर्थ में, यह चर्चा एक सदी बाद भी प्रासंगिक बनी हुई है और अब भी यह दृष्टिकोण सार्थक लगता है कि क्या संघर्ष, समृद्धि और सत्ता इस सब का हल है या प्रेम, सहभागिता, आंतरिक बल से उत्पन्न उपाय से इन स्थितियों को समाप्त किया जा सकता है। विचार का यह द्वंद्व जितना 1909 में था, लगभग उतना ही या उससे भी अधिक आज मौजूद है।

'हिन्द स्वराज' जैसी पुस्तकें कम ही लिखी गई हैं। गहरे तथा व्यापक प्रभाव वाले जीवन मूल्यों को अत्यंत सरल ढंग से रख पाना यह गाँधीजी का ही कमाल है। कमाल यह भी है कि तीस वर्ष बाद भी वे उसमें परिवर्तन लायक कुछ न पा सके। अब भी वह परिवर्तन योग्य नहीं हैं। 1921 में गाँधीजी ने 'हिन्द स्वराज' के सम्बन्ध में लिखा था, ''मेरी राय में यह किताब ऐसी है कि वह बालक के हाथ में भी दी जा सकती है। वह द्वेषधर्म की जगह प्रेमधर्म सिखाती है, हिंसा की जगह आत्मबलिदान को रखती है, पशुबल से टक्कर लेने के लिए आत्मबल को खड़ा करती है। ''इसके प्रभाव से सम्बन्ध में वे आश्वस्त थे। इसी भूमिका में उन्होंने आगे लिखा, ''इस पुस्तक में बताए हुए कार्यक्रम के एक हिस्से का ही आजकल अमल हो रहा है, वह है अहिंसा। लेकिन मैं अफसोस के साथ कुबुल करूँगा कि इसका अमल भी इस पत्र में दिखाई हुई भावना से नहीं हो रहा है। अगर हो तो हिन्दुस्तान एक ही रोज में 'स्वराज्य' पा जाये।''

1938 में गाँधीजी के जीवनी लेखक महादेव देसाई ने इसका गुजराती संस्करण पुनः प्रस्तुत किया तब उन्होंने इसकी उपयोगिता तथा इसके कालोपरि अथवा कालातीत चिंतन पर टिप्पणी करते हुए लिखा था : ''लार्ड लोधियन जब सेवाग्राम आये थे, तब उन्होंने मुझसे 'हिन्द स्वराज' की नकल मांगी थी। उन्होंने कहा था, गाँधीजी जो आजकल कह रहे हैं वह इस छोटी-सी किताब में बीज के रूप में है,

और गाँधीजी को ठीक से समझने के लिए यह किताब बार-बार पढ़नी चाहिए।'' आगे वे लिखते हैं, ''1938 में भी गाँधीजी को कुछ जगहों पर भाषा बदलने के सिवा और कुछ फेरबदल करने जैसा नहीं लगा। इसलिए यह किताब किसी भी प्रकार की काट-छांट के बिना मूलरूप में ही फिर से प्रकाशित की जाती है।''

महात्मा गाँधी ने विचारों के इस द्वंद्व पर अपने दृष्टिकोण को जन-संवाद में बदला। यह उनके पत्रकार होने या पत्रकारिता के उपाय को इस तरह के संवाद में उपयोगी मानने का स्पष्ट उदाहरण है। नवम्बर 1909 में 'हिन्द स्वराज' को 20 अध्याय की पुस्तिका का रूप दिया। उसकी भूमिका में उन्होंने लिखा : ''जब मुझसे रहा ही नहीं गया, तभी मैंने यह लिखा।'' भट्टाचार्य की तरह देश या विदेश में अनेक लोग ऐसे भी हैं जो यह मानते हैं कि उनके इसी पत्रकार ने उन्हें मोहनदास करमचंद गाँधी से महात्मा गाँधी बनने में मदद की। पत्रकारिता को माध्यम मानकर उसका उपयोग वे बैरिस्टर बनने की पढ़ाई के समय से नोआखाली तक यानी उनके पूरे जीवन के अधिकांश समय तक करते रहे हैं। शायद इसीलिए कि वे लोगों से विमर्श या बातचीत का आसान माध्यम उसे मानते थे। हिन्द स्वराज को 'इंडियन ओपीनियन' में प्रस्तुत करते हुए उन्होंने यही स्पष्ट किया भी। उन्होंने लिखा, ''इंडियन ओपीनियन' के गुजराती ग्राहक आठ सौ के करीब हैं। हर ग्राहक के पीछे कम से कम दस आदमी दिलचस्पी से अख़बार पढ़ते हैं, ऐसा मैंने महसूस किया है। जो गुजराती नहीं जानते, वे दूसरों से पढ़वाते हैं। ऐसे ही सवाल मुझसे बिलायत में किये गये थे। इसलिए मुझे लगा कि जो विचार मैंने रवानगी में बताये, उन्हें सबके सामने रखना गलत नहीं होगा।''

गाँधी समाचारपत्रों को उद्देश्यपरक मानते थे। हिन्द स्वराज के पहले ही अध्याय में वे कहते हैं : ''अख़बार का एक काम तो है लोगों की भावनाएँ जानना और उन्हें जाहिर करना, दूसरा काम है लोगों में अमुक जरूरी भावनाएँ पैदा करना और तीसरा काम है लोगों में दोष हों तो चाहे जितनी मुसीबतें आने पर भी बेधड़क होकर उन्हें दिखाना।'' उनके लिए अख़बार सिर्फ़ सूचना या विचारों की रस्मी प्रस्तुति कभी नहीं रही। न वे यह मानते थे कि अख़बार तो सिर्फ़ ऐसे मंच हैं जिसपर सब अपने-अपने विचार व्यक्त करते रहें। न वे उन्हें केवल विरोध पक्ष की भूमिका के रूप में देखते थे। वे जरूरी भावनाएँ पैदा करने और जरूरत होने पर 'मुसीबत आने पर भी बेधड़क' बताने के पक्षधर थे। यदि ऐसा न हो तो वे लोगों की दुर्दशा के अन्य कारणों में अखबार को भी शामिल करते थे। उन्होंने एक प्रश्न का उत्तर देते हुए कहा था, ''जो अँग्रेज 'वोटर' हैं (चुनाव करते हैं), उनकी धर्म पुस्तक तो है अख़बार। वे अख़बारों से अपने विचार बनाते हैं। अख़बार अप्रामाणिक होते हैं। एक ही बात को दो शक्लें देते हैं।...एक अख़बार वाला किसी अँग्रेज नेता को प्रामाणिक मानेगा, तो दूसरा अख़बार वाला उसको अप्रामाणिक मानेगा। जिस देश

में ऐसे अख़बार हैं उस देश के आदमियों की कैसी दुर्दशा होगी?'' 1903 से 1948 तक वे इंडियन ओपीनियन, यंग इंडिया, नन जीवन, हरिजन के संपादकीय सहयोग या लेखन करते रहे। इन पत्रों की ज्यादातर सामग्री उनकी ही कलम से ही तैयार होती थी। ये सभी पत्र इन्हीं कसौटियों के उदाहरण हैं। फीनिक्स आश्रम से भारत लौट आने पर गाँधीजी के द्वितीय पुत्र मणिलाल 'इंडियन ओपीनियन' की जिम्मेदारी संभाल रहे थे। 1915 में गाँधीजी ने मणिलाल को उत्तरदायित्व समझाते हुए यही कहा था : ''इंडियन ओपीनियन में सच ही छापें, पर ऐसा करते हुए न तो विनम्रता छोड़ें और न ही आवेश या क्रोध में आये। अपनी भाषा विनम्र रखें। गलती हो जाये तो बेहिचक स्वीकार करें।''

पचास से दशक में भारतीय समाचार पत्र भी महात्मा गाँधी की इन कसौटियों के अनुरूप नहीं थे। ज्यादातर अख़बारों की सामाजिक भूमिका से वे प्रसन्न नहीं थे। उनमें न तो सही रिपोर्टिंग होती थी और वे सरकार के आतंक से सदा सहमे-सहमे रहते थे। 19 जुलाई, 1946 को प्रार्थना सभा में अख़बारों के बारे कहे गये संभवतः उनके अंतिम शब्दों में यही नाराजगी थी। उन्होंने कहा था, ''वायसराय की जगह मैं एक दिन के लिए भी तैनात किया जाऊँ, तो सारे समाचार-पत्रों को बंद करा दूँ। थोड़ा रुककर और हल्की स्मृति के साथ उन्होने इसी में जोड़ा था –''हाँ, एक अपवाद होगा-हरिजन। उनकी यह नाराजी समाचार-पत्रों की उपयोगिता को लेकर नहीं थी। असंतोश पत्रकारों की भूमिका को लेकर था। 'हिन्द स्वराज' में बहुत पहले उन्होंने सभ्यता के बारे में पूछे गये प्रश्न का उत्तर देते हुए कहा था,'' पहले लोग कुछ ही किताबे लिखते थे और वे अनमोल मानी जाती थीं। आज हर कोई चाहे जो लिखता है और छपवाता है और लोगों के मन को भरमाता है।'' हिन्द स्वराज को प्रस्तुत करते हुए उसकी भूमिका में भी उन्होंने लिखा, ''बहुत पढ़ा, बहुत सोचा। विलायत में ट्रांसवाल डेप्युटेशन के साथ मैं चार माह रहा। उस बीच हो सका उतने हिन्दुस्तानियों के साथ मैने सोच-विचार किया। हो सका उतने अँग्रेजों से भी मैं मिला। अपने जो विचार मुझे आख़िरी मालूम हुए, उन्हें पाठकों से सामने रखना मैंने अपना फ़र्ज समझा। इसी में आगे वे कहते हैं,'' जो विचार यहाँ रखे गये हैं, वे मेरे हैं और मेरे नहीं भी हैं। वे मेरे हैं क्योंकि उनके मुताबिक बरतने की मैं उम्मीद रखता हूँ, वे मेरी आत्मा में गढ़े-जड़े हुए जैसे हैं। वे मेरे नहीं हैं क्योंकि सिर्फ़ मैंने ही उन्हें सोचा हो सो बात नहीं। कुछ क़िताबें पढ़ने के बाद वे बने हैं। दिल में भीतर ही भीतर मैं जो महसूस करता था, उसका इन किताबों ने समर्थन किया।''

गाँधी के लिए उनके पत्र अपने जीवन के दर्पण की तरह थे। अपनी आत्मकथा में वे लिखते हैं, ''सन् 1914 तक के 'इंडियन ओपीनियन' का शायद ही कोई अंक ऐसा होगा, जिसमें मैंने कुछ लिखा न हो। इसमें मैंने एक भी शब्द बिना विचारे, बिना तौले लिखा हो या किसी को केवल खुश न करने के लिए लिखा हो अथवा

जानबूझकर अतिश्योक्ति की हो, ऐसा मुझे याद नहीं पड़ता।'' गाँधीजी के जीवन में आये परिवर्तन का सम्बन्ध पत्रकारिता तथा उनके प्रकाशित पत्रों से रहा है। आत्मकथा में ही उन्होंने लिखा है, ''इंडियन ओपीनियन उसमें किये गये परिवर्तन मेरे जीवन में हुए परिवर्तन का द्योतक थे। जिस तरह आज 'यंग इंडिया' और 'नव जीवन' मेरे जीवन के कुछ अंशों के निचोड़ के रूप में हैं, उसी तरह 'इंडियन ओपीनियन' भी था।

गाँधी ने उस समय की यूरो-अमेरिकी पत्रकारिता का न तो शिल्प अपनाया और न ही वे उस धारा में बहे। यह रूप, विषय और उसकी की प्रस्तुति दोनों को लेकर रहा है। वे मनोरंजन के लिए पत्रकारिता का उपयोग नहीं करते थे। जागरूकता, मतनिर्माण, सामाजिक कार्य में सहभागिता और अपने दृष्टिकोण से विषय को स्पष्ट करने के लिए ही उन्होंने जन-सम्प्रेषण के लिए इस विधा का सहारा लिया। वे पत्रकारिता को नागरिक चेतना का माध्यम मानते थे। उनके परवर्ती काल में, जब पत्रकारिता मनोरंजन तथा व्यवसाय की धाराओं में बंटी, तब उसकी इस भूमिका को लेकर जो बहस हुई उसमें बहुतों ने गाँधी के इसी दृष्टिकोण यानी समाज सरोकार तथा नागरिक चेतना को सार्थक उपाय माना।

यह बहस अब भी जारी है जो यह स्पष्ट करती है कि गाँधी ने अपने युग की पत्रकारिता को प्रभावित किया और वे उस दौर के नायक रहे। यह गाँधी के लेखन का ही करिश्मा था कि पत्रकारों की एक नई जमात ने जन्म लिया और समाज की विभिन्न कुरीतियों के परिशोधन में अपना अतुलनीय योगदान दिया। उनसे प्रभावित होकर बहुत से लेखकों ने अपनी कलम से सामाजिक समस्याओं की ओर लोगों का ध्यान आकर्षित किया। गाँधी की समकालीन पत्रकारिता में जाने माने लोकमान्य बाल गंगाधर तिलक थे। मदन मोहन मालवीय, दादा भाई नारोजी या लाला लाजपतराय की धारा पृथक् ही रही। तिलक भारतीयता और आजादी के प्रश्न पर सबसे अधिक जागरूक रहे पर गाँधी की पत्रकारिता तिलक से आगे जाती है, कई मायनों में। गाँधी ने समाज की व्यापक परिधि को अपने चिंतन के केन्द्र में रखा और उसमें जो नवीनता, नवाचार, प्रगतिशीलता, परिशोधन के प्रति स्वीकार भाव रहा, वह अन्यत्र कहीं नहीं दिखाई देता। वे बलात् परिवर्तन नहीं चाहते थे। गाँधी लोगों का हृदय परिवर्तन करके समाज में परिस्कार का अनुमोदन करते थे। इसके लिए उन्होंने अपनी लेखनी के दम पर मत निर्माण का अनूठा कार्य किया। वे तार्किक और समन्वयवादी रहे। समग्र समाज पर इतनी विविधता से और समय के साथ मिलकर परिस्थतियों को समझकर विषय का विवेचन करना जितना अच्छी तरह से गाँधी कर पाए, उतना कोई नहीं कर पाया। यही गाँधी और उनके लेखन को विशिष्ट श्रेणीं में ला खड़ा करता है। 'इंडियन ओपीनियन', 'यंग इंडिया', 'हरिजन' और 'नवजीवन' में तो उन्होंने अपना सर्वस्व स्वाहा किया और कबीर के इस कथन को

सिद्ध किया 'जो घर फूंके आपनो चले हमारे साथ।'

'हिन्द स्वराज' गाँधी-विचार का बीज है। पत्रकारिता के रूप गढ़ने तथा उसे समाज के सकारात्मक सरोकारों के साथ जोड़ने का साधन-साध्य शुचिता तथा इतिहास-दृष्टि से प्रसंग का चुनाव करने में देखा जा सकता है। 'हिन्द स्वराज' के 'गोला बारूद' तथा सत्याग्रह-आत्मबल लेखों में उन्होंने इसे स्पष्ट किया। उनसे पूछा गया था कि किसी भी तरह अपना काम पूरा कर लेने में क्या बुराई है? अगर मुराद (लक्ष्य-इच्छा) अच्छी हो तो चाहे जिस साधन से पूरा करें। गाँधी का उत्तर था, ''आप मानते हैं कि साधन और साध्य, जरिया और मुराद के बीच कोई सम्बन्ध नहीं है। यह बहुत बड़ी भूल है। इस भूल के कारण जो लोग धार्मिक कहलाते हैं, उन्होंने घोर कर्म किये हैं। यह तो धतूरे का पौधा लगाकर मोगरे की फूल की इच्छा करना हुआ।.. साधन बीज है और साध्य-हासिल करने की चीज-पेड़ है। इसलिए जितना सम्बन्ध बीज और पेड़ के बीच होता है, उतना ही साधन और साध्य के बीच है।'' सत्याग्रह शीर्षक लेख में वे कहते हैं, ''इतिहास का शब्दार्थ है : ऐसा हो गया। ऐसा अर्थ करें तो आपको सत्याग्रह के कई प्रमाण दिये जा सकेंगे। इतिहास जिस अँग्रेजी शब्द का तरजुमा है और जिस शब्द का अर्थ बादशाहों या राजाओं की तवारीख होता है, उसका अर्थ लेने से सत्याग्रह का प्रमाण नहीं मिल सकता। 'हिस्टरी' में दुनिया के कोलाहल की ही कहानी मिलेगी।...राजा लोग कैसे खेलते थे, कैसे खून करते थे, कैसे वैर रखते थे, यह सब 'हिस्टरी' में मिलता है। अगर यही इतिहास होता, अगर इतना ही हुआ होता, तब तो दुनिया कब की डूब गई होती।...'हिस्टरी' अस्वाभाविक बातों को दर्ज़ करती है। सत्याग्रह स्वाभाविक है, इसलिए उसे दर्ज़ करने की जरूरत ही नहीं है।...जब इस दया की, प्रेम की और सत्य की धारा रूकती है, टूटती है, तभी इतिहास में वह लिखा जाता है।'' क्या यही बात अख़बार में प्रकाशित समाचारों के सम्बन्ध में सच नहीं है। इसीलिए गाँधी पत्रकारिता की इस धारा को मोड़ देते हैं और उनके पत्र इंडियन ओपीनियन, यंग इंडिया, नवजीवन, हरिजन सभी इसके उदाहरण हैं।

गाँधी की पत्रकारिता जनसरोकारी थी। उन्होंने हमेशा बड़ी से बड़ी या छोटी से छोटी बात को साधारण तरीके से प्रस्तुत किया। इससे वे आमजन तक अपनी बात को आसानी से पहुँचा सके। गाँधी ने अपना लिखान वार्तालाप शैली में किया। उन्होंने आम बोलचाल की भाषा का उपयोग किया। छोटे वाक्य, सरल वाक्य रचना, सुबोध शब्दावली, देशी ढंग से प्रयोग, बोलचाल के शब्द और साधारण वार्तालाप जैसा लेखन, यही गाँधी की पत्रकारिता के लेखन की पहचान बना। उनकी इसी विधा ने उनके लेखन से लाखों लोगों को जोड़ा। गाँधी जानते थे कि समाज में परिशोधन के लिए यह अपरिहार्य है कि आम आदमी को परिवर्तन के लिए तैयार किया जाए और यह तभी किया जा सकता है जब उसे उसी की भाषा में समझाया जा सके। गाँधी के लेखन की इस विशेषता के साथ ही उनमें एक और विशेषता थी कि जो कुछ

उन्होंने लिखा या कहा उसे उन्होंने स्वयं के जीवन में अंगीकार भी किया।

गाँधी ने जिस भाषा का प्रयोग किया, उसमें सम्प्रेषणीयता के गुण के कारण अद्भूत सौन्दर्य आ गया। वे अपने पाठक समूह को जानकर अपनी भाषा का चयन करते थे। कई लोगों ने अँग्रेजी में उनके गद्य को सर्वश्रेष्ठ माना है। उनकी हिन्दी और गुजराती की रचनाएँ भी उन भाषाओं के गद्य की सुन्दर रचनाएँ मानी जाती हैं उनकी भाषा में भारी भरकम शब्द नहीं मिलते, दिमाग की कसरत कराने वाले वाक्यों का प्रयोग नहीं होता। छोटे-छोटे वाक्यों और सरल शब्दों में कही गई बातें सीधे आदमी के मन में पहुँचती थी। शब्द की अभिधाशक्ति के प्रयोग में वे सिद्धहस्त थे और लक्षणा-व्यंजना का इस्तेमाल बहुत कम करते थे। भाषा को लटकेबाजी या लच्छेबाजी से सजाना उन्हें प्रिय नहीं था। वे चुन-चुनकर शब्द रखते थे और शब्दों का अपव्यय उन्हें पसन्द नहीं था। उनकी भाषा के पीछे एक वकील की नज़र रहती थी जिसमें उनकी भाषा का कोई भी दूसरा अर्थ नहीं लगाया जा सकता था। शब्दों की सरलता और उनके उचित इस्तेमाल की दृष्टि से गाँधी की पत्रकारिता बेमिसाल है।

गाँधी की पत्रकारिता का साहित्य पर गहरा प्रभाव देखा गया। उनके पावन उद्देश्यों से प्रभावित होकर कई पत्र-पत्रिकाओं और साहित्यकारों ने उनका अनुसरण किया। उनके सरल लेखन से प्रभावित होकर पत्रकार और साहित्यकार उनकी शैली की नकल करने लगे। इसका परिणाम यह हुआ कि उस दौर में पत्रकारिता और साहित्य जनोन्मुखी हो गया। यह गाँधी का ही प्रभाव था कि राजनीतिक चेतना के साथ-साथ सामाजिक आन्दोलनों में भी पत्र-पत्रिकाओं ने बढ़-चढ़कर भाग लिया। कई लेखकों ने गाँधी से प्रभावित होकर सामाजिक समस्याओं को अपनी सशक्त कलम के माध्यम से अभिव्यक्त किया। यह गाँधी की पत्रकारिता की एक महत्त्वपूर्ण सफलता मानी जानी चाहिए। अब भी यह वक्त की जरूरत है। सकारात्मक समाज, जीवन मूल्यों से भरा-पूरा समाज आंतरिक बल, सत्य के लिए आग्रह, प्रेम, आत्म बलिदान, सहयोग और सर्व का उदय जैसे लक्षणों के समाज के लिए गाँधी की यही दृष्टि आज पहले से अधिक आवश्यक है-यही 'हिन्द स्वराज' की सातत्यता है।

सन्दर्भ

1. हिन्द स्वराज्य/महात्मा गाँधी, अनुवादक अमृतलाल ठाकोरदास नाणावटी,/सर्व सेवा संघ प्रकाशन, वाराणसी, नवम्बर 2002
2. सर्वोदय/गाँधीजी संपादक भारतन कुमारप्पा, नवजीवन प्रकाशन, अहमदाबाद
3. सत्य के प्रयोग : आत्मकथा : महात्मा गाँधी, नवजीवन प्रकाशन, अहमदाबाद
4. महात्मा गाँधी की पत्रकारिता की सामाजिक-आर्थिक सुधारों में भूमिका/शोध प्रबंध/डॉ. संदीप पुरोहित

5. महात्मा गाँधी एण्ड जर्नलिज्म : विद्युत भट्टाचार्य:पी.आई.बी. फीचर्स, 30 सितम्बर 2002
6. पीयरलेस कम्युनिकेटर:वी. एन. नारायण : लाइफ पॉजिटिव प्लस, अक्टू-दिसम्बर 2002
7. महात्मा गाँधी एण्ड मास मीडिया : प्रो. वी. एस. गुप्ता, एमप्लायमेंट न्यूज, 29 सितम्बर 2001

आम इंसान का रास्ता–अहिंसा का ही

डॉ. संदीप पाण्डेय

राज्य ने अपने आपको ज्यादा व खतरनाक हथियारों तथा प्रशिक्षण के आधुनिकतम तरीकों से लैस किया है। किंतु जिन शक्तियों के लिए ये दमन के तरीके अपनाए गए हैं वे अपना रास्ता बदलने को तैयार हुए हों ऐसा दिखाई तो नहीं पड़ता। प्रतिहिंसा ही ज्यादा दिखाई दे रही है।

असल में हिंसा मनुष्य का स्वभाव नहीं है। हिंसा का रास्ता वह बहुत मजबूरी में या किसी प्रतिक्रिया में अपनाता है। हिंसा का कुछ तात्कालिक प्रभाव भले ही पड़ता हो किंतु समस्याओं का समाधान तो नहीं ही निकलता है। उल्टे समस्याएँ और उलझ जाती हैं। एक मानवीय समाज व्यवस्था के निर्माण का उद्देश्य तो संवैधानिक व शांतिपूर्ण तरीकों से ही ज्यादा कारगर तरीके से हासिल किया जा सकता है।

शर्मीला जिन नैतिक ऊँचाइयों पर पहुँच चुकी है उसके सामने दुनिया की दूसरी सबसे बड़ी सेना रखने वाले देश की सरकार बौनी नज़र आ रही है। यह शर्मीला का सत्याग्रह है। गांधीजी ने हिंद स्वराज में इसी सत्याग्रह की ताकत को रेखाँकित किया है।

समता व न्याय के मूल्यों पर आधारित समाज निर्माण करना सामाजिक बदलाव के कार्यक्रमों का लक्ष्य होता है। विभिन्न विचारधाराओं को मानने वाले लोगों के बीच इस लक्ष्य को हासिल करने के लिए उपयोग किए जाने वाले तरीकों पर बहस होती रही है। इधर शांतिपूर्ण तरीकों से परिवर्तन के प्रयासों की असर डालने की क्षमता पर प्रश्न चिन्ह लगे हैं। कुछ लोग ऐसा मानते हैं कि हिंसक तरीके ज्यादा प्रभावशाली तरीके से ध्यानाकर्षण करते हैं। हिंसा की घटनाओं में बढ़ोत्तरी भी हुई है। हिंसक घटनाएँ चूँकि एक आपातकालीन परिस्थिति पैदा करती है इसलिए संचार माध्यमों में भी उन्हें ज्यादा व प्रमुख स्थान मिलता है। ऐसे भ्रमपूर्ण माहौल में उपर्युक्त

बहस का एक तटस्थ दृष्टिकोण से समाधान निकालना और भी मुश्किल हो जाता है। दूसरी तरफ राज्य की भूमिका पहले से ज्यादा दमनकारी हुई है। सुरक्षा के नाम पर आतंक का माहौल बनाया जा रहा है। राज्य ने अपने आपको ज्यादा व खतरनाक हथियारों तथा प्रशिक्षण के आधुनिकतम तरीकों से लैस किया है। किंतु जिन शक्तियों के लिए ये दमन के तरीके अपनाए गए हैं वे अपना रास्ता बदलने को तैयार हुए हों ऐसा दिखाई तो नहीं पड़ता। प्रतिहिंसा ही ज्यादा दिखाई दे रही है।

असल में हिंसा मनुष्य का स्वभाव नहीं है। हिंसा का रास्ता वह बहुत मजबूरी में या किसी प्रतिक्रिया में अपनाता है। हिंसा का कुछ तात्कालिक प्रभाव भले ही पड़ता हो किंतु समस्याओं का समाधान तो नहीं ही निकलता है। उल्टे समस्याएँ और उलझ जाती हैं। एक मानवीय समाज व्यवस्था के निर्माण का उद्‌देश्य तो संवैधानिक व शांतिपूर्ण तरीकों से ही ज्यादा कारगर तरीके से हासिल किया जा सकता है।

उत्तर प्रदेश के हरदोई जिले में सार्वजनिक वितरण प्रणाली के तहत गरीबी रेखा के नीचे जीवन यापन करने वालों को प्रतिमाह जो अनाज व चीनी मिलनी चाहिए थी उसका एक दाना भी नहीं मिलता था। फरवरी 2006 में सण्डीला तहसील पर खाली राशन कार्डों को लेकर एक धरना हुआ। राजनीतिक दबाव में जब उप-जिलाधिकारी ने हाथ खड़े कर दिए तो पूरा धरना पदयात्रा के रूप में हरदोई जिला मुख्यालय पहुँचा। धरने के दौरान परिसर की सफाई, आदि श्रमदान के कार्य होते रहे। धरना जब अनशन में तब्दील हुआ तो जिलाधिकारी को हस्तक्षेप कर राशन की सामग्री का वितरण शुरू कराना पड़ा। जिन गाँवों में देश की आज़ादी के बाद से आज तक सार्वजनिक वितरण प्रणाली के तहत किसी सामग्री का वितरण नहीं हुआ था, वहाँ वितरण हुआ। लोगों में नए उत्साह व आत्मविश्वास का संचार हुआ। मई 2007 में जब ग्राम पंचायत लाला मऊ मवई में चार माह से कोई वितरण नहीं हुआ था तो तहसील दिवस पर कोई 60-65 ग्रामवासी जिलाधिकरी की गाड़ी के सामने बैठ गए। राशन कार्डों की जाँच के बाद कोटेदार, यानी उचित मूल्य की दुकान का मालिक, निलम्बित हुआ। पिछले ढाई वर्षों में कोई चालीस के लगभग कोटेदारों के खिलाफ कार्रवाइयाँ हो चुकी हैं। आज सण्डीला तहसील के अधिकांश गांवों में प्रत्येक माह राशन सामग्री का वितरण होने लगा है। इस दौरान दो घटनाएँ जरूर ऐसी हुई जिनमें कोटेदारों ने सामाजिक कार्यकर्ताओं की पिटाई कर दी। इसके बावजूद लोगों या कार्यकर्ताओं की तरफ से कोई हिंसा नहीं हुई।

इसी जिले के तीन विकास खण्डों-भरावन, सण्डीला व बेहदेंर तथा पड़ोस के जिले उन्नाव के मियागंज विकास खण्ड में राष्ट्रीय ग्रामीण रोजगार गारंटी अधिनियम के तहत प्रदत्त सामाजिक अंकेक्षण के अधिकार का इस्तेमाल कर राष्ट्रीय ग्रामीण रोजगार गारंटी योजना के अंतर्गत कराए गए कार्यों की जनता जाँच की गई। ग्राम प्रधानों ने काफी विरोध किया। हरदोई में प्रधान के हथियार से लैस लोगों ने

सामाजिक अंकेक्षण करने गए दल व उनको बयान देने वाले ग्रामीण मजदूरों को आतंकित किया तथा जन सुनवाई को बाधित करने का प्रयास किया तो उन्नाव में प्रधान संघ न्यायालय से जनता जाँच के खिलाफ एक स्थगनादेश ले आया। प्रधान के लठैत गांव-गांव में सामाजिक अंकेक्षण करने गए दल का रास्ता रोक कर खड़े हो गए। प्रधानों द्वारा हिंसा की धमकी के जवाब में सामाजिक अंकेक्षण दल ने विकास खण्ड कार्यालय पर अनशन का निर्णय लिया। खण्ड विकास अधिकारी की पहल पर एक वार्ता हुई जिसमें ग्राम प्रधानों को यह समझाया गया कि वे जनता जाँच को अपने खिलाफ कोई कार्यवाही न माने। यह जनता द्वारा कानून प्रदत्त अधिकार का इस्तेमाल कर इस योजना के बेहतर क्रियान्वयन का प्रयास है। जून 2008 में हुए इस सामाजिक अंकेक्षण में बाद में ग्राम प्रधानों ने सहयोग भी किया। उपर्युक्त चार विकास खण्डों में आज राष्ट्रीय ग्रामीण रोजगार गारंटी योजना का पहले से बेहतर क्रियान्वयन हो रहा है। इस इलाके के अधिकांश गाँवों में पहली बार पूरी न्यूनतम मजदूरी का भुगतान हो रहा है।

आज यहाँ जनता पहले से ज्यादा अपने लोकतांत्रिक अधिकारों के प्रति जागरूक है तथा ग्राम प्रधान, उचित दर के दुकानदार, सरकारी कर्मचारी व अधिकारी पहले से ज्यादा अपने को जनता के प्रति जवाबदेह मानते हैं।

पूर्वी उ.प्र. के बलिया जिले के सिंहाचवर गाँव में कोका कोला कम्पनी ग्राम पंचायत के एक प्रस्तावित मार्ग के दोनों तरफ की जमीनों को खरीद कर उस मार्ग पर भी कब्जा करना चाह रही थी। 1 जनवरी, 2006 को ग्राम प्रधान चिंता देवी के नेतृत्व में ग्रामीणों ने इस मार्ग पर श्रमदान कर इस मार्ग पर अपने अधिकार को पुख्ता किया। इस कारखाने के खिलाफ कई शांतिपूर्ण प्रदर्शन हुए। आज यह कारखाने घाटे में चलने की वजह से बंद हो गया है।

इसी तरह का एक संघर्ष वाराणसी जिले के मेहदीगंज गाँव में लगे कोका कोला कारखाने के खिलाफ चल रहा है। इस कारखाने की वजह से भू-गर्भ जल स्तर में आई भारी गिरावट तथा कारखाने से निकलने वाले कचरे से हो रहे जल एवं मृदा प्रदूषण के कारण किसानों में इस कारखाने के प्रति काफी रोष है। यहाँ दो बार पुलिस द्वारा लाठी चार्ज कर किसानों तथा सामाजिक कार्यकर्ताओं को जेल में डाला गया। फिर भी आंदोलन कभी हिंसक नहीं बना। आज कोका कोला विरोधी आंदोलन का इस क्षेत्र में व्यापक जनाधार है तथा इस आंदोलन की गूंज अमरीका में कोका कोला कंपनी की शेयर धारकों की बैठक में सुनाई पड़ी है। शेयरधारक कंपनी के प्रबंधन से यह पूछ रहे हैं कि वह भारत में किसानों का पानी क्यों चोरी कर रही है?

अयोध्या को इस देश में साम्प्रदायिक राजनीति का केंद्र बनाया गया। हिंदुओं की धार्मिक भावना को भड़का कर बाबरी मस्जिद ढहा दी गई। इस दुर्घटना ने देश में आतंकवाद की राजनीति को जन्म दिया। हिंसा का एक नया दौर शुरू

हुआ। जब अयोध्या के साधु-संतो को यह बात समझ में आई कि राजनीति निहित स्वार्थ हेतु लोगों की धार्मिक भावनाओं का इस्तेमाल किया जा रहा है, तो उन्होंने अपने आपको राम मंदिर आंदोलन से अलग किया। 2003 में अयोध्यावासियों द्वारा 'अयोध्या की आवाज' नामक मंच का निर्माण किया गया जिसके माध्यम से दो बातें कही गईं। एक तो यह, कि जिन लोगों का राजनीतिक निहित स्वार्थ है वे बाहरी लोग अयोध्या में दखलंदाजी बंद करें। दूसरा, अयोध्या का मंदिर-मस्जिद विवाद अयोध्या के स्थानीय हिन्दू-मुसलमान व अन्य धर्मों के लोग भी मिलजुल कर सुलझाएँ। अयोध्या के निवासी, जो वहाँ स्थाई पुलिस-पी.ए.सी. की उपस्थिति तथा हिन्दुत्ववादी संगठनों द्वारा लिए जाने वाले कार्यक्रमों की वजह से बार-बार लगने वाले कर्फ्यू से तंग आ चुके थे, इन दो बिन्दुओं के पूर्ण समर्थन में थे। धीरे-धीरे अयोध्या में हिन्दुत्त्ववादी संगठनों का आतंक समाप्त हुआ तथा साम्प्रदायिक राजनीति का आधार खत्म हो गया। आज अयोध्या के लोग अपनी शांति व सद्भावना में कोई खलल नहीं चाहते हैं।

किंतु देश के पैमाने पर साम्प्रदायिकता के ज़हर ने पूरे तंत्र को प्रभावित किया है। जिस तरह से तमाम आतंकवादी घटनाओं के बाद निर्दोष मुस्लिम युवाओं को निशाना बनाया जा रहा है वह इस बात का सबूत है। जब से भारत अमरीका के 'आतंकवाद के खिलाफ युद्ध' में सहयोगी बन गया है तब से तो जैसे आतंकवादी घटनाओं की बाढ़ सी आ गई है। यह हमारे लिए बड़ा चिंता का विषय होना चाहिए। तुरंत परिणाम दिखाने की जल्दबाजी में निर्दोष लोगों को आतंकवादी या फिर नक्सलवादी बता कर फंसाने से तो समस्या और पेचीदा होती जाएगी। नासमझदारी का जवाब दूसरी नासमझदारी नहीं हो सकता। आतंकवाद व नक्सलवाद के बारे में सही राजनीतिक समझ के बगैर तथा बिना पूरी ईमानदारी के सही दिशा में राजनीतिक पहल किए इन समस्याओं का समाधान लगभग नामुमकिन है।

2005 में दिल्ली से मुलतान तक एक भारत पाकिस्तान शांति पदयात्रा का आयोजन हुआ। पाकिस्तानी सरकार ने अपने यहाँ पैदल चलने की तो अनुमति नहीं दी किंतु इस आयोजन के दौरान भारत व पाकिस्तान में कई सभाएं हुईं जिनमें दोनों देशों के नागरिकों की भागीदारी रही। हरेक सभा में दोनों देशों की आम जनता ने भारत और पाकिस्तान के बीच दोस्ती और शांति स्थापित करने की, सीमा खोल देने की तथा हथियारों की होड़ खत्म कर बहुमूल्य संसाधनों को दोनों देशों की गरीब जनता के विकास में लगाने की पुरजोर वकालत की। जिस तरह से हाल में कश्मीर में विशाल जन सभाएँ हुई जो पूर्णतया शांतिपूर्ण रही, क्योंकि पुलिस व सेना ने भी संयम बरता उससे साफ है कि आम-इंसान हिंसा का रास्ता नहीं अपनाता।

यह तो राजनीतिक निहित स्वार्थ वाले तत्वों तथा संकीर्ण मानव-विरोधी राष्ट्रवादी सोच का नतीजा है कि भारत व पाकिस्तान के बीच कश्मीर का मुद्दा

उलझा दिया गया है। कश्मीर में भारत सरकार की दमनकारी नीतियाँ जनता के अंदर और रोष उत्पन्न कर रही हैं। जो लोग अलगाववादी आंदोलन के साथ नहीं थे वे भी अब भारत के खिलाफ होते जा रहे हैं। जब तक एक मानवीय नजरिए एवं स्पष्ट राजनीतिक इच्छा शक्ति के साथ यहाँ समाधान का प्रयास नहीं किया जाएगा तब तक कश्मीर समस्या के हल की कोई गुंजाइश नहीं दिखाई पड़ती।

कश्मीर व पूर्वोत्तर भारत में दमनकारी कानून, सशस्त्र बल, विशेष अधिकार अधिनियम को खत्म करने की माँग करने वालों में आज सबसे प्रभावशाली आवाज़ है इरोम शर्मीला की जो लगातार आठ वर्षों से अनशन कर रही हैं। सरकार ने उनकी बात पर गौर करने के बजाए शर्मीला को आत्महत्या करने के प्रयास के जुर्म में इम्फाल के जवाहरलाल नेहरू चिकित्सालय के एक वार्ड में कैद कर रखा है तथा उनको जिन्दा रखने के लिए उनकी नाक के रास्ते एक रबर नली से उनके शरीर में भोजन पहुँचाया जाता है। सरकार किसी हिंसक आंदोलन को तो हिंसा से कुचल सकती है लेकिन शर्मीला, जो न तो कोई नारा लगाती है, न ही उसने कोई बैनर लगा रखा है और जो न तो किसी संगठन से जुड़ी है, की आवाज़ को कैसे दबाएगी जो आठ वर्षों से बिना खाए-पिए रहकर शारीरिक रूप से काफी कमजोर भी हो चुकी है? शर्मीला जिन नैतिक ऊँचाइयों पर पहुँच चुकी है उसके सामने दुनिया की दूसरी सबसे बड़ी सेना रखने वाले देश की सरकार बौनी नज़र आ रही है। यह शर्मीला का सत्याग्रह है। गाँधीजी ने हिंद स्वराज में इसी सत्याग्रह की ताकत को रेखाँकित किया है। शर्मीला की दूसरी ताकत उसका अपना नैतिक बल है। नैतिक बल के साथ अहिंसा का रास्ता है। गाँधीजी ने हिंद स्वराज के माध्यम से जिस सभ्यता का विरोध किया, उसका स्वरूप आज बदल गया है। पूर्व में उठाए गए सवाल इसके उदाहरण हैं लेकिन उसका हल भी है, और वह शर्मीला दे रही है। अहिंसक सत्याग्रह ही इसका ज़वाब हो सकता है, शर्मीला ने यह सिद्ध किया है। राज्य की दमनकारी शक्तियाँ भी इस नैतिक बल के सामने बौनी हो जाती हैं।

गाँधीजी बनाम आतंकवाद (हिन्द स्वराज के आलोक में वर्तमान का अवलोकन)

मार्क ज्युरगेनसमेयर

अनुवाद : हरिओम शुक्ला

गाँधीजी के दृष्टिकोण से यातना तुरंत प्रभाव नहीं डालती है क्योंकि यह शायद ही कभी इससे उपयोगी जानकारी हासिल होती हो क्योंकि यह समाज के नैतिक चरित्र को भ्रष्ट करती है जो इसके प्रयोग किए जाने की अनुमति देता है। इसका उल्लेख उन्होंने हिन्द स्वराज में किया। उन्होंने जोर देकर कहा कि ब्रिटेन के नियंत्रण से भारत को मुक्त होने का अर्थ है अपने लक्ष्य के अनुरूप होना चाहिए जो कि एक स्वतंत्र भारतीय समाज को प्राप्त करना होगा।

वर्ल्ड ट्रेड सेंटर और पेंटागन पर 11 सितंबर, 2001 के आतंकवादी हमलों के तुरंत बाद, के जवाब में अहिंसावादी विचार को एक सिरे से खारिज कर दिया गया होता। लेकिन अब, उसके बाद अमेरिकी सेना ने दो मुस्लिम देशों पर आक्रमण से जिसमें हजारों अमेरिकी सैनिकों और निर्दोष अफगान और इराकी मारे गए। ऐसा लगता है कि यह एक वैश्विक जेहादी युद्ध खत्म नहीं होगा, वस्तुतः किसी भी विकल्प पर विचार किया जा सकता है। इस संदर्भ में भारत के राष्ट्रवादी नेता, मोहनदास गाँधीजी द्वारा अपनाए गए तरीकों से आतंकवादी प्रतिक्रिया के विभिन्न रूपों को देखा जा सकता है।

इस संदर्भ में कहा कि भारत के राष्ट्रवादी नेता मोहनदास करमचन्द गाँधीजी द्वारा अपनाए गए तरीकों को आतंकवादी प्रतिक्रिया के विभिन्न रूपों में देखा जा सकता है। गाँधीजी की छवि जिसे मैं जानता हूँ, यह कह सकता हूँ कि उनकी राजनीतिक वास्तविकता जैसा कि पश्चिमी देशों के मन में क्या है, से अलग है। 1920 के दशक में यूरोप और संयुक्त राज्य अमेरिका में लोकप्रिय रूप में पश्चिमी

युद्ध विरोधियों द्वारा लिखा गया है कि गाँधीजी एक संत थे।

इस विषय पर एक लेक्चर 1921 में हुआ, जिसका शीर्षक "कौन आज दुनिया में सबसे बड़ा आदमी है?" जॉन होल्म्स हेन्स द्वारा दिया गया कि न्यूयॉर्क शहर के सबसे बड़े उदार मण्डली के पादरी द्वारा प्रशंसा की गई, जिसमें लेनिन या वुडरो विल्सन उसे सुनने के लिए हॉल में थे, लेकिन अधिकांश ने उनके बारे में पहले कभी नहीं सुना था कि मोहनदास गाँधीजी कौन है। होल्म्स, जो बाद में पश्चिम के गाँधीजी के रूप में चर्चित हुए और खुद को गाँधीजी का सच्चा पथगामी बताया।

शब्द "महात्मा", या महान-आत्मा भी अक्सर गाँधीजी के नाम से जुड़ा है, भारत के प्रशंसकों में नहीं आई है लेकिन पश्चिम में संभावना है। इससे पहले 1914 में भारतीय दार्शनिक रवीन्द्रनाथ टैगोर ने अपने पत्र में गाँधीजी के स्वागत में इस शब्द का प्रयोग किया है। अमेरिकी और यूरोपीय रहस्यवादी आंदोलन के सदस्यों और थियोफिस्टों ने गाँधीजी को इस नाम से पुका था। उन्होंने टैगोर को यह जानकारी दी और तब से यह शब्द रूढ़ हो गया है इसके बावजूद बजाय भारतीयों में उन्हें पुण्यात्मा के रूप में जाना।

भारत में गाँधीजी को एक प्रतिष्ठित राष्ट्रवादी नेता के रूप से अधिक एक राजनीतिज्ञ के रूप में देखा गया। हालांकि गाँधीजी को नोबेल शांति पुरस्कार के लिए कई अवसरों पर चुना गया है पर चयन समिति इस बात पर झिझकती कि एक कार्यकर्ता के चयन में राजनीतिक विवाद न हो जाए। गाँधीजी वास्तव में राजनीतिक विवादों के बीच में थे और उन्होंने अपने लोगों और विरोधियों को समान रूप में देखा तथा आतंक की हिंसा से निपटने के लिए इस प्रक्रिया की शुरुआत की।

भारत में ब्रिटेन के साथ हिंसक टकराव जब चरम पर था तब गाँधीजी ने दक्षिण अफ्रीका में 1915 में भारत के स्वतंत्रता आंदोलन की शुरुआत की जहाँ उन्होंने आप्रवासी भारतीयों के लिए सामाजिक समानता के लिए संघर्ष का नेतृत्व किया। भारत में स्वतंत्रता आंदोलन चलाने पर ब्रिटिश सेना डर गई पर गाँधीजी पीछे नहीं हटे। 1919 में उत्तर भारत के शहर अमृतसर में एक ब्रिटिश ब्रिगेडियर जनरल ने लगभग चार सौ भारतीयों को जो शांति विरोध कर रहे थे, उनका जलियावाला बाग में कत्लेआम करवा दिया।

इस राष्ट्रवादी की ओर से यह स्वयं में हिंसा के साथ आतंकवाद था। बंगाल में सुभाष चंद्र बोस ने एक भारतीय राष्ट्रीय सेना गठित की और कैलिफोर्निया के आप्रवासी पंजाबियों के सहयोग से पंजाब के नेताओं द्वारा पंजाब में गदर आंदोलन की शुरुआत हुई, जिसमें अमेरिका से हथियारों और क्रांतिकारियों की फौज भारत भेजी गई। भारतीय अराजकतावादी और हिन्दी राष्ट्रवादियों ने देखा कि भारत पर ब्रिटिश हुकुमत को तोड़ने का समाधान केवल हिंसा है।

गाँधीजी के अनुसार भारतीय कार्यकर्ताओं द्वारा ब्रिटिश अधिकारियों पर

हिंसक हमले केवल बचाव के लिए किया। यह घटना लंदन में 1909 से कुछ ही अरसे पहले जब गाँधीजी दक्षिण अफ्रीकी भारतीय प्रवासियों की ओर से ब्रिटिश संसद लॉबी में पहुंचे। लंदन में एक भारतीय छात्र मदन लाल धींगरा ने भारत में ब्रिटेन के औपनिवेशिक नियंत्रण के ख़िलाफ़ ब्रिटेन में भारत कार्यालय के सर विलियम एच.कर्जन-वाईले पर विरोध में हमला किया था। इस औपचारिक समारोह में धींगरा ने बंदूक से हवा में गोलियां चलाते हुए उसके चेहरे पर पांच गोली चलाई। ब्रिटिश अधिकारी ने मौके पर ही दम तोड़ दिया। धींगरा को तुरंत ही पुलिस द्वारा गिरफ्तार किया गया और जब भीड़ ने उसे हत्यारा कहा तो उसने कहा कि वह केवल भारत की आज़ादी के लिए लड़ रहा है।

कई हफ्तो के बाद गाँधीजी लंदन में आए, तब वह हिंसा के इस मुद्दे पर बहस करने के लिए लंदन के प्रवासी भारतीय राष्ट्रवादियों से कहा। उनके मुख्य प्रतिद्वंदी विनायक सावरकर थे, एक उग्रवादी हिंदूवादी जिसने बाद में राजनीतिक आंदोलन की नींव रखी जिसे हिंदू महासभा के रूप में जाना गया। अब वर्तमान हिंदू राष्ट्रवादी पार्टी के अग्रदूत के रूप में भारतीय जनता पार्टी (भाजपा) है। 1909 में सावरकर ने इस कार्य के लिए हथियार और गोला बारूद की आपूर्ति की और उत्साही हिंदुओं को निर्देश दिया कि इस पवित्र कार्य को कार्यान्वित किया जाए। उत्साही युवाओं ने कि वह मातृभूमि के लिए मरने के लिए तैयार हैं।

इस बहस से कुछ ही अरसे पहले गाँधीजी ने लंदन में अपने एक दोस्त को लिखा कि वह व्यावहारिक रूप से गैर भारतीयों से मिला जिनका विश्वास था कि भारत अहिंसा से मुक्त हो सकता है, जिसमें उन्होंने आतंकवादी गतिविधियों की स्थिति को बताया जिसमें जनक्रांति के पहले आतंकवाद आएगा।

बहस के दौरान गाँधीजी राजनीतिक यथार्थवाद के आधार पर आतंकवादियों के तर्क को चुनौती दी। वे शायद ही आतंकवाद और गुरिल्ला युद्ध की छिटपुट कृत्यों के माध्यम से ब्रिटिश सेना की हार की उम्मीद कर सकते हैं। यह अधिक महत्त्वपूर्ण है कि गाँधीजी की चिंता भारतीय राष्ट्रवादी आंदोलन में हिंसक रणनीति उभरते असर के बारे था। उनका कहना था कि अंग्रेजों का मुकाबला करने में इस तरीके से वह भारत के राष्ट्रीय चरित्र का हिस्सा बन जाएगा।

गाँधीजी के सिद्धान्त का विरोध

जब वे दक्षिण अफ्रीका से कई सप्ताह बाद में एक स्टीमर पर सवार होकर वापस आ रहे थे तो गाँधीजी इन बातों के बारे में सोच रहे थे। उन्होंने एक पुस्तक के रूप में लंदन में भारतीय कार्यकर्ता को अपनी प्रतिक्रिया लिखी। प्रारंभ में इस निबंध को 1909 में गाँधीजी ने डरबन से लौटते हुए नाव पर हड़बड़ी में लिखा (पहले एक हाथ से लिखने और फिर क्रैम्प पर) जिसमें उन्होंने अपने जीवन संघर्ष का समाधान का

एक दृष्टिकोण दिया है। उनकी पुस्तक हिन्द स्वराज या भारतीय होमरूल, जिसमें उन्होंने भारत की उभरते हुए स्वतंत्रता आंदोलन और उचित विधियों से दोनों लक्ष्यों को प्राप्त करने का वर्णन किया है। वह लंदन में भारतीयों की इस बात से सहमत थे कि ब्रिटेन को भारत पर राज नहीं करना चाहिए और इसकी अर्थव्यवस्था का दोहन नहीं करना चाहिए। इसके अलावा, उन्होंने कहा कि यह भारत में एक प्रकार की ''बीमारी के रूप में वर्णित है, जिसे पश्चिमी सभ्यता के भौतिकवाद का अनुकरण करने का प्रयास नहीं करना चाहिए।''

हालांकि, इस पुस्तक में आतंकवाद का मुकाबला करने के लिए जोर दिया गया था। गाँधीजी ने कहा कि इस संघर्ष के स्वरूप की परीक्षा अहिंसा के दृष्टिकोण के साथ शुरू हुआ। इन अर्थों में जिसके लिए वे लड़ रहे थे उन बड़े मुद्दों के मध्य विशिष्ठ व्यक्तियों के बीच टकराव के संघर्ष से परे देखने जिद की। हर संघर्ष के पीछे गाँधीजी व्यक्तियों और सिद्धान्तों के बीच इन दो कारण को देखते थे। हर सेनानी जिसके लिए लड़ाकू लड़ रहा था, मुद्दा था। गाँधीजी के लिए हर लड़ाई कुछ स्तर पर भिन्न दृष्टिकोण के मध्य संघर्ष और सच के बीच थी।

इस स्थिति में, यह अंतर कभी-कभी सांसारिक विचारों मे फ़र्क तथा इस क्रम में लड़ाई की समस्या को हल करने की जरूरत और दम तोड़ते सेनानियों के मध्य था। इन अर्थों में एक दुश्मन से भिड़ने का तरीका और भी है। वे स्वयं में ही संघर्ष से निपटने का एक तरीका था। इस कारण से वह निष्क्रिय प्रतिरोध से नाखुश थे, जिसे उन्होंने दक्षिण अफ्रीका में अपने विरोध आंदोलन के दौरान प्रयोग किया था। इसमें कुछ भी सकारात्मक नहीं था। वास्तव में गाँधीजी सरकारी अधिकारियों के साथ मिलकर इस तूफानी आंदोलन का नेतृत्व किया था और यह प्रतिरोध से अधिक था। यह भी सच बोलने का एक रास्ता था।

1906 में, गाँधीजी ने संघर्ष की पद्धति के लिए एक नया शब्द की खोज़ करने का निर्णय लिया। उन्होंने सुझाव देने के लिए अपनी पत्रिका, इंडियन ओपीनीयन के पाठकों को आमंत्रित किया और वह जीतने वाले को पुस्तक पुरस्कार देने की पेशकश की। उन सबमें गाँधीजी के अपने चचेरे भाई मंगनलाल ने सत्याग्रह शब्द को परिस्कृत किया। यह नया शब्द संस्कृत के दो शब्द सत्य ''सच" और ''आग्रह" के इकट्ठा होने से बना है। इसलिए गाँधीजी इसे ''सत्य की जीत" या ''सत्य की ताकत" कहना पसंद करते थे, के रूप में अनुवाद किया जा सकता है।''

क्या गाँधीजी ने जीतने वाले वाक्यांश के बारे में किए गए आह्वान के सच पर अपना ध्यान केन्द्रित किया। गाँधीजी ने कहा कि कोई भी इस बारे में अपना पूरा दृष्टिकोण बताए। इस संघर्ष के अस्तित्व के क्या सही मायने। संघर्ष पहला काम है तब एक मुद्दे के दोनों पक्षों की ओर से इस संघर्ष को देखने का प्रयास करना है। इसमें विरोधी के साथ-साथ स्वयं को भी समझने की आवश्यकता है

या पूर्व अमेरिकी रक्षा सचिव रॉबर्ट मैकनामरा ने अपने वृत्तचित्र ''युद्ध के कुहासे' के मायने बताए हैं।''

यदि गौर से देखें तो गाँधीजी के विचार में अंतर्विरोध ही केन्द्र में था। यह समाधान का एक तरीका है जो दोनों पक्ष स्वीकार कर सकते हैं, कम से कम उस भाग में गाँधीजी दूसरे पक्ष के सन्दर्भ में कम ही सही लेकिन समान मानते थे। उदाहरण के लिए करने के लिए 'अंग्रेजों भारत छोड़ो' के अपने अभियान में उन्होंने ब्रिटिश को ईमानदारी से ब्रिटेन होने के लिए सराहना की। उसी समय उन्होंने जन सामान्य से लेकर प्रशासनिक कार्यालयों तक की भारतीय उपमहाद्वीप में ब्रिटिश शासन के कई सकारात्मक कार्यों की खुलेआम सराहना की।

यदि समस्या के बारे में पहले से विचार कर लिया जाए तो संघर्ष के दूसरे चरण की प्राप्ति की जा सकती है। लड़ने का अर्थ समाधान नहीं बल्कि समाधान के अनुरूप ही लड़ा जाए। गाँधीजी ने लक्ष्य की इस धारणा को दृढ़तापूर्वक अस्वीकार कर दिया। गाँधीजी ने कहा कि इसका मतलब प्राप्ति और समाप्त अंततः एक ही है। यदि आप हिंसक हो जाते हैं तो यह हिंसा का एक स्वरूप स्थापित होता है, जो कि संघर्ष के समाधान का हिस्सा होगा पर यह कितना ठीक होगा, कल्पनातीत है। यहाँ तक कि गाँधीजी ने कहा यदि आतंकवादी भारत से ब्रिटिश को भगा दिए होते तो ''कौन उनकी जगह पर राज करता?'' उनका जवाब था कि यह व्यवस्था भारत को आज़ाद करने के लिए है न कि लोगों को मारा जाए, ''हत्यारों के नियम भारत को कुछ भी नहीं हासिल हो सकता है।''

एक संघर्ष सशक्त हो सकता है, अक्सर यह विरोध प्रदर्शन और असहयोग के साथ शुरू होगा। लेकिन यह हिंसक नहीं हो सकता है, गाँधीजी ने समझाया कि ये विनाशकारी वस्तुएँ संघर्ष की जीत के किसी भी पक्ष पर सकारात्मक प्रभाव नहीं डालती। यदि यह विनाशकारी नहीं है तो सत्य के दृष्टिकोण को बढ़ाती है और इस प्रक्रिया में उसके चरित्र विस्तार करती है। क्या गाँधीजी ने इस दृष्टिकोण की अवहेलना की है कि इस संघर्ष में मनुष्य का अपने व्यवहार के निम्नतम स्तर गिर जाए, जो कि उचित था।

आतंकवाद के लिए अहिंसक प्रत्युत्तर

यह हमें उस रास्ते पर लाता है कि गाँधीजी आतंकवाद को जवाब दिए होते। शुरू में गाँधीजी ने कुछ प्रतिक्रिया के लिए अड़े रहे। उन्होंने किसी भी तरह से इसकी सिफारिश नहीं की। एक बार उन्होंने लिखा था कि निष्क्रियता अक्षम्य है। उन्होंने कायरता को बहुत ही निन्दनीय बताया। गाँधीजी ने कहा कि यदि लड़ाई अहिंसक है तो व किसी का भी मनोबल कभी नहीं गिराती है जबकि कायरता हमेशा मनोबल को गिराती है। शायद यह इस प्रतिक्रिया के ख़िलाफ़ गाँधीजी का सबसे यादगार

कथन हैः ''जहाँ केवल कायरता और हिंसा के बीच केवल एक विकल्प है, मैं हिंसा की सलाह दूँगा।''

वास्तव में कभी-कभी प्रतिक्रिया हिंसा की तरह रहती है। गाँधीजी ने इसके कुछ उदाहरण दिए हैं। एक पागल कुत्ते की तरह यदि कोई रेबीजयुक्त कुत्ते से भिड़ रहा है तो उसे किसी भी तरह भी संभव तरह से रोकना होगा, चाहे हत्या ही करनी पड़े। गाँधीजी ने दूसरी पेशकश यह की है कि एक क्रूर बलात्कारी का पकड़ा जाना उस स्थिति में हम कुछ भी नहीं कर सकते। गाँधीजी के कहने का मतलब यह है कि देखने वाला भी उस हिंसा में भागीदार था। इसलिए ऐसी हिंसा प्रतिरोध के रूप में होती है। कायरतापूर्ण अहिंसा की तुलना में सार्थक हिंसा कम अपराध की होती है। उन्होंने यह भी सुझाव दिया कि आतंकवादी प्रतिरोध का इस्तेमाल हमलावर सेना के ख़िलाफ किया जा सकता है।

गाँधीजी बढ़ते आतंकवाद की स्थिति को रोकने के लिए हिंसक कार्रवाई को न्यायोचित ठहराते हैं। उदाहरण के लिए यदि गाँधीजी को 2005 में लंदन मेट्रो के आत्मघाती हमलावर के पास बैठा दिया गया होता तो वह उससे हाथापाई करते और जीतना न्यायोचित होता। अगर हाथापाई के अलावा कोई और अस्त्र नहीं हो तो आदमी की मौत हो जाती बस। जब बम विस्फोट होता है तो वहाँ से दूर भागना ही बेहतर होता है।

हालांकि, आतंकवाद के इस तथ्य का जवाब देते हुए यह काफी अलग मामला है। गाँधीजी ने हिन्द स्वराज में क्या तर्क दिया है कि हिंसा की प्रतिक्रिया हिंसा के रूप में कभी नहीं काम करती है। परिणामस्वरूप यह और अधिक हिंसा को उत्पन्न करती है और ऐसी आतंकवादी गतिविधि, जिसका वहाँ कोई अंत नहीं दिख रहा है।

गाँधीजी राजनीतिक स्थितियों के लिए जो आतंकवाद को न्यायोचित ठहराते हैं का दृढ़ता से विरोध किया लेकिन वह आतंकवादियों के प्रति उदार थे। जब गाँधीजी लंदन में 1909 में हुई क्रूज विले की हत्या के मामले में वह धींगरा का दोष नहीं दिया। उन्होंने कहा कि धींगरा जैसे व्यक्ति मुख्य समस्या में नहीं पड़ते। बल्कि गाँधीजी ने यह कहा कि वह नशे की चपेट में आकर ऐसा किया है। ऐसा नहीं है कि ''कटु विचार'' आतंकवादियों के लिए था। यद्यपि वे उसको मारने के लिए न्यायोचित बताते हों अगर उसे ऐसे कृत्य के बाद उसे पकड़ लिया गया होता। हालांकि उसकी घृणित मानसिकता का उद्देश्य पूरा हो चुका था। जिसने आतंकवादी कृत्यों को किया उससे बदला लेने की बजाय उस पर दया दिखानी चाहिए थी। वास्तव में वे उसे मुक्त करना नहीं चाहते थे तथा उसे अपराधी होने के स्थान पर गलत मार्गनिर्देशन बताते हैं।

इसके अलावा, गाँधीजी के इन विचारों में बहुत संभावना है कि जो हिंसक कार्यकर्ता लड़ रहे थे सभी के लिए नुकशनदेय हो सकता था। उदाहरण के लिए धींगरा और 1909 में भारतीय आतंकवादियों के मामले में जिसकी गाँधीजी ने खुद

पुष्टि की है इसलिए यह गाँधीवादी विचारधारा के अनुसार एक निहायत मूर्खतापूर्ण और भारी भूल थी। जिसके लिए उन्होंने बिना गंभीरता से विचार किए ही आवेश में सैनिकों के दल को लड़ने के लिए भेज दिया।

आतंकवाद का सामना करने के लिए गाँधीवादी नीति में निम्न शामिल हैं :

1. हिंसा के ऐसे मार्गों पर ऐसे प्रयास बहुत ही अहिंसक होना चाहिए, लेकिन बलपूर्वक। गाँधीजी नजरबंदी बल और प्रतिरोधी बल के बीच विभेद करते हैं। नजरबंदी बल हिंसा जब जारी हो तब इसे प्रयोग किया जाता है। इसका दूसरा अर्थ भयभीत करना और नष्ट करना है और गाँधीवादी जिनका उद्देश्य सिद्धान्तों के संकल्प पर दाँव करके लड़ाई लड़ना है।
2. आतंकवाद के पीछे के मुद्दों का पता लगाना। गाँधीजी का तर्क है कि केवल आतंकवाद के कृत्यों पर ध्यान केंद्रित करने के लिए हथियारों के साथ जातीय घृणा के प्रसार को रोकने के लिए प्रयास करना होगा। गाँधीजी ने कहा है कि समझदार रुख के विचारों का सामना करने के लिए और लोगों को पहले ही ऐसे हताशापूर्ण कार्यों को न करने के लिए प्रेरित करना होगा।
3. उच्च नैतिकता का उर्ध्वगामी होना। एक लड़ाकू दृष्टिकोण, गाँधीजी ने सोचा था कि जो लोग इसे अपनाएंगें उनका पतन होगा। सरकारी अधिकारियों द्वारा अपनाई गई हिंसक स्थिति जो नागरिकों को बल प्रयोग करने का आदेश दे सकेगी। इस कारण से गाँधीजी ने कहा कि वे लोग जो इस संघर्ष में लगे हैं, को अपने नैतिक लक्ष्यों के साथ संतुलन बनाए रखने पर जोर दें।

गाँधीजी के कार्य : उत्तरी आयरलैण्ड ये बहुत अच्छे सिद्धान्त हैं पर क्या उन्होंने ऐसा काम किया? यह अक्सर आतंकवाद की प्रतिक्रिया के रूप में अहिंसा के बारे में सवाल उठाया जाता है जो कि हिंसक लोगों को इतना प्रभावित करती हो इज़राइल में फिलीस्तीनी हिंसा में अक्सर हमास का समर्थन और आतंकवादी हिंसा में वृद्धि हुई है। 11 सितम्बर, 2001 के हमलों के बाद जेहादी आंदोलन के लिए अमेरिका की प्रतिक्रिया इस आंदोलन के समर्थन में न तो कभी आए और न ही विश्वस्तर पर आतंकवादी घटनाओं की संख्या में कमी आई। आतंकवाद से जुड़ी आतंकवादी प्रतिक्रियाओं को देखा जाए तो सफलता का कम ही मिली है। फिर भी आतंकवाद को की सफलतापूर्वक समाप्त करने का यह एक ताजा उदाहरण है, जिसमें अहिंसा खोटा सिक्का साबित हुई। यह मामला उत्तरी आयरलैण्ड के एक क्षेत्र में दशकों से जारी हिंसा का है।

हालांकि 1610 में अलस्टा बागान ब्रिटिश स्थापना के बाद उत्तरी आयरलैण्ड की मुसीबतों को देख सकते हैं। 1921 में स्वतंत्र आयरिश राज्य की स्थापना के बाद हिंसा का नया दौर शुरू हुआ है। उत्तरी आयरलैण्ड देशों के कैथोलिक हॉशिए पर आने के बाद क्या वे आयरिश क्षेत्र में होने का दावा करेंगे। प्रोटेस्टेंटों को डर है कि

वे अभिभूत हो जाएंगे और क्या उन्हें ब्रिटेन के एक भाग के रूप में निर्वासित किए जाने की आशंका है।

1969 की गर्मियों में लन्डनडेरी नगर के बोगसाइड क्षेत्र में हिंसा भड़क उठी। इस संघर्ष के बाद प्रोटेस्टेंटो एक पुराने मिलिशिया के रूप में पुनर्जीवित हो उठा, अलस्टा स्वयंसेवी बल और कैथोलिक आतंकवादियों ने आयरिश रिपब्लिकन आर्मी की अनंतिम संस्करण बनाया है, जो कि पुराने आईआरए से अधिक उग्रवादी होगा।

1971 में, उत्तरी आयरलैण्ड के अधिकारियों ने रिक्तपूर्व दृष्टिकोण अपनाया और वे संभावित आतंकवादियों के रूप कैथोलिक कार्यकर्त्ताओं को इकट्ठा करना शुरू किया। के बिना आरोप के कार्यकर्ताओं को हिरासत में लिया गया। घंटे भर के भीतर बेलफ़ास्ट और आसन्न शहरों के पड़ोसी कैथोलिक ने दंगों और गोलीबारी से बाहर ही तोड़ दिया। सरकार ने इसे दबाने के बजाय आतंकवाद के ख़िलाफ़ युद्ध की घोषणा कर दी। संदिग्धों को पीटा गया। जानकारी देने के लिए सताए गए उन्हें झूठ बोलने के लिए मजबूर किया गया था।

सरकार ने कठोरता से हिंसा को दबाने का प्रयास किया जो संदिग्ध इसके पीछे से पलटवार कर रहे थे। कैथोलिक समुदाय मजबूती से इस उग्रवाद के पीछे एकजुट है और हिंसा रुक गयी। बाद में गृह मंत्री ने जिन्होंने कानूनी कार्यवाही की जिसको सभी दृष्टिकोण से 'सार्वभौमिक' सहमति द्वारा पूर्ण आपदा घोषित कर दी गई।

सत्तर के दशक के प्रारंभ में जब हिंसा का उदय हुआ तब कैथोलिक कार्यकर्ताओं की नजरबंदी के ख़िलाफ़ एक शांतिपूर्ण विरोध मार्च के दौरान खून खराबा हुआ जिसे 'खूनी रविवार के नाम से जाना जाता है। ब्रिटिश सैनिकों ने भीड़ पर गोली चलाई जिसमें तेरह लोग मारे गए।

पिछले बीस साल से हिंसा जारी है। आतंकवाद के कृत्यों के लिए जैसे को तैसा करना दिनचर्या बन गई डबलिन में ब्रिटिश दूतावास जला दिया गया, ब्रिटिश सैनिकों पर हमला किया गया, पुलिस स्टेशनों पर बमबारी की गई और कैथोलिक लोगों और प्रोटेस्टेंटों को विरोधी पक्षों पकड़ लिया गया और कभी-कभी उनको सताकर मार दिया जाता था।

1988 में कैथोलिक पक्ष के भीतर एक उदारवादी नेता जॉन ह्यूम और कार्यकर्ता नेता जरमन एडम्स के बीच एक आंतरिक संवाद शुरू हुआ। 1995 में पूर्व अमेरिकी सीनेटर जार्ज मिशेल को उत्तरी आयरलैंड ने शांति वार्ता में मदद करने के लिए आमंत्रित किया गया था। शुरू में वे असफल रहे परन्तु मिशेल आठ महीने की गहन वार्ता के बाद वापस आए। इस वार्ता में आयरिश और ब्रिटिश सरकार और विभाजित उत्तरी आयरलैण्ड के कैथोलिक और प्रोटेस्टेंट दोनों पक्षों की ओर से आठ राजनीतिक दलों के सदस्यों को शामिल किया गया। 10 अप्रैल, 1998 को दोनों के बीच समझौता हुआ उस दिन को गुड फ्राइडे कहा गया, जिसे ईसाई छुट्टी के रूप में ईस्टर मनाया जाता है।

गुड फ्राइडे समझौता एक ध्यातव्य दस्तावेज़ है। यह हमें एक ही स्थान पर कई तरह की समस्याओं का समाधान प्रस्तुत करता है। यह वर्षों की हिंसा से जन सामान्य में असुरक्षा और अविश्वास के प्रति उत्तर में मानवाधिकारों और समानता के लिए बनाया गया है। पहले इसे राजनीतिक बंदियों की रिहाई निःशस्त्रीकरण, पुलिस की नीति और आपराधिक न्याय प्रणाली में सुधार और हिंसा से प्रभावित लोगों को सहायता के लिए निधियों का निर्गम के लिए जाना गया, इसमें संतुलित शासन की समस्याओं को संसद में आनुपातिक प्रतिनिधित्व प्रणाली के माध्यम से सुलझाया गया है और दोनों समुदायों को कार्यकारी शाखा में तयशुदा प्रतिनिधित्व दिया गया और एक सलाहकारी फोरम जो समुदाय के मामलों में सीधे जनता से सम्बन्धित है। समझौते के निपटान में तीन मुख्य राज्यों को भी जिसमें आयरिश, ब्रिटेन और उत्तरी आयरलैण्ड जिन्हें कई परिषदों और माध्यस्थ निकायों की स्थापना करके बनाया गया है, को शामिल किया गया।

इस समझौते के पहले, ब्रिटिश सरकार और अर्द्धसैनिक बलों के दोनों पक्षों संघवादी और आईआरए ने कई स्थितियों में हिंसक मुकाबले में स्वयं को समान पाया। अंततः वे कई बुनियादी अहिंसक तकनीकों के माध्यम से इस गतिरोध को तोड़ने करने में सफल रहे, जो निम्नलिखित है–

अन्य दृष्टिकोण को देखकर-जब अंग्रेजों ने दोनों तरफ के कट्टरपंथी नेताओं को बातचीत का रास्ता खोलने के लिए बुलाना शुरू किया तब वे हमारे माध्यम से सबसे शत्रुतापूर्ण दृष्टिकोण से मुकाबला करने को तैयार हो गए।

हिंसा का जवाब हिंसा नहीं है-आईआरए के द्वारा एकतरफा युद्धविराम के क्रम में जिसमें युद्धविराम शामिल है, जारी हिंसा को कम करने में महत्त्वपूर्ण मदद मिली थी। यहाँ तक कि 15 अगस्त, 1998 को ओमगाह पर आतंकवादी बम विस्फोट की घटना को प्रतिकार हमलों के रूप में नहीं जाना गया।

नरमपंथी आवाज़-यदि एक बार जारी हिंसा टूट गई और दोनों ओर घेराबंदी है तब वहाँ से उदारवादी आवाज़ें शिविरों के अंदर से बाहर आने लगती है।

कट्टरपंथी आवाज़-शांति वार्ताकारों ने बदलने की कोशिश नहीं की थी। इसलिए वे कट्टर उग्रवादी नेता रेव इयान पैसले के साथ तर्क करने की कोशिश में समय बर्बाद नहीं किया, जिसने इस प्रक्रिया से बाहर का विकल्प चुना था।

बातचीत के माध्यमों की स्थापना-उन्होंने एक बाहरी व्यक्ति सेनेटर मिशेल को एक मध्यस्थ की भूमिका निभाने और दोनों पक्षों के बीच बातचीत के निष्पक्ष ढाँचे की स्थापना के लिए शामिल किया, जिससे वे एक-दूसरे के प्रति संदेह न करें। उत्तरी आयरलैण्ड में शांति अनिवार्य है और ऐसा कोई आश्वासन नहीं था कि इस समझौते को हमेशा के लिए मान लिया जाए। आयरलैण्ड हिंसा से दुबारा परेशान है। फिर भी बमबारी बंद कर दी गई है। कम-से-कम हाल के राजनीतिक आतंकवाद के इतिहास के एक मामले में अहिंसा के माध्यम से इसको समाप्त कर दिया गया है।

क्या वैश्विक जेहादी युद्ध में अहिंसा प्रभावी हो सकती है?

यह पूछना उचित है कि उत्तरी आयरलैण्ड से इतर स्थितियों में यह दृष्टिकोण काम कर सकता है। उदाहरण के लिए क्या यह कश्मीर में काम कर सकता है जहाँ पर दो धार्मिक समुदायों शक्तिशाली सरकारों द्वारा समर्थित हैं। ऐसा सोचना कल्पनीय ही होगा कि भारत और पाकिस्तान आश्चर्यजनक रूप से एक निपटान के तहत गुड फ्राइडे समझौते के समान भी शामिल हो सकते हैं। इज़रायल फिलीस्तीनी का संघर्ष अधिक जटिल है लेकिन उत्तरी आयरलैण्ड की तरह जिसमें दोनों पक्षों ने उस क्षेत्र के ऊपर संघर्ष के लिए नैतिक और राजनीतिक आधार पर दावा किया है। 1992 के ओस्लो समझौते से इस क्षेत्र में एक समझौते पर बातचीत के बाद से अभी भी एक यथार्थवादी संभावना लग रही है।

लेकिन वैश्विक जेहादी युद्ध क्या है? 11 सितंबर, 2001 तुरंत के बाद राष्ट्रपति जॉर्ज डब्ल्यु बुश ने वैश्विक संघर्ष के लिए इसे 'आतंकवाद के विरुद्ध युद्ध' नाम दिया है और जुलाई, 2005 में "कट्टरपंथी इस्लाम के विरुद्ध संघर्ष" के रूप में पुनः चिन्हित किया। ओसामा बिल लादेन ने मुसलमानों का आवाहन किया कि तुर्क साम्राज्य के अंत के बाद से "इस्लामी देशों में सामान्यतया क्या हो रहा है।" बिन लादेन के अनुसार इसका उद्देश्य यह है कि विशेष रूप से लोगों के धर्म और जीवन पर कई बार आक्रमण होने के बाद जनता को अपने अधिकार वापस मिले।

अलकायदा के परिप्रेक्ष्य में न्यूयार्क, मैड्रिड और लंदन में पश्चिमी सत्ता के बहुत से केन्द्रों पर हमला किया है, लेकिन उनके संघर्ष इस क्षेत्र में कोई साधारण अर्थ नहीं रखते। यह युद्ध सीमांत और नियंत्रण के अस्पष्ट भौगोलिक लाइनों के बिना है। जेहादी तरफ से यह युद्ध बिना पारंपरिक सेना और राज्य के नियंत्रण से मुक्त है। इस मामले में यह जेहादी आंदोलन अधिक केंद्रीकृत नियंत्रण के बिना किया जा रहा है। बिना स्पष्ट प्रभारी रूप में इसके साथ बातचीत करना एक कठिन समस्या है फिर भी अमेरिकी अधिकारियों ने पाकिस्तान के पहाड़ों में बिन लादेन के साथ बातचीत करनी होगी यदि वह वहाँ मिलता है। यदि वार्तालाप होती है तो उसमें क्या शामिल होगा? मध्य पूर्व की नीतियों पर उसका कोई वास्तविक नियंत्रण नहीं है और उसके पश्चिमी प्रभाव के अंतर्निहित मुद्दों का समाधान बातचीत से करने की स्थिति में नहीं है, जिसे उसने फतवा में कहा है। बिन लादेन अपना महत्त्व बढ़ाने के लिए और आतंकवाद को राजनीतिक वैधता प्राप्त करने के लिए मुस्लिम लोगों के प्रतिनिधि के रूप में जाना जाता है। ऐसा लगता है कि अमेरिका ने पहले ही उसके महत्त्व को अतिरंजित किया है और संयुक्त राज्य अमेरिका द्वारा उसे मुस्लिम दुनिया के भीतर विश्व शत्रु के रूप में कहने पर उसका समर्थन बढ़ा है। बिना लादेन जैसे स्वधर्मत्यागी अतिवादियों से वार्ता करने पर अंतर्निहित नीति की स्थितियों में

किसी भी तरह का परिवर्तन नहीं होगा जिससे मध्य पूर्व में तनाव कम हो जाए।

जेहादी युद्ध के पीछे विचारों और दुनिया के विचारों के बीच अंतर्विरोध है। इसका मतलब यह नहीं है कि मैं संघर्ष के महत्त्व को छोटा कर रहा हूँ, विचारों में बड़ी शक्ति हो सकती है। क्योंकि राजनीतिक और नैतिक आदेश के बीच संबंधों और विश्व संघर्ष में भिन्नता के बीच के रास्ते को देखा जा रहा है, उल्लेखनीय नैतिकता प्रधान आवाज़ आती है। वास्तव में वे व्यक्ति के दुश्मन नहीं हैं जैसा कि वे अपने तरीके से सोच रहे हैं।

दोनों पक्षों के लिए स्वतंत्रता के लक्ष्य को परिभाषित किया गया है। एक तरफ तो यह लोकतांत्रिक चुनावों के माध्यम से एक राष्ट्र को अपने अधिकारी का चयन करने के लिए स्वतंत्र है। दूसरी तरफ यह बाहरी प्रभाव और नियंत्रण से मुक्त है। इन स्थितियों में दोनों ओर से ऐसे समानुपात नैतिक प्रतियोगिता में और बढ़ावा मिला है जिससे यह एक पवित्र संघर्ष हो गया है। दुश्मन लौकिक शत्रु बन गए हैं। नैतिक उदासीनता के लिए बड़ी संख्या में निर्दोष लोगों को मारा गया है या बुरी धार्मिकता के विचार के साथ कि एक के पक्ष में ईश्वर को मारा जा रहा है।

क्या संघर्ष का समाधान करने के लिए अहिंसावादी दृष्टिकोण वैश्विक जिहाद युद्ध के लिए लागू किया जा सकता है? 1909 में लन्दन में भारतीय कार्यकर्ताओं द्वारा आतंकवाद के जवाब में गाँधीजी द्वारा स्थापित दिशा-निर्देश निम्नलिखित तरीके से वर्तमान स्थिति में लागू किया जा सकता है –

1. **हिंसा की स्थिति में ऐसे रास्तों को रोकना**–अहिंसा का पहला नियम है कि हिंसा जहाँ से शुरू होती है उसे पहले रोका जाए या अच्छा होगा कि इसे पहले ही रोक दिया जाए। गाँधीजी कहते हैं कि जो आतंकवाद की गतिविधियों में शामिल हैं उन्हें पकड़कर न्याय के लिए पहले लाया जाए और 11 सितम्बर' के बाद 2001 के आतंकवादी हमलों के बाद कानूनी माध्यम से पता लगाने की भविष्य में सावधानी रखने के लिए को अपनाया गया है। फिर भी वे मानक जो केवल सुरक्षा का स्वरूप देने के उद्देश्य से किए जाते हैं उनकी एक निश्चित उपयोगिता है फिर भी आतंकवाद के मौलिक प्रभाव डर के कारण को कम कर देता है। कभी-कभी गाँधीजी सैन्य कारवाई को सही मानते हैं जैसाकि द्वितीय विश्व युद्ध में हिटलर के खिलाफ ब्रिटेन ने किया था, इसमें संदेह है कि आतंकवाद के जवाब में इतनी बड़ी सैन्य कार्रवाई को स्वीकार नहीं किया जाएगा विशेषकर जब वे अपने हताहतों को युद्ध स्थल में ही छोड़ देते हैं।
2. **हिंसा के पीछे के मुद्दों का पता लगना**–अहिंसा के संकल्प का महत्त्वपूर्ण हिस्सा हिंसा के पीछे के मुद्दों का पता लगना है, जिसमें कि दांवपेंच है। गाँधीजी का लक्ष्य दोनों पक्षों के विवाद के सर्वश्रेष्ठ समाधान का एक प्रस्ताव

बनाना था। वैश्विक जेहादी युद्ध के मामले में यह दोनों पक्षों के सकारात्मक सिद्धांतों से बनाना होगा, मध्य पूर्व कई पारंपरिक मुसलमानों को अमेरिकी और यूरोपीय शासन से मुक्त करने की इच्छा है, और जो आधुनिक सामाजिक मूल्यों से अपेक्षा रखते हैं, उन्हें सभी समाजों और विभिन्न संस्कृतियों के लोगों को लोकतांत्रिक तरीके से सम्मान करना चाहिए। दोनों ओर के जेहादी युद्ध का लक्ष्य असंगत नहीं है और दोनों पक्ष इस संकल्प को स्वीकार करते हैं जो समझ से बाहर नहीं है।

अंततः तनाव पूरी तरह से समाप्त नहीं हो सकता है जब तक कि मध्य पूर्व की आर्थिक भूमिका और पश्चिमी देशों की सेना और मध्य पूर्वी देशों की राजनीतिक संस्कृति में नाटकीय बदलाव तौर पर महत्त्वपूर्ण बदलाव नहीं आ जाते हैं। दोनों पक्षों के सिद्धांतों दोनों पक्षों या किसी एक द्वारा स्वीकार किए जाने के कोई संकेत मिलते हैं तो यह मतभेदों से आगे बढ़ने का कल्पनातीत सकारात्मक पहलू होगा और अतिवादियों के समर्थन में ह्रास होगा।

3. **उच्च नैतिकता को बनाए रखना**—जैसा कि गाँधीजी ने लंदन में भारतीय कार्यकर्ताओं से कहा की भारत में ब्रिटिश नियंत्रण को हिंसक पराभाव से हरा देने का प्रस्ताव किया। आतंकवाद से युद्ध की घोषणा में गाँधीजी के दृष्टिकोण से देखे तो आतंकवादियों के स्तर तक डूब के समान है। युद्ध के बारे में बहुत से विचार संघर्ष के मूर्तरूप का सुझाव देते हैं। जहाँ कारण और बातचीत की कोई जगह नहीं है और जहाँ विरोधी ही दुश्मन हैं। हालांकि हिंसक अतिवादी सचमुच में कट्टर विरोधी हैं और गाँधीजी उनके साथ बातचीत करने की उम्मीद नहीं करते, उन्हें पता है कि किसी के लिए जन समर्थन संघर्ष से अधिक महत्त्वपूर्ण उसे जागरूक किया जाना है। यह सहयोग किसी भी तरह के रास्ते पर आ सकता है और यह एक दुखद त्रुटि भी हो सकती है और शायद स्वंभू भविष्यवाणी को पूरा करने में संभावित समर्थकों से दुश्मन के रूप में संबंध बना लिया जाए।

आतंकवादी गतिविधियों में शामिल होने वाले उन संदेहास्पद दुर्व्यवहार के कारण प्राप्त समर्थन का खामियाजा भुगतना पड़ सकता है। गाँधीजी ने आग्रह किया कि जैसे संदेह के आधार पर अपराधी के साथ व्यवहार किया जाता है वैसे ही हत्यारे धींगरा के साथ सावधानी तथा सम्मान के साथ व्यवहार किया जाए। गाँधीजी के दृष्टिकोण से यातना तुरंत प्रभाव नहीं डालती है क्योंकि यह शायद ही कभी इससे उपयोगी जानकारी हासिल होती हो क्योंकि यह समाज के नैतिक चरित्र को भ्रष्ट करती है जो इसके प्रयोग किए जाने की अनुमति देता है। इसका उल्लेख उन्होंने हिन्द स्वराज में किया। उन्होंने जोर देकर कहा कि ब्रिटेन के नियंत्रण से भारत को मुक्त होने का अर्थ है अपने लक्ष्य के अनुरूप होना चाहिए जो कि एक स्वतंत्र भारतीय समाज को प्राप्त करना होगा।

11 सितम्बर, 2005 के हमलों के बाद के वर्षों में संयुक्त राज्य अमेरिका में ये दिशा निर्देश कई सार्वजनिक बहस का हिस्सा बने रहे। इस प्रकार के आतंकवाद को अहिंसा से जवाब देने के पहले ही यह राजनीतिक बहस का हिस्सा है। यह कोई नया विचार नहीं है लेकिन सार्वजनिक सोच को दरकिनार कर दिया गया जो कि इसका पात्र है। एक व्यावहारिक आदर्शवादी के रूप में गाँधीजी यह जानकर खुश होंगे कि आतंकवाद के लिए अहिंसावादी दृष्टिकोण को सही मायने में न केवल गंभीरता से लिया गया बल्कि एक से अधिक अवसर पर इसका प्रयोग किया है।

सन्दर्भ सूची

1. John Haynes Holmes, "Who is the Greatest Man in the World Today?" a pamphlet published in 1921 and reprinted in Charles Chatfield, ed., The Americanization of Gandhi: Images of the Mahatma, New York and London: Garland Publishing, 1976, 98.
2. John Haynes Holmes, My Gandhi, New York: Harper and Brothers, 1953, 9.
3. Indian Sociologist, September 1909, quoted in James D. Hunt, Gandhi in London, New Delhi: Promilla and Co., Publishers, 1973, 134.
4. Gandhi's letter to Ampthill, October 30, Collected Works of Mahatma Gandhi, vol. 9, 509.
5. Mohandas Gandhi, Hind Swaraj or Indian Home Rule, 2nd edition, Ahmedabad, India: Navajivan Publishing House, 1938 (originally published in 1910), 69.
6. Gandhi, writing in Young India, September 23, 1926. I explore Gandhi's ideas further in my book, Gandhi's Way: A Hand book of Conflict Resolution, Berkeley: University of California Press, 2005 (revised edition).
7. Indian Sociologist, September 1909, quoted in Hunt, Gandhi in London, 134.
8. Harijan, April 7, 1946.
9. Young India, October 31, 1929. My thanks to Lloyd Rudolph for reminding me of this incident.
10. Young India, August 11, 1920.
11. Gandhi, Collected Works, vol 14, 505.
12. Gandhi, Collected Works, vol 51, 17.
13. Indian Sociologist, September 1909, quoted in Hunt, 134.
14. Osama bin Laden, "Declaration of War against the Americans Occupying the Land of the Two Holy Places," first published in Arabic in Al Quds Al Arabi, a London-based newspaper, August 1996.
15. MARK JUERGENSMEYER is professor of sociology and global studies and director of the Orfalea Center for Global and International Studies at the University of California, Santa Barbara.

अहिंसक प्रतिरोध की संस्कृति का घोषणा-पत्र : हिन्द स्वराज

राकेश मिश्रा

अहिंसक प्रतिरोध की वास्तविक ताकत इसी जनता में छिपी होती है 'हिन्द स्वराज' में ही गांधीजी इस बात को स्पष्ट करते हुए कहते हैं कि 'राजा तो हथियार काम में लाएंगे ही उनका वह रिवाज ही हो गया है उन्हें हुक्म चलाना है। लेकिन हुक्म मानने वालों को तोपबल की जरूरत नहीं है। दुनिया के ज्यादातर लोग हुक्म मानने वाले हैं। उन्हें या तो तोपबल सीखना चाहिए या सत्याग्रह का बल सीखना चाहिए जहाँ वे तोपबल सीखते हैं वहाँ राजा-प्रजा दोनों पागल जैसे हो जाते हैं। जहाँ हुक्म मानने वालों ने सत्याग्रह करना सीखा है वहाँ राजा का जुल्म उसकी तीन गज की तलवार से आगे नहीं जा सकता, और हुक्म मानने वालों ने अन्यायी हुक्म की परवाह भी नहीं की है। किसान किसी के तलवार बल के बस न तो कभी हुए हैं और न होंगे।...वे तलवार चलाना नहीं जानते, न किसी भी तलवार से वे डरते हैं।

महात्मा बुद्ध के जीवन से जुड़ी एक कथा प्रचलित है। बुद्ध जब अपने उपदेशों का प्रचार करते हुए घूम रहे थे तब उनकी मान्यताओं और विचारों से असहमत एक किसान उनके पास आया और आते ही उसने बुद्ध पर गालियों की बौछार कर दी। बुद्ध शांत भाव से उन गालियों को सुनते जा रहे और जब उस किसान की गालियाँ खत्म हो गई तब मुस्कुराते हुए बुद्ध ने उससे पूछा भाई! मान लो मैं तुम्हें कोई चीज देता हूँ और यदि तुम उसे लेने से इन्कार कर देते हो तो वह वस्तु किसकी मानी जाएगी? तुम्हारी और किसकी? किसान ने हेकड़ी से उत्तर दिया।

तब तो ठीक है मैंने तुम्हारी गालियाँ नहीं ली। वह तो अब तुम्हारे पास ही चली गई।

बुद्ध के उत्तर से वह किसान निरुत्तर और शर्मिंदा हो गया तथा बाद में उसने

बुद्ध का शिष्यत्व भी ग्रहण किया।

सामान्यतः यह एक बोध कथा प्रतीत होती है परन्तु अपने आंतरिक पाठ में यह थोपी गई मान्यताओं, संस्कृति और शासन व्यवस्था का उचित और सक्रिय प्रतिकार का महत्त्व प्रतिपादित करती है। संभवतः ऐसी ही किसी मान्यता से संचालित होकर गाँधी जी समूचे भारत को अंग्रेजों का गुलाम नहीं मानते थे। आधुनिक सभ्यता की टीका मानी जाने वाली उनकी किताब 'हिन्द स्वराज' में वे स्पष्ट कहते है कि वही लोग अंग्रेजों के गुलाम है जो पश्चिमी शिक्षा के प्रभाव में है। उन्होंने लिखा है...आपको समझना चाहिए कि अंगेजी शिक्षा लेकर हमने अपने राष्ट्र को गुलाम बनाया है। अंग्रेजी शिक्षा से दंभ, राग, जुल्म वगैरह बढ़े हैं।'

बात दरअसल अंग्रेजी शिक्षा की उतनी नहीं है जितनी यह कि सैनिक आक्रमण अथवा विदेशी शासन सिर्फ़ शस्त्रों की लड़ाई नहीं बल्कि आक्रमक लोग अपनी सभ्यता और संस्कृति से आक्रांता राष्ट्र या समाज को लंबे समय तक के लिए अपना मानसिक गुलाम बना लेते हैं। हथियारों का जोर थोड़े समय के लिये होता है लेकिन यह 'मानसिक गुलामी' लगभग उस घुन या दीमक की तरह होती है जो धीरे-धीरे समूची सभ्यता को चाट जाती है। इसलिए बाहरी अथवा सैनिक आक्रमण का तात्पर्य उतने तक ही सीमित नहीं रह जाता है जब तक उनके हाथों में हथियार हो बल्कि उसके बाद तो वह वास्तविक आक्रमण शुरू होता है इसी तरह इसका प्रतिरोध भी वहीं तक सीमित नहीं रह जाता कि हम उनके हाथों से शस्त्रों को गिरा दें, बल्कि यह एक लंबी प्रक्रिया है जिसमें हमें अपने मन से उस गुलामी की भावना को निकालते हैं।

उपनिवेशवाद के ख़िलाफ़ संघर्षों के एक प्रसिद्ध विचारक फ्रैंज फैनन इसे ही 'आत्मा' की मुक्ति कहते है। यद्यपि फैनन का तरीका हिंसक है और वे हिंसा को उचित मानते हुए उसके समर्थन में तर्क भी प्रस्तुत करते है उनका मानना है कि 'जब कोई गुलाम अपने गोरे मालिक को मारता है तो उस समय वह सिर्फ़ उसी की हत्या नहीं कर रहा होता है बल्कि उसी समय उसके भीतर का गुलाम भी मर रहा होता है। इससे सकी आत्मा मुक्त हो रही होती है।'

फैनन इसलिये प्रत्येक नागरिक से आह्वान करते हैं कि वह अपनी आत्मा को इस इस तरीके से मुक्त करे नहीं तो गुलामी की स्मृतियाँ और मानसिकता इतनी कष्टकर होती है कि उसका जीवन नर्क हो जायेगा।

परन्तु एक सिविल सोसायटी के निर्माण की दृष्टि से यदि हम फैनन के तर्क को देखें तो हम पाएँगे कि एक तो किसी भी राष्ट्र या समाज के लिये यह संभव नहीं है कि उसका प्रत्येक सदस्य किसी विदेशी आक्रामक की हत्या करे ही, दूसरे 'हत्या' जो अनिवार्यतः मनुष्य की प्रकृति के विपरीत है और जो अपने आप में एक भय का जनक है और उस भय से मुक्ति किसी कदर संभव नहीं है।

इस तरह फैनन के विचारों पर आधारित जो नये समाज की रचना होगी,

उसका आधार ही हिंसा होगा उस समाज के लोग निश्चय ही एक भययुक्त मानसिकता के शिकार होंगे और निश्चय ही उसे स्वस्थ नहीं कहा जा सकता।

गाँधी जी इस मानसिकता को समझते थे। अंग्रेजो से अपनी लड़ाई के दौरान देशवासियों के मन में अंग्रेजों की हत्या कर उनको आतंक फैलाने के भाव आते थे। उनकी इच्छा गुरिल्ला पद्धति से युद्ध कर भी अंग्रेजों से लड़ाई जीतने की होती थी। 'हिन्दी स्वराज' का लेखक ऐसे ही किसी पाठक को जवाब देते हुए लिखता है–"आपका ख्याल हिन्दुस्तान की पवित्र भूमि को राक्षसी बनाने का लगता है। अंग्रेजों का खून करके हिन्दुस्तान को छुड़ाएँगे ऐसा विचार करते हुए आपको त्रास क्यों नहीं होता? खून तो हमें अपना करना चाहिये, क्योंकि हम नामर्द बन गये हैं इसीलिए हम खून का विचार करते है। ऐसा करके आप किसे आज़ाद करेंगे? हिन्दुस्तान की प्रजा ऐसा नहीं चाहती। हम जैसे लोग ही जिन्होंने अधम सभ्यता रूपी भांग पी है, नशे में ऐसा विचार करते हैं। खून करके जो लोग राज करते हैं वे प्रजा को सुखी नहीं बना सकते। धींगरा (मदन लाल धींगरा जिन्होंने 1909 में लंदन में कर्नल सर वाइली को गोली का निशाना बनाया था उन्हें फाँसी की सजा मिली थी) ने जो खून किया है उससे या जो खून हिन्दुस्तान में हुए हैं उनसे देश को फायदा हुआ है, ऐसा अगर कोई मानता हो तो यह बड़ी भूल करता है। धींगरा को मैं देशाभिमानी मानता हूँ, लेकिन उसका देश प्रेम पागलपन से भरा था। उसने अपने शरीर का बलिदान गलत तरीके से दिया। उससे अंत में तो देश का नुकसान ही होने वाला है।

दरअसल सैनिक आक्रमण और उसका अहिंसक प्रतिरोध एक साभ्यतिक विमर्श है। यह सभ्यताओं की टकराहट है कि हम उस संघर्ष के बाद कैसे समाज का निर्माण चाहते हैं? किन्हीं अर्थों में यह साध्य और साधन का प्रबल अन्तर्द्वन्द्व है। 'हिन्द स्वराज' में ही गाँधी जी कहते हैं–"पहले तो इस दलील पर विचार करें कि अंग्रेजों ने जो कुछ पाया काट करके पाया, इसलिये हम भी वैसा ही करके मनचाही चीज पायें। अंग्रेजों ने मार काट की और हम भी कर सकते हैं यह बात तो ठीक है लेकिन मार-काट से जैसी चीज उन्हें मिली है वैसी हम भी ले सकते हैं। आप कबूल करेंगे कि वैसी चीज नहीं हमें नहीं चाहिये।"

इस संदर्भ में हम जापान का उदाहरण ले सकते हैं। पिछली शताब्दी के शुरुआती दिनों तक जापान एक बंद राष्ट्र था। वे अपनी परंपरागत सभ्यता और संस्कृति में प्रसन्न और खुशहाल थे। उनके उत्पादन संबंध भी परंपरागत थे और सामाजिक संबंध भी। परन्तु विश्व व्यापार की दृष्टि से जापान का खासा महत्त्व था क्योंकि वह महासागर का तटीय प्रदेश था। एक अमेरिकी व्यापारिक पोत के कप्तान को जापान का इस तरह बंद रहना काफी नागवार गुजरा। जापान के पास से गुजरते हुए उसने जापान को उसके पोत के लिये अपने बंदरगाह खोलने होंगे अन्यथा उसे

युद्ध के लिये तैयार रहना होगा। यह कोई प्रत्यक्ष सैनिक आक्रमण नहीं था, लेकिन ऐसी संभावना प्रत्यक्ष थी। जापान का शासक जानता था कि यह एक असमान युद्ध होगा। कहाँ गोला बारूद से भरा हुआ वह पोत और हाँ, तीर-धनुष वाले जापानी अस्त्र-शस्त्र। काफी सोच विचार कर और अपमान का कड़वा घूँट पीकर अंततः जापान ने अपना बंदरगाह खोल दिया। परन्तु इस घटना ने जापान के आत्म सम्मान को झकझोर कर रख दिया। जापान के तमाम 'सामुराई' और राजा ने यह निश्चय किया कि जिन साधनों के अभाव के कारण उन्हें यह जिल्लत झेलनी पड़ी वे उन साधनों में सर्वोच्च स्थिति पर पहुँचेंगे। समूचे जापान में जैसे इस सिद्धांत की लहर चल पड़ी और शताब्दी के बीतते न बीतते 'परंपरागत जापान' न सिर्फ़ आधुनिकों के समकक्ष हो गया, बल्कि उनसे बीस पकड़कर अपनी शर्तों पर संधियाँ करने लगा।

परन्तु इस समूचे प्रकरण में अंततः हार जापान की हुई क्योंकि बदले की भावना से वह वही नहीं रह गया जिसको बचाने की उसकी जद्दोजहद थी। वह पूर्णतः तथाकथित आधुनिक हो गया वैसा ही बर्बर, आक्रामक और साम्राज्यवादी जिसकी परिणति द्वितीय विश्वयुद्ध में अचानक परमाणु त्रासदी के रूप में हुई। ठीक ऐसा ही उदाहरण हम जर्मनी के साथ देख सकते हैं। प्रथम विश्वयुद्ध में मिली पराजय और वारसाय की संधि के अपमान के विरोध में जिस तथाकथित राष्ट्रीय गौरव की भावना के तहत उसने मात्र तीस साल में पुनः अपने आपको विश्व की महाशक्ति बनाया था वह द्वितीय विश्वयुद्ध में फिर से गुब्बारे की तरह पिचक गया।

दरअसल सैनिक आक्रमण एक हिंसक प्रक्रिया है उसका हिंसक व्यवहार उसके हथियारों से और तरीकों को वैधता प्रदान करना है। इस तरह जैसे ही किसी सैन्य दवाब या आक्रमण में हम स्वयं हिंसक होने की जरूरत महसूस करने लगते हैं वैसे ही अपनी मानसिकता में हम पराजित हो जाते हैं। फिर उस प्रतिरोध में हो सकता है कि जीत हमारी हो जाय परन्तु वह जीत एक तरह से हिंसक कुचक्र की जीत होती है जिससे निकलना उस समाज के लिए लगभग असंभव होता है। इस धारणा को भारतीय पौराणिक मिथक भी पुष्ट करते हैं पांडवों को युद्ध मजबूरी में करना पड़ा था, कौरवों के लगातार द्वेष, षड्यंत्र, विग्रह और युद्ध की चुनौती से अंततः परेशान होकर उन्होंने 'महाभारत' का मार्ग चुना था नहीं तो वह 'पाँच गाँव' से ही संतुष्ट थे। युद्ध भूमि में अर्जुन के मन में अपने गुरु, पितामह, भाई, बांधवों के प्रति एक मोह भी था। वह श्रीकृष्ण से इच्छा भी व्यक्त करता है कि यदि राज्य मुझे इस तरह, इतने लोगों के मरने के बाद प्राप्त होना है तो मुझे वह नहीं चाहिये। श्रीकृष्ण उसे गीता का प्रसिद्ध उपदेश देते हैं जिससे आत्मा की नश्वरता और उसकी अजरता-अमरता का आख्यान है जिसके अनुसार अर्जुन को निमित्त मात्र बनकर एक निष्काम भाव से धर्मयुद्ध करना है। परन्तु महाभारत का आख्यान अपने अंत में सिद्ध करता है कि युद्ध कभी धर्म के लिये हो ही नहीं सकता। इतनी भयावह और

विनाशकारी हिंसा के बाद जो धर्म विजय हुई उसका आधार और उसकी संरचना इतनी खोखली साबित हुई कि पांडवों का भी समूल नाश हुआ। द्रौपदी के निर्दोष बच्चे मारे गये। उत्तरा का गर्भ नष्ट हुआ। पांडवों का स्वर्गारोहण हुआ और अंततः परीक्षित के हाथों घनघोर कलयुग का आगमन हुआ।

हिंसा का प्रबल आख्यान होते हुए भी महाभारत अंततः आनृसंश्य का महाकाव्य सिद्ध होता है। युद्ध की निरर्थकता का, उसके परिणामों की भयंकरता का चाहे वह युद्ध धर्मयुद्ध ही क्यों न हो?

महाभारत का प्रसंग इस दृष्टि से भी समीचीन है कि जिस न्याय और आत्मगौरव की रक्षा के लिए यह लड़ा गया था वह न्याय, धर्म और आत्मगौरव का मामला आज भी महत्त्व का विषय बना हुआ है। खासकर राष्ट्र राज्य की अवधारणा के निमार्ण के बाद से नेशन मतलब राष्ट्र के निर्माण की विभिन्न अवधारणाओं के एक प्रमुख सिद्धांतकार बेनेडिक्ट एंडरसन जिन्होंने राष्ट्र के बनने का प्रसिद्ध 'इमेजिन्ड कम्युनिटी' का सिद्धांत दिया उनके अनुसार 'आजकल देवता राष्ट्र की सीमाओं पर बसते हैं।' राष्ट्र राज्य की आवधारणा में जिस 'सोवरनिटी' संप्रभु की बात हम करते है उसमें भी इन्हीं सीमाओं की पवित्रता और सुरक्षा का भाव अहम होता है। इस अवधारणा के बाद अब यह आश्चर्य और बहुत ज्यादा बहस का मसला नहीं रहा जाता है कि आख़िर क्यों सियाचीन ग्लेशियर वाले बर्फीली जगह या करगिल के दुर्गम पर्वतीय इलाकों को बचाने के लिये सैनिकों के अतिक्रमण से राष्ट्र की संप्रभुता नष्ट होती है। और एक नष्ट होते हुए संप्रभुता वाले राष्ट्र राज्य की जनता अपने आपको अपमानित और गौरव महसूस करने लगती है। जहाँ युद्ध पहले राजाओं अथवा शासकों का मामला हुआ करता था वह अब जनता का सीधा जुड़ा हुआ मामला बनते दिखने लगा। राष्ट्र की बदलती अवधारणा से युद्ध की भी अवधारणा बदलती गई और संभवतः ऐसे ही अवधारणाओं से युद्ध की आधुनिक अवधारणा विकसित हुई जिसमें क्लासविच का 'सम्पूर्ण युद्ध' (Total War) का सिद्धांत ज्यादा प्रसिद्ध हुआ। इस सिद्धांत के अनुसार से राष्ट्र राज्यों के बीच का युद्ध सिर्फ़ उनकी सैन्य शक्ति का युद्ध नहीं होता है बल्कि इस युद्ध के पीछे समूची जनता खड़ी होती है। इसलिये युद्ध का तरीका सेनाओं के बीच की गोलाबारी न रहकर जनता को भी नुकसान पहुँचाने का हो गया। इसमें युद्ध जनित परोत नुकसान के अलावा सीधे रिहाइशी इलाकों पर बमबारी भी शामिल है।

इस 'संपूर्ण युद्ध' (Total War) का प्रतिरोध संपूर्ण निषेध से ही संभव है इस संपूण निषेध में व्यक्ति मात्र के अंदर से हिंसा या युद्ध की भवना को निकालना समाहित है। गाँधी जी इसे ही 'व्यक्तिगत स्वराज' कहते थे। जब तक यह सभी व्यक्तियों के जीवन का ध्येय नहीं होगा तब तब हिंसा की स्थितियाँ लगातार अहिंसक मन को भी डाँवाडोल करती रहेगी। खासकर वैसी स्थिति में जब हिंसक

समूह के मन में करुणा, दया, अहिंसा जैसे किसी मूल्यों के प्रति कोई प्रत्यक्ष आस्था न दिखती हो। गाँधी जी के अहिंसा संबंधी सिद्धांत पर अध्यापक कोल ने अपनी उलझन रखी है "जब जर्मन और इटालियन विमान स्पेन की प्रजा का संहार कर रहे हों, जब जापान के विमान चीन के शहरों में हजारों लोगों को कत्ल कर रहे हों, जब जर्मन सेनाएँ आस्ट्रिया में घुस चुकी हों और चेकोस्लोवाकिया में घुस जाने की धमकी दे रही हों जब अबसीनिया पर बम बरसाकर उसे जीत लिया गया हो तब आज के समय में क्या यह (अहिंसा का) सिद्धांत टिक सकेगा? दो एक बरस पहले मैं तमाम संजोगों में युद्ध का और मृत्युकारी हिंसा का विरोध करता था लेकिन आज युद्ध के बारे में मेरे दिल में नापसंदगी और नफ़रत होने पर भी इन कत्लेआमों हत्याकांडों को रोकने के लिये मैं युद्ध का ख़तरा जरूर उठाऊँगा।"

अध्यापक कोल के उपरोक्त उद्धरण में सैनिक आक्रमण के प्रति स्वाभाविक बेचैनी और प्रतिक्रिया दिखती है। कोल स्वयं भी एक अहिंसावादी थे इसलिये उनकी और भी महत्त्वपूर्ण थे इसलिये प्रतिक्रिया और भी महत्त्वपूर्ण हो जाती है इस प्रतिक्रिया से हमें उन मानसिकताओं को समझने में मदद मिलती है जो ऐसी परिस्थितियों में उत्पन्न होते हैं। दरअसल ऐसी स्थिति में मनुष्य विपरीत निष्कर्षों तक भी पहुँच सकता है जैसे आगे स्वयं कोल के विचारों में दिखता है "मैं युद्ध का ख़तरा जरूर उठाऊँगा परंतु अभी भी मेरा वह दूसरा व्यक्तित्व इंसान की हत्या करने के विचार से घबराकर चोट खाकर पीछे हटता है। मैं खुद तो दूसरे की जान लेने की बजाय अपनी जान देना ज्यादा पसंद करूँगा। लेकिन अमुक संयोगों में खुद पर मिटने के बजाय दूसरे की जान लेने की कोशिश करना क्या मेरा फर्ज नहीं होगा? गाँधी शायद जवाब देंगे कि जिसने व्यक्तिगत स्वराज पाया है उसके सामने ऐसा धर्मसंकट पैदा ही नहीं होगा। ऐसा व्यक्तिगत स्वराज मैंने पाया है यह मेरा दावा नहीं है। लेकिन ख्याल कीजिए कि मैंने ऐसा स्वराज पा लिया है तो भी पश्चिम यूरोप में आज के समय में मेरे लिए यह सवाल कुछ कम जोरदार हो जाएगा ऐसा मुझे विश्वास नहीं होता।"

मि. कोल की उपरोक्त आपत्तियों अथवा उपमानों का जवाब महादेव हरिभाई देसाई ने देने की कोशिश की है कि "गाँधीजी जिस श्रद्धा (अहिंसा की) के साथ जीते हैं वह इटली जापान के किए हुए कत्लेआमों की बात सुनते ही डगमगाने नहीं लगती। क्योंकि हिंसा में से हिंसा के ही नतीजे पैदा होते हैं और एक बार उस रास्ते पर जा पहुँचे कि उसका कोई अन्त ही नहीं आता।"

सैनिक आक्रमण और अहिंसक प्रतिरोध में गाँधीजी सत्याग्रह का सिद्धांत कितना प्रासंगिक है, यह एक और कथन से जाहिर होता है। यह विचार जापान-चीन युद्ध के समय प्रसिद्ध विचारक फिलिय ममफर्ड ने व्यक्त किए हैं जब उनके एक चीनी मित्र ने उनसे चीन का पक्ष लेकर लड़ने का आग्रह किया था। उस आग्रह का

जवाब देते हुए उन्होंने 'वार रेजिस्टर' नामक पत्र में लिखा ''आपकी शत्रु तो जापान की सरकार है जापान के किसान और सैनिक आपके दुश्मन नहीं हैं। उन अभागे और अनपढ़ लोगों को तो मालूम भी नहीं कि उन्हें क्यों लड़ने का हुक्म दिया जाता है फिर भी अगर आप अपने देश के बचाव के लिए मौजूदा लश्करी तरीकों का उपयोग करेंगे तो आपको इन बेकसूर लोगों को जो आपके सच्चे दुश्मन नहीं हैं ही मारना पड़ेगा। अहिंसा की जो रीति गाँधीजी ने हिन्दुस्तान में आजमाई है उसी के जरिए अगर चीन अपनी रक्षा करने की कोशिश करेगा और गाँधीजी की वह रीति चीन के महान धर्म गुरुओं के उपदेश से बहुत ज्यादा मेल खाती है तो मैं बेधड़क कहूँगा कि यूरोप के शस्त्र युद्ध की रीति की नकल करने के बजाय इस अहिंसा की रीति से उसे बहुत ज्यादा सफलता मिलेगी।

चीन की जनता जो जगत की सबसे ज्यादा शांति प्रिय जनता है जगत की किसी भी लड़ाकू प्रजा के बनिस्पत ज्यादा लंबे अरसे तक अपने को और अपनी संस्कृति को कायम रख सकी है यह हकीकत ही मानव जाति के लिए एक सबक है। जो सूरवीर चीनी अपने देश के बचाव के लिए लड़ रहे हैं उनके लिए हमें आदर नहीं है ऐसा आप न मानें। हम उनके त्याग और बलिदान की भारी कदर करते हैं और समझते हैं कि वे हमसे भिन्न सिद्धांतों के मानने वाले हैं।

फिर भी हम यह तो मानते हैं कि हिंसा सब संयोगों में बुरी है और उसमें से अच्छे फल निकालना असंभव है। अहिंसा का पालन आपको तमाम दुखों से उबार तो नहीं लेगा लेकिन मैं मानता हूँ कि आपके सब अस्त्र-शस्त्रों और लश्करों के बनिस्पत अहिंसा एक अरसे के बाद आपके भावी विजेता के ख़िलाफ़ ज्यादा असरकारक साबित होगी और सबसे ज्यादा महत्त्व की तो बात यह है कि इससे अपनी प्रजा के आदर्श जीवित रहेंगे।''

फिलिप ममफर्ड के उपरोक्त उद्धरण से हमें सैन्य आक्रमण के समय अहिंसक प्रतिरोध की मानसिकता के कुछ संकेत मिलते हैं। यह मानसिकता अहिंसा में एक दृढ़ आस्था की मानसिकता है। यह कमजोरों या कायरों से संभव नहीं, यह तोप के सामने सीना खेलकर खड़े हो जाने की वीरता है। गाँधीजी 'हिन्द स्वराज' में लिखते हैं -

''सत्याग्रह सबसे बड़ा-सर्वोपरि बल है। वह जब तोप बल से ज्यादा काम करता है तो फिर कमजोरों का हथियार कैसे माना जाएगा। सत्याग्रह के लिए जो हिम्मत और बहादुरी चाहिए वह तोप का बल रखनेवालों के पास हो ही नहीं सकती।''

ऐसे आक्रमणकारियों की कमजोरी और उनकी निरर्थकता बताते हुए आगे वे कहते हैं कि 'आप क्या मानते हैं? तोप चलाकर सैकड़ों को मारने में हिम्मत की जरूरत होती है या हँसते-हँसते तोप के मुँह पर बंध कर धज्जियाँ उड़ने देने में हिम्मत की जरूरत है? खुद मौत को हथेली में रखकर जो चलता फिरता है वह रणवीर है

या दूसरों की मौत को अपने हाथ में रखता है वह रणवीर है?' 'यह निश्चित मानिए कि नामर्द आदमी घड़ी भर के लिए भी सत्याग्रही नहीं रह सकता।'

सत्याग्रह की इस ताकत को और ज्यादा स्पष्ट करते हुए गाँधीजी शासक तबके और उसकी जनता के बीच एक विभाजन रेखा भी खींचते हैं जैसा कि हमने ऊपर फिलिप ममफर्ड के विचारों में भी देखा कि सैनिक आक्रमण का निर्णय हमेशा शासक वर्ग लेता है उसकी समूची प्रजा या जनता आक्रामक नहीं होती। अहिंसक प्रतिरोध की वास्तविक ताकत इसी जनता में छिपी होती है 'हिन्द स्वराज' में ही गाँधीजी इस बात को स्पष्ट करते हुए कहते हैं कि 'राजा तो हथियार काम में लाएंगे ही उनका वह रिवाज ही हो गया है उन्हें हुक्म चलाना है। लेकिन हुक्म मानने वालों को तोपबल की जरूरत नहीं है। दुनिया के ज्यादातर लोग हुक्म मानने वाले हैं। उन्हें या तो तोपबल सीखना चाहिए या सत्याग्रह का बल सीखना चाहिए जहाँ वे तोपबल सीखते हैं वहाँ राजा-प्रजा दोनों पागल जैसे हो जाते हैं। जहाँ हुक्म मानने वालों ने सत्याग्रह करना सीखा है वहाँ राजा का जुल्म उसकी तीन गज की तलवार से आगे नहीं जा सकता, और हुक्म मानने वालों ने अन्यायी हुक्म की परवाह भी नहीं की है। किसान किसी के तलवार बल के बस न तो कभी हुए हैं और न होंगे।...वे तलवार चलाना नहीं जानते, न किसी भी तलवार से वे डरते हैं। वे मौत को हमेशा अपना तकिया बनाकर सोने वाली महान प्रजा हैं। उन्होंने मौत का डर छोड़ दिया है इसलिए सबका डर छोड़ दिया है।'

'हिंद स्वराज' के उपरोक्त उद्धरण में हमें अहिंसक प्रतिरोध कर सकने वाली जनता के चरित्र का पता मिलता है। इधर सिविल सोसायटी का अध्ययन करने वालों ने तमाम छोटे-छोटे राष्ट्रों के बीच होने वाले सैनिक आक्रमण और उनके अहिंसक प्रतिरोध को रेखांकित किया है। इसमें लैटिन अमेरिका के देशों में अपने सैनिक तानाशाहों के ख़िलाफ़ चलने वाले संघर्ष महत्त्वपूर्ण हैं, जैसे अल सल्वाडोर में मई 1944 में वहाँ की जनता ने अहिंसक सत्याग्रह के बल पर मात्र तीन सप्ताह में सैनिक तानाशाह जनरल मैक्सीमिलिनों को उखाड़ फेंका। इसी तरह इसी साल जून में ग्वाटेमाला में वहाँ के लोगों ने अपने तानाशाह के ख़िलाफ़ ग्यारह दिनों तक पूर्ण सत्याग्रह किया। बोलिविया, उरुग्वे, चिली, जैसे देशों में इस तरह के सत्याग्रहों की एक बड़ी शृंखला है जिसमें लोगों के आत्म बल के सामने वहाँ की आक्रामक शासन व्यवस्था को झुकना पड़ा। इन लोगों में राजनैतिक कैदियों को छोड़ने से लेकर ट्रेड नियमों पर से प्रतिबंध उठाने तक के माँग शामिल थे। अतः इस तरह के अहिंसक प्रतिरोध तमाम राष्ट्र-राज्यों की जनता के द्वारा अपनाए जा रहे हैं और यह एक सिविल सोसायटी के सिविल रेसिस्टेंस की तरफ बढ़ने के महत्त्वपूर्ण संकेत हैं परंतु यदि हम एक व्यापक मानवीय सरोकार के तहत इस शक्ति को स्थायी शक्ति बनाना चाहते हैं तो इसे मनुष्य मात्र में भावना के तौर पर स्थापित करना होगा। इसके कुछ

निश्चित नियम हैं और उन नियमों पर चलकर ही वास्तविक प्रतिरोधकर्ता अर्थात सत्याग्रही बना जा सकता है।

गाँधीजी हिन्द स्वराज में इन नियमों को बताते हुए कहते हैं-'अनुभव से मैं देखता हूँ कि जो देश के भले के लिए सत्याग्रही होना चाहते हैं उन्हें ब्रह्मचर्य का पालन करना चाहिए, गरीबी अपनानी चाहिए, सत्य का पालन तो करना ही चाहिए और हर हाल में अभय बनाना चाहिए।'

ब्रह्मचर्य पालन के सवाल पर हालाँकि कई लोगों को आपत्ति हो सकती है परंतु यदि प्रतिरोध को एक सिद्धांत मानना है तो इसके नियमों के प्रति गाँधीजी पर्याप्त गंभीर हैं। यह बात और है कि उन नियमों पर फिर से बहस हो सकती है जैसे उनके शब्दों में ब्रह्मचर्य एक महान व्रत हैं जिसके बिना मन मजबूत नहीं होता। ब्रह्मचर्य का पालन न करने से मनुष्य वीर्यवान नहीं रहता, नामर्द और कमजोर हो जाता है। जिसका मन विषय में भटकता रहता है, वह क्या शेर मारेगा? गाँधीजी गृहस्थों के सत्याग्रही बनने के सवाल को भी ब्रह्मचर्य से जोड़ते हैं कि 'सत्याग्रही को संतान पैदा करने की इच्छा नहीं होनी चाहिए।' इस संदर्भ में स्त्री का क्या विचार है जैसे प्रश्नों को वे अनावश्यक मानते हैं क्योंकि महान कार्यों में हिस्सा लेने से ऐसे सवालों के हल ढूँढ़ने ही होते हैं।

गरीबी अपनाने से गाँधीजी का तात्पर्य पैसों के प्रति लापरवाह रहने से है परंतु इन नियमों में सबसे ज्यादा बल सत्य का पालन करने को लेकर है उनके अनुसार जो सत्य का सेवन नहीं करता वह सत्य का बल सत्य की ताकत कैसे दिखा सकेगा।? बड़े-से-बड़ा नुकसान होने पर भी सत्य को नहीं छोड़ा जा सकता। सत्य के लिए कुछ छिपाने को होता नहीं इसलिए सत्याग्रही के लिए छिपी सेना की जरूरत नहीं होती।

इसके अलावा सत्याग्रही के लिए अभय का होना आवश्यक है। अभय के बिना तो सत्याग्रही की गाड़ी एक कदम भी आगे नहीं चल सकती। अभय संपूर्ण और सब बातों के लिए होना चाहिए। जमीन-जायदाद का, झूठी इज्जत का, सगे संबंधियों का, राज दरबार का, शरीर को पहँचाने वाले चोटों का और मरण का अभय हो, तभी इस व्रत का पालन हो सकता है।

यह सत्य है कि अहिंसक प्रतिरोध के लिए सत्याग्रही होना आवश्यक है और इसमें प्रवीणता लाना सबके लिए कठिन होगा। परंतु गाँधीजी का स्पष्ट मानना है कि यह सब मुश्किल है, ऐसा मानकर इसे छोड़ देना चाहिए जो सिर पर पड़ता है, उसे सह लेने की शक्ति कुदरत ने हर मनुष्य को दी है।

इसके अलावा गाँधीजी इस बात को भी स्पष्ट करते हैं कि जिसे हथियार बल पाना होगा, उसे भी इन बातों की जरूरत रहेगी। रणवीर होना कोई ऐसी बात नहीं कि किसी ने इच्छा की और तुरंत रणवीर हो गया। तलवार वाले योद्धा को भी ब्रह्मचर्य

का पालन करना होगा, भिखारी बनना होगा। अभय के न होने से वह रण में लड़ ही नहीं सकता और जहाँ अभय होता है वहाँ सत्य अपने आप आ ही जाता है।

इसलिए गाँधीजी इन चार गुणों से डर जाने या इसे कठिन मान लेने का कोई कारण नहीं देखते बल्कि तलवार बाल को तलवार की सुरक्षा को जो अतिरिक्त भय होता है वह सत्याग्रही में नहीं होता यह सत्याग्रही का धनात्मक सुविधाजनक पक्ष है।

इसलिए सैनिक आक्रमण और उसका अहिंसक प्रतिरोध एक गहरा साभ्यतिक विमर्श है। पश्चिम की सभ्यता जिसे गाँधीजी शैतानी सभ्यता कहते हैं वह मशीन आधारित सभ्यता है उस व्यवस्था में अन्याय है, शोषण है चूँकि प्रौद्योगिकी स्वयं एक विचारधारा है इसलिए इस बात का कोई विशेष फ़र्क नहीं पड़ता कि वह देश अमेरिका है या रूस दोनों में पूँजी का संकेन्द्रण होता है और दोनों ही उपभोक्तावाद को बढ़ावा देते हैं इसी उपभेक्तावादी संस्कृति और प्रौद्योगिकी नियतिवाद के कारण दूसरे राष्ट्रों के प्राकृतिक-संसाधनों और उसके बाज़ारों की जरूरत पड़ती है जो सैनिक आक्रमण के प्रमुख कारण हैं यह एक सभ्य संकट है जो गहरे सभ्य प्रवासों की उपज है इस मानसिकता को किसी शुभेच्छा या आशावाद के द्वारा नहीं मिटाया जा सकता। इसका प्रतिकार भी कोई तुरत-फुरत की चीज़ नहीं है कि कोई सैनिक आक्रमण हो और लोग इसका अहिंसक प्रतिरोध करने को निकल आए। यह एक लंबे प्रयास और मानसिकता का परिणाम होगा। वह मानसिकता भी किसी गहरे विमर्श और प्रयासों का ही प्रतिफलन होगा। भारत में इसकी संभावना है क्योंकि बुद्ध से लेकर गाँधी तक यहाँ एक लंबी परंपरा रही है। गाँधीजी इसीलिए अहिंसा को सर्वोपरि मानते थे कि यह सच्चे अर्थों में उक्त पश्चिमी सभ्यता को नकारने का सर्वाधिक मजबूत हथियार है सभ्यता का विकल्प है।

जब तक इस विकल्प में हमारी आस्था नहीं होगी तब तक अहिंसक प्रतिरोध के छोटे-छोटे दृश्य तो उपस्थित हो सकते हैं या कहीं-कहीं यह एक सफल और कारगर रणनीति भी साबित हो सकती है। परंतु सच्चे अर्थों में इसका जो अभिप्राय है कि मनुष्यता को भयमुक्त करना, पृथ्वी को युद्ध विहीन करना, वह गहरे प्रयासों और विचारों से ही संभव है। सबसे बड़ा सवाल जीवन को देखने के नज़रिए का ही है। हालीवुड की एक बहु प्रशंसित और ऑस्कर विजेता फिल्म 'लाइफ इज़ ब्यूटीफुल' की तरह जिसमें जर्मन नाज़ियों के अत्याचार को एक कंसंट्रेशन कैंप में सजा भुगत रहा परिवार अपने पाँच साल के बच्चे को एक खेल बनाता है जिसमें जीतने पर उसे पुरस्कार का आश्वासन होता है ताकि उसके इस भले विश्वास की रक्षा हो सके कि दुनिया वाकई खूबसूरत है।

हिन्द स्वराज : एक निर्भय विरोध का दस्तावेज़

के.के. सिन्हा

गाँधी ने ग्रामीण सभ्यता और इसकी सादगी को अंग्रेजी आधुनिक सभ्यता के सामने लाकर रख दिया ताकि इसकी अनैतिकता का मुकाबला किया जा सके। मातृभूमि को प्यार करो और राष्ट्र को एकता के सूत्र में बाँधो। गाँधी में राज्य को नकारने तथा उसके नियमों को न मानने की ज़िद है, पर नियम तोड़ने की सजा को भुगतने का भी संकल्प है। एक ओर विरोध का हठ है तो दूसरी ओर कानूनी प्रताड़ना को सहने की ताकत भी।
गांधी का राज्य विरोध समय के साथ बढ़ता गया। जबकि उसका नैतिक पक्ष एक स्थिर तत्व और छिपी शक्ति भर बना रहा।

गाँधी का मूल्यांकन महात्मा के रूप में न होकर एक परिवर्तनकारी योद्धा के रूप में होनी चाहिए, जो किसी राजा के अधीन समाज का दासत्व नहीं सह सकते थे। उनका सत्य यही था और अगर इसकी प्राप्ति के लिए उन्होंने अहिंसा का अमोघ अस्त्र प्रयोग किया तो कोई महात्मा बनने की इच्छा से नहीं बल्कि योद्धा बनने की इच्छा से। क्रांति की शक्ति शस्त्रों से नहीं संकल्पों से बनती है, और इस प्रयोग का आरंभ अफ्रीका में गोरे शासकों की निर्मम नीतियों के विरोध में किया गया।

जब वे भारत में अपने विद्रोही स्वरूप का इस्तेमाल करने लगे तो उन्होंने अपनी 1909 में लिखी गई किताब 'इण्डियन होमरूल' अथवा 'हिन्द स्वराज' पर अपने निर्भय जीवन के अफ्रीकी प्रयोग की मुहर लगा दी और इसे ही 1930 में घोषित आज़ादी की लड़ाई का आधार बना लिया। 1894 से 1914 तक के अफ्रीकी सत्याग्रह के अनुभवों ने उन्हें एक निर्भय सत्याग्रही अथवा योद्धा तैयार कर लिया था और 1921 में उन्होंने लिखा है कि वे तत्कालीन "भारतीय विद्रोह को कोई धर्म का जामा नहीं पहना रहे थे और न उस लहर को किसी व्यक्तिगत नैतिक विश्वासों से धीमा करना चाहते थे।"[1] बल्कि "अब सत्याग्रह दक्षिण अफ्रीका की तुलना में

और भी उग्र करना पड़ेगा।'' हिन्द स्वराज में वर्णित प्रयोग ही उनके ''जीवन का सिद्धान्त''[2] बन गया, जो जीवन पर्यन्त कभी भी बदला नहीं।

यह भी ठीक है कि आज़ादी की लड़ाई में देश भक्तों ने हिंसा का भी सहारा लेना शुरू कर दिया था क्योंकि अंग्रेजी शासन भारत में अफ्रीका से कहीं अधिक पैठ बना चुका था तथा यहाँ भारतीय विरोध में वह एकल जातीय समीकरण न था जो अफ्रीका के प्रवासी भारतीयों में था। उधर गाँधी अब 60 साल के हो गए थे और अहिंसा की नीति को कुछ लोग उनकी कमजोरी समझने लगे थे। लेकिन 1930 तक गाँधी ने जो विद्रोही तेवर दिखाए उससे साधारण जनता को एक राष्ट्रीय समूह में इकट्ठा कर लेना कोई साधारण बात न थी। अहिंसा कोई धार्मिक विश्वास न था बल्कि एक तलवार थी, जिसकी धार हिंसा से कम पैनी न थी।

अहिंसा एक रणनीति

उन्हें इस काल में महात्मा क्यों कहा गया स्पष्ट नहीं होता। नोबेल साहित्यकार बी. एस. नायपॉल ने अपनी एक किताब में महात्मा उपाधि पर व्यंग्य भी किया है, जिसके कारण अफ्रीका की तुलना में भारत का सत्याग्रह कमजोर पड़ गया था तथा गाँधी बहुल जातियों में ग्रस्त भारत को अफ्रीका के नज़रिए से गलत रूप से एकल जातीय मान बैठे।''[3] जब मैं इसे देखता हूँ तो यही लगता है इन्हीं कारणों से गाँधी के विद्रोह का स्वर फीका पड़ गया और स्वराज पाने के लिए 30 वर्ष लग गए।

पर गाँधी शुरू से अंत तक विद्रोही रहे तथा महात्मा पद उन पर थोपा गया था, बस इसलिए कि वे अहिंसा के माध्यम को धार्मिक सूत्रों से लिए थे। सच तो यह है कि, महाभारत के हिंसक युद्ध में न तो कोई विजेता ही बचा और न अपराजित। इसी अर्थ में गाँधी के लिए अहिंसा कोई धार्मिक विश्वास न बन कर एक व्यवहारिक नीति बनी। अहिंसा का स्रोत 'धम' नहीं 'कर्म' था, और गाँधी का विश्वास ''कर्मण्येवाधिकारस्ते''...पर ही टिका रहा।

इसी कारण गाँधी ने उद्देश्यों से समझौता करना स्वीकार किया पर साधन (कर्म) से नहीं। 'हिन्द स्वराज' में इसकी पुष्टि हुई है जब अपने विद्रोह (सत्याग्रह) के उद्देश्य के रूप में उन्होंने स्वायत्त शासन की जगह संसदीय शासन को प्राप्त करना स्वीकार कर लिया।''[4] इस तरह के शासन को वे स्वयं ''अंग्रेजों के बिना अंग्रेजी शासन'' बताते हैं, जो ''बाघ के बिना एक बाघनुमा शासन'' ही होता। इतना ही नहीं यह शासन दलों के दलदल में फंसना तथा केवल ''बहस करने की दुकान'' बनकर रह जाता जहाँ 'बांझ से सृजन नहीं होता तथा लोगों की देशभक्ति 'वेश्याओं' की तरह दाव पर लगी रहती।''[5]

इस समझौते से गाँधी को एक सफलता मिली जब विरोध का लक्ष्य अंग्रेजों से हट कर 'अंग्रेजियत' और उनकी चूसने वाली सभ्यता को बनाया गया।''[6] अंग्रेजों

की हिंसा से कोई बात नहीं बनती, जरूरी था उनके शासन और शोषण को ध्वस्त करना और यह लड़ाई अंग्रेजों की अपार सैन्य शक्ति से न होकर उनके शासन से रह गई, जिसके लिए अहिंसक विद्रोह काफी प्रबल हो सकता था।

दूसरा समझौता गाँधी ने अंग्रेजों द्वारा चलित रेल मार्ग, कचहरी, अस्पताल और कल-कारखानों को बरकरार रखने के लिए किया क्योंकि इन्हें रोकने में काफी खून-खराबा होता तथा भारतवासी स्वयं पिसने लगते। यह भी सच था कि इन संस्थाओं के द्वारा अंग्रेज एक बड़ी राशि में वकीलों, डॉक्टरों तथा अपने मुजरिमों को अपनी शोषण नीति का पिछलगुआ बनाकर रखता।"[7] फिर भी गाँधी को विश्वास था 'अंग्रेजियत' की दासता बहुत लम्बे समय तक किसी भारतीय को स्वीकार नहीं होगी।

पर गाँधी अपने विद्रोह को अहिंसक बनाए रखने के लिए कटिबद्ध थे तथा हिंसा से कोई समझौता नहीं हो सकता था, भले ही यह जितना भी कठिन कार्य हो। गाँधी के संघर्ष का अहिंसक होना, उनकी उग्रता की पहचान थी।

गाँधी पश्चिमी सभ्यता से रूबरू 19 वर्ष की अवस्था में हुए जब वे इंग्लैंड कानून पढ़ने के लिए गए और वे दक्षिण अफ्रीका वकील के रूप में 25 वर्ष की अवस्था में प्रवेश किए, जब 1906 तक पश्चिम सभ्यता ने वहाँ के नागरिक जीवन को गुलामी में जकड़ लिया था। वहाँ एशियाई मूल के लोगों की पहचान के लिए अपने को पंजीकृत कराने का कानून बनाया गया, जिसकी घुटन में लोगों ने गाँधी के नेतृत्व में न्याय के युद्ध की राजनीति छेड़ दी और सड़कों पर आ गए। वे इस रंगभेद को बर्दाश्त नहीं कर सकते थे। इस अहिंसक विरोध को गाँधी ने 'सत्याग्रह' का नाम दिया, जिसके पीछे न्याय की गुहार थी तथा एक सच था, जिसके लिए मर मिटने का 'उग्र-संकल्प' था।

हिन्द स्वराज - एक निर्भय विरोध का दस्तावेज़

गाँधी का अफ्रीकी अनुभव भारत के अंग्रेजी शासन के विरोध का एक छोटा प्रयोग था, जो भारत में कहीं अधिक सशक्त हुआ। इस पुस्तक में जिस स्पष्टता से गाँधी ने उन सभी सशक्त विद्वानों और अराजकतावादी विद्रोहियों को जवाब दिया है, उससे जाहिर होता है कि, गाँधी के 'एनॉर्किज़्म' या विद्रोह का अपना ब्राण्ड था जो पहले तो अनसुना किया गया पर बाद में अंग्रेजों को भारी पड़ने लगा। गाँधी को दक्षिण अफ्रीका में ही महसूस हो गया था कि अंग्रेजी सभ्यता 'दुकान चलाने वालों' और 'युद्ध तथा शोषण' की बनती जा रही थी।"[8] हिन्द स्वराज एक विद्रोही (एनॉर्किस्ट) का दस्तावेज़ है।

पश्चिम का एनॉर्किज़्म (अराजकतावादी विद्रोह)

हिन्द स्वराज का मूल्याँकन, तत्कालीन यूरोपीय में देशों के भीतर चलने वाले राज्य

के विरोध में चलते विद्रोहों के आलोक में किया जाना चाहिए। वहाँ भी राजकीय नीति सत्ता और धनलोलुप हो गयी थी और उसको चर्च तथा निजी सम्पत्ति वालों का समर्थन मिल रहा था। यूरोप में कम्युनिस्ट तथा एनॉर्किस्ट दोनों ने मिलकर इन शक्तियों का विरोध किया। एनॉर्किस्ट या अराजकतावादी विद्रोहियों ने निजी सम्पत्ति को चोरी बताया तथा राज्य को ऐसे समाज का शोषण और एकाधिकार का प्रतिफल। राज्य की संस्था ऐसी शक्तियों का संरक्षण करती है तथा धर्म, यथास्थिति को कायम रखता है।

वास्तव में एनॉर्किज्म यूरोप में कामगारों का आंदोलन था—यह उद्योगों की सभ्यता थी जो सम्पत्ति, बाज़ार तथा मुनाफाखोरी से बनती थी। इसके विरोध में लोगों के परस्पर संगठनों और सहयोगी बैंकिंग और सहकारी उत्पादन की रचना करना चाहता था।"[9] पियरे प्रूधो (1809-65 फ्रांस) इसके प्रर्वतक थे। लोग राज्य के विरोधी थे लेकिन एक जागृत राज्य के साथ समझौता कर सकते थे, जब शासकों की अल्पसंख्यक विकृत मानसिकता को सामान्य भावना से जोड़ा जाता और "जब सामाजिक संबंध अपने सबसे स्वाभाविक और न्यायपूर्ण स्थिति में फिर प्राप्त हो जाता।" लेकिन इसके लिए बहुत दिनों तक कुछ लोगों पर दबाव बनाए रखना जरूरी होगा। स्गाडविन, 1756-1836)।"[10]

अमेरिका में भी अराजकतावादियों ने प्रधों को गुलामी और निजी सम्पत्ति के विरोध को अपनाया तथा शांतिमय तरीके से सहकारी संस्थाओं के निर्माण से राज्य तथा निजी सम्पत्ति को हटाने की कोशिश की।"[11] इसके प्रणेता डेविड थूरो थे, जिनसे गाँधी प्रभावित हुए। परन्तु 1881 में बेन्ज़ामिन ने शुरुआती दौर में हिंसा के प्रयोग की जरूरत समझी ताकि ये छोटे समूह सरकार पर अपनी बात मनवाने का दबाव डाल सकते।"[12]

उधर रूसी एनार्किस्ट (बाकुनिन और बाद में क्रोपोटकिन) ने लूटपाट तथा हिंसा द्वारा ऐसे विद्रोह का स्वरूप, 1871-1921 के काल में, खड़ा कर लिया। उनके लिए राज्य, निजी सम्पत्ति तथा संगठित धर्म, आदमी के विकास के स्वाभाविक पर आदिम संस्थाएँ हैं।"[13] "राज्य थोड़े लोगों को अत्याचारी तथा मदांध बनाता है तथा अन्य सभी को अपना दास।" इसलिए वे चर्च, सेना, कचहरी, पुलिस तथा विधानसभाओं और शासनतंत्र को निजी सम्पत्ति के साथ ध्वस्त करना चाहते थे। यह तरीका उनके समकालीन कम्युनिस्ट, मार्किस्ट-लेनिनिस्ट दलों से मेल खाता था। गाँधी ने इसे विघटनकारी माना।

इनका कम्युनिस्टों से फ़र्क यह था कि एनॉर्किस्ट एक कम्यून या पंचायती व्यवस्था की परिकल्पना करते थे जो ध्वस्त किए गए राज्य के खण्डहर पर मुक्त रूप से खड़ी हो जाती। पर कम्युनिस्ट व्यवस्था में सर्वहारा की तानाशाही करने वाला एक

अंतरिम राज्य जरूरी समझा गया जो कठोर तथा हिंसक तरीकों से समाज को फिर पुराने ढर्रे पर आने से रोके रखे।"[14] अमेरिकी एनार्किस्ट (जिस गणना में हम गाँधी को रखते हैं,) स्वाभाविक धर्म को, संगठित धर्म से अलग तथा अच्छा मानते हैं क्योंकि इससे व्यवहार में नैतिकता आती है, जो दकियानूसी धार्मिक विश्वासों में नहीं। "एक सहभागिता के आधार पर नैतिक अनुशासन का उदय होता है।"[15]

गाँधी यहाँ एनॉर्किस्ट अथवा राज्य विरोधी विद्रोहियों से प्रभावित हुए जो शांतिमय विरोध की सम्भावनाएँ बताते हैं और जो उनकी अपनी सभ्यता के भटकाव को रास्ता देना चाहते थे। गाँधी की किताब (हिन्द स्वराज) इन्हीं एनॉर्किस्ट के संघर्ष का भारतीय संस्करण दिखाई पड़ता है, जो एक आततायी राज्य और इसके औद्योगिक और बाज़ारी सभ्यता के विरोध में चलाया गया था।

अंतर यह था कि यूरोप में यह विरोध कारखानों के कामगारों द्वारा उठाया गया था जो कारखानों के मालिकों को हटा कर एक स्वचालित संगठन बनाना चाहते थे। जबकि भारत में यह आधुनिक सभ्यता के विरोध में था जो सारे देश को एक गुलाम उपनिवेश बनाकर सारी जनता को आक्रांत कर रहा था तथा गरीब बना रहा था।

गाँधी का अनॉर्किज्म या अराज्यवादी विद्रोह

स्पष्ट है कि गाँधी ने जिस एनॉर्की को पश्चिम से लिया वह एक शासक सभ्यता के विरोध में थी जो दूसरों को गुलाम बनाकर रखना चाहती थी। अतः यह एक सभ्यता की लड़ाई थी जो अपने ही में नहीं बल्कि एक बाहरी सभ्यता से थी। इसलिए इसे खुली और सम्पूर्ण होना था। 1912 में गाँधी के राजनैतिक गुरू गोखले को लगा कि गाँधी का उदार विरोध (पैसिव रेजिस्टेंस) भोंड़ा और जल्दीबाजी में लिया गया निर्णय था और गाँधी भारत में जाकर एक साल के भीतर ही इसे खत्म कर देंगे।"[16] गोखले एक धीमा चलने वाले व्यक्ति थे और सरकार से लड़ने के बजाय सरकार की गलत नीतियों के विरोध में 'प्रार्थना' करने के पक्षधर थे। पर गाँधी इसे आत्मसम्मान के ख़िलाफ़ मानते थे। उनके अनुसार "अगर अंग्रेज भारत को छोड़कर चले जाते हैं तो इससे यह नहीं समझना चाहिए कि देश विधवा हो जाएगा।" बल्कि इसके उल्टा, "ऐसे विस्फोट को रोकने में नहीं, होने देने में भलाई है" और "अपने शासन का उपद्रव (एनॉर्की) विदेशी के कायदे वाले शासन से कहीं अच्छा था, "हमें समझना चाहिए और सबको बतलाना चाहिए कि हम न अंग्रेजों के और न भारतीयों के शासन के अत्याचार को सहेंगे।"[17]

यह ठीक है कि गाँधी ने जो 20 वर्ष दक्षिण अफ्रीका में बिताए वह न्याय के लिए स्वजातीय या एकल जातीय सत्याग्रह था। जो भारत में इतना सरल और आसान नहीं था। भारत की दृष्टि से वह सत्याग्रह का शैशव मात्र था।"[18] भारत में

इसे और उग्र होना था।''[19] और अहिंसा, 1921 तक, राजनैतिक दबाव के रूप में दम तोड़ने लगी थी।''[20] इसलिए नहीं कि यह कोई कमजोर अस्त्र था बल्कि इसलिए कि लड़ने वाले लोगों में अधिक एकजुटता की जरूरत थी, जिसे बंगाल के विभाजन के समय से ही अंग्रेज शासकों ने छिन्न-भिन्न कर दिया था।''[21]

हिन्दू मुस्लिम अलगाव

1930 तक गाँधी के विद्रोह में पूरे देश को एकजुट होने का नारा लगना शुरू हुआ और वह देश के नाम पर था न कि मजहब या जात-पात के नाम पर।''[22] हिन्दू-मुस्लिम का मिलना गाँधी की दृष्टि में एक तीसरी शक्ति के रूप में उभरा''[23] क्योंकि अब इन दोनों को अंग्रेजों के रूप में किसी तीसरी पार्टी की जरूरत, अपने आपसी मामलों के निपटारा के लिए, करने वाली नहीं थी। गाँधी ने यह भी माना कि आपसी सद्भाव बनाए रखने में हिन्दुओं पर अधिक भार था क्योंकि उनकी संख्या ज्यादा थी और वे आपसी झगड़ों से आसानी से बच सकते थे। अगर ऐसा नहीं करते तो सिर फुटौव्वल होता।''[24] गाँधी के अनुसार घड़े को फूटने से बचाने के लिए घड़े को ही अलग रखना ठीक नहीं था बल्कि उसे और भी नया कर मजबूत करना था ताकि किसी भी पत्थर से वह टूटे नहीं।''[25] और यह पत्थर कौन था-झूठे मुल्ला और पण्डित जो अपनी हर लड़ाई की सुनवाई के लिए अंग्रेजों की तीसरी पार्टी के पास फरियाद करते।

सभ्यता का द्वन्द्व (डाइलेक्टिक्स)

गाँधी के विद्रोह या एनॉर्की अंग्रेजों के ख़िलाफ़ नहीं थी बल्कि उनकी सभ्यता के विरोध में, जो हर तरह से भारतीयों को गुलाम बनाकर रखना चाहती थी। इस विरोध का दूसरा चेहरा था, जो भारतीयों को अपने सदियों पुराने नैतिक मूल्यों को कायम करे तथा अपने ग्राम-सुलभ सरलता और सभ्यता में आत्मविश्वास तथा आत्मसम्मान का अनुभव कराए। इससे गाँधी ने अंग्रेजों के बांटने की नीति को तोड़ने से रोका। इससे अहिंसक विद्रोह को नई ऊर्जा मिली और विरोध के स्वर प्रबल हुए। इससे गांव और शहर दोनों एक जुट हुए और सत्याग्रह देशव्यापी होने लगा।

'पैसिव' या शांत-विरोध में शांति-पक्ष पर जोर न देकर विरोध-पक्ष पर जोर देना इसलिए जरूरी था क्योंकि जुल्म करने वाले शासक और भी जुल्मी नहीं हो जाएँ।''[26] गाँधी ने इसे सभ्यता की लड़ाई बनाकर अंग्रेजों से लड़ने का एक वैसा ही आधार बनाया जैसा मार्क्स ने पूंजीपतियों से लड़ने का। वास्तव में गाँधी के साथ-साथ विवेकानंद ने भी अपने तरह से भारतीय सभ्यता का शंखनाद किया था और मार्क्स के भौतिक आधार की जगह भारत के धर्म और सभ्यता की एकात्मा को उजागर किया।

गाँधी ने सभ्यता के द्वन्द्व को छोड़कर भारतीयों के लड़ने की शक्ति को नया बल दिया और "भारतीय सभ्यता सर्वोत्तम है।" –को स्थापित किया।"[27] द्वन्द्व अंग्रेजी सभ्यता और भारतीय सभ्यता के बीच था।

विद्रोह में नैतिकता की ढाल

गाँधी को लन्दन में कई भारतीय अराजकवादी लोगों से भेंट हुई और "उनकी बहादुरी से मैं बहुत प्रभावित हुआ, पर मुझे लगा कि उनकी ताकत में विचलन था।"[28]

उन्हें थोड़ा नैतिक मूल्यों की जरूरत थी। उसी तरह जिस तरह जो नैतिकता पर बल देते हैं, उनको साहस और ऊर्जा की। गाँधी ने यह भी समझा कि "अंग्रेज शासन के अत्याचार का विरोध उतना ही होगा जितना भारतीय शासकों के अत्याचार का" तथा यह कि अतिवादियों और सोच समझ कर चलने वालों में सहमति बन सकती है क्योंकि उन दोनों में कोई दुर्भाव नहीं"[29] और इससे भारत की आज़ादी की लड़ाई में अतिवादियों की अपेक्षा शांति को अधिक बल मिला। हिन्द स्वराज पुस्तक में यह बहुत ही स्पष्ट हुआ कि गाँधी अंग्रेजों से अधिक अंग्रेजी सभ्यता को देश निकाला देना चाहते थे। ("मैं अंग्रेजों का दुश्मन नहीं पर उनकी सभ्यता का हूँ।")"[30] एक सभ्यता का गुलाम अपने को नहीं बचा सकता क्योंकि वह स्वयं डूबता जाता है। दूसरे को क्या बचाएगा।"[31] भारतीय लोग अंग्रेजीयत के गुलाम हो गए हैं जो उन्हें अपंग बना चुका है और वही करवाता है जो वह चाहता है। इस तरह भारतीयों का जमीर अंग्रेजी सभ्यता है जो उन्हें मशीनों, बाजारों के लालच में फंसा देता है और अपनी सैन्य शक्ति और व्यापारिक शक्ति को बढ़ाने में झोंक देता है। इस तरह संदेश यह था कि भारतीयों को अपनी सभ्यता का गर्व होना चाहिए और उस सभ्यता का मुकाबला करना चाहिए जो उन्हें दासता की बेड़ियों में जकड़ती जाती है।

इस प्रकार गाँधी ने ग्रामीण सभ्यता और इसकी सादगी को अंग्रेजी आधुनिक सभ्यता के सामने लाकर रख दिया ताकि इसकी अनैतिकता का मुकाबला किया जा सके।"[32] मातृभूमि को प्यार करो और राष्ट्र को एकता के सूत्र में बांधो। गाँधी में राज्य को नकारने तथा उसके नियमों को न मानने की ज़िद है, पर नियम तोड़ने की सजा को भुगतने का भी संकल्प है।"[33] एक ओर विरोध का हठ है तो दूसरी ओर कानूनी प्रताड़ना को सहने की ताकत भी।

गाँधी का राज्य विरोध समय के साथ बढ़ता गया। जबकि उसका नैतिक पक्ष एक स्थिर तत्व और छिपी शक्ति भर बना रहा। गाँधी अराजक विरोध किसी हिन्दू राष्ट्रवाद का नहीं था बल्कि एक चिरकाल तक भारतीय जनता और भारतीय राजनीति को अक्षुण्ण बनाने का सिद्धांत था। वह सभ्यता जिसे अंग्रेज शासक डूबता हुआ मान बैठे थे उसी ने संघर्ष की महिमा बढ़ाई तथा उसे नई ऊर्जा प्रदान किया।

जब शासकों ने भारत के कुछ पुरातन रीति-रिवाजों के दोषों की खिल्ली उड़ाई तो गाँधी ने कहा-"दोष दोष है, वे रोशनी नहीं" [34] भारत अंग्रेजों के पैर के तले नहीं, वह आधुनिक सभ्यता के दबाव में है।"[35] क्योंकि यह ऐसी सभ्यता है, जो मशीनों के द्वारा धन की लिप्सा में ग्रस्त है और हजारों लोगों को बेकार बना कर भुखमरी में ढकेल रही है। घृणास्पद मशीन नहीं मशीन से धन कमाने की लालच है और इसी लालच से देशों पर युद्ध के बदल मड़रा रहे हैं।"[36]

बनारस की घटना - विद्रोह के उग्र रंग

1916 में जब सत्याग्रह को कमजोरों का हथियार कहा जाने लगा था, गाँधी ने अराजक विद्रोह की रस्सी कड़ी कर दी। "मैं खुद एक अराजक (एनार्किस्ट) हूँ, भले ही कुछ अलग तरह का"[37] यह गाँधी ने कुछ युवाओं को सम्बोधित करते हुए कहा जो बनारस विश्वविद्यालय की सभा में एनीबेसेंट की अध्यक्षता में जुटे थे। गाँधी बोलते समय रोके गए जब वे कह रहे थे –"मैं अराजकतावादियों का सम्मान करता हूँ, जो देश के लिए मर मिटने को तैयार हैं। अगर कुछ लोगों ने बम नहीं फेंका होता, हमें वह नहीं प्राप्त होता जो हमें प्राप्त हो सका। (बंगाल के विभाजन आंदोलन के संदर्भ में)"[38]

यद्यपि गाँधी ने मारकाट को सम्मानित नहीं कहा पर वे गरीब किसानों और ग्राम पंचायतों की वकालत कर रहे थे। जो एनार्किस्ट और मार्क्स के सिद्धांत के आवश्यक अंग थे, पर इसी समय अध्यक्ष ने गाँधी को मारकाट के प्रसंग को बंद करने का आदेश दिया। गाँधी बोलते गए और कहा कि अगर हमें स्वायत्त शासन प्राप्त करना है तो हमें उसे मांगना नहीं, लेना पड़ेगा। इस पर उन्हें फिर अध्यक्ष द्वारा रोका गया और अध्यक्ष ने सभा दोड़ दिया।"[39] गाँधी अब उत्तेजना में जनता के मौन निष्क्रियता पर, अंग्रेजों की चाटुकारिता और 'स्वदेशी संस्कृति' से हटकर पहनने, बोलने वाले सम्मानीय लोगों पर आक्षेप किया तथा महसूस किया कि अराजकतावादी चाहेंगे कि अब सत्याग्रह में कुछ सख़्ती आनी चाहिए।

स्पष्टतः गाँधी अब अराजकतावादियों से सत्याग्रह के लिए ऊर्जा प्राप्त करना चाहते थे, जिसे उन्हें आत्मा की शक्ति (सोल कोर्स) कहा जो जानवरी शक्ति (ब्रूट फोर्स) का मुकाबला कर सके। इसलिए वे अब अंग्रेजी भाषा, अंग्रेजी कचहरी, रेलसेवा और उसके व्यापारिक गतिविधियों, वकील, डॉक्टर तथा धनी व्यक्तियों के विरोध में मुहिम चलाना चाहते थे, जो गरीबों और स्वदेशी के हित में कुछ न कर, अंग्रेजों के इशारे पर काम कर रहे थे।"[40]

सत्याग्रह का लक्ष्य अब मशीनी संस्कृति के विरोध की ओर बढ़ रहा था जो 'व्यक्ति के विवेक' के तर्क पर अपने को प्रशस्त कर रहा था और मुनाफाखोरी तथा

मजदूरों की बेकारी के आधार पर धन संचय की महत्ता को उजागर कर रहा था।''[41] गाँधी ने सभ्यता का आदर्श इसके उल्टा मोड़ दिया जब साधारण आदमी की बुनियादी जरूरतों को पूरा करना सबसे पहली जरूरत होगी।

इस तरह गाँधी अब अफ्रीका के सत्याग्रह से बहुत कुछ आगे बढ़ गए थे जब अहिंसा को अधिक ऊर्जावान बनाने के लिए पूरे व्यवस्था परिवर्तन की बात करने लगे जब अमीर वर्गों को अपनी सुख-सुविधा में कटौती कर आधुनिक सभ्यता की चमक-दमक से हटना था, जहाँ रूपया ही देवता था तथा सारी दुनिया उपभोग का एक विस्तृत बाज़ार।''[42]

इस तरह आत्म नियंत्रण, गरीबी का वरण करना, निर्भयता और सत्य आचरण ये चार सूत्र जोड़े गए जिससे सत्याग्रह अमीरों को भी इस आंदोलन में समेट सके। यहाँ हिन्दू धर्म की कुछ बातें उजागर तो हुईं पर मूलरूप से इसे रूसी विचारक टॉलस्टॉय का प्रभाव कहा जा सकता है। इसमें 'रोटी के लिए मेहनत' (ब्रेड लेबर) की धारणा का सूत्रपात हुआ और इससे अमीरों पर एक परोक्ष प्रहार भी पड़ा।

टॉलस्टॉय को (1828-1910) के एक सुधारवादी एनार्किस्ट की संज्ञा दी जाती है जो सम्पन्न होते हुए भी गाँधी की सादगी तथा सत्याग्रह के प्रयोग पर ऐसा मानता था कि उसके विचार केवल रोशनी देने वाले थे, पर गाँधी के प्रयोग फल देने वाले होंगे''[43] वे धर्म से नहीं, चूँकि सभ्यता और संस्कृतियों के टकराव से उत्पन्न हुए थे।''[44]

अहिंसा बनाम हिंसा

अहिंसा, हिंसा का विपरीतार्थक नहीं बल्कि एक डिग्री कम की स्थिति बतलाता है। गाँधी ने बाद की स्थिति को अधिक सशक्त माना। इसके लिए अधिक उत्साह और साहस की जरूरत होगी, ''मारने के लिए नहीं, मारे जाने के लिए; फांसी पर लटकाए जाने के लिए नहीं; पर टुकड़े-टुकड़े में काटे जाने के लिए।''[45] गाँधी ने धर्म की चर्चा की, पर प्रयोजन था राष्ट्र की एकात्मा को उजागर करना तथा कर्म के आधार पर एक होना न कि धर्म के आधार पर।''[46] इसलिए गाँधी ने सभ्यता में निहित जानवरी शक्ति के ज़वाब में सभ्यता में छिपी आत्मिक शक्ति को प्रकाशित करते हुए भारतीयों के आत्म सम्मान और ताकतवर से लड़ने का आत्मबोध कराया। ऐसा नहीं कि अंग्रेजों को धर्म बोध नहीं, पर उनकी-सभ्यता सब कुछ डकार जाती है।''[47]

'हिन्द स्वराज' का सौ वर्ष

क्या भारत आज़ादी के साठ साल बाद भी गुलाम जैसा लगता है और अंग्रेजों के चले जाने के बाद भी अंग्रेजीयत के माया जाल में फंसा हुआ लगता है? हिन्द स्वराज–पुस्तक के पुनर्पाठ से ऐसा लगता है कि अब भी अंग्रेजी सभ्यता तथा उसके

सत्तालोलुप, धन-लोलुप स्वरूप का ही भारतीयकरण हो गया है। शासन दलों के हाथ में है, दल बलवानों और धनवानों के हाथ में और वे स्वयं बाज़ार के हाथों में।

गाँधी ने इन बिगड़ती हुई स्थितियों का अनुमान किया था पर अंग्रेजी शासन की गुलामी उन्हें इससे भी बुरी लगी। वे अनुमान करते थे कि अपने लोग एकजुट होकर गरीबी से लड़ेंगे और इसे मिटाएंगे।

पर अंग्रेजी शासन का ब्रूट फोर्स आधुनिक सभ्यता के परिवेश में और भी प्रशस्त हुआ है और उपनिवेशों को उससे मुक्ति पाना और भी कठिन होता जा रहा है। उन्होंने देश को बांट तो दिया, पर हम क्यों नहीं घड़े को और भी तपा नहीं पा रहे हैं ताकि वह पत्थरों के आघात को सह सके।

गाँधी ने एक लड़ने वाले नेता की परिकल्पना की थी जो देश की एकात्मा को जगा सके लेकिन अब तो सभ्यता का संकट और भी गहरा हो चुका है, जहाँ अंग्रेजों के बिना भी सबकुछ उनसे उधार लिया दिखता है।

हिन्द स्वराज के इस संकट का उत्तर एक हिन्द-स्वराज ही हो सकता है। इसे फिर से समझना होगा तथा एक गाँधी के एनॉर्किस्ट ब्रैण्ड की राजनैतिक व्यवस्था खड़ी करनी होगी।

सन्दर्भ

1. एम.के. गाँधी, (1938) निड प्रिंट, 1990, 1990, हिन्द स्वराज, ऑर इण्डियन होमरूल, नवजीवन ट्रस्ट
2. वही, पृ. 16
3. वी.एस. नायपाल, (2002) इण्डिया-ए डन्डेड सिविलाइज़ेशन, पेनगुइन पृ. 140-141
4. हिन्द स्वराज, ऊपर चर्चित, पृ. 27
5. वही, पृ. 28
6. वही, पृ. 31
7. वही, पृ. 32, 33, 41, 50, 53
8. वही, पृ. 36
9. एफ.डब्ल्यू. कोक, (1934) रिसेंट पॉलिटिकल थॉट, न्यूयोर्क पृ. 193-200
10. वही, पृ. 195
11. वही, पृ. 196
12. वही, पृ. 198
13. वही, पृ. 202, 207
14. वही, पृ. 216
15. वही, पृ. 221-22
16. हिन्द स्वराज, ऊपर चर्चित, पृ. 13
17. वही, पृ. 86-87

18. वही, पृ. 15
19. वही, पृ. 16
20. वही, पृ. 6
21. वही, पृ. 23
22. वही, पृ. 6
23. वही, पृ. 46
24. वही, पृ. 46
25. वही, पृ. 48
26. वही, पृ. 33, 36, 37
27. वही, पृ. 42, 89
28. वही, पृ. 15
29. वही, पृ. 87
30. वही, पृ. 92
31. वही, पृ. 59
32. वही, पृ. 56-57
33. वही, पृ. 71
34. वही, पृ. 55, 57
35. वही, पृ. 13
36. वही, पृ. 14
37. डी.जी. तेन्दूलकर (1992) महात्मा, वोल्यु टए.पत्र डिवि. न्यू दिल्ली,पृ. 143
38. वही, पृ. 86-9, 107
39. वही, वाल्युम टप्प पृ. 37
40. हिन्द स्वराज, ऊपर चर्चित, पृ. 40
41. वही, पृ. 08
42. वही, पृ. 08
43. टॉलस्टॉय के एनार्किज्म के लिए देखें, कोक, पूर्व चर्चित पृ. 222-252, अन्यत्र, के.के. सिन्हा, पावर्टी आयम इकोनोमिक्स, मानक प्रकाशन, नई दिल्ली 2005, पृ. 64-65 (गाँधी और टॉलस्टॉय दोनों हिन्दू या ईसाई धर्म के कायल न थे, बल्कि धर्म को उतना ही मानते थे जितना समाज में गरीब वर्गों के प्रति त्याग और तप किया जाए। टॉलस्टॉय का एनार्किज्म "पैसिव" या शांत होने के कारण रूस के ज़ार शासन के लिए बहुत असहनीय नहीं हुआ पर गाँधी का विरोध अंग्रेजी राज को उखाड़ फेंकने के लिए था और इसे "पैसिव" नहीं कहा जा सकता।) दोनों के एनार्किज्म में इतनी समता जरूर थी कि दोनो की धर्म भावना संस्थागत न होकर मानवीय थी तथा समाज को जोड़े रखने वाली थी। (देखें, जान, कैबिंग, 1972, हण्ड्रेड ग्रेट मार्डन लाइन्स, रूप एण्ड को, नई दिल्ली प्र. 130-131 तथा 338-39)

उपर्युक्त लेखक ने गाँधी के सत्याग्रह को "पैसिव" न कहकर "आंतरिक शक्ति"

(सोल फोर्स) का दबाव कहा है, जहाँ हथियार चलाना तो संभव नहीं, पर शारीरिक बल दिखाने की गुंजाइश रहती है।

44. हिन्द स्वराज, पूर्व चर्चित, पृ. 38 (जहाँ गाँधी ने कहा है–"मैं हिन्दू धर्म या इस्लाम धर्म की बात नहीं सोचता पर उस धर्म की बात करता हूँ जो सभी धर्मों में हैं।")
45. वही, पृ. 89
46. वही, पृ. 88
47. वही, पृ. 89

मानवाधिकार और महात्मा गाँधी : हिन्द स्वराज से स्वाधीन भारत तक

रामेश्वर प्रसाद मिश्र
अनुवाद : हिरण्य हिमकर

जब भारतीय संविधान का गठन हुआ तो सिर्फ़ नागरिकों के अधिकारों के बारे में उल्लिखित किया गया और कर्त्तव्यों को लोगों और सत्तारूढ़ सरकार के ऊपर छोड़ दिया गया। कर्त्तव्यों की भी एक सारणी तैयार की गई यह सरकार तक ही सीमित था और उतना प्रभावी भी नहीं था जब तक कि सही नियम (कानून) न बनाया जाए। कर्त्तव्यों पर उनके जोर को अधिकार के प्रथम सिरे से समझना होगा, हमें यह नहीं भूलना चाहिए कि गांधी ने अफ्रीका में सताए हुए लोगों के लिए लड़ाई लड़ी। जबकि लोगों से कर्त्तव्यों के पालन के लिए अहिंसात्मक रूप से आग्रह भी किया। उन्होंने परिस्थितियों को देखते हुए 'अधिकारों' और 'कर्त्तव्यों' को अलग ढंग से परिभाषित किया।

भारत की वर्तमान परिस्थितियाँ आज़ादी के बाद के छः दशकों से ज्यादा समय बाद ये दर्शाती हैं कि कर्त्तव्यों को दरकिनार कर अधिकारों के लिए लड़ने वाले प्रत्येक व्यक्ति, समुदाय, समाज और राष्ट्र को अधिकारों का मतलब समझना होगा नहीं तो कोई भी अधिकारों के साथ शांतिपूर्वक जी नहीं पाएगा।

"In his single-track and yet many-sided nature, the dominating impression that one gathered was his identification with the masses, a community of spirit with them, an amazing sense of unity with the dispossessed and poverty-stricken not only of India but of the world. Even religion, as everything else, took second place to his passion to raise these submerged people."
—Jawaharlal Nehru

आज का युग भौतिकवादी पदार्थों से पटा पड़ा है। आज आर्थिक समृद्धि को पाने

के लिए विश्व-भर के अमीर-गरीब लोग एड़ी-चोटी का जोर लगा रहे हैं। आज के दौर में मानव-समूह, समाज आत्मकेंद्रित और आत्म-सरोकारों में सीमित होता जा रहा है। आज के दौर में साधारण जीवन और उच्च सोच का सिद्धान्त सिफर है। आज हम, पूरे विश्व को एक गांव मान रहे हैं। यानि 'ग्लोबल-विलेज' की संकल्पना में रह रहे हैं, लेकिन विसंगति यह है कि यहाँ विश्व तो है लेकिन गाँव नदारद है। इस बदलाव की शुरुआत यूरोप में 13वीं से 16वीं शताब्दी के बीच हुई। यह बदलाव नवजागरण के प्रभावों के बीच नगरीय जीवन की परिकल्पना में कला, स्थापत्य और उद्योग के परंपरागत तरीकों के आमूल-चूल बदलाव में दिखा। इस बदलाव ने पश्चिमी यूरोपीय देशों को प्रेरित किया कि वह समुद्र मार्ग के जरिए निकले और एशिया अफ्रीकी और अमेरिकी महाद्वीपों के लोगों और उनके प्राकृतिक संसाधनों पर अपना आधिपत्य जगाएँ। 17वीं सदी के उत्तरार्द्ध तक भारत और चीन की अति प्राचीन सभ्यताओं पर यूरोपियन संस्कृति अपनी सभ्यता का चाबूक चलाना शुरू कर चुका था।

यूरोप केवल उद्योग और वाणिज्य में ही नहीं बल्कि ज्ञान और सभ्यता का भी विश्व में पुरोधा बन बैठा। बुर्जुआ यूरोपीय उद्योग ही अपने तैयार माल शेष विश्व में भेजते और वहाँ से कपास और जूट जैसा कच्चा माल उठा उससे कपड़ा बनाते रहे। इस तरह यूरोप और उत्तर-अमेरिका में औद्योगीकरण बड़े पैमाने पर फलता-फूलता रहा। दूसरी तरफ एशिया और अफ्रीका के गृह-उद्योग खत्म होते गए। इस औद्योगिक शोषण की वजह से अफ्रीका और एशिया की दो महान सभ्यताएँ अपने युग से 1500 साल पीछे घिसटती चली गई। भूमंडलीकरण के प्रथम दौर में इस शैशव सभ्यता को दक्षिण-पूर्व और दक्षिण एशिया के लोगों ने हाथों-हाथ लिया। विश्व के हर नुक्कड़ और कोनों व तथाकथित इस नव-विश्व की अवधारणा को भौगोलिक बन्धनों से मुक्त होकर एक-दूसरे से भिन्न संस्कृतियों को मिलाने का प्रयास किया और विभिन्न सभ्यताएँ एक-दूसरे से अलग होते हुए भी कुछ समान लिपियाँ, लोकगीतों और अपने महान हीरोज और जगहों को एक सूत्रता में पिरोने की कोशिश की। भूमंडलीकरण का दूसरा दौर ज्यादा शोषक और ख़तरनाक रहा। दूसरा दौर यूरोप में नवजागरण से शुरू होता है। यह अठारहवीं और उन्नीसवीं शताब्दी में शोषक के रूप में परिणत हुआ। जिसके कारण यूरोप अमीर होता गया और शेष विश्व गरीब होता चला गया। दुर्भाग्य है कि शोषणकारी यह प्रक्रिया अभी तक जारी है। इस प्रक्रिया ने आज के युग में फिर से नई चाल-चरित्र के साथ जन्म लिया। 1980 के मध्य तक यह शोषणकारी प्रक्रिया लचीला होकर बड़ी तेजी से पूरे विश्व के मानव-समुदाय को अपनी गिरत में कसता चला गया। कोई भी समाज, समूह, व्यक्ति और देश इसके दंश से अछूता नहीं रह पाया। इसने नए रूप में शहरों को केंद्र में रखकर बहुराष्ट्रीय कम्पनी संघ के रूप में अवतरित हुई। यह ठीक वैसा ही है जो विगत् दिनों में 'ईस्ट इंडिया कंपनी' की तरह काम करती थी।

यूरोप संचालित भूमंडलीकरण ने विश्व को और विश्व के लोगों को अमीर और गरीब दो भागों में बाँट दिया। जब विश्व फलक पर आर्थिक तेजी होती है, तो इसका फायदा केवल कुछ राष्ट्र, कुछ कंपनियाँ और कुछ लोग ही उठा पाते हैं। आज के समय से ज्यादा करोड़पति और अरबपति पहले नहीं हुए हैं। चूँकि अमेरिका आज एक सुपरपावर है। लिहाजा यह पूरे ग्लोबल जी.डी.पी. (आर्थिक दा) पर पांचवा हिस्सा रखता है। (23: HDP और 21: PPP) सैन्य बल में भी अमेरिका का कोई साथी नहीं इसलिए विश्व के अन्य देश यह कोशिश करते हैं। अपनी आर्थिक फायदे को अमेरिका के साथ बांटकर तेजी से वाणिज्य, उद्योग, ज्ञान-विज्ञान और प्रौद्योगिकी में आगे बढ़ा जाए। इस तरह भौतिक पदार्थों को महत्ता, अति महत्ता देने की वजह से समाज के उच्च तथा मध्यवर्ग के जीवन शैली में अभूतपूर्व बदलाव आया; उनके जीवन जीने का स्तर देश और समाज की सांस्कृतिक परिधि से बाहर होता गया।

भू-मंडलीकरण की वर्तमान प्रक्रिया ने आदमी को सुविधाभोगिता के चरम पर पहुँचाया। नतीजतन आदमी के आदमीयत (इंसानियत) कम होती जा रही है। इसके कारण व्यक्ति के जीवन-शैली का स्तर तो क्रमशः बढ़ रहा है लेकिन जीवन मूल्य का स्तर तेजी से गिर रहा है। आज परिवारों की खुशियाँ उनके आय के अनुकूल नहीं बढ़ रही है। साऊथ एशिया का भूटान सबसे खुश देशों में शामिल है; पूरे विश्व में यह आठवें खुश-देश पर काबिज है हालांकि नम्बर एक पर डेनमार्क है। अब देखने योग्य बात यह है कि सबसे अमीर देश एक से दस के खुश देशों के काउण्टडाउन में शामिल नहीं है। आज व्यक्ति अधिक-से-अधिक सुविधा भोगी चीजें खरीद रहा है और सेवा का उपभोग कर रहा है लेकिन वहीं अपनी सुरक्षा के प्रति भी अत्यधिक चिंतित है। विश्व में हिंसा का बोलबाला बढ़ता ही जा रहा है। विश्व के सभी समाज और राष्ट्र एक-दूसरे से जुदा होते जा रहे हैं। यहाँ तक प्रकृति का पोषण भी नहीं हो पा रहा नतीजतन ग्लोबल वार्मिग और जलवायु परिवर्तन इंसानों से बदला लेने पर उतारू है। आज व्यक्ति सुविधाओं के असीम परिस्थितियाँ भी हताश और खुशी से कोसों दूर है। भौतिक सुविधाओं की पराकाष्ठा यानि GDH (ग्रॉस डॉमेस्टिम हैप्पीनेस) में तब्दील नहीं हो पा रही है। हमारे यहाँ संविधान द्वारा प्रदत्त अधिकारों को सब चाहते हैं लेकिन कर्त्तव्यों को भूलते जाते हैं। यहाँ समूह, राष्ट्र और व्यक्ति 'है' या 'नहीं' है के चक्र में चलता जा रहा है। क्या इसी दशा के लिए यहाँ राम, कृष्ण, बुद्ध, जीजस, मोहम्मद और गाँधी पैदा हुआ और देश के लिए मरे?

हिन्द स्वराज : मानवाधिकारों के प्रति गाँधी का बाइबिल (पवित्र ग्रंथ)

गाँधीजी का पूरा ध्यान दक्षिण अफ्रीका में रह रहे भारतीय मूल के लोगों के अधिकारों की ओर रहा। वे भारतीय मूल के लोगों के लिए वहाँ एक सम्मानजनक व्यवहार और जीवन के लिए प्रयासरत रहे, जो कि आगे चलकर भारतीय स्वाधीनता आंदोलन के

लिए प्रस्थान बिंदु रहा। 'हिन्द स्वराज' नामक गाँधीजी की पहली पुस्तक 1909 में लिखी गई, इस पुस्तक में गाँधी ने भारतीय जो दक्षिण अफ्रीका में रह रहे थे उसके हितों को लेकर पुस्तकाकार दिया लेकिन इस पुस्तक के ज़रिए उन्होंने अपने दक्षिण अफ्रीका के प्रवास के दौरान मानव-अधिकारों, जो कि भारतीय वहाँ दयनीय स्थिति में थे उनके अहिंसक अचूक हथियार के तौर पर यह उनकी एक वैचारिक प्रतिक्रिया थी। यह एक महज संयोग ही था कि दक्षिण अफ्रीका में गाँधी थे और वहाँ ब्रिटिशों द्वारा भारतीयों के अधिकारों को कुचला और दबाया जा रहा था।

स्वराज का आशय स्वयं का शासन यानि 'स्वतंत्रता'। हिन्द स्वराज मतलब-भारत की स्वतंत्रता। गाँधी के स्वराज का कोई राजनैतिक आयाम नहीं था। वह भारत की स्वतंत्रता यानि केवल अंग्रेजों को भारत से निकालने भर से संतुष्ट नहीं थे। ऐसी आज़ादी (यानि अंग्रेजों को देश निकालना) तो अमेरिका 1776 में ले चुका था। भारतीय भी हथियार उठा अंग्रेजों को भगाने के लिए लड़े थे। गाँधीजी इसे एक अयोग्य नकारा गतिविधि मानते थे। क्योंकि किसी राष्ट्र को यह अधिकार नहीं कि वो दूसरे देश की आजादी को छिन अपना शासन चलाए। भारत के लिए जो महान सभ्यताओं की स्थली रही उसके संदर्भ में तो कतई नहीं।

गाँधी स्वराज को परिभाषित करते हुए इसके राजनैतिक आज़ादी के आशय से आगे बढ़ते हैं। स्वराज का मतलब अपने ऊपर राज करना। अपने ज्ञानेन्द्रियों (जीभ, कान, नाम, आँख और यौनिकता) पर संयम और दिल मस्तिष्क को सेंसर की तरह उपयोग करना। इसे बड़े पैमाने पर प्रत्येक मानव-शरीर पर राज करना यानि समूह, समाज और राष्ट्र, यानि सभी को अपना-अपना स्व-राज करना, यानि गाँधीजी के विचारों का सार है कि संस्थाएँ अपने आप को इस ढंग से परिकल्पित करे जहाँ सभी के सम्मान/सभी प्रकार के सम्मान (सामाजिक, राजनैतिक और आर्थिक स्तर) की बात हो। मानव अधिकारों की नींव मानव आचरण के उच्चतम रूप से है जहाँ हर एक खुश रहे। अधिकार कर्त्तव्यों के साथ ही कारगर हो सकते हैं जहाँ प्रत्येक के वैयक्तिक और संस्थागत अधिकार एक-दूसरे से परस्पर कर्त्तव्यों द्वारा संचालित होते हैं। गाँधीजी अधिकारों और कर्त्तव्यों पर बराबर जोर डालते हैं क्योंकि दोनों की उपयोगिता वहीं है जहाँ अधिकार कर्त्तव्यों से आए।

गाँधीजी भारत के अतीत से पूरी तरह वाकिफ थे, जहाँ लोगों ने शक्ति के दम पर राज किया, जहाँ अपने बल के अनुसार आम आदमियों से कर्त्तव्यों की पूर्ति करवाते रहे लेकिन अपने अधिकारों को लगाम लगाए। यानि राजा कभी गलत नहीं होता। अब तक, गाँधीजी यह कहते रहे कि यह एक सामाजिक मतिभ्रष्टता की स्थिति जिसकी भविष्य में कोई जरूरत नहीं, यदि लोग अपने अधिकारों को जिंदा रखना चाहते हैं तो उन्हें इसके लिए संघर्ष करना होगा। हिन्द स्वराज के प्रारंभिक अध्याय में गाँधीजी समाचार पत्रों के कर्त्तव्यों को रेखांकित करते हुए कहा-''अखबार

का एक काम तो है लोगों की भावनाएँ जानना और उन्हें जाहिर करना; दूसरा काम है लोगों में अमुक जरूरी भावनाएँ पैदा करना; और तीसरा काम है लोगों में दोष हों तो चाहे जितनी मुसीबतें आने पर भी बेधड़क होकर उन्हें दिखाना।" इसी पृष्ठ पर नौजवानों द्वारा दादाभाई नौराजी के प्रति असम्मान दर्शाये जाने पर लिखा–"यदि दादाभाई ने का सम्मान युवाओं द्वारा नहीं होता तो, हम इतिहास को भूल रहे हैं। हिन्द के दादाभाई ने जमीन तैयार नहीं की होती, तो नौजवान आज जो बातें कर रहे हैं वह भी नहीं कर पाते। हम जवानी के जोश में एक कदम आगे रखते हैं, इससे क्या दादाभाई कम पूज्य हो जाते हैं? इससे क्या हम ज्यादा ज्ञानी हो गये? जिस सीढ़ी से हम ऊपर चढ़े उसको लात न मारने में ही बुद्धिमानी है।" और आगे वह जोड़ते हैं-"यदि हम किसी से न्याय पाना चाहते हैं तो पहले हमें दूसरों को न्याय देना होगा।"[2]

भारतीय अंग्रेजों के शासन की तर्ज़ पर अपना शासन करें, यह पूछे जाने पर, गाँधीजी कहते हैं-"इसका अर्थ यह हुआ कि हमें अंग्रेजी राज्य तो चाहिए, पर अंग्रेजी (शासन) नहीं चाहिए। आप बाघ का स्वभाव तो चाहते हैं, लेकिन बाघ नहीं चाहते। मतलब यह हुआ कि आप हिन्दुस्तान को अंग्रेज बनाना चाहते हैं और हिन्दुस्तान जब अंग्रेज बन जाएगा तब वह हिन्दुस्तान नहीं कहा जाएगा, लेकिन सच्चा इंग्लिस्तान कहा जाएगा। यह मेरी कल्पना का स्वराज्य नहीं है।"[3]

गाँधीजी ब्रिटिश पार्लियामेण्ट के प्रति बहुत तल्ख राय रखते थे क्योंकि उनका मानना था कि पार्लियामेण्ट के सदस्य अपनी ड्यूटी बखूबी नहीं निभाते-"जनता उसमें अच्छे से अच्छे मेम्बर चुनकर भेजती है। मेम्बर तनख्वाह नहीं लेते, इसलिए उन्हें लोगों की भलाई के लिए (पार्लियामेण्ट में) जाना चाहिए। लोग खुद सुशिक्षित संस्कारी माने जाते हैं, इसलिए उनसे भूल नहीं होती ऐसा हमें मानना चाहिए।... लेकिन इससे उल्टे इतना तो सब कबूल करते हैं कि पार्लियामेण्ट के मेम्बर दिखावटी और स्वार्थी पाये जाते हैं। सब अपना मतलब साधने की सोचते हैं...बड़े सवालों की चर्चा जब पार्लियामेण्ट में चलती है, तब उसके मेम्बर पैर फैलाकर लेटते हैं या बैठे-बैठे झपकियां लेते है। उस पार्लियामेण्ट में मेम्बर इतने जोरों से चिल्लाते हैं कि सुनने वाले हैरान परेशान हो जाते हैं। कार्लेल ने उसे 'दुनिया की बातूनी' जैसा नाम दिया है। अपने दल अगर कोई मेम्बर इसमें अपवाद रूप निकल आये, तो उसकी कमबख्ती ही समझिए। ब्रिटिश पार्लियामेण्ट महज प्रजा का महंगा खिलौना है।"

प्रधानमंत्री को पार्लियामेण्ट की थोड़ी ही परवाह रहती है। वह तो अपनी सत्ता के मद में मस्त रहता है। अपना दल कैसे जीते इसकी परवाह उसे रहती है। पार्लियामेण्ट सही काम कैसे करे, इसका वह बहुत कम विचार रखता है। वे दूसरों से काम निकालने के लिए उपाधि की घूस देते हैं। मैं हिम्मत के साथ कह सकता हूँ कि उनमें शुद्ध भावना और सच्ची ईमानदारी नहीं होती। जो अंग्रेज 'वोटर' है, उनकी धर्म-पुस्तक (बाइबल) तो है अख़बार। वे अख़बारों से अपने विचार बनाते हैं।

अख़बार प्रमाणिक होते हैं, एक ही बात को दो शक्लें देते हैं। एक दल वाले उसी बात को बड़ी बनाकर दिखलाते हैं, तो दूसरे दलवाले उसी को छोटी कर डालते हैं। एक अख़बार वाला किसी अंग्रेज नेता को प्रामाणिक मानेगा तो दूसरा अख़बार वाला उसको अप्रामाणिक मानेगा।''[4]

पश्चिमी सभ्यता की आलोचना करते हुए, गाँधीजी कहते है-''यह सभ्यता ना तो नैतिक है और ना ही धार्मिक''...शरीर का सुख कैसे मिले, यह आज की सभ्यता ढूंढती है; और यही देने की वह कोशिश करती है। परंतु वह सुख भी नहीं मिल पाता।''[5] ''यह सभ्यता ठीक वैसी जैसे चूहे दांत काटते जबकि वह अपना ही नुकसान कर रहे होते हैं। ''हमारे यहाँ बिल्कुल उलट स्थिति है। हमारी ''बल तो निर्भयता में है; बदन पर मांस के लोंदे होने में बल नहीं है।''[6]

गाँधीजी वकीलों के प्रति भी आलोचना की दृष्टि रखते थे क्योंकि –''उनका धंधा उन्हें अनीति सिखाने वाला है। वे बुरे लालच में फंसते हैं, जिसमें से उबरने वाले बिरले ही होते हैं। वह एक कमाई का रास्ता है। इसलिए वकील का स्वार्थ झगड़ा बढ़ाने में है।'' वह पूछते हैं, वे मजदूर से ज्यादा रोजी क्यों मांगते हैं? उनकी जरूरतें मजदूर से ज्यादा क्यों है? उन्होंने मजदूर से ज्यादा देश का क्या भला किया है? लोग बहुत सरल और टालने वाले हैं, जिसके कारण हम तीसरे पर भरोसा कर उससे झगड़ा निपटवाते हैं। वे पैसे लेते हैं और निर्णय देते हैं। जज और वकील दोनों मौसेरे भाई हैं और एक-दूसरे को सहयोग देते हैं।''[7]

गाँधीजी ने इसी कारण डाक्टरों की भी आलोचना की। ''मैं अपनी गलतियों की वजह से बीमार पड़ा और डॉक्टर ने मेरा इलाज किया ताकि मैं फिर से बीमार पड़ूँ। डॉक्टर का काम शरीर में जो रोग पैदा होते हैं, उन्हें दूर करने का है।''[8]

सभ्यता को परिभाषित करते हुए, वे कहते हैं–''सभ्यता वह आचरण है, जिससे आदमी अपना फर्ज़ अदा करता है। फर्ज़ अदा करने के मानी है नीति का पालन करना। नीति के पालन का मतलब है। अपने मन और इंद्रियों को बस में रखना। ऐसा करते हुए हम अपने को पहचानते हैं। गुजराती के लिए सभ्यता का मतलब 'अच्छा आचरण।''[9] और वह जोड़ते हैं-''हम जितना अपने रोमांच को दबाते हैं वह उतना ही बाहर आता है। हमारे पूर्वजों ने हमारे लिए रोमांच (खुशियाँ) तय की। उन लोगों ने देखा की खुशियाँ मानसिक स्थितियों पर ज्यादा निर्भर है।''[10]

''हमारे पास जीवन को समुचित रूप से समन्वय करने की कोई प्रणाली नहीं है, प्रत्येक पेशागत लोग अपने अनुसार व्यापार करते हैं और उसकी मजदूरी का निर्धारण करते हैं, इसका आशय ये नहीं है कि काम करवाने की सामूहिक व्यवस्थित प्रणाली से हम अनभिज्ञ हैं, हमारे पूर्वज ये जानते थे यदि उपर्युक्त प्रणाली में हम अपने को फिट करें तो हम अपने नैतिक मनोबल को गिराकर दासता की श्रेणी में

आ जाएंगे इसीलिए स्वतंत्र होकर मशीनी चीजों को छोड़कर हमें केवल वही काम करना चाहिए जो हम अपने हाथ और पैरों से कर सकें।''[11]

हमारे पूर्वजों ने देखा है कि राजा और राजा की राजशक्ति से ज्यादा बलवान हमारे मूल्य हैं। शायद यही वजह है कि हमारे यहाँ बुर्जुआ संस्कृति ऋषियों और फकीरों से काफी निम्नतर है।''[12] भारतीय सभ्यता की महत्ता इस बात में है कि वो अपने मूल्यों और नैतिकता को लगातार कायम रख रहा है जबकि पश्चिमी सभ्यता में उनके विकास के साथ मूल्यों का अवमूल्यान भी बढ़ रहा है।''[13]

गाँधीजी स्वराज को परिभाषित करते हुए कहते हैं, ''मैं मानता हूँ यदि भारत की लाखों जनता तुम्हारे शासन से खुश है तो यह एक दीगर बात है बल्कि हमें एक चीज की ओर ज्यादा जोर देना चाहिए कि भारत की लाखों जनता अपने ऊपर राज कैसे करे।''[14]

हमें जरूरत है खुद की कुर्बानी की दूसरों को मारना या दबाना एक कायर सोच है। ढींगरा देशभक्त थे लेकिन देश के प्रति उनका प्यार अंधा था।''[15]

अधिकार और कर्त्तव्यों के बारे में गाँधीजी बताते हैं, ''दरअसल कर्त्तव्यों का सही निर्वाह ही सच्चा अधिकार है और जहाँ सभी लोग अपने अधिकार को पाना चाहते हैं उन्हें ये सोचना होगा कि हमारे कर्त्तव्यों का उत्तरदायित्व किसके प्रति है।''[16]

''यदि व्यक्ति इस एहसास से नियमों का पालन करता है कि इस नियम को मानते हुए किसी भी व्यक्ति विशेष अथवा प्रजा का शोषण उसके द्वारा नहीं हो रहा है, यही कानून स्वराज की कुंजी है।''....

''लम्बे समय से चले आ रहे अंधविश्वासों को यदि व्यक्ति सिर्फ इसलिए मानता है कि यह एक कानून है तो आगे लंबे समय के लिए मानसिक दासता को प्रस्तुत करने में अहम भूमिका निभाता है। इस प्रकार के अंधविश्वासों को साकारात्मक, तर्कयुक्त पहल की जरूरत है।''[17]

''राजा-महाराजा हमेशा अपनी राजसत्ता का दुरुपयोग करते हैं। अपनी शक्ति द्वारा अपने मनोनुकूल आज्ञा का पालन करवाते हैं। वे उन्हीं पे अपना शासन करते हैं जो उनसे अपना शासन करवाना चाहता है। विश्व बहुसंख्य लोगों की सोच ऐसी ही है, वे या तो शारीरिक बल द्वारा या आध्यात्मिक बल द्वारा परिचालित होते हैं। लोग शासक और प्रजा के सबक सीख और होशियार बनकर उभरते है; लेकिन वे अपने आत्म-बल को (आत्म-निरीक्षण) से कुछ नहीं सीख शासक अपनी राजसत्ता की शक्ति में डूबा रहता है और अपने बल का सबसे बड़ा अपमान करता है। शांति तलवार के बल पर न कभी आई है और न कभी आएगी।''[18]

गाँधी मानते हैं कि शिक्षा द्वारा ही लोग अपने अधिकार और कर्त्तव्य के प्रति सचेत हो पायेंगे और अपने अधिकारों के लिए लड़ पाएंगे। ''शिक्षा का वास्तविक

आशय क्या है? वस्तुतः शिक्षा का साधारण आशय ज्ञानाक्षर से है। दरअसल शिक्षा भी एक हथियार है, जिससे हम अच्छा-बुरा सोचते हैं। इसलिए, यदि हम आरंभिक अथवा उच्चतर शिक्षा लेते हैं, तो यह बिल्कुल जरूरी नहीं कि हम उत्तम शिक्षा ले रहे हैं। यह शिक्षा हमें इंसानियत से दूर ले जाती है। हमें अपने कर्त्तव्यों से दूर धकेलती है। ऐसी शिक्षा के स्थान पर वह शिक्षण ज्यादा उपयुक्त है, जिसका मन कुदरती कानूनों से भरा है और जिससे इंद्रियाँ उसके बस में है। जिसके मन की भावनाएँ बिल्कुल शुद्ध हैं, जिसे नीच कामों से नफरत है और जो दूसरों को अपने जैसा मानता है। हमारी शिक्षा की प्राचीन प्रणाली ही अच्छी है। उस शिक्षा प्रणाली में चरित्र निर्माण सर्वोपरि प्राथमिकता में है और उसी चरित्र-निर्माण पर शिक्षा का ढाँचा तैयार होता है।''[19]

गाँधी हिन्द-स्वराज के 16वें अध्याय में लिखते हैं-Brute Force ''अंग्रेजों ने 1833 में मतदान की शक्ति (लोकतंत्र) हिंसा से प्राप्त किया। क्या वो इस अमानवीय ताकत प्राप्त करने के बाद भी अपने कर्तव्यों का सही निर्वाह करते हैं? वे मात्र मतदान का अधिकार प्राप्त करना चाहते थे और उसे उन्होंने बल-प्रयोग द्वारा प्राप्त किया। लेकिन सच्चा अधिकारों का प्रतिफलन कर्तव्यों द्वारा ही होता है; परंतु कर्त्तव्य-निर्वाह के अधिकार को वह नहीं अपना पाए। मैं यह नहीं कहता कि वो कर्त्तव्यों का निर्वाह नहीं करते। परंतु वे अपने अधिकारों के बरक्स कर्त्तव्य नहीं निभाते। उनके कर्त्तव्य उनके लिए बोझ समान हैं।''[20]

16 सितम्बर, 1921 को गाँधी मद्रास में हड़ताली मजदूरों को संबोधित करते हुए कहा 'यह आपका अधिकार है कि आप अपना हित चाहने वाला चुन सकते हैं और आपके इस अधिकार में कंपनी दखल नहीं दे सकती और किसी बाहरी द्वारा सलाह से आप संचालित नहीं हों। कंपनी के चेयरमैन या प्रेसीडेंट द्वारा थोपे गए यूनियन के बजाय ये आपका अधिकार है कि आप अपना यूनियन खुद चुनें भले ही आपका ओहदा कुछ भी हो या आप कोई भी हों। आपका ये अधिकार है आप अपने ओहदे के मुताबिक अपना पारिश्रमिक माँगे, साथ ही आप पारिश्रमिक के साथ अपने जीवन को सुचारु रूप से चलाने के लिए, अपने बच्चों को शिक्षित करने के लिए और एक सम्मानजनक जीवनयापन के लिए अपने पारिश्रमिक को माँगना अपका अधिकार है। आप अपने मालिक की तरह स्वच्छ हवा और स्वच्छ पानी के अधिकारी हैं। साथ ही अपने दैनंदिनी (रोज़मर्रा) के जीवन में स्थायित्व और आरामदायक परिस्थितियों की माँग कर सकते है लेकिन इसके लिए आपको अपने कर्त्तव्यों का निर्वाह भी ईमानदारी से करना होगा। आपको अपने मालिक के प्रति या अपने काम के प्रति ईमानदार रहना होगा। मालिक के संपत्ति को अपनी संपत्ति समझ उसका सजग देखभाल करना होगा। इस तरह से इन सहज अधिकार और कर्त्तव्यों के पारस्परिक समझ द्वारा आपको अपना जीवन जीना होगा।''[21]

26 मार्च 1931 के 'यंग इंडिया' के अंक में एक बहुत छोटे निबंध शीर्षक "क्या आप वर्ग संघर्ष टाल सकते हैं?" में उन्होंने लिखा "प्रत्येक व्यक्ति को अपने जीवन की मूलभूत सुविधाओं को प्राप्त करने का पूरा अधिकार है, जिस तरह से पशु-पक्षी प्राप्त करते हैं और साथ ही जहाँ से आप अपने अधिकारों की बात करना शुरू करते हैं कर्त्तव्यों के निर्वाह की सार्थक पहल की शुरुआत होती है। कर्त्तव्य और अधिकार का सफल और सार्थक निर्वाह से ही समानता का मूलभूत अस्तित्व पैदा होता है।

यदि हम अपने हाथों से मेहनत कर अपने कर्त्तव्यों का निर्वाह करते हैं और उसका परिणाम उचित मजदूरी के रूप में नहीं मिलता है तो हमें असहयोग करना चाहिए।"[22]

14 जून, 1934 में एक पत्र में उन्होंने लिखा "कांग्रेस में समाजवादी पार्टी के उदय का मैं स्वागत करता हूँ, लेकिन जैसा कि सोशलिस्ट पार्टी के कार्यक्रमों को मैंने पढ़ा उससे मैं एक राय रखता हूँ कि नहीं ये मैं नहीं कह सकता, चूँकि समाजवादी पार्टी के कार्यक्रमों में भारतीय परिस्थितियों को नज़रअंदाज कर मजदूरों और उद्योगपतियों के बीच के वर्ग-संघर्ष को दूर करने के लिए कई तरह के कदम उठाए गए हैं। मेरे अनुसार, समाजवादी पार्टी का यह कार्यक्रम या विचार मजदूरों और पूंजीपतियों की समस्याओं के निपटारे के लिए एक संतोषजनक विचार नहीं है। मेरे अनुभवों के अनुसार दोनों के बीच के अंतर को पाटने के लिए कुछ और उपाय है। सर्वप्रथम ये जरूरी है कि मजदूरों और कामगारों को अपने अधिकारों के बारे में पता होना चाहिए और यह भी मालूम होना चाहिए कि उन अधिकारों को कैसे प्राप्त किया जाए, क्योंकि किसी भी प्रकार के अधिकार की बात करना कर्त्तव्यों के बिना अधूरा है और समाजवादी पार्टी के घोषणा-पत्र में कर्त्तव्यों की ओर कम ध्यान दिया गया है, मेरे विचार से यह घोषणा पत्र तब तक आधूरा है जब तक कि कर्त्तव्य और कर्त्तव्यों के निर्वाह की अहमियत को न दर्शाया जाए।"[23]

6 अक्टूबर, 1986 के हरिजन के अंक में उन्होंने लिखा "मुझे अपने हरिजन मित्रों से कुछ पत्र मिले और उन पत्रों में से एकाध को मैंने पढ़ा है। वे लोग महसूस करते हैं कि (भारतीय गणतंत्र के बने सरकार में केबिनेट स्तर के मंत्री) सत्ता में भागीदारी एक से अधिक हरिजन मंत्री की हो भारतीय जनसंख्या के अनुपात के अनुसार इस सरकार के प्रत्येक विभाग में कम-से-कम 3 सदस्य प्रतिनिधित्व करें। परंतु मैं उनके कहे से बिल्कुल सहमत नहीं हूँ, इस बाबत मेरे विचार भिन्न हैं। अधिकार कर्त्तव्यों के सही निर्वाह से ही लिए जा सकते हैं। अधिकार कभी भी अकेले और अंतिम नहीं होते। सभी के सलाहों को सुनते और करते 50 साल गुजर गए। मैं व्यक्तिगत अधिकारों की लड़ाई के लिए बिल्कुल भी राजी नहीं, मैं अपने हरिजन भाईयों को सलाह देता हूँ वे सिर्फ़ अपने कर्त्तव्यों के बारे में ही सार्थक रूप से सोचें और मैं विश्वास दिलाता हूँ कर्त्तव्यों के ईमानदारी से किए निर्वाह में उन्हें अपने अधिकार मिलेंगे।"[24]

गाँधी ने शृंखला को तोड़ा

गाँधी ने नई सामाजिक संरचना का सूत्र हिंदू धर्म, जैन धर्म, बौद्ध धर्म, ईसाई धर्म, इस्लाम और विभिन्न प्रकार के संप्रदायों से लेकर, प्रेम और विश्वास के समन्वय से पैदा किया। उन्होंने ऐसे समाज की संकल्पना की जहाँ जीवन बहुआयामी और परस्पर रूप से चलता है, जहाँ अधिकार कर्त्तव्यों के निर्वाह से आता है। जहाँ व्यक्ति के सम्मान करने और देने की भावना होती है, जहाँ व्यक्ति और प्रकृति परस्पर एक-दूसरे का पोषण करते हैं। जहाँ विचारों के वैविध्य को प्रेम की भावना से सुलझाया जाता है और जहाँ युद्ध की स्थिति को शांति में तब्दील किया जाता है। उनके विचार का प्रस्थान बिंदु यह है कि प्रत्येक व्यक्ति विशेष पैदा 'इंसान' होता है, लेकिन आगे चलकर वह क्रूर हो जाता है। यदि व्यक्ति किसी को जीवन दे सकता तो लेने का भी अधिकार है, ऐसा नहीं है। साथ ही वो जोड़ते हैं कि असत्य को सत्य से, हिंसा को अहिंसा से और युद्ध को शांति से जीता जा सकता है।

गाँधी एक साधारण मनुष्य थे, जिनमें मानव सम्मान और मानव से प्रेम करने की असाधारण वृत्ति थी। मानव अपने अवचेतन के चरम अवस्था में अपने को पहचानता है और वहाँ से इंसान बनने की कवायद शुरू होती है। गाँधी ने मानवता का पाठ अतीत के अमानवीय कृत्यों से अनुभव कर देखा। उन्होंने 'इंसानियत' के पाठ को अतीत से लेते हुए आज के समयानुसार ढाला। उन्होंने संपूर्ण विश्व को यह दिखाया और बताया कि व्यक्ति को युद्ध की नहीं शांति की जरूरत है और शांति को शांतिपूर्ण तरीकों से ही पाया जा सकता है।

गाँधी ने कोशिश की कि धर्मों, राजनैतिक विचारों, विज्ञान, प्रौद्योगिकी और व्यक्ति के प्रत्येक कृत्यों में शांति की अवधारणा को अवस्थित किया जा सके। वो समाजवादी थे क्योंकि स्त्री और पुरूष, अमीर और गरीब के बीच समानता लाना चाहते थे और उसके लिए प्रयास किया। वे कम्युनिस्ट थे क्योंकि वो चाहते थे कि अंतिम व्यक्ति का विकास हो और वो अपना जीवन बिना राज्य की शक्ति के भरपूर जिए। वो एक धार्मिक व्यक्ति थे क्योंकि उन्हें भगवान पे भरोसा था और उनके लिए भगवान सत्य था और वो कुछ हद तक संशयवादी (नास्तिक) भी थे क्योंकि उन्होंने किसी भी धार्मिक पुस्तक को स्वीकार नहीं किया, जिसका उल्लेख किया जाता है कि भगवान द्वारा दिया गया है और न ही धार्मिक मान्यताओं के प्रति उनका झुकाव रहा। वह एक वैज्ञानिक थे क्योंकि उन्होंने बिना तर्क की कसौटी पे कसे किसी भी भावना को विश्वास नहीं किया। यहाँ तक कि धर्मग्रंथों को भी। गाँधी ने जीवन का ऐसा कोई पहलू नहीं है जिसे न देखा हो और उसपर अपने विचार न दिए हों। उन्होंने जीवन को ही सर्वोपरि माना हैं। गाँधी के समाज दर्शन की यदि बात की जाए तो उसमें सबसे महत्त्वपूर्ण बात ये है कि मानव सम्मान वहाँ सर्वोपरि है और अपराजेय

है। जॉन जेकब रूसो ने 1962 ई. में अपनी पुस्तक "दि सोशल कॉन्ट्रेक्ट और प्रिंसिपल्स ऑफ पोलिटिकल राइट्स" में कहा मनुष्य जन्म से ही आज़ाद है और हर जगह वो एक शृंखला में है, लेकिन गाँधी कहते हैं हमें मनुष्यता में विश्वास कभी नहीं खोना चाहिए। मनुष्यता एक महासागर है यदि इस महासागर में दो-चार बूंद गंदी वस्तु गिर भी जाती है तो महासागर गंदा नहीं होता। समय गुजरने के साथ उन्होंने अपने अनुयायियों से कहा-मैं जब भी अतीत को याद करता हूँ तो यह देखता हूँ कि जो मार्ग सत्य और प्रेम पर चलकर आगे बढ़े उस मार्ग ने हमेशा जीत को प्रशस्त किया। अत्याचारी और खूनी शासक लंबे समय तक अपराजेय दिखते रहे लेकिन अंत में उनकी भी हार हुई। ये समय हमेशा याद रखना चाहिए।"[25]

गाँधी ने दक्षिण अफ्रीका में 1893 ई. से ही व्यक्ति की समानता और सामाजिक न्याय के लिए संघर्ष शुरू किया और जिसका अंत भारत में 30 जनवरी, 1948 को हुआ। ये समय वो था जब उन्होंने अपने संघर्ष की शुरुआत की। उस समय ब्रिटिश साम्राज्य का सूरज कभी नहीं डूबता था, लेकिन समय गुजरने के साथ ब्रिटिश के साम्राज्य का सूरज डूबा और इसमें केंद्रीय भूमिका निभाई मोहनदास करमचंद गाँधी ने। ब्रिटिशों ने पूरे विश्व पर राज करने के लिए हिंसा का मार्ग चुना और गाँधी ने अहिंसा द्वारा उन्हें भारत से बाहर खदेड़ा। ब्रिटिश साम्राज्य के साथ लड़ाई में गाँधी ने सत्याग्रह और शांति को नए हथियार की तरह इस्तेमाल किया, जिसे 1916 में भारत लौटने से पहले अपने हथियार को मांजकर बहुत कारगर बना चुके थे। सत्याग्रह सामान्य अर्थ है, सत्याग्रह = सत्य+आग्रह, यानि सत्य को हर परिस्थिति में पकड़े रहना। लंबे समय से हिंसा द्वारा मानव अधिकार छीने जा रहे थे और हिंसा से ही सम्मान की अनदेखी हो रही थी। गाँधी दर्शन के केंद्र में मानव के समानता का आधार था। वो अहिंसक, समाजवादी समाज चाहते थे।

"वास्तविक समाजवाद हमारे पूर्वजों (भगवान) ने धरोहर के रूप में हमें सिखाया है। 'सभी जमीन गोपाल की' है, तो उसमें सीमा रेखा की बात कहाँ से आती है। मनुष्य ने सीमाएँ बनाईं और उसने ही इसे मिटाया। गोपाल से मेरा मतलब भगवान से है। आंज के समय में इस गोपाल को राज्य समझ सकते हैं। जहाँ लोग रहते हैं लेकिन आज जमीन का सम्बन्ध मनुष्य से नहीं है। यह भी एक सत्य है और मुझे इसमें तनिक भी शंका नहीं कि हम अपने पूर्वजों से सीख कर एक समाजवादी राज्य की संकल्पना कर सकते हैं, जिसमें हिंसा की कोई जगह न हो।"[26]

डॉ. बी.आर. अम्बेडकर अक्सर गाँधी के दलित मुक्ति के विचारों से असहमत थे क्योंकि दलितों को सदियों से दबाया गया। वे समाज के बदलाव के लिए गाँधी के शांतिपूर्ण तरीकों से सहमत थे। एक बार उन्होंने कहा—"न बुद्धि को दबाके और न ही बुद्धि को बहलाके राजनैतिक बदलाव लाया जा सकता है बल्कि बुद्धि और

विवेक के समन्वय और उसके (बुद्धि और विवेक) आंतरिक बल से बदलाव लाया जा सकता है।" "संपूर्ण विश्व को मित्र बनाने का सर्वोतम तरीका यह है कि संपूर्ण मानव परिवार का सम्मान करें। ठीक वैसे ही जैसे हम अपने परिवार का सम्मान करते हैं, यदि कोई अपने परिवार या दूसरे परिवार के सदस्यों को बहकाता है तो वो अपने लिए ही असम्मान और कलह का मार्ग खोलता है।"[27]

सच्चे लोकतंत्र में समाज के हर तबके के व्यक्ति के सम्मान की बात होती है। बिना ये देखे या जाने कि उसकी आर्थिक या सामाजिक स्थिति समाज में कितनी ऊपर है, समाज में सभी व्यक्ति के सम्मान की रक्षा की जाती है। व्यक्तिगत अधिकार भी सामूहिक होते हैं क्योंकि इसी से स्वतंत्रता सुरक्षित रह सकती है। प्रत्येक व्यक्ति को जन्म से ही आजादी का अधिकार मिला है, लेकिन आज़ादी जिम्मेदारियों से परे नहीं है। एक की आज़ादी दूसरे की आजादी छीनने के अर्थ में कतई नहीं हो सकती। आज़ादी और अधिकार प्रत्येक व्यक्ति के बराबर बंटे हैं, जिसमें औरतें, बच्चे, अपंग और गरीब शामिल हैं लेकिन साथ ही दूसरों के अधिकार की रक्षा का कर्त्तव्य भी एक अधिकार है। अधिकारों का उपयोग तभी सार्थक है जब हम अधिकारों के साथ कर्त्तव्यों का भी सही निर्धारण करते हैं, तमाम अधिकारों में हमारा प्रधान अधिकार यह है कि हम दूसरों के अधिकारों की रक्षा करें। दूसरों के अधिकारों की रक्षा के लिए हमें अपने अधिकारों का बलिदान भी करना पड़ सकता है। आज़ादी से पहले गाँधी ने इस बात के संकेत भारतवासियों को दिये। आज हमारे समाज की सबसे बड़ी बुराई चिन्हित हुई है।"[28] वो पूंजीपति, जमींदार, मजदूर और राजाओं के अधिकारों के बारे में बात कर रहे थे। "यदि सभी सिर्फ़ अपने अधिकारों की बात करेंगे कर्त्तव्यों की नहीं तो वहाँ अराजकता और असहयोग उभरेगा।... अधिकार की जगह पर प्रत्येक को अपने कर्त्तव्यों का निर्वाह करना चाहिए तो हम देखेंगे कि जल्द ही मानव कल्याण के लिए शासन का वातावरण तैयार होगा।...मैं आपको ये सलाह देता हूँ कि अधिकार कर्त्तव्यों के सही निर्वाह से आता है और जल्दी ही बदलाव देखने को मिलेगा। संविधान सभा की ओर ऊंगली उठाते हुए उन्होंने कुछ समय पहले कहा था "संविधान द्वारा प्रदत्त नागरिक अधिकारों की बात की जगह मैं उन मूलभूत अधिकारों की बात करता हूँ जिसमें नागरिकों के हित के साथ संपूर्ण विश्व का हित निहित हो।"[29]

1940 ई. में एच.जी. वेल्स के मानवाधिकारों की सूची को देखते हुए उन्होंने प्रतिक्रिया दी "मैं व्यक्ति के कर्त्तव्यों से शुरू करता हूँ। और मैं वादा करता हूँ व्यक्ति के अधिकार एक सर्वकालीन स्थिति है। मैं अपने अनुभव से लिखता हूँ जब मैं युवा था और अपने जीवन में अधिकारों के प्रति सचेत था तब मैंने पाया कि मैं तो कुछ हूँ ही नहीं, यहाँ तक कि अपनी पत्नी के लिए भी मैं कुछ नहीं हूँ। वहीं से मैंने अपने

कर्त्तव्यों की खोज़ करनी शुरू की, ये कर्त्तव्य मेरी पत्नी के प्रति, बच्चों के प्रति, दोस्तों के प्रति, समाज के प्रति ढूँढा और आज मैंने पाया मेरे पास सबसे बड़े अधिकार हैं अन्य किसी व्यक्ति के मुकाबले।''[30]

गाँधी के विचार के अनुसार 'अधिकार' और 'कर्त्तव्य' एक ही सिक्के के दो पहलू हैं और यदि इस सिक्के को कानूनी जामा पहनाया जाए तो ये सभी के द्वारा स्वीकार्य है। अधिकारों और कर्त्तव्यों में भी समानता होनी ही चाहिए। सामंती समाज में समाज के उच्च जाति वालों को अधिकार तो बहुत हैं लेकिन कर्त्तव्य बहुत कम; जबकि समाज के अन्य व्यक्ति के हिस्से में बहुत कम अधिकार हैं और कर्त्तव्य बहुत ज्यादा। दास को कोई अधिकार नहीं है उसके पास केवल कर्त्तव्य है और दास मालिकों के पास कोई कर्त्तव्य नहीं है। उनके पास केवल अधिकार ही अधिकार है। समाज में समान और तीव्र विकास के लिए अधिकार और कर्त्तव्यों के बीच समानता समाज के हर तबके के बीच होनी चाहिए। लोग अपने अधिकारों के प्रति उतने ही सचेत हों जितने की कर्त्तव्यों के प्रति तत्पर। भारतीय समाज में अधिकार और कर्त्तव्यों की परस्पर असमानता देखी जा सकती है। आरंभ में भारतीय सभ्यता में कर्त्तव्यों पर अधिकारों के मुकाबले ज्यादा जोर दिया जाता था। भारतीय सभ्यता सदियों की लंबी-आड़ी-तिरछी यात्रा करते हुए भी अधिकारों को राजनीति और सैन्य शक्ति में सर्वोपरि रखा गया है, जिसका परिणाम ये हुआ शक्तिशाली अधिकारों का पोषण करते थे और कर्त्तव्यों का निर्वाह कमजोरों के ऊपर छोड़ देते थे। जब गाँधी 1916 ई. में साउथ अफ्रीका से भारत लौटे, भारतीय समाज के कमजोर वर्ग के मानवाधिकारों के लिए संघर्ष शुरू किया और सत्ता के साथ संघर्ष आरंभ किया। जब वो ब्रिटिश साम्राज्य से लड़ने के लिए अपने आप को तैयार कर रहे थे तो भारतीय सामाजिक संरचना की बुराइयाँ भी मुँह उठाए खड़ी थीं। उनकी पहली प्राथमिकता औरतों, दलितों और आर्थिक रूप से कमजोर लोगों के मानवाधिकारों को लेकर थी।

मानवाधिकार और संयुक्त राष्ट्र

19वीं शताब्दी के आरंभिक दो दशकों में यू.एन. कार्यकर्ताओं ने ऐसे व्यक्ति के मानवाधिकारों को सुनिश्चित किया जिन्हें हर जगह से ठुकराया जा चुका था। यू.एन. मिलेनियम डिक्लेरेशन, (2000), में मानव विकास के तमाम आयामों को सम्मिलित किया गया। यू.एन. डिक्लेरेशन ऑन विक्टिम्स ऑफ क्राइम एण्ड एब्यूज ऑफ पॉवर, 2000 (U.N.T.O.C.) इंटरनेशनल डिकेड फॉर कल्चर ऑफ पीस एंड नॉन वॉयलेंस फॉर चिल्ड्रेन ऑफ द वर्ल्ड (2001-2010) द राइट्स ऑफ द इंडिजिनियस पीपल (2007), जेंडर इक्वेलिटि (लिंग समानता), डेवेलपमेंट एंड पीस फॉर द 21st सेंचुरी (2000), अक्टूबर 2 को इंटरनेशनल डे ऑफ नॉन वॉयलेंस 2009।

उपर्युक्त सभी कार्यक्रमों का सम्बन्ध एक ऐसी विचार दृष्टि से है, जिससे एक

सार्वभौमिक मानवाधिकारों की रूपरेखा तैयार हो, जिसे महात्मा गाँधी भी चिन्हित करते रहे। वो अक्सर कहा करते थे "करत-करत अभ्यास ते, जड़मति होत सुजान, रसरि आवत जात है, सिल पर पड़त निशान।"

An ounce of practice is worth more than tonnes of preaching

"मैं आज के भारतीय समाज के सबसे बड़ी बुराई से दो चार होना चाहता हूँ। पूंजीपति और जमींदार केवल अपने अधिकारों की बात करते हैं। राजा-महाराजा शासन के लिए अपने अधिकारों का प्रयोग करते हैं। यदि सभी सिर्फ़ अपने अधिकारों की बात करेंगे कर्त्तव्यों की नहीं तो वहाँ अराजकता और असहयोग उत्पन्न होगा।"

"अगर अधिकारों के हठ के बदले सभी अपने कर्त्तव्यों का पालन करें तो वहाँ जल्द से जल्द मनुष्यता के अनुसार शासन स्थापित होगा। यहाँ राजाओं के शासन करने की दैवीय शक्ति जैसी कोई चीज नहीं है और न ही दासों को उनके मालिकों के दिये गये आज्ञा का पालन करने का विनम्र कर्त्तव्य। लेकिन यह सच है कि ये पुश्तैनी असमानता समाज के अच्छा होने या अच्छाई में हानिकारक है, अधिकारों के अब तक के असंगत विकासक्रम में लाखों प्रभावित हुए ही।

इन दोनों उल्लेखों में परवर्ती व्यवहार में लाखों लोगों की चोट पहुँचाने की संभावना है। उन कुछ अधिकारों (दैवीय या अन्य) के दावेदारों को छोड़कर/अधिकारों या कर्त्तव्यों की लड़ाई में मृत्यु हो सकती है बहादुरीपूर्ण या कायरतापूर्ण, लेकिन इन कुछ मौतों से जीवन में सुखद संतोष नहीं लाया जा सकता। अतः यह जरूरी है कि अधिकारों और कर्त्तव्यों के बीच के सह सम्बन्ध को समझा जाए। मैंने ये सलाह देने का साहस किया है कि अधिकार उन कर्त्तव्यों से जुड़े नहीं है जो पूरी क्षमता के साथ नहीं किए जाते हैं। ऐसे अधिकारों और कर्त्तव्यों को राष्ट्र के द्वारा जितनी जल्दी त्याग दिया जाए उतना ही बेहतर होगा। एक बदनसीब माता-पिता जो अपने बच्चों से अज्ञाकारिता का दावा करते हैं बिना उचित समय के तो उनकी यह उत्तेजना और कुछ नहीं, अपमान है। पति का यह इच्छा करना कि उसकी कर्त्तव्यपरायणा पत्नी उसकी हर आज्ञा के पालन के लिए तुरंत तैयार रहे यह धार्मिक मान्यताओं के आकार में भी बदलाव है, लेकिन बच्चे जो अपने माता-पिता के आज्ञापालन से इंकार करते हैं, जो (माता-पिता) हमेशा ही उनके प्रति अपने कर्त्तव्यों का पालन करते हैं, यह स्थिति दुःखदायी है और उनके लिए ज्यादा हानिकारक है। उनके माता-पिता की तुलना में। यही बात पति-पत्नी के लिए भी कही जा सकती है। अगर आप इस सरल और सार्वभौमिक सत्य को नौकरशाहों और मजदूरों, जमींदारों और किराएदारों, राजशासक और उनके विषयों या हिंदुओं और मुसलमानों के साथ व्यवहार में लाते हैं तो आप सबसे खूबसूरत रिश्तों को बना पाएंगे। जीवन के हर क्षेत्र में, बिना किसी व्यवधान और बिगाड़ के व्यापार जो आप भारत में देखते हैं दुनिया के किसी भी और भागों की तरह, सत्याग्रह के नियमों को मैं क्या कहूँ जो कर्त्तव्यों और अधिकारों के

प्रति आदर के बहाव से उत्पन्न हुआ है।''[31]

गाँधी ने अधिकारों और कर्त्तव्यों की अवधारणा को अपने अन्य कार्यक्रमों में भी बढ़ाया। हिंदुओं और मुसलमानों के बीच के सम्बन्धों को लेकर वह कहते हैं कि ''हिंदुओं का अपने मुसलमान पड़ोसियों के प्रति क्या कर्त्तव्य होना चाहिए? उनका कर्त्तव्य है कि वो उनके मित्र बने जैसा कि इंसानों को होना चाहिए, उनके खुशियों और गमों को बांटें और उनके दुखों में उनका साथ दें। तभी उन्हें अपने मुसलमान पड़ोसियों से समान व्यवहार की आकांक्षा करने का अधिकार होगा और संभावित है कि उन्हें उनका आकांक्षित व्यवहार हासिल हो। मान लिजिए एक गाँव में हिंदू बहुसंख्यक है। मुसलमानों के कुछ समूहों के साथ, बहुसंख्यकों का थोड़े मुसलमान पड़ोसियों के प्रति यह कर्त्तव्य होना चाहिए कि वे उनके विविध रूपों को बढ़ावा दें, तब तक जब तक कि उन्हें यह विश्वास न हो जाए कि उनके धर्म के कारण हिंदुओं का व्यवहार उनके प्रति अंतर रखता है, तभी हिंदुओं को अधिकार का हक है, पहले नहीं, जिससे कि मुस्लिम उनके प्राकृतिक मित्र बन जाएँ और विपदा के समय दोनों समुदाय एक हो जाएँ लेकिन मान लीजिए कुछ मुसलमान बहुत से हिंदुओं के साथ सही व्यवहार का आदान-प्रदान नहीं कर रहे तथा अपने हर क्रिया-कलाप में लड़ाई झगड़े को ही दिखाते हैं तो यह अमानवता की निशानी है। तब वहाँ बहुसंख्यक हिंदुओं का क्या कर्त्तव्य होना चाहिए? निःसंदेह उन्हें अपने ज्यादा ताकत से दबाने की कोशिश नहीं करनी चाहिए, यह बिना अर्जित किए हुए अधिकार को हड़पना होगा। उनका कर्त्तव्य यह होना चाहिए कि उनके इस अमानवीय पूर्ण व्यवहारों को उनके सगे-सम्बन्धियों के साथ किए व्यवहारों के साथ जाँचे। मेरे लिए इसे आगे उदाहरण देकर विस्तृत करना बिल्कुल भी जरूरी नहीं है। मैं इसे यह कहते हुए खत्म करूँगा कि यह प्रक्रिया तब भी समान होगी अगर बहुसंख्यकों और अल्पसंख्यकों के समुदायों की अदला-बदली कर दी जाए। जो भी मैंने अभी कहा वर्तमान समाज के लाभ के लिए उसे व्यवहारिकता में लाना और उसे बढ़ाना काफी आसान है जो कि काफी कठिन होता जा रहा है क्योंकि लोग इसे व्यवहार में प्रयोग में नहीं लाते और सैद्धाँतिक रूप से लाभ मिलने वाले अधिकारों की ओर पूर्ववर्ती कर्त्तव्यों को छोड़कर अग्रसर होते हैं।

''समान सिद्धान्त शासक और शासितों के बीच भी लागू होता है। इनका पहला कर्त्तव्य लोगों के सच्चे सेवक के रूप में काम करना है। वे किसी बाहरी ताकत के अधिकार से शासन नहीं कर सकते हैं और न ही तलवार के बल पर शासन कर सकते हैं। वे अपनी बुद्धि के बल पर सेवा के अधिकार से ही लोगों पर शासन कर सकते हैं। तभी उनके पास कर वसूलने, स्वैच्छिक अनुदान देने, और सेवा की इच्छा करना, स्वयं सहायता के बदले में, उनके स्वयं के लिए नहीं बल्कि लोगों के बदले में, उनके देखभाल में सेवा लेने का अधिकार है। अगर वे इन सरल और प्राथमिक कर्त्तव्यों के पालन में असफल हो जाते हैं, तो शासितों से बदले में कर्त्तव्य पालन

के वे हकदार नहीं है और इतना ही नहीं उन्हें शासितों को शक्ति हस्तांतरित कर देनी चाहिए। और शासकों को इसका प्रतिरोध करने का भी हम नहीं है। इसे दूसरे शब्दों में यह भी कहा जा सकता है कि शासितों को शक्ति हड़पने के प्रतिरोध का अधिकार है, लेकिन कर्त्तव्य के शब्दों में मानव के लिए प्रतिरोध एक जुर्म बन जाता है। अगर यह हत्या, लालच या लूट-पाट के रूप में हो। अहिंसा ही वह बल है, जिसके द्वारा कर्त्तव्य प्राकृतिक रूप से जन्म लेता है और सत्याग्रह वह अपराजेय ताकत है जो इसे लाती है।"[32]

निष्कर्ष

गाँधी ने मानव अधिकार शब्द का मतलब बहुत बड़े संदर्भ में लिया है। जैसा कि इसे आम मायनों में प्रयोग करते हैं। उन्होंने कर्त्तव्यों पर अधिकारों की तुलना में ज्यादा जोर दिया है। यह उतने बड़े पैमाने पर समझा नहीं गया। भारत के गाँधीवादी लोगों के द्वारा भी नहीं। जब भारतीय संविधान का गठन हुआ तो सिर्फ़ नागरिकों के अधिकारों के बारे में उल्लिखित किया गया और कर्त्तव्यों को लोगों और सत्तारूढ़ सरकार के ऊपर छोड़ दिया गया। कर्त्तव्यों की भी एक सारणी तैयार की गई यह सरकार तक ही सीमित था और उतना प्रभावी भी नहीं था जब तक कि सही नियम (कानून) न बनाया जाए। कर्त्तव्यों पर उनके जोर को अधिकार के प्रथम सिरे से समझना होगा, हमें यह नहीं भूलना चाहिए कि गाँधी ने अफ्रीका में सताए हुए लोगों के लिए लड़ाई लड़ी। जबकि लोगों से कर्त्तव्यों के पालन के लिए अहिंसात्मक रूप से आग्रह भी किया। उन्होंने परिस्थितियों को देखते हुए अधिकारों और कर्त्तव्यों को अलग ढंग से परिभाषित किया।

भारत की वर्तमान परिस्थितियाँ आज़ादी के बाद के छः दशकों से ज्यादा समय बाद ये दर्शाती हैं कि कर्त्तव्यों को दरकिनार कर अधिकारों के लिए लड़ने वाले प्रत्येक व्यक्ति, समुदाय, समाज और राष्ट्र को अधिकारों का मतलब समझना होगा नहीं तो कोई भी अधिकारों के साथ शांतिपूर्वक जी नहीं पाएगा। दरअसल आज मनुष्य जिन अधिकारों की बात करते हैं वो केवल कानून द्वारा प्रदत्त अधिकार है। हमारी शिक्षा प्रणाली लोगों को अपने अधिकारों के सही इस्तेमाल के लिए तैयार नहीं करती और ना ही गंभीरता से लोगों को उनके कर्त्तव्यों का ईमानदारी पूर्वक निर्वाह का सबक सिखाती है।

लोगों और राज्य के बीच व्यक्ति विशेष और लोगों के समूल में मानवाधिकारों को बचाए जाने की बात बहुत सारे मानवाधिकार संस्थाएँ कर रही हैं। अक्सर ये संस्थाएँ नैतिक आधार सही मुद्दों का चुनाव करती हैं परंतु समस्याओं के समाधान के लिए जो कानूनी कदम उठाए जाते हैं उसके बारे या तो लोग जान नहीं पाते और आम आदमी के हित के मुताबिक अकुशल होता है। वर्तमान परिदृश्य में स्वयं सेवी

संगठनों की भूमिका बहुत संवेदनशील है; संस्थाएँ कर्त्तव्यों को महत्ता दे रहे हैं। कुछ हद तक यह स्वाभाविक और अपरिहार्य भी है। जहाँ लोगों पर शासन हिंसा द्वारा हो और लोगों को अपनी मूलभूत जरूरतों को पाने, आत्म-सम्मान को पाने के लिए संघर्ष करना पड़े; ऐसी परिस्थिति में कर्त्तव्यों की बात करना ठीक ऐसा ही है, जैसे घोड़ा गाड़ी को घोड़ा बिना हाँकना।

बहरहाल, भारतीय सभ्यता में कर्त्तव्यों को महत्ता दी जाती रही है। शक्ति और सत्ता पाने वाले हाथ कानूनी रूप से दूसरों के अधिकारों की बात को गौण कर जाते हैं। ऐसी परिस्थिति में, गाँधी द्वारा प्रदत्त किए गए अधिकार और कर्त्तव्यों के पारस्परिक और न्यायोचित भावना जीवन में राजनीतिक अधिकारों को पाने के लिए सम्बल देते हैं और ऐसे तमाम देशों के लिए गाँधी के मानव-अधिकारों से सम्बन्धित विचार एक प्रेरणा है जहाँ समाज के आर्थिक और राजनैतिक अधिकारों का प्रयोग गरीबों, दलित, महिला तथा समाज के अन्य कमजोर वर्गों के ऊपर शासन करते हैं। यह आश्चर्य नहीं है कि गाँधी पूरे विश्व में मानव-अधिकारों के प्रतीक के रूप में स्थापित हुए। वो हमेशा सबके न्याय के लिए अकेले डटे रहे और जैसा कि हम जानते हैं कानून अकेले को न्याय प्रदान नहीं करते, न्याय पाने के लिए स्व के साथ एक मजबूत नैतिक बल की भी जरूरत होती है, जिसके द्वारा गाँधी ने गरीबों का बचाव किया और अंग्रेजों को भारत से बाहर फेंका।

सन्दर्भ

1. हिंद स्वराज, चैप्टर-1
2. वही,
3. वही, अध्याय-4
4. वही, अध्याय-5
5. वही, अध्याय-6 और 8
6. वही, अध्याय-8
7. वही, अध्याय-10
8. वही, अध्याय-12 और 7
9. वही, अध्याय-13
10. वही,
11. वही,
12. वही, अध्याय-16
13. वही, अध्याय-13
14. वही, अध्याय-15
15. वही,
16. वही, अध्याय-16

17. वही, अध्याय-17
18. वही,
19. वही, अध्याय-18
20. वही, अध्याय-16
21. यंग इण्डिया, 16.02.1921
22. यंग इण्डिया, 26.03.1931
23. हरिजन, 06 अक्टूबर, 1946
24. वही
25. Jean Jacques Rousseau, Social Contract or Principles of Political, 1762 www.constitution.org/jjr/socon.htm - 8k 26. H, 2-1-1937, p. 375
29. B. R. Ambedkar, quoted by Madhudandawate www. karmayog.org newslettersofNGOs/upload/6290/march_31.pdf
30. Harijan, 7.6.1947)
31. CWMG, 28.6.1947, 88, 230.)
32. Hindustan Times, 16.4.1940)
33. Harijan, 6-7-1947, p. 217
34. Harijan 28-6-1947

Other Relevant References

1. David Selby, Human Rights (Cambridge: Cambridge Univer sity Press, 1987), p.7.
2. Jack Donnelly, International Human Rights, (Colorado, Westview Press, 1993), p. 25.
3. Manoranjan Mohanty, "The Changing Definition of Rights in India," in Sujata Patel, Jasodhara Bagchi, and Krishna Raj, eds., Thinking Social Sciences in India: Essays in Honour of Alice Thorner (New Delhi: Sage, 2002), p. 437.
4. Munmum Jha, "Nehru and Civil Liberties in India," in Interna tional Journal of Human Rights, Volume 7, Number 3, pp. 103-115
5. M.K. Gandhi, "Rights and Duties," in Raghvan Iyer, ed., The Moral and Political Writings of Mahatma Gandhi (Oxford : Clarendon Press, 1986), Vol. 3, p. 496. (First published in Harijan, 6 July 1947).
6. Gandhi as quoted in Raghvan Iyer, The Moral and Political Writings of Mahatma Gandhi, Vol. 3, p. 492-3. (First published in The Hindustan Times, 16 April 1940).
7. B.R. Ambedkar, Emancipation of the Untouchables (Bombay : Thacker and Co. Ltd., 1972), p. 15. (First published in 1943).
   For a discussion of various terms for the Untouchables, see Harold R. Isaacs, "The Ex-Untouchables," in Michael J. Mahar, ed., The Untouchables in Contemporary India, pp. 13-14

आत्मान्वेषण की पहल है हिंद स्वराज

डॉ. विजय कुमार

'हिन्द स्वराज' पर विचार करते समय हमें भाव विश्लेषण पर ज्यादा ध्यान देना चाहिए। मात्र शाब्दिक विश्लेषण से बाहर निकलना नहीं चाहिए। हम गाँधीजी के जीवन एवं कार्यों में एक सातत्यता देखते हैं। यदि ठीक से विश्लेषण करें तभी इस 'हिन्द स्वराज' की आत्मा को समझ पायेंगे। यही भारत या दुनिया को संदेश भी साबित होगा।

भारत के सामने यह चुनौती थी कि शैतानी सभ्यता के प्रगतिवाद का तथा उससे पनपे पूँजीवाद का मुकाबला कैसे करे?

आज शताब्दी विकास के लक्ष्यों को लेकर बड़ी चर्चा है। मिलेनियम डेवलपमेंट गोल्स के रूप में यह कहा जा रहा है कि वैश्वीकरण का मानवीय चेहरा होगा। बहुमत का वह हिस्सा जो पीड़ित है, अपेक्षित, विकास की मुख्य धारा से अलग है। हॉशिये पर है। उनके लिए ग्लोबलाइज़ेशन अंतिम आशा की किरण है। इनका मुख्य जोर गरीबी के खात्मे और पर्यावरण संरक्षण पर है। वह भी पश्चिम देशों को असीमित भोग की कीमत पर। बाकी दुनिया की कीमत पर नहीं।

गाँधी अध्ययन में 'हिन्द स्वराज' पुस्तक का अपना महत्त्व है। इस पुस्तक की गंभीरतम् आलोचना और महान श्रद्धा, दोनों पक्षों को पढ़ने और पढ़ाने का अभ्यास भी हुआ है। परन्तु जिन सवालों को लेकर अपनी परेशानी है, उसका उत्तर 'हिन्द स्वराज' देता है या दे सकता है इसका अहसास तब हुआ, जब बहुत कुछ बिखर चुका है। निजी और सामाजिक सम्बन्धों के दायरे, देश, समाज और दुनिया के हालात अपनी समझ से बद से बदतर हो रहे हैं। हमने तो गीत गाये थे—हम लोग हैं, ऐसे दीवाने-दुनिया को बदलकर मानेंगे। दुनिया को बदलने का अहंकार और स्वयं को बदलने की आवश्यकता का तालमेल इतना बिगड़ चुका है कि 'स्व' सिर चढ़कर बोलने लगता है। अनमने भाव से 'हिन्द स्वराज' को उलट-पुलट कर

देखने लगा। काँग्रेस और उसके कर्त्ता-धर्त्ता की चर्चा करते हुए गाँधी जी लिखते हैं कि- "हिन्द के दादा, दादा भाई नौरोजी ने जमीन तैयार नहीं की होती, तो नौजवान आज जो बातें कर रहे हैं, वह भी नहीं कर पाते।" हिन्द स्वराज बहुत साफ शब्दों में उत्तर देता है—कृतज्ञता का, आदर का। क्या भाव ही शास्वत सत्य है ? इस एक उत्तर ने ढ़ेर सारी उलझनें दूर कर दीं। रास्ता निकलने लगा कि—प्रकृति के हाथ हमारा क्या रिश्ता है निश्चय ही सहयोग का। सहकार का। हम उसके हिस्से हैं। हिस्से हैं तो हम प्रकृति के साथ युद्ध नहीं कर सकते हैं। यही हमारी मर्यादा है। यही हमारा पाथेय है। अपने पैंतीस सालों के कार्यों में एक जो महत्त्वपूर्ण अनुभव दिखा वह यह कि जोश और होश का तालमेल बिठाना आवश्यक है। जोश और उतावलेपन में फ़र्क है। ठंडा मिज़ाज़ का मतलब दकियानूसी नहीं होता है। गाँधी जी लिखते हैं कि-'स्वराज भुगतने की इच्छा रखने वाली प्रजा अपने बुजुर्गों का तिरस्कार नहीं कर सकती। अगर दूसरे की इज़्ज़त करने की आदत हम खो बैठें, तो हम निकम्मे हो जायेंगे। जो प्रौढ़ और तजुर्बेकार हैं, वे ही स्वराज भुगत सकते हैं, न कि बेलगाम लोग अर्थात गाँधी जी हिन्द स्वराज के माध्यम से पात्रता, योग्यता की बात को आवश्यक मानते हैं। इसका अर्थ अपने लिए इतना निकलता है कि हमें पाने की इच्छा है तो उसके लिए आवश्यक कर्त्तव्य करना ही चाहिए। बिना कुछ किये बहुत कुछ पाने की इच्छा को मारना ही पड़ेगा। अब इस अभ्यास को हम जो नाम देना चाहें, दे सकते हैं। वह सादगी, सेवा, त्याग, सच्चाई, ईमानदारी, मर्यादा आदि-आदि हो सकती है। इसे निजी और सार्वजनिक जीवन पर अगर लागू कर पायें तो, आज समाज, राजनीति, अर्थनीति में हम सब जिन परेशानियों का सामना कर रहे हैं, उसमें कमी हो सकती है। इसका यह अर्थ कतई नहीं है कि हमें असहमति का हक नहीं है। निजी और सार्वजनिक आचरणों को तय करते समय दूसरे लोगों के काम को सम्मान देना सीख सकते हैं। ऐसा संभव न हो तो कम से कम उनके काम की निन्दा न करें, इतना करना ही चाहिए। गाँधी जी आगे लिखते हैं कि-'जो हक (न्याय) चाहते हैं, उन्हें सबके साथ न्याय करना होगा'। अर्थात न्याय की इच्छा और कामना के साथ यह आवश्यक है कि हम न्यायधर्मी बनें। गाँधी जी ने इन बातों की चर्चा स्वराज के सन्दर्भ में की है। इससे यह भी स्पष्ट होता है कि अगर आज हमें सच्चे स्वराज की कामना है तो हमें स्वराज का अर्थ भी समझना पड़ेगा और उसके लिए विनम्रता, न्यायप्रियता को अपनाना आवश्यक होगा, जिनकी कमी आज हमारे निजी और सार्वजनिक जीवन में सड़क से संसद तक और घर से बाहर तक है। 'हिन्द स्वराज' पुस्तक में गाँधी जी जहाँ कांग्रेस की भूमिका, बंग-भंग और शांति-अशांति की व्याख्या से उपर्युक्त बातें भी कह रहे हैं, वहीं स्वराज को आज के सन्दर्भ में समझना भी आवश्यक होगा। हम चर्चा को पारलौकिक सन्दर्भ में न भी ले जायें तो इहलौकिक सन्दर्भ में आज के भारत की दुदर्शा को समझे बगैर हिन्द स्वराज्य के आलोक में

रास्ता तलाशना कठिन होगा।

जीवन और जगत का इह लौकिक सन्दर्भ और उसकी कसौटी पर गाँधी विचार को जाँचना-परखना एक बात है, परन्तु जीवन और जगत अगर मात्र भौतिक या इहलौकिक नहीं है, तो यह चर्चा बढ़ायी जा सकती है कि 21 वीं सदी में 'हिन्द स्वराज' का सन्दर्भ और क्या है? तो एक उत्तर यह आता है कि मनुष्य की आत्मा 21 वीं सदी में बिना रुके एक ऐसे जीवन दर्शन एवं अभ्यास की तलाश कर रही है जो ईश्वरीय हो। प्राकृतिक हो। शांतिदायक हो। दूसरी तरफ एक ऐसी सभ्यता जो सर्वसत्तावादी है, सैन्य और औद्योगिक अहंकार से लैस तथा तकनीक मात्र को विज्ञान कहने के अज्ञान से चमत्कृत है। जिसने परिवार और पड़ोस को, परम्परा को, परम्परागत अभ्यास को समाप्त तथा अज्ञान घोषित कर दिया है। विगत् 300 से 500 साल की मायावी सभ्यता के परीक्षण का एक अवसर हिन्द स्वराज देता है। यहीं से गाँधी जी का वह सत्य जो पारलौकिक और इहलौकिक विभाजन को एकरूप बना देता है। एक वैकल्पिक जीवन दर्शन जीवन और जगत को संगठित करने का कार्यक्रम 'अहिंसा' यही वह तत्व है जो हमें पुनः परीक्षण का अवसर प्रदान करता है कि कैसे हम पुनः अपनी आत्मा और मानवता को खड़ा कर सकें। इसी को वे कहते हैं कि—भारत का दुनिया को संदेश क्या है? स्वाधीनता आंदोलन, 20वीं सदी में साम्राज्यवाद को चुनौती यह सब तो एक बात है। परन्तु संदेश वाली बात ज्यादा अहम बात है। आज जब हिन्द स्वराज की रचना के सौ वर्ष पूरे हो रहे हैं तो एक गंभीर बहस की आवश्यकता है। अगर यह कहा जाए कि यह पुस्तक वैकल्पिक सभ्यता का घोषणा पत्र है तो अतिश्योक्ति नहीं होगी। इसी घोषणा पत्र के आधार पर हम अपनी राजनीति, अर्थनीति, संस्कृति, सभ्यता, समाजनीति और अंततः जीवन दृष्टि का मूल्याँकन कर सकते हैं।

हम सब लोग जब गाँधी को समझने का प्रयास करते हैं तो हिन्द स्वराज के साथ-साथ सत्य के साथ प्रयोग, मंगल प्रभात तथा एकादश व्रत को भी ध्यान में रखना चाहिए। क्योंकि एक मनुष्य के नाते गाँधी जी का जीवन और संदेश सतत् प्रक्रिया में विकसित होता हुआ दीखता है। जो लोग गाँधी विचार को तब भी खारिज करते थे और आज भी तवज्जो नहीं देते हैं, वे उन्हें मानव विरोधी (व्यवहार के संदर्भ में) या अवतार या ईश्वरीय शक्ति मान लेते हैं, जो आदरणीय तो है, परन्तु अनुकरणीय अर्थात व्यवहारिक नहीं है। ऐसा तो गाँधी ही कर सकते थे। हम नहीं। क्योंकि हम समान्य जन हैं। गाँधी 'हिन्द स्वराज' के मार्फत यही कहते हैं कि देश और दुनिया को बनाने, सजाने, चलाने का काम सामान्य जन का है, वह कर सकता है, उसीको करना चाहिए। इसके लिए जो तैयारी होनी चाहिए, वह हमको बनानी पड़ेगी यही ईश्वर का, भारत का संदेश है। स्वराज है। सच्ची सभ्यता है।

हमारी राजनीति

स्वराज की चर्चा करते हुए गाँधी ने लिखा है कि–"हमें अंग्रेजी राज्य तो चाहिए।...यह मेरी कल्पना का स्वराज नहीं है।" इसी दौरान उन्होंने ब्रिटिश संसद के बारे में जो कुछ लिखा उसका निहितार्थ इतना ही है कि संसदीय प्रजातंत्र में निर्माण की ताकत नहीं है। अच्छा करने की इच्छा नहीं है। वह दबाव में कार्य करता है। लोभ-लालच पैदा करता है...इत्यादि। 2008 में हम अपने देश के राजनीति, राजनीतिक कर्त्ता-धर्त्ता, शोर-शराबे का अध्ययन कर लें तो 'हिन्द स्वराज' का संदेश भी स्पष्ट होगा और विकल्प भी। लगे हाथ उन्होंने मीडिया को भी लपेटा है। वे लिखते हैं कि "जो अंग्रेज वोटर हैं। (चुनाव करते हैं) उनकी धर्म पुस्तक (बाइबल) तो है अख़बार। वे अख़बारों से अपने विचार बनाते हैं। अख़बार "अप्रमाणिक होते हैं, एक ही बात को दो शक्लें देते हैं।" विचार घड़ी-घड़ी में बदलते हैं। 2008 में मीडिया की भूमिका भारत में कैसी है? उपर्युक्त संदर्भों की विस्तार से व्याख्या करनी चाहिए तो हिन्द स्वराज राजनीतिक विकल्प दे सकता है।

हमारी अर्थनीति

दरअसल राजनीति, समाज और आर्थिक क्रियाओं का सभ्यता के साथ गहरा तारतम्य है किन्तु विकास के लिए किसी का तो शोषण होगा ही। बहुत उदार हुए तो यह कि "जीओ और जीने दो"। काम बन नहीं रहा है। जब कम से कम काम, ज्यादा से ज्यादा भोग। ऐसे में, तब कोई दूसरे के लिए क्यों जीयेगा ? हमारा क्या रिश्ता है–दूसरे से? प्रकृति के साथ युद्ध करना है। आस-पास, पड़ोस का, प्रकृति का शोषण करेंगे तभी विकास होगा। इसमें से तो भोग और संग्रह मात्र ही निकलता हैं तब गरीबी और अमीरी की खायी तो चौड़ी होगी ही। मुनाफे का अर्थशास्त्र तो चलेगा ही। श्रम की अप्रतिष्ठा तो होगी ही। यह सब चलेगा तो पलायन, विषमता, भूख, गरीबी, अकाल और अंततः हिंसा ही होगी।

जीने का मतलब मात्र सुख। शांति नहीं। भारत भी इससे अब अछूता नहीं है। 21वीं सदी में हिन्द-स्वराज आत्म चिंतन और आत्म मूल्यांकन की प्रेरणा देता है-आत्म प्रवंचना की नहीं।

सुशासन का निहितार्थ

आजकल गुजरात से बिहार तक सुशासन शब्द बहुत प्रचलित है। निहितार्थ से हम सब वाकिफ हैं। जहाँ न स्वाभिमान सुरक्षित है। न स्वावलम्बन और न स्वदेश का भाव। बेशक अपने लोग हैं। अपनी डफली भी है। राग अपना नहीं। इसके केन्द्र में राज है। लोग नहीं। सरकार दिल्ली में भी है। पटना में भी है। अब तो ग्राम

पंचायतों में भी है। शासकों के अरमान क्या हैं? इस पर विचार करना चाहिए।

अंततः इतना ही कहना सही होगा कि हिन्द स्वराज से संवाद करते समय निजी, सार्वजनिक, स्वदेशी, स्वालम्बन, सुशासन, सभ्यता, संस्कृति, अर्थनीति, राजनीति, दशा-दिशा, छुटकारा से परिचित होना और बात है और इसे जमीनी आधार देना दूसरी बात है। हमारी तैयारी कितनी है? ये तो समय ही बतायगा। जितनी तैयारी होगी, उतना ही रास्ता मिलेगा। समस्यायें नाना रूप में है। जड़ तो सभ्यता और संस्कृति विमर्श ही है। संवाद जारी रहे यही कामना है।

सम-सामयिक संदर्भों में वैकल्पिक जीवन दृष्टि की तलाश करते हुए, जीवन और जगत को संगठित, नियमित और सातत्यता हेतु मौजूद भूमंडलीकरण, लोकतंत्र, परम्परा की अच्छाई, आधुनिकता की अच्छाई, परम्परा की बुराई तथा आधुनिकता की बुराई को रेखांकित करने का रास्ता 'हिन्द स्वराज' दे सकता है। तब यह अभ्यास बेईमानी हो जाएगा कि गाँधी विचार की प्रासंगिकता पर विचार करें। दरअसल गाँधी विचार या हिन्द स्वराज एक वैकल्पिक विचार है। हम इसे स्वीकार करें। कैसे करें? यही असली चुनौती है। हिन्द स्वराज में विचार है, रास्ता है, परिर्वतन का औजार है। हम इस्तेमाल करें या न करें यही हमें तय करना है।

आत्मान्वेषण हम क्यों नहीं करते?

हिन्द स्वराज को समझने के लिए आवश्यक होगा कि आज एक बार फिर हमारे पास यह अवसर है कि हम गाँधी के विकल्पों पर विचार करते समय प्रकृति के साथ सहकार या प्रकृति के शोषण के द्वन्द्व को सामने रखकर विकास के वर्तमान प्रतिमानों का परीक्षण करें तो प्रकृति और मनुष्य, प्रकृति और जीव जगत के बीच के एकात्मकता एवं सातत्यता का दर्शन कर सकते हैं। अपने निजी एवं सार्वजनिक जीवन की जरूरतों को कम से कम कर सकते हैं और ग्लोबल वार्मिंग जैसे संकेतों का समाधान तलाश सकते हैं। 21वीं सदी की आख़िर चुनौती क्या है? इस संदर्भ में हिन्द स्वराज में वर्णित सभ्यता विमर्श हमारे लिए हितकारी और सहयोगी साबित हो सकता है? हिन्द स्वराज जहाँ स्वतंत्रता को परिभाषित करते हुए 20वीं शताब्दी के उपनिवेशवादी चरित्र को उजागर करता है, वहीं आत्मिक शक्ति का आवाहन करता है। यही कारण है कि गाँधी निजी और सार्वजनिक जीवन में बदलाव का आग्रह रखते हुए स्वयं में परिवर्तन, समाज की बनावट में परिवर्तन और मूल्य परिवर्तन का विविधि लक्ष्य प्रस्तुत करते हैं। इसी आधार पर स्वतंत्रता संग्राम को योगदान करते हैं। 20वीं सदी के उपनिवेशवाद के ख़िलाफ़ मोर्चा सम्भालते हैं और विकास के सीमित दायरे से बाहर निकलते हुए उत्थान एवं उत्कर्ष की ओर प्रमाण करते हैं और आशा की किरण दिखा जाते हैं।

गाँधी को लेकर जो बहसें हैं, उसमें इस बात पर विचार करना आवश्यक

प्रतीत होता है कि कैसे उन्होंने अपने समय में न केवल भारतीय जनमानस में बल्कि दुनिया के स्तर पर स्वयं को बड़ा साबित किया तथा भारत सहित दुनिया के अन्य गुलाम देशों को स्वतंत्रता की प्रेरणा दी? बचपन से दक्षिण अफ्रीका तक की यात्रा का अर्थात् 1915 तक का सन्दर्भ देखा जाय तो ऐसा प्रतीत होता है कि वे अंग्रेजी सल्तनत के तहत ही भारतीयों के लिए समानता की बात कर रहे होते हैं। 1915 के बाद उनका विद्रोही स्वरूप सामने आता है। जबकि असहयोग आंदोलन 1920 में शुरू करते हैं। 1920 तक आते-आते ऐसा प्रतीत होता है कि गाँधी ब्रिटिश सल्तनत को समाप्त कर देना चाहते हैं। यहाँ गाँधी का, अहिंसक गाँधी का चेहरा योद्धा के रूप में निखर आता है। वे एक बहादुर सेनानी और नायक के रूप में भारतीय जनमानस को यह अहसास करा पाते हैं कि उनके हाथों में आज़ादी की, स्वतंत्रता की मशाल जलती रहे। जनता ने उनकी बातों पर व्यवहारों पर भरोसा किया और बहादुरी को सलाम किया। आज भी अहिंसा की ऐसी बहादुरी की संभवतया समाज को तलाश है।

गांधी की आशावादिता

1919 तक गाँधीजी को यह आशा थी कि—अंग्रेजी सत्ता न्याय और स्व-शासन भारत को प्रदान करेगी। प्रथम विश्व युद्ध में ताकत बटोरने के लिए अंग्रेजों ने इस आशय का वचन भी दिया था। प्रथम विश्व युद्ध के बाद भारतीय पक्ष ने जब 'स्वशासन' की बात उठायी तो 'रोलेट एक्ट' का प्रस्ताव आया। ख़िलाफत की बात उठी। जलियांवाला बाग हत्याकांड का सवाल भी उठा। उस समय सम्पूर्ण भारतीय नेतृत्व यानि कांग्रेस और मुस्लिम लीग ने यह महसूस किया कि उनके साथ अपमानजनक व्यवहार हो रहा है। भारतीय नेतृत्व का कुछ वर्ग इस बात को भली-भाँति समझ रहा था कि 1857 से ही जिस भारतीय समाज को अंग्रेजों ने हथियार विहीन कर दिया है, उसके द्वारा अंग्रेजों का मुकाबला हथियारी तरीके से संभव नहीं है। राष्ट्रीय अपमान के घूँट को पीने के अलावा उन्हें कुछ भी समझ में नहीं आता था कि क्या करें? ऐसे समय में गाँधी का विश्वास ब्रिटिश संस्थाओं से डिगा नहीं था। प्रथम विश्व युद्ध का वचन भंग, रोलेक्ट एक्ट, जलियांवाला बाग हत्याकांड, जिसमें हंटर कमीशन की रपट प्रकाशित हो चुकी थी, अंग्रेजों ने दोषियों को सजा देने से इन्कार कर दिया। यही वह क्षण था जब गाँधी ने विद्रोह को स्वर दिया। यह गाँधीजी की ओर से भारतीय स्वतंत्रता के शंखनाद का पहला उद्घोष था। भारत जागरण का एक नया तुफान उठ खड़ा हुआ। व्यक्ति गाँधी 'महात्मा हो गये।' उन्हें भारत की आत्मा भी कहा गया। भारतीय पक्ष में 'असहयोग' कांउसिल बहिष्कार' साइमन कमीशन का विरोध, मोतीलाल नेहरू समिति द्वारा संविधान का प्रारूप तैयार किया जाना, कांग्रेस एवं मुस्लिम लीग की विफलता, नमक सत्याग्रह, द्वितीय गोलमेज सम्मेलन और सविनय

नागरिक अवज्ञा आन्दोलन के बाद पूना पैक्ट, 1934 में आंदोलन के वापसी की घोषणा, काउंसिल में प्रवेश, 1935 का एक्ट, 1937 का चुनाव एवं प्रांतीय सरकारों का गठन, 1939 में कांग्रेस सरकारों का इस्तीफा, क्रिप्स मिशन की विफलता, 1942 का भारत छोड़ो आंदोलन, 1944 में गाँधी जिन्ना, 1947 में कांग्रेस एवं मुस्लिम लीग द्वारा भारत विभाजन का समझौता, भारत की स्वतंत्रता, साम्प्रदायिक दंगे और 1948 में गाँधी वध। सम्पूर्ण घटना क्रम में जो महत्त्वपूर्ण बात दिखती है, वह है-गाँधी की अहिंसा। वे भारत विभाजन के ख़िलाफ़ थे। साम्प्रदायिकता के ख़िलाफ़ थे। कांग्रेस के कांउसिल एवं प्रातीय सरकारों में प्रवेश के पक्ष में नहीं थे। अहिंसा और असहयोग के द्वारा वे तब तक प्रतिरोध में लगे रहे जब तक कि भारत आज़ाद नहीं हुआ। यहाँ यह जान लेना आवश्यक होगा कि कांग्रेस का तत्कालीन नेतृत्व गाँधीजी की इन नीतियों के पक्ष में नहीं था। इसी कारण गाँधीजी ने 1934 में कांग्रेस से इस्तीफा दिया। सच तो यह है कि कांग्रेस उनके पीछे खड़ी होती रही। दुर्भाग्य से स्वतंत्रता के बाद की पीढ़ी इस बात की बहस नहीं कर रही है कि 'अहिंसा और असहयोग' का बीज तत्व 'हिन्द स्वराज' में छिपा है। जिसे उन्होंने छूट एवं छुटकारा जैसे शीर्षकों में भी प्रस्तुत किया है। न्याय का तकाज़ा तो यह भी है कि हम गाँधी के प्रति राय बनाते समय भारत विभाजन के अंदरूनी नियत को स्पष्ट नहीं करते हैं और इसके लिए गाँधीजी को जिम्मेदार भी ठहराते हैं।

'हिन्द स्वराज' पर विचार करते समय हमें भाव विश्लेषण पर ज्यादा ध्यान देना चाहिए। मात्र शाब्दिक विश्लेषण से बाहर निकलना नहीं चाहिए। हम गाँधीजी के जीवन एवं कार्यों में एक सातत्यता देखते हैं। यदि ठीक से विश्लेषण करें तभी इस 'हिन्द स्वराज' की आत्मा को समझ पायेंगे। यही भारत या दुनिया को संदेश भी साबित होगा।

भारत के सामने यह चुनौती थी कि शैतानी सभ्यता के प्रगतिवाद का तथा उससे पनपे पूँजीवाद का मुकाबला कैसे करे? दूसरी तरफ उस उग्र सिद्धान्त का जो स्वतंत्रता का वचन देते हुए सर्वहारा की तानाशाही का पक्षधर था। दोनों विचार शैतानी सभ्यता के कोख से ही पनपा। एक पूँजीवाद और दूसरा साम्यवाद के रूप में। भारतीय बौद्धिक वर्ग रूसी क्रान्ति के समय इन्हीं दो खम्भों में बंटा रहा। भारतीय समाजवादी और मार्क्सवादी भी कमोवेश योरोपीय चेतना के दूसरे स्वरूप के प्रतिनिधि बने रहे। हिन्द स्वराज का सौन्दर्य इस रूप में है कि इसका लेखक इन दोनों ग्रुप का शिकार नहीं है। यही वह चमत्कारिक पक्ष है जो हिन्द स्वराज में दिखता है। आज़ादी के बाद की पीढ़ी को इस बहस से सबक लेना है। साम्राज्यवादी व्यक्तियों का एक छोटा प्रतिनिधि बनकर हम विकास और प्रगति का लक्ष्य प्राप्त कर सकते हैं, इस भ्रम से उबरना ही हिन्द स्वराज का सामयिक संदेश है। इसी परिप्रेक्ष्य में हमें भारतीय स्वतंत्रता संग्राम और उससे उपजे नेतृत्व को देखना चाहिए। आज का संकट यह कि

हम बगैर किसी वाद को स्थापित किये विकल्प के बारे में विचार नहीं कर पाते हैं। भले ही वह पूँजीवाद हो या साम्यवाद या आतंकवाद या समाजवाद या गाँधीवाद।

गाँधी कहते हैं कि उनका विश्वास गीता में है। उनका विश्वास अच्छाई में है। सम्पूर्ण और सतत श्रम उनके चिन्तन में नहीं दिखता है। वे किसी परिमाप की आशा किये बगैर सब कुछ ईश्वर के हाथ, सत्य के साथ जोड़ देना चाहते हैं। इसी कारण वे किसी ऐसे पूर्ण सत्य या विकल्प का दावा नहीं करते हैं, जो आज की कथित संगठित विचारधारा करती है। उनके चिन्तन में सत्य की तलाश है। सत्य की दावेदारी भी नहीं। इसी कारण उनका सरोकार आध्यात्मिक विकास और नैतिक व्यवहार के इर्द-गिर्द दिखता है। हिन्द स्वराज से संवाद करते समय उनका यही दृष्टिकोण उभरकर सामने आता है जो प्रेरणा देता है।

गाँधी अपने जीवन काल में जिस सत्य का साक्षात्कार कर पाते हैं-उसमें वे इस चिन्ता से मुक्त हैं कि उन्हें पुरातनवादी कहा जाता है। गाँधी विचार और चिन्तन की ऊँचाई पर जाते-जाते जिन बातों से प्रेरित होते हैं, उसे आज तक पुरातनवादी कहकर खारिज किया जाता है। वे शरीर को एक साधन मात्र के रूप में देखते हैं। यह कारण है कि आज की शैतानी सभ्यता का देहज्ञान और गाँधी का देहज्ञान एक दूसरे के सामने खड़ा हो जाता है। गाँधी का देहज्ञान, देह को आत्मा के विकास का यंत्र मानता है। आधुनिक देहज्ञान कमोवेश आत्मा के अस्तित्व को इन्कार करता है या आत्मा को रोज-रोज मारता है। यह गाँधी के चिन्तन का केन्द्र बिन्दु है कि एक आत्मा के रूप में आत्मा का उच्चतर प्रमाण कैसे संभव है? क्यों आवश्क है? यही उनको निडर बनाता है। जो अहिंसा और सत्य की क्रिया का आधार है।

मनुष्य और मनुष्य के बीच के सम्बन्धों पर विचार करते समय गाँधी एकात्मकता की बात करते हैं। न केवल मनुष्य और मनुष्य के बीच बल्कि मनुष्येत्तर प्राणियों के बीच की एकात्मकता। वे मानवीय गरिमा के लिए सामाजिक आर्थिक बराबरी की बात करते हैं। हमारे निजी जीवन में, परिवार में, समाज में, समाज की बनावट में जो गैर-बराबरी है, विषमता है, स्वार्थ है, उससे हिंसा की नींव पड़ती है। इस हिंसा को समाप्त करने के लिए ही गाँधी अहिंसा और आत्मा की आंतरिक सम्बन्धों की वकालत करते हैं। और आत्मा के विकास की बात करते हैं।

गाँधी अपने जीवन में क्षण की महत्ता का भी सवाल उठाते हैं। उनकी चेतना कार्य को आनन्द का स्रोत मानता है। कार्य को क्रिया को अनिवार्य मानते हैं। क्रिया होगी तो परिणाम होगा। इसी कारण परिणाम की चिन्ता किये बगैर कार्य पर बल देते हैं। यही कारण है कि उनकी चेतना और अभ्यास कर्त्तव्यबोध प्रकट करता है। अधिकारवादी चेतना को गाँधी दृढ़ता से खारिज करते हैं। मशीन पर विचार करते समय गाँधी कहते हैं कि कोई पागल आदमी ही मशीन का विरोधी होगा, क्योंकि हमारे पास शरीर के रूप में एक उन्नत मशीन उपलब्ध है। जिसका वे बेहतर

इस्तेमाल करना चाहते हैं। हाँ, वे मशीन के पागलपन के विरोधी हैं। वे उस मशीन का भी विरोध करते हैं जो मनुष्य को गुलाम बनाने पर आमादा है। आज के वैश्विक संदर्भ में हमें पर्यावरण असंतुलन, प्रदूषण, ग्लोबल वार्मिंग, बेरोजगारी, विषमता जैसे सवालों का हल ढूँढते समय इन बातों पर गौर करना चाहिए। आधुनिक सभ्यता का तर्क तो अब लगभग अपना बोरिया बिस्तर बाँध चुका है। उनके पास इन सवालों के विकल्प नहीं दिख रहे हैं। तब हिन्द स्वराज से संवाद करते समय हम अगर यह मानकर विचार करें कि सभ्यता के दोष को समझो और उसका उत्तर खोजे बगैर सभ्यता का संरक्षण भी संभव नहीं है तो इस प्रारम्भिक जीवाणु को याद कर सकते हैं जो बार-बार कॉलोनी बनाता है और अपने ही कारणों से अस्तित्व समाप्त कर लेता है। आधुनिक सभ्यता विस्फोट के जिस मुहाने पर खड़ी है, उसका उत्तर हिन्द स्वराज में तलाशना चाहिए। क्योंकि शैतानी सभ्यता यहुदियों का जर्मनी द्वारा खत्मा, अणुबम का हिरोशिमा पर प्रयोग की, प्रेरणा और परिणाम दे रहा है। अर्थात यह सभ्यता कुछ अच्छा नहीं कर सकती और आने वाले समय में इससे भी ज्यादा गंदगी फैल सकती है, इसको माने बगैर हिन्द स्वराज को समझना कठिन होगा। आज जो पीढ़ी पैदा हुई है उसे आतंकवाद, इजराइली-फलीस्तीन संघर्ष, न उपनिवेशवादी कारनामे आदि का उत्तर तलाशते समय शैतानी सभ्यता के कथित विकास को व इसके विज्ञान, तकनीक, राजनीतिक और आर्थिक संस्थाओं को सुक्ष्मता से देखना चाहिए। हमारी पीढ़ी को देहवाद को समझने में थोड़ी परेशानी होती है। क्योंकि वे ज्यादा से ज्यादा और जल्दी से जल्दी, बगैर मेहनत-मशक्कत के सब कुछ भोगना चाहते हैं। यही तो इस शैतानी सभ्यता का तिलस्म है। जिसे गाँधी ने हिन्द स्वराज में देख लिया।

आज शताब्दी विकास के लक्ष्यों को लेकर बड़ी चर्चा है। मिलेनियम डेवलपमेंट गोल्स के रूप में यह कहा जा रहा है कि वैश्वीकरण का मानवीय चेहरा होगा। बहुमत का वह हिस्सा जो पीड़ित है, अपेक्षित, विकास की मुख्य धारा से अलग है। हॉशिये पर है। उनके लिए ग्लोबलाइज़ेशन अंतिम आशा की किरण है। इनका मुख्य जोर गरीबी के खात्मे और पर्यावरण संरक्षण पर है। वह भी पश्चिम देशों को असीमित भोग की कीमत पर। बाकी दुंनिया की कीमत पर नहीं। सचाई यह है कि यह लक्ष्य सामाजिक और आर्थिक विषमता पर लगभग चुप्पी साधता है। यह दूसरी अन्य जीवन पद्धति को समाप्त करने पर तुला हुआ है जो देहवाद और आज के विषमता तथा अनैतिक आधारों पर निर्भर है। आध्यात्मिकता और सत्य की तलाश इनके चिन्तन से गायब है। यह एक प्रकार की भयानक अराजकता का आवाहन है। ऐसी हालत में इन भ्रमों का विकल्प तलाशना 'हिन्द स्वराज' का केन्द्रीय चिन्तन है।

आज की दुनिया वैश्विक संदर्भ में अगर देखा जाय तो यह सभ्यता प्रथम और द्वितीय विश्वयुद्ध से कुछ नहीं सीख पायी। कोरिया और वियतनाम के युद्ध, अफ्रीकी

युद्ध, सोवियत संघ के विघटन के बाद की स्थितियों के बहाने युद्ध, पश्चिम एशिया पर बर्चस्व की नीति, इराक और अफगानिस्तान में युद्ध इसके ताजा प्रमाण हैं। आतंकवाद के बहाने भारत और पाकिस्तान युद्ध की संभावना बनाने की कोशिश भी इसी सभ्यता का परिणाम है।

पूँजी का स्वतंत्र प्रवाह और खुले बाज़ार के कारण दुनिया के विभिन्न देशों के करोड़ों परम्परागत रोजगार से प्राप्त करने वालों की आजीविका छीनी गई और नई सभ्यता का कथित फायदा इन तबकों को प्राप्त हुआ नहीं। उल्टे इन्हें अकुशल तक घोषित कर दिया गया। जिसने भुखमरी की समस्या तब पैदा कर दी जब दुनिया के स्तर पर अनाज उत्पादन की रिकार्ड दावेदारी की जा रही है। स्वास्थ्य सुविधा के स्तर पर देखें तो दवा, जाँच एवं डॉक्टरी सलाह इतने महंगे हो गये कि दुनिया के ज्यादातर लोग स्वास्थ्य सुविधा से वंचित हो गये।

पूँजीवादी संरचना के लिए यह आवश्यक होता है कि -प्रत्येक दस से पाँच साल पर तकनीकी बदलाव किया जाय, ऐसी स्थिति में उत्पादन लागत का बढ़ जाना लाज़िमी होता है, हालाँकि यह सब लागत घटाने के नाम पर ही होता है। सच तो यह है कि मुनाफा का अर्थशास्त्र इस संरचना की मूल प्रेरणा है जो पर्यावरण के विध्वंस एवं प्रदूषण विस्तार का ख्याल किये बगैर आध्यात्मिक उपभोग एवं अत्यधिक उत्पादन पर जोर देता है।

आज दुनिया में नये-नये प्रकार की घातक बीमारियों का विस्तारीकरण जारी है। इसके पीछे भय के वातावरण का निर्माण हुआ। जो मूलरूप से पूँजीवाद के विस्तार एवं कथित भू-मण्डलीकरण के लिए भी किया जाता है।

हालत यह है कि एक व्यक्ति के रूप में मनुष्य अपनी आत्मा खो रहा है और समाज अपनी सामुहिकता तथा संवाद को खो चुका है। आत्मा कराहती है। छटपटाती है, परंतु मुक्ति का रास्ता नहीं है। कुल मिलाकर हम सब एक ऐसी दुनिया की तरफ बढ़ रहे हैं जो मनुष्य एकाकी, स्वार्थी, लोभी, निकम्मा और अंततः हिंसक बनाने पर तुली है। समाज एक निर्जीव इकाई बन गया है। दरअसल वर्तमान भू-मंडलीकरण से एक खास प्रकार साजिश चल रही है। जिसमें उन्मुक्तता तथा सांस्कृतिक तौर पर एकरूपीकरण छिपा हुआ है। इस प्रक्रिया के कारण वैश्विक स्तर पर सांस्कृतिक विविधता तथा वैश्विक विविधता पर ख़तरा पैदा हो गया है।

भारतीय संदर्भों में अगर देखा जाय तो विगत साठ साल में करोड़ों लोगों को भारत में मौजूद विकास के कारण विस्थापन का दंश झेलना पड़ा है। उपराष्ट्रीयता के सवाल तथा साम्प्रदायिक झगड़ों का दंश झेलना पड़ा है। किसानों की आत्महत्या, ग्रामीण आबादी का बड़े पैमाने पर पलायन हो रहा है। दो तिहाई से ज्यादा आबादी गरीबी रेखा से नीचे जीने को विवश है। स्वास्थ्य और शिक्षा के क्षेत्र में आम-आदमी के लिए अब स्थान लगभग नहीं है। 80 करोड़ से ज्यादा लोगों को प्रतिदिन आमदनी

20 रूपये से भी कम रह गयी है। नदियों के विध्वंस एवं पर्यावरण असंतुलन का प्रभाव अब बाड़ और सुखाड़ के रूप में दिखने लगा है। केन्द्रीकरण, सैन्यीकरण और पुलिस पावर का बढ़ना आदि ऐसी अनेक प्रवृत्तियाँ, जिसके कारण लोकतांत्रिक संरचना में आम-आदमी का विश्वास उठता जा रहा है। हिन्द स्वराज से संवाद करते समय हम इन स्थितियों से निबटने के बारे में सोच सकते हैं। दुनिया के स्तर पर विकास भ्रम और नकली भू-मंडलीकरण के रास्ते शैतानी सभ्यता ने शिकंजा कस लिया है। 20 वीं सदी जो मूलरूप से समता, स्वतंत्रता, न्याय और भाईचारे के लिए प्रयासों की सदी है। कहीं इक्कीसवीं सदी में मानवीय अस्तित्व का ही सवाल न उठ खड़ा हो। भू-मंडलीकरण पर विचार करते समय और हिन्द स्वराज से संवाद करते समय यह चर्चा आवश्यक होगी कि क्या भू-मंडलीकरण या बाज़ारीकरण या उदारीकरण कोई नई बात है? भारतीय चेतना में तो सदियों से 'वसुधैव कुटुम्बकम्' की बात कही गई है। जाहिर है कि 'वसुधैव कुटुम्बकम्' की वह चेतना जो न केवल मनुष्य मात्र को बल्कि मनुष्येत्तर प्राणीजगत, जड़ और चेतन के बीच आत्मा और आत्मा के स्तर पर एकात्मकता का संदेश देती है, भला उसका विरोध क्यों कर किया जाय? परन्तु वर्तमान भू-मंडलीकरण एक, दो उदाहरण सामने रखकर विचार करते हैं तो यह दिखावे' मात्र का अहसास कराता है। जैसे कि आज मानव संसाधन की बात जोरों पर है तो उसका व्यावहारिक अर्थ यह भी है कि दुनिया के प्रत्येक औरत-मर्द को एक हिस्से से दूसरे हिस्से में जाने की इजाजत होनी चाहिए। इसके लिए जारी पासपोर्ट, वीज़ा जैसे बंधनों को खत्म किया जाना चाहिए। हमारे पास हुनर है तो हमें अमरीका में जाकर बेचने का मौका होना चाहिए। परंतु आज का भूमंडलीकरण कुशल और अकुशल का बहाना बनाकर भू-मंडलीकरण के वास्तविक फायदे से दुनिया को बेख़बर रखने की साजिश में शामिल है। दूसरी कि अमरीका जैसा देश, जिसकी आबादी मात्र 28 से 30 करोड़ है। उसके पास दुनिया के छठे हिस्से के बराबर भू-भाग है। भारत में अमरीका जैसे देशों की आबादी का चार गुना ज्यादा लोग बसते हैं। अगर आज के विकास, आज की सभ्यता के पैरोकार ईमानदार होते तो पूरी दुनिया के पासपोर्ट, वीज़ा को समाप्त करते। ऐसे अनेकों आयाम हैं, जिसकी कसौटी पर आज का दौर और उसके अगुवा की नीति, नीयत और नेतृत्व के स्तर पर ईमानदारी नहीं दिखती है। ऐसी बातों को दखने का नज़रिया हिन्द स्वराज प्रदान करता है। जाहिर है कि हमे ऐसी प्रक्रियाओं के विरोध के सकारात्मक पहलुओं, मुद्दों एवं प्रक्रियाओं को रेखांकित करना चाहिए। उसमें नीति और नेतृत्व की कसौटी भी प्रकट होगी। नकारात्मक मांगों के बजाय परम्परा की बुराइयों और आधुनिकता की बुराइयों से निपटते समय दोनों की अच्छाइयों का समन्वय आवश्यक है। समन्वय के लिए संवाद सहयोग पूर्व की क्रिया है। जो हमें वाद, प्रतिवाद से आगे ले जाता है। गाँधी का 'हिन्द स्वराज' एक विकसित समाजशास्त्र, अर्थशास्त्र,

राजनीति, शिक्षा, संस्कृति का हामी है, जो आधुनिकता के बाद का विकल्प भी है।

गाँधी जी ने सात प्रकार के पापों की चर्चा की है-

1. त्याग के बिना धर्म
2. मेहनत के बिना रोटी
3. चरित्र के बिना ज्ञान
4. सिद्धान्तहीन राजनीति
5. नीतिहीन व्यापार
6. मानवताहीन विज्ञान
7. आत्माहीन सुख

हिन्द स्वराज में हम इन बातों को तलाश सकते हैं और स्वयं को टटोल सकते हैं कि आने वाले समय में सभ्यता संकट का निदान खोजने के लायक हम है या नहीं? क्या जो कहा वह किया? जो किया वही कहा? वकालत के पेशे को गलत कहा तो वकालत छोड़ दिया खेती को अच्छा माना तो किसान बन गये। बुनकर के पेशे को अच्छा कहा तो बुनकर बने। असली सवाल यही है कि कल की दुनिया कैसी बनेगी? कैसे बनेगी और कौन बनायेगा? 'हिन्द स्वराज' इसका एक ढाँचा प्रस्तुत करता है। वह भी तब जब लोग कह रहे हों कि–'हम इतिहास के अंत में पहुँच गये।' गाँधी का 'हिन्द स्वराज' इस बात का संबल देता है कि 'मनुष्य जाति का खात्मा नहीं होगा।' उदार लोकतंत्र और उदार अर्थतंत्र का विकल्प हम तलाशेंगे। तभी शायद हमारे दौर के वैचारिक किशन पटनायक का यह कथन सही साबित होगा कि –विकल्पहीन नहीं है दुनिया। हिन्द स्वराज के बीज के निकले विचार मानवतावाद, सप्तक्रांति, सम्पूर्ण क्रांति, ग्रामदान-भूदान आदि में हम विविध प्रयोगों के फल को तलाश सकते हैं और आने वाले समय में विचारों की खेती कर सकते हैं।

'गाँधी की न्याय दृष्टि और समकालीन समय में हिन्द स्वराज'

पूर्व न्यायाधीश चन्द्रशेखर धर्माधिकारी

लिप्यंतरण और आलेख : कमलेश कुमार यादव

हिन्द स्वराज की बुनियाद है कि न्यायालय की भी जरूरत नहीं पड़ेगी, क्योंकि झगड़े नहीं होंगे। होंगे, जो वह आपस में निपटेंगे। 'लोकतंत्र और राहों के अन्वेषी' में लोकतंत्र और न्याय पर हमने लिखा है उसे पढ़ना चाहिए। आज का लोकतंत्र, क्या लोकतंत्र है? नहीं। बहुमत है, चुनाव का दूसरा नाम-मत है, संख्या नहीं है, संख्या बदलती है, रोज बदलती है। मत बदलता है? संख्या नहीं बदलती; इसलिए हर पांच साल के बाद हम राय जानना चाहते हैं और चुनाव के बाद आम आदमी की राय या मत किसने जानने की कोशिश की? उसकी क्या कीमत रही? लोकतंत्र की न्याय प्रणाली की भूमिका लोकतंत्र की भूमिका से जुड़ेगी तब तो वो बनेगी।

हृदय परिवर्तन भी तभी कारगर होगा जब हम सिस्टम से नैतिक व्यवस्था की पहल करें। हिन्द स्वराज में ऐसे बहुत से प्रश्नों पर गांधीजी ने सोचा है, विचारा है लेकिन न्याय के प्रश्न उसमें सबसे महत्त्वपूर्ण है क्योंकि यही मनुष्य के मानवाधिकारों को प्रदानकर उन्हें गरिमामय बनाता है।

न्याय के बारे में हमें यह समझ लेना चाहिए कि अभी जो यहाँ न्याय प्रेरणा आयी जिसको एटलिस्ट एक 'एडवर्सेस न्याय प्रणाली' कहते हैं। दो पक्षों के बीच की न्याय प्रणाली कहते हैं। ये अंग्रेजों के द्वारा आयी है। अंग्रेजों की बुनियाद है-गवाह। लिखित गवाह और मौखिक गवाह। इण्डिया और परदेश में जो आरोपी होता है, गुनहगार होता है वह भी सच बोलता है और मेरे यहाँ 100 प्रतिशत सच बोलने वाला एक भी गवाहदार मैंने इन 17 साल में नहीं देखा। उसके पहले वकालत की थी उसमें भी नहीं देखा। इसलिए न्याय होता है क्या? निर्णय होता है-केस का। क्योंकि हर केस का निर्णय होता है, न्याय नहीं होता, तो यह न्याय प्रणाली नहीं

हुई। यह निर्णय प्रणाली हो गयी। गाँधी न्याय प्रणाली चाहता था और इसमें दूसरी दिक्कत ऐसी है कि एक पक्ष हमेशा विलम्ब चाहता है। मजदूर मालिक का झगड़ा होगा तो मालिक विलम्ब चाहेगा, जिससे मजदूर टक्कर छोड़ दे। किरायदार मालिक का झगड़ा हो तो किराएदार हमेशा विलम्ब चाहेगा। विलम्ब में भी एक की दिलचस्पी होती है। तीसरा हम यह कहते हैं कि हमारी न्यायालय पब्लिक के लिए ओपेन है। वहाँ आकर पब्लिक बैठ सकती है लेकिन पब्लिक पार्टीसिपेशन इसमें नहीं है।

गाँधीजी ने कहा था कि बहुत एक्सपेन्सिव (खर्चीली) है हमारी न्याय प्रणाली। इस पर बिनोवा जी ने बहुत अच्छा लिखा है। बिनोवा जी ने कहा है कि मुझे न्याय प्रणाली नहीं चाहिए। 'समाधान प्रणाली' चाहिए क्योंकि इसमें जो जीतता है वह भी हारता है—इतना पैसा खर्च होता है। इतना खर्चा लगता है। कानून की बुनियाद ऐसी कि दो पड़ोसी झगड़ेंगे तो एक पड़ोसी जो झगड़ालू हैं उसको पकड़ेगी पुलिस, सजा भी होगी लेकिन दो पड़ोसी साथ समाधान से और परस्पर साथ-सहृदयता से रह सकें यह कोई कानून नहीं बताता। ये कोई न्याय नहीं बता सकता, कानून रास्ता खोलता है, रास्ते पर चलने की प्रेरणा भी देता है। लेकिन इस प्रणाली में कानून पालने वाले से कानून तोड़ने की प्रतिष्ठा ज्यादा होगी, जो कानून तोड़ता है उतनी उसकी इज़्ज़त-प्रतिष्ठा समाज में ज्यादा है। इसलिए इस न्याय प्रणाली में आमूलचूल परिवर्तन करना होगा। क्योंकि इसमें स्वदेश की कुछ भी झलक नहीं, इसकी भाषा स्वदेशी नहीं है। सहभागिता मूल्यवादी न्याय प्रणाली प्रस्तावित करनी पड़ेगी, क्योंकि मेरा अनुभव है—लोक-न्यायालय का, अदालत हम जिसको कहते हैं।

उसमें एक स्थिति में मियाँ-बीवी का झगड़ा था मेन्टीनेन्स का झगड़ा था। वह पति ने बीवी कि ख़िलाफ़ काफी आरोप करना शुरू किया, एक बूढ़ा कोने में से उठकर आया मेरे पास कहने लगा साहब! यह सरासर झूठ बोल रहा है। उसने (पति ने) सुना और उससे कहा कल तक तू मेरा गवाहदार था तेरा लिस्ट में नाम है। तू मेरे तरफ से गवाह देने वाला था? दादा! यहाँ मेरे ख़िलाफ़ बोल रहा है। यह कैसी उल्टी धारा उमड़ गयी? वह (बूढ़ा) बोला, जवाब दिया कि बेटा अदालत की बात अलग है। चारदीवारी के अन्दर, तू पब्लिक में झूठ बोल रहा है, पब्लिक में झूठ बोलना आसान नहीं क्योंकि सारा समाज और गाँव जानता है कि गुनहगार कौन है, खून किसने किया है। सबकी कोशिश यह है पुलिस की भी कि गुनहगार न्यायालय में जाय। इस झगड़े में न्याय पिस जाता है। निर्णय हाथ में आता है। एक दूसरी जगह गाँधीजी ने लिखा था कि हमारी न्याय व्यवस्था इतनी महंगी हो गयी कि न्यायमूर्तियों की तनख़्वाह जो हम नहीं दे सकते। इतना फ़र्क पड़ जाता है। जहाँ 33 प्रतिशत लोग गरीबी रेखा के नीचे होंगे। वहाँ तनख्वाह कितनी होगी? तनख्वाह की बुनियाद Need based होती है, जरूरत पर तनख्वाह ठहरती है, स्टैटस पर नहीं, स्टैट्स पर आज न्यायमूर्तियों की तनख़्वाह वकीलों की फीस और ज्यादा होती जा

रही है। गाँधी तो कहता था कि जूते सीने वाला और वकील इनका आर्थिक जड़-जमीन और कमाई में बहुत फ़र्क नहीं होना चाहिए। श्रमिक, श्रम जो काम करता है-कन्ट्रीब्यूशन समाज का, अब वह फ़र्क पड़ेगा, फिर एक सवाल पूछा कि अच्छे लोग न्यायमूर्ति नहीं बनेंगे? तो गाँधी का वाक्य है—इस पर मेरा विश्वास नहीं है कि सच्चाई, ईमानदारी और अच्छाई पैसे से खरीदी जा सकती है —इस देश में। इस पर मेरा विश्वास नहीं है। क्योंकि मेरे साथ जो लोग आएं, चितरन्जन दास आए, मोतीलाल नेहरू आए बाकी अपनी वकालत छोड़कर आए, सही है। बदरुद्दीन साहब का भी नाम लिया था। इनको मैंने सिवा जेल के क्या दिया? ये सारे कमाई छोड़कर आए थे। चितरंजन दास उस जमाने में स्पेशल ट्रेन से केस करने जाते थे और कोरा चेक लेते थे फीस में अपना आंकड़ा (रूपया) खुद डालते थे। ये चलेगा देश में इसलिए उन्होंने कहा था ये नहीं चलेगा। उन्होंने प्री-आर्डिटेशन की बात कही। कहा कि आपस में झगड़े निपटेंगे, ग्राम-सभा में झगड़े निपटेंगे, ग्राम-सभा से बाहर झगड़े नहीं जायेंगे। अब एक अदालत मिट्टी का कार्य करेगी, महाराष्ट्र सरकार ने शुरू किया, गाँव के झगड़े बाहर नहीं जायेंगे। ये सारी योजना उसमें है। पहले पुरानी न्याय पंचायत थी। म.प्र. में अब ग्राम-न्यायालय है, न्याय पंचायत में न्याय निपटानी पड़ती थी। हिन्द स्वराज आपने देखा होगा कि गाँधी ने लिखा है कि मेरे स्वराज में दवाखाना नहीं होगा। मेरे स्वराज में जेल नहीं होंगे, कोई बीमार नहीं पड़ेगा, कोई गुनाह नहीं करेगा। आदर्श क्या है? आदर्श यह है। आज की प्रवृत्ति क्या है, कि वर्धा में सबसे अच्छा दवाखाना होना चाहिए और हम ब्रेकेट में क्या लिखेंगे कि वहाँ जाने की नौबत मेरे पर नहीं आनी चाहिए। ये जो वृत्ति है गाँधी के न्याय की कानून प्रणाली की। कानून के कारण सांसारिक पारिवारिक कारणों को बढ़ा देती है। इसलिए कानून और न्यायाललय के चक्करों में पारिवारिकता खत्म हाती है या बढ़ती है तो शोषक का साधन बना न्यायालय, कानून।

आज भी मालिक और गांव का बड़ा आदमी गरीब आदमी को धमकी देता है कि तुझे न्यायालय में खींचूँगा, क्या मतलब हुआ? शोषक का साधन बनेगा, कानून जो गरीब आदमी को तंग करेगा, इस पर विचार करना है। इसलिए बिनोवा की प्रकाशित पुस्तक में उन्होंने उसको समाधान प्रणाली कहा है, और मैं न्यायमूर्ति बना तो मुझे आर्शीवाद देने गये थे। तब कहने लगे कि न्यायमूर्ति तो नरक में जाता है! मैं चौका, जरा। मैं कहा आर्शीवाद माँगू। मैंने कहा क्यों वे होते हैं? बोलने लगे झूठे गवाहदार, झूठे कागजात जिसके भरोसे तुम निर्णय कर सकते हो, न्याय नहीं कर सकते हो। मैं तो दब गया, हो सकता है न्याय? नहीं हो सकता? ये हो ही नहीं सकता। इसलिए समाधान प्रणाली की ओर जाना पड़ेगा। स्वदेशी न्याय व्यवस्था कैसी हो, इस पर विचार करना पड़ेगा। न्यायालय की भाषा बदलनी पड़ेगी।

गाँधी ने लिखा था कि निचली अदालतों की भाषा प्रादेशिक रहेगी, सर्वोच्च

न्यायालय की हिन्दुस्तानी रहेगी। (जब हिन्दी नहीं थी हिन्दुस्तानी थी) जो आम आदमी भी समझ सकें। आज आम आदमी का कानून पर ध्यान है? और कोर्ट में क्या चलता है? उसके बारे में कुछ पता नहीं। कार्यवाहियाँ होती हैं, शोषण सबसे ज्यादा होता है, वकील करते हैं बाकी लोग करते हैं। शोषक मुक्त स्वदेशी न्याय प्रणाली यह हिन्द स्वराज की बुनियाद है, वह कैसी होगी? मैं 17 साल जज रहा लेकिन मैं विकल्प नहीं हो पाया क्योंकि मैं उसी व्यवस्था में चला। म.प्र., कर्नाटक में आपने देखा होगा, उन्होंने कॉलेज की भाषा, लॉ कॉलेज की भाषा हिन्दी की अदालत की भाषा हिन्दी की, हाईकोर्ट में वैकल्पि भाषा हिन्दी रखी। क्योंकि देश में अभी भी जब अंग्रेजी है। सुप्रीम कोर्ट में भी अंग्रेजी है। परसों जजमेण्ट आया कि हाईकोर्ट, सुप्रीम कोर्ट में हिन्दी में जजमेण्ट लिखना चाहिए।

राममनोहर लोहिया और दूसरे थे उनके साथी वे खुद बहस करना चाहते थे सर्वोच्च न्यायालय में, हिन्दी में इजाजत नहीं दी। कुछ चाहते हैं सर्वोच्च न्यायालय में और उच्च न्यायालय में अपनी भाषा में बहस न करें और काम न करें चलता हो ऐसा जिसको भारत कहते हैं! यह इसकी बुनियाद है, इस पर मैंने लिखा है दो पत्र लेकिन बुनियाद स्वदेशी न्यायालय की है।

अभी जो तीन दिन पहले बिल पास हुआ है, जो एक तरह के स्वदेशी न्यायालय की भी एक बुनियाद स्थापित की जा रही है। जो अभी ग्रामीण न्यायालय की बात कर रहे हैं हम लोग, हमारे जो मिनिस्टर है, उन्होंने बिल-विधेयक पास कराया तो एक तरह से हम फिर उस तरफ वापस आ रहे हैं----।

एक बात ध्यान में रखना होगा कि आज की जो व्यवस्था है। डॉ. बाबासाहेब अम्बेडकर ने पंचायत राज का विरोध किया था, क्यों किया था? कह रहे थे मेरे ग्राम गंदे तालाब के छींटे हैं, जाति व्यवस्था है, मेजॉरिटी-मॉइनॉरटी है। इस ग्राम की व्यवस्था में जहाँ दलितों की बस्ती अलग, गरीबों की बस्ती अलग है, जाति-जाति की बस्ती में है लोग। उनका कहना था कि आप की ग्राम पंचायतें भी बने, ग्राम सभा भी बने, जहाँ मेजॉरटी से बहुमत से निर्णय होगा, बहुमत के निर्णय में दलित को न्याय मिलेगा? अगर बहुमत से आज हम तय करें कि मंदिर खुले तो खुले होते? नहीं। बहुमत से न्याय होगा तो न्याय की व्यवस्था तो एडमिनिस्ट्रेशन सरीके रहेगी, वो अलग रहेगी। इसलिए उन्होंने पंचायत राज को उस समय नहीं कहा था कि इसका सामाजिक नक्शा बदलना पड़ेगा।

आदर्श ग्राम से अगर ग्राम-स्वराज की कल्पना नहीं होंगे तो ग्रामीण न्यायालय में से क्या निकलेगा? ग्रामीण न्यायालय उसका जवाब हो सकता है क्या जब तक ग्राम का सामाजिक नक्शा नहीं बदलेगा? विषमता पर आधारित समाज में ग्राम न्यायालय या ग्राम संभाग में दलित-गरीब को न्याय मिलेगा? कभी नहीं। गाँधी का कहना था, जिसकी पैसों की थैली सबसे बड़ी होती है और वजनदार होती है वह

जीतता रहता है। लेकिन बुनियाद यही है कि न्याय चाहिए की निर्णय चाहिए?

चाहिए तो न्याय ही...। तो निर्णय से न्याय होता है क्या?

निर्णय होते हैं तो 'निर्णय प्रणाली' और 'न्याय प्रणाली' का फ़र्क जानना होगा। दो-दो जगह मैंने लिखा है। एक तो मेरा शोध, गाँधी पर मैंने किताब छापी है, उसको भी पढ़े और 'लोकतंत्र न्याय और राहों के अन्वेषी' उसको पढ़ें। उसके बारे में मेरी सोच है, लेकिन मैं रास्ता नहीं निकाल पा रहा हूँ। इसका विकल्प क्या होगा यह अभी तक मैं सोच नहीं पा रहा हूँ क्योंकि सभी तरह के न्यायालय तो अंग्रेजों से हमने ये उधार लिया हुआ है। गाँधी का सबसे बड़ा प्रश्न है कि वकील कितना पैसा लेने वाले हैं और न्यायालय कितने महँगे? अंग्रेजों ने यह न्यायालय भारत के नागरिकों को न्याय दिलाने के लिए किये थे कि अपने अंग्रेजी राज्य को मजबूत करने के लिए न्यायालय किये थे?

अंग्रेज राज मजबूत करने के लिए...।

तो उन्होंने कहा है कि न्याय आज की अदालत राज मजबूत करने के लिए अंग्रेजों ने किये थे। गुलामी कायम करने के लिए किये थे, और वही तरीका आज भी चला रहे हैं। इसमें आमूलचूल परिवर्तन की जरूरत है। यही हिन्द स्वराज की बुनियाद है। हिन्द स्वराज की बुनियाद है कि न्यायालय की भी जरूरत नहीं पड़ेगी, क्योंकि झगड़े नहीं होंगे। होंगे, जो वह आपस में निपटेंगे। 'लोकतंत्र और राहों के अन्वेषी' में लोकतंत्र और न्याय पर हमने लिखा है उसे पढ़ना चाहिए। आज का लोकतंत्र, क्या लोकतंत्र है? नहीं। बहुमत है, चुनाव का दूसरा नाम मत है, संख्या नहीं है, संख्या बदलती है, रोज बदलती है। मत बदलता है? संख्या नहीं बदलती; इसलिए हर पांच साल के बाद हम राय जानना चाहते हैं और चुनाव के बाद आम आदमी की राय या मत किसने जानने की कोशिश की? उसकी क्या कीमत रही? लोकतंत्र की न्याय प्रणाली की भूमिका लोकतंत्र की भूमिका से जुड़ेगी तब तो वो बनेगी। आज की नहीं ये जो गाँधी की बुनियादी बाते हैं उसको आप देखो।

गाँधी के विनय भंग में और कानून भंग में सविनय का चमक था अविनय का नहीं। सविनय का लोकमत में कानून की प्रतिष्ठा कानून की राज्य प्रतिष्ठा निहित है। यह हम नहीं समझ पाए। इसलिए लोग मुझसे पूछते हैं स्वराज में भी कानून की क्या जगह है? स्वराज में भी सत्याग्रह की जरूरत है क्या? इसलिए 'लॉ एण्ड लॉयर' जो उनकी किताब है, उनके ऊपर जो चले मामले, और उनकी अदालत में उन्होंने जो-जो स्टेटमेण्ट दिये वह उसमें है। डॉक्टर के बारे में उन्होंने कहा कि यह 'सेवा का व्यवसाय' था न लाभान्वित होने का। न्यायमूर्ति को, न्यायमूर्ति शब्द दिया। न्यायालय कहा। न्याय मंदिर कहते हैं; तो फिर ये भगवान भी एक्सटेण्डेड हायर हो गये। न्याय मंदिर में जाकर क्या खरीदा जा सकता है? मंदिर में? न न्यायमूर्ति, न्यायमूर्ति बने रहे न न्यायालय, न्यायालय रहा। इसमें आमूलचूल

परिवर्तन की जरूरत है उसके सिवा नहीं होगा कोई विकल्प। ग्राम न्यायालय का कान्सेप्ट जो बनाया है उन्होंने, मैंने पढ़ा नहीं लेकिन उसकी शुरुआत हो सकती है।

हृदय परिवर्तन भी तभी कारगर होगा जब हम सिस्टम से नैतिक व्यवस्था की पहल करें। हिन्द स्वराज में ऐसे बहुत से प्रश्नों पर गाँधीजी ने सोचा है, विचारा है लेकिन न्याय के प्रश्न उसमें सबसे महत्त्वपूर्ण है क्योंकि यही मनुष्य के मानवाधिकारों को प्रदानकर उन्हें गरिमामय बनाता है।

हिन्द स्वराज : आज दुनिया के चौराहे पर

कांति शाह

अनुवाद : मीना त्रिपाठी

अनसोची कल्पनाएँ, इतनी साधन समृद्धि और वैभव मनुष्य को इसी सदी में उपलब्ध है और लाखों मनुष्य मानव सृजित बाज़ार में भुखमरी की वजह से मारे गये हैं। बर्टेण्ड रसेल का एक महत्वपूर्ण कटाक्ष है-'आज विज्ञान द्वारा मनुष्य हवा के पक्षी की तरह उड़ रहा है। मछली की भाँति जल में तैर सकता है किन्तु मानव की तरह पृथ्वी पर मनुष्य को जीना नहीं आ रहा है।' 'हिन्द स्वराज' का अगर कोई संदेश या उपदेश है तो यही है कि मनुष्य को पृथ्वी पर मानव की तरह जीना आ जाये।

इसके लिए जरूरी है नए जीवन दर्शन, जीवन दृष्टि नवीन चिन्तन और नई मनुष्यता की। नए जीवन में सामाजिक, आर्थिक, राजनीतिक, सांस्कृतिक प्रत्येक क्षेत्र में स्वस्थ, नवीन विचारधारा की आवश्यकता है।

वृहद् संघर्ष के दर्शन के परिप्रेक्ष्य में

हिन्द स्वराज 100 वर्ष पूर्व बीसवीं सदी के आरम्भ में लिखी गयी पुस्तक है किन्तु इक्कीसवीं सदी के दौर के वह विशेष रूप से अपनी उपस्थिति दर्ज़ करा रही है। गाँधी के विषय में बिनोवा का कथन सत्य है-गाँधी जी बिरले महापुरुष थे। प्राच्य परम्परा का परित्याग और नवीन परम्पराओं का बीज उनमें हमें मिला। पिछले प्रयासों का फल और भविष्य का बीज मिला। गाँधीजी के जीवन में भूत और भविष्य का साध्य मिली। गाँधीजी ऐसे एक युग पुरूष थे।

हिन्द स्वराज में अपनी प्राचीन संस्कृति का खूब बखान किया गया है और आधुनिक सुधारों की सतत व्याख्या है। किन्तु हिन्द स्वराज का दर्शन 'प्री-मॉर्डन' से 'एण्टी-मॉडर्न' बिल्कुल नहीं है, बल्कि वह 'Post Modern' है। हिन्द स्वराज और

सर्वोदय की विचारधारा में रहने वाले ऐसे कितने अनु-आधुनिक से नवयुग प्रवर्तक तत्वों के लक्षण 21वीं सदी में विशेष रूप से प्रकट हुए, जो उपयोगी साबित होंगे।

20वीं सदी ध्रुवीकरण केन्द्र खूब चढ़ाव-उतार की थी। मनुष्य के ज्वलंत सफलताओं की और साथ-ही-साथ मनुष्यों के लिए नपी-तुली सदी रही। इस सदी में मनुष्य एवरेस्ट जैसी ऊँची छलांग लगाते दिखाई दिए और गहराई तक गिरते हुए देखा। सृष्टि भी क्या रहस्यमयी छटा बिखेरती है। 'इस सदी में मनुष्यों के लिए विविध शक्तियों की कुशलता ने सहयोग किया और अपनी पृथ्वी की ही नहीं बल्कि आकाशगंगा के उस पार भी विश्व की डुबकियाँ कराती है। विज्ञान की अद्‌भुत शोध इसी सदी में हुये, तो उसके साथ में दो बड़े युद्ध और दूसरे कई युद्ध आज तक लड़ते रहे हैं।

मनुष्य के बर्बस्ता और अक्लहीनता मात खा रही है। अनसोची कल्पनाएँ, इतनी साधन समृद्धि और वैभव मनुष्य को इसी सदी में उपलब्ध है और लाखों मनुष्य मानव सृजित बाज़ार में भुखमरी की वजह से मारे गये हैं। बर्टेण्ड रसेल का एक महत्त्वपूर्ण कटाक्ष है–'आज विज्ञान द्वारा मनुष्य हवा के पक्षी की तरह उड़ रहा है। मछली की भाँति जल में तैर सकता है किन्तु मानव की तरह पृथ्वी पर मनुष्य को जीना नहीं आ रहा है।' 'हिन्द स्वराज' का अगर कोई संदेश या उपदेश है तो यही है कि मनुष्य को पृथ्वी पर मानव की तरह जीना आ जाये।

इसके लिए जरूरी है नए जीवन दर्शन, जीवन दृष्टि नवीन चिन्तन और नई मनुष्यता की। नए जीवन में सामाजिक, आर्थिक, राजनीतिक, सांस्कृतिक प्रत्येक क्षेत्र में स्वस्थ, नवीन विचारधारा की आवश्यकता है। कितने रूढ़िगत शास्त्रों, अभिकथनों, मान्यताओं और मूल्यों में आमूलचूल परिवर्तन लाना जरूरी है। अपने चरित्र और मान्यताओं को बदलने की जरूरत है। जीवन के पोषक बल क्या (कहाँ) है, उनकी ठीक प्रकार से विवेक पूर्वक पहचानकर अपनी सभी शक्ति व पुरूषार्थ जीवन-पोषक बल का सांगोपांग संर्वधन में लगानी चाहिए।

बीसवीं सदी के आरम्भ में 'हिन्द स्वराज' में गाँधीजी ने यही बात दुनिया के समक्ष प्रकट की थी और आज भी 21वीं सदी में यही बात शायद उससे ज्यादा ही जानी जा रही है। 'हिन्द स्वराज' की लड़ायी अन्ततोगत्वा एक दर्शन की लड़ायी है। 'हिन्द स्वराज' का दर्शन कर सर्वोदय आन्दोलन का अभ्युदय काल से एक विशेष सन्दर्भ रहा है और उसके विकास-प्रगति की अर्थात् क्रांति-उत्क्रांति की एक अलग दर्शन की। पश्चिमी सभ्यता बीसवीं सदी के आरम्भ में ऊँचाई पर थी और उसकी चतुर्दिक बोलबाला था, किन्तु इसकी बुराइयों से जरा-सा भी गाँधीजी अंजान नहीं थे। बल्कि उन्हें स्वयं उनकी भौतिकवादी फिलॉसफी में मानव जाति का सर्वनाश दिखा। इसलिए उन्होंने प्रायः उनकी बुराइयों को निकाला और उसकी गहराई से समीक्षा करके उसमें व्याप्त दोषों और अनिष्टकारी तत्वों की तथा उनके विनाशकारी

परिणामों की तरफ मानव समाज का ध्यान आकर्षित किया। धन ही ईश्वर है। आर्थिकता को बाज़ारू दृष्टि से ही सभी प्रवृत्तियों का मूल्याँकन करना है, ज्यादा से ज्यादा भौतिकवादी सुख से जुड़ी व्यवस्थाओं के पीछे मनुष्य को भागते रहना है। सहयोग की जगह गलाकाट स्पर्धा ही विकास का मंत्र है। कोई भी तरह से स्वार्थ सिद्धि होती है तो नैतिकता का ख्याल करने की जरूरत नहीं है। यंत्र तो मनुष्य के अनुकूल नहीं लेकिन मनुष्य यंत्रों के अधीन रहता है। मनुष्य को नहीं यंत्र टेक्नॉलाजी को बाज़ार के केन्द्र में रखकर अधिक विचार करने होंगे। यह सभी मान्यताएं विचार श्रेणी जीवन को अवरुद्ध करने वाले अर्थात जीवन को धोखा देने वाले है। यह सभी विघातक बल है।

इसके पीछे एक फिलॉसफी रही है जिसको हिन्द स्वराज में गाँधीजी ने प्रकट की। साथ ही साथ इसमें गाँधी ने स्त्री के हित का ख्याल रखते हुये 'सर्वोदय' की फिलॉसफी प्रस्तुत की। हिन्द स्वराज की लड़ाई ऐसी फिलॉसफी की लड़ाई है। दो फिलॉसफी के बीच में वृहद् संघर्षों का यह सन्दर्भ 20वीं सदी के पूरे होने पर भी आज भी कायम है। 'सर्वोदय' वह, अनिष्टकारक फिलॉसफी को ललकारते हुए अपनी आने वाली वैकल्पिक फिलॉसफी के साथ आज भी जगत के चौराहे पर खड़ी है।

20वीं सदी के आरम्भ में, हिन्द स्वराज पश्चिमी सभ्यता की गाँधी द्वारा की गई पारदर्शी/निरपेक्ष समीक्षा बिल्कुल सत्य साबित हुई। उन्होंने इसमें वट वृक्ष की तरह विकराल हुई व्यवस्था के सुधार के लिए कहा और यह उद्‌गार व्यक्त किया कि 'यूरोपीय प्रजा एक-दूसरे (टांपी ने) मोहाने बैठी है। किसी समय पर जबरदस्त खुलासा होगा, तब उस समय असली यूरोप का दोष दिखायी देगा और ऐसा ही हुआ। यूरोप 20वीं सदी के पूर्व व मध्य में दो-दो विश्व युद्ध की पीड़ाप्रद यातनाओं को भोगा।

हिंसा की ऐसी भीषण महाप्रलय ने मनुष्य को झकझोर डाला। कई मनीषियों उसी तरह के चिंतकों को, विचारकों को उन्होंने गम्भीरता से विचारधारा वाला बना दिया और गहरे आत्मविश्लेषण में डाल दिया।

अपने ही करतूतों के ऐसे भयानक परिणाम को देखकर पश्चिम की सभ्यता थोड़ी सहम गयी, कुछ असमंजस में पड़ी और पुनः विचार के लिए मजबूर हुई कि कहीं पर वह गलत है, तथा कुछ खामियाँ भी है। इसलिए 20वीं सदी के उत्तरार्ध से पहले तीन दशक तक तीव्र आत्मविश्लेषण, समग्र पुनरावलोकन और पारदर्शी समीक्षा का गया। कई विचारकों के विमर्श प्रचलित फिलॉसफी और उसके आधार पर रुख्सत हुई। वे शास्त्रों के सिद्धान्तों, मूल्यों के मापदण्डों, विचारों आदि की आर्थिक समालोचना करने लगे। उन्होंने अपनी व्यवस्था का बीमारी के लक्षणों की गहन छानबीन की।

1995 में एरिक फ्रॉम ने आधुनिक सभ्यता की विशेष छानबीन करने वाली पुस्तक THE SANE SOCIETY- सभ्य समाज—प्रकाशित की। उसको खोलते ही जो

शीर्षक था—Are we realy sane—हम सही में सभ्यजन हैं?

ऐसा मूलभूत प्रश्न खड़ा करके उन्होंने वर्तमान व्यवस्था की कई बीमारियों को वो विचारहीनताकी बेवाक समीक्षा शुरू की। तब से लेकर आज तक इस आधुनिक सभ्यता का विभिन्न प्रकार से विश्लेषण होता रहा है। और उसके काम व बुराइयों के लक्षणों को उजालों की तरह समाज के समक्ष रखा गया हे। फिर भी 1982 में प्रकट हुई फिटजोफ कारपो की पुस्तक अपने नाम से आगे की दिशा बताते हुए-'द टर्निंग प्वाइण्ट' अब मोड़ बिन्दु आ गया हैं। घूम जाओ। भूले वहाँ से फिर से गिनो।

इस सदी के उत्तरार्द्ध के पहले तीन दशक तक हुई यह ऐतिहासिक विचार यात्रा है। वह इस तरह है-पश्चिम की सभ्यता की विश्लेषण यात्रा, आत्मनिरीक्षण यात्रा, पर वह पश्चिम के समाज की ही नहीं जो दुनिया को छूती है। और आज जब पश्चिम के समाज की अन्धी नकल करके अपने जैसे देशों पर उनके जैसे ही विकास की तरफ चल रहे हैं तब तो वह अपने लिए आज बहुत बड़ी पुस्तक बन गई है।

परंतु इस पिछले एक दो दशक की परिस्थितियों में आश्चर्यजनक बदलाव आया है। खोखली मृतप्राय पश्चिम की सभ्यता फिर से उठाकर नये शोर-गुल और धूम-धाम के साथ अपनी बोलबाला कर रही है और चारों तरफ अपनी अनुगूंज फैला रही है। 20वीं सदी के उत्तरार्द्ध के पहले तीन दशक में उसकी गलत फिलॉसफी के अनेकानेक विघातक परिणाम नज़र के सामने आये। अंधाधुंध औद्योगीकरण वैसे ही अतिशहरीकरण के विपरीत परिणाम, भयानक पर्यावरणीय समस्याओं, परमाणु विभीषिका मनुष्य की हो रही डी-ह्यूमनाइजेशन (अमानवीकरण) ऐसे सभी भयानक दुष्परिणामों के कारण पर्याप्त परिवर्तन के लिए एक मानसिकता खड़ी हुई। परन्तु आज अब परिवर्तन के लिए इस मानसिकता की समस्याओं का हल निकला है इतना नहीं, बल्कि उसकी दकियानूसी, प्रगति विरोधी और विज्ञान विरोधी ढाल दी गई है। साम्यवाद के कथन से रूढ़िवाद अपनी भव्य विजय मानकर मना रहे हैं।

ऐसे दो फिलॉसफी के बीच वृहद संघर्ष अब जैसे आज पराकाष्ठा तक पहुँच रहा है। ऐसे माहौल में सर्वोदय अपनी अगली भूमिका के साथ आज जगत के चौराहे पर खड़ा है। सर्वोदय फिलॉसफी उद्भव के समय न थी उसके कारण आज की परिस्थिति बहुत ही पेचीदी और अत्यंत ही विषम तथा अटपटी है। आधुनिक सुधारों की फिलॉसफी आज ज्यादा विकराल, मदमस्त होकर सामने खड़ी है। तो इसके साथ-साथ सर्वोदय की फिलॉसफी को परिपुष्ट करते नये-नये विज्ञानों, मान्यता व विचारों की शक्ति फैल रही है। आज की पुकार पश्चिम के विरुद्ध पूर्व की और उत्तर के विरूद्ध दक्षिण की नहीं है किन्तु मौत के बल के सामने जीवन का बल है। सर्वोदय अकेला नहीं है। प्रबुद्ध चिन्तकों, मनीषियों, विचारकों, परमवीरों की एक वृहद् वैश्विक बिरादरी अपने साथ है। जीवन बल के स्वच्छ जतन और संयोजन करके अपने मौत के बलों को भगाना है। ऐसे दो फिलॉसफी के वृहद् संघर्ष के

परिप्रेक्ष्य में देखा जाए तो हिन्द स्वराज आज अपने आप में विशिष्ट पुस्तक कहलाएगी।

गाँधी ने अपनी सूक्ष्म दृष्टि से देख लिया था कि यूरोपीय रेनेसां के बाद वहा पर खड़ी हुई सभ्यता एक ऐसी विपरीत फिलॉसफी पर खड़ी है जो फिलॉसफी मानवद्रोही है। अनीति की है, राक्षसी है और मानवजाति के लिए सर्वदा अकल्याणकारी है। लगभग 16वीं सदी से यूरोपीय रेनेसां (पुनजागृति, पुनरूत्थान) की शुरूआत हुई उसमें मनुष्य को केन्द्र में रखकर जीवन के प्रत्येक नये अभिगमों का आरम्भ हुआ।

मनुष्य की चली आ रही परम्परागत माहौल से मुक्त करके स्वतंत्र तरीके से विचार करने का उनका उद्देश्य था। यूरोप में पुनरुत्थान की एक नवीन लहर उठी। मानव मुक्ति का और मानव गौरव की पुनः प्रतिष्ठा का नारा जागा।

एक नयी सोच आयी किन्तु वह अन्य दिशा की ओर चली गयी, ऐसी नई सोच ने मनुष्य को कई बन्धनों से मुक्त जरूर किया लेकिन साथ ही उनको कई परोक्ष बन्धनों से जकड़ लिया। मानव मुक्ति और मानव गौरव की बातें कहीं बाजू में रह गई। मनुष्य को केन्द्र में रहने के बदले मनुष्य कहीं अन्य तरीके से घसीट गया। और दूसरी कितनी अनगिनत, अवांछनीय चीजें ही केन्द्र में आ गयीं। ऐसी परिस्थिति में मानव मुक्ति व मानव गौरव की बातें बुलंद करने का कार्य गाँधी ने किया। इस अर्थ में गाँधी का हिन्द स्वराज, ये पथ-भ्रष्ट हो गये यूरोपियन रेनेसां को पुनः सच्चे मार्ग पर लाने का जबरदस्त पुरुषार्थ करने जैसे एक 'करेक्टिव राकेट' है।

पृथ्वी पर से जब कोई ग्रह उपर आकाश-यान भेजे गए है तब कभी ऐसा प्रतीत होता है कि वे यान ग्रह पर पहुँचने क बजाय उसको मात्र जरा-सा स्पर्श करके आकाश में विलुप्त हो गए हों। ऐसा लगता है उस समय वैज्ञानिक करेक्टिव रॉकेट छोड़कर यान को मार्ग में सुधार करके यान को लक्ष्य की तरफ पहुँचाते हैं। इसी तरह हिन्द स्वराज में कुमार्गी 'रेनेसां' से फिर सद्मार्ग पर लाने का तथा मानव मुक्ति, मानव गरिमा और मानव गौरव के मूल्य के उद्देश्य को हासिल करना गाँधी का भगीरथ प्रयास है।

सारांशतः 'हिन्द स्वराज' गलत फिलॉसफी के समक्ष विद्रोह की पुस्तक है। उसमें, भी फिलॉसफी के बेधक व सूक्ष्म विश्लेषण की पुस्तक है। गाँधी ने कितनी कसौटियों सांस्कृतिक मापदण्डों और कितनी मानवीय मूल्यों को अपने सामने रखा है। और उस सन्दर्भ में यह सभ्यता कितनी विपरीत दिशा में जा रही है वह बताया है। इसके साथ बुरी फिलॉसफी को हटाकर उसकी जगह मनुष्य जाति के लिए एक कल्याणकारी नयी फिलॉसफी के स्थापनार्थ गाँधी ने स्वप्न पाया था। इसमें गाँधी कई ऐसी बातें कर गये हैं जो ध्रुव तारा की भांति अचल है। और आज भी मार्गदर्शक बन सकने की क्षमता रखती हैं पृथ्वी घूमंती रहती है और ध्रुव तारा विचलित नहीं होता है। दुनिया बदल जाए भले किन्तु कितनी बातें ध्रुव तारे की भांति अविचल है।

गाँधी की बातें हमेशा सरल, सौम्य रहती है। ये शास्त्रीय मनुष्य नहीं थे और उन्होंने कितनी सारी बातें कीं, वे अत्यन्त सीधी हैं। सही देखा जाए तो सत्य अति सरल है। अपने लोग बिना मतलब की बातें करके अथवा–तर्क वितर्क करके उलझा देते हैं। 'हिन्द स्वराज' में विशुद्ध हृदय से बताए हुए तथ्य आज भी सहज हैं। विशुद्ध हृदय से ग्रहण करने व समझाने की कोशिश करेंगे तो वे आत्मसात हो जाएंगे। ऐसे कितने मूलभूत तथ्यों की कुछ छानबीन-(शोध)–अब हम करेंगे, जो आज भी 21वीं सदी के वैश्विक विमर्श के सन्दर्भ में हिन्द स्वराज और वैसे ही सर्वोदय की विचारधारा की प्रस्तुतियाँ अपने समक्ष उजागर कर देंगे। वह अपने को ऐसा महसूस कराएंगे कि गाँधी के दिखाए हुए मार्ग पर ही अपने रेनेसां के, उसके वास्तविक अर्थ हम सिद्ध कर सकेंगे और मानव मुक्ति वैसे ही मानव गरिमा को भी सही अर्थ में साध्य बना सकेगी।

(यह 'अंश हिन्द स्वराजः एक अध्ययन' कांति शाह के गुजराती पुस्तक से लिया गया है।)

सौवें साल में हिन्द स्वराज को पढ़ना

प्रभाष जोशी

शताब्दी वर्ष में भी 'हिन्द स्वराज' पर देश-विदेश में जो विमर्श हो रहा है ज्यादातर इन दो पक्षों पर ही हो रहा है। इसका कारण यह है कि भारत की तरह पूरा संसार ही अब साम्राज्यवादी औपनिवेशिक गुलामी से तो आज़ाद हो गया है। लेकिन आधी से ज्यादा दुनिया आज भी गरीबी, अभावों और कल्पनाओं में जी रही है और इसलिए आज़ादी का सुख भोग नहीं पाती। बाकी की दुनिया विपुलता में अघाती हुई अपने को अपने भौतिक बंधनों से मुक्त नहीं कर पाती।

'हिन्द स्वराज' को लिखे और प्रकाशित हुए इस साल सौ साल हो रहे हैं। मोहनदास करमचंद गाँधी ने इतना लिखा और बोला है कि सम्पूर्ण वाङ्मय में उसके सौ खण्ड बने हैं। जानकार लोगों का कहना है कि अब भी ऐसा बहुत कुछ है जो संग्रहित और प्रकाशित नहीं हुआ है। लेकिन इन सौ खण्डों में सिवा 'हिन्द स्वराज' के एक भी पुस्तक ऐसी नहीं है जो पुस्तक की तरह लिखी गई हो। उनकी आत्मकथा 'सत्य के प्रयोग' भी 'नवजीवन' पत्रिका में धारावाहिक की तरह लिखी गई और बाद में पुस्तक बन कर प्रकाशित हुई। गाँधी ने लिखा है -''स्वामी आनंद की मांग तो यही थी कि पूरी कथा लिख डालूं और फिर वह पुस्तक के रूप में छपे। मेरे पास इतना समय नहीं है। लिखूं तो 'नवजीवन' के लिए ही लिख सकता हूँ।'' गाँधी ने दूसरी और सभी पुस्तकें इसी तरह अपनी पत्रिकाओं में धारावाहिक के रूप में लिखी।

मूल गुजराती में लिखी गई 'हिन्द स्वराज' भी पहले 'इंडियन ओपीनियन' में धारावाहिक प्रकाशित हुई। यही एक पुस्तक है जो गाँधी ने खुद अपने मित्र हरमन कालनबाख की मदद से अंग्रेजी में अनुवादित की। यह श्रेय और महत्त्व तो उनकी आत्मकथा को भी नहीं मिला, जिसका अंग्रेजी अनुवाद उनके सचिव महादेव देसाई ने किया। 'हिन्द स्वराज' दरअसल दस दिन में प्रेरित अवस्था में लिखी गई किताब है। लिखते समय उन्हें प्रदीप्ति का गहरा अनुभव हुआ। वे खुद इससे इतने अभिभूत

थे कि कालनबाख को उनने लिखा -मैंने एक मौलिक काम किया है। इसे लिखने के बाद गाँधी कोई उनूचालीस साल जिए। लेकिन अपने लिखे किसी पर वे आख़िर तक कायम रहे और बार-बार लौटकर उसी पर आए तो वह यही 'हिन्द स्वराज' थी।

विश्वभर के गाँधी विचार और लेखन के समझदार अध्येता हिन्द स्वराज को गाँधी के लिखे वटवृक्ष का बीज मानते हैं। यही एक पुस्तक है जिसमें गाँधी कोई राजनैतिक सिद्धान्त प्रतिपादित करने के निकट पहुँचे हैं। इसके जरिए गाँधी ने पश्चिम से अपनी वैचारिक स्वतंत्रता की घोषणा की है। यह उनकी और भारत की मुक्ति का उद्घोष मंत्र है। पश्चिम के कई विद्वानों ने इसे बाइबिल के 'सरमन ऑन द माउण्ट' की तर्ज़ पर 'सरमन ऑन द सी' कहा है। इसमें भगवद्गीता जैसी सादगी और सरलता है। ऐसी सरलता कि गाँधी ने खुद ही लिखा है कि आपको मूरखपन लगेगी। ''यह तथाकथित अज्ञान और अंधकार के युगों में वायस से जाने की कोशिश नहीं है। यह तो स्वैच्छिक गरीबी, स्वैच्छिक सादगी और धीमेपन में सौंदर्य देखने-समझने का प्रयास है। इसमें भाषा तो राजनीति की है लेकिन सच तो कोशिश धर्म की झलक दिखाने की की गई है। हिंद स्वराज का क्या मतलब है? इसका मतलब है-धर्म का राज या रामराज्य।''

सौ साल में 'हिन्द स्वराज' को कई तरह से पढ़ा, समझा और व्याख्यायित किया गया है। महान लेखक और यासनाया पोल्याना के संत-लियो टॉलस्टॉय ने जिसे न सिर्फ़ भारत बल्कि पूरी मानवता के लिए सर्वोच्च महत्त्व की पुस्तक कहा था। लेकिन गाँधी के राजनैतिक गुरू गोपाल कृष्ण गोखले ने कहा था कि यह पुस्तक जल्दी में लिखी गई है और बाद में विचार करने के बाद खुद गाँधी ही इसके दर्शन को बदल लेंगे। लेकिन गाँधी ने कुछ भी बदलने से इंकार कर दिया। सिवा एक शब्द 'वैश्या' के जो उनने ब्रिटिश संसद के बारे में लिखा था और जिस पर उनकी महिला मित्र एनी बेसन्ट ने एतराज किया था। आज़ादी आते देख पांच अक्टूबर 1945 को गाँधी ने नेहरू को जो पत्र लिखा उसमें कहा -''मैं आज भी हिन्द स्वराज' में बताई गई शासन व्यवस्था पर कायम हूँ। 1909 में इसे लिखने के बाद से मुझे जो भी अनुभव मिले हैं उनसे मेरी आस्था के सत्य की पुष्टि ही हुई है। इस सत्य में बिल्कुल अकेला भी छूट जाऊँ तो मुझे कोई गम नहीं होगा क्योंकि जो सत्य मैं देखता हूँ उसी का साक्षी मैं हो सकता हूँ।'' गाँधी को हिन्द स्वराज में लिखी बातों पर ऐसा अटूट विश्वास था।

जवाहर लाल नेहरू ने नौ अक्टूबर को अपने जवाब में लिखा-''मुझे बहुत साल हो गए 'हिंद स्वराज' को पढ़े को। लेकिन बीस या उससे भी साल पहले जब उसे मैंने पढ़ा तो वह मुझे बिल्कुल अवास्तविक लगी थी। तब से आपके लिखे और बोले में मुझे पहले की स्थिति से बदलाव और आधुनिक प्रवृत्तियों की ज्यादा समझ दिखाई दी है। इसलिए मुझे अचरज हुआ जब हमें आपने कहा कि पुरानी तस्वीर

अब भी ज्यों की त्यों बनी हुई है। जैसा कि आप जानते हैं कांग्रेस ने उस तस्वीर पर विचार नहीं किया है। स्वीकार तो किया ही नहीं है। खुद आपने ही कभी हमें इसे स्वीकार करने को नहीं कहा। सिवा इससे जुड़ी छोटी मोटी बातों के। आप ही सोचिए कि जीवन के अलग-अलग दर्शनों वाले इन बुनियादी सवालों पर कांग्रेस का विचार करना कितना वांछनीय होगा 'हिंद स्वराज' को लिखे छत्तीस साल हो गए हैं। तब से दुनिया बिल्कुल बदल गई है शायद गलत दिशा में।'' नेहरू और कांग्रेस ने 'हिन्द स्वराज' को अपनाने पर कभी विचार नहीं किया। साफ-साफ अवास्तविक, अव्यावहारिक और अनुपयोगी कह कर खारिज भी नहीं किया। लेकिन उसे 'रेशमी खादी' में लपेट कर गाँधी की मुर्ति के सामने पूजा के लिए रख दिया।

प्रकाशन के दस साल बाद लेकिन भारत में 'हिंद स्वराज' गाँधीय क्रांति का घोषणा-पत्र मानी जाती थी। श्यामजी कृष्ण वर्मा और हिंसक क्रांति के दूसरे प्रणेताओं ने तो इसकी आलोचना की ही थी। श्रीपाद डांगे और एम एन राय जैसे भारतीय साम्यवादी विचारकों ने इसे गाँधी की इसाई पुण्यशीलता और वर्ग संघर्ष के नियमों की निपट अज्ञानशीलता और कोरी मानवीयता की किताब कहा था। दरअसल आज़ादी के पहले और स्वतंत्रता संग्राम के ज्यादातर विचारशील लोग 'हिन्द स्वराज' में पश्चिम की औद्योगिक सभ्यता और भारत के डॉक्टरों, वकीलों, रेलवे, अस्पतालों आदि की आलोचना से बिदक जाते थे। गाँधी ने भारत के मध्यवर्ग को गुलाम बनाए रखने के अंग्रेजी प्रयासों का सहयोगी और समर्थक बताया था और कहा था कि ये अंग्रेजों को भारत से भगा कर उनकी जगह उनके जैसा ही राज करके भारत को इंग्लिस्तान बना देंगे। जवाहर लाल नेहरू पश्चिम से अपने भारतीय मध्य वर्ग की मानसिकता के उत्तम उदाहरण थे और आपने देख ही लिया है कि उनने 'हिन्द स्वराज' को किस तरह ताक पर रख दिया था।

इसके बावजूद 'हिन्द स्वराज' हमेशा विचार और विमर्श में बनी रही। जैसे-जैसे पश्चिमी औद्योगिक सभ्यता की सीमाएँ और खामियाँ उजागर होती गई विचारवान लोग गाँधी और उनकी 'हिन्द स्वराज' पर लौट-लौट कर आते रहे। दुनिया में सभी तरफ बढ़ी हिंसा और प्रकृति के संसाधनों के अंधाधुंध शोषण से पैदा हुई पर्यावरण और परिस्थितिकी की समस्याओं ने लोगों का ध्यान 'हिंद स्वराज' की ओर खींचा और उसे पोसने वाले टिकाऊ विकास 'सस्टेनेबल डेवलपमेंट' की किताब पाया। जैसे-जैसे प्रकृति के संसाधनों की सीमितता और अखूट उपभोग ही असंभवता मनुष्यता के सामने स्पष्ट होती गई है पश्चिम की औद्योगिक सभ्यता के विकल्प के रूप में 'हिन्द स्वराज का मॉडल, उभरा है।

इसलिए पिछले बीस-तीस वर्षों से 'हिन्द स्वराज' को पश्चिमी औद्योगिक सभ्यता की प्रमाणिक भारतीय आलोचना और स्वराज को राजनैतिक स्वातंत्र्य से भिन्न और कहीं अधिक व्यापक स्वराज की व्याख्या की तरह देखा जा रहा है।

शताब्दी वर्ष में भी 'हिन्द स्वराज' पर देश-विदेश में जो विमर्श हो रहा है ज्यादातर इन दो पक्षों पर ही हो रहा है। इसका कारण यह है कि भारत की तरह पूरा संसार ही अब साम्राज्यवादी औपनिवेशिक गुलामी से तो आज़ाद हो गया है। लेकिन आधी से ज्यादा दुनिया आज भी गरीबी अभावों और कल्पनाओं में जी रही है और इसलिए आज़ादी का सुख भोग नहीं पाती। बाकी की दुनिया विपुलता में अघाती हुई अपने को अपने भौतिक बंधनों से मुक्त नहीं कर पाती। मनुष्य की मुक्ति की प्यास उसे स्वराज के गाँधीय-अर्थ की ओर ले जाती है जो स्वराज को अपने शासन के बजाय अपने पर अपना राज कायम करने का राह बताती है।

लेकिन 'हिन्द स्वराज' के इन दो पहलुओं को समझने के पहले गाँधी के विचार और रवैये की ओर आपका ध्यान खींचना चाहता हूँ। शुरू में मैंने कहा कि 'हिन्द स्वराज' ही एक अकेली किताब की तरह लिखी गई किताब है। गाँधी लेखक नहीं थे। लिखने के लिए नहीं लिखते थे। उनके लिए पढ़ना और लिखना गले उतरी बातों पर जीवन में अमल करने के लिए था। वे विचार को आचरण की चीज मानते थे, महज गुनने और मनन करने की नहीं। अपनी आत्मकथा में गाँधी ने रस्किन की 'अनटू दिस लास्ट' पढ़ने का वर्णन किया है। ''मैं नेटाल के लिए रवाना हुआ। पोलाक तो मेरी सब बातें जानने ही लगे थे। वे मुझे छोड़ने स्टेशन तक आए और यह कह कर कि यह पुस्तक रास्ते में पढ़ने लायक है उन्होंने रस्किन की 'अनटू दिस् लॉस्ट' मेरे हाथों में रख दी। हाथ में लेने के बाद उसे मैं छोड़ ही न सका। उसने मुझे पकड़ लिया। जोहानिसबर्ग से नेटाल का रास्ता लगभग चौबीस घंटों का था। ट्रेन शाम को डरबन पहुँचती थी। पहुँचने के बाद सारी रात मुझे नींद नहीं आई। मैंने पुस्तक के विचारों पर अमल का इरादा किया।...जिसने मेरे जीवन में तत्काल महत्त्व के रचनात्मक परिवर्तन कराए वह 'अनटू दिस् लास्ट' ही कही जा सकती है।....''सबेरा हुआ और मैं (पुस्तक के) सिद्धान्तों पर अमल करने के प्रयत्न में लगा।'' दूसरे ही दिन गाँधी ने अपने पहले आश्रम 'फीनिक्स आश्रम' की स्थापना की।

आत्मकथा का यह उद्धरण मैंने इसलिए दिया कि हम ठीक से समझें कि गाँधी ने पश्चिमी सभ्यता की आलोचना 'हिन्द स्वराज' में इसलिए नहीं की कि उनकी खास रुचि सभ्यताओं के अध्ययन और विवेचन में थी और वे सभ्यता विमर्श कर रहे थे। इस तरह के अध्ययन और बौद्धिक मनन करने वाले आदमी वे नहीं थे। वह तो भारत सच्चा स्वराज कैसे प्राप्त करे इस पर विचार करते हुए उन्हें समझ आया कि भारत की गुलामी का कारण अंग्रेजी राज नहीं-भारतीयों का पश्चिमी सभ्यता को अपनाना है। और जब तक उनका इस सभ्यता से मोहभंग नहीं होगा वे सच में स्वतंत्र नहीं हो सकेंगे। भारतीयों को बतलाने के लिए कि किस तरह और क्यों पश्चिमी सभ्यता ने उन्हें गुलाम बनाया है-गाँधी ने पश्चिमी औद्योगिक सभ्यता की आलोचना उनके सामने रखी।

दरअसल पश्चिमी सभ्यता का सत्य गाँधी को 'हिंद स्वराज' लिखने से बहुत पहले दक्षिण अफ्रीका में साम्राज्यवादी यूरोपीय लोगों के अफ्रीकी और वहाँ आए भारतीय लोगों से बरताव और उनके प्रति रवैये से समझ आ गया था। दिसम्बर, 1896 में वे अपने कुटुम्ब के साथ दक्षिण अफ्रीका लौटे थे। उनके जहाज को बंदरगाह पर रोक लिया गया था। डरबन के गोरे नागरिक गाँधी और जहाज के दूसरे भारतीय यात्रियों को उलटे पाँव लौटाने के लिए आंदोलन कर रहे थे। धमकियाँ पहुँचा रहे थे-"अगर तुम वापस नहीं गए तो तुम्हें समुद्र में डुबो दिया जाएगा। लौट जाओगे तो लौटने का भाड़ा भी शायद मिल जाए।" इसी जहाज पर क्रिसमस की रात कप्तान कहने पर गाँधी ने भाषण दिया। पश्चिमी सभ्यता पर यह उनका पहला भाषण था। तेइस दिन तक उनका जहाज बंदरगाह पर ही रोके रखा गया। यहीं उनने कहा कि पश्चिमी सभ्यता हिंसा पर टिकी है। उसके दो भ्रामक सिद्धान्त हैं–बल ही सही है और वही बचा रह सकता है जो सबसे लायक है। माइट इज राइट एंड द सरवाइवल ऑफ द फिटेस्ट।

बाद में 'दक्षिण अफ्रीका में सत्याग्रह का इतिहास' में गाँधी ने लिखा 'फूहड़ रंगभेद या टुच्ची व्यापारिक ईर्ष्या के कारण वे दक्षिण अफ्रीका में भारतीयों का विरोध नहीं करते थे। उनके विरोध का असली कारण अपनी आधुनिक सभ्यता की चिंता थी। वे मानते थे कि हम इस सभ्यता के प्रतिनिधि हैं और हमें किसी भी कीमत पर इसकी रक्षा करना और इसे बढ़ावा देना है। वे मानते थे कि जो लोग अपनी भौतिक आवश्यकताओं को नहीं बढ़ाते वे बरबाद होने के लिए अभिशप्त हैं। इन सिद्धान्तों को आगे बढ़ाने के लिए ही पश्चिमी लोग दक्षिण अफ्रीका में आए हैं और अपने से कई गुना बड़ी संख्या वाले अफ्रीकी लोगों को जीत और दबा कर रह रहे हैं। दक्षिण अफ्रीका का औपनिवेशिक समुदाय मानता है कि वह पश्चिमी सभ्यता का प्रतिनिधि है और भारतीय पूर्वी सभ्यता के। इन दो प्रतिद्वंदी सभ्यताओं के लोग अगर मिलेंगे तो परिणाम में विस्फोट होगा। राजनेता का यह काम नहीं है कि वह सभ्यताओं के गुण-दोष के आधार पर उनके बारे में न्याय करे। उसका काम तो अपनी सभ्यता की रक्षा करना है। भारतीयों को उनके दुर्गुणों के कारण नापसंद नहीं किया जाता। उन्हें उनके गुणों के कारण नापसंदगी झेलनी पड़ती है। भारतीय सादगी, धीरज, संयम, थोड़ी-सी जरूरतों और परलोकवादिता के लोग हैं। जबकि पश्चिमी लोग उद्यमी, दुस्साहसी, व्यग्र, व्याकुल और अपनी जरूरतों को बढ़ाने और उन्हें पूरी करने में लगे रहने वाले लोग हैं। उन्हें डर है कि भारतीयों को दक्षिण अफ्रीका में बसने देना सांस्कृतिक आत्महत्या करना है।

दक्षिण अफ्रीका में ही गाँधी ने जो देखा और भारतीयों के अधिकारों के लिए लड़ते हुए महसूस किया उसी ने उन्हें समझाया कि उपनिवेशवाद की जड़ आधुनिक सभ्यता में है। यह सभ्यता ही यूरोप के लोगों को दूसरे देशों में जा कर वहाँ के लोगों

को गुलाम बना कर उनके संसाधनों का शोषण और दोहन करने को प्रेरित करती है ताकि अपनी औद्योगिक क्रान्ति से वे ज्यादा-से-ज्यादा उत्पादन करके और उसे अपने उपनिवेशों में खपा कर समृद्ध और विलासी हो सकें। इस उपनिवेशवाद से उपनिवेशों और उनके लोगों का जो भी भला होता है वह प्रासंगिक है। मुख्य तो व्यापारिक विस्तार राज करने की वासना और साम्राज्य का गौरव ही है। लेनिन ने उपनिवेशवाद की जड़ पूंजीवाद में देखी थी। गाँधी ने उसे आधुनिक औद्योगिक सभ्यता में पाया। उनने कहा यह सभ्यता आख़िर है ही कितनी पुरानी? ज्यादा से ज्यादा पचास साल। औद्योगिक क्रांति उनके लिए महज उत्पादन के तरीके बदलना ही नहीं था। उनकी समझ से इसने एक नई जीवन पद्धति चलाई और प्रकृति, धर्म, नैतिकता, ज्ञान, विज्ञान, तकनीकी, राजनीति और अर्थशास्त्र सभी के प्रति आदमी का रवैया बदल दिया। प्रकृति एक ऐसी स्वायत्त चीज हो गई जिसे जीत कर मनुष्य की जरूरतों, इच्छाओं और राजनैतिक महत्त्वाकांक्षाओं को पूरी करने का अभियाना चलाया जा सकता था। आर्थिक समृद्धि की आकांक्षा ही राजनीति का मुख्य उद्देश्य हो गया है। धर्म अगर महज अंधविश्वास नहीं है तो ज्यादा-से-ज्यादा कुछ सामाजिक और मनोवैज्ञानिक उपयोग का है। औद्योगिक क्रांति ने श्रम की अवधारणा ही बदल दी। अब श्रम लाभ कमाने और पूंजी बढ़ाने का साधन हो गया। शारीरिक श्रम अब सिर्फ पिछड़े और निरक्षर लोगों का काम हो गया। औद्योगिक क्रांति के बाद हुई औद्योगिक क्रांति का मनुष्य की सहायक मशीनों को उससे स्वायत्त और बलशाली बना दिया।

गाँधी ने देखा कि इस औद्योगिक क्रांति का पेट भरने और अपनी बढ़ी हुई जरूरतों को पूरी करने के लिए ही यूरोपीय देशों ने उपनिवेश और वहाँ के लोगों को गुलाम बनाया है। इस क्रान्ति के लिए अपना कच्चा माल और सस्ती मजदूरी दे कर और अंग्रेजों के उत्पाद खरीद कर भारत के लोग भारतीयों को गुलाम बनाए रखने में अंग्रेजों की मदद कर रहे हैं। भारत के लोग अगर अंग्रेजों से सहयोग करना बंद कर दें तो उन्हें दो दिन में यह देश छोड़ कर जाना होगा। 'हिन्द स्वराज' में गाँधी ने बताया कि अंग्रेजों ने भारत नहीं जीता है। भारत ने ही अपने आप को अंग्रेजों को दिया है और यह इसलिए कि भारतीयों में पश्चिमी औद्योगिक सभ्यता को अपने से श्रेष्ठ समझने का दोष और उससे खुद समृद्ध होने का लालच आ गया है और यह लालच ही होमरूल की मांग कर रहे हैं। वे दरअसल अंग्रेजों को इसलिए भगाना चाहते हैं कि उनकी जगह लेकर उन्हीं के जैसा राज भारत पर करें।

'हिंद स्वराज' के बीस अध्यायों में एक है—स्वराज क्या है? पुस्तक के इस चौथे अध्याय में गाँधी पूछते हैं कि हमें जो चाहिए वह सब पाने के लिए क्या अंग्रेजों को भगाना जरूरी है? उनसे संवाद करता पाठक कहता है कि हाँ, क्योंकि अंग्रेज हमें कंगाल कर रहे हैं। साल दर साल हमारी दौलत लूट कर ले जाते हैं।

सारे महत्त्वपूर्ण पदों पर खुद बैठते हैं। हमें गुलामी में रखते हैं। हमारे साथ वे अपमानजनक व्यवहार करते हैं और हमारी भावनाओं की कोई फिकर नहीं करते। तो आपको अगर कनाडा या दक्षिण अफ्रीका जैसा शासन मिल जाए तो काम चल जाएगा? यह हमें तभी मिल सकता है जब हमारे पास हथियार और गोला बारूद हो। पर जब हमारे पास ये अधिकार होंगे तो हम अपना झंडा फहराएंगे। हमारे पास हमारी सेना, नौसेना और हमारा अपना वैभव होगा। तभी हमारी आवाज़ सारे संसार में गूंजेगी। गाँधी कहते हैं कि तब तो आपको अंग्रेजों के बिना अंग्रेजी राज चाहिए। आपको शेर नहीं शेर का स्वभाव चाहिए। यानी आप भारत को अंग्रेज बना देंगे। और जब यह अंग्रेज हो जाएगा तो हिन्दुस्तान नहीं रह जाएगा। इंग्लिस्तान हो जाएगा। यह वह स्वराज नहीं है जो मैं चाहता हूँ। क्योंकि यह सच्चा स्वराज नहीं है।

लेकिन गाँधी बताते नहीं कि स्वराज क्या है। वे पहले इंग्लैण्ड की हालत बताते हैं। उनकी संसद और वहाँ के राजनैतिक समाज का वर्णन करते हैं। फिर पश्चिमी सभ्यता की सच्ची पहचान बताते हैं कि उसके लोग भौतिक सुखों को ही जीवन का उद्देश्य मानते हैं। यह सभ्यता न तो धर्म की चिंता करती है न नीति की। यह अधर्मी है। यह अंग्रेज लोगों के जीवन तत्व को ही खा रही है। गाँधी इसाई सभ्यता और औद्योगिक सभ्यता में फ़र्क करते हैं। औद्योगिक सभ्यता को भी वे लाइलाज बीमारी नहीं मानते। तभी पाठक पूछता है कि अगर वह बीमारी है तो अंग्रेजों ने भारत को गुलाम कैसे बना लिया? यहीं गाँधी वह उत्तर देते हैं—अंग्रेजों ने भारत नहीं जीता। हमने इसे उन्हें दिया है। फिर कंपनी को कंपनी बहादुर बनाने से लेकर भारत के पूरी तरह गुलाम बनने तक का कच्चा चिट्ठा खोलते हैं। फिर ऐसी बात बताते हैं, जो अंग्रेजों के जाने के पचास साल बाद भी सच साबित हुई-वे पूरे संसार को ही अपने उत्पादों के लिए विशाल बाज़ार बना लेना चाहते हैं। वे नहीं बता सकते-यह सच है। लेकिन इसमें दोष उनका नहीं है। अपनी तरफ से तो वे कोई कसर नहीं छोड़ते। गाँधी कहते हैं कि मैंने बहुत विचार किया है। भारत अंग्रेजी जूते से नहीं पिस रहा। पश्चिमी सभ्यता से पिस रहा है। सभी धर्मों ने हमें सिखाया है कि हमारी सांसारिक इच्छाएँ सीमित होना चाहिए और धार्मिक आकांक्षा असीमित। एक यही पश्चिमी सभ्यता कहती है कि नैतिक-धार्मिक आकांक्षा गैर जरूरी है। अपनी सांसारिक इच्छाएँ और भौतिक आवश्यकताएँ असीम होनी चाहिए और हमें हमेशा उनके उद्यम में लगे रहना चाहिए।

फिर गाँधी बताते हैं कि इस पश्चिमी सभ्यता को रेलवे, वकील, डॉक्टर, सांप्रदायिक विद्वेष आदि कैसे बढ़ाते हैं। अंग्रेजों ने अपना साम्राज्य बनाए रखने के लिए जो संस्थाएँ खड़ी की हैं वे कैसे हमें गुलामी में बांधे रखती है। इन संस्थाओं को हम भी चलाएंगे तो अपने ही लोगों को गुलाम बनाएंगे। हम अपने ही लोगों

पर अंग्रेजों की तरह राज करेंगे। इसका मतलब भाई लोगों ने निकाला कि गाँधी वकीलों, डॉक्टरों और रेलवे के ख़िलाफ़ थे। वकील तो वे खुद ही थे और उनने कैसी वकालात की सब जानते हैं। रेलवे का जितना इस्तेमाल गाँधी ने किया शायद ही किसी नेता ने किया होगा। 'हिन्द स्वराज' में गाँधी उन्हें साम्राज्यवादी औपनिवेशिक संस्थाओं की तरह दिखा रहे थे और उनसे अपने देश-समाज में आए दुर्गुणों की ओर भी ध्यान दिला रहे थे। जो सभ्यता अपनी आर्थिक समृद्धि के लिए दूसरों को गुलाम बना कर उनके संसाधन का दोहन करती है वह दरअसल अपने लोगों को भी अपनी जरूरतों का गुलाम बनाती है। गरीबी और भुखमरी तो मारती ही है लेकिन अमीरी और विपुलता भी कम नहीं मारती।

हिन्द स्वराज में आधुनिक पश्चिमी सभ्यता का जो विवेचन गाँधी ने किया है वह उसीके औजारों से उसकी चीर-फाड़ नहीं है। गाँधी पश्चिमी जीवन पद्धति उसके लक्ष्य और तौर-तरीकों को बहुत निकट से जानते थे। वे वकालत पढ़ने लंदन गए तो उन्नीस बरस के थे। लौट के आए तो इक्कीस बरस के। दो साल बाद दक्षिण अफ्रीका गए। 1893 से 1915 तक वहीं रहे। यानी कोई इक्कीस साल। आत्मकथा में उनने लिखा है कि 1896 में जब वे अपने परिवार के साथ दक्षिण अफ्रीका गए तो मैं मानता था कि सभ्य माने जाने के लिए हमारा बाहरी आचार व्यवहार यथा-संभव यूरोपियों से मिलता-जुलता होना चाहिए। ऐसा करने से लोगों पर प्रभाव पड़ता है और बिना प्रभाव पड़े देश सेवा नहीं हो सकती। गाँधी का विक्टोरिया महारानी की 1858 की घोषणा में अटूट और विश्वास था जिसमें उनने अपने ब्रिटिश नागरिकों प्रजा और उपनिवेश की भारतीय प्रजा में कोई फ़र्क नहीं किया था। भारतीय प्रजा को भी वही सब अधिकार और विशेषाधिकार दिए थे जो कि ब्रिटिश प्रजा को प्राप्त थे।

वह तो ब्रिटेन और बाद में दक्षिण अफ्रीका में गाँधी ने पाया कि यह कितना बड़ा झूठ है जब उन्हें उपयुक्त टिकट होते हुए भी पीटरमेरिट्सबर्ग के स्टेशन पर रेलगाड़ी के प्रथम श्रेणी के डिब्बे से बाहर फेंक दिया गया। रंगभेद के शिकार होने और कुली बैरिस्टर कहे जाने के बाद गाँधी उपनिवेशवादी व्यवस्था का कड़वा सच समझ पाए। दक्षिण अफ्रीका के सोलह साल के अनुभव ने उन्हें दिखाया कि उपनिवेशवाद किस तरह से पश्चिमी औद्योगिक सभ्यता के लिए अनिवार्य है क्योंकि लोगों को गुलाम बनाए बिना और उनके संसाधनों का सस्ता दोहन और उन्हें अपने उत्पादों का आरक्षित बाज़ार बनाए बिना यह सभ्यता फल-फूल नहीं सकती थी। लोगों को गुलाम बनाना और उन्हें लूटना तो इस सभ्यता की प्रकृति और स्वभाव ही है। और यह सिर्फ़ तीसरी दुनिया के लोगों को ही गुलाम नहीं बनाती। यह यूरोपीय लोगों का भी गुलाम-अपनी जरूरतों की पूर्ति का गुलाम बनाती है और उनका नैतिक पतन करती है क्योंकि वे उपनिवेशों और उनके लोगों के साथ जो व्यवहार

करते हैं वह स्वस्थ और स्वतंत्र लोगों को नहीं हो सकता। इसीलिए पीटरमेरिट्सबर्ग की घटना के बाद गाँधी ने पश्चिमी लोगों की आत्मा को जगाने और उनकी नैतिक चेतना को अपील करने का अहिंसक और सत्यनिष्ठा का सत्याग्रही तरीका विकसित किया। पश्चिमी मानस में गाँधी को लेकर अगर एक अपराध बोध है तो इसका यही कारण है कि उनने भारतीयों के स्वराज की ही लड़ाई नहीं लड़ी पश्चिम की मुक्ति का भी रास्ता निकाला।

गाँधी मानते थे और यह समझ उन्हें अपने भारतीय जन्म लालन-पालन और संस्कार से मिली थी कि जो सभ्यता धर्म और नीति पर न चलती हो वह टिकी नहीं रह सकती। उनने पाया था कि आधुनिक पश्चिमी औद्योगिक सभ्यता धर्म और नीति की कोई चिंता नहीं करती। वह हिंसा और पशुबल पर टिकी है। उसका कोई लक्ष्य नहीं है और वह अपकेंद्रीय है जबकि पूर्वी या भारतीय सभ्यता अभिकेंद्रीय और विचारशील है। एक सभ्यता या स्थिति जिसमें सारी शक्तियाँ केंद्र से बाहर उड़ती है निश्चित ही बिना लक्ष्य के होती है। लक्ष्य उसी का होता है जिसमें सारी शक्तियाँ केंद्र में दौड़ कर रुकी होती हैं। दुनिया की सारी सभ्यताएं मिट गई लेकिन हमारी सभ्यता टिकी हुई है। क्योंकि हमने जिसे अपने हजारों साल के जीवनानुभव से सही पाया है उसे छोड़ने और बदलने से हमने इनकार किया है। यही हमारी सभ्यता का सौदर्य और शक्तिपुंज है। सभ्यता आचरण का वह प्रकार है जो मनुष्य को कर्तव्य का रास्ता दिखाता है। कर्तव्य का निर्वहन और नैतिकता का पालन आपस में बदली जाने वाली चीजें हैं। नैतिकता का पालन करना अपने मन और अपनी इंद्रियों पर अपना अधिकार पाना है। ऐसा करते हुए हम अपने आपको जानने लगते हैं। गुजराती में इसीलिए सभ्यता का मतलब 'सदाचरण सुधारो' है।

आनंद अपनी जरूरतों को अनाप-शनाप बढ़ाने और उन्हें पूरी करने में दिन रात लगे रहने में नहीं है। हमारे पूर्वजों ने हमें बताया कि आनंद सुखों और विलासिताओं को मर्यादित और संचालित करने में है। हिन्द स्वराज के अंतरर्राष्ट्रीय विद्वान एंथनी परेल ने गाँधी के सभ्यता दर्शन को अर्थ, काम, धर्म, मोक्ष के चार पुरुषार्थों में रख कर बताया है कि पश्चिमी सभ्यता अर्थ और काम पर ही जोर देती है इसलिए वह टिक नहीं सकती। धर्म और मोक्ष से संतुलित किए बिना कोई सभ्यता टिकाऊ और पूर्ण नहीं हो सकती। भारतीय सभ्यता ने इन चारों पुरुषार्थों को एक साथ लिया है। उसने अर्थ और काम को धर्म और मोक्ष से मर्यादित और नियंत्रित करना सीखा और सिखाया है। भारतीय सभ्यता इसीलिए टिकी रह सकी कि वह अपने भौतिक और मानसिक संसाधनों का ऐसा मर्यादित और नियमित उपयोग करना जानती है, जिससे पर्यावरण और पारिस्थितिकी का विनाश न हो। इसी को आज की दुनिया में 'सस्टेनेवल डेवलपमेंट' कहा जाता है। गाँधी ने 'हिंद स्वराज' में स्वीकार किया है कि कोई भी सभ्यता सम्पूर्ण और अंतिम नहीं होती। भारतीय

सभ्यता में भी बहुत से दुर्गुण और ठहराव और विकृतियाँ आ गई हैं जिन्हें हमें अपनी नव प्राप्त चेतना से दूर करना चाहिए। लेकिन हमें इसकी छाती से बच्चे की तरह चिपके रहना चाहिए क्योंकि इसके स्तनों का दूध माँ के दूध जैसा जीवनदायी है। भारत में भी वही गुलाम हुए हैं (गाँधी ने कहा) जिनने पश्चिमी आधुनिक औद्योगिक सभ्यता को अपना लिया है।

भारतीय और आधुनिक पश्चिमी औद्योगिक सभ्यता के गुण-दोष बताने के बाद गाँधी स्वराज के अपने सच्चे अर्थ पर आते हैं। कहते हैं हम दुनिया को अपने नामुराद पैमाने से नापते हैं। हम समझते हैं कि हम गुलाम हैं तो पूरा ब्रह्माण्ड ही गुलाम है। हमारी अधोगति हुई है तो पूरे भारत की ही होगी, लेकिन सच में ऐसा है नहीं। लेकिन इस बात को हम ध्यान में रखें तो देख सकते हैं कि अगर हम स्वतंत्र हैं तो भारत भी स्वतंत्र है और इस विचार में ही स्वराज्य की परिभाषा है। स्वराज्य है अगर हम अपने पर राज करना सीख जाएँ। इसलिए स्वराज्य अपने हाथों की हथेली पर है। यह मत समझिए कि यह स्वराज सपना है। यहाँ ठाले बैठे रहने की कोई बात ही नहीं है। जिस स्व-राज का चित्र मैंने आपको और अपने सामने खींचा है वह ऐसा है कि इसकी प्रतीति एक बार हो जाए तो हम जीवन पर्यन्त उसे समझने के लिए दूसरों को मनाते रहेंगे। लेकिन इस स्वराज्य को हममें से प्रत्येक को अपने लिए अनुभव करना है। डूबता आदमी दूसरे को बचा नहीं सकता। अगर हम खुद ही गुलाम हैं तो दूसरों को आज़ाद करने की हमारी कोशिश महज दिखावा है।

इसके बाद गाँधी पाठक से कहते हैं-आप देखिए कि स्वराज पाने के लिए हमें अंग्रेजों को भारत से निकालने का लक्ष्य रखना जरूरी नहीं है। अगर अंग्रेजों का भारतीयकरण हो जाए तो हम उन्हें यहाँ रख सकते हैं। लेकिन वे अगर अपनी सभ्यता के साथ यहाँ रहना चाहें तो उनके लिए कोई जगह नहीं है। ऐसी परिस्थिति पैदा करने की जिम्मेदारी हमारी अपनी है। स्वराज की अपनी परिभाषा बताने के बाद गाँधी ने बताया है कि इस तरह स्वराज पाने के लिए हमें कैसे अहिंसक तरीके, कैसी शिक्षा, कैसी मशीनरी और कैसे रवैये की जरूरत होगी।

'हिंद स्वराज' पढ़ने के बाद गाँधी के एक साथी ने निराशा में उन्हें लिखा-भारत को आज़ाद करने के लिए कोई व्यक्ति क्या कर सकता है? कृपया भारत को मुक्त कराने का फालतू बोझ अपने माथे पर मत रखिए। गाँधी ने उन्हें लिखा-पहले अपने आप को ही मुक्त कीजिए। यही बोझ क्या कम है? हर चीज अपने पर लागू कीजिए। आत्मा की उदात्तता यही समझने में है कि आप ही स्वयं भारत हैं। आपकी मुक्ति में ही भारत की मुक्ति है। बाकी सब तो छलावा है।

'हिंद स्वराज' भारत के मुक्ति संग्राम के सबसे बड़े नेता और बीसवीं सदी के मनुष्यता के सबसे बड़े महापुरुष मोहनदास करमचंद गाँधी की किताब है। इसमें

उनकी और भारत की मुक्ति का उद्‌घोष मंत्र है। गाँधी को हमने अपना राष्ट्रपिता माना है। पुत्र के नाते हमारा कर्तव्य है कि 'हिंद स्वराज' पर हाथ रख कर हम अपने से पूछें कि क्या हमने स्वराज पा लिया? इस सवाल का सही और ईमानदार उत्तर ही 'हिंद स्वराज' को उसकी शताब्दी में पढ़ना होगा। इतना तो हम अपने देश के और गाँधी के लिए कर ही सकते हैं।

अब ज्यादा प्रासंगिक हो उठा है 'हिन्द स्वराज'

विजय बहादुर सिंह

हिन्द स्वराज के लेखक की असली चिंता राजनीति के इस मानव-द्वेषी चेहरे को लेकर थी। राजनीति तो रावण, कंस और दुर्योधन आदि की भी थी। ब्रिटिश साम्राज़्यवाद, जर्मनी के हिटलर आदि की। जिन्होंने हिरोशिमा नागासाकी का ध्वंस किया। वे सभी राजनीति ही कर रहे थे। पर भारत में एक राजनीति और भी की जाती रही है। उसकी परम्परा इस देश में विधिवत रही है। सत्य हरिश्चंद्र हों, विक्रमादित्य हों, राम-युधिष्ठिर-कृष्ण हों या फिर चाणक्य और गांधी आदि। ये भी सब राजनेता रहे हैं। सत्य, न्याय, मर्यादा, धर्म और नवीन जीवन मूल्यों की स्थापना का काम हमारे इन महामानवों-कहिए दिव्य मानवों ने किया। हिन्द-स्वराज के मर्म को तब तक नहीं समझा जा सकता जब तक हम भारत की इस राजनीति के चरित्र को न समझ लें।

हिन्दुस्तान ने क्यों यह महसूस करना शुरू कर दिया कि उसे स्वाधीनता चाहिए। इसे जाने बिना हिन्द स्वराज की बात करना सिर्फ़ रस्म अदायगी होगी। ईस्ट इण्डिया कंपनी और बाद में ब्रिटिश साम्राज़्य ने आख़िर ऐसा क्या कर दिया था, जिससे भारत के लोगों को जरूरत से ज्यादा परेशानी और बेचैनी का अनुभव होने लगा। ज़वाब होगा कि उन्होंने हमसे हमारी स्वाधीनता छीनकर हमें एक ऐसे समाज में बदल डालना शुरू कर दिया था जो आत्म चेतना से शून्य हो। मौलिक सृजनशीलता के प्रति विमुख हो, अपनी जरूरतों अपनी स्थितियों से पूरी इच्छाओं और सपनों को समझने के प्रति निश्चित हो और जिसका पैदा होना और मर जाना मात्र एक जैविक व्यापार हो न कि कोई सामाजिक या सांस्कृतिक परिघटना।

आज स्थिति यदि बहुत बदत्तर नहीं है तो भी ऐसी है कि यहाँ के लोग अपनी हर जरूरत और सपने के लिए पश्चिम-यूरोप और अमेरिका की तरफ देखते हैं। पश्चिम ने भी बड़ी चतुराई और योजनाबद्ध ढंग से हमें यह संस्कारित कर दिया है

कि हमारा अनुसरण करो। इसीसे तुम्हारी प्रगति होगी और तुम एक विकसित राष्ट्र कहे जाओगे फिलहाल हम एक विकासशील राष्ट्र कहे जाते हैं। और पश्चिम इस संदर्भ में हमारी पीठ बहुत मुस्तैदी से थपथपा रहा है।

हिन्द स्वराज के लेखक को इस प्रगति और विकास से गहरी चिढ़ थी। उस राजनीति से भी जो इस प्रकार के मुहावरे गढ़ती है और यह बताने की कोशिश करती है कि विकसित मानी जाने वाली सभ्यताओं का वस्तुतः यही कर्म और धर्म है। इस कर्म और धर्म को हम उन राष्ट्रों के संदर्भ में ठीक देख सकते हैं। अमेरिका जैसे देश जिनकी खनिज सम्पदा लूटने में लगे हैं और इसके लिए झूठ पर झूठ गढ़ते चले जा रहे हैं। कई राष्ट्र बरबादी के कगार पर हैं। कुछेक होने वाले हैं।

हिन्द स्वराज के लेखक की असली चिंता राजनीति के इस मानव-द्वेषी चेहरे को लेकर थी। राजनीति तो रावण, कंस और दुर्योधन आदि की भी थी। ब्रिटिश साम्राज़्यवाद, जर्मनी के हिटलर आदि की। जिन्होंने हिरोशिमा नागासाकी का ध्वंस किया। वे सभी राजनीति ही कर रहे थे। पर भारत में एक राजनीति और भी की जाती रही है। उसकी परम्परा इस देश में विधिवत रही है। सत्य हरिश्चंद्र हों, विक्रमादित्य हों, राम-युधिष्ठिर-कृष्ण हों या फिर चाणक्य और गाँधी आदि। ये भी सब राजनेता रहे हैं। सत्य, न्याय, मर्यादा, धर्म और नवीन जीवन मूल्यों की स्थापना का काम हमारे इन महामानवों-कहिए दिव्य मानवों ने किया। हिन्द-स्वराज के मर्म को तब तक नहीं समझा जा सकता जब तक हम भारत की इस राजनीति के चरित्र को न समझ लें। इस राजनीति में भौतिक विकास को दरकिनार नहीं किया गया है पर उसे प्रथम-अंतिम और अनिवार्य मानकर कभी नहीं चला गया है। संभव हो कुछ लोगों को ये बातें गईं-बीतीं लगें पर जिन लोगों को लगेंगी उन्हें अपने आपसे यह जरूर पूछना होगा कि राजनीति साध्य है या साधन। भारत के लोग तो उसे साधन ही मानते आए हैं। तमाम भौतिक बातों की तरह वह भी एक बात या पद्धति है, जीवन के उत्थान में बुनियादी आधार का काम करने वाली किंतु जब वह खुद जीवन बन जाय तब क्या किया जाए? क्या हम सब तब राजनीति के लिए राजनीति करने और जीने को किसी भी मानवता का ध्येय मान लेंगे। भारत के लोग अगर कभी ऐसा करने भी लगे तब भी वे सिद्धान्ततः इसे मंजूर तो नहीं ही करना चाहेंगे। 'हिन्द स्वराज' इसी विश्वास का शिलालेख है।

'राजनीति को राजनीति की जगह रहने दें' यह इसी देश में कहा जाता रहा है। यानी कि राजनीति सारे मानव-प्रश्नों का उत्तर नहीं है। प्रश्न बहुतेरे हैं। राजनीति उनमें से कइयों के उत्तर लेकर आती है। फिर भी सबके नहीं। हिन्द स्वराज में हमें यह बात किसी भूली बिसरी चीज सी अकस्मात हांथ आती है कि राजनीति के बावजूद बहुत कुछ है जो राजनीति से ऊपर और उससे आगे है। महाभारत में कुछ यों कहा ही जा चुका है-मनुष्य सबसे ऊपर और श्रेष्ठ है उससे श्रेष्ठ कुछ भी नहीं

है। न धर्म, न व्यवस्था, न राजशासन और न अन्य कुछ। मनुष्य सब बातों और प्रश्नों के केंद्र में है। उसे तिरस्कृत कर राजनीति के लिए राजनीति करना अपराध भी है और पाप भी। गाँधी के 'हिन्द स्वराज' को इसी निगाह से देखना पड़ेगा अन्यथा वह एक बेहद मामूली और फालतू सी किताब लगेगी।

जो भी लोग भारत में राजनीति को लेकर सोचते हैं उन्हें यह तो सोचना ही पड़ेगा कि राज्य और राजा की खोज़ आख़िर क्यों की गई होगी? शासन करने के लिए या लोकत्राण और लोकरक्षा के लिए। दुःशासन के लिए या फिर धर्मशासन के लिए। हमें कैसा शासक चाहिए दुर्योधन जैसा या फिर धर्मराज युधिष्ठिर की तरह? गीता में कृष्ण के मुँह से वेदव्यास यह साफ-साफ कहलवाते हैं—साधुओं के परित्राण और दुष्टों के दलन और विनाश के लिए, अधर्म की समाप्ति और धर्म राज्य की सुस्थापना के लिए मैं बार-बार संभव होता हूँ। महाभारत धारावाहिक में 'संभवामि युगे-युगे' की गहरी अनुगूँज को दिव्य प्रभावात्मकता से सजाकर प्रस्तुत किया गया है। इससे जो ध्वनियाँ हमारी चेतना में प्रवेश करती हैं उनमें से एक यह भी है कि राजा और राजनीति कभी-कभी अपने अपने आचरण से विचलित हो उठते हैं। उच्छृंखल और अराजक ही नहीं सिरे से अमर्यादित हो जाते हैं तब जनता जनार्दन का काम उनके कुकर्मों को सहना नहीं, उनका दलन करना है। भारत में यह कभी नहीं कहा गया कि राजा से कभी गलती होती नहीं। यह महाभारत का ही कथन है-''अशीष्ट मर्यादा रहित, स्वार्थ और लोभ बुद्धि से, अंधी हो उठती है जब सत्ता, सुख-सुविधा के मोहजाल में उलझकर रह जाते हैं। सभासद, आँख फेर लेते हैं महाजन सब ओर से पतित हो उठती है बुद्धि सम्राटों की बुद्धि, संवेदन गायब हो जाते हैं, लुप्त हो जाता है काव्य-विवेक अर्थ नष्ट होने लगते हैं। शब्दों के तब, गायब होने लगते हैं वाणी से भाव, सच रोज-रोज, रौंदा जाता है बली झूठ के पाँवों के नीचे, अधर्म के हाथों अपमानित किया जाता है, धर्म...। "महाभारत में सत्ता के इस अंधेपन का भयावह चित्रण है। धृतराष्ट्र इसीके तो प्रतीक हैं। तब न स्त्री (द्रौपदी) सुरक्षित है न कोई अन्य। महाभारत में तब समय आता है-दुष्टों के दलन का। ऐसे राजाओं का जो अधर्म की परिभाषा और पहचान बने हुए हैं। यहाँ तक कि उनके उन साथी महारथियों का भी जो कवच बन खड़े हैं।

भारत के लोग पता नहीं क्यों अपनी इस शक्ति और सामूहिक चरित्र को नहीं पहचानते? गाँधी ने राष्ट्रीय आन्दोलन में नेतृत्व कर इसी सामूहिकता को जगाया। आजकल आधुनिकों के बीच 'प्रतिरोध' एक शब्द भर बचा है। मुहावरा मात्र। गाँधी ने यहाँ वह जीवन-मूल्य और आचार है। गाँधी ने इसे सत्याग्रह कह यह समझाया कि प्रतिरोध या विरोध नहीं, सच-असच में से सच का आग्रह। सो भी अहिंसक। महाभारत और रामायण यह मानते और कहते हैं कि सत्य और धर्म की रक्षा केवल हिंसा से की जा सकती है। गाँधी कहते हैं-नहीं। अहिंसा ही एक मात्र हथियार है।

हिंसा नहीं। हिंसा एक पाश्विक बल है। आदिमता है। सभ्यता तो तब है जब प्रेम से, करुणा से, दया और क्षमा से हम मनुष्य की पशुता को अपने वश में कर सकें। गाँधी नैतिक और आत्मिक बल को सर्वोपरि मानते हैं। 'जिसकी लाठी उसकी भैंस' डार्विन कहते होंगे, गाँधी नहीं/जंगल राज में तो देह-बल ही सब कुछ है। पाश्विकता ही सब कुछ है। क्या सभ्यता-राज में भी यही मानदण्ड चलने दें जैसा कि हम अमरीका आदि के आचरणों में रोज ही अनुभव कर रहे हैं? क्या गौतम बुद्ध, तीर्थंकर महावीर, शंकराचार्य, कबीर-तुलसी या फिर समूचा नवजागरण हिंसा का प्रसार है? उत्तर होगा-नहीं। हम श्रीलंका गए तो बोधिवृक्ष लेकर गए। करुणा, मैत्री का संदेश लेकर गए। समूची दक्षिणीपूर्वी एशिया यहाँ की चीन और जापान तक हमने बगैर किसी हथियार के धर्मराज्य की स्थापना का संदेश दिया। क्या अफगानिस्तान और ईराक में अमरीका ऐसा होकर रहा है? मौका पड़ेगा तो क्या यह हिन्दुस्तान को बख्श देगा? जो लोग भी भारत में अमरीका के साथ हैं, वे उन्हीं आदिम पाश्विकताओं के साथ हैं, जिनका चित्र महाभारत में धृतराष्ट्र, दुर्योधन, शकुनी और दुःशासन के रूप में खींचा गया है।

'हिन्द स्वराज' उन समस्त ऐसी शक्तियों के विरुद्ध आवाह्न की पुकार है। इस पुकार को न समझना, सुनकर अनसुनी करना, सभ्यता के नाम पर असभ्यता को सहना, अन्याय और अत्याचार के प्रति आँखें और कानों को मूंदे रहना, किस तरह की सभ्यता है, कैसा मानव-चरित्र है, कैसी 'संस्कृति' है, इस पर विचार करने की जरूरत कौन लोग हैं जो महसूस कर पा रहे हैं।

सभ्यता आज कहाँ पहुँच गई है, इसे बताने की जरूरत अब नहीं रह गई है। हम प्रौद्योगिकी के राज में आ चुके हैं। प्रौद्योगिकी की नियामक सत्ता है।

चींजे अब खुद प्रौद्योगिकी को जन्म देने वाले हाथों की पकड़ से बाहर चली गई हैं। जिसे कहते हैं-अपने ही जाल में फँसना। हम फँस चुके हैं। अब इससे निकलना भी अगर चाहें तो निकल नहीं सकते हम। खासतौर से आसानी से। वह हमें निकलने भी नहीं देगी। अब यह जाल किसके स्वार्थ के पक्ष में खुल और फैल रहा है, बताने तक की जरूरत नहीं। जिस भूमंडलीकरण की आँधी में हम सब आ फँसे हैं उसमें हमारी अपनी वसुन्धरा, हमारे अपने पाँवों के नीचे की जमीन, हमारे बाग-बगीचे, खेत-खलिहान, वन और खनिज-सम्पदा, सब पर एक भयावह आक्रामक गिद्ध दृष्टि पड़ रही है। सभ्यता क्या यही है कि हम अपने घिनौने स्वार्थों के लिए सेरों का सर्वनाश कर दें? गाँधी इसे कभी भी मंजूर करने पर राजी नहीं है। इस पर भी नहीं कि सम्पूर्ण ब्रह्माण्ड सभ्यता के लिए एक भोज्य पदार्थ है। प्रकृति हमारी भोग्या है। गाँधी ब्रह्माण्ड और प्रकृति से घरेलू समापन चाहते हैं। मनुष्य और उसकी सभ्यता स्वामिनी और ये सब दास-दासियाँ, यह न वैदिक ऋषियों को मंजूर है, न बौद्धों और जैनों को। यहाँ तक कि इस्लाम को भी नहीं।

'हिन्द स्वराज' तमाम तंत्र फँसे विचारों की तरह विचार तन्त्र नहीं है। वह तन्त्र को उसकी सीमा और मर्यादा में देखने का अनुरोध और आग्रह हैं यह अंधा वक्तव्य है, बगैर सोचा समझा कि गाँधी मशीन विरोधी आदमी थे। ऐसा होता तो वे जैन मुनियों और साध्वियों की तरह न कभी साइकिल या मोटर पर बैठते न रेलगाड़ी में। वे माइक वगैरह को भी मंजूर तब क्यों करते? वस्तुतः वे मशीन की केन्द्रीयता के विरोधी थे। वर्चस्व के विरोधी थे। प्रत्येक स्थिति में मनुष्य की मनुष्यता अथवा उसी आध्यात्मिकता के प्रति लालायित थे। आज मनुष्यता के लक्षण संकट में पड़े हुए हैं। जिन लोगों के पास नाम मात्र की आदमियत नहीं बची है, वे ही शासक हैं। ऐसे इन शासकों के इर्द-गिर्द उन पढ़े-लिखों की भारी भीड़ है जो स्वयं को सभ्य और श्रेष्ठ घोषित करते रहते हैं। धृतराष्ट्र की सभा के सभी महारथी, महाआचार्य और महाशक्तियाँ किंतु भविष्य के और मनुष्यता के हक में सवाल उठाने वालों के प्रति चुप्पी साधे हुए घटिया महाजनगण। 'हिन्द स्वराज' में गाँधी ने पश्चिम सभ्यता को शैतानी कहा है। पश्चिमी सभ्यता में डूबे भारतीयों को हम आज क्या कहना चाहेंगे।

'हिन्द स्वराज' यह अहम सवाल भी उठाता है। इसका उत्तर देने का हम उन्हें तो नहीं है जो खुद इस सिस्टम को अपने कैरियर के लिए सबसे सुविधाप्रद और मौजूँ पा रहे हैं।

हिन्द स्वराज का नई पीढ़ी से नए प्रयोग का आमंत्रण

ठाकुरदास बंग

लिप्यं. और आलेख रूपां. : गोविन्द प्रसाद वर्मा

समाज भी बढ़ रहा है देश भी बढ़ रहा है और दुनिया में कई दृष्टियाँ भी बढ़ रही हैं। इसलिए गलत और सही का झगड़ा सनातन है पहले भी चला और आज भी चल रहा है और कल भी चलेगा काफी दिन तक। और, शायद इसी में से कोई नयी दृष्टि पैदा होगी।

गांधी ने बिना शस्त्र उठाये और एक भी प्रतिपक्षी का बदला लिये बिना सारे भारत में भारतीय स्वराज के तहत मुख्यतः सारे भारत में यूथ को प्रभावित किया। वो तो चले गये और तरुण लोग इसमें आगे आ रहे हैं। मेरा ख्याल है कि यह गांधी जी का सही रास्ता है और गांधीजी के 'एप्लिकेशन की' सही बात चल रही है।

आध्यात्मिक मूल्य, नैतिक मूल्य जो है राजनीति में, आर्थिक क्षेत्र में सभी में ब्रिटिश जमाने के बरक्स सामान्य आदमी अपने सरोकारों से पीछे हटा है। क्यों? इससे आप कितने बड़े हो आप देखो न! मेरे घर में गुटके का प्रवेश यूनियर्स हो गया है और शराब तो बढ़ ही गयी। साथ-साथ अनसर्टनेश बहुत बढ़ गयी। सामान्य आदमी को कोई काम नहीं मिल रहा है, खासकर हमारी स्त्रियों को कोई काम नहीं है। इसीलिए सामान्य आदमी तो पीछे गया है और इसीलिए आर्थिक असमानता बढ़ी है और इसीलिए फिर पॉलिटिशियन्स लोग बेशरम; सभी पार्टी के, वे, चाहते हैं कि वैश्वीकरण चले, सेज चले, ये चले,वो चले। सामान्य आदमी को इससे क्या मिलेगा? गैर बराबरी बढ़ेगी कि कम होगी? सामाजिक समानता आयेगी। अम्बेडकर और गाँधीजी की कृपा से ये तो अच्छा हुआ कि सामान्य आदमी भी लड़े कुछ उसके लिए। लेकिन दो बड़े आदमियों को हमने लिया महात्मा गाँधी और अंबेडकर। उन्होंने ठीक किया, परस्पर पूरक थे वे दोनों। लेकिन आर्थिक ट्रेवेल्स बढ़ गयी और मुनाफ़ाखोरी बढ़ गयी और सेज के नाम से इस देश का पानी लूटा जा रहा है। मिट्टी खराब हो

रही है आर्टीफिशियल फर्टिलाइजर से। इन सबको कौन दाब देगा? यहीं वर्धा जिले में जहाँ महात्मा गाँधी ने अपना आख़िरी निवास रख के वर्धा की भूमि को पुनीत किया। उसी वर्धा जिले में आज किसानों के लिए तरुण लोग आंदोलन कर रहे हैं। आपने देखा था उनको...?

ये क्या हो रहा है? देश में श्मशान जल रहा है, कहीं ज्यादा तो कहीं कम जल रहा है। सब तरफ असंतोष है, और अभी-अभी 'सच्चर कमेटी' ने भारत सरकार की कमेटी है, आयोग कहिये, सच्चर कमीशन कहिये पिछले साल 2007 में उसकी रिपोर्ट प्रकाशित हुई, उसमें खोले हैं कुछ पोल, कि 60 प्रतिशत आदमी आज भी गरीबी रेखा के लगभग है या नीचे है, कुछ को बीस रूपए रोज, और करोड़ों को दस (10) रूपए रोज से भी भोजन नहीं, आमदनी नहीं बढ़ रही है। क्या वे खाना खाते होंगे? क्या दाल, सब्जियाँ, फ्रूटस आदि को जाने दीजिए। क्या करते होंगे समझ में नहीं आता और तो फिर किसके लिए स्वराज? ये बेसिक प्रश्न है। गाँधीजी ने सामान्य आदमी को दरिद्रनारायण कहा था और उसकी वकालत की थी।

माडर्न सिविलाइज़ेशन और स्वराज एक दूसरे को परस्पर पूरक है, लेकिन जो काम हम गांवों में नहीं कर सकते, या शहर में नहीं कर सकते, बड़े टूल्स से उसके लिए मशीन का, साइंस का जरूर उपयोग किया जाय। लेकिन जो काम हम आसानी से कर सकते हैं उसके लिए ज़हर क्यों फैलाना, वातावरण क्यों बिगाड़ना? क्यों इनवायरमेंट खराब करना? ये कहेंगे आप?

हम आर्डीनरी टूल्स नहीं कर सकते और साइंस ने बड़ी मशीन बनायी है या बड़ी मशीनरी द्वारा ही काम हो सकता है। गाँधीजी ने कहा था 'सेट ऑफ डोर' पब्लिक ऑन डोर' यानि सरकार उनको 'गवर्न' करे और जो काम वहाँ नहीं हो सकता, वो काम जरूर किया जाय, जैसे-बड़े-बड़े पत्थर खीचना है या बड़े-बड़े मेटल्स को इधर-उधर करना है। मशीनरी तो लगेगा। लेकिन कपड़ा बनाने के लिए या अरहर की दाल बनाने के लिए या तेल करने के लिए बड़ी मशीन की क्या जरूरत है? छोटे मशीनों से हो सकता है। आदमी जो काम नहीं कर सकता, उसको करने के लिए लगाया जाय। उससे गाँधी जी का विरोध नहीं था बल्कि उत्साहित किया। लेकिन जो काम आदमी आसानी से कर सकता है या आदमी को रोजगार दे सकती है, उसके लिए बड़ी मशीन की क्या जरूरत है? और ड्रग्स की क्या जरूरत है? 47 धारा में (आर्टिकल) में लिखा हुआ है नशा आदि या आबकारी के सन्दर्भ में सैंतालीस में, ब्रिटिश जब छोड़ गये। तब जितनी शराब बंदी थी उस तुलना में आज गुजरात छोड़कर कहीं भी शराब बंदी नहीं है, सारा देश शराबमय हो गया है। सारा देश गुटकामय हो गया है। सारा देश सट्टा, एविडेंस के चक्कर में पड़ा है और सामान्य आदमी को रोजी-रोटी नहीं मिल रही है। पिछले साल तक दो लाख आदमियों ने किसानों ने आत्महत्या की, सुसाइड्स किया। ऐसा स्टेटमेंट्स कृषि मंत्री को भी दुःख

व्यक्त करना पड़ा। तो फिर, विकास हो रहा है या विनाश हो रहा है? ये सवाल सामान्य आदमी के लिए है। बड़े लोग तो माला-माल हो रहे हैं। लेकिन सामान्य आदमी की दुर्दशा हो रही है।

'हिंद स्वराज' की रचना राजा महाराजा हारा-जीता ये साम्राज्य आया कि गया उससे नहीं होती है। इतिहास की रचना होती है। सामान्य आदमियों के व्यवहार से, सामान्य आदमी के भाई-चारे से, इस दृष्टि से हमारे इतिहास में अशोक का ही नाम एवं यश है जो मोरल आदमी मिला, जिसने मार-काट छोड़ दी उसका दुःख देखकर बुद्ध धर्म स्वीकार किया। अहिंसा-बुद्ध धर्म में गया, मतलब है इसका कि दया, धर्म का परोपकार का उपदेश दिया और अपना राज्य वैसा बनाने की कोशिश की। आज उस दृष्टि से न अंग्रेजों के पास कुछ है न भारतीय महाराजाओं के पास खास कोई था, एक-दो अपवाद को छोड़कर। इसलिए 'मॉरल' दृष्टि से इतिहास कैसे बढ़े? आधुनिक युग कैसे आगे बढ़े? ये सवाल है। राजा-महाराजाओं के इतिहास का नहीं है।

वह इतिहास दृष्टि है उनकी अफ्रीका में काले और गोरों का मतभेद मिटाना। काले आदमी को न्याय दिलाना। भारत में अंग्रेज लूट करते हैं तो अंग्रेजी लूट को बंद करके लोग आपस में बैठकर एक मत से 'रूल्स-रेगुलेशन' पास करें और उसके अनुसार अपने कामों का शासन चलाएँ और गांव का शासन देश में 'बेसिक' में रहे। राजा-महाराजा कम होंगे ज्यादा होंगे, आएंगे, जाएंगे ये सब तो चलता ही रहेगा जैसे पहले चलता था। लेकिन मॉरल दृष्टि प्रमुख हो-सत्य और अहिंसा प्रमुख हो देश में। कोई वॉर देश में, विदेश में भी न हो। कोई किसी का न छीने। सब आपस में मिलजुल कर रहें यही उनकी दृष्टि है। इस दृष्टि से हमें नया इतिहास बनाना है। एक बार जी.बी. कृपलानी से बात करते हुए कहा–अरे, कृपलानी! हमें पुराने से कुछ नहीं मिलेगा हमको नया इतिहास बनाना होगा।

गाँधीजी ने कहा। इसमें नहीं है हिन्द स्वराज में नहीं शायद उसके बाद की बात है। इसलिए उनकी दृष्टि सर्वथा सब लोगों का भला कैसे हो, खासकर गरीबों की ऐसी थी। अबला सशक्त कैसे बने, मजदूरों को काम कैसे मिले। मजदूर खुद की छोटी खेती कैसे अच्छी कर सके। इस पर भी आज तो हम सब इसको बिगाड़ रहे हैं। ऐसा भी हम इतिहास रच रहे है–कि स्वराज के बाद भी, साठ (60) साल से दस-दस योजनाएँ बनीं, लेकिन स्वराजीय बेकारी बढ़ी है। वातावरण बिगड़ा पानी सूख गया, अकाल पड़ रहा है ये क्या हाल है। आज वर्धा में किसान सत्याग्रह क्यों कर रहा है?

यदि आपका प्रश्न हो कि गाँधीजी 'हिन्द स्वराज' के माध्यम से एक डेमोक्रेटिक आइडियल स्टेट स्थापित करना चाहते हैं, लेकिन उसका उल्टा हुआ। जो नेहरू का समाजवाद है या रसिया से जो वे प्रभावित थे उन चीजों को लेकर नेहरू आगे बढ़े। तो 'हिन्द स्वराज' आखिर नेहरू को क्यों नहीं प्रभावित कर पायी और

'हिन्द स्वराज' की संवेदनाएँ उनको पसन्द नहीं आती है। तो इस पर से मैं यही कहूँगा कि नेहरू को पसन्द नहीं आता इतना ही नहीं,

ये तो आपने ठीक ही कहा कि नेहरू को पसंद नहीं आयी लेकिन किसी भी पॉलिटिकल पार्टी का ध्येय क्या है? कि 'सेन्ट्रल डेमोक्रेसी हो। इसमें डेमोक्रेसी नाममात्र हो, वास्तविक डेमोक्रेसी न हो और नीचे की आवाज़ को बदला दिया जाय या बहला दिया जाय। यानि खिलौना में टूल्स थे।

रसिया की तरफ उनका झुकाव था, लेकिन उन्होंने भी 'थर्ड ग्रुप' बनाया था-पॉलिटिक्स में। रसिया अमेरिका से भिन्न है, इंग्लैण्ड, अमेरिका से भिन्न है ऐसार्स एक ग्रुप जनमत रहे। प्रभावी नेशनल लीडर्स को ऐसा कुछ-कुछ स्वीडन में नार्वे में हो रहा है; स्केट जैनियन कंट्री में। ऐसा कुछ-कुछ दक्षिण अमेरिका के राष्ट्र कर रहे हैं अमेरिका के विरोध में जाकर उनसे सम्बन्ध तोड़कर, अपना स्टेट बनाया है। ऐसा कुछ-कुछ प्रयत्न कहीं कहीं हो रहा है, परंतु सामान्य दृष्टि से।

एक चीज मैं जानना चाहूँगा कि जो सोल फोर्स की बात करते हैं गाँधी जी कि 'हिन्द स्वराज' 'सोल फोर्स' है। और 'सोल फोर्स' के रूप में नेहरू को भी अद्रैक कर सके और उस समय जितने भी स्टेट के समर्थक थे उनको महसूस नहीं हुआ। तो आखिर 'सोल फोर्स' का क्या अभिप्राय है?

इसका कारण ये है कि अभी ह्यूमन दृष्टि 'सोल फोर्स' की दृष्टि बननी है और मुझे तो नहीं मेरी उम्र हो गयी। लेकिन तरूणों को ऐसी दृष्टि बनानी है देशभर में नहीं दुनियाभर में। ऐसी जगह 'पीस फोर्सेस इनवारमेंट को छेड़ने वाली फोर्सेस, अबलाओं को सबल बनाने वाली फोर्सेस, जगह-जगह उठ रही है। वो आज संगठित नहीं है, वो आज इतिहास की दृष्टि से दो वर्ल्ड की दृष्टि से देखें तो नहीं दिखेगी। ऐसी फोर्सेस बन रही है और इसके मैंने कुछ उदाहरण दिये कि 'माइनारिटी आर्गनाइजेशन बहुत छोटा उदाहरण है। इससे जनमत प्रभावित नहीं है। लेकिन जनमत को प्रभावित करना होगा। इसकी बेसिक दृष्टि बनानी है। आप कहेंगे कि लेकिन युवाओं में तो दूसरे तरह के भ्रम पैदा हो गये तो दूसरे तरह के भ्रम पैदा हो गये हैं, मैंने जिन लोगों का ज़िक्र किया लेकिन सही एजुकेशन कहाँ हुआ है और सही दृष्टि कहाँ बनी लोगों की?

गाँधीजी जो नई तालीम देने चाह रहे थे। तो नई तालीम के माध्यम से क्या भारत इतना डेवलप कर पाता? अपने आपको जरूर कर पाता। इससे ज्यादा कर पाता। दो लाख डेथ में से एक लाख नहीं होती। भारत जरूर 'रिच' नहीं होता 'इंटरनेशनल' ट्रेड में साफ्टवेयर में, हो कसता हो तो हो सकता है लेकिन वह भी हो सकता। लेकिन वह नहीं होता मैनेजमेंट तो खराब नहीं होती। लोगों को काम तो मिलता न, यह एक दूसरी दृष्टि है।

'हिन्द स्वराज' तो 1909 में उन्होंने लिखा था। इंग्लैड से अफ्रीका वापिस

लौटते हुए। इसके बाद तो गाँधी जी 39 वर्ष तो जिये न। तो इसलिए उनकी दृष्टि से विकसित किया। नमक का छोटा सा 'ऑइटम को बड़ा बनाया और उसके आधार पर 'स्वराज' की प्राप्ति कराने में उसने मदद करवायी। इस प्रकार गाँधीजी छोटे-छोटे इन्स्ट्रूमेण्ट को लेकर सामान्य आदमी की वकालत करते हुए विश्व में सबसे प्रसिद्ध 'नॉन आफिसियल लीडर' हुए। 'हिन्द स्वराज' में ही उसके बाद गाँधीजी ने कई साल काम करके स्वतंत्रता प्राप्ति के काम को डेवल्प किया। आख़िर बलिदान भी उसी में हुआ। उसने कम्यूनल फोर्सेस में गोडसे जिसका प्रतिनिधि था। वे बलिदान हुए; लेकिन बलिदान होने से क्या होता?

विश्व के तरुण लोगों को बनाना है सही दृष्टि अपनाकर। आज आपने ठीक कहा कि विश्व के तरुण भी दूसरी दृष्टि से देख रहे हैं। मैं नहीं करता हूँ मै कह रहा हूँ कि विश्व दृष्टि बनी है या सारे तरुण एक ही मार्ग पर चल रहे हैं। लेकिन वो धीरे-धीरे दृष्टि बन रही है जैसे 'ऑर्गेनिक फार्मिंग है या विश्व में स्वास्थ्य बनाया जा रहा है। मेरा लड़का खुद डॉक्टर है—डॉ. अभय बंग। वह 'गड़चिरौली' में काम करता है। उसका सफल उदाहरण वहाँ के बीस-पच्चीस पचास देहातों को लेकर बताया है कि विश्व में उसकी आवाज़ गूंज रही है। मेरा 'पर्सनल' लड़का है इसलिए नहीं कह रहा हूँ। विश्व दृष्टि बनाने में सही आरोग्य सही अन्वायर्मेंट सही क्या खाना, क्या पीना, क्या नहीं पीना इससे विश्व दृष्टि बनती है।

नक्सलिज़्म सर्वथा कंडेमनेबल है, क्योंकि नक्सलिज़्म से शस्त्र और अहिंसा की बात छोड़ दीजिए। हालांकि छोड़ना नहीं चाहिए। नक्सलिज्म ने क्या दिया है। नक्सलिज़्म का देश में बढ़ता प्रभाव है, बढ़ रहा है ये बात आपकी ठीक है। लेकिन नक्सलिज्म क्या? कम्युनिस्टों का प्रभाव जमीदारों का खून करो। इस दृष्टि से बढ़ रहा था —1948-50 में। गाँधीजी के शिष्य बिनोवा ने देशभर में सही बात कहकर जमीन मांगकर उसको शमन करने की कोशिश की। इस काम को पूरा नहीं कर सके। तो दृष्टि छूट गयी हम लोगों से ये तो ठीक है आपकी बात लेकिन कोई प्रयत्न नहीं हो रहा है, गवर्मेंट कुछ भी नहीं कर रही है। या समाज की दृष्टि से कुछ भी नहीं कर रहे हैं, ये बात तो नहीं कही जा सकती। समाज भी बढ़ रहा है देश भी बढ़ रहा है और दुनिया में कई दृष्टियाँ भी बढ़ रही है। इसलिए गलत और सही का झगड़ा सनातन है पहले भी चला और आज भी चल रहा है और कल भी चलेगा काफी दिन तक। और, शायद इसी में से कोई नयी दृष्टि पैदा होगी।

गाँधी ने बिना शस्त्र उठाये और एक भी प्रतिपक्षी का बदला लिये बिना सारे भारत में भारतीय स्वराज के तहत मुख्यतः सारे भारत में यूथ को प्रभावित किया वो तो चले गये और तरुण लोग इसमें आगे आ रहे हैं। मेरा ख्याल है कि यह गाँधी जी का सही रास्ता है और गाँधीजी के एप्लिकेशन का सही बात चल रही है।

आप पूछेंगे कि गाँधीजी जिन मूल्यों की बात करते हैं 'हिन्द स्वराज' में वो

कौन-कौन से मूल्य और कौन-कौन से संवेदनाएं है जो कि उभरकर आ रही हैं?

सत्य और अहिंसा को उन्होंने दो शब्दों में बद्ध किया था इन विचारों को, इसको एप्लिकेशन के रूप में काम के रूप में उन्होंने रचनात्मक कार्यक्रम कहा था। इसे समझने की जरूरत है। हिन्द स्वराज को आत्मसात कर लें अगर तो हमारा नया जीवन-पथ प्रशस्त होगा ऐसा मैं विश्वास करता हूँ। नई पीढ़ी से उम्मीदें हैं लेकिन अगर गाँधी के मूल्यों को स्थापित करने वाले ठेकेदार उन्हें साथ लेकर चलें तभी यह सम्भव है, ऐसा मेरा मत है। नई पीढ़ी का हिन्द स्वराज गाँधी दृष्टि से नई पीढ़ी तैयार करे तो हम एक नए समाज का आविर्भाव कर सकेंगे। शताब्दी वर्ष पर गाँधी के इस आमंत्रण को स्वीकार करना चाहिए।

विश्व दृष्टि बननी है, बनानी है हमको। मैं ये तसब्बुर नहीं बिखेर रहा हूँ करना चाहिए।

समाजवाद तो गया। समाजवादी दल कोई प्रभावी नहीं है पोलिटिकल दृष्टि से भी। विश्व हित की दृष्टि, मानव हित की दृष्टि हमको बनानी है इसका मॉरल एजुकेशन देकर। एजुकेशन कॉलेज या स्कूल में नहीं, सारे समाज में विचारों को लाकर। ये काम करना तो है।

इसीलिए दलाईलामा के प्रधानमंत्री जो फॉरिन में इजरायल में धर्मशाला चिन्पोछे गुरूजी। वो ये कह रहे हैं कि 'हिन्द स्वराज' का बार-बार परायण करो और रचना करो, उसको आगे बढ़ओ। उसके विचार को आगे बढ़ाओं और उसमें न दृष्टि जैसे आपने कल कहा इकॉलाजी की, इनवॉरमेण्ट के पॉल्यूशन की दृष्टि को रोको। ये करना अभी बाकी है ये हमारा लक्ष्य है पहुँचने का।

नयी सुबह की शुरुआत करें हम!

प्रो. मनोज कुमार

आज की चुनौतियाँ क्या हैं? हर व्यक्ति, समाज और देश के सामने अलग-अलग चुनौतियाँ हैं। गाँव और शहरों के सवाल अलग हैं। किसान, मजदूर, युवा, महिला दलितों की अलग-अलग माँगें हैं। इन चुनौतियाँ में अनुबंध है? अगर अनुबंध का आधार नहीं ढूंढ़ा गया, तो हर सवाल का जवाब हमें अलग-अलग रास्ता दिखाएगा जो दूसरे अन्य सवालों को खड़ा करेगा। हिन्द-स्वराज सभी सवालों के जड़ पर प्रहार करता है। सवालों को उत्पन्न करने के कारणों की पड़ताल हिन्द-स्वराज का अभिप्राय है, सिर्फ़ निवेदन है कि हिन्द-स्वराज को गांधी की नज़र/दृष्टि से पढ़ा जाय। सभी चुनौतियों को नई पीढ़ी अपने विवेक के आधार पर शमन करेगी नैतिकता की राह चलकर तो निश्चित ही हम उस लक्ष्य को प्राप्त कर सकेंगे जो आज का युग हमसे अपेक्षा कर रहा है। आवश्यकता इस बात की है कि हम करें एक नयी सुबह की शुरुआत।

हिन्द-स्वराज और मार्क्स का घोषणा पत्र (कम्युनिस्ट पार्टी का घोषणा पत्र) एक व्यावहारिक या यथार्थ घोषणा पत्र के रूप में वास्तविक आधार पर आदर्श समाज की संकल्पना करता है। प्लेटो की 'रिपब्लिक', अफलातुन (युनान) और थामसमूर का 'युटोपिया' राहुल सांकृत्यायन का उपन्यास 20 वीं सदी एक काल्पनिक या वैचारिक घोषणा पत्र है।

एच. जी. वेल्स और विन्डर विल्की ने भी समाज, राज्य और विश्व का कल्पना चित्र दिया है। हिन्द स्वराज और कम्युनिस्ट घोषणा पत्र में कई समानताएँ देखी जा सकती हैं। साम्यवाद का विश्व के अन्य विचारों से जितना संघर्ष हुआ शायद किसी अन्य विचार को उतना संघर्ष नहीं करना पड़ा। विश्व की संगठित पूंजीवादी शक्तियों से साम्यवाद को साधन विहीनता की स्थिति में लोहा लेना पड़ा था। हिन्द स्वराज भी अत्यन्त विवादित पुस्तकों में से एक है जो वैचारिक रूप से उस समय विकल्प

प्रस्तुत करती है जब सम्पूर्ण वैश्विक साम्राज्यवादी शक्तियाँ गोलबंद थी। गाँधी कहते हैं कि उनका हृदय संवेदनाओं से भरा हुआ है वे खुद को लिखने से रोक नहीं सके।"[1] यह पुस्तक उन्होंने स्वराज के सैद्धान्तिक अवधारणा को स्पष्ट करने के लिए लिखी है। उनके स्वराज की कल्पना आत्मशासन से अलग नहीं है जो होमरूल या Self Government (Good state) या Self-rule से मिला है। वे कहते हैं कि हिन्द स्वराज में जैसे स्वराज की कल्पना की गई है उसे स्थापित करने की कोई कोशिश नहीं हो रही है क्योंकि भारत उसके लिए तैयार नहीं है। हाँ, उनकी निजी कोशिश जरूर चल रही है।"[2]

गाँधी महसूस कर रहे थे कि हिंसा पथ का अनुसरण करने वाले आत्मघाती नीति (Suicidal Policy) अख़्तियार कर रहे हैं। उनके स्वराज की कल्पना आत्म-उन्नयन (Self Improvement) का माध्यम था। 1921 में उन्होंने लिखा है कि 1909 के लंदन प्रवास में सभी जानकार हिंसा में विश्वास रखने वाले भारतीयों से मिले और उनको उत्तर देने के निमित्त इस पुस्तक की रचना की (Known Indian anarchist) वे लिखते हैं कि-I felt that voilence was no remedy for India"s ills, and that her civilization required the use of a different and higher weapon for self - protaction." [3]

गाँधी भारतीयों को यह बताने के लिए चिंतित थे कि उनके लिए आधुनिक सभ्यता 'साम्राज्यवाद' से बड़ी चुनौती खड़ा कर रहा है। उपनिवेशवाद को वे आधुनिक सभ्यता की उपज मानते हैं। आधुनिक सभ्यता को उन्होंने Unmixed blessing और साम्राज्यवाद को unmixed evil कहा है। वे कहते हैं कि साम्राज्यवाद आधुनिक सभ्यता की उपज है। गुजराती के दूसरे संस्करण (1914) में इसे उन्होंने और अधिक स्पष्ट किया है (प्रस्तावना से)।

वे लिखते हैं कि अंग्रेज हमारी गुलामी के लिए जिम्मेदार नहीं हैं बल्कि हम हैं जिन्होंने आधुनिक सभ्यता के सामने अपने को समर्पित कर दिया है। हिन्द स्वराज में हिंसा के लिए कोई जगह नहीं है।"[4] 1929 और 1939 में भी उन्होंने यही कहा।

1939 में उन्होंने कहा है कि हिन्द स्वराज हमें पीछे की ओर ले जाने की बात नहीं करती है बल्कि यह हमें स्वैच्छिक सादगी और गरीबी के सौंदर्य का बोध कराती है।"[5] वे कहते हैं कि हिन्द स्वराज को उनकी आँखों से पढ़ा जाय वे पाठक से कहते हैं कि भारत को कैसे अहिंसक बनाया जा सकता है। आप कारखाने वाली सभ्यता में इसे पैदा नहीं कर सकते यह Self Contained village में ही पैदा होगा"[6] हिन्द स्वराज का अर्थ धर्म का राज्य या 'रामराज्य' है।"[7] हम गीता, रामायण या हिन्द स्वराज से दूसरों की भलाई ही तो सीखते हैं।"[8]

यों गाँधी जी ने आधुनिक सभ्यता को सभी रूपों से नहीं नकारते हैं। वे आधुनिक सभ्यता के निम्न अवदानों का स्वागत करते हैं।

Civil Liberty, equality, rights, Prospects for improving the economic Conditions of life, liberation of women from tradition और religious toleration"[9] लेकिन उसी समय वे कहते हैं कि उनका यह अवदान उसी अर्थ में स्वागत योग्य है जब स्वतंत्रता और स्वराज अधिकार और कर्तव्य, ज्ञान और नैतिकता, आर्थिक और आध्यात्मिक उन्नति धार्मिक सहिष्णुता और धार्मिक विश्वास के बीच अनुबंध हो। उन्होंने अपने आत्मकथा में अंग्रेजों के संविधान और सेवा के गुण के लिए प्रशंसा भी की है। वे लिखते हैं कि Under the British flag, respect for the law has become a part of the nation of the people."[10]

सभ्यता की उनकी परिभाषा व्यवहार है जो हमें कर्तव्य सिखाता है। अशिष्टता सभ्यता की अनुपस्थिति है। हिन्द स्वराज में आधुनिक सभ्यता का विरोध गाँधी जी ने द. अफ्रीका के अनुभव से व्यक्त किया है। एंथोनी जे परेल ने लिखा है कि ट्रांसवाल की परिस्थिति और अनुभवों से गाँधीजी ने राजनीतिक दर्शन और तकनीक दी है।''[10] द. अफ्रीका में ही उन्होंने समझा कि आधुनिक सभ्यता ही साम्राज्यवाद का मूल कारण है। अगर लेनिन साम्राज्यवाद को पूंजीवाद की उपज मानते हैं तो गाँधी साम्राज्यवाद को आधुनिकता से जोड़ते हैं।

1896 में उन्होंने क्रिसमस के दिन पश्चिमी सभ्यता पर भाषण दिया था।''[11] 1908 में जोहॉन्सबर्ग में Y M C A के सभा में भी इसी विषय पर अपना विचार रखा, लेकिन वे क्रिश्चियन सभ्यता और पश्चिमी सभ्यता का घालमेल नहीं करते हैं।''[12] ऐसे कई संदर्भ हैं जो उनके इस विचारक्रम को संवर्धित करता है।

हिन्द-स्वराज का प्रकाशन इंडियन ओपिनियन''[13] से गुजराती संस्करण में दो किस्तों 11 और 18/19 दिसम्बर, 1909 में प्रकाशित किया गया। 12 वें खण्ड तक प्रथम किस्त में ही प्रकाशित हो गया पुस्तक रूप में इसका प्रकाशन 1910 में हुआ''[14] गुजराती संस्करण पर भारत सरकार ने 24 मार्च, 1910 को प्रतिबंध लगा दिया।

हिन्द-स्वराज का अंग्रेजी रूपांतरण उन्होंने खुद अपने मित्र कैलन बैक के लिए किया जिसमें उन्होंने इसका शीर्षक 'हिन्द-स्वराज्य' से 'हिन्द-स्वराज' कर दिया। 20 मार्च, 1910 को यह अफ्रीका के I.P.P. से ही Indian Home Rule प्रस्तावना और भूमिका के साथ प्रकाशित किया गया।

1914 में नए प्रस्तावना के साथ गुजराती संस्करण पुनः प्रकाशित किया गया। 1919 में पहला भारतीय संस्करण गाँधीजी के नए प्रस्तावना और सी. राजगोपालाचारी के नोट के साथ Ganesh and Co. मद्रास द्वारा प्रकाशित हुआ। मद्रास के ही दो

अन्य प्रकाशक Noteson and Co तथा Tagore and Co ने भी 1919 में भारतीय संस्करण निकाले।

1924 में अमेरिकन संस्करण "Sermon on the Sea" शीर्षक से प्रकाशित हुआ। 1919 के मद्रास संस्करण को 1938 में नवजीवन (अहमदाबाद) ने महादेव भाई की प्रस्तावना (2.2.1938) के साथ प्रकाशित किया। पुनः उसी वर्ष महादेव भाई की प्रस्तावना (11.12.1938) के साथ हिन्द स्वराज प्रकाशित हुआ। 93 पृष्ठों (मूल में) की वह छोटी पुस्तिका 1939, 44, 46, 58, 62, 82 आदि वर्षों में प्रकाशित होती रही है। गाँधी जी के सम्पूर्ण पाण्डुलिपि में मात्र 16 पंक्तियाँ बदली गई है एवं कुछ ही शब्दों का हेरफेर हुआ है।''[16]

हिन्द स्वराज गाँधी का Gospel है जिसके द्वारा वे अपने जीवन के उद्देश्य को स्पष्ट करते हैं। गाँधी विचार को जानने और समझने का यह मूल दस्तावेज़ है''[17] Erikson इसे Incendiary Manifesto"[18] कहते हैं। महादेव देसाई ने इसे Seminal work"[19] कहा है। एंथोनी जे. परेल ने ठीक ही कहा है कि Hind Swaraj is the seed from which the tree of Gandhian thought has grown to its full stature"[20]

लार्ड लोधियन ने सेवाग्राम में महादेव भाई से हिन्द स्वराज की प्रति मांगी थी और कहा था कि गाँधी आज कल जो कह रहे हैं वह सब इस पुस्तक में है उन्हें ठीक से समझने के लिए इस पुस्तक को बार-बार पढ़नी चाहिए''[21] गाँधी खुद इस पुस्तिका को अपने अंग्रेज और भारतीय मित्रों को दे रहे थे और उनकी प्रतिक्रिया को Indian opeinion में छाप भी रहे थे।''[22] 1914 के द्वितीय गुजराती संस्करण में वे कहते हैं कि उनकी धारणा अधिक मजबूत हुई है।''[23] 1919 में, मशीन के संबंध में हिन्द-स्वराज में दिए गए विचार को उन्होंने सैद्धान्तिक रूप से सही माना''[24] 1921 में एक प्रश्न के उत्तर में उन्होंने कहा था कि ''अगर हमारे देशवासी हिन्द-स्वराज में व्यक्त पद्धतियों का अनुसरण करें तो एक वर्ष नहीं एक दिन में स्वराज पाया जा सकता है।''[25]

हिन्द-स्वराज वैकल्पिक सभ्यता का घोषणा पत्र है। पत्रों के माध्यम से पंडित जवाहरलाल नेहरू से भी इन्होंने विचार विनमय किया लेकिन नेहरू जी पर पश्चिमी सभ्यता का भूत सवार था।''[26] उन्होंने साफ कहा कि अगर उन्हें फिर से इसे लिखना हो (1920) तो मैं उसकी भाषा बदल सकता हूँ विचार नहीं "I have Nothing to withdraw from what I have written in the Indian Home Rule" इस पुस्तक में विभिन्न जगहों पर निम्न विचार दिए गए हैं-

''अस्पतालें पाप की जड़ है'' ''डॉक्टर हमें पथ-भ्रष्ट करते हैं'' रेल आकाल, दुष्टता बढ़ाने और पवित्र स्थानों को अपवित्र कर रही है। यूरोप की सभ्यता दूसरों का नाश करने वाली और खुद नाशवान है। ''सभ्यता वह आचरण है, जिससे आदमी

अपना फर्ज़ अदा करता है।" "हम अपने ऊपर राज करें यही 'स्वराज' है।"

हिन्दुस्तान अंग्रेजों से नहीं बल्कि आज कल की सभ्यता से कुचला जा रहा है। ब्रिटिश पार्लियामेंट बाँझ और वैश्या है, यह प्रजा का खिलौना (Talking shop of the world, Costly toy of the Nation) है।

भोग-भोगने से भोग की इच्छा बढ़ती जाती है इसलिए हमारे पुरखों ने भोग की हद बाँध दी है।

शिक्षा के संबंध में उन्होंने कहा कि अक्षर ज्ञान न तो शिक्षा का प्रारंभ है और न अंत। उस ज्ञान की हमें मूर्ति की तरह पूजा नहीं करनी चाहिए। वह हमारी कामधेनु नही हैं। मैकाले ने शिक्षा की जो बुनियाद डाली है वह गुलामी की बुनियाद थी।

बड़े शहरों को इस सभ्यता ने खड़ा किया है। इसमें धूर्तों की टोलियाँ और वैश्याओं की गालियाँ बनती है। गरीब अमीरों से लूटे जाते हैं।

मशीन के संबंध में वे कहते हैं कि जब साँप काटता है तो हमारा शरीर लेकर हमें छोड़ देता है। पर जब पैसा या विषय कटता है तब वह शरीर ज्ञान, मन सब कुछ ले लेता है। यों हिन्द स्वराज के मशीन संबंधी विचार को समय के अनुसार परिवर्तित करते हैं-दरअसल गाँधी मशीन का नहीं मशीन के पागलपन का विरोध करते हैं। विस्तार से समझने के लिए एवं 1909 के बाद 1916 से 1947 तक परिवर्तित विचार के संदर्भ को अलग-अलग कालखण्ड के विचारों के आधार पर व्याख्यायित किया जा सकता है।"[29]

हिन्द-स्वराज में 40 प्रमख व्यक्तियों का उल्लेख है, जिसका उन्होंने हवाला दिया हैं। हिन्द स्वराज पर कई संदर्भों में चर्चा की जा सकती है। सम्पूर्ण रूप से चर्चा करना व्यवहारिक नहीं है। हिन्दू-मुस्लिम एकता गाँधी विचार की कड़ी है, मैं मानता हूँ कि भारत विभाजन और गाँधी शहादत भी साम्राज्यवादी षडयंत्र का परिणाम था। आज भी वही शक्ति विभाजन के आधार पर साम्राज्यवाद (आर्थिक) को मजबूत कर रही है। राष्ट्रीयता, हिन्दुत्व, आदि का हथकंडा पूंजीवाद को दूध पिलाने के लिए ही नए आधारों पर खड़े किए जा रहे हैं।

प्लेटो के समय से ही, यूरोपीय विचारों में यह रस बस गया कि एक चिंतक या उद्धारक और सच्चे शिष्य या अनुयायी तथा उनसे मिलकर बनी संस्था या निकाय ही सत्य और संस्कृति के वाहक होते हैं। शेष समाज में सत्य और संस्कृति का सर्वोच्च रूप को ग्रहण करने की क्षमता नहीं होती। सच्च तो वे हैं, जो शक्तिशाली हैं, शासक हैं शेष बर्बर हैं उन्हें दास बनाकर रखना चाहिए तभी सभ्यता का विकास होता है।

अरस्तू ने स्पष्ट कहा है —सम्पत्ति मनुष्य का एक औजार है और स्वंय औजार मनुष्य की सम्पत्ति है। सभ्यता का अर्थ चिरन्तन सम्पत्ति की वृद्धि, व्यवस्था और

रक्षा है। दास और सेवक भी ऐसे ही औजार है।''[30]

समय एवं आवश्यकतानुसार औजार के रूप बदलते रहते हैं।

मैकाइवर और पेज ने जीवन की दशाओं को नियंत्रित करने के लिए मानव द्वारा निर्मित सम्पूर्ण यंत्र प्रणालियाँ तथा संगठन जिसमें प्रविधियाँ और भौतिक उपकरण भी सम्मिलित है—सभ्यता कहा।''[31]

गाँधी कहते हैं कि शरीर का सुख कैसे मिले यही आज की सभ्यता ढूँढ़ती है। उन्होंने अनीति की बुनियाद पर खड़ी की गई किसी भी सभ्यता को मानने से इंकार किया है, दरअसल नीति धर्म पर आधारित कर गाँधी ने सभ्यता को परखने की कोशिश की है। सभ्यता अगर सभ्य होना है तो क्या नीति विहीन मनुष्य को सभ्य कहा जा सकता है?

डॉ. राम मनोहर लोहिया ने आधुनिक सभ्यता के लक्षण को स्पष्ट करते हुए कहा है कि यह एक अनोखे बुद्धिवाद, उद्योग और खेतों में विज्ञान के विशेष प्रयोग द्वारा बनती है। इसमें प्रतिदिन औजार बदले जाते है और उत्पादन में निरंतर प्रगति बनी रहती है।''[32]

डॉ. लोहिया मानते हैं कि इससें पूँजी का केन्द्रीकरण हुआ है। उन्होंने कहा है कि आधुनिक सभ्यता, आधुनिक टेकनोलॉजी की उपज है और वह आधुनिक युग के सारे असन्तुलन की जड़ में है। इसमें पूँजीवादी अमरीका और साम्यवादी रूस जुड़वा भाई हैं।''[33]

आधुनिक सभ्यता के प्रति गाँधी की आक्रामकता और निर्ममता से अस्वीकार कर देने की आलोचना की जा सकती है। लोहिया भी कभी-कभी आर्थिक ताकत और टेक्नोलॉजी के चमत्कार की चकाचौंध से बच नहीं सके हैं। किसन पटनायक कहते हैं कि लोहिया के आधुनिक सभ्यता को अस्वीकार करने में दिखाई पड़ने वाली समृद्धि की चकाचौंध में हिस्सा प्राप्त करने से इस तक नकलचीपन के चलते एक प्रकार की वाह्य सादृश्यता व्यापक रूप में दिखाई पड़ती है। सादृश्यता वह मरिचिका पैदा करती है कि समानता सम्भव है और इस तरह आधुनिकीकरण गरीब वर्गों में झूठी आकाक्षाएँ जगाता है।''[34]

अर्नाल्ड टॉयन्वी ने चुनौती तथा प्रतिक्रिया के आधार पर विश्व की 26 सभ्यताओं के विश्लेषण में पाया है कि चुनौती से समस्या की उत्पत्ति होती है और प्रतिक्रिया उसका समाधान प्रस्तुत करती है। एक बार गाँधी जी ने यहाँ तक सोचा था कि वे गौतम बुद्ध से जवाब तलब करेंगे कि उन्होंने भिक्षुओं को रोज उत्पादक (शारीरिक) श्रम करने का उपदेश क्यों नहीं दिया। गाँधी के लिए उन तकनीकी अविष्कारों का कोई उपयोग नहीं था जो अमानवीय बनाए। डॉ. लोहिया ने लिखा है कि जिस ढंग से वर्तमान सभ्यता समस्त मानवता के सम्पूर्ण लाभ पहुँचाने में

असमर्थ है, उसी तरह यह मानव के सम्पूर्ण व्यक्तित्व को भी जगाने में असमर्थ है। वर्तमान सभ्यता में व्यक्ति ऐसी स्थिति में पहुँच गया है जब वह न तो महान हो सकता है न आराम ही पा सकता है। लगता है मस्तिष्क अपनी यात्रा के अंत पर पहुँच गया है। वर्तमान सभ्यता के संस्कृतिक परीक्षण में विलक्षण भ्रष्टता आ रही है। आधुनिक मानव शक्तिमान है पर उसका सबसे बड़ा दुर्भाग्य आनन्द विहीन आराम के लिए नियमित रूप से कठिन परिश्रम करना है।''[35]

रूडियार्ड किपलिंग मानते है कि पूर्व और पश्चिम कभी न मिल पायेंगे।''[36] गाँधी ने उनके उक्त कथन पर कहा कि यह सिद्धान्त निराशावाद का सिद्धान्त है जो मानव विकास से मेल नहीं खाता इसलिए इसे मान्य कर लेना बिल्कुल असंभव है। कवि टेनिसन भी 'विजन' शीर्षक कविता में पूर्व और पश्चिम के मिलने की भविष्यवाणी की है। डॉ. लोहिया कहते हैं कि आधुनिक सभ्यता में सैद्धान्तिक तत्वों की कलम पूर्व सभ्यताओं के अन्तर्ज्ञानात्मक तत्व पर लगना या साधारण भाषा में पूर्व की आध्यात्मिकता को पश्चिम के विज्ञान से मिलाना, बिल्कुल व्यर्थ की कोशिश है।''[37]

अध्यात्म और विज्ञान के मिलन की चर्चा को आज आधार मिला है। अध्यात्म के आभाव में विज्ञान नीति शून्य बन गया है। क्या मौजूदा सभ्यता में अध्यात्म को जोड़ने की कोई कोशिश हो सकती है? बिनोवा इसे अनिवार्य मानते हैं वही किसन पटनायक इस पर भद्दी टिप्पणी करते हैं।''[38]

रजनी पाम दत्त गाँधी की सभ्यता सम्बन्धी टिप्पणी को आदिम अर्थव्यवस्था की ओर ले जाने वाला कहते हैं।''[39]

कमलनयन काबरा ने विमर्श के चन्द उपेक्षित पहलू में पश्चिम के आधुनिक औद्योगीकरण के इतिहास के भ्रम को स्पष्ट किया है।''[40]

1821 में ओवन ने 'सोशल सिस्टम' नामक पुस्तक में वितरण की समुचित आवश्यकता पर बल दिया है। एक अन्य विद्वान भी विषमताओं को दूर करने में इसे असमर्थ पाते हैं। वे ऐसे समाज की कल्पना करते हैं जिसमें प्रत्येक व्यक्ति के लिए समान अवसर हो तथा उत्पादन आवश्यकताओं के अनुसार उत्पादित किया जाय।

निष्कर्षतः हम इस बिन्दु पर नहीं पहुँच पाते हैं कि पूर्वी सभ्यता तमाम गुणों से भरी है या उसमें पश्चिमी सभ्यता के दुर्गुणों का विकल्प मौजूद है। सिद्धान्त और व्यवहार का अभूतपूर्व अंतर है। हमारी सभ्यता में जिस सुधार की जरूरत होगी वह सुधार अपने वातावरण पर विचार करके करना पड़ेगा।''[41]

गाँधी कहते हैं कि आयोडीन नमक, दवा, भारत में नहीं बनती तथापि यह आवश्यक है, इसलिए वह विदेशी होते हुए भी ग्राह्य है।''[42]

इस प्रकार वर्तमान सभ्यता का अन्तर्विरोध वैकल्पिक सभ्यता की परिकल्पना को सशक्त आधार प्रदान करता है। आज के युवाओं खासकर आधुनिक शिक्षा के परिवेश से निकले विद्वानों में गाँधी विरोध का एक फैशन पैदा हुआ है सभ्यता की वर्तमान चुनौतियों का सामना करने की शक्ति अगर मेरी हठधर्मिता नहीं मानी जाय तो गाँधी विचार के पास है। सहृदयतापूर्वक निष्पक्षभाव से गाँधी की नज़रों से गाँधी विचार को परखने की जरूरत है। बाह्यरूप से हमे जो अंतर नज़र आता है। दरअसल यह अनुयायियों के बीच अस्वस्थ वैचारिक प्रतियोगिता के कारण पैदा हुआ है। संदर्भ, परिवेश और स्थितियों को ध्यान में रखकर आज की मौजूदा समस्याओं का हमें समाधान प्रस्तुत करना है तो अमृत हमें खोजना होगा जो सभी विचारों में मिलेगा। शोध के क्षेत्र में इसकी आवश्यकता और बढ़ गई है। आज की चुनौतियाँ क्या है? हर व्यक्ति समाज और देश के सामने अलग-अलग चुनौतियाँ है। गाँव और शहरों के सवाल अलग हैं। किसान, मजदूर, युवा, महिला दलितों की अलग-अलग माँगें हैं। इन चुनौतियाँ में अनुबंध है? अगर अनुबंध का आधार नहीं ढूढ़ा गया, तो हर सवाल का जवाब हमें अलग-अलग रास्ता दिखाएगा जो दूसरे अन्य सवालों को खड़ा करेगा। हिन्द-स्वराज सभी सवालों के जड़ पर प्रहार करता है। सवालों को उत्पन्न करने के कारणों की पड़ताल हिन्द-स्वराज का अभिप्राय है सिर्फ़ निवेदन है कि हिन्द-स्वराज को गाँधी की नज़र/दृष्टि से पढ़ा जाय। सभी चुनौतियों को नई पीढ़ी अपने विवेक के आधार पर शमन करेगी नैतिकता की राह चलकर तो निश्चित ही हम उस लक्ष्य को प्राप्त कर सकेंगे जो आज का युग हमसे अपेक्षा कर रहा है। आवश्यकता इस बात की है कि हम करें एक नयी सुबह की शुरूआत।

सन्दर्भ

1. CW32 P489
2. हिन्द स्वराज
3. CW19 P277
4. CW12 P.412
5. CW70 P. 242
6. CW70 P.296
7. CW32 P.489
8. CW32 P. 496
9. CW4 : 322
10. Parel J. Anthony, Hind Swaraj and other Writings P XXI
11. आत्मकथा
12. CW8 P.244

13. द. अफ्रीका से प्रकाशित साप्ताहिक पत्रिका प्रारंभ 1904
14. International Printing Press, Phoenix नाटाल, द. अफ्रीका गाँधी जी का अपना प्रकाशन
15. Sermon on the sea, Haridas T, Majumdar (ed) Introduction by John Holmes Holmeo, Universal Publishing Company Cicago.
16. Gandhi, Prabhudas, My Childhood with Gandhi, Ahmedabad 1957, PP.87-88
17. Chatterjee, H. Gandhi's Religions Thought London : 1992 P.89
18. Erikson, Erik, Gandhi's Truth, Newyork, 1969 P216
19. Desai, M., "Preface" Hind Swaraj, Ahmedabad 1962
20. Parel, A., 1 bid P. XIII
21. महादेव देसाई, हिन्द स्वराज (2.2.1938 प्रस्तावना में) P. 13
22. Indian openiun, 21.5 1910
23. हिन्द स्वराज CWMG, Vol 12 P. 411
24. मगनलाल गाँधी को दिया गया पत्र CWMG Vol 15, p. 346
25. Tendulkar, D. G., Mahatma Vol- 2 P. 17
26. A Bunch of old letters, London
   (i) 5 अक्टूबर 1945 गाँधीजी का पत्र नेहरू के नाम CW 81 P. 319.21
   (ii) नेहरू का जवाब इलाहाबाद, 9 अक्टूबर 1945 Bunch of Letter P. 507
   (iii) 13.11.1945 गाँधी जी का पत्र नेहरू के नाम—Bunch of old Letters P. 511-12
27. CW Vol. 42 P. 125
28. C. W. Vol 24 P. 548 and C.W. Vol 67 PP 169-70
29. 22 दिसम्बर 1916, E;qj सेन्ट्रल कॉलेज में Economic Society Allahabad में दिया गया भाषण—CW 13 P. 310.17

1919 - CW 16 - 134-5	1922 -CW 22 - 401-2
1924 - CW 25 - 251-2	1931 - CW 48 - 353
1934 - CW 58 - 400	1935 - CW 61 - 416
1936 - CW 64 - 118	1945 - CW 82 - 132-3
1946 - 85 (CW) P.95, 239-40	1947 - 87 249

   (शौचालय में लस सिस्टम का समर्थन)
30. धर्मपाल : भारत का स्वधर्म, वाग्देकी प्रकाशन, बीकानेर, 1994, पृ. 28-29
31. मैकाइवर, आर. एम. एवं पेज चालर्क एच., समाज आर. जी. विश्वेश्वरप्पा, रतन प्रकाशन मंदिर, आगरा-3 तृतीय संस्करण 1983-84 पृ. 433
32. डॉ. लोहिया, इतिहास चक्र, सप्रम सप्तम संस्करण 1968 पृ. 64
33. इतिहास चक्र

34. पटनायक, किशन, विकल्पहीन नही है दुनिया, राजकमल प्रकाशन, 2000 पृ. 36-87
35. डॉ. लोहिया, राम मनोहर, इतिहास चक्र पृ. 75
36. स.गा.वा. खण्ड 9 पृ. 475
37. डॉ. लोहिया, राम मनोहर, इतिहास चक्र पृ. 18
38. पटनायक, किशन, विकल्पहीन नहीं है दुनिया, पृ. 86
39. दत्त रजनी पाम, इंडिया टूडे बम्बई 1947, पृ. 506-7
40. युवा संवाद, नई दिल्ली, अक्टूबर 07 पृ. 15
41. गाँधी म.क. नवजीवन, 24 मई 1925
42. ल.गा.वा. खण्ड 28 पृ. 158

लेखकों का परिचय

आचार्य राममूर्ति त्रिपाठी

संस्कृत एवं हिन्दी साहित्य के लब्ध विद्वान तथा काव्यशास्त्र व दर्शनशास्त्र के मर्मज्ञ आचार्य राममूर्ति त्रिपाठी ने लगभग 40 पुस्तकों का लेखन कार्य किया है। 10 से अधिक ग्रंथ अनूदित हैं आपके, और कई पत्रिकाओं का आपने सम्पादन या सम्पादकीय मार्गदर्शन किया है। आपने अतिथि आचार्य का भी उत्तरदायित्व निर्वाह किया और लगभग 25-30 विशेष व्याख्यानों से अपने समय में विशेष रूप से लाभान्वित किया। 'भारतीय काव्यशास्त्र नई व्याख्या' पर पूर्वांचल पुरस्कार, उ.प्र. हिन्दी संस्थान के पुरस्कार, मध्यप्रदेश साहित्य परिषद, भोपाल से पुरस्कृत हुए। आपको आचार्य हजारी प्रसाद द्विवेदी, शंकर पुरस्कार, के.के. बिड़ला फाउण्डेशन, मूर्तिदेवी पुरस्कार, साहित्य अकादमी, नई दिल्ली, भारत भारती सम्मान, उ.प्र. हिन्दी संस्थान, लखनऊ से भी नवाज़ा गया। हाल ही में पं. आचार्य राममूर्ति त्रिपाठी का निधन हो गया।

पता–स्टेट बैंक कालोनी, देवरास रोड, उज्जैन (म.प्र.)

प्रो. रामकृष्ण मणि त्रिपाठी

हिन्दी, अंग्रेजी, संस्कृत व उर्दू समेत कई भाषाओं के विद्वान सुप्रसिद्ध राजनीतिशास्त्री प्रो. रामकृष्ण मणि त्रिपाठी गोरखपुर विश्वविद्यालय, गोरखपुर के राजनीतिशास्त्र विभाग में प्रोफेसर रह चुके हैं। 9/11 के बाद सन् 2001-05 के बीच श्री त्रिपाठी ने 50-60 लेख दैनिक जागरण के गोरखपुर से प्रकाशित गुरुवासरीय संस्करण में लिखा। आपकी 'हिंदी साहित्य कोश' ज्ञानमण्डल से प्रकाशित सन् 1958 में (प्रथम संस्करण) हुए। आपने नव-साम्राज्यवाद, गोधराकाण्ड, अहमदाबाद, ईराक व अफगानिस्तान तथा आतंकवाद पर बृहत्तर लेखन किया है। आप ने गाँधी और सावरकर के बीच हिंसा और अहिंसा पर संवाद को भी लिपिबद्ध किया। इसके अतिरिक्त अकादमियों में होने वाली बहस को आमजन के मुहावरे में विश्वविद्यालय और महाविद्यालय में आपने प्रस्तुत किया। सम्प्रति, प्रो. राम कृष्ण मणि त्रिपाठी इण्डियन सोसायटी ऑव गाँधीयन स्टडीज के अध्यक्ष हैं।

पता : 4-अ, नया बंगला, पार्क रोड, 10 सिविल लाइन्स, गोरखपुर–273009 (उ.प्र.)
मो.09450959303, ई-मेल : rkm_tripathi@rediffmail.com

धर्मपाल

सुप्रसिद्ध गाँधीवादी, इकोनॉमिस्ट तथा विचारक धर्मपाल जी ने 'भारत का स्वधर्म', 'स्वदेशी और भारतीयता', 'भारतीय चित्र मानस और मन', 'अंग्रेजों से पहले का भारत' आदि पुस्तकों का सृजन किया है। दो वर्ष पूर्व आपका निधन हो गया।

पता- बापू कुटी, सेवाग्राम, वर्धा (महाराष्ट्र)

अभय कुमार दुबे

लेखक, सम्पादक, अनुवाद एवं अनुसंधानकर्ता अभय कुमार दुबे नक्सवादी आन्दोलन से लम्बे समय से जुड़े रहे हैं। दैनिक जनसत्ता में काम करने के पश्चात् आप विकासशील समाज अध्ययन पीठ से जुड़े। नक्सलवादी आन्दोलन, दलित आन्दोलन, साम्प्रदायिकता, नारी मुक्ति आन्दोलन, संस्कृति, सिनेमा व खेल के आधिकारिक विद्वान दुबेजी ने आधा दर्ज़न से अधिक किताबों का सम्पादन किया है। 'भूमण्डलीकरण : पितृसत्ता के नए रूप' के अतिथि सम्पादक रहे श्री दुबे ने 'द ग्रेट इण्डियन मिडिल क्लास', 'द आयडिया ऑव इण्डिया', 'ग्लोबलाइजेशन ऑव फाइनांस' को अनूदित किया। हंस पत्रिका के अतिथि सम्पादक का भी उत्तरदायित्व आपने सम्हाला तथा कई पुस्तकों व पत्र-पत्रिकाओं में लेख, चैप्टर व अन्य सर्जन करके समय से आमजन व बौद्धिकों को साक्षात्कार भी कराया। उत्तर-नेहरू युग के तीन नेताओं-कांशीराम, बाल ठाकरे, मुलायम सिंह यादव के राजनीतिक जीवन पर तीन रचनाएँ प्रकाशित। भारतीय भाषा कार्यक्रम के तहत प्रकाशित 'लोक-चिन्तन ग्रंथ माला' की सभी पांच कड़ियों का सम्पादन आपने किया। स्टोनली बोलपर्ट की पुस्तक 'जिन्ना मुहम्मद अली से कायद-ए-आज़म' उनकी इस वक्त की सबसे चर्चित अनूदित कृति मानी गयी है।

पता : 07/सन ब्रीज अपार्टमेण्ट, टॉवर-ए, वैशाली, गाजियाबाद (उ.प्र) पिन-201010
मो. 09810013213, ई-मेलः abhaydube2001@yahoo.com

गिरिराज किशोर

डी.लिट. की मानद उपाधि तथा पद्मश्री से विभूषित गिरिराज किशोर कहानी, उपन्यास, समालोचना, नाट्य लेखन व वैचारिक लेखन के लिए मशहूर हैं। भारतीय उच्च अध्ययन संस्थान, राष्ट्रपति निवास शिमला में फ़ैलो (मई 1999 से नवम्बर 2001) तक रहे। शहर नीम के फूल, चार मोती बेआब, पेपरेट, रिश्ता और अन्य

कहानियाँ, शहर दर शहर, हम प्यार कर लें, जगत्तारनी एवं अन्य कहानियाँ, गाना बड़े गुलाम अली खा का, वल्दरोज़ी, यह देह किसकी है, हमारे मालिक सबके मालिक। कहानियां पाँच खण्डों में प्रवीण प्रकाशन, महरौली, नई दिल्ली से प्रकाशित। 'मेरी राजनीतिक कहानियाँ' तथा नया कहानी संग्रह 'हमारे लोग,कहानी, चिड़ियाघर, दो, इंद्र सुनें, दावेदार, तीसरी सत्ता, यथा प्रस्तावित परिशिष्ट, असलाह, अंर्तध्वंस, ढाई घर, यातनाघर (उपन्यास), आठ लघु उपन्यास 'अष्टाचक्र' नाम से दो खण्डों में आत्माराम एण्ड संस, दिल्ली से प्रकाशित हैं। आपका विशेष उपन्यास गांधी जी के दक्षिण अफ्रीकी अनुभव पर आधारित महाकाव्यात्मक उपन्यास है। आपने नरमेध, प्रजा ही रहने दो, चेहरे-चेहरे किसके चेहरे, केवल मेरा नाम लो, जुर्म आयद, काठ की तोप। बच्चों के लिए एक लघु नाटक मोहन का दुःख (नाटक) आत्माराम एण्ड संस, दिल्ली द्वारा प्रकाशित, रंगदर्शन में संकलित किया। संवादसेतु, लिखने का तर्क, सरोकर, कथ-अकथ, एक जन-भाषा की त्रासदी, जन-जन सत्ता (निबन्ध) तथा दूरदर्शन, एन. डी.टी.वी., बी.बी.सी लंदन, रोज़ ब्रॉडकास्टिंग स्टेशन, डरबन तथा मॉरिशस रेडियो पर साक्षात्कार। दूरदर्शन द्वारा फिल्म, ओ.एच.एम. नीदरलैण्ड, ने डाक्यूमेंटरी तैयार की। देश विदेश में यात्राएँ आपने की है तथा बहुत से पुरस्कारों से सम्मानित हुए हैं।

पता : 11/210, सूटरगंज, कानपुर-208 001 (उ.प्र.)। फोन –0512 पिन-3961076
मो. 09839214906, ई-मेलः girikishore@yahoo.com

डॉ. अनिल दत्त मिश्र

डॉ. अनिल दत्त मिश्र वर्तमान समय में गाँधी संग्रहालय, राजघाट, नई दिल्ली में उपनिदेशक पद पर कार्यरत हैं। आपने गाँधी और उनके वैचारिक विमर्श पर काफी लेखन कार्य किया है। आपने जैन विश्व भारती, लाडनूँ (राजस्थान) के अहिंसा एवं शांति अध्ययन विभाग में असिस्टेंट प्रोफेसर पद से अपने उत्तरदायित्व की शुरुआत की। इसके अतिरिक्त श्री मिश्र ने सर्वोदय संघ के महासचिव, दिल्ली स्कूल्स के जेनरल सेक्रेटरी, पंजाब विश्वविद्यालय, चण्डीगढ़ के सदस्य की भी जिम्मेदारी सम्हाली। आप 12 पुस्तकों का सम्पादन व लेखन कर चुके हैं तथा शोध 'जॅर्नल' के भी प्रकाशन में सक्रिय रहे। डॉ. मिश्र की चर्चित पुस्तकें हैं --प्रॉब्लम्स एण्ड प्रासपेक्ट्स ऑव वर्किंग वूमन इन अर्बन इण्डिया (1994), फाण्डामेण्टल ऑव गाँधीज़्म (1995), गाँधीयन अप्रोच टू कन्टम्प्रेरी प्रॉबल्म्स (1996), डी-सेण्ट्रलाइज प्लॉनिंग्स इन इण्डिया-अ स्टडी ऑव आब्जेक्टिव्स एण्ड ऑपरेशनल फ्रेमवर्क्स (1999), जेण्डर प्रास्पेक्टिव्स : पार्टीसिपेशन, एम्पॉवरमेण्ट एण्ड डेवलपमेण्ट (1999), पर्स-पेक्टिव ऑन ह्यूमन राइट्स (2002), रीडिस्कवरिंग गाँधी (2002), पैटर्न्स ऑव जेण्डर वॉयलेंस इन इण्डिया (2002), और चैलेंजेज ऑव ट्वेंटी फर्स्ट सेन्चुरी एण्ड गाँधीयन अल्टरनेटिव (2002) के साथ 'ग्लोबलाइजेशन मिथ एण्ड रियलिटी' का

सम्पादन। डॉ. मिश्र 'द फूटस्टेप्स ऑव गाँधी' के बीस वॉल्यूम की सिरीज निकालने में फिलहाल व्यस्त हैं।

पता—उप-निदेशक, गाँधी, राजघाट, नई दिल्ली
मो : 09818712065, ई-मेल : anildattamishra@gmail.com

एन्थोनी जे. परेल

प्रो. एन्थोनी जे. परेल यूनिवर्सिटी ऑव कालग्रे में राजनीति विज्ञान के सुप्रसिद्ध प्रोफेसर के अतिरिक्त यूनिवर्सिटी ऑव ब्रिटिश, कोलम्बिया और कांकोर्डिया यूनिवर्सिटी में अध्यापन कार्य किया। वह द मैकिवेलिअन कास्म्स (यैल, 1992) के सुप्रसिद्ध लेखक के रूप में सुमार किए जाते हैं। क्लैर हाल के सदस्य के रूप में भी आपका नाम आता है। दुनियाभर में वह कैम्ब्रिज युनिवर्सिटी प्रेस से प्रकाशित 'गाँधी 'हिन्द स्वराज' एण्ड अदर राइटिंग्स' का जब सम्पदान 1997 में प्रकाशित किए तो वे मशहूर हो गए।

ई-मेलः parel@ucalgary.ca

प्रो. राम पुनियानी

प्रो. राम पुनियानी आई.आई.टी. मुंबई से सेवानिवृत्त हैं। आप नेशनल इण्टीग्रेशन, कम्यूनल हार्मोनी और शांति के क्षेत्र में उल्लेखनीय योगदान पिछले दो वर्षों में दिए हैं। आपकी कुछ चर्चित पुस्तकों में—Communalism: Facts versus myths, Second Assassination of Gandhi, Terrorism: Facts versus Myths and Dalits: Social Justice. शामिल हैं। आपको इन्दिरा गाँधी राष्ट्रीय एकीकरण अवार्ड 2006 में, तथा नेशनल कम्यूनल होर्मोनी अवार्ड से नवाजा जा चुका।

पता : 1102/5, महाड़ा, पवई, मुंबई-400076
मो. 09322254043 Contact: ram.puniyani@gmail.com

शुक्ला सेन

शुक्ला सेन स्वतंत्र अध्येता, लेखक एवं शांति कार्यकर्ता हैं। आप सीएनडीपी से प्रकाशित 'डिजर्मामेंट एण्ड पीस' जर्नल के संपादक भी हैं। 2001 में आपने शांति के लिए एक बड़ा कार्य किया। इण्डियन अकादमी ऑव सोसल संइन्स के लाइफ टाइम फेलो हैं आप और भारतीय सामाजिक चिंतन में भी, सक्रिय हैं। भारत के विभिन्न अकादमिक एवं संस्थानिक संगोष्ठियों में आपने महत्त्वपूर्ण भागीदारी की है।

मो. 09223243041, E-mail: sukla.sen@gmail.com

रामचन्द्र राही

आपका बचपन से ही सामाजिक कार्यों के प्रति आकर्षण, छात्र-आन्दोलन में भागीदारी, समाजवादी युवजन सभा (यंग सोसलिस्ट लीग) से लगाव रहा। सन् 1942 से नायक जयप्रकाश नारायण के प्रति आकर्षण, गाँधी एवं सर्वोदय-विचार-साहित्य

के अध्ययन में अभिरुचि। 1954-55 में विनोबा के भूदान-आन्दोलन से प्रभावित राहीजी जुलाई 1956 में नये जीवन-शिक्षण की तलाश में स्व. धीरेन्द्रभाई द्वारा स्थापित श्रम भारती, खादी ग्राम (मुंगेर, बिहार) पहुँचकर धीरेनदा और आचार्य राममूर्ति के सानिध्य में नये जीवन-शिक्षण का शुभारम्भ किया।

सन् 1957 में जे. पी. के आवाहन पर आचार्य राममूर्ति के नेतृत्व में पूरे सालभर मुंगेर जिले में भूदान-पदयात्रा। सन् 1958 से 1962 तक शिक्षा के क्षेत्र में विभिन्न प्रयोग, जनाधारित ग्राम सेवा एवं ग्रामशालाओं के प्रयोग, श्रमाधारित जीवन के बहुआयामी प्रयोग और अनुभव। सन् 1963 में उत्तर-पूर्व के सीमावर्ती क्षेत्र में शान्ति सेना कार्य। सन् 1964 से 1969 तक सर्वोदय विचारक एवं चरखा संघ, सर्व सेवा संघ के पूर्व अध्यक्ष स्व. धीरेन मजूमदार के व्यक्तिगत् सहयोगी। उसके बाद 1972 तक ''भूदान-यज्ञ'' साप्ताहिक का आचार्य राममूर्ति के प्रधान सम्पादकत्व में सहकारी सम्पादन कार्य, ग्रामदान-आन्दोलन में सक्रिय भागीदारी।

सम्पूर्ण-क्रांति आन्दोलन में शुरू से ही सक्रिय भागीदारी आपने की। 4 नवम्बर को जे. पी. के नेतृत्व में निकली विराट रैली में जे. पी. के सुरक्षा दस्ते में, पुलिस की पिटाई से बुरी तरह घायल हुए। आपातकाल में अपने पिता की गिरफ्तारी के बाद स्वयं भूमिगत रहकर आपातकाल का विभिन्न रूपों में प्रतिकार किया।

आपकी प्रकाशित रचनाएँ हैं-सर्वोदय-आन्दोलन विषयक : ग्राम सभा : स्वरूप और संगठन, गाँव जाग उठा (नाटक), बदलते लोग : बदलते गाँव, माटी की माँग, हमें चाहिए अपना राज। अनुवाद : फ्रांस के युवा विद्रोह पर आधारित अंग्रेजी पुस्तक Youth Revolt का तरूण-विद्रोह शीर्षक से हिन्दी में अनुवाद। सम्पादन : आचार्य राममूर्ति के लेखों की पुस्तक–शिक्षा, संस्कृति और समाज। सौम्यमूर्ति : सोमभाई (अभिनन्दन ग्रंथ) सम्मानित : 12 अक्टूबर, 2003 को बाबा आमटे द्वारा आनंदवन, वरोरा में आचार्य विनोबा भावे राष्ट्रीय पुरस्कार से सम्मानित।

पता : गाँधी स्मारक निधि, राजघाट, नई दिल्ली-110002 फोन नं. 011-23311495 (कार्यालय) फोन : 011-23318318 (निवास) मोबाइल–09868863735
ई-मेल : gandhismaraknidhi73@gmail.com

प्रो. पाण्डेय शशिभूषण 'शीतांशु'

'शीतांशुजी' व्यापक, गहन अध्ययन एवं मौलिक संवेदन, चिन्तन से सम्पन्न बुद्धिजीवी हैं। प्रखर, तार्किक वक्ता तथा अहिंदी-भाषा क्षेत्र में हिन्दी के प्रचार प्रसार हेतु पूरी तरह समर्पित, निष्ठावान व्यक्तित्व; भाषाविद्, शैलीविद्; साहित्य-सिद्धांत और साहित्य-विश्लेषण के लिए शीतांशुजी सिद्ध-प्रसिद्ध हैं।

आप सन् 1964-77 भागलपुर विश्वविद्यालय सेवा में व्याख्याता। सन् 1977-85 गुरू नानक देव विश्वविद्यालय (अमृतसर) के हिन्दी विभाग में वरिष्ठ रीडर। सन् 1985 पूना विश्वविद्यालय (पुणे) में हिन्दी भाषा के प्रोफेसर। कुछ ही समय बाद गुरू नानक

देव विश्वविद्यालय के हिन्दी विभाग में प्रोफेसर। सन् 1986-89 वहीं हिन्दी के प्रोफेसर एवं अध्यक्ष। सन् 1992-94 वहीं भाषा-संकाय के अधिष्ठाता रहे। सन् 1992-95 भारतीय सांस्कृतिक सम्बन्ध परिषद्, भारत सरकार, नई दिल्ली द्वारा 'त्रिनिदाद' एवं 'पेइजिंग' के लिए क्रमशः सन् 1992 तथा सन् 1995 में 'विजिटिंग प्रोफेसर' के रूप में चयनित हुए तथा फरवरी 2005 से जनवरी 2007 तक महात्मा गाँधी अन्तरराष्ट्रीय हिन्दी विश्वविद्यालय, वर्धा में विजिटिंग प्रोफेसर के रूप में कार्य किया।

आपने यू.जी.सी. (नई दिल्ली) द्वारा संभरित दो बृहत् शोध-प्रकल्प 'गुरूमुखी लिपि में उपलब्ध हिन्दी साहित्य : समाज-सांस्कृतिक अध्ययन' तथा 'रामचरितमानस का संकेत-विसंरचनात्मक—सहशैलीवैज्ञानिक विश्लेषण' सम्पन्न किया

आपके अब तक प्रकाशित 200 से अधिक शोध-पत्र हैं तथा 25 पुस्तकें प्रकाशित हुई हैं।

आप हिन्दी सूचना विश्वकोश परियोजना, म.गां.अ.हि.वि.वि., वर्धा के वरिष्ठ सम्पादक पद को विभूषित कर चुके हैं तथा वर्तमान में लेखन व चिन्तन कार्य में सक्रिय हैं।

पता : 'साईंकृपा' 58, लाल एवन्यू, डाकघर—रेयोन एण्ड सिल्क मिल, अमृतसर-143005 (पंजाब) Mo: 09780617981

विनोद शाही

विनोद शाही जी वर्तमान में गुरूगोविन्द सिंह राजकीय महाविद्यालय, जडियाला (जालंधर) में प्राचार्य हैं। आप जाने-माने आलोचक, कहानीकार, नाटककार, कवि व मीडिया कर्मी हैं। हिन्दी व अंग्रेजी के पण्डित विनोद शाही की आलोचना, पहल, पल प्रतिपल, धर्मयुग, समय, माजरा, वागर्थ, पूर्वग्रह, साक्षात्कार, कल्पना, वर्तमान साहित्य, भारतीय वर्तमान साहित्य, बहुवचन, गगनांचल, ज्ञानोदय तथा अन्यथा में प्रायः प्रकाशित होते रहे हैं। आपने आकाशवाणी और दूरदर्शन में दो सौ से अधिक कार्यक्रमों में सहभागिता की तथा अमर उजाला, दैनिक ट्रिव्यून, जनसत्ता आदि समाचार पत्रों में प्रकाशित हुए हैं।

तीन कविता संग्रह, चार नाटक, चार कहानी संग्रह, 18 से अधिक आलोचना पर लेख व पुस्तकें प्रकाशित कर चुके विनोद शाही साहित्य कला परिषद् दिल्ली, आकाशवाणी मुम्बई, भाषा विभाग, पंजाब, साहित्य कला अकादमी जालंधर आदि कई नामचीन संस्थाओं से पुरस्कृत व सम्मानित हैं।

पता : धीमीनगर, (चीमानगर एक्सप्रेस), मिट्ठापुर रोड, (पो.बॉ. टॉवर) टाउन कॉलोनी, जालंधर—144 014 मो. 09814658098, ई-मेलः vshahi2003@yahoo.com

के.एन. गोविन्दाचार्य

के.एन. गोविन्दाचार्य बड़े सामाजिक कार्यकर्ता एवं 'थिंक टैंक' के रूप में सुमार किए जाते हैं। गोविन्दाचार्यजी राष्ट्रीय स्वयं संवक संघ के वरिष्ठ सक्रिय कार्यकर्ता

हैं। वह इस हैसियत से प्रचारक की भूमिका में सक्रिय रहे। गोविन्दाचार्य ने अपना राजनैतिक कैरियर 1974 में शुरू किया। वह जे.पी. मूवमेण्ट 'सम्पूर्ण क्रांति' के महत्त्वपूर्ण हिस्सा रहे। 1988 में वह भारतीय जनता पार्टी से जुड़े और सन् 2000 तक वह पार्टी के राष्ट्रीय महासचिव की जिम्मेदारी सम्हाले। दो वर्ष तक (सामाजिक, राजनीतिक व आर्थिक प्रभावों के बारे में उन्होंने इम्पैक्ट ऑफ ग्लोबलाइजेशन पर अध्ययन किया। 'भारत विकास संगम' द्वारा स्वदेशी और विकेन्द्रीकरण पर कार्य करने की उन्हीं की अवधारणा रही। उन्होंने कौटिल्य शोध संस्थान की नींव रखी साथ ही उनके द्वारा राष्ट्रीय स्वाभिमान आन्दोलन की शुरुआत हुई जो विश्वभर में प्रसिद्ध है। समकालीन समय के सुप्रसिद्ध चिंतक गोविन्दाचार्य न केवल अकादमिक बहस के हिस्सेदार हैं बल्कि वह सामाजिक आन्दोलन में भी सक्रिय हैं।

E-mail: kngovindacharya@yahoo.com , Mo: 09810209020

डॉ. राजीव कुमार

डॉ. राजीव कुमार एम.एम.टी.पी.जी. कालेज, बलिया में 24 वर्षों से अध्यापन कार्य कर रहे हैं। आपके संपादन में "Uttar Pradesh Journal of Social Science & research", National Journal प्रकाशित हो रहा है। आपकी चार पुस्तकें प्रकाशित हैं। आप कई सामाजिक संगठनों के कार्यों में भी भागीदार कर रहे हैं।

पता : श्रीराम विहार कालोनी, बलिया-277001 (उ.प्र.)
मो. 09415248731 E-mail: rajeev.csss@gmail.com

प्रो. इन्द्रनाथ चौधुरी

अध्यापक, प्रशासक तथा कल्चरल डिप्लोमेट, दिल्ली विश्वविद्यालय, हैदराबाद तथा बुखरेस्ट विश्वविद्यालय में हिन्दी, तुलनात्मक साहित्य तथा भारतीय अध्ययन के प्रोफेसर, केन्द्रीय साहित्य अकादमी नई दिल्ली के सचिव, नेहरू केन्द्र लन्दन के निदेशक तथा इन्दिरा गाँधी राष्ट्रीय कला केन्द्र के सदस्य सचिव तीन भाषाएँ हिन्दी, बांग्ला व अंग्रेजी में पुस्तकें प्रकाशित । पिछले 7-8 वर्षों की तीन मुख्य पुस्तकें 'द जेनिसिस ऑव इूमैजिनेशन' (दिस द स्पार्क फ्लाई अपवडी), 'तुलनात्मक भारतीय परिप्रेक्ष्य' आपकी प्रमुख पुस्तक है। लगातार लेखन कार्य से सम्बद्ध रहे हैं।

पता—183, टैगोर पार्क, नई दिल्ली-9 मोबा. 09818404130

कुमार प्रशांत

कुमार प्रशांत सुप्रसिद्ध सर्वोदयी चिंतक हैं। आप ग्राम स्वराज आन्दोलन में बिनोवा भावे, जयप्रकाश नारायण के साथ सक्रिय रहे तथा सम्पूर्ण क्रांति आन्दोलन के मुख्य

पत्र के सम्पादन का दायित्व भी सम्हाल चुके हैं। कुमार प्रशांत जी 18 माह तक आपातकाल के दौरान जेल में रहे तथा आज भी उसी ऊर्जा के साथ गाँधी विचार के राष्ट्रीय युवा संगठन के मुख्य प्रेरक व संचालक हैं। देश के वरिष्ठ लेखकों-सम्पादकों-पत्रकारों में मान्य कई पुस्तकों के सर्जक आज भी देश के महत्त्वपूर्ण पत्रों में नियमित स्तम्भ लेखन में सक्रिय हैं।

पता–202, मोहन नंदन वन , स्वामी विवेकानंद मार्ग, दहिसर (पुर,) मुंबई–400068
E-mail: kumar.prashant@acm.co.im, Mo: 09819788661

श्री विभूति नारायण राय

'शहर में कर्फ्यू' 'किस्सा लोकतंत्र' 'घर' 'तबादला' तथा 'प्रेम का भूतनाथ' जैसे सुपरिचित उपन्यासों के लेखक श्री विभूति नारायन राय भारतीय पुलिस सेवा के अपने दायित्वों से मुक्त होकर महात्मा गाँधी अन्तरराष्ट्रीय हिंदी विश्वविद्यालय, वर्धा में कुलपति हैं। व्यंग्य विधा पर भी जबरदस्त अधिकार आप रखते हैं। व्यंग्य की किताब 'एक छात्र का रोज़नामचा' काफी चर्चित रहा। 'तबादला' नामक पुस्तक पर आपको इन्दु शर्मा अन्तरराष्ट्रीय कथा सम्मान लंदन से प्राप्त हुआ तथा 'किस्सा -ए-लोकतंत्र' उ.प्र. हिंदी संस्थान से पुरस्कृत। आपकी साम्प्रदायिकता पर 'साम्प्रदायिक दंगे और भारतीय पुलिस' नामक पुस्तक भी प्रकाशित हुई जिसकी लोकप्रियता भारत और विदेशों में भी बनी।

पता : महात्मा गाँधी अन्तरराष्ट्रीय हिंदी विश्वविद्यालय, पंचटीला, पो. मानस मन्दिर, वर्धा-442001 (महाराष्ट्र)। फोन : 09730071826

डॉ. पी.एन.सिंह

सुप्रसिद्ध साम्यवादी चिंतक डॉ. पी.एन. सिंह 'समकालीन सोच' के वरिष्ठ सम्पादक हैं। आप पोस्ट ग्रेजुएट कॉलेज गाजीपुर में अंग्रेजी विभाग अध्यक्ष रहे। आप बी.ए. ऑनर्स कलकत्ता से किए। आपकी 'नॉयपाल का भारत', 'सुसाइयटी कल्चन एण्ड मार्कसिस्ट लिट्रेरी थियरी एण्ड क्रिटिसिज़्म, 'कम्यून्स्टि' अम्बेडकर चिन्तन और दलित साहित्य, 'गाँधी अम्बेडकर और लोहिया' सुप्रसिद्ध पुस्तकें हैं।

पता : गौतम बुद्ध कॉलोनी, माल गोदाम रोड, गाजीपुर-233 001 (उ.प्र)
मो. 09451 316529

डॉ. रामजी सिंह

डॉ. रामजी सिंह सुप्रसिद्ध गाँधीवादी चिन्तक पूर्व सांसद हैं। आप भागलपुर विश्वविद्यालय, भागलपुर के गाँधीयन थाट्स के फाउण्डर मेम्बर रहे तथा आपने जैन विश्व भारती विश्वविद्यालय (लाडनूँ) के कुलपति का दायित्व भी सम्हाला। आपकी कई गाँधी पर सुप्रसिद्ध पुस्तकें हैं।

पता : 104, सन्याल एन्क्लेव, बुद्ध मार्ग पटना-01 मो. 09334209118

नन्द किशोर आचार्य

वर्तमान समय में प्राकृत भारती अकादमी, जयपुर में रहकर 'अहिंसा विश्वकोश' निर्माण में व्यस्त सुप्रसिद्ध गाँधीवादी चिंतक, इतिहासकार, संस्कृतिविद् तथा नाटककार नन्दकिशोर आचार्य अज्ञेय द्वारा सम्पादित चौथे तार सप्तक के प्रमुख कवि हैं। आचार्य जी के 'जल है जहाँ', 'शब्द भूले हुए', 'वह एक समुद्र था', 'आती है जैसे मृत्यु', 'रेत राग' काव्य संग्रह प्रकाशित हुए हैं। 'रचना का सच', 'सर्जक का मन', 'अनुभव का भव', 'अश्रेय की काव्य-तितीर्शा', 'साहित्य का स्वभाव', 'साहित्य का आध्यात्म जैसी साहित्यालोचन की कृतियाँ तथा देहान्तर', 'पागलघर और गुलाम बादशाह' जैसे नाटक संग्रह भी आपके प्रकाशित हुए। आचार्य जी ने एम.एन. राय के 'न्यू ह्यूमेनिज़्म' समेत कई पुस्तकों का अनुवाद किया है। आपका 'कल्चर पॉलिटी ऑव हिन्दूज' और 'द पॉलिटी इन शुक्रनीति सार (शोध)', 'संस्कृति का व्याकरण', 'परम्परा और परिवर्तन (समाज दर्शन)', 'आधुनिक विचार और शिक्षा (शिक्षा दर्शन)', 'मानवाधिकार के तकाज़े', 'संस्कृति का व्याकरण', 'संस्कृति की समाजिकी', 'संस्कृति की सभ्यता', 'सभ्यता का विकल्प' तथा 'सत्याग्रह की संस्कृति' (गाँधी-दर्शन) पर पुस्तकें प्रकाशित हुईं। मीरा पुरस्कार, बिहारी पुरस्कार, भुवनेश्वर पुरस्कार, राजसभा संगीत नाटक अकादमी एवं भुवालका जनकल्याण समिति द्वारा नवाज़े जा चुके आचार्य जी अब भी सृजन एवं चिंतन में व्यस्त हैं।

पता : सुथारों की बड़ी गुवार, बीकानेर (राजस्थान), मो. 09413381405

ज़ाहिदा हिना

जाहिदा हिना का जन्म सासाराम, बिहार में हुआ था। आप समसुन निसा बेगम और मो. अबुलखैर की सन्तान हैं। पिछले 16 वर्ष से वह पाकिस्तान की कराची शहर में रहकर साहित्यिक और सामाजिक व पत्रकारिता के क्षेत्र में व्यस्त हैं। आप पाकिस्तान के ऐतिहासिक तथ्यों, पितृसत्तात्मक व्यवस्था में स्त्रीमूलक प्रश्न पर पूरे प्रहारात्मक ढ़ग से खूब लिखा। आप पाकिस्तान के विचारधारा और संस्कृति पर भी काफी दार्शनिक व बौद्धिक ढ़ग से लिखीं।

ज़ाहिदाजी को परवेज़ मुशर्रफ प्रशासन ने साहित्य के क्षेत्र का Pakistan the PRIDE OF PERFORMANCE (Presidential Award) अवार्ड से नवाजा लेकिन ज़ाहिदा जी ने उसे लेने से इन्कार कर दिया। आपकी तीन कहानी संग्रह, एक उपन्यास और पाँच आलेखों का संग्रह प्रकाशित है तथा जल्द ही वाणी प्रकाशन से उनकी 13 कहानियों का संग्रह प्रकाशित हो रहा है। आपके उपन्यास और किताबें हिंदी, अंग्रेजी और सिंधी में अनूदित हो चुकी हैं। कई भाषाओं की जानकार ज़ाहिदा जी 'हूज हू इन कन्टम्परेरी वूमन राइटिंग्स-2001', पाकिस्तान ईअर बुक कराची और एन्साइक्लोपीडिया पाकिस्तान कराची में भी अपनी महत्त्वपूर्ण उपस्थिति दर्ज़ करा चुकी हैं।

ज़ाहिदा न्यूक्लियर ब्लास्ट के खिलाफ कार्य कर रहे लोगोंके साथ हैं तथा आपने 2002-04 तक एमनेस्टी इण्टरनेशनल पाकिस्तान के साथ वूमन राइट्स की राष्ट्रीय संयोजक की महत्त्वपूर्ण भूमिका निभाई है। पिछले 21 वर्षों से पाकिस्तान के दैनिक समाचार पत्रों में लेखन समेत दुनिया के तमाम पत्र, पत्रिकाओं व जॅर्नल में 2400 से अधिक लेख लिख चुकीं ज़ाहिदाजी बी.बी.सी. उर्दू सर्विस, वायस ऑव अमेरिका तथा रेडियो पाकिस्तान में भी सेवा देती रही हैं। आपने पाकिस्तानी टेलीविजन के लिए धारावाहिकें भी लिखी।

आपको सार्क लिटरेरी अवार्ड समेत दुनियाभर के मताम सम्मान से नवाज़ा जा चुका है। शांति, सद्भावना के क्षेत्र में तत्पर ज़ाहिदाजी भारत और पाकिस्तान दोनों देशों में सम्माननीय हैं। वर्तमान समय में ज़ाहिदाजी परी जिन्दादिली के साथ सामाजिक, सांस्कृतिक और साहित्यिक गतिविधियों में संलग्न हैं।

पता : ई-1, जुनैदा प्लाज़ा, राशिद मिन्हास रोड, गुलशन–ए-इकबाल, ब्लाक-6, कराँची-75300 (पाकिस्तान) ई-मेलः zahedahina@yahoo.com

प्रियम् कृष्णा

प्रियम कृष्णा गाँधी स्मृति एवं दर्शन समिति, नई दिल्ली से सम्बद्ध हैं। आप CENISEAS, फोर्ड फाउण्डेशन व आईसीएसएसआर से सम्बद्ध होकर शोध कार्य सम्पन्न कर रही हैं। ह्वेदर सोसियोलिज्म? (सम्पादित), क्वेस्ट फॉर अ थर्ड पाथ (2008), पुस्तकें प्रकाशित हैं। फिलहाल, अन्तरराष्ट्रीय अध्ययन विभाग, जवाहरलाल नेहरू विश्वविद्यालय, नई दिल्ली में शोधरत हैं।

E-mail: priyamkrishna@yahoo.com, मोः 09910034775

प्रो.कमल दीक्षित

माखनलाल चतुर्वेदी राष्ट्रीय पत्रकारिता विश्वविद्यालय, भोपाल सन् 1990-2003 प्रोफेसर एवं विभागाध्यक्ष का उत्तरदायित्व सम्हाल चुके प्रो. कमल दीक्षित पत्रकारिता जगत के एक बड़े स्तम्भ हैं। आप अब तक उपसम्पादक/सहायक सम्पादक, दैनिक जागरण भोपाल 1967-68, ब्यूरो प्रमुख/समाचार भारती, नागपुर 1968-71, ब्यूरो प्रमुख/विशेष संवाददाता,समाचार भारती, भोपाल, विशेष संवाददाता/राजनीतिक संवाददाता,समाचार भारती, दिल्ली, वरिष्ठ संवाददाता/प्रदेश ब्यूरो प्रमुख, समाचार भारती, चण्डीगढ़, स्थानीय सम्पादक, दैनिक नवभारत, इन्दौर 1972-1988, स्माचार सम्पादक/स्थानीय सम्पादक, राजस्थान पत्रिका, जयपुर 1989-1990, प्रमुख, पत्रकारिता प्रशिक्षण प्रकोष्ठ, दैनिक भास्कर पत्र समूह, जयपुर नवम्बर 2003 से 2005 तक, सम्पादक, ओमशान्ति मीडिया, ज्ञान-सरोवर, माउण्ट आबू, एक्जीक्युटिव मेम्बर, मीडिया प्रभाग, ब्रह्मकुमारीज, माउण्टआबू,

राष्टीय समन्वयक, सोसायटी ऑफ मीडिया इनशीएटिव फॉर वेल्युज, इन्दौर के कार्य कुशलतापूर्वक निर्वहन कर चुके हैं।

इसी प्रकार अध्यापन कार्य अतिथि अध्यापन कार्य—पत्रकारिता विभाग-देवी अहिल्या विश्वविद्यालय, इन्दौर, कोटा खुला विश्वविद्यालय, अध्ययन केन्द्र जयपुर, राजस्थान विश्वविद्यालय, जयपुर, डॉ. हरीसिंह गौर विश्वविद्यालय, सागर, रविशंकर विश्वविद्यालय, रायपुर, मोहनलाल सुखाडिया विश्वविद्यालय, उदयपुर, एशियन कॉलेज ऑफ जर्नालिज्म, बेंगलूर, रानी दुर्गावती विश्वविद्यालय, जबलपुर, महात्मा गाँधी अन्तरराष्ट्रीय हिन्दी विश्वविद्यालय, वर्धा, मीडिया प्रभाग, राजयोग शिक्षा एवं शोध प्रतिष्ठान, ॲकेडमी फॉर ए बेटर वर्ल्ड, ज्ञान सरोवर, माउण्ट आबू में किया। आपकी सम्पादन में पुस्तक—(समाचार सम्पादन) -प्रकाशित-, माखनलाल चतुर्वेदी राष्ट्रीय पत्रकारिता विश्वविद्यालय, भोपाल, मूल्य निष्ठा मीडिया : प्रशिक्षण विमर्श सहायक, प्रकाशक, आर.इ.आर.एफ., माउण्ट आबू, राजस्थान, समाचार संकलन पर पुस्तक लेखन चल रहा है। सम्पादन -पुनः प्रकाशित-, राधा कृष्ण प्रकाशन, दिल्ली से तथा सम्प्रेषण और भाषा : प्रकाशनाधीन है।

पता : बी-13, मीनाल एन्कलेव, गुलमोहर कॉलोनी, भोपाल (म.प्र.)

फोन : 0755-2462390, मो. 094250 58483, E-mail: kmdixit@gmail.com

संदीप पाण्डेय

सामाजिक क्षेत्र में उल्लेखनीय सेवा देने वाले संदीप पाण्डेय गाँधी मार्ग के महत्त्वपूर्ण उदाहरण हैं। आपने अपने कॅरियर की महत्त्वपूर्ण शुरुआत आई.आई.टी. कानपुर से की। आपके आशा नामक संस्था द्वारा ग्रासरूट पर किए गए कार्य काफी उल्लेखनीय रहे। आपने दलित एवं हासिए के लोगों के बीच न केवल सामाजिक, आर्थिक व राजनीतिक फ्यूचर तैयार किया बल्कि आप उनकी गरिमा को भी लौटाने में कामयाब रहे। सन् 2002 में आपको रमन मैगसेसे पुरस्कार Emergent Leadership के लिए दिया गया।

पता : 893, इन्दिरा नगर, लखनऊ-16

फोन : 0522-2347365, E-mail: ashaashram@yahoo.com

मार्क ज्यूर्गेन्समेयर (MARK JUERGENSMEYER)

मार्क जेग्यून्समेयर Orfalea Center for Global and International Studies के निदेशक हैं इसके साथ ही आप समाजशास्त्र विभाग में प्रोफेसर हैं। आप कैलिफोर्निया विश्वविद्यालय के धार्मिक अध्ययन से भी सम्बद्ध हैं। आपने 100 से अधिक आलेख और 20 से अधिक पुस्तकें लिखी है। आपकी गाँधी, आतंकवाद, भूमण्डलीकरण पर कैलीफोर्निया यूनिवर्सिटी प्रेस से अधिकाँश पुस्तके प्रकाशित हैं। आप कई सम्पादन कार्य भी कर चुके हैं—Oxford Handbook of Global Religion (Oxford University

Press 2006) and Religion in Global Civil Society (Oxford University Press 2005). आपने अपने सह-सम्पादकत्व में कुछ कार्य समपन्न हुए-The Encyclopedia of Global Religions (Sage Publications 2008) and The Encyclopedia of Global Studies (Sage Publications 2009). देश/विदेश से सम्मानित व पुरस्कृत जेग्युन्समेयर 9/11 के बाद सीएनएन, एनसीबी, सीबीसी, बीबीसी, एनपीआर, फॉक्स न्यूज, एबीसीज सहित अन्य कई चैनल पर अपने जोरदार टिप्पणी के लिए प्रसिद्ध हुए। आप हिंद स्वराज पर एक महत्त्वपूर्ण चिंतक के रूप में आज जाने जाते हैं।

पता : Director, ORFALEA CENTER, for Global & International Studies University of California-Santa Barbara CA 93106

805/893-7898(voice)-8003 (fax) www.global.ucsb.edu

राकेश मिश्र

युवाकथाकार राकेश मिश्र महात्मा गाँधी अन्तरराष्ट्रीय हिन्दी विश्वविद्यालय, वर्धा में अहिंसा एवं शांति अध्ययन विभाग में सहायक प्रोफेसर हैं। आपकी प्रकाशित कथा संग्रह है —बाकी धुआँ रहने दिया। आप तमाम पत्र पत्रिकाओं में सम्मानित रूप से प्रकाशित होते रहते हैं।

पता : महात्मा गाँधी अन्तरराष्ट्रीय हिन्दी विश्वविद्यालय, वर्धा (महाराष्ट्र)
पिन–442 001
मो. 09970251140 e-mail : rakeshmishramgahv@gmail.com

के. के. सिन्हा

कालेज ऑव कामर्स में के.के. सिंहा जी प्रोफेसर और विभागाध्यक्ष रहे। यूजीसी के सम्मानीय प्रोफेसर, आईसीएसएसआर, दिल्ली के सर फेलो भी रहे। आपने जिन पुस्तकों को अभी तक प्रकाशित किया वे हैं-Local Taxationin Dev. Economy, (Vora, 1969);Panchayat Strategy, (Vora,1979;) Panchayt Dilemma,(Serials, Delhi, 2007); Poverty of Economics, (Manak, Delhi,2005); आपका अबतक 100 से ज्यादा रिसर्च पेपर राष्ट्रीय/अन्तरराष्ट्रीय जर्नल्स में प्रकाशित हुआ। आपको इण्टरनेशनल आथरशिप अवार्ड कैम्ब्रिज बायोग्राफिकल सोसायटी लंदन द्वारा नवाज़ा गया।

पता : एन-28, चित्रगुप्त नगर पटना (बिहार),
मो. 09006631380, E-mail: kks999in@yahoo.com

प्रो. रामेश्वर प्रसाद मिश्र

प्रो. रामेश्वर प्रसाद मिश्र अन्तरराष्ट्रीय स्तर पर भूगोलशास्त्री, रीजनल प्लॉनर तथा गाँधीयन स्कॉलर के रूप में विख्यात हैं। बहुत सी गाँधीयन थॉट्स पर पुस्तकों का सृजन

किया आपने। युनिवर्सिटी ऑव मैरीलैण्ड, (यू.एस.ए.) से पी-एच.डी. प्रो. मिश्रा देश के कई महत्त्वपूर्ण पदों को सुशोभित कर चुके हैं।

आप महात्मा गाँधी नेशनल फेलो, गाँधी स्मृति एवं दर्शन समिति (नई दिल्ली), सेण्टर फॉर गाँधीयन स्टडीज एण्ड पीस रिसर्च, युनिवर्सिटी ऑव देलही के अध्यक्ष व निदेशक, डिपार्टमेण्ट ऑव जिओग्राफी दिल्ली स्कूल ऑव इकोनॉमिक्स, देलही युनिवर्सिटी, देलही के प्रोफेसर के अतिरिक्त आपने इलाहाबाद विश्वविद्यालय, इलाहाबाद के कुलपति का दायित्व भी सम्हाला।

गाँधीयन स्टडीज एण्ड पीस रिसर्च के लिए अन्तरर्राष्ट्रीय केन्द्र के सम्मानित निदेशक के रूप में सन् 2008 से आप जिम्मेदारी सम्हालते हुए 'री-डिस्कवरिंग गाँधी' बीस खण्डों में सम्पादन में व्यस्त हैं।

अन्तरराष्ट्रीय फलक पर भी श्री मिश्र के योगदान रहा है। आप युनाइटेड नेशन्स सेण्टर फॉर रीजनल डेवलपमेण्ट (यूएनसीआरडी) में उप निदेशक तथा तकनीकी सलाहकार के रूप में रहे। आप यू.एन.डी.पी. के इरान व यूएफआरआई-एसडी के जेनेवा कार्यालय के कन्सल्टेंट भी रहे। इन्स्टीट्यूट ऑव डेवलपमेण्ट स्टडीज के यूनिवसिर्टी ऑव मैसूर में संस्थापक निदेशक में आप सुमार किए जाते हैं।

भारत समेत दुनिया के तमाम मुल्कों से लगभग एक दर्ज़न सम्मान, पुरस्कार से नवाज़े जा चुके श्री मिश्र की हिन्द स्वराज पर इसी वर्ष एक पुस्तक प्रकाशित हुई है।

पता : सी-9/9142, वसन्त कुंज, नई दिल्ली–70
फोन : 011-26134455, ई-मेल : sdf.misra@gmail.com

डॉ. विजय कुमार

आप गाँधीयन थॉट्स डिपार्टमेंट, तिलका मांझी विश्वविद्यालय, भागलपुर में एम.ए. एवं पी-एच.डी. डिग्री हासिल करके वहीं पर अध्यापक हुए। सस्टनेबल डेवलपमेण्ट, रूरल डेवलपमेण्ट एण्ड मैनेजमेण्ट, लूड एण्ड रीवर साइंस की समझ रखने वाले डॉ. विजय कुमार सामाजिक, साहित्यिक एवं राजनीतिक गतिविधियों में रुचि रखते हैं। विभिन्न सामाजिक संगठनों से जुड़े डॉ. विजय कुमार कई महत्त्वपूर्ण आन्दोलनों में बढ़-चढ़कर भाग लेते रहे हैं। आप म.गा.अ.हि.वि.वि. में भी अतिथि अध्यापन का कार्य कर चुके हैं।

पता : ग्राम सोनवरसा, पो. बीहपुर, जि. भागलपुर (बिहार)मो. 09431875214

चन्द्रशेखर धर्माधिकारी

आप मुंबई उच्च न्यायालय से सेवानिवृत्त न्यायाधीश हैं। आपने गाँधी और कानून पर बहुत सी महत्त्वपूर्ण पुस्तकें सृजित की है। दादा धर्माधिकारी के सुपुत्र चन्द्रशेखर धर्माधिकारी अभी भी गाँधीवादी मूल्यों के साथ लोगों को जोड़ने के लिए तत्पर हैं। आप गाँधी विचार परिषद, वर्धा के ट्रस्टी अध्यक्ष हैं।

पता : 8-अ, समता जनरल भोसले मार्ग, मंबई (महाराष्ट्र),
फोन : 022.22044716

कांति शाह

आप सुप्रसिद्ध गाँधीवादी और गुजराती में हिन्द स्वराज के बड़े टीकाकार हैं। आपकी पुस्तक 'हिन्द स्वराजःएक अध्ययन (गाँधी ने पमवानो अेक प्रयास)' सबसे अधिक चर्चित रही। आप आज भी युवा दिल से स्वतंत्र लेखन, और एक गुजराती पत्रिका का संपादन कर रहे हैं।

पता : सर्वोदय परिवार ट्रस्ट, धरमपुर, जि. ब्रलसाड़-389040 (गुजरात)
मो. 09427176711

प्रभाष जोशी

प्रभाष जोशी का जन्म 15 जुलाई 1937 को मध्य प्रदेश में भोपाल जिले के आष्टा गांव में हुआ। पिता का नाम पंण्डरीनाथ जोशी और माता का नाम लीला बाई जोशी। आरम्भिक शिक्षा इन्दौर के प्राथमिक स्कूलों में हुई और गुजराती कॉलेज में गणित व विज्ञान की शिक्षा करते हुए आसपास के गांव आना जाना होता रहा।

आप पांच साल गांव सुनवानी महाकाल में ग्राम सेवा करते हुए हिन्दी व अंग्रेजी शास्त्रीय साहित्य पढ़ा और इन्दौर के नई दुनिया समाचार पत्र में लिखना शुरू किया। वापिस इन्दौर आने पर नई दुनिया अख़बार में बतौर संवाददाता कार्य शुरू किया। विनोबा भावे की आपकी महीने भर इन्दौर यात्रा की दैनिक रिपोर्ट नई दुनिया में प्रकाशित हुई और पत्रकारिता की शुरूआत हुई।

आपका गाँधी जन्मशती 1969 के समय दिल्ली आना हुआ और पत्रकारिता का लम्बा सफर शुरू हुआ। उसी समय गाँधी शांति प्रतिष्ठान में रहते हुए अनुपम मिश्र के साथ पहली किताब 'चम्बल की बन्दूकें गाँधी के चरणो में' लिखी। इमरजेन्सी में दबाव के रहते गाँधी शांति प्रतिष्ठान छोड़ कर इण्डियन एक्सप्रेस अख़बार में आना पड़ा। एक दो असफल हिन्दी अख़बार निकालने के बाद अंग्रेजी अख़बारों के अहमदाबाद और चणीडगढ़ संस्करण के रेसिडेंट संपादक रहे। आप दिल्ली में 1983 में जनसत्ता समाचार पत्र की स्थापना करते हुए दिल्ली बसे। 1997 में संपादकी छोड़ सलाहकार बने। आपकी कुछ किताबें हैं। चम्बल की बन्दूकें गाँधी के चरणों में, मसि कागद, हिन्दू होने का धर्म, कागद कारे, जीने के बहाने, लूटियन के टिले का भुगोल, धन्न नरमदा मया हो, जब तोप मुकाबिल हो तथा खेल सिर्फ खेल नहीं है। इलेक्ट्रनिक व प्रिंट मीडिया के सम्माननीय जोशीजी आज भी सक्रिय होकर लेखन व बहस में व्यस्त हैं, किन्तु सशरीर नहीं। हाल ही में उनका निधन हो गया।

पता : बी-408, पहला माला, निर्माण विहार, दिल्ली-110092

फोन : 01206513822, ई-मेलः sandyjosh@gmail.com

डॉ. विजय बहादुर सिंह

आप वर्तमान में भारतीय भाषा परिषद, कोलकाता में सुप्रसिद्ध मासिक पत्रिका 'वागर्थ' के सम्पादक हैं। शैक्षणिक, सामाजिक, सांस्कृतिक अवदान के लिए प्रसिद्ध डॉ. विजय बहादुर सिंह ने कई आलोचनात्मक कृतियों का सृजन किया है। आपकी महत्त्वपूर्ण कृतियों में प्रसाद, पंत, निराला, नागार्जुन का रचना संसार, नागार्जुन संवाद, पाश्चात्य काव्यशास्त्र, कविता और संवेदना जैसी आलोचनात्मक कृतियाँ लोकप्रिय रहीं। कवि भवानी प्रसाद मिश्र, जनकवि, ये कोहरे मेरे हैं, भवानी प्रसाद मिश्र रचनावली (8 खण्डों में) का संपादन। मौसम की चिट्ठी, पृथ्वी का प्रेमगीत, पतझर की बांसुरी, शब्द जिन्हें भूल गयी भाषा जैसे काव्य संग्रह के अतिरिक्त जमुना चौवे, नया राष्ट्रगीत और भीम का बैठक आदि लम्बी कविताएँ मसहूर रहीं। आओ विचारें आज मिलकर (वैचारिक निबन्ध) अभी प्रकाशित हुआ है। आपने इसके पूर्व म.प्र. शासन द्वारा प्रायोजित उच्च शिक्षा उत्कृष्टता संस्थान, भोपाल में हिंदी अध्यापन का कार्य किया और देशभर में बहुत से व्याख्यानों से लोगों को लाभान्वित किया है।

पता : 29, निराला नगर, दुष्यन्त कुमार मार्ग, भोपाल-460003 (म.प्र.)
मो. 09432667077

ठाकुरदास बंग

आप सेवाग्राम आश्रम, वर्धा में रहकर गाँधीवादी मूल्यों के प्रासार्य में आज भी सक्रिय हैं। आपने कई पुस्तकें लिखी हैं। सुप्रसिद्ध समाजसेवी हैं। सर्वसेवा संघ के प्रमुख कार्यकर्ता सर्वोदयी नेता रहे हैं।

पता—सेवाग्राम आश्रम, सेवाग्राम, वर्धा-442001 फोनः (07152) 252579

प्रो. मनोज कुमार

प्रो. मनोज कुमार महात्मा गाँधी अन्तरराष्ट्रीय हिंदी विश्वविद्यालय, वर्धा में फ्यूजी गुरूजी शांति अध्ययन केन्द्र के निदेशक हैं। आपकी 'लोकतंत्र और विश्वशांति' एवं बिहार की भूमि समस्या नामक प्रकाशित पुस्तक है। आप भागलपुर दंगे के समय सद्भावना कार्य किए तथा कई जनान्दोलनों से आप जुड़े रहे। आपका लम्बा अध्यापन अनुभव है तथा अब भी सक्रिय हैं।

पता : महात्मा गाँधी अन्तरराष्ट्रीय हिंदी विश्वविद्यालय, पंचटीला, पो.आ. मानस मन्दिर, वर्धा-442001 (महाराष्ट्र)। मो. 0997532109

अनुवादकों का परिचय

उदयन वाजपेयी

उदयन वाजपेयी सुप्रसिद्ध साहित्यकार हैं। आपकी रचनाओं में कुछ वाक्य प्रागण गणितज्ञ की कविताएँ (कविता संग्रह), सुदेशना, दूर देश की गंध और सातवाँ बटन (कहानी संग्रह), चरखे पर बहस और पतझड़ के पाँव की मेंहदी (निबंध संग्रह), अभेद आकाश (फिल्मकार मणिकौल से बातचीत), मति, स्मृति और प्रज्ञा, इतिहासकार धर्मपाल से बातचीत, जनगण कलम (प्रधान चित्रकला पर सुदीर्घ निबंध की पुस्तक) शामिल है। आपके कविताओं, कहानियों और निबंधों का अनुवाद उड़िया, मलयालम, मराठी, फ्रांसीसी, पोलिश, स्वीडिश आदि भाषाओं हुआ है। कुमार साहनी एक फिल्म चार अध्याय और बाँसुरी के लिए संवाद लेखन आपने किया है।

पता : एफ-19/45, तुलसीनगर, भोपाल-462003 (म.प्र.) मो.-09753882343
ई-मेल : udayanvajpeyi@gmail.com

प्रो. उमा सिन्हा

प्रो. उमा सिंहाजी कालेज ऑव कामर्स में अध्यापन कार्य कर चुकी हैं। आपने पंचायती व्यवस्था और धर्म तथा अर्थशास्त्र पर विशेष शोध किया है।

फोन नः 09006631380

जनार्दन मिश्र

जनार्दन मिश्र आई.आई.टी (पवई) में हिन्दी अनुवाद हैं तथा आप महात्मा गाँधी अन्तरराष्ट्रीय हिन्दी विश्वविद्यालय, वर्धा में अनुवाद एवं निर्वचन विद्यापीठ में शोध कार्य भी कर रहे हैं।

मो. 09019236209

बृजेन्द्र

आप मंबई के एक कालेज में अध्यापक हैं। लोकतांत्रिक अधिकारों के मसहूर

कार्यकर्ता तथा मानवाधिकारों के लिए समर्पित हैं। हिंदी और अंग्रेजी में बराबर लेखन करते हैं।

क़ादर नवाज़ खान

आप महात्मा गाँधी अन्तरराष्ट्रीय हिन्दी विश्वविद्यालय में उपकुलसचिव कार्यरत हैं तथा शैक्षिक, सामाजिक व सांस्कृतिक गतिविधियों में रुचि लेते हैं।
मो.–09422905760

हरिओम शुक्ला

हरिओम शुक्ला सी-डैक, पुणे में Member Technical Staff (Computaional Linguist) पद पर कार्यरत् हैं। आप अनुवाद में विशेष रुचि लेते रहे हैं फिलहाल वह कई रचनात्मक कार्यों में व्यस्त हैं।
मो. 09763401733, 0931241587

हिरण्य हिमकर

हिरण्य हिमकर हिंदी साहित्य में एम. ए., एम. फिल. दिल्ली विश्वविद्यालय से कर चुके हैं। आप वर्तमान समय में पी-एच.डी. महात्मा गाँधी अन्तरराष्ट्रीय हिन्दी विश्वविद्यालय, वर्धा के हिंदी तुलनात्मक साहित्य विभाग में कर रहे हैं। आपने इसके अलावा कई नाटकों में अभिनय किया है। फिलहाल सर्जनारत हैं।
मो.–09765863446

श्रीमती मीना त्रिपाठी

भरत नाट्यम में विशेष रुचि रखने वाली श्रीमती मीना त्रिपाठी हिंदी, अंग्रेजी व गुजराती की जानकार हैं। आपने गुजरात में भरत नाट्यम में स्टेट लेवल पर विशेष अपनी उपस्थिति दर्ज़ की है। सामाजिक कार्य और लेखन में फिलहाल व्यस्त हैं।
मो. 09454892925

लिप्यंतरण एवं आलेख रूपान्तरण में सहयोगियों का परिचय

कमलेश कुमार यादव

कमलेश कुमार यादव महात्मा गाँधी अन्तरराष्ट्रीय हिंदी विश्वविद्यालय में तुलनात्मक साहित्य विभाग में 'लोकगीतों/बोध का सौंदर्य' विषय में पीएच.डी. कर रहे हैं। पत्र/पत्रिकाओं में व्यस्त यादवजी सामाजिक कार्यों में भी अभिरुचि लेते हैं।

मो. 09422386011, 09579880302

गोविन्द प्रसाद वर्मा

गोविन्द प्रसाद वर्मा महात्मा गाँधी अन्तरराष्ट्रीय हिंदी विश्वविद्यालय वर्धा में हिन्दी तुलनात्मक साहित्य विभाग में पीएच.डी. कर रहे हैं। आप सक्रिय रूप से रचनात्मक कार्यों एवं लेखन में व्यस्त हैं।

मो. 09764513071

रत्नेश कुमार मिश्र

रत्नेश कुमार मिश्र महात्मा गाँधी अन्तरराष्ट्रीय हिंदी विश्वविद्यालय, वर्धा के पत्रकारिता एवं जनसंचार विषय में एम. ए. कर रहे हैं। लेखन आदि में व्यस्त हैं फिलहाल।

मो. 09049218345

सुधांशु शेखर

आप सर्जनाशील युवा हैं सामाजिक कार्यों में भागीदारी करते हैं। आपके द्वारा 'भूमंडलीकरण नीति और नियति' संपादित और प्रकाशित है।

मो. 09934629245

❑❑❑